HEIDEGGER STUDIEN · HEIDEGGER STUDIES
ETUDES HEIDEGGERIENNES
VOLUME 13 · 1997

# Heidegger Studies
# Heidegger Studien
# Etudes Heideggeriennes

Volume 13 · 1997

## The Critical Threshold for Thinking at the End of Philosophy

Duncker & Humblot · Berlin

Each issue of *Heidegger Studies* carries an appropriate volume title in order to draw attention to the point toward which most, if not all, contributions gravitate.

Die Deutsche Bibliothek – CIP-Einheitsaufnahme

**Heidegger studies** = Heidegger Studien. – Berlin : Duncker und Humblot.
 Erscheint jährl. – Früher verl. von Eterna Press, Oakbrook, Ill. – Aufnahme nach Vol. 3/4. 1987/88 (1988)
 ISSN 0885-4580

Vol. 13. The critical threshold for thinking at the end of philosophy. – 1997

The **critical threshold for thinking at the end of philosophy.** – Berlin : Duncker und Humblot, 1997
 (Heidegger studies ; Vol. 13)
 ISBN 3-428-09215-5

All rights reserved

For subscription informations contact:
Verlagsbuchhandlung Duncker & Humblot GmbH
Carl-Heinrich-Becker-Weg 9, 12165 Berlin

Fremddatenübernahme: Fotosatz Voigt, Berlin
Druck: Berliner Buchdruckerei Union GmbH, Berlin
Printed in Germany
ISSN 0885-4580
ISBN 3-428-09215-5

Gedruckt auf alterungsbeständigem (säurefreiem) Papier entsprechend ISO 9706 ⊚

# Table of Contents / Inhaltsverzeichnis / Table des Matières

### I. Texts from Heidegger's *Nachlaß*

*Martin Heidegger*
Aus den Aufzeichnungen zu dem mit Eugen Fink veranstalteten Heraklit-Seminar .......................................................... 9

### II. Articles

*William J. Richardson*
From Phenomenology Through Thought to a *Festschrift:* A Response ....... 17

*Henri Crétella*
L'épreuve de l'impensé ............................................... 29

*István M. Fehér*
Die Hermeneutik der Faktizität als Destruktion der Philosophiegeschichte als Problemgeschichte. Zu Heideggers und Gadamers Kritik des Problembegriffes ........................................................ 47

*Pascal David*
New Crusades Against Heidegger: On Riding Roughshod over Philosophical Texts (Part One) ...................................................... 69

*Holger Helting*
ἀ-λήθεια-Etymologien vor Heidegger im Vergleich mit einigen Phasen der ἀ-λήθεια-Auslegung bei Heidegger .................................... 93

*Philippe Rothan*
Pour l'instauration de relations originelles entre le Japon et l'Europe ........ 109

*Christoph von Wolzogen*
„Weltanschauung". Heidegger und die Begriffsgeschichte eines fragwürdigen Begriffs ............................................................. 123

### III. Essays in Interpretation

*François Fédier*
Heidegger: Édition Intégrale, tome 60: Phénoménologie de la vie religieuse 145

*George Kovacs*
Heidegger's Transition to Another Inception of Thinking .................. 163

*Hermann Heidegger*
Der Wirtschaftshistoriker und die Wahrheit. Notwendige Bemerkungen zu den Veröffentlichungen Hugo Otts über Martin Heidegger ................. 177

### IV. Update on the *Gesamtausgabe*

List of Heidegger's Gesamtausgabe (in German, English, French, and Italian) 195

**Addresses of the Contributors**   202

**I. Texts from Heidegger's *Nachlaß***

# Aus den Aufzeichnungen zu dem mit Eugen Fink veranstalteten Heraklit-Seminar

Martin Heidegger

## Mit Heraklits Gesagtem sprechen

Sein Gesagtes – 1. weder auf historische Richtigkeit pochen; diese stets vordergründig, weil sie ihren notwendigen Vorgriff außer acht läßt. 2. noch für eine Beliebigkeit der Verwendung freigeben – sondern gehörend in das Geschick der Epochen des Selben. Dahin unser Denken seinerseits gebunden, insofern es in das Ungedachte zurück- und so unserem Denken vordenkt.

*

Heraklit nicht bevorzugt; jeder Denker der Epochen gleich fern gleich nah.

Der Maßstab für die Bestimmung ihrer Größe – 'Α-Λήθεια nicht gleich Wahrheit, sondern das ungedachte Walten der Gewährnis der Anwesenheit des Anwesenden und ihres epochalen Wandels.

## „Welt"

„Welt" – woher und wie ist, was dieses Wort nennen soll, zu bestimmen. Einmal (Vom Wesen des Grundes, Festschrift 1929) gesagt „Welt weltet" – nach Was und Wie aus ihr selbst bestimmt. Inwiefern?

„Kosmologie" – Metaphysica specialis oder Naturwissenschaftlich Astronomisch; Nietzsche – Erde und Welt.

Welt gleich Sein; und dieses? Weltall – All des *Seienden* – Seins? Hat im Bereich von Ereignis und Ge-Viert Welt selbst noch einen Ort –; Erörterung?

## „Seinsfrage"

Inwiefern ist in „Sein und Zeit" die „Seinsfrage" neu gestellt? Inwiefern ist sie als diese Anderes denkende Frage in die Auseinandersetzung mit dem Ganzen der abendländischen Philosophie und zwar mit der dieses Ganze bestimmenden „Erfahrung des Seins (des Seienden)" versetzt?

Was nimmt dieses Andere Fragen nach dem „Sein" im vorhinein in den Blick? Die „Anwesenheit" im Sinne des Anwesen-lassens das Seiende.

\*

Inwiefern werden Ἕν – Πολλά leitend für (die Auslegung) das Denken des ἐόν?

Ἕν als Versammelndes ver-weilendes (ins Jeweilige) Anwesen-lassen – Πολλά. Wie in „Anwesenheit" Ἕν und Πολλά als Momente des Anwesen-lassens – Gleichursprünglich schon im Anwesen-lassen ('Α-Λήθεια → Licht); Versammeln – Verweilen (transitiv) ins Jeweilige.

### Mit Heraklit sprechen

Fragend hören, *hören* – das Ungesprochene aber Angesagte. Fragend im Blick haben:

*I. die ungedachte 'Α-Λήθεια*

Weshalb diese? Weil *sie* als das Ungedachte – Vorenthaltene gerade das Anwesenlassen gewährt. (Darin beruht das Schicken; auf das Geschick aber denken, weil wir jetzt im Ende der Philosophie angekommen – darin notwendig stehen und so nötig wird – denkwürdig die Be-Stimmung der Sache des Denkens.

II. Λόγος – Ἔρις – Κόσμος – Ἕν *noch keine Dialektik*
(dagegen Hegels Wort über Heraklit)

Λόγος nicht Vermittelung; sondern Versammlung als Verwahrnis und diese das Anwesenlassen das gegenanderüber (ἀντί) und zwischenherdurch (διά).

Wenn I. 'Α-Λήθεια – erfahren, dann weder Vermittelung noch Unmittelbares.

φέρειν als bringen zueinander (nicht „mit") anwesenlassen – kein „setzen".

### ἀεὶ ἀξύνετοι

(B 1, B 72, B 34, B 51, B 114)

Immer unvermögend, zusammenzugehen mit, sich zusammen zu bringen mit dem Λόγος, τὸ Ἕν, τὸ ἐόν von Heraklit aus gesehen, der den Λόγος im Blick hat und πῦρ; φύσις, ἔρις, πόλεμος. Dieses Unvermögen zum ξυνιέναι der πολλοί (Unvermögen zum ὁμολογεῖν) *nicht* erkenntnistheoretisch, psychologisch, sondern (daseinsmäßig) Sein-Vergessenheit als Verborgenbleiben – Entzug als Weise, wie „Sein" sich schickt.

Λόγος: das versammelnde Erscheinenlassen – Anwesenlassen – die Zeige: das Zusammengehörenlassen.

Wo hält Heraklit sich auf? *In* der (ontologischen) Differenz. Aber diese als solche verborgen.

Ist es überhaupt „Differenz"? oder versagt diese Bestimmung? Sie selber noch im συμφέρον und διαφερόμενα.

Gespräch mit Heraklit – nicht Interpretation – *(das Aus-einander-Bringen der Be-Anspruchungen)* als Frage wonach? Nach der Herkunft und der Wahrnis des Λόγος als solchen. Inwiefern Herkunft? noch ἀρχή. Inwiefern *Wahrnis?* Welche Art von Frage?

Das für uns heute Frag- und *Denk*würdige *(denkwürdig für welches, wie be--stimmtes Denken?)* – das Ge-stell < das Ereignis (der Brauch), wodurch sich die Dimension des Ge-spräches bestimmt – der Rückschritt zur Einkehr in den An--Fang – der Ruf zur Einkehr in den An-fang und die Erfahrung des Ge-Stells.

## Zum Heraklit-Seminar

Das Achten darauf, was uns zugesagt ist – diese Zusage hören im Bereich dessen, wovon wir jetzt angesprochen – beansprucht – sind. Inwiefern Be-Anspruchung? „Da-*sein*". Wie aber diesen An-spruch und die Beanspruchung bestimmen? (die Erfahrung des Ge-Stells und < der Gesellschaft) Soll hier etwas Abstrakt-Allgemeines vorgestellt – oder das Geschick und das Geschickliche erfahren werden? Historische Analyse der Situation oder Einblick in das Schicksal (das Geschick und die Entsprechung)? Der Rückschritt in den verborgenen und gleichwohl waltenden An-Fang. Die Vor-Bereitung des Gesprächs; was bereiten? Das Hören-Können – „Da-*sein*". Hören: die Sage des Erblickten; in welchem Blick? Sobald wir der *Verbundenheit* im Sinne der Geschicklichkeit inne geworden sind, erweist sich die Frage nach der *Verbindlichkeit* des geschicklichen Sagens als nachträglich und hinfällig.

## Der erfahrende Blick

Wohin geht der erfahrende Blick in die Dingnis der Dinge? In das Ereignis des Ge-Vierts aus dem vereigneten Brauch des Entsagens.

Nichts mehr von Anwesenheit (Anwesendem und Anwesen) als Maßgabe. Aber die *Weile* – in ihr das Zeitend-räumende der Lichtung – diese jedoch, gehörend in das Ereignis des Ge-Vierts, kein Gegenüber – zu denken: entsagend aus der Inständigkeit im Ge-Viert. Nichts mehr von Transzendenz; kein Anlaß zum Rückgang zur Differenz und von dieser zum Leit-Satz.

Dingnis und Weile; wie darin Anwesenheit verwahrt bleibt. Vorgabe der Dingnis für die Preisgabe der ontologischen Differenz. Die Weisung des Bestellbaren im Ge-Stell.

**Weisen als Entsagen**

Weisen ist entscheidender als Beweisen (oft vermerkt). Weisen: nicht nur bloßes Hinweisen auf etwas – das zu Denkende, sondern: *Erbringen der Klarheit,* der Lichtung, des Gerodeten, worin das zu Denkende sich zeigen, d. h. sagen läßt. Wie aber *Klarheit* erbringen?

Weisen: ein *Nennen* der Lichtung im Ereignen des Ge-Vierts. Nennen jedoch mehr als die Angabe eines Namens – ein Sagen, das nicht beschreibt, sondern *vor--schreibt;* ein Sagen, das einweist den Blick in die *Gegenden* der Befugnis; ein Sagen, das zeigt in das, was den Aufenthalt gewährt.

Weisen, mit welcher Verbindlichkeit? *Weisen:* ein *unverbindliches Darlegen – anspruchsloses Sagen –* ← das *einfältige Ereignen* der Dinge im Ge-Viert; *unverbindlich –* aber *nicht willkürlich,* sondern *gebunden* in das brauchende Ereignen. Wenn nur erweislich, aber nie beweisbar? Weisen, anheben aus der „Inständigkeit" im Ge-stell, zeigen in die Inständigkeit des Vordenkens.

Weisen: in den ereignenden An-Fang. Das *Weisende auf dem Rückweg in den Brauch.* Weisen: als Entsagen; Folgen den Winken – das Winkende im Ereignen – das nur *Bereitende* des Weisens. Erst im Unverbindlichen der Bereich der Verbindlichkeit.

**Schluß**

Fink am Beginn der ersten Sitzung: „Die Griechen bedeuten für uns eine ungeheure Herausforderung". „Vordringen zu der Sache, die vor ihrem Blick stand".

Sache nicht gleich Ding; wie z. B. die Unterscheidung: *„Person und Sache". Sache:* der Streitfall; was zur Verhandlung ansteht; hier für das Denken: was darauf wartet, gedacht zu werden.

*„Herausforderung"* – inwiefern? *Wozu?* Was soll gedacht werden? Nur das, was im Blick stand, nachvollziehen – oder was für sie noch nicht im Blick stand und gleichwohl das von ihnen Gedachte bestimmte.

Hegel – das Bedürfnis der Befriedigung des Gedachten. Heidegger – die Bedrängnis des Ungedachten im Gedachten. Aristoteles, Metaphysik Γ 4, 1006 a 6 sqq.

Periander v. Korinth: μελέτα τὸ πᾶν. φύσεως κατηγορία – Andeuten, zu erkennen geben, σημαίνειν.

Bias 17: ἕξεις σιγῆι κόσμον. (Wittgenstein)

## Nachwort des Herausgebers

Die hier erstmals aus dem Nachlaß Martin Heideggers veröffentlichten Textstücke sind einem Konvolut von Aufzeichnungen entnommen, die aus der Vorbereitung für die einzelnen Seminarsitzungen hervorgegangen sind. Die Absatzgliederung der einzelnen Textstücke entspricht den handschriftlichen Vorlagen. Unterstreichungen im Text werden im Kursivdruck wiedergegeben. Die Zeichensetzung wurde vorsichtig ergänzt und berichtigt. Fehlende griechische Zeichen wurden stillschweigend ergänzt, Verschreibungen stillschweigend berichtigt, zum Aufzeichnungscharakter gehörende Abkürzungen aufgelöst. Dem Nachlaßverwalter, Herrn Dr. Hermann Heidegger, dankt der Herausgeber herzlich für die freundliche Genehmigung zum Abdruck.

Der Entschluß, ein gemeinsames Seminar über Heraklit zu veranstalten, wurde während eines der häufigen Besuche Eugen Finks im Hause Martin Heideggers gefaßt. Die Anregung zu diesem Seminar ging von Eugen Fink aus, der den Wunsch hegte, seine eigene Heraklit-Auslegung in einem Seminar-Gespräch mit Martin Heidegger zu erproben.

Im Vorlesungsverzeichnis für das Winter-Semester 1966/67 wurde das vereinbarte Seminar als „Philosophische Übung" unter dem Titel „Heraklit und Parmenides" mit dem Vermerk „persönliches Seminar" angekündigt. Ursprünglich war vorgesehen, auf die Auslegung Heraklits auch diejenige des Parmenides folgen zu lassen. Das in dreizehn Sitzungen abgehaltene Seminar fand statt im Bibliotheksraum des von Eugen Fink geleiteten Seminars für Philosophie und Erziehungswissenschaft im Kollegiengebäude II der Freiburger Universität, mittwochs von 17 bis 19 Uhr. Fink selbst holte mit seinem Wagen jeweils vor Seminarbeginn Heidegger aus dessen Wohnung ab. Dr. Egon Schütz, Finks erziehungswissenschaftlicher Assistent, brachte nach Abschluß der Seminarsitzungen Heidegger in seinem Wagen nach Hause. Zu den dreißig Teilnehmern gehörten außer den bei Fink Studierenden und seinen drei Assistenten als geladene Gäste die Professoren Gerhart Baumann und Johannes Lohmann, ferner Heideggers langjährige Mitarbeiterin Frau Dr. Hildegard Feick und der Heidegger freundschaftlich verbundene und verdienstvolle Präsident des Freiburger Kunstvereins, Landrat a. D. Siegfried Bröse.

In ihrer Vorbesprechung hatten Heidegger und Fink beschlossen, daß Dr. Friedrich-Wilhelm v. Herrmann als Assistent Eugen Finks die Protokollierung der Seminarsitzungen übernehmen sollte. Dieser wurde hierbei unterstützt durch Dr. Anastasios Giannaras, ebenfalls Assistent Finks. Hinsichtlich der Art der Protokollierung kamen Heidegger und Fink überein, daß das Seminargespräch jeder Sitzung vollständig und wortwörtlich – ohne die Hilfe eines Tonbandes – mitzuschreiben sei. Heidegger hatte ferner dem Protokollführer aufgetragen, ihm jedes maschinenschriftlich ausgearbeitete Stundenprotokoll jeweils am Mittwoch vormittag um 10 Uhr in die Wohnung zu bringen. Jedes dieser Sitzungsprotokolle wurde von Heidegger durchgesehen, in zwei Fällen handschriftlich geringfügig korrigiert und hernach autorisiert. Während Fink und die Seminarteilnehmer ihrer Textarbeit die Dielssche Ausgabe der Vorsokratiker zugrundelegten, benutzte Heidegger seine italienische Ausgabe der Fragmente Heraklits: Eraclito. Raccolta dei frammenti e traduzione italiana di R. Walzer. Firenze 1939.

Jean Beaufret war es gewesen, der während eines seiner Freiburger Besuche Heidegger, als dieser ihm den vollständigen protokollierten Text des Heraklit-Seminars zum Lesen gegeben hatte, nahegelegt hatte, diesen Seminar-Text zu veröffentlichen. Heidegger beauftragte daraufhin Eugen Fink und F.-W. v. Herrmann mit der Vorbereitung der Druckvorlage und der Betreuung der Drucklegung.[1]

Das Heraklit-Seminar ist die letzte Lehrveranstaltung, die Martin Heidegger an der Freiburger Universität abgehalten hat.

Freiburg, im November 1996　　　　　　　　　　　　　　F.-W. v. Herrmann

---

[1] Martin Heidegger – Eugen Fink, Heraklit. Vittorio Klostermann, Frankfurt a. M. 1970; wiederabgedruckt in: Martin Heidegger, Seminare. Hrsg. v. Curd Ochwadt. Gesamtausgabe Bd. 15. Vittorio Klostermann, Frankfurt a. M. 1986, S. 9 - 263.

## II. Articles

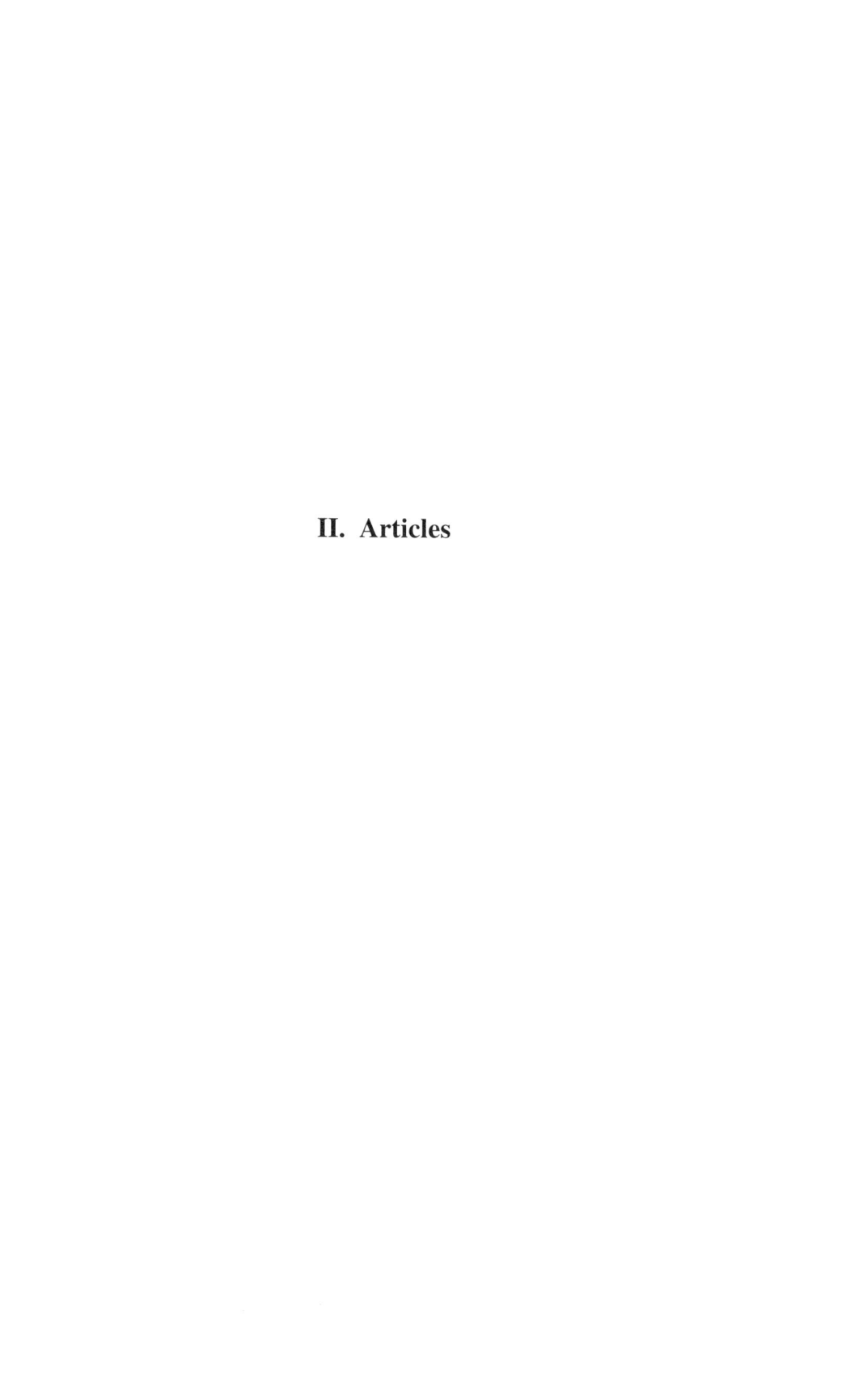

# From Phenomenology Through Thought to a *Festschrift*

## A Response

### William J. Richardson

How does one respond to the presentation of a 637 page volume containing the contributions of 35 authors representing a full spectrum of Martin Heidegger's influence on contemporary thought, all organized by the indefatigable labors of a single editor, superbly produced by a generous publisher under the rubric of an "in honor of" – how, I ask, does one respond to such a thing by simply saying "thank you"?[1] At best, perhaps, one can waive the temptation to ask "why" and accept such a gift (like life itself) as mystery, without trying to understand. In that case, the acceptance itself, however inarticulate, must make do as gesture of gratitude. "Beggar that I am, I am even poor in thanks."[2]

But is it enough? Must one not say something more? To be sure, the most appropriate approach would be to address each contributor in turn, but that is logistically impossible. One might refer selectively to the multiple texts by focusing on one or other arbitrary theme, but this would leave the reader unacquainted with the remarkable wealth of this volume as a whole and satisfy no one. I propose, then, a compromise. I shall sketch briefly the structure of the whole and then reflect on one issue in particular that, more than any other, seems to have traumatized the public perception of my work: the now notorious distinction drawn between "Heidegger I" and "Heidegger II." A more comprehensive and synthetic personal response to this volume of the where-are-we-now? (or even where-am-I-now?) sort will have to wait upon a more leisurely opportunity to absorb the whole.

\*

The editor has grouped the essays thematically according as they deal with strictly Heideggerian matters: Part I deals with the distinction between the "early" and "late" Heidegger, Part II with the shift from "phenomenology" to "thinking." These themes had been discussed explicitly and at some length in my early study, *Heidegger: Through Phenomenology to Thought* (1963).[3] Part III deals with issues

---

[1] Babette Babich (ed.), *From Phenomenology to Thought, Errancy, and Desire: Essays in Honor of William J. Richardson* (Dordrecht: Kluwer, 1995).
[2] William Shakespeare, *Hamlet*, Act II, Scene 2.
[3] William J. Richardson, *Heidegger: Through Phenomenology to Thought,* preface by Martin Heidegger, 3rd ed. (The Hague: Nijhoff, 1974).

of Heidegger's political involvement. Remaining sections consider Heidegger's broader influence on certain aspects of general culture: more precisely, Part IV deals with issues of psychoanalysis (particularly with the ethics of desire), and Part V addresses issues relevant to the philosophy of science. The collection has remarkable scope, then, interweaving themes of "early," "late," "original," "evolving," "influential" Heidegger into an intricate (con)text that suggests how multiplex is the import of this thinker for the entire twentieth century now coming to its end. All these texts may be situated (at least by implication) with regard to different moments in Heidegger's development that may be grossly described as "early" or "late" in chronological terms. But the question of Heidegger's development is clearly more than a chronological one, and it is to address this question that I offer the following reflection.

It will be clear to anyone familiar with Heidegger scholarship over the years that the apparent difference between the philosophical style of an early Heidegger (e.g., the author of *Being and Time*) that I labeled "Heidegger I" and that of a much later period that I designated roughly as "Heidegger II" became a bone of contention among Heidegger's interpreters, especially in America, that provoked more sound and fury, it seems to me, than it ever deserved. Since the distinction polarizes the first section of this volume and is addressed in particular by two such distinguished interpreters as Parvis Emad[4] and Joan Stambaugh,[5] it might be helpful for the contemporary reader to understand how it came about in order to assess what value it may or may not retain today, more than thirty-five years after it was first proposed. Under the circumstances, I trust the reader will be indulgent with the inevitably autobiographical tone of these remarks.

When I first arrived in Freiburg in the early fall of 1955, in order to follow Heidegger's announced lecture course on *The Principle of Reason*,[6] I had the extraordinary good fortune to share lodgings with an Italian student, Virgilio Fagone, who was finishing his dissertation on Heidegger for the Gregorian University (Rome) under the direction of a German professor with a special interest in Heidegger, J.-B. Lotz (contemporary and friend of the eminent theologian, Karl Rahner, himself a former student of Heidegger in the turbulent thirties). Fagone was a small, ebullient man who loved life, loved philosophy (especially à la Heidegger), and loved to talk. As a personality, he was like bubbling champagne. He was also an exceptionally gifted man, whose lucid mind and solid erudition had earned him (through the mediation of Prof. Max Müller – former student become personal friend of Heidegger) an invitation to participate in Heidegger's by-invitation-only seminar on Hegel's *Logic* that ran concomitantly with the public lecture course

---

[4] Parvis Emad, "'Heidegger I,' 'Heidegger II,' and *Beiträge zur Philosophie (Vom Ereignis)*," in B. Babich (ed.), *op. cit.*, pp. 129 - 146.
[5] Joan Stambaugh, "The Turn," in Babich (ed.), *op. cit.*, pp. 209 - 212.
[6] Martin Heidegger, *The Principle of Reason*, trans. R. Lilly (Bloomington: Indiana, 1991).

and is known to the reading public by the presentation with which Heidegger himself concluded it, "The Onto-theo-logical Constitution of Metaphysics."[7]

For my own part, I was the total innocent. I was beginning graduate studies in order, eventually, to teach metaphysics and knew that Heidegger was a contemporary who had something to say about it. I had been accepted at the Higher Institute of Philosophy (Louvain) and had made some preliminary contact with the Heidegger specialist there, Alphonse De Waelhens,[8] who had tentatively agreed to supervise my work. Beyond that, I knew practically nothing. Fagone mistook my interest for knowledgeability and would return from the seminar sessions with Heidegger burning with eagerness to pour out all he had heard on my attentive but uncomprehending ears. In particular, he kept stressing (for reasons I did not yet understand) the coherence between what Heidegger was then doing with Hegel's *Logic* and what he had attempted in *Being and Time*.[9] The secret? Whispered with raised eyebrows and a roll of the eyes, some mysterious alchemy called ... "the *Kehre*." All those who thought that with *Being and Time* Heidegger had reached some kind of dead end were simply oblivious of the wonderfully transformative power of ... the *Kehre*.

Slowly I realized that De Waelhens, dean of the French commentators on *Being and Time* and *Doktorvater*-designate of my thesis-to-be, was precisely one of these unenlightened. Recalling the initial conversations with him, I remembered his saying how he felt that the original project of *Being and Time,* so full of promise, had simply gone bankrupt, and that Heidegger, in frustration and disappointment, had turned to some kind of poetizing – sorry substitute for one so gifted for rigorous philosophical analysis as he. Clearly there were at least two ways of understanding the meaning of the later Heidegger, or, at least, two ways of conceiving the relationship between the early and the later periods: whether as escape or as fulfillment. In this sense, the question of "two" Heideggers was, from the beginning (in 1955), a *given* – the use of "I" and "II" was simply the most practical shorthand device I could think of to refer to them in note-taking. The task would be to find some way of examining the relationship between them.

But how? Here, too, Fagone had a suggestion, though it tumbled out one evening inadvertently, à propos of something completely other: "Foundational thinking (*das wesentliche Denken*)! Now *there's* an interesting idea! How does it relate to the phenomenology of *Being and Time?*" The idea stuck. I spent the semester casting about for a suitable dissertation topic and considered many, but in the end this seemed the most promising of all. Before the term was over, I revved up enough courage (naïve brashness?) to approach the Lion himself in his den during

---

[7] Martin Heidegger, "The Onto-theo-logical Constitution of Metaphysics," in *Identity and Difference,* trans. J. Stambaugh, 2nd ed. (New York: Harper and Row, 1974).

[8] Alphonse De Waelhens, *La Philosophie de Martin Heidegger* (Louvain, 1941).

[9] Martin Heidegger, *Being and Time,* trans. J. Macquarrie and E. Robinson (New York: Harper and Row, 1962).

one of the scheduled "office hours" that followed each public lecture. Would the tracing of the notion of the "thinking of Being" be a suitable dissertation topic? A firm *"Ja"* was all the answer I needed, and the decision was made.

De Waelhens was appalled. "Are you serious? Do you really want to work on *that?*," he asked. Dismayed by his reaction but bolstered by Heidegger's approval, I had the sinking feeling that this might be bite-the-bullet time and, with deep breath and anxious gulp, muttered "yes." He sighed deeply, shrugged his shoulders, shook his head in disbelief as if to say "you must be out of your mind" – but did not refuse to provide supervision. It turned out to be an ideal match. De Waelhens deeply disliked the later Heidegger (had Heidegger's Nazi experience influenced his attitude?), but he took his professional obligation seriously: he read what I wrote carefully and incisively; his criticism was forthright, often expressed with wry, half-smile humor ("un peu de distance, quand même"); he remained committed to the task long after the direction of the work pointed toward a conclusion that clearly would challenge his own deeply held views. Best of all, he helped me to understand the burden of freedom and showed by very concrete example what it meant to "let [someone] be."

Course work in Louvain finished, research resumed in earnest back in Freiburg. When I had worked through the texts of the early period up to (and including) *On the Essence of Truth* (1930 - 43), where the phrase "the thinking of Being" first appeared in the published work and the shift of focus from Dasein to Being that characterized (as far as I could see) the later period was first clearly discernible,[10] I was tired of being a schoolboy and wanted to wrap up the doctorate so as to be able to return home to go to work. Subsequent research, I thought, could be left to the post-doctoral years. De Waelhens advised against the plan. "Your work is solid enough, but you have dealt with texts that others, too, have interpreted. Now that you have both a method and momentum in using it, you are in a position to interpret texts that others have not yet worked through. If you finish what you have started and work through the rest of his recently published texts, this could become a *real* contribution that would be of help to everybody." And so, with some reluctance, I continued. I was aware, of course, that there were a number of unpublished manuscripts around that could be very illuminating; and I began to collect them, or at least to photograph them. But in that pre-Xerox era this was a cumbersome and time-consuming task that yielded unreliable (ultimately unutilizable) results. So I decided to make a virtue of necessity and limit my research to the published texts for which Heidegger himself could be held responsible.[11]

---

[10] Martin Heidegger, "On the Essence of Truth," trans. J. Sallis, in D. F. Krell (ed.), *Basic Writings,* 2nd ed. (San Francisco: HarperSanFrancisco, 19934), pp. 111 - 138, 135.

[11] Even this presented problems. Recall, for example, the unannounced and unexplained shift in the text of the first edition (1943) of the "Epilogue" to *What Is Metaphysics?,* which read "Being *indeed* comes-to-presence without beings" (my emphasis) to the second edition of the same text (1949), which read "Being *never* comes-to-presence with-

Working conditions in Freiburg were congenial. What began as a small reading group grew into a circle of friends, one of whom, Michael Theunissen, became an eminent member of the German academic philosophical scene and does me the honor of contributing to this volume.[12] On the professorial level, Eugen Fink, Bernard Welte, and Max Müller were all accessible; but it was Müller, to whom I was first introduced by Fagone, who quickly became teacher, mentor, and friend. Insight came slowly. Texts such as *Introduction to Metaphysics* (1935)[13] and some of the interpretations of Hölderlin (e. g., *Andenken,* 1943)[14] clearly belonged to the later period yet just as clearly contained patterns that conformed to patterns of *Being and Time*. With the *"Letter on Humanism"* (1947)[15] the issue of the *Kehre* was explicitly introduced, and the shift from the thought patterns of the early Heidegger to those of the later period were given a local habitation and a name. It was here that he confirmed the interpretation I had proposed for the essay *On the Essence of Truth*. It was particularly reassuring to find the following text:

> The lecture "On the Essence of Truth" ... provides a certain insight into the thinking of the turn from "Being and Time" to "Time and Being." This turn is not a change of standpoint from *Being and Time,* but in it the thinking that was sought first arrives at the location of that dimension out of which *Being and Time* is experienced, that is to say, experienced from the fundamental experience of the oblivion of Being.[16]

After meditating on this text, I fell upon the idea (actually, to be more precise, it struck me as I tumbled out of bed one morning when I was back in Louvain to consult with De Waelhens) that the later period could be thought of as an attempt to retrieve (*Wiederholung*) the *un*said of the earlier period – what was not and could not be said in the mindset of *Being and Time*. That would settle the question about "two" Heideggers: the hypothesis of the later "retrieving" the earlier would account for the unity/continuity of the two in a single enterprise yet also explain the difference of focus and style between them that gave De Waelhens & Co. such dyspepsia. Hooray!

But this did not do much for the question of thinking and its possible relationship to the phenomenology of *Being and Time*. The most direct address to the question occurs in the νοεῖν-εἶναι correlation as analyzed in the *Introduction to Meta-*

---

out beings" (my emphasis). This demanded some hermeneutic acrobatics, after all (cf. Richardson, *op. cit.,* pp. 562 - 565).

[12] Michael Theunissen, *"Die existenzdialektische Grundvoraussetzung der Verzweiflungsanalyse Kierkegaards,"* in Babich (ed.), *op. cit.,* pp. 181 - 204.

[13] Martin Heidegger, *Introduction to Metaphysics,* trans. R. Mannheim (New Haven: Yale, 1959).

[14] Martin Heidegger, *Erläuterungen zu Hölderlins Dichtungen* (Frankfurt: Klostermann, 1944), pp. 75 - 143.

[15] Martin Heidegger, "Letter on Humanism," trans. F. A. Capuzzi and J. G. Gray, in Krell (ed.), *op. cit.,* p. 231.

[16] *Ibid.,* p. 243.

*physics* (1935),[17] where thinking is conceived essentially as an active acceptance of Being. The notion comes full circle in *What Is Called Thinking?* (1952), where the same fundamental structure is discernible in another text of Parmenides as correlation between λεγειν τε νοειν and εον εμμεναι.[18] Here the sense is that thinking means to let-lie-forth (λέγειν) and accept-the-care-of (νοεῖν) beings in their Being (εόν ἔμμεναι) – a reading that focuses more sharply than the former text on the ontological difference as such between Being and beings. In another context of the same work, thinking (*Denken*) is considered on one hand as (dynamic) structure, i.e., "re-cord" (*Gedächtnis*), and on the other hand as process, i.e., "thanking" (*Danken*). In short, the nature of thinking is for Dasein, whose own Being consists in its openness to Being, to acquiesce in an accepting gesture of gratitude to Being as it reveals itself to Dasein in finite fashion. But this corresponds exactly to what in *Being and Time* was the gesture of resoluteness (*Entschlossenheit*), that supreme moment in the phenomenology of Dasein when it lets itself be (manifest as) what it is in all its finitude. This much seemed clear to me after studying *What Is Called Thinking?* (1952), but I kept looking in the subsequent works for some kind of smoking gun – evidence for this transformation that no one could deny. I was about to give up when finally "Conversation on a Country Path about Thinking" (1944 - 46) appeared in 1959, offering the following text: "Thus, the essence of thought, i.e., release unto [Being], would be resoluteness unto truth in its presencing" (*Dann wäre das Wesen des Denkens, nämlich die Gelassenheit zur Gegnet, die Entschlossenheit zur wesenden Wahrheit*).[19] *Eureka!* There was the smoking gun. The time had come for the real test: to present these findings to Heidegger himself and face up to his critical assessment of them.

In requesting an interview, I included a letter of recommendation from Max Müller, which I am certain had much to do with the response, and a 25-page summary of my argument. When Heidegger pulled the summary out of a folder, I was shocked to see how every page (apparently) had been stroked, counter-stroked, circled and daggered to death with red ink. Obviously he had read my text carefully, but he only offered two negative comments, both minor and only one of which I recall now: I had misused the word "subjectivity" with regard to Leibniz. No! The proper term in the case of Leibniz is not *Subjektivität* but *Subjektität*. Amen! Otherwise he seemed to accept the whole package. We spent the rest of the time (which included coffee and cookies served by Frau Heidegger) talking about many other things than my text as such.

---

[17] Heidegger, *Introduction to Metaphysics*, pp. 115 - 196.

[18] Martin Heidegger, *What Is Called Thinking?*, trans. F. Wieck and J. G. Gray (New York: Harper and Row, 1954), pp. 163 - 244.

[19] Martin Heidegger, "Conversation on a Country Path about Thinking," *Discourse on Thinking*, trans. J. Anderson and E. H. Freund (New York: Harper Torchbooks, 1966), pp. 58 - 90, 81.

The following day on the way to the University, I bumped into Müller's assistant, who asked me how the visit had gone. I told him that from my point of view I thought it had gone pretty well but that I had not yet had time to absorb it. He then told me that, following the interview, Heidegger had talked to Müller by phone to say in effect (as I was given to understand it): "who is this guy? So many have gotten me wrong, but here is someone who has gotten me right – and he's an *AMERICAN!* How is that possible?" Müller was justly pleased and could take credit for his tutelage, mediated so well in the beginning by Fagone. I was astonished and soon began to have wild thoughts – like ... even ... maybe ... well, why not go for it? ... a Preface. With Müller's encouragement I asked and received "in principle" promise of a Preface, provided that I submit one or two questions that could be addressed directly. Emad has the impression that the questions as such arose in the course of our "long and wide-ranging discussion."[20] Of course the substance of them arose there, but as such they were carefully honed (after much reflection and consultation with my Heidegger-savvy friends) three years later when the book was already in print and scheduled for publication. The substance of my letter of March 1, 1962, was simple indeed: "You will recall that you were kind enough to offer to write a Preface for my book, *From Phenomenology to Thought,* provided I formulate one or two questions that might be directly addressed. The questions that seem most relevant to me are these: ... In advance, please be sure of my deep gratitude, etc." There was no more immediate context for them than that.

When Heidegger's Preface arrived a month later, I was ecstatic. In the first place, the change he suggested in the title (from *From* to *Through* [*Phenomenology to Thought*]) was fruitful, easily made and engaged his authority in the formulation of it. Great! More particularly, I was delighted (perhaps too hastily) with what he said about my use of the formulae "Heidegger I" and "Heidegger II":

> The distinction you make between Heidegger I and II is justified only on the condition that it is kept constantly in mind: only by way of what [Heidegger] I has thought does one gain access to what is to-be-thought by [Heidegger] II. But the thought of [Heidegger] I becomes possible only if it is contained in [Heidegger] II.[21]

For I could not conceive of a clearer confirmation than this of the inferences I had drawn after the long journey through his texts, and which had been articulated in my *Conclusion* to the book – a text, in fact, that he had never read. This had been composed after our interview in February, 1959 (three years earlier), but was long since locked up in print.

Relying on texts that suggested the receptive character of his thought as early as 1921, I had argued:

---

[20] Emad, *op. cit.,* in Babich (ed.), *op. cit.,* pp. 129 - 146, 129.
[21] Martin Heidegger, Preface to Richardson, in Richardson, *op. cit.,* p. xxii.

From this it becomes clear that, no matter what must be said about the orientation of Heidegger I in SZ (1927), the experience which comes to expression in Heidegger II (where Being as simultaneous revealment-concealment holds the primacy over thought) dates at least from 1921, when he was already engaged in what he later calls the historical process of thought-ful dialogue. What else is there to conclude than that Heidegger II is *more original than Heidegger I,* went before him along the way? By the same token we are given to understand that if Heidegger [takes a turn in his way] in order to become Heidegger II, the reason is not that the effort went bankrupt but that the thinker simply left one place in order to gain another along the same way. "What abides in thought is the way."[22]

It would be from that other place that Heidegger II could be said to "retrieve" the unsaid of Heidegger I. Beyond them both and motivating them both I postulated a more primordial experience still that I called (rightly or wrongly) the "Ur-Heidegger."[23]

By this I had in mind the original experience of the Being-question as occasioned by his reading of Brentano's thesis on Aristotle, the event when it all began. For the discovery of the Being-question was also a discovery of its forgottenness. Heidegger says as much when he first spoke publicly of the *Kehre* in the *Letter on Humanism:* "This turning is not a change of standpoint of *Being and Time,* but in it the thinking that was sought first arrives at the location of that dimension out of which *Being and Time* is experienced from the fundamental experience of the oblivion of Being."[24] Clearly it was the Being-question *in* its forgottenness that energized his reach for the unreachable star to the very end.

In our conversation he expressed himself on the matter with a nuance slightly different from what, as far as I know, he says elsewhere. My recollection is that he put it this way: "After discovering the Being question as a question in Aristotle, I read Aristotle (and others) assiduously to find an answer to it, but found none. Simultaneously with the Being-question, then, was the experience of its forgottenness. Nonetheless, Aristotle and all the others used the word 'is,' hence had some understanding of what it means even though they had failed to pose the question of what 'Is' (*Sein*) as such means. If one were to pursue *this* question, one would have to begin by investigating that lived (but unnoticed) understanding of 'is' that is in Aristotle and, for that matter, in all of us (Dasein). The best instrument available for such a task obviously was phenomenology. So ..." It was with the expectation that he would repeat this sequence in writing that I formulated the first question for him to address in the Preface. In fact, he chose not to do so. I was very aware of all this, however, in formulating my Conclusion and made the best case I could for an "Ur-Heidegger" with the data available for citation. In any case, Heidegger's remarks about "Heidegger I/II" I took to be a clear and totally unantici-

---

[22] *Ibid.,* p. 632.
[23] *Ibid.,* p. 633.
[24] Heidegger, "Letter on Humanism," in Krell (ed.), *op. cit.,* pp. 232 - 233.

pated confirmation of my own conception of the relation between them as stated in the Conclusion, and I was very happy about it. I thought about adding a note to the translation of the Preface, pointing out its correlation with my Conclusion, but rejected the idea as too obvious, hence an indiscreet overkill that would annoy more than it would enlighten the attentive reader. What a mistake!

Let this say, then, that from beginning to end, from De Waelhens (who read with a hermeneutic of suspicion every fragment, piece by piece), through all sorts of lesser (but highly exigent) folk through major critics (e.g., Max Müller, Henri Birault, and Emanuel Levinas) to Heidegger himself, no one – but no one! – ever raised the slightest objection to my use of the I/II formula – instinctive, highly convenient shorthand that gradually insinuated itself into the formal text. The difference between Heidegger I and II (in style, tone and focus) was (to me, working with the texts available 1955 - 60) a given; the unity and continuity between them, I believed, had been carefully demonstrated. It was not until the book was published and I returned home to try to find some way into the philosophical community that the Grand Illusion was shattered and the pernicious Scandal of this distinction was finally laid bare for all the world to see. But I noticed that the reviews usually cited nothing more than my Introduction; and, without plowing through them all over again, I have no memory of anyone who ever addressed the I/II issue as finally crystallized in the Conclusion at all – still less in direct confrontation with Heidegger's comments in the Preface. Yet for me, the *Conclusion* was the culmination of the study, not the Introduction. Even so astute a reader as Reiner Schürmann, for example, in rejecting this terminology, cites Heidegger's comments as "reservations."[25] As indicated above, I found them to be in no way "reservations" about the terminology but the clearest of confirmations of its validity. What element of "reserve" was in them I felt I had anticipated and taken account of in the Conclusion. Significantly, Schürmann gives his reference to p. 22 of my book (Introduction), not to pp. 632 - 3 (Conclusion). The "most unkindest cut of all," however, came one evening at a SPEP smoker when one well-known, well-published, pipe-smoking Heideggerian came up to me, feeling quite isolated, and said in kind, avuncular fashion: "All these people are bad-mouthing you about your two-Heidegger thing. I want you to know that I, at least, am on your side. I, too, believe that there really *are* two Heideggers." Puff, puff!

None of this should be taken to suggest that I would claim that there is no other way to understand Heidegger's development than the one I proposed. Schürmann's conception of things, for example, must be respected as a compelling one; and the more we know about Heidegger's previously unpublished work, the more closely we can follow every twist and turn in his zig-zag way through the prodigious twenties, the more nuance we must supply to the notion of *Kehre* as such. As for my

---

[25] Reiner Schürmann, *Heidegger. On Being and Acting: From Principles to Anarchy,* trans. C.-M. Gros (Bloomington: Indiana, 1990), p. 17 and n. 43.

own proposal – the essentials of which are that there *was* a *Kehre* (by Heidegger's own testimony) and that there was, therefore, a *pre-Kehre* (what I took to be Heidegger I – typified by *Being and Time*) and a *post-Kehre* (what I took to be Heidegger II – typified, say, by *Time and Being*), I would still defend its cogency as a plausible hypothesis for appreciating the whole of the Heidegger φαινομενον, taken in the sum.

When I speak of the need to nuance the understanding of *Kehre* in the light of the current availability of Heidegger's previously unpublished work, I have in mind such a reflection as Emad offers us in his contribution to the volume under discussion,[26] where he considers the *Kehre* and the I/II distinction in the light of Heidegger's *Beiträge zur Philosophie (Vom Ereignis)* (1936 - 38), which, published only in 1989, was obviously inaccessible during the late fifties when my own work was done.[27] Emad's purpose is to clarify Heidegger's "proviso" in the Preface concerning the I/II distinction ("only by way of what [Heidegger] I has thought does one gain access to what is to-be-thought by [Heidegger] II. But the thought of [Heidegger] I becomes possible only if it is contained in [Heidegger] II"). He argues that the *Beiträge* text permits a much closer look at the several moments of the turn from I to II in which "the analytic of Dasein" is retained even as the perspective of fundamental ontology is abandoned, precisely through the *kehrige Bezug des Seyns*, i.e. a turning-relation-in Being itself as appears through the thinking of *Ereignis*.[28] Emad makes his case through a meticulous reading of significant sections of the *Beiträge* and summarizes his conclusion succinctly:

> ... [W]e wanted to understand how the analytic of Dasein is retained in the thinking of Being when this thinking becomes the thinking of *Ereignis*. First, phenomenological analysis of thrownness and projection as structures of Dasein proves to be indispensable for the task of thinking Being as *Ereignis* and for understanding Being's understanding forth-throw. Secondly, we find that this indispensability is under the mandate of "The Leap" and the directives of "The Founding." Both provide guidance for thinking through the counter-sway that sways *in* and *as* Being, i.e., *Ereignis*. Thirdly, we find that this counter-sway indicates that Being needs humans and humans belong to Being. Finally, we find that phenomenological analysis of thrownness and projection ("Heidegger I") becomes possible when this analysis is contained in the thinking of Being as *Ereignis* ("Heidegger II") as this thinking occupies *Beiträge zur Philosophie (Vom Ereignis).*[29]

Emad insists that this transition from the transcendental-horizontal thinking of Being (Heidegger I) to the thinking of Being as *Ereignis* (Heidegger II) is not a break but a passage, marked by the difference between the way "projection" and "thrownness" are experienced in each period as sway and counter-sway between

---

[26] Emad, *op. cit.*, in Babich (ed.), *op. cit.*, pp. 129 - 146.
[27] *Beiträge zur Philosophie (Vom Ereignis)* GA 65.
[28] Emad, *op. cit.*, in Babich (ed.), *op. cit.*, pp. 130 - 131.
[29] *Ibid.*, p. 142.

Being and Dasein. Given these precisions, Emad concludes by asking whether, "after the publication of *Beiträge zur Philosophie (Vom Ereignis),* we should still hold on to the distinction between "Heidegger I" and "Heidegger II" as an appropriate and guiding distinction?"[30] In other words, when fleshed out as Emad proposes, following the intimation suggested by Heidegger's "proviso," is the distinction really useful?

Emad's argument is certainly enlightening. There is no doubt that *Beiträge zur Philosophie (Vom Ereignis),* as interpreted by him, adds welcome precision to what I propose in my Conclusion. But in no way, as far as I can see, does it gainsay what is said there. Given the history of my own involvement with the problem, a judicious answer to this question should be left, no doubt, to others. Yet the circumstances under which Emad raises the question make some kind of "response" appropriate. With reserve for better judgment, then, I would argue that the distinction is indeed still useful, at the very least for heuristic purposes. *Beiträge zur Philosophie (Vom Ereignis),* for all its power (it is touted as Heidegger's "second major work" after *Being and Time*), is hardly the most lucid of his writings; and some find in it, remarkable though it is, good reason to understand why he chose not to publish it. Emad's reading of it is very subtle and demands a reader equally as sophisticated as himself to follow it. This is a bit much to ask of the proletariat, however, for whom the I/II distinction was first invented. It is hard to imagine what the plodding journeyman would have made of *Beiträge zur Philosophie (Vom Ereignis)* in 1938, i.e., without the subsequent works up to and including (at least) *Time and Being* (1962)[31] to illuminate it. It is not even clear what Heidegger made of it himself. Certainly there would have been no Preface to offer us the perspective of hindsight. Just as Heidegger's own journey of self-discovery was long and arduous, so it is hardly inappropriate that the journey of those who try to follow him over difficult terrain be marked by dark ravines and valleys that may wisely be left for subsequent exploration in order that the primary journey may be finished at all. If it is not too pretentious, I would like to make my own in this regard the spirit of Heidegger's brief prologue to the ninth edition of *Sein und Zeit,* when he remarks: "The way [this study follows] still remains even today a necessary one if the question about Being is to stir our Dasein."[32] Stressing the point in our interview (1959), he insisted: "I would write *Being and Time* all over again now, if it were still necessary to do so." It is in this sense, then, that I do think the I/II distinction remains useful – no more than that, perhaps, but heuristically useful – at least for the proletariat, heavily burdened as we are by the poverty (*Armut*) of thought that, when all is said and done, makes beggars of us all.

\*

---

[30] *Ibid.,* p. 144.

[31] Martin Heidegger, "Time and Being," in *On Time and Being,* trans. J. Stambaugh (New York: Harper and Row, 1972).

[32] Martin Heidegger, *Sein und Zeit,* neunte Auflage (Tübingen: Niemeyer, 1960). p. 17.

And De Waelhens? He encouraged the enterprise, praised what he could find good in it and supported it to the very end. But he was never for a moment convinced – he went to his grave happy in his disbelief.[33] He was a fine man, a true philosopher and a great mentor. May he rest in peace!

---

[33] What his real feelings were would appear only long after the book had appeared and he was given his day in court. Invited by the editor of the *International Philosophical Quarterly* to write a review essay of my work, under the rubric of "Contemporary Currents" (Alphonse De Waelhens, "Reflections on Heidegger's Development. A propos a Recent Book," *International Philosophical Quarterly*, 5 [1965], 497 - 502), he treated the book with great respect, but then made his own position clear. The tenor of his position may be divined from his concluding paragraph: "With Heidegger, thought, in the sense of *What Is Called Thinking?*, comes down to projecting a fundamental experience without place, without home, without partners – unable to be situated, unable (when all is said and done) even to be uttered, and with regard to which all the discernible modalities of human existence are only deviated productions. There is no true thought outside of that experience, no true experience of Being outside of that one. And of this experience itself, one cannot say – since all language is borrowed from it – whether it is Being, the revelation of Being in man, or the contribution of man to Being. All these expressions pose all over again the very questions that they elucidate. This 'dubious struggle' in which everything is at stake cannot fail to remind us of a certain phrase of Hegel aimed at the nocturnal character of Schelling's Absolute, and which we will not have the irreverence to cite, for after all we must leave to the genius of a Hegel the cruelty of Hegelian irony." The reference, obviously, is to Hegel's characterization of Schelling's Absolute as the "night in which all cows are black." Cf. G. W. F. Hegel, *Phänomenologie des Geistes* (Hamburg: Meiner, 1952), p. 19, cited *ibid.*, p. 502, n. 21.

# L'épreuve de l'impensé

Henri Crétella

Les plus grandes pensées sont de celles qui peuvent le plus brièvement se résumer. Un seul mot d'ordinaire y suffit, et des plus courts aussi. Il en va ainsi pour la plus haute pensée que "Dieu" continue – ou recommence – de signifier, de même que pour la plus vaste que le terme d'"être" traduit de la philosophie. Mais, en l'occurrence, brièveté n'est pas indice de facilité. C'est l'inverse, plutôt, qui se vérifie. Car la brièveté, en l'espèce, sert à mesurer le degré de concentration de la difficulté. Une difficulté, au demeurant, fondée sur un renversement par rapport à l'usage courant. Ainsi, "Dieu" comme "être" ne désignent jamais quelqu'un – ou quelque chose – de "concret". Les mots ne servent pas, ici, à renvoyer à des "réalités" qu'on puisse communément faire "voir" ou "toucher". Ils signifient, au contraire, ce que nul, jamais, ne saurait saisir et "montrer".

Aussi bien s'agit-il, en l'occurrence, de cesser de saisir et d'exhiber. Se dessaisir, plutôt, et s'effacer: voilà ce qu'il faut. Car telle est l'unique façon de laisser les choses être ce qu'elles sont et nous signifier ce qu'elles ont fonction de nous enseigner. À savoir, précisément, qu'elles ne peuvent être que "là", dans ce "lieu" de "vérité" que nous devons contribuer à faire advenir afin que l'humanité puisse s'y accomplir. Ce "là", donc, étonnemment, constitue un double "événement" qui ne se produit jamais que "négativement". D'où la nécessité, précisément, de le penser autrement que "positivement". Autrement, par conséquent, que de la manière dont on l'a pensé avant Heidegger.

Le renouvellement auquel doit être attaché le nom du penseur allemand tient, effectivement, tout entier dans ce terme d'*impensé* sur lequel, symptomatiquement, le malentendu est demeuré, jusqu'ici, doublement complet. Il réside, en effet, dans une absence totale de compréhension de cela dont, réellement, l'impensé se trouve constitué. Car cela n'est nullement, comme on le croit communément, une défaillance ou "un manque à penser" dont se serait rendu fautif – sinon "coupable" – tel ou tel des grands penseurs de l'Occident. Il s'agit, plutôt, du contraire exactement, comme Heidegger a bien pris soin de le préciser dans *Qu'appelle-t-on penser?*[1]. Aussi vainement, toutefois, que nettement. La raison en est que la mise au point s'est effectuée dans un cadre tout à fait inapproprié: celui d'un cours consacré, non à l'impensé véritablement dit, mais à ce qui en ressortirait dans l'histoire de la

---

[1] Cf. *Was heisst Denken?*, Max Niemeyer Verlag, 1971, pp. 71 - 72; tr. fr. *Qu'appelle-t-on penser?*, P.U.F., 1959, pp. 117 - 118.

philosophie. De sorte que l'impensé n'y apparaît guère que comme l'effet d'une prouesse de penser. Alors qu'il n'est pas essentiellement cela. Car il signifie, non pas le pur acte de penser, mais le double "événement" qui, comme nous l'avons dit, négativement s'y accomplit. Au sens strict, l'impensé ne saurait, donc, jamais être effectivement pensé. C'est de l'acte de penser qu'il faut dire, plutôt, qu'il ne se produit que sous la condition du double "événement" dont il dépend. Mais, non point comme d'une cause relèverait son effet. L'acte de penser, aussi bien, répond à ce qui en constitue la condition. Or, réponse n'est pas simple réaction. La relation entre "événement" et penser appartient par conséquent à une logique autre que celle de la causalité, fût-elle assortie de réciprocité. L'acte de penser ne saurait, ainsi, relever du double "événement" qui l'a conditionné que parce qu'il a mission, en retour, d'en révéler la "structure" et les possibilités. En toute liberté – et responsabilité – mais sans pouvoir se délier jamais de ce "là" dont il dépend: nécessairement.

Il faut donc comprendre la négation constitutive de l'*im*pensé comme déterminée, non point par le participe "pensé" qui la suit, mais par "l'événement" qui s'y accomplit. Il s'agit, en effet, d'une négation originaire et non pas dérivée: d'une négation dont le caractère premier exclut toute notion de "limite" par manque ou privation. Ceux-ci ne sauraient jamais être de son fait, mais toujours de celui du terme "positif" qui lui est joint ou opposé. Le "pensé", par conséquent, n'est pas ce par quoi l'impensé devrait être remplacé mais la précision nécessitant, pour être effectuée, un champ et un mouvement qui, par rapport à elle sont: l'un englobant, et l'autre déterminant. Ainsi, tout ce qui peut être pensé relève – nécessairement – d'un impensé par lequel il se trouve, non seulement circonscrit, mais "aussi": produit. Tel est l'étonnant renversement de perspective à devoir s'efforcer d'opérer. Pas uniquement, du reste, à l'égard de l'impensé mais de l'ensemble de ces termes que l'on devrait appeler: "négatifs premiers". Heidegger en aura, notamment, signalé deux autres cas: celui de "l'impossibilité" vers le début de son chemin de penser, et, pas très loin de sa fin, celui de "l'inconscient".

Une aussi juste – que tardive – reconnaissance par ses soins du terme par excellence freudien aurait dû provoquer l'étonnement, ou, du moins, un sérieux examen. Or, tout continue de se passer comme si elle n'avait même pas été relevée. Quasiment sans effet est également demeuré son traitement de l'impossibilité. Lacan, pourtant, aurait dû avoir suscité l'intérêt à ce sujet depuis assez longtemps. Si "la clinique, c'est l'impossible à supporter", ainsi qu'on lui en a prêté le propos, il est des plus étonnants que le renversement touchant l'impossibilité que Heidegger conduit à effectuer soit demeuré si peu remarqué[2]. Mais la raison, sans doute, en est que la notion d'une *originaire négation* heurte trop fortement notre système d'idées conscient et satisfait en même temps, profondément, l'inconscient. De

---

[2] Qu'il me soit permis de renvoyer, à ce sujet, aux pages finales de mon article: *Penser le danger,* paru dans les "cahiers philosophiques" (Paris, Centre de documentation pédagogique), n.53/décembre 1992, pp. 33 - 50.

sorte que la difficulté, en l'occurrence, est d'une dualité – sinon duplicité – demeurée insoupçonnée. En témoigne singulièrement le double – et tenace – malentendu que nous venons d'analyser touchant l'impensé. Il s'agit, en effet, du plus important de ces "termes négatifs premiers", si déroutants dans l'usage courant que Heidegger, comme nous l'avons indiqué, n'a pu lui-même éviter de prêter à s'y égarer. Or, s'il a dû s'y prêter – dans la mise au point même qu'il fait sur le sens de l'impensé ! – c'est parce que le cadre dans lequel il l'a effectuée excluait tout autant la considération de "l'événement" que celle de l'inconscient. La preuve en est qu'il en écarte expressément[3] tout développement concernant la dimension personnelle du penser: celle, précisément, qui fait intervenir l'inconscient.

Encore faut-il réfléchir à la raison de ce qui n'est, en aucune façon, une renonciation. Aussi bien, apparaît-elle d'ordre tant existentiel qu'essentiel. D'ordre existentiel d'abord: selon Heidegger, en effet, le véritable acte de penser est aussi solitaire que muet. Nul ainsi – aussi grand fût-il – ne saurait dispenser nul autre de penser, ni le lui enseigner. Tout ce qui relève de la "personnalité", dans ces conditions, doit être résolument écarté. Il s'agit de la plus stricte des nécessités. Si, néanmoins, une communication s'établit bien, ce n'est jamais avec telle ou telle grande figure de la pensée, mais toujours avec cela seul qui permet à chacune de se déterminer indépendamment de celle qui l'a précédée. À la commune solitude qui fait les penseurs, correspond ainsi la singulière unicité de ce qui leur donne à penser. La raison d'ordre existentiel d'abord fournie par Heidegger se retourne d'elle-même, par conséquent, en raison d'ordre essentiel. Ce qui enjoint – et permet – de penser étant nécessairement unique, en effet, ne saurait, pour cette raison, comporter aucun élément essentiel de personnalité. Nul principe de subjectivité ne saurait, ainsi, affecter l'ordre de la pensée: encore moins l'ordonner.

*Une certaine* mise à l'écart se trouve ainsi justifiée de tout ce qui peut être rattaché à l'anthropologie et à l'attitude scientifique, en général, dont elle ressortit. Le souci d'objectivité de la science, en effet, repose sur le principe de la subjectivité. Dans la mesure où la psychanalyse y prétend, elle aussi, elle est écartée d'autant de la détermination du véritable acte de penser. Si l'on se borne, par conséquent, à concevoir l'inconscient comme l'attribut, certes déconcertant, mais d'individus supposés par ailleurs bien connus, il n'y a pas lieu de lui consacrer plus d'attention qu'aux difficultés dérivées auxquelles les sciences sont confrontées. Mais, si au lieu de le considérer comme un sous-ordre -- ou sous-désordre -- de la conscience ou subjectivité, on y aperçoit ce par quoi celle-ci est elle-même régie, il est possible alors de conférer à la psychanalyse le statut et la portée que, sans doute, le génie de Freud a pressentis, mais que son scientisme lui a interdit de revendiquer. Car l'inconscient *selon* Freud est autrement intéressant que la conscience que lui-même s'est efforcé d'en faire partager. Celle-ci, en effet, est restée dominée par une philosophie que celui-là était appelé à rendre périmée. Mais, pour véritable-

---

[3] Cf. *Was heisst Denken?*, op. cit., p. 160; tr. fr., pp. 241 - 242.

ment y arriver, il aura fallu que Heidegger nous permette de déceler ce qui, de l'inconscient, demeurait à penser.

La remarque qu'il fait à son sujet inopinément, plus de quarante ans après la publication d'*Être et Temps* permet de l'établir précisément. Elle se situe vers la fin de la dernière séance du second séminaire du Thor. Il s'agissait ce jour-là – *8 septembre 1968!* – de récapituler avec le premier Hegel – celui de la *Differenzschrift* – les "rubriques" ou les "moments" constituant le "domaine" de "la conscience" où "la Raison saisit l'Absolu"[4]. Or, voici qu'à propos du dernier de ces "moments", Heidegger en vient à préciser la différence à observer entre l'inconscient selon Freud – *das Unbewußte* – et ce qui, chez Hegel, peut être traduit par "l'inconscient", mais devrait l'être autrement parce qu'il se dit inversement en allemand, à savoir: *das Bewußtlose,* ce qui est sans conscience. L'inversion de la négation – préfixée avec Freud et postposée chez Hegel – est ainsi explicitée: "La différence est que l'‛Unbewußt' freudien ne tombe pas ‛im Bewußtsein', tandis que chez Hegel la différence du ‛Bewußt' et du ‛Bewußtlos' tombe dans le ‛Bewußtsein'"[5]. L'inconscient freudien, autrement dit, est étranger au domaine de la conscience auquel, au contraire, appartient "l'inconscient" hégélien. La "distinction" indiquée est d'une importance qu'on ne saurait surévaluer. Elle est condamnée, pourtant, à demeurer "ignorée" aussi longtemps que le type de négation que Heidegger nous a révélé continuera d'être: non point impensé, mais – ce qui en est l'opposé – non pensé du tout.

On n'y a guère, non plus, prêté attention, mais Heidegger a, en effet, bien pris soin d'opposer – sur le modèle que "l'inconscient" nous a permis de tracer – deux situations et deux sens de la négation dans l'ordre de la pensée. Ainsi, pour indiquer l'absence complète de penser a-t-il employé l'adjectif *gedankenlos* et le nom de *Gedankenlosigkeit*[6], alors que pour signifier ce qui est impensé: *ungedacht* se trouve préféré, qui peut – et doit – être substantivé afin que son véritable statut soit reconnu: *das Ungedachte,* l'impensé. Concernant le troisième des "termes négatifs premiers" que nous avons envisagés: l'impossibilité, les conditions sont quelque peu différentes, mais encore plus éclairantes. Il n'existe pas, en l'occurrence, de "*Möglichlosigkeit*" à opposer à l'*Unmöglichkeit*, et Heidegger n'emploie pas l'adjectif "impossible": *unmöglich* comme il a utilisé celui d'impensé. Toutefois, nous apercevons bien comment, tant en français qu'en allemand – et en toute autre langue nécessairement – l'absence de possibilité, ou son défaut, pourrait être opposé à l'impossibilité telle que Heidegger nous en a légué l'étonnante pensée: celle, à savoir, d'un surcroît de possibilité[7]. Ainsi, en résumé, nous a-t-il permis d'explorer – de multiple façon – les deux sens opposés de la négation.

---

[4] Cf. *Questions IV*, Gallimard, 1976, p. 250; texte allemand *in* GA 15, 318.

[5] Cf. *Questions IV*, p. 257; GA 15, pp. 324 - 325.

[6] Cf. *Gelassenheit*, Neske, 1979, p. 11; tr. fr.: *Sérénité,* in *Questions III*, Gallimard, 1966, pp. 163 - 164.

[7] Cf. ci-dessus, note 2.

Cela, même, doit être considéré comme la véritable nouveauté de ce qu'il nous a apporté. Encore faut-il, cependant, préciser qu'elle nécessite d'être *explorée*. La preuve en est que l'entreprise en demeure à proposer, soixante-dix ans après que "l'ouvrage de percée" en ait été publié. Or, la pensée directrice de la négation – qui rend le livre si déconcertant – avait été explicitée, pourtant, près d'un lustre auparavant. On peut, désormais, le vérifier par ce qu'il est convenu d'appeler "le rapport Natorp" rédigé par Heidegger au tout début de l'automne 1922, soit quatre ans et demi environ avant la publication d'*Être et Temps*. De sorte que l'arrivée sur le chemin de penser doit être datée de cette fin d'année-là. Du moins, si l'on s'efforce de distinguer, comme il convient, *le* chemin de penser de la personne à qui nous en devons le tracé. La différence, en effet, à devoir observer, est celle existant entre Heidegger et ce qu'il nous a offert. On ne saurait l'en remercier qu'à condition de le dissocier de ce qu'il nous a donné. Car ce n'est que de cette façon que nous reconnaîtrons l'importance du don qu'il nous a fait de pouvoir – justement – remonter la pente de la négation dont, constamment, nous dévalons.

Le plus étonnant demeure, cependant, qu'il n'aura – de son vivant – jamais rien publié d'aussi éclairant que ces quelques lignes du "rapport Natorp" qui, curieusement, continuent de passer inaperçues. Quoi de plus saisissant que ce qu'elles disent pourtant? Ne le faisons, par conséquent, pas attendre plus longtemps: "Quant à son sens constitutif – écrit donc Heidegger – la négation a le primat originaire sur la position. Cela, parce que le caractère d'être de l'homme se trouve de fait déterminé par une chute, par le penchant au monde." À trois quarts de siècle de distance, ces deux phrases prennent leur véritable importance. On ne saurait trop s'émerveiller de tout ce qu'elles annonçaient et que – désormais – elles permettent d'expliquer. Pour le résumer, l'expression de "théologie de la négation" apparaît assez bien indiquée. Théologie, car "le caractère d'être de l'homme se trouve de fait déterminé par une chute, par le penchant au monde." Mais théologie, aussi, parce que la condition comporte la possibilité d'une rédemption. Qui dit "chute" et "penchant" implique, en effet, un statut premier à la droiture duquel pouvoir retourner, du moins en pensée. Or celui-ci, étrangement, se trouve déterminé négativement. "Le primat originaire sur la position" appartient, ainsi, à "la négation". Ce qui signifie un renversement par rapport à l'usage courant. Afin de l'expliciter, nous avons, donc, proposé de distinguer la négation au sens ordinaire de celle qui "a le primat originaire sur la position". Il apparaît, de cette façon, qu'il y a identité entre ce que Heidegger nomme ici "position" et la négation que nous avons appelée "dérivée" ou, comme à l'instant, "négation au sens ordinaire". Cette négation secondaire doit, en effet, être rigoureusement opposée à la négation originaire dont nous devons la découverte à Heidegger[8].

---

[8] Cf. Martin Heidegger, *Interprétations phénoménologiques d'Aristote/Phänomenologische Interpretationen zu Aristoteles*, T.E.R. (bilingue), p. 27; traduction modifiée conformément au texte proposé, fin de l'article cité note 2.

Tels sont le caractère et la portée de cette opposition qu'il ne me semble pas exagéré de la considérer comme le principe unique permettant d'expliquer la totalité de ce que Heidegger nous a donné à penser. Les trois cas exemplaires de l'impensé, de l'inconscient et de l'impossibilité nous ont déjà fourni l'occasion de le vérifier. Mais il est sans doute d'un plus haut intérêt d'en développer la démonstration sur la notion-clé de "l'invérité" – *die Unwahrheit* – dont Heidegger n'a pas craint d'affirmer qu'elle "est l'essence de la vérité"[9]. L'opposition des deux sortes de négations ne saurait mieux remplir sa fonction de clarification qu'en l'occurrence, en effet, de la question de la vérité. Au point de devoir souligner qu'elle en constitue le préalable absolu. Car, sans elle, il n'est tout simplement pas possible de s'orienter vers ce dont Heidegger a distingué le double impensé. Celui-ci n'a de chance d'être aperçu qu'à condition de ne pas confondre "l'invérité" avec le contraire de l'adéquation du réel et de la pensée que signifie le concept courant de vérité. Ainsi, l'invérité n'est pas ce qu'on appelle habituellement erreur ou fausseté. Ce n'est pas l'inadéquation – subie ou délibérée – entre ce qui se trouve dit ou représenté et ce qui est. Elle se situe au-delà de la dialectique de la vérité-véracité avec ses opposés: erreur et mensonge ou fausseté. D'où l'équivoque qu'il y aurait à réduire l'épreuve de l'invérité à ce que l'histoire des sciences, d'une part, et l'analyse morale, d'autre part, pourraient nous enseigner sur notre conformisme, notre naïveté – ou notre perversité. Car l'épreuve de l'invérité est bien celle de *l'essence* de la vérité, et non celle des hommes qui n'y sont que sujets: floués, trompeurs, mais quelquefois aussi redressés dans leur grandeur insoupçonnée. Le "soi" – *das Selbst* – qui se découvre ici n'est donc pas exclusivement humain. Il est, plutôt, ce qui se tient à la "croisée" – sur la terre et sous le ciel – de l'humain et du divin. Que l'homme s'y trouve – par *foi* – mis en croix, cela témoigne de ce que la vérité ne saurait être "pragmatiquement" ramenée à une sorte d'utilité dont l'instinct de se conserver serait la mesure appropriée. L'aventure de la vérité implique, au contraire, ce "Même" ou cet Entier – *das Selbe* – dont le "soi" ou l'identité – *das Selbst* – nous a permis d'indiquer la quadruple pensée: de l'humain, du divin et de ce qui accorde l'un à sa profondeur et l'autre à sa splendeur.

*

C'est, du reste, pour n'avoir pas ouvertement ordonné à cette théologique portée sa pensée de la vérité que Heidegger n'a pu éviter l'errement qui ne saurait cesser de nous désoler. Cela, même s'il doit – concrètement – nous enseigner ce qu'il en est de l'épreuve de l'invérité. Nous touchons ici, en effet, au point d'indistinction entre la vie et la pensée. Indistinction, toutefois, non point par confusion, mais par nécessité d'incarnation. Car telle est, en son effective portée, la question de la vérité qu'elle nous conduit à devoir ne pas nous dérober devant la difficulté – de

---

[9] Cf. *Der Ursprung des Kunstwerkes,* GA 5, p. 41; tr. fr. in *Chemins qui ne mènent nulle part,* idées/Gallimard, 1980, pp. 59 - 60.

penser l'incarnation – que Heidegger aura si étonnamment reportée tout au long du chemin de penser. Il semblait, pourtant, devoir l'affronter directement dès la "deuxième moitié" d'*Être et Temps* et s'y être préparé depuis longtemps. Mais celle-ci, comme on sait, après avoir été rédigée en sa décisive partie, a été définitivement "ajournée" et ce qui en a existé purement et simplement brûlé[10]. Nous apprendrons, peut-être, un jour par les inédits la raison détaillée de cet "ajournement" et de cette destruction. Nous ne saurions, cependant, invoquer cette éventualité pour continuer de différer la tâche qui nous incombe de mesurer l'effet d'un aussi singulier "retrait de pensée".

Aussi bien, la difficulté capable de l'expliquer ne peut plus être silencieusement éludée. L'ensemble des obstacles – religieux ou laïques, politiques ou philosophiques – qui empêchaient de l'envisager apparaît en passe, en effet, d'être levé. La preuve en est "l'affaire Heidegger" qui requiert désormais de se confronter à la question qui, à n'en pas douter, en constitue la clé[11]. Cela n'en atténue – certes pas – la difficulté, mais du moins la voie est-elle libérée permettant d'y accéder. Ce qui ne saurait se faire autrement qu'en se reportant au problème sur l'énoncé duquel, pratiquement, s'est interrompue définitivement la publication d'*Être et Temps*. Heidegger s'y demande si "l'ontologie peut" "se justifier *ontologiquement*" ou bien si "elle a besoin aussi d'un soubassement *ontique*" et, dans cette éventualité, "à *quel* étant" il reviendrait "d'assumer la fonction de la fondation"[12]. Telle est, donc, la formulation adoptée, à la fin de "l'ouvrage de percée", pour la question de l'incarnation. La réponse n'y fait aucun doute pour la bonne raison qu'elle ne peut manquer d'avoir précédé la question. Et pour cause. Les réponses essentielles ne sont pas de celles qui font suite et satisfont à certaines demandes d'information. Elles engendrent, plutôt, un type de questions dont la fonction n'est pas de proposer un choix mais de soutenir la réflexion que doit susciter la réponse à laquelle elles sont ordonnées[13]. Ainsi Heidegger ne nous a-t-il pas laissés dans l'indécision touchant la question de savoir "si" l'ontologie avait besoin "aussi" d'être fondée par "l'étant" à l'analyse duquel, justement, il venait de consacrer tout ce qui devait être publié d'*Être et Temps*.

En l'occurrence, il serait, même, trop peu de dire que nous tenons la réponse – car nous l'incarnons. La question, dans ces conditions, n'est pas de savoir si, tout comme la manifestation de l'étant nécessite la vérité de l'être, celle-ci, en retour, a

---

[10] Cf. le *Nachwort* de F.-W. von Herrmann à *Sein und Zeit* in GA 2, 582; tr. fr.: *Être et Temps*, Gallimard, 1986, p. 512.

[11] Cf. l'article que je lui ai consacré, sous le titre: *La mesure de l'affaire*, dans les "Études Heideggeriennes", n. 11/1995; voir, en particulier, les pages 67 - 68 et, surtout, les pages 90 à 94 où se trouvent indiqués les deux déterminants – théologie et technologie – d'une question dont la fin de la présente étude devrait avoir précisé la nature: voir note 31.

[12] Cf. GA 2, p. 576; tr. fr. *Être et Temps*, p. 504.

[13] Sur la relation entre mot (*Wort*), réponse (*Antwort*) et question (*Frage*), voir, notamment, désormais, la mise au point effectuée in GA 77, *Feldweg-Gespräche*, pp. 22 - 25.

besoin d'être fondée concrètement sur une certaine sorte d'étant. Notre existence est, en effet, l'épreuve continuelle de cette dépendance mutuelle. Mais la question n'est pas davantage de savoir comment nous devons nous comporter pour que s'effectue la fondation indiquée : à cela, Heidegger a consacré tout ce qu'il a énoncé au sujet de "l'authenticité" – ou "propriété" : *Eigentlichkeit* – dans la seconde section, notamment, d'*Être et Temps*. Non, la question qui demeure est celle, uniquement, de penser le double appropriement – ou "événement" : *Ereignis* – grâce auquel la vérité se trouve incarnée. Cela demandera à Heidegger, comme on le sait désormais, une dizaine d'années pour commencer d'y arriver. Et nous devrons, quant à "nous", encore attendre plus d'un demi-siècle pour vraiment l'apprendre. Le rythme de l'histoire de la pensée n'est, décidément, pas celui du défilé de "l'actualité".

C'est, du reste, pour en avoir, un moment, sous-estimé le différend que Heidegger a subi l'errement qu'on n'a, depuis, cessé de lui reprocher. De manière le plus souvent, hélas, aussi incompréhensive qu'acharnée. Car si, incontestablement, le pas de clerc commis par Heidegger fut des plus affligeants, il faut reconnaître également qu'il s'est avéré – fort heureusement – aussi peu nocif que grandement instructif[14]. Les travaux menés, depuis une trentaine d'années, par François Fédier permettent, désormais, de *précisément* le mesurer[15]. Ils établissent, d'abord, que le motif qui a induit Heidegger à se trouver compromis avec les nazis, n'a rien d'un "enthousiasme" qui l'aurait pris lors de l'arrivée au pouvoir de Hitler et de son parti. Bien au contraire. C'est le souci de résister à ce que cet avènement comportait de danger qui a conduit – malencontreusement – Heidegger à s'engager dans un mouvement qu'il a cru, naïvement, pouvoir "assainir et clarifier"[16]. L'illusion n'a guère duré, même si l'effet subi ne pouvait immédiatement cesser. En tout cas, tel est le second point établi par François Fédier, l'engagement de Heidegger a proprement pris fin dès avril 1934 avec sa démission d'un Rectorat dans l'accomplissement duquel il n'a rien fait qui soit un encouragement à l'idéologie nazie. Enfin, dernier point – le plus important sans doute – si l'erreur de Heidegger sur la personne d'Hitler a été : colossale, en effet, elle n'a pas manqué d'être, alors, partagée, y compris par des personnalités les moins suspectes de sympathie pour les régimes de tyrannie. Que des esprits de cette qualité n'aient pu s'empêcher – un moment – d'être abusés par "la forme inouïe de démagogie pratiquée par Hitler"[17] devrait nous inspirer la plus salutaire des humilités. Quelle aurait été, en effet, notre propre lucidité dans un type de circonstances qui ... ne s'est, heureusement, pas reproduit ?

---

[14] Cf. l'article : *Un échec instructif*, publié par Rainer Rochlitz dans le n. 492/mai 1992 de "Critique".

[15] Ainsi que j'ai tenté de le montrer dans l'article cité ci-dessus, note 11.

[16] Cf. p. 79 de la Préface de François Fédier aux *Écrits politiques* de Heidegger, Gallimard, 1995.

[17] Cf. Préface de François Fédier, citée note précédente : pp. 38, 55 - 64, 75 - 76.

La question mérite d'autant plus d'être soulevée qu'elle nous introduit au cœur de ce qui doit nous retenir ici. Non point le projet de savoir comment attribuer à chacun sa part de culpabilité. Mais celui, uniquement, de déterminer comment un errement peut être à la fois nécessaire et sans gravité, à l'inverse d'autres qui sont criminellement déments. Il faut, à ce sujet, rendre hommage de nouveau à François Fédier: de manière plus appuyée. Car ce qui fait l'exceptionnelle qualité de ses travaux est le sens aigu qu'ils devraient nous donner de la différence à observer entre faute et criminalité. Tel est l'enjeu, en effet, de son exemplaire défense de Heidegger: clairement délimiter le registre de l'erreur subie – fût-ce de son propre fait – de celui du crime commis, fût-il demeuré quasiment insoupçonné. Ainsi, le crime nazi contre l'humanité a-t-il été perpétré, avant même la Shoah, sous la forme de l'eugénisme d'Etat[18]. La non-perception de ce crime-là constitue, même, le véritable problème que nous a légué la période d'aveuglement qui permit l'arrivée au pouvoir des nazis. Or, Heidegger a, incontestablement, participé de cet aveuglement, non germanique mais, hélas, général. Il est, néanmoins, aussi celui qui nous aura indiqué comment penser pour n'y plus retomber.

Car le nazisme, dont l'eugénisme fut le principe fondamental, relève d'un mode de penser qui est à l'origine du développement de l'Occident. On ne saurait donc en finir avec ceux-là qu'à condition de libérer celui-ci de ce qui l'a asservi. À savoir, justement, une certaine idée de la vérité oublieuse de l'invérité dont elle est dérivée. Cette idée: philosophique, scientifique, technique de la vérité comme adéquation de l'être et de la représentation constitue, en effet, l'horizon qui – littéralement – ferme l'accès à ses propres conditions de possibilité. D'où la nécessité d'un renversement à effectuer dont la difficulté – et le danger – résident en ce qu'il faut adopter le mode traditionnel de penser avant de le changer, et afin de pouvoir y arriver. Que le mouvement de ce "tournant": *die Kehre* – n'aille pas sans risque d'arrêt, de rebroussement – ou d'égarement – qui ne saurait en accorder l'éventualité? Ce sont là les aléas que Heidegger a dû affronter concrètement, en particulier pendant les dix ans qui ont suivi la publication d'*Être et Temps*.

Il y eut d'abord, effectivement, arrêt: suspension dans un premier temps de l'édition de la suite d'*Être et Temps* avec destruction de sa troisième section; réélaboration, ensuite – au moins "pédagogique" – de celle-ci[19]; renoncement enfin, devenu définitif[20], à publier le complément de ce qui n'avait été présenté, pourtant, que comme la "première moitié" du livre de "percée". La difficulté de lecture

---

[18] Cf. François Fédier, *Anatomie d'un scandale,* Robert Laffont, 1988, pp. 162 - 174.

[19] Il s'agit du cours du semestre d'été 1927: GA 24; tr. fr.: *Les problèmes fondamentaux de la phénoménologie,* Gallimard, 1975.

[20] Cf. le bref ouvrage que F.-W. von Herrmann a consacré à la "préhistoire" de ce renoncement: *Heideggers "Grundprobleme der Phänomenologie": Zur "Zweiten Hälfte" von "Sein und Zeit",* Klostermann, 1991, 64 p. Quant à la justification du "changement immanent" – selon la fort juste expression de F.-W. von Herrmann – que constitue ce renoncement, les *Beiträge,* qui en sont la concrétisation, n'omettent d'en préciser ni la fonction – critique – ni la signification: cf. GA 65, § 262; voir, notamment, pp. 450 - 452.

créée par ce singulier "retrait de pensée" n'a véritablement commencé d'être levée qu'avec la publication – opportunément anticipée! – des *Beiträge zur Philosophie* à l'occasion du centenaire de la naissance de Heidegger. Toutefois, si nous savons, maintenant, quel est le renouvellement qui a succédé à *Être et Temps,* le chemin y conduisant ne nous a pas été révélé pour autant. De sorte que, près de soixante-dix ans après la publication de l'ouvrage de "percée", nous devons encore imaginer comment celle-ci s'est prolongée: non sans retard, ni sans nécessiter la plus dangereuse épreuve de l'impensé.

Plutôt, même, que de retard, il faut parler de retardement. D'un retardement délibéré dont nous venons, de nouveau, de souligner combien il aura duré: au point qu'il devrait, encore, se prolonger[21]. Car Heidegger s'est trouvé, dès son entrée sur le chemin de penser, devant une difficulté d'autant plus impossible à en écarter qu'elle ne faisait qu'un avec la nécessité de le tracer. Restait, cependant, la possibilité d'en reporter le traitement. Ce qui aura été tenté … jusqu'à occasionner le malencontreux effet d'"engagement" que l'on sait. La cuisante épreuve de celui-ci, d'une certaine manière, a contraint Heidegger de cesser de temporiser avec la difficulté. Mais elle ne l'a pas conduit, pour autant, à publier la questionnante solution qu'il lui avait donnée. Du moins avant … très longtemps. D'où l'ignorance qui s'est prolongée, plus d'une soixantaine d'années, touchant l'essentiel de sa pensée de "l'événement".

La raison d'un tel délai de publication est la même, à n'en pas douter, que celle qui l'avait, auparavant, amené à la destruction de la "première" version de la troisième section d'*Être et Temps*. Celle-ci devait, pour le moins, en effet, préciser les termes du problème dont la difficulté a conduit Heidegger à ne plus même l'évoquer – semble-t-il – après l'arrêt de "l'ouvrage de percée". Il faut donc placer, en résumé, une seule et même difficulté à l'origine: du renoncement, d'abord, au complément d'*Être et Temps*; du report, ensuite, de son renouvellement, et du délai, enfin, mis à la publication de celui-ci. Trois traits définissent l'incommodité, sinon le caractère intraitable, de cette difficulté. Bien que liés indissociablement, ils peuvent – et doivent être, ici – examinés successivement.

Le tout premier de ces traits réside dans la nature *théologique* de la difficulté. Ce qui, toutefois, ne signifie pas qu'elle relèverait du magistère de quelque confession que ce soit. Si théologie il y a, c'est, en effet, en toute *laïcité*. Voilà, justement, ce qui fait l'essentiel de la difficulté. Car, si la détermination théologique du chemin de penser[22] était ordonnée à tel ou tel dogme à confesser – fût-il nouvellement constitué – rien ne ferait véritablement difficulté. Il appartiendrait à chacun, simplement, de choisir de se ranger sous son autorité – ou bien de s'y refuser. Mais

---

[21] Cf. le *Nachwort* de F.-W. von Herrmann à l'édition des *Beiträge:* GA 65, pp. 512 - 513. Heidegger, en effet, avait mis comme condition à leur publication celle, auparavant, de l'intégralité de ses cours: fort heureusement, cette disposition a été respectée – scrupuleusement – mais non "littéralement".

[22] La formule en est rappelée plus bas et la référence donnée, note 25.

il ne s'agit, en aucune façon, ici, de religion. Aucune croyance ou obéissance n'est exigée, mais – à l'opposé – l'entière résolution de penser. Par soi seul, sinon tout seul. Chacun est requis dans ce qu'il a de tellement singulier que lui-même ne saurait préciser en quoi cela pourrait consister. D'où l'absurdité qu'il y aurait à fixer ce qu'il faudrait dire, faire ou penser alors qu'il s'agit, au contraire, de découvrir ce qui ne l'a, encore, jamais été: dit, fait ou pensé … Quand il s'agit, en résumé: d'*explorer*. – Mais, demandera-t-on, pourquoi parler de théologie dans ces conditions?

Parce que, faut-il répondre, les conditions sont dès lors réunies pour faire l'épreuve de ce que, véritablement, signifie ce terme de théologie. À savoir, non pas l'adoption d'un credo, mais la détermination entièrement personnelle de ce qui est par qui a pris la résolution de s'y aventurer. Le réel apparaît, alors, tel qu'il est: entièrement nouveau et singulier. À devoir, donc, sauvegarder dans cette double identité. Conformément à ce qui est plus que son "étymologie", le terme de théologie veut dire ainsi: logique de ce qui apparaît, et non communication réservée avec ce qui est caché.

On aperçoit, à partir de là, comment Heidegger nous permettrait de remonter en deçà des traditions constituées. En deçà des traditions intellectuelles, se découvre, en effet, le sens premier de la divinité: la manifestation de ce qui est. Et, en deçà des traditions confessionnelles, la dimension de personnelle nouveauté de ce qui n'apparaît qu'ainsi. Mais on fait, aussi, un peu mieux que deviner les objections à soulever. Qu'en est-il, en effet, d'un réel multiplié par le nombre indéfini des "sujets" auxquels il apparaît, et, d'abord, qu'en est-il de ceux-ci? La dimension personnelle ainsi "éclatée" est-elle compatible avec la solidité du réel et la communauté humaine? Ne faut-il pas, pour unifier celle-ci et pour constituer celui-là, un autre type de "sujet" que ceux impliqués dans ce qui pourrait n'être qu'une vaine quête d'originalité? Peut-on, finalement, éviter de se confier au dogme qui nous assurait qu'un Créateur est à l'origine de tout ce qui est? A-t-on, en vérité, le droit de penser au-delà de ce qu'il nous permet de confesser? En avons-nous, même, la possibilité? Cela ne reviendrait-il pas, en réalité, à nous tenir en deçà de ce qu'il nous promet? Ne faut-il pas, si on ne l'accorde pas, se ranger sous la bannière d'un athéisme – matérialiste ou humaniste – qui offre, du moins, l'avantage de présenter un principe d'unité: peu importe, au fond, sa constitution? – Telle est donc l'alternative que Heidegger nous aura permis, aussi, de ne pas envisager ainsi.

Les termes en sont reçus, en effet, sans être réfléchis. À commencer par celui qui sert à désigner le "sujet" devant qui l'alternative se présenterait. Savons-nous bien ce qu'il est? – Homme, dit-on. Soit, mais que faut-il entendre par ce nom? Qu'est-ce-que l'homme? L'apport d'*Être et Temps* le plus évident aura été d'en instruire la question. Kant s'était, en effet, contenté de la soulever. Il aura fallu attendre jusqu'à Heidegger pour en déceler le questionnant intérêt. Autrement dit, l'impensé. Impensé, en réalité, à double portée: ontologique et théologique. La première a été depuis abondamment, sinon justement, examinée. La seconde, au contraire, sera demeurée quasiment ignorée. La raison en est que Heidegger, lui-même, a semblé s'en détourner. Ainsi s'explique, en particulier, l'errement que constitua son année de Rectorat.

Errement révélateur, justement, du second trait de la difficulté à laquelle Heidegger s'est heurté dans le développement du projet inauguré par *Être et Temps*. Ce second trait consiste, en effet, dans l'*urgente* nécessité d'une explicitation théologique de ce projet. Ce sera pour l'avoir retardée que Heidegger s'est retrouvé engagé aux côtés de ceux dont, au contraire, il aurait dû s'écarter le plus. Ainsi, faute d'avoir clairement signifié le sens théologique du projet qu'il poursuivait, l'équivoque a pu s'installer entre lui et les nazis. Se fût-il soucié de le préciser, si peu que ce soit, ceux-ci n'auraient jamais songé à se servir de lui, et encore moins de l'avoir – formellement – "dans leurs rangs". Il suffit, pour le montrer, de faire remarquer que la démission du Rectorat s'est accompagnée – presqu'aussitôt – d'une reprise "pédagogique" de la question théologique et que Heidegger a pu, même, s'y risquer à indiquer le "blasphème" – *Blasphemie* – qu'il y avait, alors, à faire du Christ un "Führer"[23]. La leçon de la mésaventure du Rectorat a été, ainsi, théologiquement tirée sans tarder. Mais elle ne pouvait, bien évidemment, annuler l'effet antécédent produit par un retard pris – et, même, accumulé – depuis longtemps auparavant.

Entre le début de 1927 et la fin de 1934, en effet, Heidegger n'a rien publié, ni professé, qui laisse soupçonner l'urgente nécessité à laquelle il a cru, cependant, pouvoir – d'une certaine manière – surseoir. Mais, effectivement, d'une certaine manière seulement. Car il ne pouvait guère qu'en retarder le traitement mais certainement pas en éloigner la pensée. La preuve en est l'expression de "longue hésitation" – *lange Zögerung* – qu'il choisira, pour en présenter le résultat, en épigraphe des *Beiträge zur Philosophie* dont la rédaction doit être située dans les années 1936 - 1938. "Hésitation" est, ainsi, le nom résumant l'effet du *double* danger auquel s'est trouvé soumis Heidegger jusque là, sinon encore au-delà. Il y avait, en effet, d'une part ce qui apparaît désormais comme le moindre danger: celui de trop vite révéler la portée théologique du projet à développer. Mais, à l'opposé de ce Charybde-là, l'histoire aura montré que se tenait le Scylla d'un nihilisme dont Heidegger a, un peu tard, découvert quel régime d'enfer il pouvait engendrer. Son errement fut donc déterminé par la perception d'un danger assez apparent pour lui en cacher un autre: plus grave, mais moins évident. D'où une hésitation prolongée jusqu'au moment où la gravité du "second" danger ne pouvait plus être ignorée. Et pour cause.

L'errement s'est trouvé, par conséquent, avoir eu fonction de révélation. Révélation double, elle également. Mais non point, cependant, comme le danger dont elle est résultée. Car si elle comporte un côté découvrant un type de danger jusque là inapparent, elle en a un autre aussi ouvrant, lui, sur le salutaire aspect de l'invérité:

---

[23] Cf. GA 39, p. 210; tr. fr.: *Les hymnes de Hölderlin: "La Germanie" et "Le Rhin"*, Gallimard, 1988, p. 194.

celui que Heidegger a appelé "mystère" ou "secret" – *Geheimnis*[24]. De sorte qu'il apparaît que ce fut pour ne s'être pas engagé dans cette direction-là de l'invérité qu'il a dû subir l'errement qui constitue le lot de qui, dès lors, s'est trouvé nécessairement "embarqué" dans la direction opposée. On aperçoit – dans ce cas d'école! – on ne peut plus clairement la renversante leçon de l'errement. Il y apparaît nettement, en effet, que ce fut le souci de prudence – sinon de sécurité – qui conduisit à ne pas se garder du plus grave danger. Et, à l'opposé, la voie apparemment la plus risquée est celle qui s'avère ... salutaire. Telle est donc "l'invérité" qui constitue "l'essence de la vérité": articulée selon une dualité qu'on ne saurait, toutefois, assimiler à une humaine duplicité.

Car, ainsi qu'il ne faut cesser de le souligner, l'enjeu est ici de théologique portée. "Vérité", "invérité", "essence de la vérité" ne sont encore, à cet égard, que d'abstraites expressions. Le concret est, quant à lui, constitué par la question de l'incarnation. C'est elle en effet – et rien d'autre – qui permet d'expliquer ce que Heidegger a appelé son "hésitation". Hésitation dont la raison, par conséquent, doit nous permettre de déterminer maintenant le dernier trait de la difficulté que nous aurons ainsi fini – mais certainement pas achevé! – d'analyser.

Aussi bien, ce troisième et dernier trait est-il celui qui conduit à découvrir comment nous nous retrouvons *nous-mêmes* impliqués dans la difficulté. Ce qui ne saurait, outre mesure, nous étonner. Car, si la question est bien celle de l'incarnation, tout homme qui la comprend en est saisi d'autant. Mais, toute la difficulté réside en la compréhension – précisément – de la question. Que cela ne soit pas une tâche des plus aisées, le temps mis à la déceler permet déjà de le mesurer. Tout s'est, en effet, passé, et tout continue de se passer comme si – malgré ce qu'on pouvait en prévoir d'emblée – le chemin de penser ouvert par Heidegger devait être exclusivement inscrit au registre de la philosophie. Alors que lui-même a pris bien soin de préciser – ce qu'il faut toujours rappeler – que: "Sans cette provenance théologique, je ne serais jamais arrivé sur le chemin de penser. Provenance, cependant, demeure toujours avenir"[25].

Sans doute, devrait-on consentir, mais "provenance" comme "avenir" n'ont eu d'autre réalité que celle de leur devenir. Et ce dernier, quant à lui, semble jusqu'ici n'avoir jamais ressorti qu'à l'histoire de la philosophie. – Cela est assez bien observé et l'argument opposé ne saurait être négligé. D'autant moins que ce n'est qu'après avoir été ainsi réfléchie et contestée que la mise au point de Heidegger révèle toute sa portée. Car, accorderait-on même son devenir philosophique, par sa "provenance" et son "avenir", le chemin de penser n'en demeurerait pas moins doublement déterminé par une théologie plus que maîtresse – dans cette hypo-

---

[24] Cf. *Vom Wesen der Wahrheit*, § 6, in GA 9, pp. 193 - 196; tr. fr.: *De l'essence de la vérité*, VI, in *Questions I*, Gallimard, 1968, pp. 182 - 185.
[25] Cf., eu égard à "la chose même", le "dernier livre" – selon l'éclairante expression de Jean Beaufret – que Heidegger ait lui-même publié: *Unterwegs zur Sprache*, GA 12, p. 91; tr. fr.: *Acheminement vers la parole*, Gallimard, 1976, p. 95.

thèse – de la philosophie. Elle en constituerait, en effet, le principe: à la fois d'existence et de "progrès". Sans avoir jamais été servante de la théologie, la philosophie n'aurait pu, jamais non plus, être indépendante de celle-ci. Et quant à l'époque où l'oubli de son importance a sévi, celui-ci ne pouvait en suspendre les effets, mais seulement en produire des plus mauvais. À savoir, ces théologies de remplacement – à l'enseigne de "la Révolution" notamment – dont ces deux derniers siècles ont été si friands. Leur fonction d'illusion ne devrait plus être à démontrer[26]. Mais elle continuera de s'exercer tant que le principe de substitution n'aura pas été aperçu. Or, il ne saurait l'être aussi longtemps que ce qu'elles prétendent remplacer demeurera ignoré. Aussi longtemps, autrement dit, que l'on croira pouvoir se dispenser de tout souci *expressément* référé à la théologie.

\*

Tel était déjà l'état des esprits – depuis un siècle et demi – lorsque Heidegger est "arrivé" sur le chemin de penser et tel, pour l'essentiel, il est demeuré depuis. Que pouvait-il faire dans ces conditions, et qu'a-t-il fait? Le choix était constitué par deux options entre lesquelles il s'est prononcé par l'entrée même sur le chemin de penser. Il aurait pu s'efforcer de demeurer ce qu'il était avant de s'y engager: à savoir, "un 'théo*logien* chrétien'"[27] plus ou moins ouvertement en rupture de ban.

---

[26] Notamment après la publication de l'ouvrage de François Furet, *Le passé d'une illusion*, Robert Laffont/Calmann-Lévy, 1995. Encore faut-il ne pas s'y tromper: la démonstration de la fonction d'illusion remplie par le terme de "Révolution" ne saurait nous dispenser de la réflexion que devraient, au contraire, commencer de nous imposer les deux siècles d'"Histoire" – exactement – qu'il a signifiés: 1789 - 1989. Nul doute, à cet égard, qu'une véritable compréhension de Marx n'en soit la plus nécessaire condition. Aussi faut-il saluer la publication de l'article d'Alexandre Schild, *Pour (re)lire Marx*, qui m'apparaît nous l'avoir, enfin, assurée: cf. "cahiers philosophiques", n. 65/décembre 1995, pp. 71 - 112.

[27] Cf. la lettre à Karl Löwith du 19 août 1921 publiée dans: *Zur philosophischen Aktualität Heideggers, Band 2, herausgegeben von Dietrich Papenfuss und Otto Pöggeler,* Klostermann, 1990, p. 29. L'expression: "théo*logien* chrétien" – "christlicher Theo*loge*" – est placée par Heidegger lui-même entre guillemets, ce qui permet d'apercevoir la distance qu'en 1921, déjà, il a prise à l'égard de toute empirique saisie de son "je suis": "ich bin", cette expression est, du reste, elle aussi mise par lui-même entre guillemets. Les "Remarques sur Jaspers" rédigées entre 1919 et 1921, qui constituent sans doute le texte *initial* de Heidegger en tant que penseur original, celui qui marque son *accès* au "chemin de penser", nous donnent justement la possibilité de mesurer l'ampleur de l'autoréflexion: *Selbstbesinnung*, que les guillemets en question ont mission de signifier, en particulier lorsqu'on les met en relation avec les deux syllabes soulignées du mot "théo*logien*": "Theo*loge*"; on ne peut, ici, qu'inviter le lecteur lui-même à s'en assurer: cf. GA 9, pp. 1 - 44; tr. fr. en 1986 dans la revue "Philosophie", n. 11 et n. 12. Il s'impose, désormais, de renvoyer en outre à la récente édition: GA 60, novembre 1995, des contemporaines leçons sur la "Phénoménologie de la vie religieuse". Enfin, il ne devrait pas être sans intérêt de citer ce passage du début du cours du semestre suivant: "*Fichte, Schelling* et *Hegel* étaient des théologiens, et *Kant* ne saurait, (...), être compris que de manière théologique." Cf. GA 61, p. 7: "*Fichte, Schelling* und *Hegel* waren Theologen, und *Kant* ist nur, (...), theologisch zu verstehen."

Mais qui, alors, aurait continué de s'y intéresser? Il fallait, pour ce faire, que la rupture fût non seulement consommée, mais effectivement concrétisée. C'est ce qui est advenu avec le chemin de penser. Il faut bien apercevoir, en effet, quelle nouveauté celui-ci a signifié. Le Heidegger antérieur est encore partagé entre deux sortes d'intérêts: religieux, d'un côté, et scientifiques à l'opposé. L'"ancien" et le "moderne", autrement dit, se combattent en son esprit. Le Heidegger ultérieur sera, quant à lui, unifié par l'urgente nécessité de dépasser les deux termes de ce conflit périmé. Une double nouveauté caractérise ainsi le chemin de penser par lequel Heidegger s'est engagé – et "nous" avec lui – dans ce qui était jusqu'alors demeuré ... *impensé.*

Cela, bien entendu, ne pouvait aller sans malentendus ni compromis. Du côté des malentendus, le plus important est celui qui nous retient actuellement. Il a consisté à réinscrire Heidegger à l'intérieur du conflit qu'il nous permet, au contraire, de dépasser. La fonction première de "l'affaire Heidegger" est, ainsi, de nous ramener dans les termes désuets de cette opposition périmée. La preuve en est que le penseur s'y trouve, désormais, solidairement accusé par les deux camps opposés: celui du "progrès" et de la "laïcité" représenté – hélas pour lui! – par Victor Farias, et celui de la tradition catholique plus dignement illustré par Hugo Ott qui, des deux, n'est donc pas le moins dangereux. D'une part, en effet, il a nourri le livre de son "adversaire" d'une poignée de prétendus "faits" qui ne sont, en réalité, que de tendancieuses mésinterprétations. Mais, d'autre part et surtout, il commence à bénéficier – étant donnée la carence de son "opposé" – de la sympathie de milieux que sa cléricale orthodoxie devrait, pourtant, rendre moins "confiants". Un tel état d'esprit est on ne peut plus révélateur de l'importance du danger affronté par Heidegger. Mais il l'est davantage, encore, de la nouveauté du chemin de penser qui permet d'y échapper. – À condition toutefois, comme l'aura démontré "le Rectorat", d'éviter un certain type de compromis, comme celui alors passé avec les nazis.

Car telle est la portée du reproche que Heidegger s'est adressé d'avoir dû, pour exercer le Rectorat, renoncer à son "métier" – *Beruf* – de penser[28]. Cela ne saurait signifier que l'ineptie du type de compromis alors consenti. Compromis ruineux en ceci qu'il est absurde, en effet, de renoncer à penser pour assurer audience ou "efficacité" à la pensée. Or, aucun parti, aucune église, aucune "société" dite "de pensée" n'est capable d'en tolérer la nouveauté: dans ses rangs, en premier lieu, mais aussi parmi ceux qui, sans en rejoindre vraiment la troupe – ou l'équipe dirigeante – en deviennent membres honorifiques ou "compagnons de route". Comme ce siècle l'aura surabondamment montré, ceux-ci sont exposés à être davantage compromis que les membres réguliers des différentes "sociétés de pensée". Car ces derniers peuvent s'en désolidariser avec une efficacité – et un éclat – variables

---

[28] Cf. *Das Rektorat 1933/34,* publié à la suite de *Die Selbstbehauptung der deutschen Universität,* Klostermann, 1983, p. 39; tr. fr. in *Écrits politiques,* p. 234.

évidemment selon les temps[29]. Tandis que les "libres associés" y ont laissé – précisément – leur liberté, sans la contrepartie de pouvoir peser sur qui la leur a ôtée. Tel est donc l'effet: d'aliénation – et, quelquefois, de corruption – auquel les esprits sont soumis par la crainte de se retrouver "isolés". Que cela soit préférable pourtant, Heidegger le savait bien avant son malheureux "engagement": *Être et Temps* en témoigne vigoureusement. Mais, sans doute, encore trop abstraitement. La leçon – en "l'affaire" – de l'événement ne pouvait être évitée: aussi cuisante et amère fût-elle à éprouver... Comme, désormais, à méditer.

Or, ce qu'elle nous donne à méditer, c'est – mais, concrètement – l'épreuve de l'impensé. Concrètement, car nous découvrons maintenant à quoi nous y sommes confrontés précisément. À savoir, ce qui en fait la difficulté: qu'elle est, essentiellement une épreuve de l'*insensé*. Mais nous apercevons, aussi, comment nous devons l'envisager. Il s'agit en effet, ici aussi, de marquer l'opposition entre les deux sortes de négations. Il faut, ainsi, opposer l'insensé – *unsinnig* – à ce qui est, tout simplement, dénué de sens: *sinnlos*. Sans doute Heidegger n'a-t-il pas lui-même renvoyé à la distinction indiquée, mais il nous fournit le principe qui y conduit. Ce que nous avons établi pour commencer devrait suffire à le montrer. L'insensé – ou l'absurde – c'est, ainsi, non point ce qui ne saurait avoir de sens, mais, au contraire, ce qui requiert que nous en découvrions la signification. Il n'est donc pas constitué par une absence, mais par une exigence de sens. La contradiction éprouvée concrètement dans l'errement doit se résoudre, en effet, dans une extension de la pensée au domaine qui la sous-tend et qui était, jusque là demeuré: impensé. Ainsi, l'errement de Heidegger a-t-il débouché sur ce qui fait problème depuis: à savoir, l'articulation – qui a lieu dans "l'événement" – entre l'être humain et son destin. Mais pour que l'errement – *Irrnis*[30] – engendre la pensée de l'"événement" – *Ereignis* – encore fallait-il, justement, quelqu'un pour l'endurer

---

[29] Ainsi que François Furet, dans *Le passé d'une illusion*, l'a exemplairement mis en relief à propos du "rapport Krouchtchev".

[30] Cf., GA 13, p. 254, le très important "éclaircissement": *Erläuterung,* que, selon son fils Hermann, Heidegger a consigné en regard de son étonnant: "Qui pense grandement, est dans la nécessité de grandement se tromper": "Wer groß denkt, muss groß irren". Il y précise que cela: "n'est pas entendu de façon personnelle, mais en rapport avec l'errance – *Irre* – à l'œuvre en l'essence de la vérité, et dans laquelle tout penser, qui de quelque manière en suit l'appel – *Geheiß* – se trouve jeté (voir *De l'essence de la vérité* 1930 et *Qu'appelle-t-on penser?*). A la place d' 'errance' – '*Irre*' – , plutôt: l'errement – *Die Irrnis* –; le rapport à l'appropriement – *Eignis* – est ainsi indiqué. Dans le destin de l'Etre, est dissimulé et disposé l'errement.

L'errement des grands penseurs (entendu positivement) n'a pas été encore remarqué."

A partir de cette mise au point, il devrait être possible, notamment, de penser: aussi bien, d'un côté, l'intérêt des écrivains ou intellectuels français "contemporains" pour "l'acte gratuit" (Gide), "le farfelu" (Malraux), "l'absurde" (Camus) et, plus généralement pour "la folie" que, d'autre part, l'insistante butée du premier Wittgenstein sur les deux types opposés de négations de signification – *Unsinnigkeit* et *Sinnlosigkeit* – dont sa seconde pensée: celle des "jeux de langage", a révélé – sans les épuiser – les surprenantes potentialités.

personnellement. Pour en incarner, autrement dit, la difficulté. Celle qui surgit entre théologie et technologie nécessitait une acuité d'esprit ... qui n'est pas un don gratuit.

Aussi bien n'est-il d'incarnation qui ne fasse – douloureusement – question. Après Heidegger, en tout cas, nul ne peut plus ignorer que telle est l'exigence de "la pensée". Car celle-ci n'est, au fond, que l'épreuve de l'incarnation. Épreuve toujours nouvelle à supporter. Épreuve de l'impensé ...[31]

---

Mais là n'est pas, toutefois, le principal intérêt de l'éclaircissement en question dont "l'historique" portée va bien au-delà. Il permet surtout, en effet, de comprendre le lien de *nécessité* entre, d'une part, la plus grande erreur de Heidegger: son – très momentané – "engagement" en faveur d'Hitler, et, d'autre part, l'essence de la pensée: en deçà et au-delà même de l'histoire de la philosophie. Les temps, il faut l'espérer, ne devraient plus être trop éloignés qui verront "l'affaire Heidegger" déboucher sur ce qui en aura constitué la vérité: aussi longtemps que nécessairement soumise à "l'errement".

[31] Cette épreuve m'apparaît, depuis assez longtemps déjà, devoir être celle, désormais, de la confrontation entre théologie et technologie. Mais il m'aura fallu plusieurs années pour véritablement apercevoir la nature de la conjonction entre les deux termes en question. Rien n'est, pourtant, aussi évident: puisqu'il s'agit de *la politique de la pensée,* dont "l'affaire Heidegger" n'aura jamais été que la – préalable et nécessaire – perception inversée. Il faut croire, cependant, que rien n'est plus inapparent que ce qui – après coup – nous semblera évident. Ainsi, suivant la même logique d'épreuve, m'aura-t-il fallu – après la rédaction du présent "essai" – une nouvelle lecture des *Beiträge* pour constater: d'une part, que Heidegger n'a pas été sans y évoquer – expressément – "la négation" et "le non" "originaires" (cf. GA 65: pp. 178; 388 et 410) et, d'autre part, qu'il y témoigne en plusieurs occasions d'une aperception – non thématisée, mais néanmoins claire – de l'opposition entre les deux sortes de négations que je me suis efforcé de caractériser (cf. *ibid.:* pp. 121, 195, 269, 437, 443). Il va même, en un endroit: p. 277, jusqu'à suggérer un "troisième" type de négation – "neutre", en quelque sorte – signifiée par la préposition *ohne* (: sans), à distinguer aussi bien – ce qu'il fait explicitement – de la négation secondaire effectuée grâce au suffixe: *-los,* que – ce qu'il nous laisse découvrir – de la négation originaire marquée par le préfixe: *un-*. Voilà qui devrait donner quelque idée du type – herméneutique – d'*aventure* auquel expose, en l'occurrence, la "lecture". On conçoit, dans ces conditions, qu'à l'effort d'exploration, certains continuent de préférer un confort d'inquisition.

# Die Hermeneutik der Faktizität als Destruktion der Philosophiegeschichte als Problemgeschichte

## Zu Heideggers und Gadamers Kritik des Problembegriffes

István M. Fehér[1]

Das von Heidegger und Gadamer entfaltete hermeneutische Philosophieren hat u. a. auch unseres Verhältnis zur Philosophiegeschichte, die Art und Weise, wie Philosophiegeschichtsschreibung betrieben wird, deren Methoden, oder besser (da die Bezeichnung „Methode" im Blick auf die Ansprüche sowohl des hermeneutischen Philosophierens Heideggers als auch die der philosophischen Hermeneutik Gadamers zunächst fremdartig anmuten soll), unsere Stellung bzw. Einstellung zur Geschichte der Philosophie radikal verändert. Im folgenden sollen einige Aspekte dieser Veränderung in deren allerersten Anfängen und zugleich in ihrem Durchbruch in Heideggers früher Hermeneutik der Faktizität und in deren Nachfolge in Gadamers philosophischer Hermeneutik gezeigt werden. Dabei werden nach einer eher allgemeinen Charakterisierung von Heideggers hermeneutischem Durchbruch (I.) in zweitem Schritt auf das Verhältnis von Philosophie und Philosophiegeschichte (II.) und letztlich – gleichsam als besondere Fallstudie – auf die von Heidegger und Gadamer vollzogene hermeneutische Kritik am Problembegriff und die Ersetzung seiner durch das hermeneutisch aufgefaßte Fragen eingegangen (III.). Am Ende möchte ich eine ergänzende Überlegung über das im Zusammenhang der hermeneutischen Kritik der Problemgeschichte Ausgeführte anstellen.

## I.

Die vom jungen Heidegger entwickelte Hermeneutik der Faktizität wirkte bekanntermaßen revolutionierend auf eine Generation damals Studierender. Es war nach Gadamer „ein elementares Ereignis, wie „der junge Heidegger erstmals nach dem ersten Kriege auf das Freiburger Katheder trat".[2] Die erste Vorlesung, die

---

[1] Vortrag gehalten an der Tagung, *Die Hermeneutik der Faktizität: An International Symposium,* die von Lawrence K. Schmidt und James Risser zwischen dem 7. und 9. Juli 1995 in Heidelberg veranstaltet wurde. Vorliegender Text bietet die überarbeitete, um Anmerkungen ergänzte Fassung des Vortrags.

[2] H.-G. Gadamer, *Neuere Philosophie I: Hegel, Husserl, Heidegger. Gesammelte Werke,* Bd. 3, Tübingen 1987, S. 223.

Gadamer in Freiburg bei Heidegger gehört hatte, war nach eigenem Bericht eben die, die den Titel „Ontologie" und den Untertitel „Hermeneutik der Faktizität" trug.[3]

Auf dem Grunde der in den vergangenen Jahren veröffentlichten Bände der Heidegger-Gesamtausgabe kann man im Rückblick sagen, daß in den Jahren nach dem Ersten Weltkrieg in Heideggers philosophischer Entwicklung eine völlige Wende erfolgte, wodurch Heidegger eigentlich erst er selbst wurde, zu sich selbst, d. h. zu seiner eigentümlichen Thematik, Sprache und Begrifflichkeit fand.[4] Der Anschluß an die neukantianisch-phänomenologisch gefärbte, vorwiegend platonisierend-logisch-antipsychologistische Sehweise, die Heideggers akademische Schriften bis hin zur Habilitationsschrift im wesentlichen geprägt hatte, wird in den Nachkriegsjahren plötzlich abgebrochen, ja von Grund auf erschüttert: an ihre Stelle tritt eine radikale Um- bzw. Neuorientierung, durch die gerade auch die Wurzel desjenigen Philosophierens mitbetroffen sind, an das er bis dahin anknüpfte. Es findet eine angestrengte Bemühung um eine radikale *Neuaneignung der Philosophie* bzw. (was damit gleichbedeutend ist) um eine *radikale Auseinandersetzung mit ihr* statt, und zwar in einer eigentümlich doppelten Verzweigung: erstens, als Neuaneignung der Sache oder, traditionell ausgedrückt, des Gegenstandes der Philosophie, von Heidegger nun als Leben, faktisches Leben genannt; und zweitens, als Neuaneignung ihrer Geschichte. Diese Zweiteilung läßt sich von der Überlegung zusammenhalten, daß, erstens, das, was eigentlich Philosophie bzw. deren Gegenstand sei, uns zunächst zwar von ihrer Geschichte überkommt, der Zugang zu ihr jedoch jeweils ursprünglich in je eigener faktischer Lebenserfahrung erschlossen werden muß;[5] und daß, zweitens, das gegenwärtige Philosophieren, unser gegenwärtiger Zugang zum Gegenstand der Philosophie wesentlich durch geschichtlich überlieferte Zugangs- und Einstellungsweisen (Sprach- und Denkgewohnheiten) bedingt bzw. durchdrungen bleibt, welche Zugangsweisen, wie unbewußt sie auch immer sein mögen, deshalb schon nicht weniger wirksam sind.[6] Der Zugang zur Philoso-

---

[3] Ebd., S. 421.

[4] Ausführlicher habe ich dies darzustellen versucht in meinen Aufsätzen „Phenomenology, Hermeneutics, *Lebensphilosophie:* Heidegger's Confrontation with Husserl, Dilthey, and Jaspers" (in *Reading Heidegger from the Start. Essays in His Earliest Thought,* hrsg. T. Kisiel, J. van Buren, Albany, N. Y. 1994, S. 73 - 89) und „Heidegger's Postwar Turn: The Emergence of the Hermeneutic Viewpoint of His Philosophy and the Idea of ‚Destruktion' on the Way to *Being and Time*" (in *Selected Studies in Phenomenology and Existential Philosophy,* SPEP Supplementary issue, *Philosophy Today,* Spring 1996, hrsg. J. D. Caputo, L. Langsdorf, S. 9 - 35).

[5] Siehe z. B. in den kürzlich edierten religionsphänomenologischen Vorlesungen: *Phänomenologie des religiösen Lebens,* hrsg. von M. Jung, T. Regehly, C. Strube. *Gesamtausgabe,* Bd. 60 (GA 60), Frankfurt/Main 1995, S. 10: „Der Ausgangspunkt des Weges zur Philosophie ist die *faktische Lebenserfahrung.*"

[6] Vgl. „Phänomenologische Interpretationen zu Aristoteles (Anzeige der hermeneutischen Situation)", in: *Dilthey-Jahrbuch für Philosophie und Geschichte der Geisteswissenschaften* 6 (1989), S. 235 - 269, hier: S. 248 f.

phie, d.h. zu den ihr eigenen Gegenständen auf der einen Seite, und der Zugang zu ihrer Geschichte auf der anderen, lassen sich dementsprechend ebensowenig trennen, wie Gegenwart und Vergangenheit, da ja auch gegenwärtiges Leben von der Geschichte, d.h. von „überkommene[r] [...] Ausgelegtheit"[7] getragen bleibt. Die kritische Überprüfung und d.h. im wesentlichen: schöpferische und anspruchsvolle Aneignung zeitgenössischen Philosophierens kann erst vollzogen werden durch den Rückgang in die Geschichte. Wird diese kritisiert, so ist damit vor allem die Gegenwart betroffen: „Kritik der Geschichte ist immer nur Kritik der Gegenwart".[8]

Es ist das Vorrecht oder, wenn man will, das Schicksal eines jeden bedeutenden Denkers, sofern er wirklich ein solcher ist, den Begriff der Philosophie neu zu bestimmen. Es ist daher kaum verwunderlich, daß Heidegger in den Nachkriegsjahren, als er den ihm eigenen Weg betritt, sich mit dem Begriff der Philosophie, ihren Methoden und ihrer Begrifflichkeit, wiederholt tief auseinandergesetzt hat. Der Versuch einer ursprünglichen Neuaneignung setzt freilich Krise bzw. Krisenbewußtsein in dem Sinne voraus, daß das Bisherige als veraltet, erstarrt, nicht mehr fortsetzbar empfunden wird, womit eben ein Neubeginn oder genauer: eine bei den Sachen selbst ansetzende radikale Neuaneignung als nötig erscheint.

Die von Husserl ausgegebene Parole „Zu den Sachen selbst!" wird von Heidegger begeistert übernommen und damit gleichzeitig unter dem Einfluß Diltheys lebensphilosophisch radikalisiert und gegen Husserl selbst gewendet: der ureigene Gegenstand der Philosophie, zu dem sie zurückfinden müsse, sei weniger das transzendentale Bewußtsein als vielmehr das Leben in seinem Ursprung oder in seiner Ursprünglichkeit. Heideggers Versuch einer Neuorientierung oder Neuaneignung setzt bei der Selbstbesinnung der Phänomenologie an, deren Grundhaltung als äußerster Radikalismus „auch eine Kritik gegen sich selbst üben" müsse, da ja „der Radikalismus der Phänomenologie", wie es heißt, „am radikalsten sich gegen sich selbst zu richten" habe.[9]

Die Notwendigkeit, einen neuen Zugang zur Sache der Philosophie zu finden, heißt erkannt zu haben, daß Philosophie solchen Zugang verloren hat. Zu erfahren, daß so ein Zugang verlorenging, heißt wiederum erfahren zu haben, daß die geschichtlich vorgegebenen Zugänge zum Gegenstand der Philosophie, d.h. zum faktischen Leben, in der gegenwärtigen Erfahrung keinen lebendigen Widerhall mehr finden, daß sich gegenwärtiges Leben mit Hilfe jener Zugänge nicht mehr zu Sprache bringen läßt. Positive Arbeit, d.h. Aufbau-Arbeit, und negativer Abbau gehen daher einher. Kritik an der Geschichte, an der von der Geschichte her über-

---

[7] „Phänomenologische Interpretationen zu Aristoteles (Anzeige der hermeneutischen Situation)", a.a.O., S. 241.

[8] „Phänomenologische Interpretationen zu Aristoteles (Anzeige der hermeneutischen Situation)", a.a.O., S. 239. Umgekehrt gilt es auch: „Es gibt nur eine Geschichte aus einer Gegenwart heraus" (GA 60, S. 125).

[9] *Grundprobleme der Phänomenologie (1919/20)*, hrsg. von H.-H. Gander (GA 58), Frankfurt/Main 1993, S. 237, 145.

nommenen Begrifflichkeit, d.h. *Destruktion,* besagt demnach phänomenologische Erschließung bzw. Auflockerung jener ursprünglichen Erfahrungen, aus denen die Philosophen der Tradition ihre sachlichen Einsichten und begrifflichen Bestimmungen geschöpft haben – eine Abbau-Arbeit, die jedoch unmittelbar dem Aufbau dient, die „dem Bestand dessen, was sie ‚abbaut', sich immer verpflichtet weiß".[10] Heideggers Stichwort, so schreibt Gadamer, „hieß Destruktion, Destruktion vor allem der Begrifflichkeit, in der sich die neuere Philosophie bewegte". Heideggers Umgang mit der Geschichte der Philosophie vollzog sich „in kritischer Absicht, aber zugleich in intensiver phänomenologischer Erneuerung, Destruktion und Konstruktion in einem".[11]

Wenn Heidegger in seinen frühen Vorlesungen unter dem Titel „Hermeneutik der Faktizität" bei der phänomenologischen Beschreibung des „faktischen Lebens" ansetzt, dann treffen hier der *systematische* Anspruch, die Phänomenologie zur radikalen Selbstbesinnung, einer innerlichen Erneuerung zu bringen, und der *historische* Anspruch, die philosophische bzw. philosophiegeschichtliche Tradition auf ihren Zugang zur eigenen Sache hin phänomenologisch zu überprüfen, in der *einen* Bestrebung zusammen, eine radikale Erneuerung der ganzen Philosophie auf *systematisch-historischen* Grundlagen in die Wege zu leiten. Hier beginnt die langwierige, langsame Arbeit, die 1923 als „kritischer Abbau der Tradition", in *Sein und Zeit* dann die „Destruktion der Geschichte der Ontologie" angesprochen ist;[12] der Versuch, die metaphysische Tradition von ihrem Ur-sprung her neu anzueignen, Versuch, der sich dann auch in den denkerischen Bemühungen des Spätdenkens in bezug auf eine „Überwindung" bzw. „Verwindung" der Metapysik fortsetzt.

---

[10] *Phänomenologie der Anschauung und des Ausdrucks. Theorie der philosophischen Begriffsbildung,* hrsg. von C. Strube (GA 59), Frankfurt/Main 1993, S. 5. Über Reduktion, Konstruktion und Destruktion vgl. *Die Grundprobleme der Phänomenologie,* hrsg von F.-W. v. Herrmann (GA 24), Frankfurt/Main 1975, § 5, S. 26 ff. Vgl. bes. die folgende Überlegung: „[...] gehört notwendig zur begrifflichen Interpretation [...], d.h. zur reduktiven Konstruktion [...] eine *Destruktion,* d.h. ein kritischer Abbau der überkommenen und zunächst notwendig zu verwendenden Begriffe auf die Quellen, aus denen sie geschöpft sind. [...] Konstruktion der Philosophie ist notwendig Destruktion, d.h. ein im historischen Rückgang auf die Tradition vollzogener Abbau des Überlieferten, was keine Nagation und Verurteilung der Tradition zur Nichtigkeit, sondern umgekehrt gerade positive Aneignung ihrer bedeutet" (ebd., S. 31). Siehe noch „Phänomenologische Interpretationen zu Aristoteles (Anzeige der hermeneutischen Situation)", a.a.O., S. 249 f.; *Ontologie (Hermeneutik der Faktizität),* hrsg. von K. Bröcker-Oltmanns (GA 63), Frankfurt/Main 1988, S. 75 f. Das Thema der Destruktion durchdringt die frühe Vorlesung des Wintersemesters 1919/20 und des Sommersemesters 1920; siehe z.B. GA 58, S. 139, 162 ff., 240 f., 248, 255; GA 59, S. 12, 29 ff., 33 ff. und *passim.*

[11] H.-G. Gadamer, *Gesammelte Werke,* Bd. 3, Tübingen 1987, S. 299.

[12] Vgl. GA 63, S. 75 f.; *Sein und Zeit,* 15. Aufl. Tübingen 1979, S. 22 ff., 39, 89, 392. Der Sache nach wird diese Arbeit bereits 1919 angesetzt; sie ist im Kriegsnotsemester 1919 mehrfach unter der Idee der Philosophie als „Urwissenschaft" oder „vor-theoretischer Urwissenschaft", usf., wirksam; vgl. *Zur Bestimmung der Philosophie,* hrsg. von B. Heimbüchel (GA 56/57), Frankfurt/Main 1987, S. 13 ff., 95 ff. und *passim.*

Philosophie ist Heideggers Neubestimmung zufolge dasjenige, worin – wie es 1923 heißt – „faktisches Dasein sich rücksichtslos zu sich selbst zurückreißt und unnachsichtlich auf sich selbst stellt"; sie ist, „was sie sein kann, nur als Philosophie ihrer ‚Zeit‘".[13] Soll das Leben sich jeweils aus dem Abfall (genannt auch „Ruinanz") zurücknehmen, so vollzieht sich dies auslegungsmäßig: Hermeneutik sei nicht „Kenntnisnahme", „sondern das existenzielle Erkennen, d.h. ein *Sein*. Sie spricht *aus* der Ausgelegtheit und für sie".[14] Die Hermeneutik (bzw. Hermeneutik der Faktizität) ist aber als Selbstauslegung des Lebens bzw. der menschlichen Existenz nicht einfach ein Abkehr von der systematischen Philosophie, eine Ablehnung der Wissenschaftlichkeit; sie wird „im Hinblick auf eine universale regionale Systematik" vollzogen[15] – und hierin können wir wohl eine Vorwegnahme dessen erblicken, was sich später als der innere Zusammenhang zwischen Seinsfrage (Fundamentalontologie) und existenzialer Analytik herausstellen wird. Ist das Leben der eigentliche Gegenstand der Philosophie und geschieht sein Bewußt- oder Innewerden bzw. seine Zurücknahme aus der immer schon vorher vollzogenen Entfremdung *auslegungsmäßig*, so erfährt in Heideggers frühen Vorlesungen die bisher vorwiegend wissenschaftstheoretisch bzw. geisteswissenschaftlich orientierte Hermeneutik zugleich eine ontologische Wende. Hermeneutik und Philosophie oder Ontologie werden gegenseitig verschmolzen.[16]

## II.

Wie vom bisher Ausgeführten erhellen mag, impliziert Heideggers Neubestimmung der Philosophie bzw. sein philosophischer Neuansatz, genannt auch als „der hermeneutische Einsatz",[17] eine ganz neue Stellung zur Geschichte der Philosophie (d.h. der philosophischen Überlieferung); dieser neuen Stellung liegt ihrerseits eine grundsätzliche Revision der damals üblichen Trennung zwischen Philosophie (und d.h. systematischer Philosophie) und Geschichte (bzw. Geschichte der Philosophie) zugrunde.

---

[13] GA 63, S. 18.

[14] *Phänomenologische Interpretationen zu Aristoteles. Einführung in die phänomenologische Forschung,* hrsg. von W. Bröcker und K. Bröcker-Oltmanns (GA 61), Frankfurt/Main 1985, S. 131 ff.; GA 63, S. 18.

[15] GA 63, S. 25. Vgl. negativ, gegen die „Begriffslosigkeit" der Lebensphilosophie ebd., S. 108; ferner GA 61, S. 141 f. In bezug auf die Vorlesung 1919 siehe GA 56/57, S. 26, 111.

[16] Heideggers ontologische Radikalisierung der Hermeneutik und insbesondere ihres zentralen Begriffs des Verstehens vor dem Hintergrund der hermeneutischen Wende der Philosophie unseres Jahrhunderts habe ich in einigen Zügen ausführlicher darzustellen versucht in meinem Tübinger Vortrag 1995 („Gibt es *die* Hermeneutik? Zur Selbstreflexion und Aktualität der Hermeneutik Gadamerscher Prägung", *Internationale Zeitschrift für Philosophie,* 1996, Heft 2, S. 236 - 259). Siehe auch meine in Anm. 4 zitierten Aufsätze.

[17] GA 63, S. 18.

Ein radikaler Neuansatz soll die Selbstverständlichkeit des je gegenwärtigen Problembestandes der Philosophie radikal zur Diskussion stellen. In Frage gestellt werden muß im Rahmen einer Kritik des gegenwärtigen Philosophierens als solchen auch dessen Stellung zur Geschichte der Philosophie. Daß es zwischen Philosophie und ihrer Geschichte schon in einem ganz allgemeinen Sinne ein enger Zusammenhang besteht, ist offensichtlich und wird vom jungen Heidegger nicht verkannt. Es heißt in der Aristoteles-Einleitung: „Die Vorstellung, die philosophische Forschung von sich selbst und der Konkretion ihrer Problematik hat, entscheidet auch schon ihre Grundhaltung zur Geschichte der Philosophie".[18]

Heideggers Kritik galt der scharfen Trennung zwischen Philosophie und Philosophiegeschichte (bzw. Philosophiehistorie, philosophiehistorischer Gelehrsamkeit), wie sie zu jener Zeit geübt wurde in dem Sinne, daß man Philosophiegeschichte vorwiegend erst als Nachtrag oder sonstwie in Absonderung vom Philosophieren betrieb. Der Trennung beider liegt bei genauerem Besehen eine bestimmte (und zwar ebenso philosophische) Auffassung von System und Geschichte bzw. Gegenwart und Vergangenheit zugrunde, gemäß der Geltungsansprüche ausschließlich den Gegenwartsphilosophien vorbehalten sind, der Vergangenheit hingegen nur der Charakter von etwas Hinter-sich-Gebrachtem oder Abgelegtem oder auch von einer Abfolge mehr oder minder interessanter Meinungsäußerungen, Verirrungen oder bestenfalls Antizipationen bestimmter Gegenwartspositionen zukommt[19] – eine Auffassung, die nun aus hermeneutischer Sicht relativiert wird. Die kritisierte Auffassung nimmt nämlich eine übergeschichtliche Position ein – mag sie sich in ihrer Hinwendung zur Geschichte dieser selbst, wie es im Falle des Historismus geschieht, noch so sehr verpflichtet wissen. Es handelt sich um einen merkwürdigen Widerspruch, denn der Historismus meint eben der Geschichtlichkeit alles Seins gerecht zu werden, sie zur Geltung zu bringen, wo doch er sich selbst aus der Geschichte herausnimmt und damit auch unantreffbar macht. Vor-

---

[18] „Phänomenologische Interpretationen zu Aristoteles (Anzeige der hermeneutischen Situation)", a.a.O., S. 237. Auf dem ersten Blick ist diese Formulierung nicht radikal genug und kann auch von einem Nicolai Hartmann (der sowohl von der Kritik Heideggers als auch von der Gadamers in Sachen Problemgeschichte betroffen werden sollte) geteilt werden; siehe N. Hartmann: *Der philosophische Gedanke und seine Geschichte* (1936). Stuttgart o.J., S. 19: „Was man für echte Geschichte der Philosophie hält, das hängt davon ab, was man eigentlich für Philosophie hält." Auf dieser Ebene handelt es sich darum, daß diejenige Probleme, die man für die der Philosophie eigenen Probleme hält, darüber entscheiden (bzw. das vorzeichnen), was und wie in der Philosophie der Vergangenheit überhaupt erblickt wird. Heideggers Formulierung sollte aber im Kontext seiner damaligen Denkbemühungen eher wie folgt interpretiert werden: „Die Vorstellung, die philosophische Forschung von sich selbst und der Konkretion ihrer Problematik hat, entscheidet" insofern „auch schon ihre Grundhaltung zur Geschichte der Philosophie", als die von der philosophischen Forschung von sich selbst gemachte Vorstellung jene Forschung als eine immer schon von der Geschichte Getragene, in der Geschichte Eingebettete weiß.

[19] Zu dieser Auffassung der Geschichte bei Heidegger vgl. *Schellings Abhandlung über das Wesen der menschlichen Freiheit,* hrsg. von H. Feick, Tübingen 1971, S. 58.

ausgesetzt ist dabei entweder die übergeschichtliche Position des Interpreten, oder aber, wenn dieser doch innerhalb der Geschichte steht, etwa die Hegelsche These vom Ende der Geschichte. Der Historismus wird also in wesentlichen Punkten als ein unhistorischer oder ungeschichtlicher entlarvt. Die mangelnde Radikalität an Geschichtlichkeit ist es nun, die der hermeneutische Ansatz einholen will, indem er den Interpreten selbst in die Geschichte zurückversetzt und ihn somit mit der Vergangenheit ein lebendiges Gespräch führen läßt.

Die hermeneutische Kritik macht nun geltend, daß sich Geltungsansprüche sinnvoll nur in und durch eine sachliche Auseinandersetzung mit dem Vergangenen erheben lassen, wobei nicht von vornherein – sozusagen *a priori* – ausgemacht werden kann und darf, daß die Gegenwart, eben weil sie Gegenwart ist, deswegen schon den Maßstab absoluter Geltung soll abgeben können – vorausgesetzt freilich, daß die Gegenwart Teil der Geschichte ist. Gegenwärtige Theorien können Geltungsansprüche vernünftig erst *nach* einer solchen Auseinandersetzung mit dem Vergangenen erheben, nicht aber so, daß sie sich selbst in einem ersten Schritt unter vorgängiger Ausschaltung der Geschichte oder Absonderung von ihr hervorbringen und daß sie sich erst in einem zweiten Schritt (wenn überhaupt) der Geschichte zuwenden, um diese nun daraufhin zu prüfen, was sie an Antizipationen oder Abweichungen bereithält.[20] Bei dieser Zuwendung zur Geschichte würde – auf Grund der Art und Weise, wie sie vollzogen wird – die Möglichkeit gänzlich entfallen, die eigenen Maßstäbe von Geltung und Wahrheit, oder des eigenen Philosophierens überhaupt, durch die Geschichte auch nur in geringstem Maße in Frage stellen zu lassen. „Die Schwäche der Problemgeschichte", so formulierte Gadamer, besteht darin, „die Geschichte der Philosophie nur als Bestätigung der eigenen Problemeinsicht lesen zu können und nicht als einen kritischen Partner [...]".[21]

Heideggers betreffende Stellung mögen einige Belege kurz verdeutlichen. Die „ganze Scheidung von historisch und systematisch [ist] eine unechte", heißt es

---

[20] In einem Jugendaufsatz Gadamers wird dies – wohl unter dem Einfluß Heideggers – mit Nachdruck betont. „[...] dies aber ist entscheidend, daß auch bei äußerster persönlicher Ernsthaftigkeit der nachspürende und beschreibende Forscher selbst *nirgendwo* ist [...]. [...] das eigene Dasein bleibt aus der Betrachtung. Solche Stellung zur Geschichte der Philosophie ist ebenso *unphilosophisch*, wie die Tendenz, in aller Geschichte aus dem Anklang überlieferter Worte die eigenen Probleme wiederzuerkennen [...]" (H.-G. Gadamer: „Zur Systemidee in der Philosophie", in: *Festschrift für Paul Natorp zum siebzigsten Geburtstage von Schülern und Freunden gewidmet*, Berlin und Leipzig 1924, S. 55 - 75, hier S. 74; Hervorhebung nicht im Original). Über die Heideggersche Inspiration dieses Jugendaufsatzes siehe Gadamers Rückblick in *Hermeneutik II: Wahrheit und Methode. Ergänzungen – Register, Gesammelte Werke*, Bd. 2, Tübingen 1986, S. 483. Gadamers Ausdruck von „nirgendwo" beschwört Heideggers Rede von „Überhauptdasein", „phantastische[r] Objektivität", auf („Phänomenologische Interpretationen zu Aristoteles (Anzeige der hermeneutischen Situation)", a. a. O., S. 239, 252).
[21] *Gesammelte Werke*, Bd. 2, S. 113; vgl. auch „Zur Systemidee in der Philosophie", a. a. O., S. 61, 63, 74.

gleich 1919.²² 1921/22 wird bei der Neubestimmung der Philosophie mit Nachdruck betont: „Die verstehende Zueignung *prinzipiellen Erkennens* soll gerade prinzipiell aus jeder so gearteten Situation herausführen, die eine Trennung von ‚Geschichte' und ‚Systematik' ermöglichte [...] Philosophieren als prinzipielles Erkennen ist nichts anderes als der radikale Vollzug des Historischen der Faktizität des Lebens, so daß in ihm und für es Geschichte und Systematik gleich fremd und in ihrer Scheidung ebenso und erst recht überflüssig sind".²³ Und in der aus dieser Zeit stammenden Jaspers-Rezension heißt es ähnlich: „das Problem des Zusammenhangs von Geschichte der Philosophie und philosophischer Systematik [ist] ein in den Wurzeln unechtes Problem".²⁴

Diese Grundhaltung Heideggers blieb eine ihm eigene bis zum Ende. Die Grundfrage der Philosophie zwingt dazu, heißt es 1925, „in eine ursprüngliche Forschungssphäre vorzudringen, die *vor* der traditionellen Aufteilung der philosophischen Arbeit in historisches und systematisches Erkennen liegt"; die entprechende „Forschungsart" wird als „*weder* historisch *noch* systematisch, sondern *phänomenologisch*" bezeichnet.²⁵ Und fast 20 Jahren nach den frühen Vorlesungen heißt es im Rückblick in den *Beiträgen*: „[...] dieses beides zu einigen bezw. von Grund aus schon in einem zu haben: das Anfangen im ganz Anderen *und* die alles bisherige historische Beischaffen wesentlich übertreffende Treue zur Geschichte des ersten Anfangs [...], das ist für die Gewohnheit der Historie und der Systematik so befremdlich, daß sie sich gar nicht einfallen lassen, Solches könnte gefordert sein. (Was anderes aber will die ‚phänomenologische Destruktion'?)".²⁶

Die Hermeneutik der Faktizität bzw. die hermeneutisch radikalisierte Phänomenologie als „Destruktion" nimmt insofern für sich in Anspruch, die Trennung zwischen systematischem und historischem Erkennen zu überwinden, als eingesehen wird, daß unsere jeweiligen (also auch gegenwärtigen) Zugänge zum Philosophieren und seinen Sachen gemäß unserer elementaren Geschichtlichkeit selbst geschichtlich bedingt sind, wonach jedwede (destruktive) Auseinandersetzung mit der Vergangenheit schon in sich selbst – nicht bloß „historische", sondern auch und gerade – „systematische" Arbeit ist; geleitet vom gegenwärtigen Zugang zur Sache wird Kritik an der Vergangenheit ausgeübt. Ist aber die Hermeneutik der Faktizität oder die hermeneutisch radikalisierte Phänomenologie doch am Ende eine bestimmte philosophische Stellung, so handelt es sich doch in einem gewissen Sinne um Systematisches, und Heidegger ist sich dessen wohl bewußt. In der Platon-Vorlesung heißt es: „Systematische Arbeit – nicht um ein System zu

---

[22] GA 56/57, S. 125.
[23] GA 61, S. 110f.
[24] *Wegmarken*, hrsg. von F.-W. von Herrmann (GA 9), Frankfurt/Main 1976, S. 36.
[25] *Prolegomena zur Geschichte des Zeitbegriffs*, hrsg. von P. Jaeger (GA 20), Frankfurt/Main 1979, S. 9f.
[26] *Beiträge zur Philosophie (Vom Ereignis)*, hrsg. von F.-W. von Herrman, (GA 65), Frankfurt/Main 1989 S. 468.

machen und die Geschichte von daher maßregeln, sondern um sie sichtbar werden zu lassen für dieses Vordringen zu den seinsmäßigen Wurzeln unseres Daseins selbst".[27] Diese „systematische Arbeit" ist eine solche, die die geschichtliche Dimension unmittelbar schon in sich selbst enthält und sie demnach nicht erst nachträglich zu gewinnen braucht. In Anbetracht eines unmittelbaren Zusammenhanges von Philosophie und Destruktion sei an folgendes erinnert: Soll das Leben, wie gesagt, sich jeweils aus dem Abfall zurücknehmen, und ist diese Zurücknahme eben die Philosophie; „muß Philosophie als ursprünglich vollzugsmäßig verstehendes [...] Explizieren der faktischen Lebenserfahrung bestimmt werden, dann setzt diese Explikation immer mit der Destruktion an. Sie fängt an im Verblaßten".[28] Philosophie fängt an mit Destruktion, d. h. Destruktion ist unmittelbar Philosophie, und nicht bloß Philosophiegeschichte – nachträglich, als eine Art Illustration oder Annex zu einer bereits ausgebauten „systematischen" Position betriebene Philosophiegeschichte. Die ontologische Hauptüberlegung ist dabei die, daß das Dasein

---

[27] *Platon: Sophistes,* hrsg. von I. Schüßler (GA 19), Frankfurt/Main 1992, S. 634. Dabei soll die von Heidegger in seiner Schelling-Vorlesung selbst getroffene Unterscheidung zwischen System und Systematischem, demzufolge „jede Philosophie [...] systematisch [...] aber nicht jede [...] System [ist], und das nicht nur deshalb nicht, weil sie nicht ‚fertig' wird", stets im Auge behalten werden (*Schellings Abhandlung über das Wesen der menschlichen Freiheit,* S. 35). „Es könnte ja sein, daß jetzt der Verzicht auf das System notwendig ist, aber nicht, weil das System an sich etwas Unmögliches und Nichtiges wäre, sondern umgekehrt, weil es das Höchste und Wesentliche ist". „Ein begründeter philosophischer Verzicht auf das System kann nur aus einer wesensmäßigen Einsicht in dasselbe und aus einer wesenhaften Schätzung des Systems entspringen; ein begründeter Verzicht ist aber dann etwas grundsätzlich anderes als eine bloße Gleichgültigkeit gegen das System, als eine bloße Ratlosigkeit gegenüber der Systemfrage" (ebd., 29 f.). „Gewiß muß die unechte Gestalt des Systems und die Systembauerei immer wieder zurückgewiesen werden, aber nur, weil das System im wahren Sinne eine, ja die Aufgabe der Philosophie ist" (ebd., 32). – Von dem – in einigen wesentlichen Zügen schon in der Schelling-Vorlesung vorliegenden (vgl. z. B. ebd., S. 79) – Besinnungsebene der Kehre, wie sie in den *Beiträgen zur Philosophie* zur Ausprägung kommt, wird dann dementsprechend die Idee des „Systems" hinfällig. Das „anfängliche Denken" (des „anderen Anfangs") „steht außerhalb der Frage, ob zu ihm ein System gehöre oder nicht [...] [es] ist daher wesentlich ohne System, un-systematisch; aber deshalb nicht willkürlich und wirr". „Sofern das ‚System' die wesentliche Kennzeichnung der neuzeitlichen Seiendheit des Seienden enthält (die Vorgestelltheit), die ‚Entscheidung' aber das Sein für das Seiende, nicht nur die Seiendheit aus dem Seienden her meint, ist die Entscheidung in gewisser Weise die Ent-scheidung ‚systematischer' als jedes System [...]". „[...] das Denken hat nicht mehr die Gunst des ‚Systems', es ist geschichtlich in dem einzigen Sinne, daß das Seyn selbst als Er-eignis jede Geschichte erst trägt und deshalb nie errechnet werden kann. *An die Stelle der Systematik und der Herleitung tritt die geschichtliche Bereitschaft für die Wahrheit des Seyns"* (GA 65, S. 65, 89, 242 [Hervorhebung nicht im Original]; vgl. noch ebd., S. 5, 85, 451). Die Überlegungen in bezug auf Nietzsches Kritik des Willens zum System werden in den *Beiträgen* wiederholt akzentuiert zur Diskussion gestellt (vgl. *Schellings Abhandlung über das Wesen der menschlichen Freiheit,* S. 28 f. bzw. GA 65, S. 88 f.).
[28] GA 59, S. 183; vgl. GA 63, S. 105. Zu Heideggers Konzeption der Philosophiegeschichte als Destruktion siehe G. Figal: *Heidegger zur Einführung,* Hamburg 1992, S. 30 ff.

selbst im Grunde seines Seins geschichtlich ist: „Ob ausdrücklich oder nicht, *ist* es seine Vergangenheit.[29]

## III.

Nimmt man an, daß die Gegenwart, wie vorher gesagt, eben weil sie Gegenwart ist, deswegen schon den Maßstab absoluter Geltung oder im generellen die Kriterien maßgeblichen Philosophierens soll abgeben können, so bleibt für die Geschichte nichts anderes übrig als eine illustrierende Rolle in bezug auf die Gegenwart zu spielen. Fraglich bleibt, von woher die Perspektiven zeitgenössischen Philosophierens stammen – diese Frage wird aber nicht gestellt. Die systematische Gliederung zeitgenössischen Philosophierens und die von ihm diskutierten Probleme bestimmen die Art und Weise, wie man sich der Geschichte nähern kann. Geschichte wird zu Problemgeschichte, d. h. zur Geschichte derjenigen Probleme, die im Horizont der gegenwärtigen Philosophie diskutiert oder in diesen Horizont überhaupt eingelassen werden: eine, wie gesagt, Abfolge mehr oder minder interessanter Meinungsäußerungen, Verirrungen oder Antizipationen bestimmter Gegenwartspositionen – all dies im Dienste der Erläuterung derjenigen zeitgenössischen Probleme, deren Zustandekommen unhintergehbar bleibt und deren Bestand und Legitimiertheit als selbstverständlich und daher als unerschütterlich gilt. Die von der zeitgenössischen Philosophie diskutierten Probleme werden implizite oder auch ausdrücklich zu „Hauptproblemen" der abendländischen Philosophie überhaupt, Problemen, auf die hin erst die geschichtlichen Philosophien herangezogen werden, zur Sprache kommen können. Es findet eine Sinnverdüsterung statt, und in dopppeltem Sinne; einmal wird der Sinnbestand geschichtlicher Philosophien in den Hintergrund gedrängt und erst daraufhin befragt, was sie zu den aktuellen Problemen zu sagen haben. Und zweitens bleibt der Herkunft des aktuellen Problembestandes selbst völlig im Dunkel – die Frage, wie sich dieser Problembestand selbst im Vergleich mit eventuell anderen geschichtlichen Problembeständen legitimieren läßt, bleibt unstellbar. Unklar aber vor allem bleibt, was eigentlich ein philosophisches Problem ist.

„Was heißt Problem?", fragt sich Heidegger 1919/20, nachdem er in seiner Habilitationsschrift noch weitgehend die Position der Problemgeschichte bezogen

---

[29] *Sein und Zeit,* a. a. O., S. 20. „Und das nicht nur so, daß sich ihm seine Vergangenheit gleichsam ‚hinter' ihm herschiebt und es Vergangenes als noch vorhandene Eigenschaft besitzt, die zuweilen ihm nachwirkt. [...] Das Dasein ist [...] in eine überkommene Daseinsauslegung hinein- und in ihr aufgewachsen. Aus dieser her versteht es sich zunächst und in gewissem Umkreis ständig. [...] Seine eigene Vergangenheit [...] *folgt* dem Dasein nicht *nach,* sondern geht ihm je schon vorweg" (ebd.). Siehe auch an der Platon-Vorlesung: Die „Vergangenheit, zu der die Vorlesung Zugang sucht, ist nichts, was abgelöst von uns fern liegt. Sondern wir sind diese Vergangenheit selbst." „Die Vergangenheit [...] wird nur lebendig, wenn wir verstanden haben, daß wir sie selbst sind. Wir sind im Sinne unserer geistigen Existenz [...] was wir waren" (GA 19, S. 10, 229).

zu haben scheint.[30] „Liegen denn Probleme einfach nur in dem betreffenden Gegenstandsgebiet gleichsam am Wege, daß man sie aufgreift [...]! Oder erwachsen die Probleme nicht selbst erst, und zwar in der Weise der Fragestellung, in der Methode, bezogen auf das betreffende Gegenstandsgebiet?[31] „‚Probleme‘", heißt es fast 20 Jahre später, in seiner Vorlesung 1937/38, „das Wort in Anführungszeichen dient uns als Benennung derjenigen Fragen, die nicht mehr gefragt werden. Sie sind als Fragen festgelegt, und es gilt nur, die Antwort zu finden, oder eher noch, bereits gefundene Antworten abzuwandeln, bisherige Meinungen darüber zusammen und in einem Ausgleich zu stellen. Solche ‚Probleme‘ sind daher besonders geeignet, echte Fragen zu verhüllen, bisher nie gestellte Fragen als befremdlich im voraus abzuweisen, ja überhaupt das Wesen des Fragens zu mißdeuten. [...] Solche ‚Probleme‘ der Philosophiegelehrsamkeit haben dann von der Philosophie aus gesehen darin ihre merkwürdige Auszeichnung, daß sie unter dem eindrucksvollen Anschein eines ‚Problems‘ das wirkliche Fragen im voraus und endgültig unterbinden".[32] Auf der berühmten Vorlesung von 1923 meinte Heidegger: „Fragen sind [...] nicht die heute üblichen ‚Probleme‘, die ‚man‘ aus dem Hörensagen und aus Angelesenem aufgreift und mit der Geste des Tiefsinns ausstattet. Fragen erwachsen aus der Auseinandersetzung mit den ‚Sachen‘. [...] Einige Fragen müssen dergestalt hier ‚gestellt‘ werden, um so mehr, als heute das Fragen außer Brauch gekommen ist bei dem großen Betrieb mit ‚Problemen‘".[33] Und eine Formulierung aus der Zwischenzeit: „Die Tradition gibt feste Sätze und Meinungen, feste Weisen des Fragens und Erörtens weiter. Diese äußerliche Tradition der Meinungen und freischwebenden Standpunkte nennt man jetzt die ‚Problemgeschichte‘. Und weil diese äußerliche Tradition und ihre Behandlung in der *Philosophiehistorie* den Problemen das Leben und das heißt die Verwandlung versagt und sie zu ersticken sucht, deshalb gilt ihr der Kampf".[34] Gegenüber der *Frage*, die im wesentlichen die Tendenz hat, „sich selbst [...] in ein bestimmtes Grundverhältnis zum befragten Seienden zu bringen", „den Weg zum Seienden" freizumachen, sind „die Probleme als solche geeignet [...], die Sachen zu verdecken."[35]

---

[30] „Bei der Konstanz der Menschennatur wird es nun verständlich, wenn die philosophischen Probleme sich in der Geschichte wiederholen." Heidegger spricht dann über „diese immer neu einsetzende Bemühung um eine mehr oder minder gleiche Problemgruppe, diese sich durchhaltende Identität des philosophischen Geistes", ferner über „die Probleme *an sich*", und davon, daß „die verschiedenen verwandten Problemlösungen [...], zentripetal auf das Problem an sich gerichtet, zusammen[treten]" (*Frühe Schriften,* hrsg. von F.-W. v. Herrmann [GA 1], Frankfurt/Main 1978, S. 196).
[31] GA 58, S. 4 f.
[32] *Grundfragen der Philosophie. Ausgewählte „Probleme" der „Logik",* hrsg. von F.-W. von Herrmann, (GA 45), Frankfurt/Main 1984, S. 7 f. (Hervorhebung nicht im Original.)
[33] GA 63, S. 5.
[34] *Metaphysische Anfangsgründe der Logik im Ausgang von Leibniz,* hrsg. von K. Held (GA 26), Frankfurt/Main 1978, S. 197. (Hervorhebung nicht im Original.)
[35] *Einführung in die phänomenologische Forschung,* hrsg. von F.-W. v. Herrmann (GA 17), Frankfurt/Main, S. 76 f.

„Problemgeschichte gibt es nur auf Grund eines ausdrücklichen, philosophischen Standpunktes. Dagegen kennt eine wahrhaft standpunktfreie Forschung nur ‚Sachen', als mögliche Quellen und Motive des Fragens [...]".[36]

Es wird nützlich sein, Heideggers soeben zusammengefaßte Stellung zur Problemgeschichte und zum Problembegriff bzw. den von ihm getroffenen Unterschied zwischen Problem und Frage an einem Beispiel kurz zu erläutern. In den „Vorbemerkungen zur dritten Auflage" des Buches *Kant und das Problem der Metaphysik* heißt es: „Für das rechte Verständnis des Titels dieser Schrift mag der Hinweis dienen: Was *für* die Metaphysik das Problem ist, nämlich die Frage nach dem Seienden als solchen im Ganzen, dies läßt die Metaphysik *als* Metaphysik zum Problem werden. Die Wendung ‚das Problem der Metaphysik' ist doppeldeutig".[37] Heidegger spricht hier zwar statt von Frage von Problem, die genannte Doppeldeutigkeit ist aber klar. Der Titel soll rechtverstanden wie folgt gelesen werden: „Kant und die Frage nach der Metaphysik", genauso wie die Seinsfrage die Frage nach dem Sein bzw. dessen Sinn besagt, wobei von vornherein nicht ausgemacht werden kann, ob es so etwas wie die Seinsfrage, oder besser das Seinsproblem, das es, samt den anderen Problemen, die es seit je, um mich eines noch zu zitierenden Ausdrucks Gadamers zu bedienen, „wie die Sterne am Himmel" geben sollten, überhaupt gebe. Problemgeschichtlich oder besser: problemtheoretisch aufgefaßt heißt „Problem der Metaphysik" ein in den Bestand oder Bezirk einer seit jeher bestehenden und ebenso mit bestimmten Problemen vorher ausgestatteten Disziplin genannt Metaphysik hineingehörendes Problem, vielleicht auch deren Hauptproblem. Hermeneutisch gesehen ist hingegen die Wendung „Problem der Meta-

---

[36] GA 17, S. 78. Mit den „Standpunktphilosophien" verhält es sich so, daß sie die eigenen „Standpunkte selbst nicht radikal auflockern und zum Problem machen", sondern vielmehr „überschnell nach systematischem Abschluß, nach Systemen der Philosophie streben", wobei „ihre letzten Begriffe selbst absolut ungeklärt bleiben" (GA 58, S. 8 f.).

[37] *Kant und das Problem der Metaphysik*, hrsg. von F.-W. v. Herrmann (GA 3), Frankfurt/Main 1991, S. XVII. Desgleichen sprechen die einleitenden Partien der Freiburger Antrittsrede *Was ist Metaphysik?* von „einer doppelten Charakteristik des metaphysischen Fragens" (vgl. GA 9, S. 103). Was hier über das Wesen des *metaphysischen* Fragens erörtert wird, stimmt weitgehend damit überein, was sowohl in den frühen Vorlesungen als auch im Spätdenken einfach Fragen oder philosophisches Fragen angesprochen wird. Wenn z. B. in der Antrittsrede gesagt wird, „jede metaphysische Frage" könne „nur so gefragt werden, daß der Fragende – als ein solcher – mit da ist, d. h. in die Frage gestellt ist" (GA 9, S. 103; vgl. ebd., S. 119: „In jeder metaphysischen Frage wird [...] je das Fragende Dasein mit in die Frage hineingenommen"), so wird in der ersten Marburger Vorlesung nahegelegt, daß „dasjenige Seiende, an das der Fragende und Antwortende zu bringen ist, [...] nach seinem eigenen Seinssinn selbst fragwürdig ist" (GA 17, S. 76). Vgl. noch „Grundfraglichkeit in der Hermeneutik" (GA 63, S. 17), ferner GA 61, S. 153, und etwa den letzten Satz des Vortrages *Der Begriff der Zeit.* hrsg. H. Tietjen, Tübingen 1989, S. 28 („Dann wäre Dasein Fraglichsein"). Eine überspitzte Formulierung findet sich in GA 61, S. 37: „In die absolute Fragwürdigkeit hineingestoßen und sie sehend haben, das heißt Philosophie eigentlich ergreifen. Der feste Boden [...] liegt im Ergreifen der Fragwürdigkeit, d. h. in der radikalen Zeitigung des Fragens".

physik" auf die ganze Metapyhsik als solche bezogen, wodurch die Metapyhsik selbst erst mit diesem Problem entsteht. Es verhält sich nicht so, als gäbe es einmal die Metaphysik als Disziplin, und dann zusätzlich auch noch ihre Probleme, deren Bestand gegebenenfalls von Zeit zu Zeit verändern mag, während die Disziplin selbst unveränderlich fortbewahrt.[38] Es handelt sich umgekehrt um ein Problem, mit dem die Disziplin Metapyhsik selbst steht und fällt. Nicht von ungefähr heißt es in der Antrittsvorlesung „Was ist Metaphysik?": „jede metaphysische Frage umgreift einmal je das Ganze der Metaphysik".[39]

Heideggers Unterscheidung von Problem und Frage, bzw. „Problemgeschichte" („Philosophiehistorie") und genuinem Philosophieren, echtem (philosophischem) Fragen wird von Gadamer aufgegriffen und fortgesetzt, zugleich angesichts ihrer Herkunft in einen größeren geschichtlichen Kontext gestellt. „Als Heidegger seinen Denkweg begann", schreibt er in Rückblick, „lag die Abkehr von der *Problemgeschichte* in gewissem Sinne in der Luft". „Die Kritik an der systematischen Geschlossenheit des neukantianischen Systemgedankens" bestritt „auch der *Problemgeschichte* ihre philosophische Legitimation". „Mit der Auflösung des transzendentalphilosophischen Rahmens [...] mußte die Problemgeschichte fallen, die aus diesem Erbe ihre ‚Probleme' bezog".[40]

Zur „Abkehr von der Problemgeschichte" hat nun Gadamer selber als einer der ersten wesentlich beigetragen mit einem in der 1924 Natorp-Festschrift veröffentlichten Aufsatz, wo er die „Ewigkeit der Probleme" schon heftig bestreitet, und im Anschluß daran feststellt: „Die Objektivierung des Problems zu einem überzeitlichen Bestande erweist sich für die Methodik der Philosophiegeschichte nicht als

---

[38] Vgl. „Die Rationalität der Philosophie wird [...] nur eine immanente Erhellung der Lebenserfahrung selbst sein, die in dieser selbst bleibt [...]. Die Philosophie ist durchherrscht von einer sich ständig erneuernden Grunderfahrung, so daß die Rationalität in dieser Grunderfahrung selbst gegeben ist [...]. *Es gibt daher keine philosophische Disziplinen (wie Logik, Ethik, Ästhetik, Religionsphilosophie).* – Diese Scheidung in Disziplinen ist rückgängig zu machen. [...] *Die Philosophie kennt keine Disziplinen*" (GA 59, S. 172; Hervorhebung nicht im Original; vgl. desgleichen GA 58, S. 21; Gegenstand der Kritik ist natürlich der herrschende Neukantianismus; siehe z. B. W. Windelband: „Was ist Philosophie?", in *Präludien. Aufsätze und Reden zur Einführung in die Philosophie.* 4., vermehrte Aufl., Tübingen 1911, Bd. 1, S. 1 - 54, hier S. 41: „Es gibt [...] drei im eigentlichen Sinne philosophischen Wissenschaften: Logik, Ethik und Ästhetik".

[39] GA 9, S. 119. Metapyhsik ist demnach – wie überhaupt Philosophie als solche – kein fester Besitz: „Gesucht werden zu müssen, gehört zum Wesen dieser Wissenschaft" (GA 26, S. 13f.). Vgl. GA 58, S. 27: „Das Gegenstandsgebiet der [...] Philosophie muß [...] immer wieder neu gesucht, die Zugänge immer neu geöffnet werden. Das liegt nicht in einem zufällig, historisch vielleicht unvollkommenen Zustand der Philosophie, *sondern in ihr selbst* [...]". Vgl. auch GA 45, S. 1: „‚Grundfragen der Philosophie' – das nimmt sich so aus, als gäbe es an sich ‚die Philosophie' und als würden dann aus ihrem Umkreis ‚Grundfragen' herausgegriffen. So ist es nicht und kann es nicht sein, sondern *durch* das Fragen der Grundfragen bestimmt sich erst, was die Philosophie sei."

[40] *Gesammelte Werke*, Bd. 3, S. 298.

tragfähig".[41] Im Zusammenhang der von dem Neukantianismus entwickelten Problemgeschichte bzw. des Unterschiedes von Problem und Frage heißt es dann in seinem Hauptwerk: „Problemgeschichte wäre nur wahrhaft Geschichte, wenn sie die Identität des Problems als eine leere Abstraktion erkennen und sich den Wandel in den Fragestellungen eingestehen würde. Einen Standort außerhalb der Geschichte, von dem aus sich die Identität eines Problems im Wandel seiner geschichtlichen Lösungsversuche denken ließe, gibt es in Wahrheit nicht. [...] Der überstandpunktliche Standpunkt [...] ist eine reine Illusion. [...] Der Begriff des Problems formuliert offenbar eine Abstraktion, nämlich die Ablösung des Frageinhalts von der ihn allererst aufschließenden Frage. [...] Es ist bezeichnend, daß im 19. Jahrhundert, mit dem Zusammenbruch der unmittelbaren Tradition des philosophischen Fragens und dem Aufkommen des Historismus, der Problembegriff zu universaler Geltung aufsteigt –, ein Zeichen dafür, daß das unmittelbare Verhältnis zu den Sachfragen der Philosophie nicht mehr besteht. So kennzeichnet es die Verlegenheit des philosophischen Bewußtseins gegenüber dem Historismus, daß es sich in die Abstraktion des Problembegriffs flüchtete und kein Problem darin sah, in welcher Weise Probleme eigentlich ‚sind'. Die Problemgeschichte des Neukantianismus ist ein Bastard des Historismus. Die Kritik am Problembegriff [...] muß die Illusion zerstören, als gäbe es die Probleme wie die Sterne am Himmel".[42]

Es „zeigt sich [...] an dieser Methode der Problemgeschichte ein dogmatisches Moment", stellt Gadamer anderswo fest,[43] nämlich „Dogmatisierung in der angeblichen Problemselbigkeit": „Ein solches Problem ist wie eine nie wirklich gefragte Frage. Jede wirkliche Frage ist motiviert. [...] Jede Frage bekommt ihren Sinn von der Art ihrer Motivation."[44]

---

41 H.-G. Gadamer: „Zur Systemideee in der Philosophie", a.a.O., S. 60, 62.

42 Gadamer: *Wahrheit und Methode. Grundzüge einer philosophischen Hermeneutik*, *Gesammelte Werke*, Bd. 1, Tübingen 1990, S. 381 ff. Die Wendung „wie die Sterne am Himmel" wird bei Heidegger durch die Wendung „wie die Steine auf dem Wege" vorweggenommen (GA 17, S. 74; vgl. auch GA 56/57, S. 21: kritisch in bezug auf Tatsachen „wie Steine am Weg"). Ähnlich Gadamer: „Hermeneutik als praktische Philosophie", in: *Rehabilitierung der praktischen Philosophie*, hrsg. M. Riedel, Freiburg i.Br. 1972, Bd. I, S. 340: „Es ist sehr künstlich, sich vorzustellen, daß *Aussagen vom Himmel fallen* [...]" (Hervorhebung nicht im Original). Kritisch in bezug auf die „Identität der Probleme" s. noch *Gesammelte Werke*, Bd. 4, S. 78. Besonders ausführlich setzt sich Heidegger mit dem Problembegriff in seiner kürzlich erschienenen ersten Marburger Vorlesung auseinander; siehe GA 17, 73 ff. Es ist wohl anzunehmen, daß eben diese Erörterungen Heideggers den Ausgangspunkt von Gadamers späterer Diskussion des hermeneutischen Vorranges der Frage in *Wahrheit und Methode* bilden (vgl. *Gesammelte Werke*, Bd. 1, 368 ff.). An gewissen Stellen ist die Ähnlichkeit sogar in den Formulierungen augenfällig. „Mit der Frage wird das Befragte in eine bestimmte Hinsicht gerückt", heißt es bei Gadamer (ebd., S. 368), und man liest folgendes bei Heidegger: „Durch die Frage wird das Befragte in eine gewisse Hinsicht genommen [...]" (GA 17, S. 74).

43 *Gesammelte Werke*, Bd. 2, S. 81; vgl. *Neuere Philosophie II. Probleme · Gestalten*, *Gesammelte Werke*, Bd. 4, Tübingen 1987, S. 79.

Mit der Kritik am Problembegriff geht eine phänomenologisch-hermeneutische Kritik des Kritikbegriffes einher: „Phänomenologische Kritik ist nicht Widerlegen, Gegen-beweise führen," heißt es bei Heidegger gleich 1919, „sondern der zu kritisierende Satz wird darauf hin verstanden, *wo* er seinem Sinne nach herkommt. Kritik ist positives Heraushören der echten Motivationen".[45] „Echte Kritik ist stets positiv [...]. Sie überwindet und weist zurück verworrene und halbgeklärte, falsche Problemstellungen nur im Aufweis der echten Problemsphäre".[46] Wenn es aus hermeneutischer Sicht „von entscheidender Bedeutung ist, die sinnmäßigen, echten Motive eines Problems zu verstehen",[47] so wird die innere Struktur des der Problemgeschichte zugrundeliegenden Problembegriffes und damit die Problemgeschichte selbst völlig hinfällig. Gadamer bestätigt schließlich seinerseits durch begriffsgeschichtliche Erörterungen, daß der Begriff des Problems bereits bei Plato und Aristoteles den Charakter von etwas Freischwebendem hat.[48]

Pflegte Husserl nach dem Bericht Gadamers im akademischen Unterricht den den Anfänger im Philosophieren auszeichnenden „großspurigen Behauptungen und Argumentationen" mit der Antwort zu begegnen: „Nicht immer die großen Scheine, meine Herren, Kleingeld, Kleingeld!",[49] so könnten wir als eine für Heidegger ebenso charakteristische, hermeneutisch allerdings etwas radikalisierte Parole die folgenden, in den Vorlesungen 1919/20 gemachten Bemerkungen

---

[44] *Gesammelte Werke,* Bd. 2, S. 82. Siehe noch: „[...] der Anspruch dieser überzeitlichen, ‚ewigen' Probleme, sich in immer neuen systematischen Zusammenhängen zu wiederholen, war unausgewiesen, und in Wahrheit waren diese ‚identischen' Probleme mit voller Naivität aus dem Baumaterial der idealistischen und neukantianischen Philosophie entwendet" (*Gesammelte Werke,* Bd. 2, S. 484). Die Bedeutung der Motivierung hinsichtlich des Fragens, oder gar des Philosophierens überhaupt, wird vom jungen Heidegger besonders hervorgehoben, vgl. nur folgendes Zitat: „Motivierung der Ursprungswissenschaft und zwar Motivierung der sinnmäßigen Notwendigkeit, denn faktisch könnte der Lebensablauf sein, ohne diese Wissenschaft zu betreiben [...]. Motiv muß ein solches sein, daß es in das Ursprungsgebiet selbst führt, wegweisend, so daß das Leben als aus ihm entspringend vertieft werden kann, was schließlich nur so möglich ist, daß es selbst in seiner ganzen Faktizität in den Ursprung zurückgenommen wird" (GA 58, S. 86). Siehe noch ebd., S. 3 („zurückzugehen zu ursprünglichsten Motiven des Lebens") 7f., 11, 91ff., 171, 253 („Die philosophische Erfahrung des Lebens selbst ist für die Philosophie aus dem Leben selbst motiviert"), 263; GA 59, S. 142, 149 („[...] in jeder Philosophie ist *mehr* prätendiert, als bloße Wissenschaft, und dieses ‚Mehr' führt zurück auf das Motiv des Philosophierens selbst. Vor dieser Frage nach dem Motiv ist keine Philosophie geschützt [...]").
[45] GA 56/57, S. 126. Siehe auch GA 58, S. 237: „Die Strenge der philosophischen Kritik besteht in der Abweisung alles Unechten in einem genuinen Motiv."
[46] GA 56/57, S. 127.
[47] GA 56/57, S. 128.
[48] Vgl. *Gesammelte Werke,* Bd. 1, S. 382, bes. den Schluß: „Probleme sind also keine wirklichen Fragen, die sich stellen und damit die Vorzeichnung ihrer Beantwortung aus ihrer Sinngenese empfangen, sondern sind Alternative des Meinens [...]".
[49] *Gesammelte Werke,* Bd. 3, S. 107.

wählen: „keine freischwebenden, unfundierten *Begriffsfragen!*"[50]; „keine allgemeingültigen Gesetze"![51]

„Es könnte [...] sein", heißt es bei Heidegger, „daß eine Gegenwart entsprechend erstarrt ist wie das Vergangene, und daß die Maßstäbe einer Gegenwart nur schlechte Ableger einer nicht mehr begriffenen Vergangenheit bleiben".[52] Wenn man diese Bemerkung mit jener schon zitierten zusammenliest, der zufolge die „,Probleme' der Philosophiegelehrsamkeit [...] ihre merkwürdige Auszeichnung [darin haben], daß sie unter dem eindrucksvollen Anschein eines ‚Problems' das wirkliche Fragen im voraus und endgültig unterbinden", so wird das neukantianisch-historizistische Milieu samt der dieses kennzeichnenden problemgeschichtlichen Einstellung, wie Heidegger und Gadamer sie anvisiert hatten, in dem Sinne verständlich, daß sie sich eben gegen dieses Milieu zum Eigenen befreien mußten. Denn aus hermeneutischer Sicht wirkt am schwerwiegendsten eben nicht, daß das philosophische Klima eines Zeitalters von eventuell unwahren oder schlicht falschen Lehren beherrscht ist, sondern vielmehr, daß eine Selbstverständlichkeit des Allesverstandenhabens verbreitet wird, die im wesentlichen nur bewirkt, daß man zu den *Sachen* nicht mehr Zugang finden kann.[53]

Ich zitierte bereits Gadamers Bemerkung, gemäß der es „die Verlegenheit des philosophischen Bewußtseins gegenüber dem Historismus" gekennzeichnet habe, „daß es sich in die Abstraktion des Problembegriffs flüchtete und kein Problem darin sah, in welcher Weise Probleme eigentlich ‚sind'", und möchte nun kurz diesen Urteil Gadamers erhärten durch einen Beleg am allerersten Anfang der Philosophiegeschichte als wissenschaftlicher Disziplin. „[...] wo das Interesse für Philosophie dem für ihre Geschichte gewichen ist, und namentlich eine Scheu vor streng philosophischen, z.B. metaphysischen Untersuchungen sich zeigt" – schreibt 1866 Johann Eduard Erdmann in der Einleitung seines *Grundrisses,* um seine Hinwendung zur Philosophiegeschichte gleichsam philosophisch zu begründen –, „da ist vielleicht eine philosophische Darstellung der Geschichte der Philosophie das beste Mittel [...] zum [...] Philosophiren zu bringen [...]".[54] Interessant ist dabei, daß die Geburtsstunde der Philosophiegesichte innerhalb des Hegelianismus zugestandenermaßen mit dem Abnehmen rein philosophischen Interesses,

---

50 GA 56/57, S. 126.
51 GA 58, S. 148.
52 GA 45, S. 35.
53 Siehe hierzu was Heidegger, freilich zugespitzt, über einige defiziente Modi des „alltäglichen Miteinanderseins" geschrieben hat: „Alles sieht so aus wie echt verstanden, ergriffen und gesprochen und es ist im Grunde doch nicht [...]"; wo „vermeintlich das Verständnis des Beredeten erreicht ist", wird „auf Grund dieser Vermeintlichkeit jedes neue Fragen und alle Auseinandersetzung hintan[gehalten] und in eigentümlicher Weise nieder[gehalten] und retardiert" (*Sein und Zeit,* S. 173, 169). Siehe auch die Zitate der Anm. 35 oben.
54 Johann Eduard Erdmann: *Grundriss der Geschichte der Philosophie.* § 9. Berlin 1866, Bd I, S. 3.

nämlich, wie Erdmann selbst formuliert, mit „Scheu vor streng philosophischen […] Untersuchungen" in Zusammenhang gebracht wird. Erdmanns philosophische, d. h. genauer hegelianische Begründung seiner Hinwendung zur Philosophiegeschichte ist nur noch, wie Hermann Lübbe es in seiner Einleitung zum Faksimile-Neudruck von J. E. Erdmanns Werk *Die deutsche Philosophie seit Hegels Tode* formulierte, eine äußerliche „Adaptation an einen Zeitgeist, dessen gegenwärtiges ‚Interesse' für Historisches anstatt für Dogmatisches seinerseits keiner hegelianischen Logik mehr zu gehorchen schien": es handelt sich um „eine zunehmende Gleichgültigkeit des Zeitalters gegenüber den Bemühungen reiner philosophischer Spekulation".[55]

Die Entstehung des historischen Interesses unter gleichzeitiger Abwendung vom rein philosophischen bildet also den geistigen Hintergrund, vor dem Heidegger und Gadamer auftraten. Das ist das Milieu, das Gadamer als den „Zusammenbruch der unmittelbaren Tradition des philosophischen Fragens und [als] das Aufkommen des Historismus" charakterisierte, die Lage, in der „das unmittelbare Verhältnis zu den Sachfragen der Philosophie nicht mehr" bestanden habe. Vor diesem Hintergrund wird verständlich, inwieweit die Philosophiegeschichte ihre *philosophische* Relevanz verloren hatte bzw. – auf der anderen Seite – Philosophie in Absonderung von ihrer Geschichte betrieben wurde. Unphilosophische Philosophiegeschichte und unhistorische Philosophie bilden dabei sicherlich eine Einheit und kennzeichnen ein Zeitalter der doppelten Erstarrung. „Es könnte […] sein", ich zitierte schon Heidegger, „daß eine Gegenwart entsprechend erstarrt ist wie das Vergangene, und daß die Maßstäbe einer Gegenwart nur schlechte Ableger einer nicht mehr begriffenen Vergangenheit bleiben".[56]

Sieht man die Verhältnisse näher an, so stellt sich jedoch heraus, daß es bei den Hauptvertretern der Problemgeschichte wie z.B. Windelband oder Nicolai Hartmann neben den charakteristischen Zügen der problemgeschichtlichen Einstellung an proto-hermeneutischen Charakteren gar nicht fehlt, welche Charaktere gleichsam als Vorbereitung zur Überwindung reiner Problemgeschichte angesehen werden können. Kennzeichnend für die problemgeschichtliche Einstellung mag Windelbands Lehrbuch gelten; im Vorwort zur ersten Auflage 1891 seines Werks heißt es: „Der Schwerpunkt legte ich, wie schon in der äußeren Form zutage tritt, auf die Entwicklung desjenigen, was im philosophischen Betracht das wichtigste ist: *die Geschichte der Probleme und der Begriffe.*"[57] Die von ihm geltend gemachte „Geschichte der Philosophie", heißt es ähnlich auch anderswo, „ist also

---

[55] Hermann Lübbe: „Einleitung". J. E. Erdmann: *Die deutsche Philosophie seit Hegels Tode.* Faksimile Neudruck der Berliner Ausgabe 1896. Stuttgart - Bad Cannstatt 1964, S. IX.
[56] GA 45, S. 35.
[57] W. Windelband: *Lehrbuch der Geschichte der Philosophie.* 17. Aufl., hrsg. H. Heimsoeth, unveränderter Nachdruck der 15., durchgesehenen und ergänzten Aufl., Tübingen 1980, S. VII. (Aus dem Vorwort zur ersten Auflage 1891; Hervorhebung im Original).

notwendig eine Geschichte der Probleme und der Begriffe".[58] Bei Nicolai Hartmann werden die Probleme zu „leitenden Gesichtspunkten, unter denen eine Geschichte des reinen Denkens erst möglich wird. Sie werden [...] zu transzendentalen Bedingungen der Möglichkeit der Geschichte."[59] Eine ausgeprägte problemgeschichtliche Einstellung war unter den Neukantianern an wesentichen Punkten auch bei Ernst Cassirer vorhanden,[60] und in der herrschenden angelsächsisch-analytischen Philosophie konnte man noch in den fünfziger Jahren meinen, „that there were a finite number of distinct, specifiable philosophical problems to be resolved – problems which any serious analytic philosopher would agree to be *the* outstand-

---

[58] W. Windelband: „Geschichte der Philosophie", in: *Die Philosophie im Beginn des zwanzigsten Jahrhunderts. Festschrift für Kuno Fischer*, hrsg. von W. Windelband, 2. verb. Auflage, Heidelberg 1907, S. 529 - 553; hier S. 553. Auch bei Windelband finden wir jene defensive Haltung in bezug auf die Philosophiegeschichte und die von ihr eingenommene Stellung innerhalb des philosophischen Interesses des Zeitalters, die wir bei Erdmann feststellen konnten. Die einleitenden Überlegungen der zitierten Schrift lauten wie folgt: „Es ist außer Frage, daß die Geschichte der Philosophie in der wissenschaftlichen Arbeit des neunzehnten Jahrhunderts eine Ausdehnung und eine Bedeutung gewonnen hat wie zu keiner Zeit vorher: und man begegnet vielfach der Ansicht, diese Emsigkeit des historischen Interesses stehe in wesentlichem Zusammenhange mit dem Mangel an schöpferischer Kraft und Lust, der nach der überreichen Entladung des metaphysischen Triebes als ein natürlicher Rückschlag eingetreten war, – es sei ein Zeichen der Erschöpfung und der Sammlung wie nach einer verlorenen Schlacht. Diese Auffassung trifft auch wirklich in gewissen Sinne die Verhältnisse der Philosophie im Anfang der zweiten Hälfte des Jahrhunderts, wo ein großer Gelehrter das Wort geprägt haben soll: ,es gibt gar keine Philosophie, es gibt nur eine Geschichte der Philosophie'." („Geschichte der Philosophie", a. a. O., S. 529.) Windelband tritt jedoch kritisch dieser Auffassung der Entstehung der Philosophiegeschichte entgegen.

[59] N. Hartmann: „Zur Methode der Philosophiegeschichte", in: *Kant-Studien* XV, 1910, S. 459 - 485, hier S. 476. S. hierzu Lutz Geldsetzer: *Die Philosophie der Philosophiegeschichte im 19. Jahrhundert. Zur Wissenschaftstheorie der Philosophiegeschichtsschreibung und -betrachtung*, Meisenheim/Glan 1968, S. 227; vgl. ebd., S. 167. Zu den Vorläufern der problemgeschichtlichen Behandlung der Philosophiegeschichte zählt Carl Friedrich Bachmann mit seiner 1820 in einer bearbeiteten 2. Auflage erschienenen Schrift *Über Geschichte der Philosophie*, die mit der Behauptung, „daß gewisse Aufgaben die Kerngestalt aller Systeme darstellen", wie Lutz Geldsetzer bemerkt hat, ihn „zu einer problemgeschichtlichen Schau der Variationen der Systeme bei den Lösungsversuchen dieser Aufgaben" führte (L. Geldsetzer, a. a. O., S. 78; vgl. ebd., S. 166: „[...] beharrte man in der problemgeschichtlichen Betrachtung auf der Fixiertheit und Endgültigkeit der Probleme").

[60] Cassirer behandelt bekannterweise die neuere Philosophie in Orientierung an dem „Erkenntnisproblem". In der Vorrede zur ersten Auflage 1906 des Werks heißt es, es stelle sich „das Ziel, die geschichtliche Entstehung des *Grundproblems* der neueren Philosophie zu beleuchten und durchsichtig zu machen". In der Einleitung wird dann die Zielsetzung dann wie folgt expliziert: „Die Aufgabe, die der Philosophie in jeder einzelnen Phase ihrer Entwicklung gestellt ist, besteht [...] immer von neuem darin, an einem konkret geschichtlichen Inbegriff bestimmter wissenschaftlicher Begriffe und Grundsätze die allgemeinen logischen Funktionen der Erkenntnis überhaupt herauszuheben" (E. Cassirer: *Das Erkenntnisproblem in der Philosophie und Wissenschaft der neueren Zeit*, Nachdruck der 3. Auflage 1922 [1. Auflage: 1906]. Darmstadt 1991, Bd. 1, S. V [Hervorhebung nicht im Original], S. 16).

ing problems".⁶¹ Immerhin tauchen bei den Hauptvertretern der Problemgeschichte von Zeit zu Zeit Beschränkungen in bezug auf eine scharfe Trennung von Philosophie und Philosophiegeschichte auf, unter denen diejenigen Überlegungen einen besonderen Stellenwert in unserer Sicht einnehmen, die die problemgeschichtliche Einstellung relativiert bzw. sie im Dienste genuin philosophischen Verständnisses aufgefaßt wissen wollen. „Jedenfalls ist klar", heißt es bei Windelband, „daß es mit der Geschichte der Philosophie eine andere Bewandtnis hat, als mit der Geschichte irgendeiner anderen Wissenschaft."⁶² „[...] die Philosophie [hat] ein weit intimeres Verhältnis zu ihrer eigenen Geschichte", schreibt er anderswo, „als irgendeine andere Wissenschaft zu ihrer Geschichte".⁶³ Diese Formulierungen könnten den begrifflichen Hintergrund abgeben für Heideggers in seiner Habilitationsschrift gemachte Bemerkungen: „*Nur* Geschichte ist nun einmal die Geschichte der Philosophie nicht und kann sie nicht sein, wenn anders sie in das wissenschaftliche Arbeitsgebiet der Philosophie hineingehören soll. Die Geschichte der Philosophie hat zur Philosophie ein anderes Verhältnis als z.B. die Geschichte der Mathematik zur Mathematik. Und das liegt nicht an der *Geschichte* der Philosophie, sondern an der Geschichte der *Philosophie.*"⁶⁴ In Anbetracht insbesondere der letzteren Bemerkung darf gleichsam als deren Kontext oder Erläuterung darauf hingewiesen werden, was Windelband im Zusammenhang der systematischen Stellung der Philosophiegeschichte betont hatte, daß nämlich „ihr letztes Zweck niemals ein nur historisches Wissen, sondern immer zugleich ein Verständnis ist, das sich in den Dienst der Philosophie selbst stellt" – und dies könnte man wohl als einen proto-hermeneutischen Zug bezeichnen.⁶⁵ Die *Motiva-*

---

[61] R. Rorty: „Philosophy in America Today". In: Rorty: *Consequences of Pragmatism,* Minneapolis 1982, S. 211 - 230; hier S. 215.

[62] W. Windelband, *Lehrbuch,* a.a.O., S. 7.

[63] W. Windelband: „Geschichte der Philosophie", a.a.O., S. 532. Siehe noch Windelband: *Einleitung in die Philosophie,* Tübingen 1914, S. 9: „In der Tat verhält es sich ja mit dieser Geschichte [sc. Geschichte der Philosophie] wesentlich anders als mit derjenigen anderer Wissenschaften."

[64] GA 1, S. 195; Vgl. GA 20, S. 187f.: Wir „wollen [...] einen echten Anschluß an die Tradition gewinnen; denn der Gegenweg wäre ebenso phantastisch, die Meinung, man könnte gewissermaßen eine Philosophie in die Luft bauen, so wie oft schon Philosophen geglaubt haben, man könne mit Nichts beginnen".

[65] Windelband: „Geschichte der Philosophie", a.a.O., S. 532. Ein anderer proto-hermeneutischer Charakter ist bei Kuno Fischer aufzufinden. Die vom vorwiegend philosophischen Interesse geleitete, d.h. sich an der „wahren" Philosophie orientierenden Kritiker der vergangenen Philosophien verhalten sich zur Geschichte der Philosophie entweder skeptisch oder eklektisch, heißt es im ersten Kapitel der Einleitung seines großen Philosophiegeschichtswerkes (das bezeichnenderweise den Titel „Die Geschichte der Philosophie als Wissenschaft" trägt); „sie meinen, den geschichtlichen Systemen gegenüber, die sie von oben herab ansehen, höchst unbefangen und unabhängig zu urteilen, als ob sie *über* der Geschichte der Philosophie ständen; sie wissen nicht, daß ihre eigenen Standpunkte von eben dieser Geschichte empfangen, daß diese Standpunkte selbst geschichtlich geworden und vorbereitet sind, daß sie aus einer ganz bestimmten geschichtlichen Lage der Philosophie mit Nothwendigkeit hervorgehen [...]" (Kuno Fischer: *Descartes' Leben Werke*

*tion* der Problemgeschichte war an wesentlichen Punkten, wie es z. B. bei Nicolai Hartmann klar hervortritt, eine Reaktion auf die bloß doxographische, d. h. erzählende, auf Lehrmeinungen gehende, diese sammelnde Philosophiegeschichte; eine Reaktion, die sich wohl im Dienste rein philosophischen Interesses verstanden wissen wollte.[66] Ob dies ihr auch gelungen ist – das ist es eben, was vom jungen Heidegger wie in seiner Nachfolge von Gadamer in Zweifel gezogen worden ist.

\*

Am Ende des Beitrages möchte ich eine ergänzende Überlegung anstellen in bezug auf den radikal zu Ende gedachten hermeneutischen Fragebegriff. Es ist zwar wahr, daß Heidegger sich lebenslang der Seins*frage* und nicht etwa dem Seins*problem* widmete; es ist jedoch nicht unmittelbar einzusehen, inwieweit dieser Bezeichnungsunterschied daran ändert, daß Heidegger vornehmlich in seinem Spätdenken die verschiedenen Denker der Überlieferung, seiner so genannten Seinsgeschichte, daraufhin befragt, wie sie die Seinsfrage je zu beantworten meinten, gleich ob sie sich dabei ihres Tuns, auf eine vorgegebene Frage eine Antwort abzugeben, bewußt waren oder nicht, wobei die Kontinuität des Problems – dessen Fortbestand oder Identität in der Einheit seines Sinnes, bzw. die von Gadamer kritisch abgelehnte „Problemselbigkeit" – doch irgendwie notgedrungen vorausgesetzt zu sein scheint. Man kann sich da fragen, wie es denn mit der Identität der Seinsfrage etwa in Heideggers später Seinsgeschichte bestellt ist: muß es doch nicht eine wie auch immer geartete Identität vorausgesetzt sein, damit man das abendländische Denken bzw. die Metaphysik so interpretieren könne, daß die einzelnen Denker je verschiedene Antworten auf diese eine Frage abgegeben

---

*und Lehre*. K. Fischer: *Geschichte der neuern Philosophie*. Jubiläumsausgabe, I. Band. 4. neu bearbeitete Auflage, Heidelberg 1897, S. 5). Immerhin gliedert Kuno Fischer z. B. den „Entwicklungsgang der griechischen Philosophie" nach bestimmten „Problemen", genauer, nach vier Problemgruppen, und zwar dem „Weltproblem", dem „Erkenntnisproblem", dem „Freiheitsproblem" und dem „Religionsproblem" (ebd. S. 15 - 38). Der protohermeneutische Charakter ist hier wohl mit der hegelianisierenden Begründung der Philosophiegeschichte als Wissenschaft im Zusammenhang; die hegelianisierende Sicht will über eine wie auch immer aufgefaßte Übergeschichtlichkeit der Wahrheit nichts wissen (vgl. ebd., S. 7).

[66] Vgl. N. Hartmann: *Der philosophische und Gedanke seine Geschichte*, a. a. O. S. 57: „Unter dem Gesichtspunkt einer echten Problemgeschichte" erweist sich „nicht alles, was einer ,gelehrt', [...] als gleichwertig, nicht alles, was er ,gemeint', als philosophisch relevant. Aristoteles lehrte das Von-außen-Kommen des νοῦς; aber das Gewicht der Sache wird erst sichtbar, *wenn man das Problem wiedererkennt, auf das die These antwortete*" (Hervorhebung nicht im Original). Im kursivierten Schluß des Zitats stehen die Begriffe „Problem-These" in einem ähnlichen Zusammenhang miteinander, wie die der Hermeneutik eigenen Begriffe „Frage-Antwort". Vgl. noch ebd., S. 77. Angesichts dieser Parallele kann man sagen, es sei nicht unmöglich, „echte Problemgeschichte" (wie Nicolai Hartmann seine Stellung an der zuerst zitierten Stelle nennt [ebd., S. 57]) mit Hermeneutik in Zusammenhang zu bringen, bzw. Brücken zwischen ihnen zu schlagen oder eine Kontinuität zumindest in den Absichten herzustellen.

hätten?⁶⁷ Ist es so, wie Heidegger im Aufsatz über *Hölderlin und das Wesen der Dichtung* schreibt, daß die Einheit eines Gesprächs darin besteht, „daß jeweils im wesentlichen Wort das eine und das Selbe offenbar ist, worauf wir uns einigen",⁶⁸ und sind die wesentlichen Denker der Seinsgeschichte Teilnehmer an diesem einen Gespräch, dann ist denn doch eine Selbigkeit oder das Selbe vorausgesetzt. Anders ausgedrückt ist meine abschließende Frage dies, ob und wie ein so radikaler philosophiegeschichtlicher sozusagen Nominalismus, wie Heideggers und Gadamers hermeneutische Betonung des Fragens ihn nahezulegen scheinen, wirklich durchführbar ist? Kann man ohne „Probleme" (und seien sie als Notbehelf) auskommen?⁶⁹

Wie die Antwort auch ausfallen mag, kann heutzutage die sozusagen „frageorientierte" Art und Weise, Philosophiegeschichte zu treiben, als ein bleibender Ertrag (wenn dies eher unhermeneutischer Begriff erlaubt ist) von Heideggers früher Hermeneutik angesehen werden, wobei allerdings stets mitbeachtet werden muß, was Heidegger in seiner Sophistes-Vorlesung gesagt hat: „das Entscheidende

---

[67] Die Interpretation der Seinsfrage ist freilich seit längerem eine der heikelsten Fragen der Heidegger-Sekundärliteratur und kann hier nicht entsprechend zur Diskussion gestellt werden (einige Überlegungen hierzu versuchte ich, allerdings von einer eher anderen Blickrichtung her, in meinem Aufsatz „Identität und Wandlung der Seinsfrage. Eine hermeneutische Annäherung" anzustellen; siehe *Mesotes. Supplementband Martin Heidegger,* Wien 1991, S. 105 - 119). An diesem Punkt geht es, ganz allgemein gefaßt, um die Unumgänglichkeit, „allgemeine" Begriffe in den Geisteswissenschaften zu verwenden – dies schon Kernpunkt der neukantianischen Diskussion bezüglich einer möglichen oder notwendigen „individuierenden" Begriffsbildung in den Kulturwissenschaften. „[...] in der Naturwissenschaft ist das Allgemeine Zweck", hieß es z. B. bei Rickert, die „Geschichte dagegen benutzt zwar ebenfalls das Allgemeine, um überhaupt [...] denken und urteilen zu können, aber das Allgemeine ist für sie lediglich Mittel. Es ist Umweg, auf dem sie wieder zum Individuellen [...] zurückzukommen sucht" (H. Rickert: *Die Grenzen der naturwissenschaftlichen Begriffsbildung,* 2. Aufl. Tübingen 1913, S. 302).
[68] *Erläuterungen zu Hölderlins Dichtung,* hrsg. von F.-W. v. Herrmann (GA 4), Frankfurt/Main 1981, S. 39.
[69] Die Probleme könnten dabei als didaktische Hilfsmittel beibehalten bzw. aufrechterhalten werden. Sie könnten einen Übergang zu Fragen darstellen. Es könnte so sein, daß man sich der Geschichte der abendländischen Philosophie doch nicht ohne eine erste problemgeschichtliche Aufarbeitung nähern kann. Nur sollte man an der Problemgeschichte bzw. den *Problemen* nicht stehenbleiben, sondern durch sie hindurch zu den jeweiligen *Fragen* vordringen. (Zu *Fragen* zu gelangen oder vorzudringen, ohne zuvor durch *Probleme* hindurchzugehen scheint zu schwierig zu sein; auch Heidegger kann seine eigene Seinsfrage nicht umgrenzen ohne sie gegen die übliche – metaphysische – Frageweise abzugrenzen.) Heideggers und Gadamers Kritik an der Problemgeschichte ließe sich dann so auffassen, daß sie nur Einwände erheben, wenn man an den Problemen stehenbleibt, wenn also die Hilfsmittel zu Selbstzweck avancieren, m. a. W., wenn man meinte, *eben dies* sei nun die Philosophie (aus hermeneutischer Sicht Heideggers und Gadamers ist der grundlegendste Einwand gegen die radikal zu Ende geführte Problemgeschichte eben der, daß sie einfach unphilosophisch sei; unphilosophisch etwa im Sinne des Gadamer-Zitats in Anmerkung 20 oben.) Dies wäre im Einklang mit dem in der Anm. 67 oben über die Unumgänglichkeit der Allgemeinbegriffe Gesagten.

liegt immer wieder in der Auseinandersetzung mit den Sachen, über die gesprochen wird. Solange wir uns nicht auf den Weg machen, [...] das, worüber geredet wird, an den Sachen selbst uns auszuweisen und klarzulegen, solange ist an das Verständnis der platonischen und aristotelischen Philosophie nicht zu denken".[70]

Kraft der ihr innigst eigenen Tendenz, gegenüber („freischwebenden") Problemen und den diese bearbeitenden Logiken und Argumentierweisen den Sachen selbst und den diese aufschließenden Fragen den absoluten Vorrang zu geben, sowie ihrer Einsicht in die „elementare Geschichtlichkeit"[71] unseres Daseins, ist für das hermeneutisch eingestellte Philosophieren die starre Dualität von Philosophie und Philosophiegeschichte bzw. bloße Philosophiegeschichte als Annex zur (systematischen) Philosophie rückgängig zu machen und heutzutage auch schon rückgängig gemacht. Denn:

„Es gibt überhaupt keine echte Geschichte der Philosophie, es sei denn für ein historisches Bewußtsein, das selbst in echter Philosophie lebt. Jede Geschichte und Geschichte der Philosophie in einem ausgezeichneten Sinne konstituiert sich im Leben an und für sich, das selbst historisch ist – in einem absoluten Sinne."[72]

## Zusammenfassung

Die von Heidegger entwickelte frühe Hermeneutik der Faktizität impliziert eine ganz neue Stellung zur Geschichte der Philosophie. Am Leitfaden einer destruktiven Kritik des neukantianischen Problembegriffes gelangt Heidegger (und ihm folgend auch Gadamer) zu dem ihm eigenen hermeneutischen Fragen. Wir finden sowohl bei Heidegger als auch bei Gadamer eine heftige und hermeneutisch begründete Kritik der damals üblichen (vorwiegend neukantianischen) Methode der Philosophiegeschichtsschreibung: an Stelle der (wohl „freischwebenden") „Probleme" treten die hermeneutisch situierten Fragen, oder gar „das" Fragen als grundlegendes Verhalten des je endlichen und geschichtlichen menschlichen Daseins.

---

[70] GA 19, S. 229.
[71] *Sein und Zeit*, a.a.O., S. 20.
[72] GA 56/57, S. 21.

# New Crusades Against Heidegger:
# On Riding Roughshod over Philosophical Texts

## (Part One)

### Pascal David

Three recently published volumes, all devoted to a large extent to Heidegger's thought, share a common thread, in a strange sort of way. They are: *Demythologizing Heidegger*, by John D. Caputo (1993), a special issue of the *American Catholic Philosophical Quarterly* (Journal of the American Catholic Philosophical Association), devoted to Heidegger and edited by John D. Caputo (1995), and a volume of Essays in Honor of William J. Richardson, S.J., entitled *From Phenomenology to Thought, Errancy and Desire* (1995).

The question that I address is: Granting significant differences, in what way and to what extent are these three publications interrelated and congruent? My paper will not discuss all the contributions included in the *American Catholic Philosophical Quarterly* (hereafter referred to in this text as *ACPQ*) and in *From Phenomenology to Thought, Errancy, and Desire* (hereafter referred to in this text as PTED), because this would go beyond the limits of an article. My purpose, rather, is to underline some recurrent broad themes in these publications, and to draw attention to a very strange way of dealing with Heidegger's thought. Within the many overlappings between a number of articles that appear in ACPQ and the contributions to PTED, there is a hidden will to declare war on Heidegger and launch a new crusade against him.

In the first part of this study, I want to assess these three publications, both in the context of the history of Heidegger-scholarship in the English-speaking world, and with regard to their Catholic background. Specifically, I shall have to deal with the new effort to "demythologize" Heidegger, and especially with the implements of this "new frontier" in John Caputo's writings. His is the story of an American scholar who willingly confesses that he has learned much from Heidegger, but then suddenly realizes that he has been in evil company for a long time.

"The history of Heidegger-scholarship in the English-speaking world – and especially in the United States – begins seriously with Richardson's large tome *Heidegger: Through Phenomenology to Thought*. One of the most significant and thought-provoking aspects of this work is the awareness (...) of the *questioning* character in Heidegger's language and in translating that language into English."[1] These lines by Kenneth Maly succinctly gather the sense and legitimacy of such a volume of "essays in honor of Richardson," and presumably no contributor to this volume should disagree with his statement. Awareness of this "*questioning* character in Heidegger's language" – and, I might add, in his thinking as well – leads directly to two "trouble-spots" in the history of Heidegger-scholarship in the English-speaking world: how phenomenology gets at *die Sache selbst* and what happens in a "chronological" reading of Heidegger's works. Let me address these two issues briefly.

First, the title of Richardson's work underwent an alteration in the volume of essays, – *i.e.* from: *through* phenomenology to thought, to: *from* phenomenology to thought. As Babette E. Babich, the editor, writes in her Preface (p. ix): "Martin Heidegger himself made the editorial suggestion that Richardson's masterfully comprehensive study trace an account *through* rather than, following the original wording of the title, *from* phenomenology to thought." The question arises: Why "undo" this step? Why go back to "from" – especially after Heidegger's own suggestion to change it to "through?" Does this point matter at all? It matters insofar as phenomenology is not only a point of departure, which could be left behind, but also and primarily a *way* to gain access *(Zugang)* to what matters for thought – *die Sache selbst*. Seen in this light, it does not make sense to address Richardson's work as moving from phenomenology to thought.

Secondly, it should be pointed out with Parvis Emad[2] that the famous Preface that Heidegger consented to write to Richardson's book is actually a response to a letter that Richardson wrote to him, on March I, 1962. At that time, *Beiträge zur Philosophie (Vom Ereignis), i.e.* Heidegger's second main work (*Hauptwerk*, in relation to *Being and Time* as a *Grundwerk*[3]), was not published. This second main work, which was written during the years 1936 - 38, and first published in 1989, makes an understanding of the development or maturation of Heidegger's thought in chronological terms radically impossible. Consequently, the entirety of Richardson's *Heidegger: Through Phenomenology to Thought* seems to be off the point to the extent that it is encased in the "paradigm" or "clues" of "Heidegger I" and "Heidegger II," so that we may wonder with Parvis Emad[4] whether, after the publication of *Beiträge zur Philosophie*, "we should still hold on to the distinction between 'Heidegger I' and 'Heidegger II' as an appropriate and guiding distinc-

---

[1] Kenneth Maly, "Reticence and Resonance in the Work of Translating," in Babette E. Babich (ed.) *From Phenomenology to Thought, Errancy and Desire: Essays in Honor of William J. Richardson, S.J.* (Dordrecht/Boston/London: Kluwer Academic Publishers 1995), p. 148, hereafter referred to as PTED.

[2] *Ibid.,* 129.

[3] I borrow this distinction between *Hauptwerk* and *Grundwerk* from F.-W. von Herrmann's masterful study: *Wege ins Ereignis – Zu Heideggers "Beiträgen zur Philosophie"* (Frankfurt: Klostermann, 1994), p. 90.

[4] *PTED,* p. 144.

tion." In his letter to Richardson of March 1, 1962, Heidegger allows Richardson's distinction between "Heidegger I" and "Heidegger II" under the proviso that "[the thought of] Heidegger I becomes possible only if it is contained in Heidegger II."

But not only this. With the appearance of Heidegger's lecture courses of the twenties, a new realm has been discovered which is a prelude to "Heidegger I" (transcendental-horizonal thinking of being as fundamental ontology), *i.e.* the realm of "factical life" *(faktisches Leben)*. But the "factical life" is not the factual life – there is no place in this Heideggerian coinage for the pragmatism of "facts first." It is grasped in its ontological structure *(Seinscharakter)*, in an ontological horizon that already belongs to the forthcoming fundamental ontology, and grasped from within the "reversal" or "turning-relation-in-being" in being's history – a being's history which is other than the (human, philosophical) history of being.

It is a noteworthy fact that Heidegger's astonishing second main work, *Beiträge zur Philosophie* has already found some – at least a (happy) few –readers. I recall here that the *first* proviso under which Heidegger assesses Richardson's distinction between "Heidegger I" and "Heidegger II" reads as follows: "only by way of what Heidegger I has thought does one gain access to what is to-be-thought by Heidegger II." How one assesses *Beiträge zur Philosophie* is central to how seriously one is ready or not for a "leap" into thinking, however exacting the reading of this work may be. So, let us compare three assessments of this work, from different horizons. According to Parvis Emad, *Beiträge zur Philosophie* presents "a revolution in thinking,"[5] whereas, according to Heidegger's recent biographer R. Safranski, it is the exactly opposite: "a delirium of concepts and a litany of propositions."[6] To the credit of such an assessment, it must be said that it is very concise, unlike Hugo Ott's assessment: According to him *Beiträge zur Philosophie* offers "us extensive aphorisms, projections, outlines, designs, suggestions, plans, sketches, collected material, the fruits of much reading and study, and attempts at definitions."[7] Such a sneering and very superficial description of the contents of *Beiträge zur Philosophie* as nonsystematic shows how far Ott is from seeing the very cohering gathering in the text and the unparalleled as well as unprecedented philosophical relevance of a work which brings together six joinings/*Fügungen* and orchestrates their conjoining, or coming together, in the jointure/*Fuge* named *Ereignis*. Ott's description is fallacious because it does not ever mention the explicit *structure* of this second main work of Heidegger's and because it manifests total lack of understanding of its philosophical content. Tell me what you think of *Beiträge zur Philosophie* and I will tell you who you are.

These conflicting interpretations give the reader a chance to go straight to the point or to be totally off – as Schelling once put it: Either you understand every-

---

[5] *Ibid.*, p. 145.

[6] Rüdiger Safranski, *Ein Meister aus Deutschland – Heidegger und seine Zeit* (Munich/Vienna: Hanser Verlag, 1994), p. 358.

[7] Hugo Ott, "Martin Heidegger's Catholic Origins," in: *ACPQ*, p. 138.

thing, or you understand nothing. And I must confess that in one respect the Richardson-Festschrift as well as most contributions to *ACPQ* are, unfortunately, not very heterogeneous. In both places there emerges a rigid, if not quite dogmatic principle for the "right" way to read Heidegger. Ott formulates this principle when he says: "Martin Heidegger can (...) be understood adequately only from out of his beginnings in which (...) he always remained and into which he was later to penetrate even further."[8] Not only is history at stake in such a principle, but historicism as well. But you can find, at the very opposite, a way of reading Heidegger which assents and consents to learn from Heidegger how to read Heidegger: "Can one 'start' with Heidegger from the 'start'? Where would one 'start'?" Maly asks.[9] And he answers: "One cannot start with Heidegger by 'starting' with his earlier texts and moving to the later ones." Indeed, what would be the legitimacy of a chronological reading of a thinker who has liberated time from its usual chronological frame? To the question how to read Heidegger, Hugo Ott seems to have no other answer than: clockwise.

But why should we "start," according to Ott, from Heidegger's beginnings? For the attainment of his (Ott's) purpose. Because the alleged "start" or "beginnings" refer to what Ott calls "Heidegger's Catholic origins": or "the Catholic roots of Heidegger's thinking," the "roots" from which Heidegger's thought is supposed to have come, or does not come enough from, under the strange proviso that a religion is supposed to supply a thought with "roots." So, Ott asks, why did Heidegger not remain rooted to his "Catholic roots," but became a "Prodigal Son?"[10] Following this line of reasoning, Heidegger's thought is to be understood in terms of a religious background that Heidegger is supposed to have more or less betrayed, or to have been unfaithful to. The charge is first brought against a stray sheep – and only secondly against a rector involved with National-socialism.[11] But it cannot escape notice that the Catholic historian Hugo Ott, pays no attention to the attitude and compromises of Catholic institutions and hierarchy under the Third Reich since the Concordat of July 20, 1933 between the Vatican and Hitler's government. The book that Ott has written about Heidegger[12] was published in 1988, six years after the publication of Heidegger's lecture course of the winter semester 1942 - 43: *Parmenides (GA 54),* where the Spanish Inquisition is at stake and reference is made to its Roman Catholic background.[13] At that time, I presume, any auditor

---

[8] *ACPQ,* p. 143.

[9] *PTED,* p. 149.

[10] *ACPQ,* p. 155.

[11] Cf. John Caputo, *Demythologizing Heidegger* (Bloomington, Indianapolis: Indiana University Press, 1993), p. 175: "He [Heidegger] became in his personal conduct at Freiburg an aggressive opponent of Christianity."

[12] Hugo Ott, *Martin Heidegger – Unterwegs zu seiner Biographie* (Frankfurt/New York: Camput Verlag, 1988,) English translation: *Martin Heidegger. A Political Life* (London: Harper Collins, 1993).

[13] GA 54, p. 68.

who had ears to hear was able to connect Heidegger's fierce and acute interpretations of the Roman *imperium* with the reality of the German *Tertium Imperium*, *i.e.* the Third Reich.[14] Any reader of Heidegger's writings and lecture courses during the "dark times" has to develop what Leo Strauss calls the art of "reading between the lines."[15] It is noteworthy that at about the same time, and probably during the same year (1942), the French philosopher and essayist Simone Weil for her part wrote from her exile in London: "One must confess that the mechanism of spiritual and mental oppression which is inherent to the political Parties has been introduced into history by the Catholic church in its struggle against heresy."[16] In both cases (Heidegger's as well as S. Weil's), a link or relationship is established between spiritual or political oppression and, on the other hand, a certain conception of truth as infallibility on the other hand. May I now suggest that Hugo Ott's indictments against Heidegger – whose break with the "system of Catholicism" is supposed to be a first step towards his forthcoming fatal involvement with National-socialism – are nothing but a smoke-screen which aims at covering a disturbing link or relationship that Heidegger's thought had uncovered in his interpretation of truth?

Far from being a first step towards an involvement with National-socialism, Heidegger's detachment from – and critique of – the "system of Catholicism" and Christianity *as a worldview,* are a detachment from one of the historical as well as metaphysical conditions of possibility of National-socialism, to the extent that the totalitarian worldview is connected with an interpretation of truth as infallibility. Heidegger's radical rejection of the ins and outs of Nazism does not amount to opposing one worldview to another, but to dig up and digging out the roots of any worldview, be it Christian, National-socialist, or Bolshevist.

But it probably never occurred to Ott that Heidegger's detachment from the "system of Catholicism" could be essentially connected, not with his short and partial involvement with National-socialism, but rather, and at the very opposite, with his radical rejection of Nazism. Such a possibility did not occur to Ott because his study about Heidegger is principally and explicitly devoted to what he calls "Heidegger's mentality" (*Mentalität*[17]), *i.e.* to the misguided transcription and distortion of Heidegger's thought in ideological and psychological terms. Ott cannot free himself from worldviews and mentalities, which belong to each other: Mentalities are private factories where worldviews are located and elaborated – dens where they are concocted. Mentalities produce worldviews, and worldviews

---

[14] Cf. Victor Klemperer, *Lingua Tertii Imperii* [The Language of the Third Reich] (Leipzig: Reclam Verlag, 1975).

[15] See Leo Strauss, *Persecution and The Art of Writing* (Chicago: University of Chicago Press, 1952), chapter II, 1.

[16] S. Weil, *Écrits de Londres et dernières lettres* (Paris: Gallimard, 1957), p. 141: "Il faut avouer que le mécanisme d'oppression spirituelle et mentale propre aux partis a été introduit dans l'histoire par l'Eglise catholique dans sa lutte contre l'hérésie."

[17] H. Ott, *op. cit,* p. 10.

produce mentalities. The tragi-comical side of Ott's study of Heidegger is the fact that the prosecuter's argumentation shares a strange sameness with the account of indictment he adduces. By basing his study on the assumption that there is something like "Heidegger-mentality" Hugo Ott shows how ignorant he is of those texts of Heidegger's in which the philosopher establishes the independence of phenomena from "personal," and "psychological" forces such as "mentality." In this respect section 7 of *Being and Time,* and more recently the lecture course text of 1919/20 *Grundprobleme der Phaenomenologie,* (GA 58) demand immediate attention. It is in the latter work that Heidegger discusses the role of enactment *(Vollzug),* i.e. an activity that can take place independently from psychological determinations such as "mentality."

Ott's study rides roughshod over Heideggerian corpus by working with the traditional methods of historiography. It rests upon a conception of truth which is reduced to the "incontrovertible archival evidence,"[18] *i.e.* to a positivist derivative of, or substitute for, (incontrovertible) infallibility. Moreover, one could assert that it is not that Heidegger was unfaithful to his "origins," but that Catholicism was unfaithful to Christianity and to the factical "religious life," to the "Christian experience of life" *(christliche Lebenserfahrung)* that Heidegger studied in its kairological aspects in the lecture course he delivered during the winter semester 1920/21, now available as *Phänomenologie des religiösen Lebens* (GA 60). Fehér correctly writes that "Heidegger's detachment from 'the system of Catholicism' (...) does not in the least imply turning away from Christianity as such."[19] The whole passage by Fehér deserves being quoted:

> In the given context the "system of Catholicism" means the Aristotelian-Scholastic philosophical system which, for Catholicism, is destined to articulate and explicate the conceptual interpretation of Christian faith. To say that the "system of Catholicism" has become "problematic and unacceptable" [Heidegger's letter to E. Krebs of January 9, 1919: *problematisch und unannehmbar*] is, against this background, to say that the theological-philosophical foundation which underlies faith – the groundwork upon which faith rests – has become obsolete and petrified, requiring, as it does, being renewed and refreshed. To fulfill this task is in no way contrary to Christian faith; on this view, the choice for philosophy does not imply detachment from Christianity. In a sense, the contrary is true.

"In a sense" Heidegger wrote to Elisabeth Blochmann that "religion is a fundamental possibility of human existence" *(eine Grundmöglichkeit der menschlichen Existenz,)*[20] and that "God – or say as you like – calls everyone with a voice which is every time otherwise."[21] But on the other hand, or in another sense, in the same letter of September 12, 1929, Heidegger says that Catholicism appears – and must

---

[18] See Caputo, *op. cit.,* p. 2.
[19] I. Fehér, "Heidegger's Understanding of the Atheism of Philosophy," *ACPQ,* p. 199.
[20] *Martin Heidegger-Elisabeth Blochmann, Briefwechsel 1918-1969,* (Marbach am Neckar, 1989), p. 25.
[21] *Ibid.,* p. 32.

appear – to him as *ein Greuel* – as an abomination, as something awful and execrable. And in a very important letter of June 22, 1932, to E. Blochmann, he connects "*Rome*" and "Moscow."[22] At that time (1932), already millions of Ukrainians had been starved to death, according to the Stalinist program of "the hidden holocaust" which aimed at physically destroying the traditional peasantry.[23] It has been said that "Moscow" is "a third Rome;" but does this mean that "Rome" should be a first "Moscow?" What about "Rome?"

Heidegger's letters to E. Blochmann, and especially these two letters of September 12, 1929 and June 22, 1932, are the most explicit document in Heidegger's writings that deal with what appeared to him to be "execrable" in "Rome," worthy not only of detachment, but of radical rejection. Here is crux of the clash with the new "crusade" against Heidegger. Is religion endangered by Heidegger's thought? Not at all. Heidegger wrote to E. Blochmann on March 30, 1933, that it is not religion that is endangered when the *Zentrum* [German Catholic Party] usually shouts that it is endangered, but its political power.[24] Such a political and moral "hypocrisy" *(Heuchelei)* has an ontological background, which is underlined in *Beiträge zur Philosophie:*

> The most fateful nihilism lies in claiming to be a protector of Christianity and, in claiming for oneself, on the very basis of social services ["good works"], the most Christian Christianity./ *Der verhängnisvollste Nihilismus besteht darin, daß man sich als Beschützer des Christentums ausgibt und sogar auf Grund der sozialen Leistungen für sich die allerchristlichste Christlichkeit in Anspruch nimmt.*[25]

What emerges here is the historical unfolding of a "Christian" mold of nihilism, in a Christianity that out-Herods Herod as far as it is contaminated by nihilism, which to Heidegger is "the most fateful nihilism." Who would dare to say that this kind of nihilism is nowadays behind us? As a matter of fact a large part of recent attacks on Heidegger surf on the wave of this nihilism. For example, Farias's study cheerfully rides the dragon he assumes to lay low with his pen. This is also and especially the case with Caputo, whose Brave New World is described as "a world ... with a pragmatic view of truth and principles, and in which children would be educated not in a classical Gymnasium but in free public institutions with schools in which Andy Warhol would get as big a hearing as Sophocles and Aeschylus, schools filled with computers and the latest technological advances, schools that make a particular effort to reach the disadvantaged [Caputo's *soziale Leistungen*]."[26] The author of these lines says at length how much he cares for the poor, the widow and the orphan. He has to be congratulated for such a concern-for-the-poor-the-widow-and-the-orphan – but *not* for his last undertaking about Heidegger,

---

[22] *Ibid.*, p. 52.
[23] See Robert Conquest, *The Harvest of Sorrow,* (Oxford University Press, 1986).
[24] Storck (ed.), *op. cit.*, p. 61.
[25] GA 65, p. 139
[26] Caputo, *op. cit.*, p. 97. Hereafter all numbers in parentheses refer to this text.

*i.e.* totally unfair attacks against Heidegger, for which he, as an editor, as a contributor, and as an author is responsible.

John Caputo is the editor of the special issue of the *American Catholic Philosophical Quarterly*, and one of the contributors to the Richardson-Festschrift, and the author of *Demythologizing Heidegger*. Given that Caputo is author of one of these texts and editor of another – and thus plays a key role in the configuration of texts before us – I shall first address the work of which he is author, in order to understand how Caputo's contribution to Richardson-Festschrift aims at killing two birds with one stone: celebrating Richardson, while – bravely howling with the pack – launching an offensive against Heidegger.

As the blurb on the back page of Caputo's book informs us, "*Demythologizing Heidegger* calls for a distinction between dangerous, elitist, hierarchizing myths such as Heidegger's and salutary, liberative, empowering myths that foster the humility of justice." The same humility (if not of justice) probably leads the author to underline what he calls "Heidegger's thoughtlessness." (145) But then, how are we to understand the author's celebrating a fellow countryman who has ushered in a new epoch of Heidegger-scholarship in his own country?

The title, *Demythologizing Heidegger*, indicates that a mythology is to be found in Heidegger. What kind of mythology is it? This so-called mythology is related to what Caputo calls "the myth of Being." (3) Being is held by Caputo to be a myth, not a good myth however, but a very bad one: a myth that has to be demythologized. But unfortunately Caputo never tells us what he understands by "myth." My suspicion is that for him a myth is a fiction, and not a dimension of the ancient Greek world. In any case, the denunciation of myth as such is not his concern. Rather he just wants, and "calls for," other myths, new myths – for instance not the myth of greatness, but the myth of smallness: "Why should we think in terms of the great *and not rather of the small?*" (115 – his italics). This could be the motto or the exergue of his study. Caputo neither tells us what a myth is, nor does he explain the secret alchemy which allows him to sublimate Being into a myth.

According to Caputo, "Heidegger undertook *to produce a thought* of Being" (4 – my italics). But then, it seems to me, the so-called "myth of being" has to be understood as a product of a thinking (or fancying) subject – where thinking appears as a faculty of the mind. Closely related to this conception of thinking as a production of thoughts, ideas, myths etc., is the wave of nihilism with which Caputo became infatuated. This infatuation finds its finest expression in the following assertion: *"the truth of Being is that there is no truth of Being."* (128) What Heidegger calls *Wahrheit des Seins* ("truth of being") – this is supposed to be a myth, and *nothing else*. Here again we see Caputo, as *H. Ott* before him, riding roughshod over Heidegger's text by failing to take into account section 2 of *Being and Time* where Heidegger stresses the importance of "an antecedent look at being," *(vorgängige Hinblicknahme auf das Sein)* as well as the significance of the experience called *Betroffenheit vom Sein*. Moreover, by saying that the truth of being is that there is no truth of being, Caputo implicitly asserts that the truth is that there is no truth. How could any truth be founded otherwise than in being? How could the truth *be* true if there were no *being*? One cannot get rid of truth so easily: by assuming that the truth is that there is no truth, one admits necessarily that there is a truth. This is the second meaning of being according to Aristotle (*Metaphysics,* Γ, 2), and this argument is also found in Thomas Aquinas, *Summa theologica*, Prima Pars, qu. II, art. I:

> *qui negat veritatem esse, concedit veritatem esse; si enim veritas non est, verum est, veritatem non esse.* ... the one who denies that there is truth concedes (takes for granted) that there is truth; if there is no truth, the truth is therefore that there is no truth.

To deny the "truth of being" in the manner of the sophists, amounts to vindicating "a pragmatic view of truth," as in the above quoted passage by Caputo. Then, *the truth that there is no truth of being is the truth of nihilism.* Nevertheless, the "truth of being," as far as this expression echoes the *Wahrheit des Seins,* is not an issue of logic, but being's own dispensation – which is prior to any theory, whatever fiction or non-fiction it may be – to which any theory is indebted. Moreover, Heidegger did not undertake "to produce a thought of being," because the relation between thought and being cannot be grasped by the concept of production. Neither is being a production of thought in fundamental ontology, nor is the thought of being a production of being in being's history *(Seinsgeschichte).* Being comes *to* us, not *from* us as a product of our mind. Heidegger says: *"Was der Denker vom Sein sagt, ist nicht seine Ansicht"* / "What a thinker says about being is not a view of his own."[27] A great thinker, Heidegger adds in the same context, "echoes" being.

But the whole sentence by Caputo may be now quoted: "Heidegger undertook to produce a thought of Being that was *judenrein.*" Readers are kindly requested to believe that such a sentence has been printed in a book written by an American scholar. The new fashion in the realm of Heidegger's thought is to find out some features that could corroborate an alleged radical involvement with Nazism in its worst implements and to establish that Heidegger's thought has elaborated a "politics of being."[28] Caputo's allegation endeavors to elevate Farias's and Ott's attacks against Heidegger to "the level of spirit and metaphysics" and says that any philosophical work which does not refer explicitly to a Jewish tradition can be suspected of antisemitism! It is noteworthy that, in the Germany of the thirties, some Nazi attacks against Heidegger – such as E. Krieck's – had the same approach to their target, insofar as they denounced Jewish trends in Heidegger's thought. The frailty of Caputo's scaffolding does not need to be demonstrated at

---

[27] *Bremer und Freiburger Vorträge.* (GA 79), p. 66.
[28] See R. Wolin, *The Politics of Being. The Political Thought of Martin Heidegger,* (New York: Columbia University Press, 1990).

length. As far as Heidegger did *not* undertake to produce any thought of being, it is preposterous to assert that the so-called production had this or that characteristic.

Caputo concocts a history of the West as if it were, so to speak, *griechenrein,* and such is the true meaning of his sentence quoted above. (I shall go back to this point.) What he wants to "demythologize" or eradicate is not (only) Heidegger's thought, but philosophy as a whole, and especially ontology. This fact has at least two dire reaches: (I) the obstruction Caputo practices against the thought of being – if not against thought itself, and (2) his infamous statement about what he calls Heidegger's "infamous rectorate." We must look at each of these in detail.

1. We first have to go back to the so-called "myth of being" in order to elucidate where in the *Seinsfrage* is a place of fiction. It seems to me that our American scholar is more or less victim of what is called in *Being and Time, section 44* "word mystic" *(Wortmystik).* In order to talk about a "myth of being" he hypostasizes being into *a* being that is supposed to be beyond all other human and non-human beings, a kind of Supreme Being. This is not the case. Being is not a being among or above other beings, but the way beings are and, sometimes, have to be. To be (and this shows the resourcefulness of the English language) is not only to *be,* but *to* be, in a transitive way. This is etymologically equivalent to the German *zu sein,* and not only to *sein* (cf. Greek – δε, towards, for instance οἴκαδε: homewards). This is not a fixed "whatness" (such as "table, house, tree"), but rather a *melody* sung by existence.[29] Heidegger frequently emphasizes the fact that *Sein* has to be understood in a transitive way, *cum emphasi,* as a transitive verb. Human beings, as beings that understand being, "are" not only "there," they have to be their being. This specific structure of having to be one's being is called by Heidegger *Dasein, i. e.* human existence in its ownmost and most proper unfolding. And this is why the name of *Dasein* does not "propose an identity" for human beings, as Robert Bernasconi wrongly assumes,[30] but rather captures the openness that *is* human being.

Understood in a transitive way, being "is" not only "there," but it *is* as far as it unfolds, it is, so to say, "beingwards," and this is what Heidegger calls its *Wesen.*

---

[29] See especially *Being and Time,* Section 9 (*GA* 2, p. 56 - 7): "Das 'Wesen' dieses Seienden liegt in seinem Zu-sein." Consequently, Dasein's characters are not "properties" but "existentialia," "ihm mögliche Weisen zu sein und nur das", *i. e.* "ways" or "modes" of being. Compare with *GA* 29 - 30, p. 101: *"eine Weise im Sinne einer Melodie"* and *GA 79/ 134: "eine eigene Weise, mehr im Sinne von einer Melodie".*

As far as human beings cannot be grasped according to any "whatness," (social, biological, racial, and so on), they cannot be reduced to mere objects of social sciences – see *Being and Time,* Section 10. Angelius Silesius wrote once: "Ich weiß nicht, was ich bin, und ich bin nicht, was ich weiß." "I do not know what I am, and I am not what I know." Is that Silesius's way of saying that there can be no "whatness" of human beings?

[30] Robert Bernasconi "'I Will Tell You Who You Are' Heidegger on Greco-German Destiny and Americanismus," in PTED, p. 301.

It is well known that this German word is the traditional equivalent for the Latin *essentia*. But *Wesen*, in Heidegger's thinking, is always more than that. It is not an essence; it is a liberation from any essence, if not a refusal of any essence; it is a being-unfolding. Where there is no essence, no essentialism can occur, in spite of Caputo's assertion: "It is still essentialism whether one chooses (?) to think in terms of a verbally understood *Wesen* ... or a nominatively understood *essentia* ..." (73). *Dasein* is not – *pace* Caputo – "the pure *inside* of human being" (125), but its *outside*, "*immer schon 'draußen' bei*" (*Being and Time*, Section 13/83), not the outside *Dasein has*, but the outside that Dasein *is*. This is the reason why it is not possible to accept Caputo's assertion that "'*Wesen* understood verbally' continues to obey the logic of essence." *Wesen* understood verbally is not the essence "uncontaminated by that of which it is the essence," (164) because a verbally understood *Wesen* has no essence at all. It seems to me that Caputo reads Heidegger through the binoculars of Platonism. The essence of anything is what anything is in its being, in its whatness, purely, eternally, and not in the horizon of time and coming to be, it is a "form" or "reality" which is "uncontaminated by that of which it is the essence," whatever it may be – even "hair, mud, dirt,"[31] – so that the essence of dirt is not dirty, but uncontaminated by dirt. But, at some level, *Being and Time* is a farewell to such a Platonism. The title *Being and Time,* as far as being is understood in the horizon of, or from, time (*aus der Zeit*[32]), indicates clearly enough that being is not to be understood as a Platonic essence. *Wesen* is not a fixed and encapsulated essence, but that which lets everything be in its own being. We must conclude that Caputo essentializes Heidegger, wrongly holds being for essence, and therefore denounces a fiction which is his own creation.

Let us sum up briefly the result of our investigations so far: Caputo wants a truth that would be only "pragmatic" with no allegiance at all to any "truth of being"; he vigorously refuses to go to the ontological level of Heidegger's analysis and, therefore, tries to "demythologize" the "myth," or fiction, that he has made out of being on his own account. Moreover, he tries to redefine Western thought as a thought in which the Greeks would be at the very most one component among many others: Caputo insists that the initial and primeval experience of being must be, not simply Greek, but "jewgreek" – using the expression Derrida has borrowed from James Joyce. According to Caputo, "the myth of Being [= his own essentialist fiction] proceeds from an act of massive exclusion of everything that is not Greek." "The fateful, fatal flaw in Heidegger's thought is his sustained, systematic exclusion of this jewgreek economy in order to construct a native land and a mother tongue for Being and thought" ("native" "land" and "mother tongue" appear here as constructions, *i.e.* matter for deconstruction); but contrasting with

---

[31] Plato, *Parmenides*, p. 130 c 8.
[32] See von Herrmann, *Hermeneutische Phänomenologie des Daseins – Eine Erläuterung von "Sein und Zeit"* (Frankfurt: Klostermann, 1987), p. 190: 'Das 'und' im Titel hat die Bedeutung des 'aus.' Sein *und* Zeit heißt: Sein *aus* der Zeit.'

this "massive" and "systematic exclusion," "the 'jewgreek' is the miscegenated state of one who is neither purely Greek nor purely Jewish, who is too philosophical to be a pure Jew and too biblical to be a pure Greek." (6 - 7) Here he seems to concede that "Greek" and "philosophical" are synonymous, as well as "Jewish" and "biblical." Then, the "Greek essence of philosophy" is at stake. Jean Beaufret used to say that the Greek contribution to philosophy is nothing else but philosophy itself! But the way this "Greek essence of philosophy" is understood is not at all "exclusive," it includes the possibility of Roman, Arabic, Jewish, French, English or German philosophy, *i. e.,* the possibility that people or great thinkers put themselves into the orbit of philosophy and, as far as they do, *hellenize!* To say with Heidegger that "philosophy is Greek in its ownmost inner possibility (*Wesen*)"[33] is not saying that there is no philosophy other than Greek philosophy *stricto sensu,* but that any philosophy is *still* Greek in its roots as well as in its unfolding, as far as it is, or deserves the name of, philosophy.

To declare that "philosophy is Greek in its ownmost inner possibility" is to say that Europe and the West in their very being have to do with philosophy; that the West is *philosophical,* and this West includes even the Far West of Northern America. For this reason, Heidegger's statements about "Americanism" are statements about Europe. It is not only for historical reasons (such as the Mayflower and the Pilgrim Fathers), but for metaphysical reasons as well, that "Americanism is something European,"[34] and an outgrowth of Europe. Historians know how much the German cultural life at the time of the Weimar Republic had been "americanized," and that Hitler himself was fond of seeing Hollywood movies.[35] Consequently, it is pure nonsense to suspect that Heidegger's statements about "Americanism" could have their actual or secret source in the entry of North America into World War II. "Americanism" is a European betrayal of the core of Europe, a "disease" of a diseased Europe; and the symptoms of this disease named nihilism are: pragmatism, liberalism, gigantism, pursuit of happiness and welfare, cult of sport and religion of progress, imperialism. What Heidegger calls "Americanism" is *a paroxysmic form of European nihilism.* The New World is not too new, it is not new enough.

But Caputo's coarse and dangerous mistake consists in understanding the ancient Greeks as an *ethnic* reality, as a kind of "chosen people" in the realm of philosophy. The Greeks Heidegger is concerned with are not an ethnic reality, but a spiritual modality: not only the Greeks before us, but *the Greeks in ourselves.* In the lecture he gave in Vienna in 1935, two years after Heidegger's rectoral address, Husserl stated that Europe, as a "spiritual configuration" (*geistige Gestalt*) has "the ancient Greek nation of the 7$^{th}$ and 6$^{th}$ centuries B.C." as

---

[33] *Was ist das – die Philosophie?* (Frankfurt: Klostermann, 1956), p. 7.
[34] *Holzwege* (GA 5), p. 103.
[35] See N. Frei, *Der Führerstaat. Nationalsozialistische Herrschaft 1933 bis 1945* (Munich: Deutscher Taschenbuch Verlag, 1987), p. 113.

its birth-place.[36] Such a view is shared by Husserl and Heidegger. Heidegger's rectoral address, too, refers – and not peripherally but centrally – to the Greeks, and specifically to Aeschylus and Plato. The new "attitude" *(Einstellung)* described by Husserl, which is the birth of Europe as a "spiritual configuration," has a name; and this name is: philosophy. Both philosophers consider the Greek emergence of philosophy as a rupture, a breakthrough *(Aufbruch)*. In the Husserlian, as well as the Heideggerian view, the τέλος of Europe cannot be faced seriously if its ἀρχή is not reexamined.

In his rectoral address, Heidegger wants to achieve a new and original conception of science, which returns to the Greeks in a confrontation with the Cartesian, modern conception of science. Heidegger refers to the Greeks in his rectoral address not because he wants to avoid a confrontation with his own time. On the contrary: It is to open a critical and radical dialogue with modern times in an emergency situation. On March 30, 1933, Heidegger writes to E. Blochmann that the universe of Jaspers grants no place to the Greek world and adds:

> it is my conviction that [granting no place to the Greek world] amounts to a disaster in this world-moment of the western history./... *was nach meiner Überzeugung im jetzigen Weltaugenblick des abendländischen Geschehens einer Katastrophe gleichkommt.*[37]

According to Heidegger, no approach to modernity can be radical and critical enough, if it is not a genealogical one. It is not a racial or ethnic entity, but a "spiritual world" which, according to Heidegger's rectoral address, is synonymous with "greatness" of a people; and it cannot be given to, and shaped by, Germans if the spiritual relationship of Greek and German is not taken into account. This relationship is not taken as a fact in itself, but as a task to be achieved. The rectoral address is not an attempt made by Heidegger to elevate "Nazi ideology to the level of spirit and metaphysics," as Caputo writes, fearlessly (82), but to safeguard a "spiritual world" from the assaults of any ideology, whatever it may be, and especially, of the Nazi ideology. We have therefore now to address the controversial issue of Heidegger's rectorate and rectoral address and Caputo's reproaching them as "infamy." And this reproach is only a skirmish of what Richardson calls "Caputo's full-scale assault on Heidegger in *Demythologizing Heidegger.*"[38]

2. This takes us to the second of the dire reaches of Caputo's "demythologizing": what he calls "Heidegger's infamous rectorate." Nazi ideology can be characterized here summarily, at least in some of its components, as (a) antisemitism, (b) racism or biologism, and (c) the political principle of dictatorship of a leader *(Führerprinzip)*. With regard to (a), Caputo produces no proof at all; and he is right doing so, because there is not a shred of evidence for this aspersion ritually

---

[36] Husserl, *Die Krisis des europäischen Menschentums und die Philosophie,* in: Husserliana, vol. VI (The Hague: Martinus Nijhoff, 1962), p. 321.
[37] Storck (ed.), p. 61.
[38] William J. Richardson, "Heidegger's Fall," in: PTED, p. 280.

cast upon Heidegger. With regard to (b), Caputo concedes that "his [= Heidegger's] continuing critique of biologism has been a constant ever since *Being and Time* and it was *a crucial point of difference with Nazi racial ideology*. Human being is not first and foremost a form of organic life but a relationship to Being ..." (125, my italics). Very well! As to (c), he returns to a passage of Heidegger's rectoral address by saying that "both the leader *(der Führer)* and the led *(die Geführten)* must be guided by the essence of the university." (85) But such an assertion by Caputo is wrong and misleading. Neither in the first paragraph of the rectoral address nor in the whole of it does Heidegger mention *der* (or *den*) *Führer,* but rather he says *die Führer, i.e.* the *leaders* – in conformity with what Caputo writes on the next page (86) of his book: "Together, teachers and students, *leaders* and led ..." Using the term "leader"/*Führer* is not necessarily politically compromising, even in the Germany of the thirties. There are at least two reasons for this: First, as Caputo rightly notices, "one could have been mistaken about the Party's intentions in 1933." (132) According to François Fédier: "To put trust in Hitler in 1933 was a guilt, but this guilt was not a crime."[39] Secondly, not every leader becomes a dictator, as the leader of the K.P.D. (Communist Party of Germany), Ernst Thälmann was the *Arbeiterführer,* the leader of the workers; and Thomas Mann once said that Roosevelt was a good *Führer* for the United States of America. At a more philosophical level, Schelling told his students: *"Der Lehrer kann nur Führer sein*/The teacher can only be a leader/a guide."[40] Such a conception of the teacher as a *Führer*/leader or guide has not the slightest political resonance. It is not indebted to political, but rather to pedagogical views.

The point here is that Heidegger's rectoral address mentions neither the *Führer* in the singular form, nor the "Chancellor." As pointed out by the editor of the last edition of rectoral address neither the name "Hitler," nor the expression "Nationalsocialism" or "national-socialist" ever crops up in this address.[41] This is an important point for any serious philosophical analysis of Heidegger's rectoral address in its political context, and for this reason Caputo's rewriting is not only misleading but dishonest. Moreover, when the very beginning of the rectoral address mentions "the leaders" in the German university, its end underlines clearly enough that the "following" expected from the students has nothing to do with any kind of blind and total, unconditional obedience:

> All following, however, bears resistance within itself. This essential opposition of leading and following must not be obscured, least of all, eliminated./*Jedes Folgen aber*

---

[39] "Revenir à plus de décence" ("Let us come back to more decency"), in: M. Heidegger, *Écrits politiques,* translated and with a Preface by F. Fédier (Paris: Gallimard, 1995), pp. 39 - 40.

[40] Schelling, *Initia Philosophiae Universae* (Erlanger Vorlesung WS 1820/21), ed. by H. Fuhrmans (Bonn: Bouvier u. Co. Verlag, 1969), p. 5.

[41] Martin Heidegger, *Die Selbstbehauptung der deutschen Universität* ed. H. Heidegger (Frankfurt: Klostermann, 1983), p. 5.

*trägt in sich den Widerstand. Dieser Wesensgegensatz im Führen und Folgen darf weder verwischt, noch gar ausgelöscht werden.*[42]

Consequently, as Parvis Emad writes:

> The rectoral address does not mention *anything* that would connect it to a totalitarian worldview. On the contrary, Heidegger introduces a daring notion of leading and following that is diametrically opposed to nazism. Heidegger talks about leading and following in which resistance is present and which thrives on resistance. What could be more alien to nazism's demand for unconditional and total obedience?[43]

Furthermore, we find in Caputo the very strange assertion: "Speaking as the new rector of Freiburg University, Heidegger delivered his own 'address to the German nation' ..." (82) Here Caputo in his confusion probably draws a hazardous comparison between Heidegger and Fichte. However, he should know that Heidegger's rectoral address is not an address to the German nation, but to the German University of Freiburg, including teachers and students, "leaders and led." The Freiburg University is expected to root, elevate, and attune its own being to the unfolding of the German University and to bear witness to the German University in its spiritual duty and tasks. Heidegger's rectoral address is *not* an address to the German *universities!* In a previous essay I have already drawn attention to the fact that, unlike Jasper's *Thesen zur Frage der Hochschulerneuerung* (Theses on the Question Concerning the Renewal of the University), written in July/August 1933, the word *university* occurs almost twenty times in Heidegger's rectoral address, but *always in the singular,* and never in the plural.[44] Caputo reads a singular where there is a plural *(Führer),* and a plural where there is a singular *(Universität).* In other words, he rides roughshod over Heidegger's text.

To sum up: Heidegger's constant critique of biologism, which Caputo calls "a crucial point of difference with Nazi racial ideology" (125), Heidegger's conception of a resistance inherent to any genuine following and, consequently, his antitotalitarian conception of leading, and his care for the unfolding of the German University as a spiritual world – all this could and should normally lead the reader to the reasonable and decent conclusion that Heidegger as a rector did his best to insufflate to the German University "the wind that blows through" his thinking (H. Arendt) and to resist the raising Nazi ideology. As a matter of fact, he did prevent, as rector, such events as a book burning (May 10, 1933) and the hanging of anti-Jewish posters on the premises of the university. This could and should be

---

[42] *Ibid.,* p. 18; English translation by Karsten Harries: "The Self-assertion of the German University," *Review of Metaphysic* 38 (March 1985): 467 - 507, p. 479.

[43] Parvis Emad, "Introduction: Elements of an Intellectual Portrait in H. W. Petzet's Memoirs," in H. W. Petzet *Encounters and Dialogues with Martin Heidegger, 1929 - 1975,* trans. P. Emad and K. Maly (Chicago and London: The University of Chicago Press,1993); pages xxiii. Pages xvi to xxv of this *Introduction* may be read as a philosophical assessment of Heidegger's rectoral address and rectorate.

[44] Pascal David, "A Philosophical Confrontation with the Political," in: *Heidegger Studies,* vol. 11 (1995), p. 196.

Caputo's conclusion too. But – far from it – he very unexpectedly concludes that Heidegger made "ardent efforts to Nazify the German university." (!) It is all the more noteworthy that such an indecent allegation is not to be found in the pages of his study where Caputo deals specifically with Heidegger's rectoral address ("The Vocation of the German University", chapter IV, p. 82 - 90), but in another chapter dealing with "Heidegger's Gods." For what reason? Because Caputo would have had the utmost difficulty in finding any argument for his indictment. He shamelessly asserts the very opposite of what actually happened, and his rewritings give a phantasmagorical (if not "mythical") consistency to what he merely fancies. As far as he is a scholar supposedly aware of philosophical methods and obligations, Caputo should normally prefer textual evidence to "archival evidence" and so-called exhibits. But he seems to prefer unsubstantiated rumors to arguments and meditative thought. His very unexpected conclusion about Heidegger's rectorate and rectoral address leads me to a very different conclusion regarding Caputo: he nazifies Heidegger in order to denounce and expose to the vindication of society the scapegoat he has concocted with a "scarlet letter" which, unlike Nathaniel Hawthorne's *A,* is for Caputo an *N.* By identifying Heidegger's comportment as rector with the *Gleichschaltung* imposed by the Nazi regime upon the German universities, Caputo yields to the Nazi propaganda in its identification of Germany with National-socialism – and therefore illustrates what the historian Frei calls "a token of the tenacious perpetuation of National-socialist self-stylization."[45]

When the alleged infamy of the so-called "infamous rectorate," as denounced by Caputo, lies in having prevented book burnings and antisemitic demonstrations, that is, if we stick to the facts, then I hold Caputo fully responsible for his allegations.

Caputo sums up his position in his contribution to Richardson-Festschrift, where his essay is a caricature of his caricatural book. There he gives free play to his imagination, in a fiction featuring Heidegger as a character of Conrad's novel *Heart of Darkness,* whose name is Kurtz, a German name, as emphasized by Conrad himself ("Kurtz - Kurtz – that means 'short' in German – don't it?"[46]). What a blessing for Caputo that an evildoer has a German name! And what a pity, what a shame that "a widely respected philosopher," quoth Richardson,[47] resorts to proceedings and to obvious tricks other people dramatically bore the cost of half a century ago! Antigermanism is not better than antisemitism, and has to be firmly rejected as well. These pages baffle description, and they do not deserve more attention than the book they sum up and caricature. Decency forbids reviewing this "contribution" which is described by B. E. Babich, as "a provocative essay."[48]

---

[45] Cf. Frei, *op. cit.* p. 109.

[46] J. Conrad, *Heart of Darkness* with *The Congo Diary* (New York: Penguin Books, 1995), p. 97.

[47] *ACPQ,* 229 / PTED, p. 277.

[48] PTED, p. XI.

Such a description is certainly an understatement. If ever it happens to the contributor to realize the obscenity of his allegations as well as of the parallels he draws – but this supposition is probably a piece of wishful thinking – he could then apply to himself the duty of *retractatio* he claims Heidegger has been constitutionally incapable of (*retractatio* is probably what he has in mind when he speaks of *retractio* – 131 - 2).

As already indicated at the beginning of this paper, Caputo seems to have suddenly realized that he has been in evil company for a long time; and his book *Demythologizing Heidegger* is the document of "a basic shift" or conversion that his thinking about Heidegger has undergone: "Texts that I had been reading for a quarter of a century suddenly and painfully took on a new and ominous significance." (2) The studies, "first by Victor Farias (1987) and then, more importantly, by Hugo Ott (1988)" were a kind of catalyst that opened Caputo's eyes – this was a painful experience, but a kind of enlightenment too. It brings to mind the story told by Montaigne about the child who beats its nurse. It is noteworthy that the "basic shift" endured and described by Caputo has been anticipated by the French poet René Char seven years before the publication of Farias's study: "All those who drew from Heidegger's work by the handful will now hold him in contempt, just the way the child described by Montaigne beats its nurse."[49] Farias's hate-filled inquisition, with very controvertible historical method, tries to prove an "objective complicity" of Heidegger's thought with the Nazi ideology and regime in its worst aspects. But it should be pointed out that the one who is accused of ideological complicity with mass murderers, as the Stalinist Farias and now Caputo portray Heidegger, is not explicitly accused of having himself even been a *potential* murderer. This would be a great step forwards, or rather backwards – and this is precisely Caputo's step in his contribution to the Richardson-Festschrift. In order to understand how an academic publication is able to go beyond all bounds and to overstep the line of the most elementary decency, it is first necessary to go back to the chapter entitled "Heidegger's Scandal" in Caputo's book. There we find Caputo again riding roughshod over a "heretical" sentence written by Heidegger, now published in volume 79 of the *Gesamtausgabe*:

> Agriculture is now a motorized food-processing industry; in its ownmost inner possibility it is the Same as the manufacturing of corpses in gas chambers and extermination camps, the Same as the blockading and starving of nations, the Same as the manufacturing of hydrogen bombs./*Ackerbau ist jetzt motorisierte Ernährungsindustrie, im Wesen das Selbe wie die Fabrikation von Leichen in Gaskammern und Vernichtungslagern, das Selbe wie die Blockade und Aushungerung von Ländern, das Selbe wie die Fabrikation von Wasserstoffbomben* ...[50]

This sentence has to be read carefully as the philosophical sentence and the work of thought it is. In order to avoid and prevent rough misunderstandings, we also

---

[49] See J. Pénard, *Rencontres avec René Char* (Paris: Corti, 1991), p. 209.
[50] GA 79, p. 27

have to hear its tone. There is not the slightest hint of cynicism in it, but the very opposite: a restraint and a reserve, a repressed awe in the exacting task of saying what *is* and unfolds its being. First of all at least two recurrent misunderstandings have to be ruled out: (1) this sentence does not aim at leveling different and dissimilar evils of our century, and (2) the radical change undergone by agriculture should not be understated, it is not the innocent and harmless "progress" it is usually held to be, but the institution of a new order which is not "in the nature of things" but amounts to a destruction of nature and things. What happens to mortals when earth and sky as such, withdraw, when man empowers himself to do what he does to the earth and what man has done to man? We must not forget, however, that Heidegger is a reader of Hölderlin's poetry, of a poet who thematized the "poetic dwelling" of human beings on earth, as mortals who entrust the earth with the care of seeds and look up to the blue of the sky.

In the sentence under discussion, the four enumerated terms are not "just the same" (this would be in German: *dasselbe*), but they share a sameness *(das Selbe)* which is their condition of possibility, as well as the condition of possibility of their coming together. (By the way: this coming together is the true and original meaning of the English word *same,* which is derived from Greek ἅμα and means: at the same time with, together with.) This sameness of what comes together, as far as it is considered *in its very coming together,* is not the uniformity of what is "all the same" or "amounts to the same thing." Not at all. On the contrary, the sameness Heidegger's thought unconceals implies that things that come together are not the same, not *dasselbe,* but actually very different and dissimilar. The mass production of victims or corpses is *not – pace* Caputo – "essentially the same as motorized agriculture," (133) but shares the sameness of what is not the same. This sameness *in its ownmost inner possibility (im Wesen)* does not refer to what is alike, but to what is always otherwise and manifold.

Heidegger does not say that motorized agriculture is criminal, but that it belongs to the *same* world-order as the manufacturing of corpses in gas chambers[51] – or to the same "geometrical madness" (Primo Levi). The sameness of what is not the same but comes together, is the sameness of what belongs to the same universe, and this same uni-verse owes its unity to the ownmost inner possibility of technology *(Technik)* which Heidegger designates with the name *Gestell.* Motorized agriculture and food-processing industry are not criminal as such, but they undergo a radical transformation and are now "enframed" in the "enframing" of the *Gestell.* A cow is no longer a peaceful ruminant which browses on the grass of the meadow, but becomes a foodstuff, and *nothing else.*[52] An orange is no longer an orange, but a food-value, an amount of vitamines, and *nothing else.* A cow is no longer a cow, and a meadow is no longer a meadow.[53] The specific frame or

---

[51] See Fr. Fédier, *Regarder voir* (Paris: Les Belles Lettres/Archimbaud, 1995), p. 291.
[52] See Martin Heidegger, *Der Feldweg* (Frankfurt: Klostermann, 1989/Bebilderte Sonderausgabe), p. 19.

"enframing" of the food-processing industry is the chain, for instance in the "food chain." What is going on? We are technologically addicted to and connected with an invisible chain which spreads itself, like a huge cobweb, all over the world, as a world wide web.

The sameness at stake being *the sameness of what is not the same but comes together in such a way that this coming-together makes sense,* I find Caputo's assertion preposterous that Heidegger's thought "can no longer tell the difference between agriculture and murder." (130) Feeding people is much better than starving them. But this is not the point – and Caputo's art consists in leading, or rather misleading his reader to what is not the point. The point is that Heidegger does not view modern agriculture as far as it feeds (and sometimes poisons) people, but as far as it complies with the needs of consumers and deals with foodstuffs located in a food chain – or provides occasionally the Third World with surplus. Even if cows are driven "mad" with bovine spongiform encephalopathy (mad cow disease), even if machines are not always in good running order, the point is not their bad running, but their running, even if good.[54] The point is that we are endangered by unawareness of the condition of possibility of technological mass murders as long as we do not understand that, and how, they come together with motorized agriculture, blockading and starving of people, and manufacturing of atom bombs, in the sameness of an unfolding-and-coming-to-be-together.

If Heidegger ever "demythologized" anything, it was the idyllic description of the German "free peasant" at a time when a systematic and technological destruction of peasantry was going on. According to Norbert Frei's recent study:

> The outcome of the nazi agricultural policy was not the 'free peasant' who was supposed to work with responsibility and autonomy in order to support the national community – as he was described complacently by the painters who were the fellow-travelers of the regime – but the agricultural producer, captive of a whole network of regulations relating to planting as well as to prices and channels for trade.[55]

But the radical change that the traditional world of peasantry underwent under the Third Reich is not understood by Heidegger as one of the essential consequences

---

[53] See H. Padrutt, "Eine Wiese ist eine Wiese" in: *Der epochale Winter* (Zurich: Diogenes Verlag, 1984), pp. 327 - 345.

[54] See *GA* 79/35: "Die Maschine (...) steht nur, insofern sie geht. Sie geht, insofern sie läuft." In his Spiegel-interview, Heidegger says: "Es funktioniert alles. Das ist gerade das Unheimliche, daß es funktioniert und daß das Funktionieren immer weiter reicht zu einem weiteren Funktionieren ...": *Antwort – Martin Heidegger im Gespräch* (Pfullingen: Neske, 1988), p. 98.

*Das Unheimliche* [the uncanny] is Heidegger's translation of the Greek τὸ δεινόν as found in the first line of the first chorus of Sophocles' *Antigone,* cf. *GA* 40/155.

[55] *op. cit.* (see above note 28), p. 93. See furthermore: A. François-Poncet, *Souvenirs d'une ambassade à Berlin* (Paris: Flammarion, 1946), p. 82: "The Third Reich conceives the civilian only as a militarian detached to the factory, to the field, to the store or to the office." A. François-Poncet was the French Ambassador in Berlin between September, 1931 and October, 1938.

of a political revolution. Rather, he places this change in the context of man's altered relation to being – and, subsequently, to beings and things in their being – as far as everybody becomes, metaphysically speaking, a "Worker" and a "Soldier" *(Arbeiter und Soldat)*. Nietzsche and Ernst Jünger have brought this new reality to light, as a typical feature of modern times. Jünger's first-rate work *Der Arbeiter* (1932) is not taken into account by Caputo, who just mentions, scornfully and by the way, "the wild-eyed rhetoric of Ernst Jünger." (52) How could he then seriously measure the new reality that Heidegger's thought tries to face and to bring to word?

Actually, Heidegger did not wait until World War II or the Third Reich was over to draw attention to this new reality, but he brought it to light during the time it was going on, during the Third Reich, as attested by the lecture course he delivered during the summer semester of 1941, now available as *Grundbegriffe*. There he states:

> When the peasant changes into a worker of the food-supplying industry, the process is the same as when a scholar who is an authority in his sphere becomes the general manager of a Research Institute./ *Wenn der Bauer sich zum Versorgungsindustriearbeiter wandelt, dann ist dies derselbe Vorgang, gemäß dem ein maßgebender Gelehrter in einem Forschungsinstitut zum Betriebsführer wird.*[56]

Later Heidegger refers such a sameness, or coming-together, to the *Gestell,* as the ownmost inner possibility of technology. Contrary to Caputo, this sameness does not "neutralize the distinction between life and death." (130) The opposition between life and death is here totally inadequate and misleading, not as such, but to the matter in question. Here Caputo vainly attempts to grasp a new situation with old ready-made oppositions. Motorized agriculture or food-processing industry is not related to life sustaining (or feeding), but to a "food chain" and, ultimately, to an altered relation to being. Extermination camps, on the other hand, are connected not only with death and mass murders, but with something else, or rather: industrial mass murders are not related to death as such, because they withdraw their victims even from the ownmost inner possibility of dying – the death of the victims is suppressed as well as their lives. They do not even die, they are liquidated. If so, even their deaths have not been died, but were reduced to *ungestorbene Tode.*[57] Extermination camps are not "only" a matter of life-and-death, as Caputo wants us to believe; for the crucial questions are: what kind of life, and what kind of death?

Caputo makes no distinction at all, and is not able to make any distinction between the *ungestorbene Tode,* the unaccomplished or "undied deaths," (the privation and confiscation of death in extermination camps), and the death, say of

---

[56] GA 51, p. 38.

[57] *GA* 79/56: "Hunderttausende sterben in Massen. Sterben sie? Sie kommen um. Sie werden umgelegt. Sterben sie? Sie werden Bestandstücke eines Bestandes der Fabrikation von Leichen. Sterben sie? Sie werden in Vernichtungslagern unauffällig liquidiert."

Ivan Ilych in Tolstoy's narrative "The Death of Ivan Ilych."[58] Caputo does not distinguish death, the ownmost inner possibility of human beings as mortals, from the industrial and programmed *end* of human beings reduced to lives to be eliminated. Therefore, Caputo *minimizes the awfulness of extermination camps;* he reduces this awfulness to the proportions of a large-scale yet, after all, traditional crime, to an "aggravated murder on a great scale."[59] He is completely unaware of the flagrant disproportion between industrial mass murders and his own moralizing, edifying and well-intentioned sermons. But, as the phrase goes, hell is paved with good intentions. Nevertheless, the unprecedented awfulness of extermination camps should not be understated and reduced to well-known patterns, if we are to think the "unthinkable." Caputo's well-intentioned understatements are quite dangerous as far as they prevent us from *thinking* what he is rightfully repelled by, as worthy of indignation. But indignation is not enough, especially as it is thought-proof the way a watch can be waterproof. A novel written at the end of the 19th century can help us understand some roots of evil and the way a man becomes a murderer; this novel shrouds the murderer in gloom and mystery, which is all the more disquieting as it lurks in "the heart of an immense darkness" – but this novel is not suitable to the unprecedented mass murders of our century. For, to speak with Hannah Arendt, comprehension does not amount to deducing the unprecedented from precedents.[60] Seen in this light, Kafka's narrative *In der Strafkolonie* would be probably more suitable to the topic than Conrad's *Heart of Darkness*.

Moreover, Caputo's reading of Conrad's novel – a novel with a wide range of different interpretations – is faithful neither to the letter nor to the spirit of the famous tale. According to his own "pragmatic conception of truth," Caputo wants that evil should have "nothing to do" with being or with truth:

> What is wanting in Kurtz's heart is altogether otherwise than truth and untruth ... What had gone astray in Kurtz's heart has nothing to do with the unconcealment of Being ... Kurtz's corruption was not a matter of the concealment of Being (...), it has to do with *faces*, with his utter nullification of the face of the other.[61]

What a strange assertion – as if *faces* had nothing to do with truth and untruth, concealment and unconcealment! As a typical Levinasian coinage, "the face of the

---

[58] See Heidegger's footnote on Tolstoy in *Being and Time,* Section 51 (*GA* 2/337).

[59] Conrad, p. 20.

[60] See Hannah Arendt's Preface to the First Edition of *The Origins of Totalitarianism* (New York: Harvest, 1951), VIII:
"Comprehension does not mean denying the outrageous, deducing the unprecedented from precedents, or explaining phenomena by such analogies and generalities that the impact of reality and the shock of experience are no longer felt. It means, rather, *examining and bearing consciously the burden which our century has placed on us* – neither denying its existence nor submitting meekly to its weight. Comprehension, in short, means the unpremeditated, attentive facing up to, and resisting of, reality – whatever it may be." Here Caputo deduces the unprecedented i. e. totalitarianism from the precedent i. e. colonialism.

[61] PTED, pp. 268 - 9.

other" *(le visage de l'autre)* is probably borrowed by Caputo from Levinas, but already in Aristotle we can find that "only human beings have a face (πρόσωπον); a fish, an ox are not said to have a face."[62] The fact that only human beings have a face (and hands as well, according to Aristotle) does not have "nothing to do" with their being human, but, on the contrary, has everything to do with their being human and with their understanding of being, and, consequently, with some relation to truth and untruth, to concealment and unconcealment. To look at somebody does not amount to looking at *some body,* but at somebody who *has* a face as far as he or she faces being, conceals or unconceals truth. Human beings can face truth, or dodge it – but how could they face it if truth had no face at all, not even what Conrad calls *"the appalling face of a glimpsed truth?"*[63] How could human beings face truth if truth were not essentially connected with their being mortal? Or as Conrad would put it: "perhaps all the wisdom, and all the truth, and all sincerity, are just compressed into that inappreciable moment of time in which we step over the threshold of the invisible."[64] We then realize that the "heart of darkness" is very far from having "nothing to do" with truth, in spite of Caputo's superficial reading and peremptory assertion: the way he reads Conrad is not much better, not more reliable than the way he reads – or rather does not read – Heidegger. Caputo recruits literature for the attainment of his own ideological purpose and censures Conrad's novel in order to fit it to his own "pragmatic conception of truth" – but literature is fortunately richer than the prey of ideological exploitation it is occasionally reduced to.

Caputo does not only distort Conrad's insights about evil and truth, he also understates the unprecedented awfulness of extermination camps.
With regard to the victims of the German concentration camps, Heidegger once said: "there are no words for such a tragedy."[65] This could corroborate G. Steiner's important *retractatio* about the encounter of Celan with Heidegger.[66]

The "heart of darkness" described by Joseph Conrad's famous novel (1899) is bound to savagery, wilderness and brutality, but does not reach as far as scientifi-

---

[62] *De animalibus historia,* I, 8, 491 B 9 - 11.
[63] *Ibid.,* 113.
[64] *Ibid.,* 115 - 6.
[65] See F. de Towarnicki, *A la rencontre de Heidegger – Souvenirs d'un messager de la Forêt-Noire* (Paris: Gallimard, 1993), p. 73.
[66] In this connection cf.: G. Steiner, "The New Nouvelle Héloïse?" in *Times Literary Supplement,* October 13, 1995. Reffering to Ettinger's *Hannah Arendt/Martin Heidegger* (New Haven/London: Yale University Press, 1994,) Steiner states: "Ettinger implies, strongly, that Celan's inability to elicit from the master any responsible word as to the holocaust help bring on the poet's suicide. I implied just this on a public occasion in Paris some ten years ago. We are both mistaken. A letter from Celan to Franz Wurm, dated August 8, 1967 (only recently published) refers to the famous visit to Todtnauberg as having been eminently satisfactory and amicable. There is no shred of evidence that, as Ettinger would have it, Celan left Heidegger 'crushed' and 'broken.'"

cally planned and technologically organized industrial mass murders. *It has to do with colonialism, not with totalitarianism.* This novel does not reach as far as the planetary "darkness" Heidegger once described as a "world-darkness" *(Weltnacht)* and as an "endless winter." Such a darkness, Heidegger says, is another name for the artificial daylight of "the technological day."[67] This day is emerging today. But Caputo does not reach as far as the evils and dangers of our century, because he faces today through the binoculars and under the light of yesterday. But it is now time to conclude.

*Exit philosophia?* We have seen that when unmasked Caputo's assault on Heidegger's thought, his belligerent refusal to think, is a variety of "Christian" nihilism that articulates a new crusade against Heidegger. The inner plot of the whole story is the sameness that Caputo, and others share with what they virtuously denounce. Caputo's "demythologizing" blames a "myth of Being" which is his own essentialist fiction – and scarecrow. Heidegger's thought is not only not taken into account by Caputo, but is reduced to dubious and odious plays on words, such as *Schwarzwald/Buchenwald*.[68] Caputo does not take the latter as meaning a beech-grove but, I presume, as the name of a concentration camp: the very strange way Caputo deals with language amounts to confiscating it for the benefit of his own ideological purpose (ideology *versus* phenomenology) and illustrates in its way the statement we read on the first page of *Beiträge zur Philosophie* about *die Zerstörung des echten Bezugs zum Wort/*"the destruction of a genuine relation to the word."[69] On the other hand, the other side of such a *perversion* and *manipulation* of language is, that *Schwarzwald* is no longer the Black Forest, but becomes, very insidiously, the name, or rather the label, of a virtual, potential concentration camp, so that our relation to language is contaminated, because the *Schwarzwald* is not a camp, and *Buchenwald* is not a forest: the perversion of language transforms a forest into a potential concentration camp, and a concentration camp into a forest, or a beech-grove. But language itself does not care much about those who twist it and, ironically, let them say the very opposite of what they pretend to mean: not that the Black Forest would be suspect, but that a notorious concentration camp be nothing else but a beech-grove. Thus, Caputo is not very far from the way language has been "used," manipulated and distorted in the *Lingua Tertii Imperii*.

Heidegger's thought is also reduced to journalistic catch-phrases such as "*Seinsgate*" (2) by which Caputo concocts Heidegger's "Watergate," and contrasts it with a "Greenpeace Heidegger." (94) This is the strangest case of Dr. Jekyll and Mr. Hyde.

There is a hatred of philosophy which Plato, and Kant called *misology*. In its paroxysmic form, this hatred of thinking verges on obscenity. It fancies and creates

---

[67] *Holzwege,* p. 272.
[68] *PTED*, p. 271.
[69] GA 65, p. 3.

its own ghosts in order to become indignant about its own overbids. Hatred *must* face the distorted image reflected by the mirror, but hatred *cannot* face that image. In this context let the last words of this paper be Heidegger's:

> ... just as there lies concealed in all hatred the most abyssal dependence upon that from which hatred fundamentally and constantly wants to be free – an independence that it [hatred] can never have, and can have even less, the more hatred hates./... *so wie auch in allem Haß sich die abgründigste Abhängigkeit von dem verbirgt, wovon der Haß sich im Grunde ständig unabhängig machen möchte, was er jedoch nie kann und immer weniger kann, je mehr er haßt.*[70]

\*

In the second part of this study, I shall address another more insidious attack on Heidegger, which is lodged fully and totally uncritically in Farias.

---

[70] *Was heißt denken?* (Tübingen: Niemeyer, 1961), p. 43.

# ἀ-λήθεια-Etymologien vor Heidegger im Vergleich mit einigen Phasen der ἀ-λήθεια-Auslegung bei Heidegger

## Holger Helting

In der Sekundärliteratur zu Heidegger wird manchmal darauf hingewiesen, daß die Etymologie der ἀλήθεια als ἀ-λήθεια bereits im vorigen Jahrhundert Vertreter fand[1]. Die Aufgabe der folgenden, umrißhaften Exposition spaltet sich in zwei Teile: Der erste Teil wird versuchen, einen kurzen Überblick über die jeweiligen Übersetzungsvorschläge von ἀ-λήθεια zu geben, die von einigen Gelehrten vor Heidegger gemacht wurden. Der zweite Teil enthält wiederum zwei Aufgaben: Zum einen soll skizzenhaft Heideggers unterschiedliches Verständnis der ἀλήθεια und sein unterschiedlicher Anspruch in den 20er, 30er, 40er, 50er, 60er und 70er Jahren, den er für die „etymologische Faktizität" seiner Übersetzung stellt, angedeutet werden; dies soll durch eine Auswahl von Schlüsselsätzen aus den verschiedenen Jahrzehnten geschehen. Zum anderen geht es darum, nachdem ein ganz grober Einblick in einige Phasen des ἀλήθεια-Denkens bei Heidegger gewonnen wurde, die Parallelen und Unterschiede zwischen seinen Auslegungen und den vor ihm erstellten, mehr oder weniger gleichlautenden Etymologien zu bedenken. Um unnötige Verwirrung zu vermeiden, wird es in diesem zweiten Teil immer notwendig sein, den Unterschied zwischen Heideggers eigentlichem Anliegen in seiner philosophischen ἀλήθεια-Auslegung[2] und seinem Anspruch auf die „historische Faktizität" seiner etymologischen Auslegung im Auge zu behalten[3].

---

[1] Alexius Bucher betont eigens in seinem Buch: *Martin Heidegger. Metaphysikkritik als Begriffsproblematik,* daß diese Etymologien jedoch nicht allzu bekannt zu sein scheinen: „Noch in den jüngsten Auseinandersetzungen um ἀλήθεια wird so getan, als ob die Übersetzung ἀλήθεια mit Unverborgenheit auf Heidegger zurückzuführen wäre" (Bucher 1983: 112, n. 349). Er verweist in diesem Zusammenhang auf eine Zusammenfassung der Geschichte dieser Übersetzung, die Orlando Pugliese (der sich wiederum auf Julian Marias beruft) in seinem Buch *Vermittlung und Kehre* (1965: 143) gibt. In dieser Zusammenfassung werden unter anderem auch die Übersetzungen von Hartmann, Teichmüller, Walter und Rassow erwähnt, die in der vorliegenden Arbeit mit Heideggers Auslegungen verglichen werden sollen. Jochen Schlüter verweist in seinem Buch *Heidegger und Parmenides* (1979: 337, n. 53) auf eine noch ältere Etymologie der ἀ-λήθεια bei Classen, die hier ebenfalls behandelt werden wird.

[2] Nämlich die Fundamentalontologie bzw. später die „noch unzureichend gedachte Sache des Denkens".

[3] Die Aufgabe dieser Arbeit ist es nicht, eine ausführliche Entfaltung von Heideggers Anliegen bei seinen ἀλήθεια-Auslegungen zu geben. Es soll nur skizzenhaft angedeutet

## Teil 1: ἀ-λήθεια Etymologien von 1850 - 1909

*1850:*

Classen bemerkt in seiner Einladungschrift zu den öffentlichen Prüfungen, Versetzungen und Redeübungen des Catharineums in Lübeck aus dem Jahre 1850[4], daß die Griechen die Wahrheit von ihrem Verhältnis zu unserer Auffassung her interpretieren: „Wahr ist den Griechen das *Unverhüllte* ἀ-ληθές (von λήθω, λανθάνω, und die Wahrheit ἀλήθεια kommt den Dingen und Worten zu, in so fern sie sich unserer Einsicht nicht entziehen)"[5]. Für Classen ist in diesem Wort zwar einerseits die Begrenztheit der menschlichen Einsicht angedeutet, „zugleich aber auch die Aufforderung, nicht an der Oberfläche der Dinge haften zu bleiben, sondern mit selbständiger Kraft ihren inneren Zusammenhang zu begreifen"[6]. Nach Classen ist demnach das „Verhüllte" in dem „Un-verhüllten" etwas prinzipiell Erkennbares[7], daß es ans Licht zu bringen gilt. Das „Verhüllte" ist ein „innerer Zusammenhang" der Dinge, der begreifbar ist und als begriffener der Erkenntnis wahr, also „unverhüllt" ist.

*1874:*

Eine Zergliederung der ἀλήθεια in das alpha-privativum und die λήθη nimmt auch Hermann Rassow in seinen 1874 erschienen *Forschungen über die Nikomakische Ethik des Aristoteles* vor. Er bemerkt dort am Ende eines Paragraphen beiläufig, daß die mit ἀληθής prädizierte ἕξις in der Definition der φρόνησις im VI. Buch (5 Kapitel) der Ethik wie folgt übersetzt werden muß: „eine nicht in Vergessenheit gerathende ἕξις"[8]. Hier übersetzt Rassow die ἀλήθεια als ein „Nicht-Vergessen". Er hält allerdings diese Stelle (und damit auch die Etymologie) nicht für aristotelisch und schreibt, daß der unbefangene Leser dieses Abschnitts mit ihm die Befürchtung teilen wird, „daß die echten Definitionen einer etymologischen Spielerei zu Liebe bei der Ueberarbeitung gefälscht sind"[9]. Rassow will ausdrücklich nicht präzisieren, wer diese Überarbeitung vorgenommen hat und wann dies geschehen sein soll. Er läßt lediglich kurz die Möglichkeit anklingen, „daß

---

werden, daß A. sein Anspruch auf die „etymologische Faktizität" seiner Übersetzung sich durch die Jahrzehnte ändert und B. daß sein eigenstes Anliegen von diesen „faktischen Etymologien" nie erschöpft wird.

[4] Diese trägt den Titel: *Ueber eine hervorstechende Eigentümlichkeit der griechischen Sprache.* Dieser Aufsatz ist noch einmal abgedruckt in seinem Werk: *Beobachtungen ueber den Homerischen Sprachgebrauch* (1867: 189 - 223).
[5] Classen 1850: 5.
[6] Classen 1850: 6.
[7] Auch wenn die vollständige Erreichung dieses Ziels jenseits der „irdischen Schranken" liegt (Classen 1850: 2).
[8] Rassow 1874: 45.
[9] Rassow 1874: 45.

uns in den drei Büchern mehrere Recensionen vorliegen"[10]. Er denkt hier offenbar an antike Rezensionen[11], jedoch ohne genauere Zeitbestimmung.

Diese kurze Überlegung von Rassow zog eine längere Diskussion nach sich. Heftig bestritten wurde Rassows Übersetzung von Julius Walter in seinem Werk *Die Lehre von der praktischen Vernunft in der griechischen Philosophie*, das ebenfalls 1874 erschienen ist. Walter bemerkt dort, daß für ein solches „Wortspiel" (d. h. die Übersetzung der ἕξις ἀληθής mit „ἕξις, in der es keine λήθη (Vergesslichkeit) giebt"[12]) sich keine Spur im Text befindet, sondern, daß „das ἀληθής mit dem λήθη nur auf gewaltsame Weise in Verbindung gebracht werden kann"[13]. Allerdings wird durch Walters Empörung über diese Übersetzung offenbar, daß diese durchaus als prinzipielle Übersetzungsmöglichkeit weit verbreitet gewesen sein muß: „Die Etymologie mag so richtig oder falsch sein wie möglich, sie mag als vox memorialis, zum Schaden des vernünftigen Denkens, *noch so verbreitet sein* [meine Hervorhebung], hier an unserer Stelle und im Aristoteles wird sie muthmaasslich wohl Allen neu erscheinen"[14]. Aus dem einschränkenden „im Aristoteles"[15] geht hervor, daß Walter durchaus eingesteht, daß andere antike Autoren von dieser Etymologie gewußt haben können. Aus dem „noch so verbreitet sein" und dem „an *dieser* [meine Hervorhebung] Stelle ... wohl Allen neu erscheinen" läßt sich vermuten, daß viele Gelehrte des vorigen Jahrhunderts diese Etymologie kannten und sie sogar als antike Etymologie anerkannten. Walter kann jedenfalls mit ihr nichts anfangen und fragt auch an einer Stelle verwundert: „Was hat das Vergessen mit Wahrheit und Irrthum zu tun?"[16].

*1879:*

Gustav Teichmüller stellt sich wiederum gegen Walter auf die Seite Rassows. In seinem Buch *Neue Studien zur Geschichte der Begriffe* bemerkt er, daß anders als Walter, der die etymologische Verbindung der λήθη mit der ἀλήθεια als einen „für das philosophische Bewußtsein wahrhaft degoutanten Wortwitz" straft, dieser Gedanke bei ihm „mit Interesse und Vergnügen notirt" werde[17]. In einer Fußnote zu diesem Punkt zitiert Teichmüller die Überlegungen seines „linguistischen

---

[10] Rassow 1874: 50.
[11] Daß es in der Antike Vertreter dieser Etymologie gab, geht aus einer Bemerkung des Sextus Empiricus („Adv. Mathematicos" VIII. 8 - 9) über die Schule des Skeptikers Ainesidemon von Knossos (40 v. Chr.) hervor: ὅθεν καὶ ἀληθὲς φερωνύμως εἰρῆσθαι τὸ μὴ λῆθον τὴν κοινὴν γνώμην (1842: S. 290).
[12] Walter 1874: 448.
[13] Walter 1874: 449.
[14] Walter 1874: 29.
[15] Nebenbei sei bemerkt, daß Rassow ja gerade diese Stelle für un-aristotelisch erklären will!
[16] Walter 1874: 451.
[17] Teichmüller 1879: 233.

Freundes Leo Meyer", der unter anderem schreibt: „ἀληθής ist ohne Zweifel zusammengesetzt aus ἀ (ἀν) privat. + *λῆθος"[18]. Für Teichmüller ist durch Meyers Erklärung genügend Beweis erbracht, um Rassows „Etymologie"[19] anzunehmen: „Mir scheint diese Erklärung *Leo Meyer's* die Sache zu erledigen. Man muß demnach annehmen, dass der Begriff der Wahrheit bei den Griechen ursprünglich *negativ* war"[20]. In derselben Fußnote erklärt Teichmüller auch, wie er meint, daß diese „Wahrheit" von den Griechen verstanden wurde: „Indem der Grieche von der Befürchtung ausging, dass ihm Lüge, Verstellung, Verheimlichung, Betrug entgegen komme, verlangte er die Beseitigung dieser Heimlichkeiten d. i. Wahrheit". Anders als Classen, der das „Verhüllte" neutral als noch nicht durchdrungenen „inneren Zusammenhang" der Dinge auslegt, interpretiert Teichmüller das „zu negierende Element" in der Wahrheit als eine Art „Täuschung", der es zu entrinnen gilt.

*1901:*

In seinem *Handbuch der Griechischen Etymologie* aus dem Jahre 1901 wiederholt Meyer, daß ἀληθές- höchstwahrscheinlich ein Kompositum aus alpha-privativum und „Vergessen" (λῆθος) ist; er zitiert allerdings einen Herrn Ahrens, der

---

[18] Teichmüller 1879: 233, n. Da Meyers philologische Analyse dieses Wortes sehr kurz gehalten und dadurch nicht allzu leicht nachvollziehbar ist, soll im Folgenden der Versuch einer etwas ausführlicheren Analyse gewagt werden: Formal betrachtet ist das Wort ἀλήθεια zunächst einmal ein feminines Substantiv, das denominativ aus dem (s-stämmigen) Adjektiv ἀληθές und dem Abstrakta-Suffix „-ια" gebildet wird (vgl. dt.: „wahr" + „-heit" → „Wahrheit"): ἀληθές + ια > ἀλήθεια (wobei: -εια < -εhια < -εσια). S-stämmige Adjektive sind meistens 2-gliedrige Possessivkomposita („V"(orderglied) – „H"(interglied)) mit der Bedeutung: „H" habend, in der Weise von: „V"; z.B.: εὐ-γενές: eine „Geburt" haben in der Weise von: „wohl", d.h. „wohlgeboren". Das Hinterglied des Kompositums ist generell ein s-stämmiges Substantiv (mit einem qualitativen „e-o" Ablaut des Suffixes: Zu (τὸ) γένος z.B.: „γενεσ-"). Entsprechend müßte sich jetzt zum Hinterglied von ἀ-ληθές (Vorderglied: ἀ-Privativum) das neutrale Substantiv (τὸ) *λῆθος finden. Genau dieses Wort findet sich auch tatsächlich im Dorischen (das den ionisch-attischen Lautwandel α → η nicht durchgemacht hat) bei Theokrit: (τὸ) λᾶθος.
Hiergegen könnte (was Meyer allerdings nicht unternimmt) von philologischer Seite noch eingewendet werden, daß die Theokrit-Stelle ein sehr später Beleg (2 Jh. v.Chr.) sei für ein Wort, das sich bereits als Hinterglied eines Kompositums (ἀληθές) bei Homer finden soll! Dies wäre aber kein Argument gegen die Zusammensetzung dieses Wortes aus dem alpha privativum und „ληθ-", denn die Existenz eines s-stämmigen Substantivs ist für die Bildung von s-stämmigen Adjektiven *nicht* unabdingbar, da solche Adjektive auch direkt von einer Verbalwurzel gebildet werden können (so z.B.: αὐτ+αρκ+ες (Verbalwurzel: „ἀρκ-"); entsprechend wäre dann ἀλήθεια so gebildet: ἀ+ληθ+ες (wobei sich die Verbalwurzel: „λαθ-" in dieser Wortbildung in ihrer Vollstufe: „λαθ-" (= attisch/ionisch: „ληθ-") zeigen würde).

[19] Teichmüller fragt sich wohl zurecht, ob Rassow seine Übersetzung für eine Etymologie hält, da dieser ja selbst diese Stelle als „etymologische Spielerei" bezeichnet.

[20] Teichmüller 1879: 234, n.

die einzige Belegstelle dieses Wortes, welches in Form des dorischen Equivalents „λᾶθος" bei Theokrit erhalten ist, anzweifelt[21]. Er kann aber keinen unmittelbaren Sinn in dieser Bildung erkennen: auch wenn die Theokrit-Überlieferung authentisch wäre, würde dadurch für Meyer nicht schon „das zusammengesetzte ἀληθές- (‚ohne Vergessen'?)"[22] erklärt sein. Da für ihn das „ohne Vergessen" keinen Sinn ergibt und er es daher auch ausdrücklich mit einem Fragezeichen versieht, versucht er eine andere Bedeutung zu finden, die sehr an die von Teichmüller erinnert: „ohne verheimlichendes Täuschen"[23]. Auch hier ist das zu negierende Element, das in der griechischen „Wahrheit" steckt, als eine „Täuschung" angenommen.

*1909:*

Nicolai Hartmann gibt in *Platos Logik des Seins* ebenfalls die Etymologie von ἀλήθεια als ἀ-λήθεια an. Wörtlich heißt es: „Bei Platon hat ἀλήθεια noch vielfach den ursprünglichen, wörtlichen Sinn, der einfache Negation des λανθάνειν ist: ἀ-ληθής ‚unverborgen'"[24]. Hier haben wir zum ersten Mal den genauen Wortlaut, den Heidegger häufig gebrauchen wird: „Wahrheit" als das „Unverborgene"; das „negierte Element" der „Wahrheit" ist folglich das „Verborgene". In derselben Fußnote gibt Hartmann auch einen Hinweis darauf, wie er das „Unverborgene" verstanden haben will: Bei Platon und „den Älteren" dringt das ursprüngliche negative Element, das in der Etymologie des Wortes steckt, noch durch:

λήθη bedeutet (nach Phäd. 75D) ἐπιστήμης ἀποβολή, das ‚Verlorengehen' eines Wissens. Folglich muß die ἐπιστήμη in ihrer Nicht-verlorenheit auch notwendig Unvergessenheit oder Unverborgenheit sein; das ist der genaue Sinn von ἀ-λήθεια – was der durchgehend enge Zusammenhang von ἐπιστήμη und ἀλήθεια bei Plato bestätigt.[25]

Es ist wichtig zu bemerken, daß Hartmann als das „negierte Element" der ἀλήθεια die Verborgenheit *des Wissens* annimmt. Ebenfalls ist es die Unverborgenheit *des Wissens,* die es nach Hartmann in der platonischen „Wiedererinnerung" zu erreichen gilt.[26]

---

[21] In der akribischen Theokrit-Ausgabe von A. S. F. Gow aus dem Jahre 1952 ist das „λᾶθος" (23, 24) allerdings beibehalten (S. 176).
[22] Meyer 1901: 300.
[23] Meyer 1901: 301.
[24] Hartmann 1909: 239, n.
[25] Hartmann, 1909: 239, n.
[26] Am Ende seiner Fußnote schreibt Hartmann (1909: 239) zwar ausdrücklich, daß es das Ziel der platonischen „Wiedererinnerung" sei: „Die ἀλήθεια des Seienden" zu erlangen, aber dies muß aus dem Kontext folgendermaßen verstanden werden: „Das unverborgene Wissen um das Seiende".

**Teil 2: Erörterung einiger Phasen der ἀλήθεια-Auslegung bei Heidegger (auch im Vergleich mit den bisher besprochenen Etymologien).**

*1927:*

In *Sein und Zeit* schreibt Heidegger in seinem Paragraphen über die „Wahrheit" den folgenden berühmten Satz, der viele philologische Disputationen nach sich zog:

> Die Übersetzung durch das Wort „Wahrheit" und erst recht die theoretischen Begriffsbestimmungen dieses Ausdrucks verdecken den Sinn dessen, was die Griechen als vorphilosophisches Verständnis dem terminologischen Gebrauch von ἀλήθεια „selbstverständlich" zugrunde legten[27].

„Selbstverständlich" ist für die Griechen nach Heidegger hier, daß Wahrheit „Entdecktheit des Seienden" bedeutet. Er beruft sich hierfür auch ausdrücklich auf Aristoteles: „Die ἀλήθεια, die von *Aristoteles* nach den oben angeführten Stellen mit πρᾶγμα, φαινόμενα gleichgesetzt wird, bedeutet die ‚Sachen selbst', das, was sich zeigt, *das Seiende im Wie seiner Entdecktheit*"[28]. Heidegger versucht darüber hinaus zu zeigen, daß im ursprünglichen Sinne das menschliche Dasein „wahr", d. h. entdeckend ist. Die Griechen nannten das Entdeckte wahr, und Heidegger will in *Sein und Zeit* aufweisen, daß es Entdecktes nur auf Grund von etwas Entdeckendem geben kann; dadurch ist das Dasein als Entdeckendes im ursprünglicheren Sinne wahr: „Primär ‚wahr', das heißt entdeckend ist das Dasein. Wahrheit im zweiten Sinne besagt nicht Entdeckend-sein (Entdeckung), sondern Entdeckt-sein (Entdecktheit)"[29].

Ein anderes Wort für das „In-der-Wahrheit-Sein" des Daseins ist die Erschlossenheit des Daseins. Was dies besagt, faßt Heidegger in einem Satz stringent zusammen: „Erschlossenheit wird durch Befindlichkeit, Verstehen und Rede konstituiert und betrifft gleichursprünglich die Welt, das In-Sein und das

---

[27] Heidegger 1927: 219. Gegen die vorphilosophische Bedeutung des Wortes als „Unverborgenheit des Seienden" spricht sich Paul Friedländer in seinem Buch über *Platon* (Band 1) auf den Seiten 233 - 242 aus (1954). Wolfgang Schadewaldt unterstützt Heideggers Etymologie in seiner Tübinger Vorlesung über *Die Anfänge der Philosophie der Griechen* (1978) auf S. 198. Auch Ernst Heitsch stellt in seinem Aufsatz „Die Nicht-Philosophische ΑΛΗΘΕΙΑ" (1962) eine Anzahl von antiken Zitaten zusammen, die für Heidegger sprechen. In der Fußnote 4 dieses Aufsatzes befinden sich Verweise auf verschiedene Abhandlungen über die ἀλήθεια bis 1959, die sich mittelbar oder unmittelbar auf diese Etymologie aus *Sein und Zeit* beziehen. Am Ende des Aufsatzes wird behauptet, daß die Griechen die Wendung „ἀλήθεια λανθάνει" mieden, da diese ihnen als „frostiger Scherz" (S. 33) erscheinen mußte. Hiergegen könnte allerdings eine Stelle bei Pseudo-Dionysius Areopagita angeführt werden: „δυνατὸν γὰρ καὶ σὲ καὶ ἄλλους ἐν πολλοῖς τοῖς ψεύδεσι καὶ φαινομένοις, ἓν ὂν καὶ κρύφιον, τὸ ἀληθὲς λανθάνειν" (Epistula 6, 1991: 164).

[28] Heidegger 1927: 219.

[29] Heidegger 1927: 220.

Selbst"³⁰. Diese „Wahrheit" als Erschlossenheit umfaßt also viel mehr als der traditionelle Wahrheitsbegriff, der sich auf die „Erkenntnis" beschränkt hat. Damit ist klar, daß *Heideggers Anliegen* bei der Auslegung der ἀλήθεια eine gänzlich andere ist als die der vorher genannten Gelehrten (deren Anliegen sich in einer „faktischen Etymologie" erschöpft). Allerdings beansprucht Heidegger auch nicht, daß seine fundamentalontologische Auslegung der „Wahrheit" in *Sein und Zeit* der „selbstverständlichen" Auffassung der Griechen entspräche. In *Sein und Zeit* behauptet er über die „faktische Etymologie" der ἀλήθεια lediglich zwei Sachen³¹: 1. Die ἀλήθεια ist zusammengesetzt aus ἀ-λήθεια; 2. Die ursprüngliche Bedeutung dieses Wortes bei den Griechen war die Unverborgenheit/Entdecktheit des Seienden.

Was den ersten Punkt betrifft, stimmt er also mit den vorhergehenden Gelehrtenmeinungen des Classen, des Teichmüller, des Meyer und des Hartmann überein; er stellt sich damit jedenfalls gegen Walter, der diese Etymologie ablehnt. Sein Verhältnis zu Rassow ist schwer zu artikulieren; einerseits gibt dieser scheinbar eine solche „Etymologie", andererseits hält er sie ja für eine unaristotelische „Spielerei"³². Im zweiten Punkt wiederum scheint es zunächst, als ob eine gewisse Parallele zu Classen bestünde, der behauptet, daß Wahrheit *den Dingen* zukommt, insofern sie sich unserer Erkenntnis nicht entziehen. In bezug auf die „selbstverständliche Bedeutung" des Wortes *bei den Griechen* würden demnach Heidegger und Classen wenigstens darin übereinstimmen, daß die Wahrheit *den Dingen* zukommen kann. Classens Zusatz „insofern sie sich unserer Erkenntnis nicht entziehen" macht die Parallele zu Heidegger aber wieder problematischer³³. Denn Classen will damit sagen, daß die Wahrheit bei den Griechen eher aus der „subjektiven Auffassung" als aus „objektiven Zusammenhängen" gedacht wurde³⁴. Eine solche Charakterisierung der *griechisch* gedachten Wahrheit mit Hilfe der neuzeitlichen „subjektiv/objektiv" Unterscheidung ist für Heidegger sicherlich unakzeptabel. Den Vorzug der Griechen sieht Heidegger ja darin, daß diese in einem ursprünglicheren Seinsverständnis standen, gerade weil sie den Menschen nicht als „das Sub-

---

[30] Heidegger 1927: 220. Das Selbst wird bei Heidegger natürlich nicht als vereinzeltes Subjekt gedacht, sondern ist *ontologisch* immer schon durch das „Mit-den-anderen-Sein" konstituiert (vgl. Heidegger 1927: § 25 - 27).

[31] Heidegger 1927: 219.

[32] Alle diese „Gegenüberstellungen" von Heidegger und den anderen Gelehrten sind natürlich rein theoretische Konstrukte. Diese Arbeit will nichts über Heideggers faktische Kenntnis oder Unkenntnis der Etymologien der zuvor behandelten Autoren aussagen.

[33] Hier wird auch erneut klar, daß Classen von Heideggers *eigentlichem Anliegen*, d.h. zu zeigen, daß Erkenntnis nur *unter anderem* (Befindlichkeit, Rede) durch die Wahrheit als „Erschlossenheit des Daseins" ermöglicht wird, völlig abseits liegt.

[34] Die These Classens in seinem Aufsatz über die Eigentümlichkeit des homerischen Sprachgebrauchs besagt generell, „daß die Form des Ausdrucks mehr durch die Lebhaftigkeit der persönlichen (subjektiven) Auffassung und die energische Einwirkung des gegenwärtigen Moments bestimmt und beherrscht wird, als durch die innern Verhältnisse der Sache und den realen Zusammenhang der Objecte" (1850: 5).

jekt" ansetzten[35]. Daher konnten die Griechen auch nicht die ἀλήθεια *subjektiv* als „Unverborgenheit für unsere Einsicht" auslegen, sondern sie erfuhren diese als die Unverborgenheit der Phänomene selbst[36].

In *Sein und Zeit* behauptet Heidegger, daß, zumindestens für Aristoteles, das Urteil nicht der „Ort" der Wahrheit gewesen sei[37], wobei er das Urteilen vorher mit Erkenntnis identifiziert hat[38]. Dadurch wird ein signifikanter Unterschied bei einer Gegenüberstellung von Heidegger und Hartmann ersichtlich. Da Hartmann eindeutig von der Unverborgenheit *des Wissens* spricht und nicht von der Unverborgenheit der Phänomene selbst (oder gar von der Unverborgenheit des menschlichen Daseins), geht die Parallele zu Heidegger nicht über die identische Auftrennung des Kompositums und der gleichlautenden Übersetzung des Wortes mit „Unverborgenheit" hinaus.

Zwischen Meyer und dem sich ihm anschließenden Teichmüller und Heidegger in *Sein und Zeit* gibt es ansatzweise eine interessante Parallele, die Anfang der 30er Jahre (zumindestens für eine Weile) gänzlich zusammenbrechen wird. Meyer schreibt, daß die „Wahrheit" eine Entrinnung der Täuschung sei. Ähnliches findet sich bei Heidegger: „Zur *Faktizität* des Daseins gehören Verschlossenheit und Verdecktheit. Der volle existenzial-ontologische Sinn des Satzes ‚Dasein ist in der Wahrheit' sagt gleichursprünglich mit: ‚Dasein ist in der Unwahrheit'"[39]. Diese „Unwahrheit" wird in einer Zusammenfassung des Existenzials des „Verfallens" erwähnt, wo es auch heißt: „Das Entdeckte und Erschlossene steht im Modus der Verstelltheit und Verschlossenheit durch das Gerede, die Neugier und die Zweideutigkeit"[40]. Die „Unwahrheit", d. h. das negierte Element der ἀλήθεια, scheint also in diesem frühen Stadium von Heideggers Denken durchaus als Verstellung,

---

[35] Als ein abgekapseltes „das Ich" (res cogitans, Subjekt), das einer mathematisch berechenbaren/objektiven Welt (res extensa) gegenübergestellt ist, wird der Mensch, nach Heidegger, erstmals von Descartes angesetzt. [Auch den „Satz des Protagoras" (πάντων χρημάτων μέτρον ἐστὶν ἄνθρωπος ...), worin Classen „das Selbstgefühl des Subjekts" am „verwegensten" (1850: 7) ausgesprochen sieht, interpretiert Heidegger gänzlich anders (d. h. ohne „subjektives" Element; dies geht allerdings erst aus einer späten Vorlesung Heideggers hervor: „Der Europäische Nihilismus" (1940: 135 - 141).].

[36] Wohlwollend könnte man Classen so interpretieren, daß dieser die Phänomennähe der griechischen Sprache durchaus gesehen hat, sie aber durch unkritisch übernommene, neuzeitliche Terminologie eher verstellt als freilegt. Classen muß, weil er das „Objektive" (eine *gewaltsam* „entmenschlichte" Welt) zum Maßstab nimmt, eine jegliche menschliche Teilhabe an der Wahrheit als „subjektives Element" ansehen. Heidegger deutet eine solche Haltung in einer Vorarbeit zu *Sein und Zeit* als „versteckte Naturalisierung der Gegenständlichkeit": „Man hat eben ständig die Vormeinung: Zunächst ist die Natur immer objektiv seiend, was darüber hinausgeht ist vom Subjekt hinzugebracht, und dabei bleibt es." (1925: 282).

[37] Heidegger 1927: 226.
[38] Heidegger 1927: 216.
[39] Heidegger 1927: 222.
[40] Heidegger 1927: 222.

Schein gedacht zu sein[41]. Das Privative der ἀλήθεια besagt also: „Die Wahrheit (Entdecktheit) muß dem Seienden immer erst abgerungen werden"[42]. Das Faktum, daß die „Unwahrheit" in der „Verstellung" gesehen wird, bringt Heidegger in eine gewisse Nähe zu Meyer und Teichmüller[43]; das *Abringen* des Wahren aus der Verstelltheit bringt ihn auch in eine gewisse Nähe zu Classen, der ja den Aufruf in der ἀλήθεια sieht, nicht an der Oberfläche der Dinge haften zu bleiben[44].

*1931/32:*

In seiner Vorlesung *Vom Wesen der Wahrheit* aus dem Wintersemester 1931/32 distanziert sich Heidegger radikal von einer Interpretation, welche die Verborgenheit mit irgendeiner Art von „Täuschung" zusammenbringen möchte: „Also, werden wir in Erinnerung an früher Gesagtes schließen, ist die Bedeutung von ψεῦδος einer ganz anderen Grunderfahrung entsprungen als ἀλήθεια;"[45]. Weiters heißt es: „τὸ ψεῦδος ist die Verdrehung oder auch das Verdrehte und demzufolge das Gelogene"[46]. Das Verborgene hingegen ist ein weg-sein: „Es tritt ein λήθη des Seienden, Verborgenheit, – nicht im Sinne des aufbewahrenden Versteckens, sondern einfach Weg-sein."[47]. Hier bricht eine mögliche Parallele in der Auslegung der ἀλήθεια von Teichmüller/Meyer und Heidegger eindeutig ab. Die Unverborgenheit bedeutet nicht „der Täuschung", „der Verstellung" oder „dem Schein" ent-

---

[41] Dies steht im Gegensatz zum späteren Heidegger, bei dem Schein und Verstellung immer nur Phänomene innerhalb der Unverborgenheit sind. Später bezeichnet die λήθη bei Heidegger die Dimension des Verborgenen, die nichts mit Täuschung oder Verstellung zu tun hat, sondern „Sein (frei-) gibt" (So ist das „Es" in „Es gibt Sein", welches Heidegger in „Zeit und Sein" bedenkt, das Verborgene (1966: 1 - 25). In seiner Rede über die „Gelassenheit" (1955: 24) nennt er das, „was sich uns verbirgt", das „Geheimnis".).

[42] Heidegger 1927: 222.

[43] Ein Unterschied zwischen Heidegger und diesen beiden besteht allerdings darin, daß besonders bei Teichmüller, die Täuschung als ein äußerst bewußter Akt der Lüge, also der „vorsätzlichen Täuschung" aufgefaßt wird; bei Heidegger ist die „Verstellung", bzw. der „Schein" neutraler gefaßt als „Wesenselement" des „In-der-Welt-Seins", das nicht unbedingt „vorsätzliche Täuscher" voraussetzt. Über die Gründe der Verfallenheit des Menschen sagt *Sein und Zeit* nichts aus.

[44] Obwohl in der Charakterisierung des in der Wahrheit wesenden „Abringens" eine Parallele zu Classen besteht, liegt doch ein Unterschied zwischen Heidegger und Classens Etymologie darin, daß bei Classen die „Oberfläche" der Dinge mit „Unkenntnis" in Verbindung gebracht wird; er schreibt ausdrücklich: „Das homerische νημερτές steht auf derselben Stufe mit ἀληθές, nur daß es mehr absichtliche Täuschung, als Unkenntnis ausschließt" (1850: 5 - 6, n.). Verglichen mit dieser „neutralen" Auslegung, tendiert Heideggers „Verstellung" eher in die Richtung der „Täuschung" (Teichmüller/Meyer), auch wenn es (hauptsächlich) eine „unabsichtliche Täuschung" impliziert.

[45] Heidegger 1931/32: 134.

[46] Heidegger 1931/32: 136.

[47] Heidegger 1931/32: 140.

rissen, sondern dem „Weg-sein" entrissen, d.h. aus dem Abwesen ins Anwesen gebracht sein. Die neue Auslegung der λήθη als Abwesenheit, Weg-Sein hält Heidegger für genuin griechisch: „λήθη ist, echt griechisch, ... ein Geschehen aber, das mit allem Seienden vor sich geht: es gerät in die Verborgenheit, es entzieht sich, das Seiende ist einfach weg"[48]. Heideggers Etymologie der ἀλήθεια zu dieser Zeit kann also wieder durch zwei Punkte gekennzeichnet werden: 1. Sie ist zusammengesetzt aus ἀ-privativum und λήθη; 2. die λήθη ist keine Täuschung für den Griechen, sondern Abwesenheit.

*1942/43:*

In der im Wintersemester 1942/43 gehaltenen Vorlesung über Parmenides nimmt Heidegger wieder einen Schritt zurück von seiner radikalen These, daß die λήθη nichts mit dem ψεῦδος zu tun habe. So heißt es dort im Kommentar zu einer Hesiod Stelle: „das ψευδῆς bestimmt sich aus dem ,-λήθης'"[49], und: „Wäre das ψεῦδος überhaupt ohne diesen Grundzug des Verhehlens und Enthehlens und *somit* [meine Hervorhebung] des Verbergens, dann könnte das ψεῦδος niemals als das Gegenwesen zur ἀλήθεια, Unverborgenheit, aufkommen"[50]. Damit gesteht Heidegger wieder ein, daß für die Griechen die λήθη auch als Täuschung verstanden worden ist. Allerdings fragt er sogleich: „Ist jede Verborgenheit in sich schon ψεῦδος, d.h. ,Falschheit'?"[51]. In seiner darauffolgenden Vorlesung über Heraklit im Sommersemester 1943, zitiert Heidegger ein Fragment[52] in dem er ein ursprüngliches Denken der Verborgenheit erkennt: φύσις κρύπτεσθαι φιλεῖ. Dies interpretiert Heidegger so, daß in diesem Spruch die ἀλήθεια (zwar nicht genannt, aber dennoch) gedacht wird[53]: Das Aufgehen (das Unverborgene) verdankt sich dem Verborgenen. Das Verborgene ist keine Täuschung, die prinzipiell gänzlich ans Licht gebracht werden kann, sondern das Verborgene ist der letzte Abgrund, der, immer verborgen bleibend, dem „Anwesen die Gunst schenkt", frei-gibt (d.h. liebt).

Dies bedeutet, daß Heidegger einerseits in den 40er Jahren zumindestens einigen Griechen eine ursprüngliche Erfahrung der ἀλήθεια im Sinne von Un-Verborgenheit zusprach, jedoch einsah, daß die ursprünglich erfahrene ἀλήθεια (nicht nur) im philosophischen Denken bald verschwand, indem sie, in den Gegensatz zur Falschheit (ψεῦδος) gebracht, zur „Richtigkeit" (ὀρθότης) wurde[54]. Die

---

[48] Heidegger 1931/32: 140.
[49] Heidegger 1942/43: 56.
[50] Heidegger 1942/43: 65.
[51] Heidegger 1942/43: 56.
[52] Diels/Kranz, Fragment 123 (1992: 178).
[53] Heidegger 1943: 109 - 181.
[54] Hiervon handelt Heideggers Schrift: „Platons Lehre von der Wahrheit" (1940: 201 - 236).

Erforschung dieses Wandels schien Heidegger äußerst bedeutsam: „Darum ist eine Skizze der *Geschichte des Wesenswandels der Wahrheit* unumgänglich"[55]. Damit würde Heidegger Meyer und Teichmüller zugestehen, daß die alltägliche Bedeutung der ἀλήθεια richtig als „der Täuschung entrissen" interpretiert wird. Jedoch behauptet er darüber hinaus, daß es eine ursprünglichere Bedeutung gab, die zumindestens von einigen der Vorsokratiker gedacht wurde.

*1958:*

Auch in den 50er Jahren beharrte Heidegger noch darauf, mit seiner Etymologie der ἀλήθεια als Un-Verborgenheit eine griechische Erfahrung anzusprechen. In seinem Aufsatz „Hegel und die Griechen" aus dem Jahre 1958 warnt er jedoch davor, die „Sache des Denkens" allein aus der Etymologie erschließen zu wollen[56]. Aber er führt dort einen Grund an, wieso seine Etymologie haltbar ist: „Dafür spricht, daß noch Aristoteles mit τὰ ὄντα, das Seiende, das Anwesende, dasselbe meint wie mit τὰ ἀληθέα, das Unverborgene"[57]. Weiters setzt er sich dort mit dem Vorwurf auseinander, daß die ἀλήθεια bei Homer nur im Zusammenhang mit Verben des Sagens vorkommt[58] und daher die Unverborgenheit von den verba dicendi abhängig sei. Er erwidert hierauf: „Nicht die Unverborgenheit ist vom Sagen ‚abhängig', sondern jedes Sagen braucht schon den Bereich der Unverborgenheit"[59]. Jedoch weist er auch darauf hin, daß *diese* ἀλήθεια (als eine das Sagen ermöglichende Unverborgenheit) bei weitem noch nicht entsprechend durchdacht wurde: „Die Ἀλήθεια ist das ungedachte Denkwürdige, *die* Sache des Denkens"[60]. Das, was den Griechen *nicht selbstverständlich* war an der ἀλήθεια, das Ungedachte in ihr, wird Heidegger jetzt immer wichtiger; das Selbstverständliche, Alltägliche an ihr wird ihm hingegen immer unwesentlicher.

*1966:*

Die extremste Position in diese Richtung nimmt Heidegger in den 60er Jahren in seinem kurzen Aufsatz: „Das Ende der Philosophie und die Aufgabe des Denkens" ein. Hier nimmt er gänzlich das zurück, was er in *Sein und Zeit* behauptete: daß den Griechen die „selbstverständliche" Bedeutung der ἀλήθεια die „Unver-

---

[55] Heidegger 1942/43: 80. Den Gedanken eines „Wesenswandels der Wahrheit" wird Heidegger, zumindestens zeitweilig, in den 60er Jahren aufgeben. Genaueres folgt weiter unten.
[56] Heidegger 1958: 433.
[57] Heidegger 1958: 436.
[58] Es gibt hierzu allerdings eine Ausnahme, wo eine Person mit „ἀληθής" prädiziert wird: Ilias, 12.433: „ὥς τε τάλαντα γυνὴ χερνῆτις ἀληθής" (1989: 416).
[59] Heidegger 1958: 437.
[60] Heidegger 1958: 438.

borgenheit des Seienden" war[61] und nicht die „Richtigkeit" (im Sinne von „Wahrheit als Nicht-Falschheit"). Weiters sagt er:

> Der natürliche Begriff von Wahrheit meint nicht Unverborgenheit, auch nicht in der Philosophie der Griechen. Man weist öfter und mit Recht darauf hin, daß schon bei Homer das Wort ἀληθές immer nur von den verba dicendi, vom Aussagen und deshalb im Sinne der Richtigkeit und Verläßlichkeit gebraucht werde, nicht im Sinne von Unverborgenheit. Allein dieser Hinweis bedeutet zunächst nur, daß weder die Dichter *noch der alltägliche Sprachgebrauch* [meine Hervorhebung], daß nicht einmal die Philosophie sich vor die Aufgabe gestellt sehen zu fragen, inwiefern die Wahrheit, d. h. die Richtigkeit der Aussage nur im Element der Lichtung von Anwesenheit gewährt bleibt.
>
> Im Gesichtskreis dieser Frage muß anerkannt werden, daß die ᾈλήθεια, die Unverborgenheit im Sinne der Lichtung von Anwesenheit sogleich nur als ὀρθότης, als Richtigkeit des Vorstellens und Aussagens *erfahren* [meine Hervorhebung] wurde. Dann ist aber auch die Behauptung von einem Wesenswandel der Wahrheit, d. h. von der Unverborgenheit zur Richtigkeit, nicht haltbar. Statt dessen ist zu sagen: Die ᾈλήθεια, als Lichtung von Anwesenheit und Gegenwärtigung im Denken und Sagen, gelangt sogleich in den Hinblick auf ὁμοίωσις und adaequatio, d. h. in den Hinblick auf Angleichung im Sinne der Übereinstimmung von Vorstellen und Anwesendem[62].

Heidegger nimmt hier jeglichen Anspruch zurück, daß die ἀλήθεια jemals für den Griechen etwas anderes als „Richtigkeit" bedeutet habe. Dies impliziert für Heidegger natürlich nicht, daß die ἀλήθεια jetzt nicht mehr als Unverborgenheit *zu denken* wäre. Ganz im Gegenteil: „Allein dieser Vorgang fordert gerade die Frage heraus: Woran liegt es, daß für das natürliche Erfahren und Sagen des Menschen die ᾈλήθεια, die Unverborgenheit, *nur* als Richtigkeit und Verläßlichkeit erscheint?"[63]. Es geht Heidegger jetzt nur mehr darum das Ungedachte in der ἀλήθεια zu denken, daß von den Griechen selbst nie erfahren, besungen oder durchdacht wurde[64]. Da Heidegger die ἀλήθεια weiter als Unverborgenheit übersetzt, ergibt sich, daß er an der Zusammensetzung ἀ-λήθεια festhält. *In gewisser Weise* kommt er in bezug auf seinen Anspruch der „etymologischen Faktizität" den Positionen von Hartmann und Classen wieder näher, da diese ja die ἀλήθεια immer in Hinsicht auf die Erkenntnis interpretieren; und genau dies, so sagt ja Heidegger weiter oben, war ja in der Tat die den Griechen offenkundige Bedeutung dieses Wortes. Wenn Teichmüllers und Meyers „Täuschung" auch als „Unverläßlichkeit" verstanden wird, wäre Heideggers Auslegung der faktischen Bedeutung von Wahrheit im Sinne der „Verläßlichkeit" (als „Ohne-Unverläßlich-

---

[61] Er zitiert eigens den Satz aus *Sein und Zeit,* der dies behauptet, um zu zeigen, daß „der Versuch, eine Sache zu denken, zeitweise wegirren kann von dem, was ein entscheidender Einblick schon gezeigt hat …" (1966: 77, n.).

[62] Heidegger 1966: 77 f.

[63] Heidegger 1966: 78.

[64] Aus diesem Durchdenken der ἀλήθεια selbst soll offenkundig werden, wieso sie in ihrer Eigentümlichkeit noch nie ihrem Anspruch entsprechend erfaßt wurde (das Element des „Sich-Entziehens", welches in der ἀλήθεια steckt, spielt hierbei eine wesentliche Rolle).

keit") ebenfalls parallel hierzu. *In seinem eigentlichen Anliegen,* nämlich die ἀλήθεια ursprünglich als Unverborgenheit zu denken, ist er natürlich dem Anliegen von Hartmann, Meyer, Teichmüller, Walter, Rassow und auch Classen denkbar weit entfernt.

*1973:*

Heidegger ändert aber noch einmal diese extreme Position kurz vor seinem Tod. Im Jahre 1973 hielt er ein Seminar in Zähringen ab, und in der im Nachtrag abgedruckten Textgrundlage für die dritte Sitzung dieses Seminars schrieb Heidegger mit Handschrift in das Manuskript: „Der folgende Text ist zugleich ein Versuch, die frühere Kennzeichnung der Ἀλήθεια in ‚Zur Sache des Denkens' neu zu überprüfen"[65]. Auf diesen paar Seiten räumt Heidegger auch wieder die Möglichkeit ein, daß bei Parmenides mit der ἀλήθεια an die Unverborgenheit gedacht wird, die einer jeglichen Wahrheit, im Sinne von Richtigkeit, zugrunde liegt:

Ἀληθείη bedeutet, wörtlich übersetzt: Unverborgenheit. Doch mit der Wörtlichkeit ist noch wenig gewonnen für den Einblick in den Sachverhalt, den Parmenides denkt. Ἀληθείη meint nicht „Wahrheit", wenn darunter die Gültigkeit von Aussagen in Form von Sätzen gemeint ist. Möglicherweise hat das in der ἀλήθεια zu Denkende, streng für sich genommen, noch nichts mit „Wahrheit" zu tun, dagegen alles mit der Unverborgenheit, die jeder Bestimmung von „Wahrheit" vorausgesetzt ist[66].

Damit bestreitet Heidegger nicht, daß zunächst und zumeist ἀλήθεια bei den Griechen „Richtigkeit" bedeutete, aber er stellt doch wieder in Aussicht, daß bei einigen vor-sokratischen Denkern die ἀλήθεια als Unverborgenheit, als „die Entbergung, die das ἐόν schicklich umkreist"[67], gedacht wurde.

## Bibliographie

Bucher, Alexius: *Martin Heidegger. Metaphysik als Begriffsproblematik* (2. Aufl.), Bonn: Bouvier Verlag, 1983.

Classen, Joh.:

1850: *Über eine hervorstechende Eigentümlichkeit der griechischen Sprache,* Lübeck: 1850.

1867: „Über eine hervorstechende Eigentümlichkeit der griechischen Sprache." In: *Beobachtungen ueber den Homerischen Sprachgebrauch,* Frankfurt: Christian Winter, 1867 (S. 189 - 223).

Diels/Kranz: *Die Fragmente der Vorsokratiker* (Erster Band, 18. Aufl.), Zürich: Weidmann Verlag, 1992.

---

[65] Heidegger 1973: 402.
[66] Heidegger 1973: 403 f.
[67] Heidegger 1973: 398.

Friedländer, Paul: *Platon* (Band 1, 2. Aufl.), Berlin: Walter De Gruyter, 1954.

Gow, A. S. F.: *Theokritus* (Volume I), Cambridge: Cambridge University Press, 1952 (Second Edition).

Hartmann, Nicolai: *Platos Logik des Seins*, Gießen: Verlag von Alfred Töpelmann, 1909.

Heidegger, Martin:

1925: *Prolegomena zur Geschichte des Zeitbegriffs* (GA 20, 2. Aufl.), Frankfurt: Vittorio Klostermann Verlag, 1988.

1927: *Sein und Zeit* (16. Auflage), Tübingen: Max Niemeyer Verlag, 1986.

1931/32: *Vom Wesen der Wahrheit* (GA 34), Frankfurt: Vittorio Klostermann, 1988.

1940: „Der Europäische Nihilismus." In: *Nietzsche II* (5. Aufl.), Pfullingen: Günther Neske Verlag, 1989.

1940: „Platons Lehre von der Wahrheit". In: *Wegmarken* (2. Auflage), Frankfurt: Vittorio Klostermann, 1978.

1942/43: *Parmenides* (GA 54), Frankfurt: Vittorio Klostermann, 1982.

1943: *Heraklit* (GA 55, 2. Auflage), Frankfurt: Vittorio Klostermann, 1987.

1955: „Gelassenheit." In: *Gelassenheit* (10. Auflage), Pfullingen: Verlag Günther Neske, 1992 (S. 9 - 26).

1958: „Hegel und die Griechen." In: *Wegmarken* (2. Auflage), Frankfurt: Vittorio Klostermann, 1978.

1966: „Zeit und Sein." In: *Zur Sache des Denkens* (3. Auflage), Tübingen: Max Niemeyer Verlag, 1988 (S. 1 - 25).

„Das Ende der Philosophie und die Aufgabe des Denkens." In: *Zur Sache des Denkens* (3. Auflage), Tübingen: Max Niemeyer Verlag, 1988 (S. 61 - 80).

1973: „Seminar in Zähringen 1973" + Nachtrag. In: *Seminare* (GA 15), Frankfurt: Vittorio Klostermann, 1986 (S. 372 - 407).

Heitsch, Ernst: „Die Nicht-Philosophische ΑΛΗΘΕΙΑ". In: *Hermes* 90, 1962: S. 24 - 33.

Homer: *Ilias*, München: Artemis Verlag (Sammlung Tusculum), 1989.

Meyer, Leo: *Handbuch der Griechischen Etymologie* (Erster Band), Leipzig: Verlag S. Hirzel, 1901.

Pseudo-Dionysius Areopagita: „Epistula 6". In: *Corpus Dionysiacum*. Herausgegeben von Günther Heil und Adolf Martin Ritter. Berlin: Walter De Gruyter, 1991.

Pugliese, Orlando: *Vermittlung und Kehre* (Symposion 18), Freiburg: Verlag Karl Alber, 1965.

Rassow, Hermann: *Forschungen über die Nikomakische Ethik des Aristoteles*, Weimar: Hermann Böhlau, 1874.

Schadewaldt, Wolfgang: *Die Anfänge der Philosophie bei den Griechen*. Frankfurt: Suhrkamp, 1978.

Schlüter, Jochen: *Heidegger und Parmenides*, Bonn: Bouvier Verlag, 1979.

Sextus Empiricus: „Adv. Mathematikos." In: *Sextus Empiricus* (Ex recensione Immanuelis Bekkeri), Berolini: 1842.

Teichmüller, Gustav: *Neue Studien zur Geschichte der Begriffe* (III Heft. Die praktische Vernunft bei Aristoteles), Gotha: Friedrich Andreas Perthes, 1879.

Walter, Julius: *Die Lehre von der praktischen Vernunft in der griechischen Philosophie,* Jena: Mauke's Verlag, 1874.

*Danksagung:* Für das Korrekturlesen der philologischen Analyse von „ἀλήθεια" (n. 18) bin ich sowohl Herrn Dr. Lorenz vom Institut für klassische Philologie (Universität Wien) als auch Herrn Dr. Chlodwig H. Werba vom Institut für Indologie (Universität Wien) zu Dank verpflichtet.

# Pour l'instauration de relations originelles entre le Japon et l'Europe

Philippe Rothan

*à Djalal*

Les entreprises à développer dépendent de ce qui se trouve d'avance compris par et comme "le cadre des relations" du Japon et de l'Europe. La compréhension de ce "cadre" est ce dans quoi se reflètent et se déterminent, se trouvent et se décident en propre les deux qui se nomment "Japon" et "Europe".

Que signifient "cadre", et "relation"?

"Cadre" est un mot qui vient du latin *"quadrus":* "carré", "à quatre bords"; "relation" vient de *relatio:* "récit", "annonce", et du verbe *referre:* "mettre en rapport", "rapporter". Le sens de ces mots implique que deux "mondes" ou deux "nations" se disent et se rapportent l'un à l'autre dans et à partir du "cadre" qui est le leur: cette contention d'un "espace de séjour" où se rassemblent et se recueillent dans leur co-appartenance ces Quatre limites au centre desquelles toute présence apparaît et se pense dans la clarté ou l'obscurité de son être-au-monde: la Terre, le Ciel, les Mortels et les Immortels.

C'est dans le recueil pensif et l'intelligence de ce Cadre que doivent se fonder les relations nippo-européennes, en une politesse et une cordialité telle *que l'Europe et le Japon se "relatent", c'est-à-dire se "disent" et se présentent l'un à l'autre dans la Geste de leur apport et de leur rapport réciproque, par quoi se révèle et se lie leur essentielle solidarité d'origine: – leur communauté d'appartenance à leurs traditions respectives recueillies dans leur commencement,* et bien que ces traditions restent et doivent demeurer foncièrement différentes.

Dans le "cadre" d'une telle "relation" où l'un se porte à l'autre dans la réciprocité de l'accueil et l'unité d'un recueil, se produit alors comme il convient l'apprentissage par chacun de ce qui lui est propre à la faveur et par l'entremise de ce que l'autre lui apporte: dans l'intelligence toujours plus profonde de la faveur qu'est cette rencontre sous la protection de Cela d'Ouvert et de Céleste, à partir d'où se sont éclos et se sont éduqués ces deux "cadres", ces deux "mondes", ces deux "espaces de séjour", dont l'homme européen comme l'homme japonais a reçu l'ordre d'en assumer le soin et la responsabilité.

Tel est, brièvement esquissé, ce qu'il s'agit d'approfondir: ce à quoi il faut d'entrée faire place puisque ce n'est qu'à partir de cette place que peut s'instaurer une perspective de développement. Mais pour cela, il faut d'abord faire face lucidement à la situation présente des nations, aujourd'hui en cette fin du XX$^è$ siècle, et brièvement esquisser une sorte d'"état des lieux".

## I. Le cadre des relations nippo-européennes: la destruction croissante de la terre habitable et l'urgence d'un ressourcement d'avenir dans le recueil des traditions

### 1. État des lieux: la situation des nations aujourd'hui

D'une façon générale, *l'arraisonnement de la "technique" moderne issue de l'Occident est aujourd'hui devenu planétaire:* l'ensemble des exigences, des moyens et des modes prescrits et planifiés par lesquels l'application des savoirs mathématiques modèle les développements des civilisations, gouverne, accapare et produit aujourd'hui la totalité de ce qui est et, avant tout, l'homme lui-même en son travail, ses œuvres et son habitation.

Cet arraisonnement de tout ce qui est par la "technique" procède d'une mathématisation de tout le "réel", qui le rend calculable et "objectif" et du même coup manipulable, programmable, et exploitable "rationnellement", – sans que pour autant la pensée s'interroge sur le "pourquoi" et le "comment" d'un tel processus "technique" qui aujourd'hui gouverne l'homme bien plus que l'homme ne le gouverne. Depuis le début des "Temps modernes" en Europe, en l'espace de trois ou quatre siècles, ce processus, qui n'a cessé de s'amplifier et de s'accélérer de façon prodigieuse, a fini par faire croire à l'homme qu'il est devenu, comme le voulait Descartes, "comme le maître et le possesseur de la Nature"... Étrange aveuglement! Car en la généralisation de ce processus demeuré impensé en ses conditions de possibilité et que régit la pure spontanéité de la Volonté de pouvoir et de savoir, *l'homme se trouve désormais totalement requis, et lui-même devenu sans le savoir l'esclave et la victime de cette "rationalité" qui modèle aujourd'hui l'entièreté de notre monde.* Nous sommes parvenus aujourd'hui à l'achèvement de ce processus: l'arraisonnement de la "technique" par les prouesses qu'elle permet a causé un incroyable raccourcissement des distances au travers de "media" qui, en fait, suppriment tout éloignement et toute proximité véritables de l'homme dans sa présence aux choses et au monde que ces choses révèlent. Et en traitant indifféremment de la même façon le "grand" et le "médiocre", ce processus déchaîné finit par tout niveler dans l'uniformité de l'"identique" et de l'indéfiniment répétable.

Mais par là-même se trouve dévastée et détruite l'habitation traditionnelle de l'homme dans l'intimité, le recueillement et le soin de ce qu'il a de plus essentiel, de plus cher et de plus propre: l'éducation intelligente de sa présence au monde...

Ce nivellement "planétaire", cette uniformisation, cette "américanisation" passe relativement inaperçue chez les peuples dénués de profondeur, coupés de leurs traditions, ou dont les traditions appartiennent irrévocablement à un passé révolu: ils mâchent du "chewing-gum" en regardant la télévision. Mais dans les pays de haute et ancienne civilisation, comme ceux de l'Europe et le Japon, *ce processus de nivellement et de destruction de l'identité propre engendre une grave coupure et comme un fossé entre, d'une part, le monde "public" de la préoccupation technique et de l'affairement productiviste rentable et, d'autre part, le monde de l' "intimité propre"*, c'est-à-dire cette appartenance au monde où l'homme se recueille dans la méditation de son être propre, et obéit à l'appel que cet être lui adresse et qui est sa vocation essentielle: cela dont il répond comme de son "humanité".

En France, comme en Allemagne, comme au Japon, cette coupure ou cet écartèlement entre les "personnes" publiques dans le concernement affairé de la gestion et de la production collective et l' "être-homme" dans le recueillement de sa provenance la plus originelle et l'écoute du mystère sacré de son être-au-monde, – cette coupure ou cet écartèlement fait naître *un sentiment croissant d'aliénation et de perte de soi, qu'accompagne la hantise de plus en plus envahissante du rêve d'un Âge où ces deux mondes – public et privé – n'en formaient qu'un*: – la πόλις ou, pour l'Europe, ce "pôle" de l'antique Hellade des poètes et des penseurs, en tant qu'elle forme le berceau d'origine de son éducation et de son intelligence, et continue d'être ce qui l'appelle dans son avenir; et pour le Japon, l'antique Empire du Soleil Levant, dans ce commencement où le culte Shintô s'est ouvert et s'est disposé en harmonie avec la Parole et surtout le Silence de l'essence "de Bouddha"...

L'entretien de cette hantise et de cette recherche d'une présence entière de l'homme au monde, par quoi serait guérie la coupure entre la "personne" publique et l'intimité de l' "être-propre", voilà ce qui – chez les meilleurs – nourrit la méditation de la fondation sacrée de la communauté des hommes dans le recueil et l'écoute de Cela qui les interpelle à l'origine de leur Histoire: au commencement du monde de la tradition, et comme leur provenance d'avenir la plus originelle. Tel est ce "Mal divin" (Nietzsche), ce "Mal du Pays" (le *Heimweh* de Novalis), cette "blessure la plus rapprochée du Soleil" (René Char) qui profondément en Europe motive l'élite des penseurs et des poètes. Il en va de même au Japon... Et ce "Mal divin" ne date pas d'aujourd'hui!

Mais dans le contexte de notre époque "occidentalisée", entièrement et aveuglément régie par les seuls impératifs "productivistes" de la technique généralisée, cette souffrance qui, chez les meilleurs, induit un approfondissement méditatif de la vocation et de la responsabilité de l'homme sur Terre (cette Terre désormais assujettie à sa domination), cette souffrance recèle en elle-même le grave danger de provoquer dans nos peuples une violente réaction "passéiste" de refermement sur soi, de crispation identitaire, bref: un réveil des nationalismes et des intégrismes les plus virulents (ainsi que le montre par exemple l'attitude de l'écrivain Mishima au Japon, il y a vingt ans).

*La relation et le dialogue de l'Europe et du "Pays du Soleil Levant" doit* d'urgence (mais avec la lenteur et la retenue qui conviennent) *s'ancrer dans l'intelligence de cette problématique qui est éminemment celle du "monde moderne",* telle qu'elle se laisse diagnostiquer comme un double péril : – d'une part, le *danger de la perte du monde de la Terre habitable* désormais entièrement requise et exploitée techniquement, dans le mépris et l'oubli le plus complet de l'originelle appartenance de l'homme au monde : dans la grâce de ce foyer sacré de présence que lui révèlent les traditions, mais qui se trouve de plus en plus déserté et ignoré ; – d'autre part, mais comme conséquence : *le danger d'un soulèvement réactionnaire de vengeance contre une telle perte,* soulèvement par lequel, rejetant la "modernité", les peuples voudraient se re-saisir dans leur identité propre en écartant ce qui leur vient des autres et en ne trouvant que dans cette seule opposition aux autres la possibilité de leur retour à soi.

*En rapport à ce double danger, le Japon et l'Europe – loin de s'affronter – se trouvent bien plutôt dans une position commune qui les contraint à assumer solidairement, ensemble, et mondialement leurs responsabilités* : sans aucun "anti-américanisme", mais *dans l'intelligence achevée de* cela que précisément ne connaît pas et n'a jamais connu l'Amérique : le poids et *la charge de sens,* et la grandeur d'avenir *du mot de "tradition".*

C'est seulement dans et à partir du mouvement vivant des traditions du Japon et de l'Europe que peut parvenir à se penser, à se comprendre et à se déduire à partir de son origine la "modernité" d'aujourd'hui, c'est-à-dire la "rationalité occidentale" devenue planétaire. Le trait commun qui lie le Japon et l'Europe – ce à partir de quoi et dans quoi doivent pousser et s'épanouir leurs relations – c'est que tous deux conservent et préservent les traces et les signes de leur commencement, c'est-à-dire de Ce dans quoi leurs traditions ont leur source et sont, par là même, encore en mesure de décider de leur Histoire.

## 2. Le mouvement d'avenir du recueil des traditions

"Tradition" – *traditio* en latin, vient du verbe *tradere* qui veut dire "remettre", "transmettre". Non pas tellement ce qui se trouve transmis, mais surtout *comment advient* et s'éprouve *cette transmission,* est ce mouvement par quoi se constitue dans son éducation, c'est-à-dire dans la possibilité la plus propre de son existence et de son habitation "native" ou aussi bien "nationale" (cf. *nasci, natura*), *l' "Historialité" de l'homme* : son ouverture d'avenir à travers la recherche et le recueil de ce qui a été et qui lui est par là remis en propre comme sa possibilité essentielle, et de telle sorte que son humanité y réponde, en réponde, et en devienne responsable. Cette "historialité" de l'homme, constitutive de son éducation véritable, ne se confond aucunement avec l'"historicité" d'un savoir établi qui, à partir de son établissement, emmagasine en des musées ou en des livres tout ce qui reste et témoigne d'un passé dépassé; elle ne se confond pas non plus avec une "culture générale historique" se représentant ce qui a été à travers et à partir des préjugés ou des pré-conceptions "idéologiques" et bornées de l'époque d'aujourd'hui. (Que ces préjugés ou ces présupposés ininterrogés se prétendent "scientifiques", ou bien confessent provenir d'une croyance religieuse, cela revient au même: le "scientisme" qui prétend objectiver l'Histoire est tout aussi "religieux" que n'importe quelle autre croyance).

Non: l'"historialité" de l'homme, l'éducation véritable de son être-au-monde dans la tradition de sa provenance (c'est-à-dire comment advenir librement à son propre possible en assumant son héritage) consiste uniquement et seulement dans la *recherche,* la *requête* et le *ré-accomplissement des possibilités d'être et d'exister qu'attestent et dévoilent comme leur origine et comme ce qui les rend possibles les grandes œuvres originelles, les grands achèvements de la Pensée et de la Poésie ou de l'Art* qui par eux seuls constituent l'authentique trésor d'avenir que recèle la tradition. De telles œuvres "monumentales", disait Nietzsche, (mais il s'agit aussi bien d'un unique "haïku" de Bashô que d'un paysage tout entier) font signe et invitent au *ré-accomplissement du mode d'être et d'exister qui a été et demeure à l'origine de leur création:* Cela qui les a rendues possibles et à quoi elles reconduisent par cet *appropriement destinal et fidèle qu'elles exigent, convoquent et suscitent créativement.* Loin de toute satisfaction seulement "esthétique", de telles œuvres, par la vérité de l'être qu'elles attestent et révèlent comme notre propre possible, ne cessent aujourd'hui encore de "nous" interpeller et de nous convier d'avance à leur ré-accomplissement. Ainsi nous parlent-elles d'en avant de "nous", à partir de ce devancement d'avenir qui est le leur et se révèle à l'écoute fidèle comme notre avenir le plus propre. Par-delà toute répétition machinale, tout exercice "scolaire", toute vénération rituelle devenue une habitude, *seul le convoiement que comportent ces œuvres,* au travers du ré-accomplissement de la possibilité d'être qu'elles dévoilent et recèlent, *rendent sa propre Histoire manifeste à l'homme qui s'y ressource,* préservant et sauvegardant par là-même ces œuvres de la "poussière du temps". Et au contraire, dès que ces œuvres cessent d'être perçues, ré-accomplies et obéies dans cet Événement de l'Origine: ce commencement qui est le leur et qu'elles attestent – alors leur tradition dépérit et devient une simple commémoration rituelle dont le sens authentique s'est perdu.

On le voit: *un tel ressourcement* et un tel maintien dans le courant d'eau vive qui jaillit de la tradition dans et à même sa transmission pleinement respectée et obéie dans le message qu'elle nous adresse, à nous autres les "tard-venus", un tel ré-ancrage natif *n'a rien à voir avec un quelconque conservatisme "réactionnaire", ou avec la nostalgie d'un passé "dépassé";* mais au contraire il fonde la fidélité de l'exigence qui est notre vocation la plus propre, et ainsi ouvre résolument l'avenir.

Respect et recueil de l'appel de l'inesquivable possible de Ce qui a été et qui ne cesse de retentir au travers des œuvres qui en portent l'annonce à même la geste de leur transmission, nous revendiquant d'avance en notre entière possibilité d'être et dans l'écoute de cette revendication qui fait de nous leurs héritiers et leurs gardiens.

*Seul ce retour et ce recueillement à et dans le "site" de la vérité de l'être à l'origine de l'œuvre,* seule cette migration ou cette mutation de nous-mêmes, induite et éduquée par l'intelligence de Ce à partir d'où l'œuvre se trouve rendue possible et à quoi reconduit sa mise-en-œuvre: le geste par lequel elle nous fait signe et nous attire, seul ce recueil de soi dans Ce qui a été et ne cesse d'être et d'appeler par son devancement et en sa venue sur nous *fait naître et entretient une possibilité d'être et de penser plus originelle: plus essentiellement "humaine"* que tout ce que l'affairement et l'accaparement idéologique de l'époque présente se représente effectivement sous les mots d'"être", de "pensée", d'"œuvre" et d'"humanité". C'est pourquoi seuls ce ré-accomplissement et ce recueil "traditionnel" dans la vérité d'être qui est à l'origine de la tradition libèrent la vision des préjugés et des présupposés de l'époque présente *et permet alors* – et alors seulement – *de penser critiquement et dans son intégralité cette "modernité" de l'époque en les soubassements impensés de sa "rationalité" et de son savoir "technique",* c'est-à-dire aussi bien en l'"égotisme" devenu inconditionné de sa volonté de maîtrise et de domination (*"ego cogito sum"* – cet *ego* est aussi bien individuel que collectif). Alors seulement, quant à l'essence de la "technique" et à la représentation "théorique" des "sciences", se posent les vraies questions, celles qu'en Europe Kant a posées et résolues, mais que l'aujourd'hui ne veut surtout pas re-penser – par exemple: "comment les mathématiques", ces fictions imaginatives de l'homme, peuvent-elles avec tant d'efficacité s'appliquer au "réel"? (Qu'est-ce que cela révèle quant à la responsabilité "mondiale" que l'homme assume?) Ou bien encore: que peut bien être un temps où l'homme n'était pas, dès lors que le temps ne se déploie en son avenir, son passé et son présent qu'en tant que l'homme lui-même? etc. etc. Comme le dit Heidegger, "la science ne pense pas ..."

Enfin, par-delà tout faux-semblant d'un arrangement opportuniste entre les ambitions respectives de puissances rivales ("impérialismes"), et de même, par-delà toute simple "curiosité intéressée" au développement d'une sorte de "tourisme culturel", *seule cette prise en charge véritable de la tradition* dans la "Geste", dans la "gestation" (*gerere:* "porter", "montrer") féconde de sa transmission vivante, *constitue fondativement et créativement la base à partir de laquelle,* dans une véritable hospitalité et un remerciement mutuel, *peut s'instaurer le dialogue entre deux traditions,* si différentes et diverses soient-elles, comme celles du Japon et de l'Europe. Alors seulement, dans et à partir d'une telle prise en garde de l'héritage, un tel dialogue – inter-traditionnel: au sein duquel chacune des transmissions s'écoute, se recueille et s'apprend elle-même dans la dimension sacrée de la fondation de l'autre – éduque et forge irréversiblement l'essentielle complicité de ces traditions respectives: non pas en les ramenant de façon dégradante à un "identique", à quoi elles se réduiraient l'une l'autre uniformément, au mépris de leur diversité, mais au contraire en les reconduisant avec la gravité de l'intelligence qui convient, au Même sans-nom infiniment mystérieux dont les paroles qui en proviennent traditionnellement assignent aux hommes et aux peuples leur destin, leur rôle propre et la tâche qui leur est confiée.

C'est dans cet apport et ce recueillement respectif des achèvements de leurs traditions vivantes soigneusement préservées que *le Japon et l'Europe* se rejoignent et se conjoignent: dans l'intelligence de la tâche qui leur incombe en propre: *dans l'intelligence essentielle du rôle d'avenir* non pas "mondain", mais véritablement "mondial" (formateur d'un nouveau monde) *de leur éducation.*

*Parole native du "Soleil Levant"*

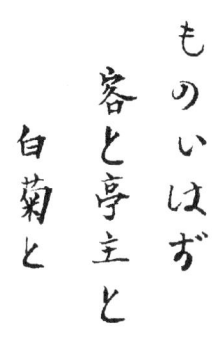

ものいはず
客と亭主と
白菊と

*"Ils sont sans voix
l'Hôte, l'Invité
et le Chrysanthème blanc"*

\*

C'est à ce "Chrysanthème blanc" de la Parole qui nous recueille et se recueille dans l'essence de sa provenance, dans l'appartenance du silence de l'événement qu'elle nomme, et dans l'abri de paix et la grâce de l'hospitalité de son geste – qu'il convient d'être éduqué.

*Parole native du berceau de l'"Europe"*

Φύσις κρύπτεσθαι φιλεῖ

*"C'est son abri à couvert
qu'aime
l'Éclore qui se déclôt"*

\*

C'est dans l'Amitié (φιλία, χάρις) originellement "mondiale" de l'entre-appartenance d'essence de l'Éclore ou du Faire-Éclore qui se déclôt et de l'Abritement à couvert qui le sauvegarde – qu'il convient de se maintenir lucidement et de se trouver par là-même éduqué.

## II. La geste et la gestation de l'apport des traditions japonaise et européenne dans et de par l'éclairement pensif et la préservation d'avance de leur unique et même foyer d'origine

La première des deux paroles traditionnelles qui viennent d'être citées traduit un "haïku" de Ryota (1717 - 1787).

La deuxième traduit le fragment Diels-Kranz 123 de Héraclite d'Éphèse – "l'Obscur".

Selon la représentation occidentale, la première parole est identifiée comme un Dire "poétique" que l'on a vite fait d'assimiler "esthétiquement" à l'"Art" de la "littérature", tandis que la deuxième, où l'on ne perçoit pas de beauté, se trouve "théoriquement" identifiée comme un "énoncé" appartenant au début de la "philosophie", que l'on interprète le plus souvent comme l'expression d'un tout premier savoir historique de la "Nature" (*cf.* sa traduction courante: "La Nature aime à se cacher").

Ici-même, très succinctement, nous tentons de dire, en le procès de sa révélation, comment se transmet à nous en propre, très directement et concrètement, dans la singularité de l'événement de son abord et de sa "lecture", la parole qui s'adresse à nous et nous interpelle depuis son "Japon": de telle sorte que l'écoute de cette parole, dans et à même l'appartenance d'essence qu'elle suscite et requiert, éclaire du même coup la transmission et le message que comporte la parole grecque d'Héraclite au tout début de la "philosophie".

Et si la possibilité de cet éclairement a le bonheur de se révéler, alors inversement la parole "poétique" du Japon advient elle-même à se situer et à s'entendre à travers ce Dire pensif du début européen de la "philosophie".

À la faveur d'un tel rassemblement où, dans leur originelle co-appartenance au Même, l'une advient à se lire par et au-travers de l'autre, s'esquisse alors en toute netteté le destin de la tâche et de la démarche qui incombent de part et d'autre à chacune des traditions respectives d'où ces paroles se trouvent détachées.

D'un côté apparaît clairement ce *ressourcement "fondamental" dont l'Europe est en quête comme de son origine native ou "nationale"*: – ressourcement traditionnel propre, qui se trouve aujourd'hui diversement entravé et empêché historiquement, mais auquel le Japon, par la contention et l'éducation de sa tradition, peut et doit grandement aider.

Et de l'autre côté apparaît dans l'urgence de sa nécessité *la "fondation"*, c'est-à-dire *la légitimation lucide et "critique" que le Japon doit assurer à sa tradition originelle la plus propre*: s'il veut comprendre à fond sa réquisition présente dans le processus "technique" issu de l'Occident, c'est-à-dire penser et discerner clairement les présupposés où s'enracine toute visée "technique" – et par là-même se libérer de l'aveugle emprise de cette visée en la subordonnant à la sauvegarde "poétique" de Ce à quoi (malgré son "occidentalisation" de façade) il est demeuré natif.

– Le Japon, par son attachement traditionnel à la pratique concrète de la méditation, doit aider l'Europe à se ressourcer au berceau de sa propre tradition, c'est-à-dire au Λόγος de l'"Hellade", foyer d'origine de son intelligence.

– Et l'Europe, par le discernement "critique" de son éclaircissement le plus radical, c'est-à-dire par sa "philosophie", doit aider le Japon à la justification et à la compréhension distincte de son ancrage fondamental.

Loin de tout repliement et de tout refermement sur soi, l'accomplissement conjoint de ce double mouvement, par quoi deux traditions s'ouvrent et s'apportent respectivement l'une à l'autre – dans le libre ressourcement des deux dans le Même d'où elles proviennent – ouvre et rend possible alors un monde radicalement nouveau, ou un changement radical de l'époque du "monde".

### 1. Le recueil tautologique de la parole du "pays du Soleil Levant" et de la parole de l'"Europe"

"Européennement", c'est-à-dire suivant la genèse "homérique" de cette vastitude (εὐρύς) de "vue" ou de "parole" que dicte étymologiquement le nom de l'Εὐρώπη (mythiquement fécondée d'une "trouée" – τορός – blanche de Zeus), nous tentons ici de laisser se consigner, à travers nous et concrètement, et comme le pauvre apport de la contrepartie qu'il requiert en réponse, le "geste" de l'adresse de la parole qui nous vient du "Soleil Levant". Nous nous efforçons d'indiquer dans le trait même de la "lecture" méditative qu'elle suscite à l'instant même, comment la parole, d'entrée, dispose et s'approprie originellement son écoute: en cet appel de Paix et cette invite de Grâce, par quoi se déploie en présence l'essence de l'Être d'où provient cette parole.

Par-delà toute représentation "métaphysique" – toute considération "théorique" de "savoir", toute réflexion "esthétique" d'un vécu projeté d'avance en retour sur un "moi"; – mais dans et à même l'enrôlement de l'entière écoute de et dans la parole, telle qu'en la singularité unique de la déclosion qu'elle comporte de sa provenance-d'essence, elle dispose dans elle-même de l'accueil que nous lui procurons en réponse, c'est-à-dire harmoniquement accorde et s'approprie cet accueil; – nous disons en sillage l'éducation originelle de notre être le plus propre, telle que l'induit et la nourrit la faveur de cette déclosion de parole, perçue dans l'essence de sa provenance et dans son éclairement le plus originel.

Nous disposant tranquillement à cet accomplissement, nous nous tenons dans l'écoute:

*"Ils sont sans voix*
*l'Hôte, l'Invité*
*et le Chrysanthème blanc"*

a) De prime abord et distraitement, l'évocation en son "icône" nous fait immédiatement nous représenter, en un lieu indéterminé et à une heure très vague du jour ou de la nuit, la muette admiration d'un hôte et de son invité perdus en la contemplation d'un chrysanthème blanc d'un jardin: la présentation de cette scène anodine, si charmante soit-elle, fait de nous son spectateur et, en sa description, ne nous pose pas de question.

Cependant, en la façade de cette mise-en-scène, un "je ne sais quoi" provoque notre recul, nous déconcerte et nous trouble en attirant notre attention: car non seulement l'hôte et l'invité, mais le chrysanthème lui aussi est déclaré "sans voix". Or, selon notre opinion ordinaire en la vie de tous les jours, du moins en Occident, une fleur ne parle pas. La parole est censée appartenir en propre à l'homme, et à l'homme seulement ... Serait-ce qu'en la calme splendeur de son apparition, le "chrysanthème" excède de loin sa désignation: son identification en tant que tel? Mais alors, en la singularité de sa teneur véritable, qu'est-ce que l'apparition d'un chrysanthème, quand elle n'est pas celle d'un "chrysanthème"? De quoi s'agit-il véritablement avec ce "chrysanthème" *sans voix,* qui nous est présenté ici-même d'une voix blanche?

En retrait, discrètement, la silencieuse retenue du geste de l'hôte qui, sans rien dire, montre à son invité muet le prodige de la blanche apparition "sans voix", sa pudeur révérencielle, son souci de ne rien déranger par son geste qui montre, nous rappelle calmement à nous-mêmes, nous conjoint à son calme ...

b) A la faveur de cette disposition tranquille, plus en retrait, alors, se trouve présentement dit soudain, *dans* la parole et *avec* la parole, le silence de *cet "Invité" qu'avant tout nous voici devenus en propre:* directement nommé en tant que tel, en quelque sorte tiré par la manche et changé de place afin de mieux voir par le geste de notre Hôte inconnu, – cet Hôte étrange d'où provient la parole et qui dans sa parole et par sa parole nous dicte l'accueil d'elle que nous lui donnons en réponse à l'instant même où cet accueil a lieu. Nommés en propre en tant que "Invité", nous nous trouvons être sans voix en même temps que dits, c'est-à-dire montrés "sans voix": dans un seul et même trait.

Nous trouvant ainsi dits et exposés tels que nous sommes à l'instant même, nous voici du même coup tout entier intronisé: réuni, transporté et inclus dans l'appartenance-d'être et d'écoute que requiert de nous ce geste qui, d'un même trait, donne à voir son propre donner-à-voir et le ralliement à lui de notre propre être-présent, tel qu'il le suscite créativement en l'enrôlant dans lui, laissant par là-même se déclore et s'éclairer dans son appropriement *l'Ouvert de l'Être* qui *est* l'origine d'une telle geste de la Parole, l'essence de sa provenance ...

c) Dans une telle contention, dans un tel ralliement recueilli et uni à et dans l'Ouvert déclos de l'origine de la Parole, nûment s'éclaire et se visionne *la blanche Aire de Règne où "est" comme à sa demeure l'Hôte céleste* inconnu, véritablement "divin", *qui nous fait la faveur de se déclore à nous* à travers la transparente ostensivité de sa Geste de Parole, telle qu'elle nous ravit à Lui, nous pro-duit jusqu'à Lui, nous transporte et nous implante en son Abri de paix et nous y fait nativement nous y épanouir:

— blanche fleur que nous sommes en tant que tel (l' "en tant que" de "nous-mêmes") et que Lui nomme et baptise du nom de *"Chrysanthème blanc"*: nommant *par ce nom,* dans et à même elle-même, *la Singularité événementielle unique de cet Éclairement de Lui* qui "nous" pousse et "nous" pro-duit d'avant "nous-mêmes" concrètement et originellement "ici" en ce port-à-parole de Sa Parole en tant que telle:

— dans et comme le remerciement de et pour cette faveur de la déclosion de son Être "là", laquelle faveur, en l'entier recueil ostensif de son soin, a d'avance préservé, commandé et guidé la concrétion de l'écoute qui se dit *"nôtre" ici:*

— en ce maladroit et tâtonnant apprentissage que dirige et requiert, par sa paix, sa douceur, sa bonté, la grâce "céleste" ou "éthérée" de l'*avènement de l'Être avenu tel qu'antérieur et en même temps d'en avant de nous, il demeure et dure dans sa Venue sur nous,* ayant déclos l'Abri de son Aire-d'origine et s'y étant retiré, non sans nous requérir au préalable comme l'un des chemins possibles qui mènent à Lui, et en usant désormais de "nous" comme du lieu de l'entre-appartenance "céleste" et "terrestre" de Son "immortel"-"mortel" abri ...

Φύσις κρύπτεσθαι φιλεῖ

*"C'est son abri à couvert
qu'aime
l'Éclore qui se déclôt"*

Dans et à même, et de par la Singularité événementielle unique de l'écoute et de la "lecture" de la parole du "Soleil Levant" qui "nous" produit ici, advient en sillage à se recueillir comme l'issue pensive et l'élucidation de notre écoute, cette parole "européenne" du début de la "philosophie".

Cette parole, en et comme la conséquence de son geste, parle directement comme *elle-même la "crypte"* (κρύπτεσθαι) *de l'Éclore qui s'est déclos* (φύειν – φύσις), dans et comme l'événement advenu de notre ravissement dans et à même l'Éclairement originel du très pâle "or" (χρυσός) du silencieux "Chrysanthème blanc". Encore et toujours, elle parle dans un mouvement de retour à l'Éclairement de l'Ouvert déclos, tel qu'elle aussi en provient et s'en produit, mais en et à partir du Même – voici qu'elle parle déjà d'avance, suivant un autre destin, en un autre mode et dans une autre intonation.

En son silencieux appel de Paix, la première parole du "Chrysanthème blanc", ou du "Soleil Levant", par et dans le geste transparent de son recueillement dans le "sans voix", par l'ostensivité du donner à voir de son propre Se-Déclore parfaitement uni à l'Aire de sa provenance, dans l'essentielle simplicité de sa Pose, *accomplit en et dans son Éclairement la vision de l'Ouverteté-de-l'Être qui EST son origine* et dans et de par laquelle elle-même, en tant que port-à-parole, se déclôt comme le retirement et l'abritement de cet Ouvert sous la parution du "chrysanthème blanc" par quoi se nomme en propre cette pure déclosion de l'Être, et à quoi nous-mêmes naissons en nous reconnaissant comme l'un de ceux que cette nomination nomme et assigne à son soin en nous y élevant: une telle parole qui nous pose, nous couche dans son lit, nous expose d'avance à nous-mêmes dans l'octroi de Sa faveur et comme la préservation même que cet octroi requiert, un tel Λόγος, en le Don de sa présentation, se nomme en grec un μῦθος ou un μυθολόγειν: une mobilisation dans ce qui est tu et clos (*cf.* μύω: "se taire"; μύσις: "clore", "fermer") dans le Recueil originel du port-à-parole, tel que silencieusement il laisse paraître dans son éclairement l'Être-présent qui en est capable, tout en faisant se reclore son origine-d'essence sous l' "icône" (εἰκών) qui s'y substitue en en offrant une vue qui la nomme comme il sied: en faisant signe vers elle.

La seconde parole, en direct sillage de l'écoute de la première, et se retournant sur et dans l'événement de son éclosion-déclosion originellement productive de l'accueil d'elle qu'elle induit et qui lui appartient, ainsi se maintenant dans et à même le trait de cet Éclore qui Se déclôt tout en se retirant, *porte à parole la pensivité requise* d'avance par et dans cette déclosion et ce Recel de l'Être de l'étant – "pensivité" qui obéit à la convocation de penser que commande comme son soin révérenciel (αἰδώς) l'événement advenu de cette déclosion de l'Être, et *"pensivité" qui, par la présenteté* (Anwesenheit) *qu'elle implique, se trouve alors être le lieu et le mode de son* κρύπτεσθαι: de son recouvrement: cet ἄνθρωπος que nous nous trouvons être ici: – "alité" et *"mis au monde" de par le* Λόγος *qui nous assigne à sa Pensée, dans et à même le Recueil de sa "Lecture"*.

En les modes différents de leurs Parler(s), les deux paroles proviennent du Même éclairement de l'Ouvert singulier de l' "Être de l'étant", et appartiennent au Même d'où elles s'ensuivent en sillage (ἔπος), et auquel elles conduisent et reconduisent. *L'une porte à la parole pensivement ce que l'autre originellement accomplit et laisse avoir lieu et s'approprier en silence*, mais *toutes deux dans le même trait originellement "poïétique" de l'Ouverteté de l'Être en tant que* φύσις, *dans l' "amitié" de son "recel" et de son "recouvrement", (tel que ce ré-enveloppement, ce recouvrement permet à cet accomplissement de demeurer et de durer dans sa venue sur "nous"*). Recueil exposant de l'Être de l'étant et port à parole de la Pensivité que requiert pour et comme sa préservation et le lieu de son Recel, la grâce ou l'"amitié" de ce Recueil exposant – ces deux en la solidarité indissociable de leur adresse s'exposant *en une guise également "poïétique": originellement pro-ductive nativement de l'intelligence de l'appartenance de l'homme à sa vocation la plus propre, telle qu'elle fonde son séjour* (ἦθος), en même temps que l'entière période circulaire qui va de sa naissance à sa mort: cela que nomme la πόλις (*cf.* πολέω: "graviter autour d'un pôle"), d'où vient le mot de "politique". Cette Poïétique appartient toute entière à la φύσις, à l'Éclore qui se déclôt de l'Être de l'étant, et nomme nativement l'être-au-monde de l'homme tel qu'il se trouve assigné (ποῖ) au lieu "où croît l'Herbe" (ποιήεις), c'est-à-dire à la Terre où grandissent et s'élèvent les troupeaux par les soins des bergers, eux-mêmes poïétiquement pro-duits comme les ἐπαίοντες, ceux à l'écoute de la Parole de l'Être.

Dans l'unité du trait en sillage de leur entre-appartenance, les deux paroles nomment en propre l'éclosion-déclosion singulière de l'Être de l'étant, dans l'éclairement et le déploiement-d'essence de son retrait destinal: – l'Un-uni unissant originel de l'événement-avènement du recueil de la lecture et de la pensée de Lui qu'il pro-duit et induit poïétiquement avant tout et par-dessus tout comme "notre" réunion à Lui ici-même à l'instant même: en tant que ces "visages" de l'"Hôte" et de l'"Invité" que nous sommes commandés de leur donner en réponse: dans la faveur ou l'"amitié" de cet octroi et en remerciement de cet octroi qui, tout en nous exposant à même notre mise-en-vue, nous préserve et nous fonde de telle sorte que nous le préservons en y trouvant notre fondement. Avant toute identification, l'Éclairement du Recueil de l'Être, d'où s'origine la parole et auquel elle reconduit, "nous" produit originellement comme la réponse à son appel et le commandement de son réquisit: loin de parler "sur" ces paroles en en faisant l'objet de notre représentation, "nous" procédons unitairement de leur écoute dans et de par l'éclairement de leur origine-d'essence, nous comprenant d'avance produit et commandé de par cette pro-venue dans le cercle où d'avance elle nous inclut et dont nous ne saurions nous excepter.

### 2. Recueil historial de l'historicité et historicité du recueil historial: la diversité des destins des traditions de l'Europe et du Japon, et l'apport à l'Europe de la tradition du "Pays du Soleil Levant"

Ainsi que cela doit se percevoir, tout ce qui vient de se dire advient dans la singularité de l'advenue à son propre du message "tautologique" que comportent comme leur "geste" les paroles méditées.

La singularité de l'écoute du Λόγος de l'Être de l'étant en tant que φύσις, l'appropriation historiale de son écoute à partir du "Chrysanthème blanc", n'a rien à voir avec l'abstraction formelle d'une représentation universalisante ni même avec un discours qui énoncerait sur *quoi* et *ce dont* il est parlé en en faisant un objet de "savoir": la φύσις que nomme la parole du début de la "philosophie" (et telle que cette parole elle-même y appartient et s'en produit comme son retrait), ne nomme pas un mode de pro-duction de l'étant qui s'opposerait à un autre mode (*cf.* "ce qui se produit de soi", opposé à "ce qui ne se produit pas de soi, mais par un autre principe" – l'opposition φύσις-τέχνη), ne donne nullement à penser l'universalité ou le tout de ce qui est touché par son mouvementement, et ne tend pas à une quelconque détermination de l' "essence des choses", c'est-à-dire d'un τί ἔστι ou d'une "quiddité" de "ce que c'est" (cela n'advient en la "philosophie" qu'ultérieurement, avec Platon). Non: la φύσις nomme directement à même elle-même l'Éclore qui se déclôt, tout en se retirant, du Λόγος de l'Être de l'étant en tant que tel en son entier, avec et en tant que le retrait et le recouvrement de cette éclosion-déclosion par et en ce qui s'en trouve produit: cet être-étant différent, par lequel elle advient à sa nomination pensive et au dire de son fondement – la "faveur" ou l' "amitié" par laquelle et dans laquelle l'ouverture de l'Être préserve et sauvegarde d'avance en le produisant originellement le *lieu-d'essence de sa déclosion* propre, et par laquelle et dans laquelle ce *lieu-d'essence de l'étant-"homme"* préserve d'avance et sauvegarde l'événement de cette déclosion de l'Être dans sa possibilité d'avenir.

Ainsi donc, en tant que le visage de "Ryota" ou de "Héraclite", dans l'entre-deux de leurs paroles en provenance du Même (et non pas de l' "identique", procédant d'une comparaison), nous ne disons ici que *l'événement advenu de notre individuation,* telle qu'elle s'enracine et croît dans et à partir de l'origine d'essence de la Parole: l'amitié de cette origine et le remerciement de cette amitié de l'origine qui nous appelle et nous attire à elle dans la paix et la largesse de son calme.

# „Weltanschauung"

## Heidegger und die Begriffsgeschichte eines fragwürdigen Begriffs

Christoph von Wolzogen

> „Alle Bildung strebt zum Bildlosen, zur machtlosen Liebe und zur reinen, gestaltlosen Idee" (Julius J. Schaaf)

Ein Gespenst geht um in der Moderne: die „Weltanschauung". In aller – auch Nietzsches – Mund, um den Punkt zu bezeichnen, an dem die Philosophie endet oder allererst ihren Anfang hat, verflüchtigt sich die „Weltanschauung" im Allgemeinen bei ihrer näheren Bestimmung in jenes Dunkel, in dem bekanntlich die Gespenster hausen. Deshalb möchte ich mich dem Thema zunächst einmal ganz äußerlich und unsystematisch nähern. In seinen Aufzeichnungen über die „Lingua tertii imperii" notiert sich Victor Klemperer in den 40er Jahren folgendes: „Wer denkt, will nicht überredet, sondern überzeugt sein; wer systematisch denkt, ist doppelt schwer zu überzeugen. Deshalb liebt die LTI das Wort Philosophie beinahe noch weniger als das Wort System. Dem System bringt sie negative Neigung entgegen, sie nennt es immer mit Mißachtung, nennt es aber häufig. Philosophie dagegen wird totgeschwiegen, wird durchgängig ersetzt durch ‚Weltanschauung' … ‚Weltanschauung', schon vor dem Nazismus verbreitet, hat in der LTI als Ersatzwort für ‚Philosophie' alle Sonntäglichkeit verloren und Alltags-, Metierklang angenommen. ‚Schau', dem Stefan-George-Kreis heilig, ist auch der LTI ein kultisches Wort."[1] Was also ist „Weltanschauung"? „‚Weltanschauung'", so definiert Armin Mohler kurz und bündig, „ist nicht dasselbe wie Philosophie. Während die Philosophie ein Teil des alten geistigen Gehäuses des Abendlandes ist, fassen wir Weltanschauung als ein Ergebnis des Zerfalls dieses Gehäuses auf."[2] Mohler kann sich dabei unter anderen auf Houston Stewart Chamberlain berufen, der in seinem Buch *Immanuel Kant* (1904) gelegentlich bemerkt: „Der Umkreis, die Leuchtkraft, die schöpferische Fülle und der organische Zusammenhang ist es, was einer Weltanschauung philosophische Würde verleiht. Darum habe ich schon früher vorgeschlagen, man solle den Reichtum der deutschen Sprache benützen, zwischen ‚Philosophie' und ‚Weltanschauung' zu unterscheiden. Der aus dem Griechischen entlehnte Ausdruck würde nach wie vor eine gelehrte Disziplin bedeuten, das deut-

---

[1] Victor Klemperer, *LTI. Notizbuch eines Philologen.* Leipzig 1975, p. 106.
[2] Armin Mohler, *Die Konservative Revolution in Deutschland 1918 - 1932. Ein Handbuch.* Darmstadt 21972, p. 15.

sche Wort eine mit Religion und Mythologie verwandte, allgemein menschliche, doch nach sehr verschiedenen Richtungen entwickelte Anlage mit weitverzweigten Wurzeln, die aus Kunst und Naturwissenschaft, aus Philosophie und Mathematik Nahrung aufnehmen, eine Anlage, die vornehmlich darauf ausgeht, die Harmonie ... zwischen Schauen, Denken und Handeln zu bewirken."[3] Philosophie und Weltanschauung sind also unterschieden, und es kommt für den Interpreten darauf an, daß er die „*Argumente*", die ein Werk bei aller „Verweltanschaulichung" enthält, „aus ihrem weltanschaulichen Kontext *heraushebt*" – so jedenfalls hat es Jürgen Habermas in seiner Einführung in das Heidegger-Buch von Farias formuliert[4]. Ich möchte hinter diese „substantialistische" Auffassung von „Weltanschauung" ein Fragezeichen setzen: als wäre „Weltanschauung" lediglich ein zur „Philosophie" irgendwie hinzukommendes „Anderes". Das Problem der „Weltanschauung" scheint mir komplexer zu sein, was ich an der wechselhaften Geschichte dieses Begriffes zeigen möchte. Dazu ist es allerdings notwendig, wie auch immer, hinter das „Gerede von Weltanschauung" zurückzugehen, wie es etwa Arthur Schnitzler notiert hat[5]. In einem ersten Schritt möchte ich den Prozeß nachzeichnen, im Verlaufe dessen „Weltanschauung" den Platz von Metaphysik bzw. „Vernunft" einnehmen konnte. In einem zweiten Schritt möchte ich die daran anknüpfende Debatte um die Frage „‚Philosophie' oder ‚Weltanschauung'?" darstellen. Abschließend möchte ich den Zusammenhang zwischen „Weltanschauung" und der „Sinn-Frage" der Moderne deutlich machen.

## I.

Sachlich geht der Begriff „Weltanschauung" auf Leibniz zurück. In seiner *Monadologie,* und zwar in den zentralen Paragraphen 56 und 57 heißt es: „Die[] wechselseitige *Verknüpfung* oder Anpassung aller geschaffenen Dinge hat nun zur Folge, daß jede einfache Substanz Beziehungen in sich schließt, durch die sie alle andren zum Ausdruck bringt, und daß sie daher ein lebender, immerwährender Spiegel des Universums ist. – Und wie eine und dieselbe Stadt, von verschiedenen Seiten betrachtet, immer wieder anders und gleichsam *perspektivisch* vervielfältigt

---

[3] Houston St. Chamberlain, *Immanuel Kant.* Die Persönlichkeit als Einführung in das Werk. München [4]1921, p. 16f.

[4] Jürgen Habermas, *Heidegger – Werk und Weltanschauung.* Vorwort zu: Victor Farias, *Heidegger und der Nationalsozialismus.* Frankfurt 1989, p. 34.

[5] Arthur Schnitzler, *Der Weg ins Freie.* In: *Gesammelte Werke.* Die erzählenden Schriften, Bd. 1. Frankfurt 1981, p. 888 f.: „Was sagen sie übrigens zu diesem Gerede von Weltanschauung? Wie wenn Weltanschauung etwas anderes wäre, als der Wille und die Fähigkeit die Welt wirklich zu sehn, das heißt, anzuschauen, ohne durch eine vorgefaßte Meinung verwirrt zu sein, ohne den Drang, aus einer Erfahrung gleich ein neues Gesetz abzuleiten, oder sie in ein bestehendes einzufügen. Aber den Leuten ist Weltanschauung nichts, als eine höhere Art von Gesinnungstüchtigkeit – Gesinnungstüchtigkeit innerhalb des Unendlichen sozusagen."

erscheint, so gibt es vermöge der unendlichen Vielheit der einfachen Substanzen gleichsam ebensoviele verschiedene Welten, die indes nichts andres sind, als – gemäß den verschiedenen *Gesichtspunkten [points de veue]* jeder Monade – perspektivische Ansichten einer einzigen."[6] Hier sind die Aspekte, die im weiteren die Auseinandersetzung um „Weltanschauung" bestimmen werden, versammelt: 1. der Totalitätsaspekt, 2. der Individualitätsaspekt, und 3. die Beziehung (Perspektive) des Individuums auf das Ganze. Ich kann hier die Karriere von „Weltanschauung" seit Kant – dem mutmaßlichen Schöpfer des Wortes[7] – nicht im Einzelnen verfolgen; es ist aber für die Popularität dieses Begriffes um die Mitte des 19. Jahrhunderts bezeichnend, wenn Jacob Burckhardt 1844 in einem Brief schreibt: „Vor Zeiten war ein jeder ein Esel auf seine Faust und ließ die Welt in Frieden; jetzt dagegen hält man sich für ‚gebildet', flickt eine ‚Weltanschauung' zusammen und predigt auf die Nebenmenschen los."[8] In der Tat gehört „Weltanschauung" – jedenfalls für den deutschen Idealismus – in den weiteren Zusammenhang dessen, was Hegel „Bildung" genannt hat. „Weltanschauung" entspricht in diesem Sinne der „natürlichen Weltauffassung", die durch Reflexion in Frage zu stellen ist. So schreibt Schelling 1799: „Die Intelligenz ist auf doppelte Art, entweder blind und bewußtlos, oder frei und mit Bewußtsein produktiv; bewußtlos produktiv in der Weltanschauung, mit Bewußtsein in dem Erschaffen einer ideellen Welt."[9] Und Fichte in den *Tatsachen des Bewußtseins:* „Das Grundseyn des Lebens ist in seiner Form eine *Anschauung,* die da *ist.*"[10] Besonders deutlich wird

---

[6] G. W. Leibniz, *Hauptschriften zur Grundlegung der Philosophie,* hrsg. v. E. Cassirer, übers. v. A. Buchenau, Bd. II. Hamburg ³1966, p. 448.
[7] Vgl. *Kritik der Urteilskraft* A 91.
[8] Vgl. *Grimm'sches Wörterbuch,* Artikel „Weltanschauung".
[9] *Einleitung zu dem Entwurf eines Systems der Naturphilosophie oder über den Begriff der spekulativen Physik.* Werke, Abt. 1/3, p. 271.
[10] Sämmtliche Werke. Hrsg. v. I. H. Fichte, Bd. II, p. 683. Vgl. Hartmut Traub, *Johann Gottlieb Fichtes Populärphilosophie 1804 - 1806.* Stuttgart/Bad Cannstatt 1992. In seiner für eine Begriffsgeschichte von „Weltanschauung" ungemein aufschlußreichen Arbeit geht Traub (a.a.O. p. 58) aus von einer Analyse der Fichteschen Vorlesungen über *Die Grundzüge des gegenwärtigen Zeitalters* bzw. von einer Rekonstruktion dessen, was Fichte unter „Welt- und Lebensanschauung unter dem Prinzip des gegenwärtigen Zeitalters" versteht: „Ursprung der vollständigen Individualisierung des menschlichen Daseins ist der Aufstand gegen die ‚Zwangsanstalten' des blind wirkenden Vernunftinstinkts und über diese hinaus gegen jeglichen, das Individuum transzendierenden Geltungsanspruch der Vernunft. Das Mittel der Befreiung ist der Begriff, der im Horizont der individuellen Existenz der ‚gesunde Menschenverstand' ist (SW VII, p. 26) [= *Sämmtliche Werke,* hrsg. v. I. H. Fichte, Bd. VII: *Die Grundzüge des gegenwärtigen Zeitalters,* p. 26]. Die Kräfte, die ein so verfaßtes Dasein treiben, sind der Selbsterhaltungstrieb und der mit ihm verbundene Drang ‚des persönlichen Wohlseyns' (SW VII, p. 26). Ist das menschliche Dasein insgesamt in dieser ‚Welt- und Lebensanschauung' [was sich bei Fichte in den *Grundzügen* allerdings so wörtlich nicht findet! C. v. W.] aufgefaßt, dann kann hier von einer abgeschlossenen Lebensform gesprochen werden; von einer Lebensform, die die Beschränktheit ihrer Ansicht auf den gesamten Horizont möglicher Wirklichkeitserfahrung projiziert. In dieser Projektion verwandelt sich alles in Kategorien ihres Verstehens und Begreifens,

dieser Zusammenhang in Ludwig Feuerbachs Schrift über *Das Wesen des Christentums*: „Bildung überhaupt ist nichts andres als die Erhebung des Individuums über seine Subjectivität zur objectiven universalen Anschauung, zur Anschauung der Welt."[11] „Weltanschauung" heißt also gerade Überschreiten der subjektiven Perspektive, und genau darauf zielt Feuerbachs hellsichtige Kritik an dem, was Arthur Schnitzler später „Gesinnungstüchtigkeit innerhalb des Unendlichen" nennen wird. Feuerbach schreibt: „Je beschränkter die Menschen, desto näher rückten sie den Anfang an das Ende der Welt, erwarteten tagtäglich das Ende. Die Schranken ihrer Weltanschauung machten sie zu Schranken der Welt; wie jeder Mensch seine individuellen Schranken zu Schranken der Menschheit macht. Weil irgend eine bestimmte Existenz für bestimmte Individuen die absolute Existenz, die alle ihre Vorstellungen erschöpfte, zugrunde richtete, so ging damit auch die Welt zugrunde. Das Ende des Papstes ist das Ende der Welt; wenn Rom aus ist, so ist die Welt aus, die ja nur Romes wegen da ist. So macht der Mensch das Besondere zum Allgemeinen, einen Teil zum Ganzen, sein Quentchen zum absoluten Maß."[12]

Von erheblicher Tragweite für die weitere Geschichte des Begriffes „Weltanschauung" sind die 1840 erschienenen *Logischen Untersuchungen* von Friedrich Adolf Trendelenburg. Ein Jahr bevor Schelling nach Berlin berufen wurde, um die „Drachensaat der Hegelschen Philosophie auszumerzen", und lange bevor Rudolf Haym in seinem Buch über Hegel den „Zusammenbruch" des Hegelschen Systems festschrieb, unterzog Trendelenburg die Hegelsche Philosophie einer vernichtenden Kritik. Der zentrale Begriff dieser *Logischen Untersuchungen* ist die „Anschauung", die – wie Trendelenburg sagt – „da eingreift, wo die Dialektik am Ende ist."[13] In energischem Gegenzug zur Hegelschen Dialektik, in welcher dem gemeinen Verstand „Hören und Sehen vergeht", versucht nun Trendelenburg, ihr das Sehen beizubringen: „In der letzten Bedeutung des lebendigen sinnlichen Bildes und zwar im Gegensatz des das Leben zergliedernden Denkens wendet der

---

und ein diese Lebensform transzendierender Ausblick kann nicht stattfinden." „Das Bestehen auf dem Standpunkt der Welt- und Lebensanschauung des gegenwärtigen Zeitalters", faßt Traub (a. a. O. p. 183) schließlich zusammen, „verhindert nicht nur die Einsicht in den Grund der eigenen Existenz und mit ihr die Erkenntnis der Bedingung der zeitalterspezifischen Insuffizienzerfahrung, sondern das Verharren auf ihm muß auch notwendig zum Scheitern aller aus dem Prinzip dieses Welt- und Menschenbildes entworfenen Lösungsansätze führen. Erst mit der Überwindung der epochalen Welt- und Lebensanschauung, die von einem zeitaltertranszendenten Standpunkt aus den Grund der Begrenztheit der epochal geprägten Existenz erkennbar macht, können schließlich auch adäquate Ansätze für die Aufklärung der Insuffizienzerfahrung in den Blick kommen."

[11] Zit. nach Alfred Götze, Weltanschauung, in: *Euphorion* 25 (1924), p. 49.
[12] L. Feuerbach, *Das Wesen der Religion* (1. Fassung). In: Francesco Tomasoni, *Ludwig Feuerbach und die nicht-menschliche Natur. Das Wesen der Religion: Die Enstehungsgeschichte des Werks, rekonstruiert auf der Grundlage unveröffentlichter Manuskripte*. Stuttgart/Bad Cannstatt 1990, p. 252 f.
[13] F. A. Trendelenburg, *Logische Untersuchungen*, Bd. I. Leipzig ³1870, p. 70.

neuere Sprachgebrauch das Unmittelbare an. Da die ganze Dialektik nichts als eine Kette von Vermittlungen ist, so kann das Unmittelbare mit *diesem* Gepräge in der Logik nicht vorkommen."[14] „Der Begriff, der als wahrhaft concret gepriesen worden ist, ... muss dennoch erfahren, dass er nur das Concrete im Abstrakten sei ... Woher erfährt er's aber? Nur aus der Anschauung, die er als Empirie verschmäht."[15] „Die Logik ist kein Erzeugniss des reinen Denkens, ... sondern an vielen Stellen eine sublimierte Anschauung ... Wenn die Anschauung das geliehene Gut zurückforderte, so käme das reine Denken an den Bettelstab."[16] Systeme kommen und gehen, aber die „Anschauung", von der „das menschliche Denken lebt", ist das Bleibende.[17] „Plato's Ideenlehre", so ruft Trendelenburg aus, „ist gefallen, ... aber Platos künstlerische Anschauung der Welt ... und jene Gesinnung, welche die Erkenntnis verklärt, ist für alle Zeiten geblieben."[18] Herbert Schnädelbach hat diesbezüglich also durchaus Recht, wenn er „Weltanschauung" als „Ästhetisierung der Philosophie" definiert.[19] In diesem Sinne besteht für Trendelenburg „die Grösse des menschlichen Geistes ... im Ebenmass des Empfangens und Bildens."[20] Und auf diese Weise versucht er „jene[n] ursprünglichen Widerspruch" zu beheben, „den zwar der trennende und zusammensetzende Verstand herausklügelt [sic!], aber die erzeugende Anschauung mit der Macht ihrer Selbstgewissheit nicht kennt."[21] – Ich habe die *Logischen Untersuchungen* deshalb ausführlicher zitiert, weil sie zum einen die Transformation vom Systemdenken zum Weltanschauungsdenken[22] protokollieren. Zwar wird der Anspruch, Totalität zu *begreifen,* aufgegeben, aber nicht die Sicht auf das Ganze: „Wir bekennen, daß, was wir Menschen System nennen, nur aus einem Stücklein der Welt stammt und nur auf der Erde ... gedacht ist; aber wir fühlen, daß sich schon in aller Notwendigkeit ein Zug kund giebt, der mächtiger ist als der Mensch und über den Menschen, den allenthalben bedingten, hinausweist. Schon in dem Gedanken der Welt überfliegen wir den Kreis der Erfahrung. Denn wohin wir blicken, da ist Stückwerk. Aber durch den Zug des Geistes getrieben, ergreifen wir das Ganze."[23] – Zum anderen stellen die *Logischen Untersuchungen* eine wichtige Quelle für die „wissenschaftliche Weltanschauung" des Marxismus-Leninismus dar. Es „erhellt",

---

[14] Trendelenburg, a.a.O. p. 68.
[15] A.a.O. p. 75.
[16] A.a.O. pp. 78 u. 79.
[17] A.a.O. p. 109.
[18] A.a.O. p. 110.
[19] Herbert Schnädelbach, *Philosophie in Deutschland 1831 - 1933*. Frankfurt 1983, p. 122.
[20] Trendelenburg, a.a.O. p. 135.
[21] A.a.O. p. 227.
[22] Vgl. Klaus Christian Köhnke, *Enstehung und Aufstieg des Neukantianismus. Die deutsche Universitätsphilosophie zwischen Idealismus und Positivismus*. Frankfurt 1986, p. 57.
[23] F. A. Trendelenburg, *Logische Untersuchungen*, Bd. II. Leipzig ²1862, p. 417.

schreibt Trendelenburg an einer diesbezüglich aufschlußreichen Stelle, „dass die Materie der inneren Möglichkeit nach nur durch die Bewegung denkbar ist ... Durch eine solche Ansicht wurde die Materie, die todte, lebendig, und das Starre offenbarte den Kampf [sic!] entgegengesetzter Bewegung. Der Verstand, sonst nur allzu oft bindend und tödtend [sic!], gab hier mit seinen Schlüssen das anscheinend Gebundene und Bewegungslose der freien Anschauung zurück."[24] Zuvor hatte Trendelenburg nämlich – wie später Engels – seine „Grundfrage" der Philosophie gestellt: „Wie kommt das Denken zum Sein? Wie tritt das Sein in das Denken?"[25] Die Antwort lautet: durch „Bewegung": „Beobachten wir ... die innere Bewegung der Vorstellung. Sie dehnt den Punkt zur Linie und erweitert die Linie zur Fläche und lässt die Fläche aus sich herausheben, bis sie durch ihren Weg den Körper abschliesst ... Die ganze Geometrie, die ganze äussere Welt entsteht uns innerlich durch die schaffende Bewegung."[26]

Bevor ich nun zu dem „missing link" zwischen Trendelenburg und dem „Dialektischen Materialismus" (= „wissenschaftliche Weltanschauung" des *DIAMAT*), Eugen Dühring, komme, ist noch auf eine bedeutsame Festsetzung Trendelenburgs aufmerksam zu machen. Wie nach ihm Cohen sprichwörtlich, schreibt Trendelenburg: „Die Tatsache der Wissenschaften ist die Basis des logischen Problems ... Die Wissenschaften stellen der Skepsis ein Factum entgegen."[27] Entsprechend diesem „Factum der Wissenschaften" ist schon der Titel des Dühringschen Buches bezeichnend: *Cursus der Philosophie als streng wissenschaftlicher Weltanschauung und Lebensgestaltung* (1875). Dühring stellt Philosophie unter die „Doppelaufgabe" von Wissenschaft und Weltanschauung, betont aber die Einheit beider: „Als Wissenschaft und als Gesinnung, als Weltanschauung und als Lebensgestaltung, als zurückgezogene Speculation und als praktisch eingreifende Macht kann die Philosophie doch immer nur von einheitlichem Wesen sein, wie es die Welt und das Denken, das Leben und der Mensch, die Thatsachen und die Ideen selber sind."[28] Gleichwohl liegt der Akzent deutlich auf „Gesinnung", die Dühring „als den Hauptfactor lebendiger Philosophie" fordert.[29] Was die „Religionsschöpfungen" nicht hätten leisten können, nämlich „für die Menschen ein befriedigendes Band und eine Quelle des Heils zu sein", solle nun eine „wissenschaftliche Weltanschauung" leisten: „Bei dieser grossen Aufgabe handelt es sich nicht darum, das natürliche Gemüth ... zu Gunsten einer einseitigen Verstandescultur herabzusetzen, sondern im Gegenteil darum, diese naturwüchsigen Ausstattungen unseres Wesens durch den Verstand völlig freizumachen und in solchen Richtungen wirken zu lassen, wo sie sich mit der geringsten gegenseitigen Störung auszuleben vermö-

---

[24] A.a.O. p. 255. Vgl. K. Marx - F. Engels Werke (MEW), Bd. 20, p. 55.
[25] Trendelenburg, *Logische Untersuchungen*, Bd. I. Leipzig ³1870, p. 135.
[26] Trendelenburg, a.a.O. p. 149.
[27] Trendelenburg, a.a.O. p. 130f.
[28] Eugen Dühring, *Cursus der Philosophie als streng wissenschaftlicher Weltanschauung und Lebensgestaltung*. Leipzig 1875, p. 3.
[29] Dühring, a.a.O. p. 4.

gen."[30] Dührings erklärte Absicht ist, so kann man zusammenfassend sagen, das traditionelle Projekt der Philosophie durch ein System zu ersetzen, das er „Wirklichkeitsphilosophie" nennt: „Die Wirklichkeit wird von ihm in einer Weise gedachte, die jede Anwandlung zu einer traumhaften und subjektivistisch beschränkten Weltvorstellung ausschliesst."[31] In einer Husserl vorwegnehmenden Formulierung heißt es sogar: „Die Wirklichkeitsphilosophie befasst sich überall sofort mit den Dingen selbst."[32] Allerdings fällt mit dem Gegner Metaphysik und ihren „begrifflichen Erdichtungen"[33] im Grunde auch die Unterscheidung von Verstand und Vernunft als dem eigentlichen Vermögen des Unsinnlichen. Ich möchte diese Konsequenz, die sich aus einer Ersetzung von Philosophie durch „Weltanschauung" ergibt – und sei es nur, wie bei Dühring, als der Endpunkt einer „Wirklichkeitsphilosophie" – nur an einem Beispiel zeigen, das allerdings von erheblicher Tragweite ist. Es handelt sich um Dührings heftige Kritik an dem sogenannten „Jargon der Unendlichkeit", sprich: nicht-euklidischen Geometrie.[34] „Die neuen Welten", schreibt Dühring, „die sich hier eröffnen, sind so eminent der unsrigen überlegen ..., daß in ihnen das, was bei uns Logik heißt, zur Absurdität wird, und umgekehrt, daß die Absurdität bei uns dort die eigentlich logische Consequenz vetrtritt. Demgemäß mag denn auch diejenige Geometrie ... ganz wohl als räumliche Absurditätenlehre bezeichnet werden." „Die irdische Mathematik aber", so setzt Dühring dagegen, „die auch zugleich des Himmels im Sinne des Kosmos ist, – diese kosmische Mathematik, die für jedes denkende Wesen anderer Weltkörper in gleichen Grundlagen gelten muß, ... diese einfache, in ihren Begriffen natürliche und widerspruchslose Mathematik wird in ihrer Bescheidenheit nur alles das in Anspruch nehmen, was logisch und ohne Selbstverstümmelung des Verstandes als seiend irgend vorausgesetzt werden kann. Sie wird sich darauf beschränken, das All zu umfassen, und nicht zu dem All, welches ihr wirklich Alles ist, noch einiges Andere an Absurditäten zu behandeln haben."[35]

Friedrich Engels hat bekanntlich die Schriften Dührings einer vernichtenden Kritik unterzogen; und es ist eine Ironie der Geistesgeschichte, daß Dührings Philosophie eigentlich nur in der Gestalt ihrer Abfertigung durch Engels überlebt hat. Das berühmt-berüchtigte Projekt einer „wissenschaftlichen Weltanschauung" des

---

[30] A.a.O. p. 5f.
[31] A.a.O. p. 13.
[32] A.a.O. p. 544.
[33] A.a.O. p. 12.
[34] Vgl. Dühring, a.a.O. pp. 67ff.
[35] E. Dühring, *Logik und Wissenschaftstheorie*. Leipzig 1878 (IV. Abschn. Cap. I. § 14). Zitiert nach: Imre Tóth, *Die nicht-euklidische Geometrie in der Phänomenologie des Geistes*. Wissenschaftstheoretische Betrachtungen zur Entwicklungsgeschichte der Mathematik. In: FS Julius Schaaf. Frankfurt 1974, XX/p. 66. Tóth weist darauf hin (a.a.O.), daß Dührings Stimme um die Jahrhundertwende durchaus Gewicht hatte. Es ist nach wie vor ein Desiderat der Forschung, die Kritik an der nicht-euklidischen Geometrie im Zusammenhang mit der Kritik an der Einsteinschen Relativitätstheorie durch die deutsche Philosophie darzustellen.

Marxismus-Leninismus verdankt nämlich neben Trendelenburg auch Eugen Dühring nicht wenige Denkmotive. Die entscheidende Stelle bei Engels im *Anti-Dühring* lautet: „In der weiteren Entwicklung der Philosophie wurde auch der Idealismus unhaltbar und negiert durch den modernen Materialismus. Dieser ... ist nicht die bloße Wiedereinsetzung des alten ... Es ist überhaupt keine Philosophie mehr, sondern eine einfache Weltanschauung, die sich nicht in einer aparten Wissenschaftswissenschaft, sondern in den wirklichen Wissenschaften zu bewähren und zu betätigen hat. Die Philosophie ist hier also ‚aufgehoben', das heißt ‚sowohl überwunden als aufbewahrt'".[36] Es ist bemerkenswert, daß das Kompositum „wissenschaftliche Weltanschauung" dann später nicht durch Lenin, sondern vielmehr durch Stalin festgeschrieben wurde: „Der dialektische Materialismus ist die Weltanschauung der marxistisch-leninistischen Partei ... Der historische Materialismus ist die Ausdehnung der Leitsätze des dialektischen Materialismus auf die Erforschung des gesellschaftlichen Lebens ... Also kann die Wissenschaft von der Geschichte der Gesellschaft ... zu einer genau so exakten Wissenschaft werden, wie, sagen wir, die Biologie."[37]

Mit dem Zusammenbruch des Kommunismus ist das Projekt einer „wissenschaftlichen Weltanschauung" wohl endgültig historisch geworden. Welches sind aber die *philosophischen* Gründe dafür, daß „Weltanschauung" als Ersatz für Philosophie nicht haltbar ist? Dies scheint mir gegenüber einer Darstellung der historisch-faktischen Diskreditierung von „Weltanschauung" durch den Nationalsozialismus die wichtigere Frage. Bevor ich zu meinem zweiten Punkt komme – der Auseinandersetzung zwischen „Philosophie" und „Weltanschauung" –, noch einige kurze Bemerkungen zu Richard Avenarius. Richard Avenarius hat mit seinem Begriff der „natürlichen Weltauffassung" – abgesehen von seinem Einfluß auf Husserl – das vorweggenommen, was Heidegger später in seiner „Umweltanalyse" thematisiert: nämlich daß der *methodische Ausgangspunkt* für die Philosophie die „Umwelt" ist: „Ich mit all meinen Gedanken und Gefühlen fand mich inmitten einer Umgebung."[38] Es geht also nicht mehr um eine Welt als „Gegenüber", sondern um eine Welt, in der sich das Individuum je schon vorfindet. Das Individuum bezieht sich also – um es mit einem Wort Sartres auszudrücken – auf eine „bezogene Welt". „Nicht mit der Welt", schreibt Avenarius, „sofern sie ... als ein Einzelding gedacht wird; sondern mit der Welt, sofern sie der Inhalt eines allgemeinen Begriffs zu sein scheint – nicht auf die Lösung des ‚Weltproblems', sondern auf die Lösung des ‚Welträtsels' wird sich unsere Betrachtung beziehen."[39] Gleichwohl geht es auch Avenarius um eine „Entwickelung des natürlichen Welt-

---

[36] K. Marx - F. Engels Werke (MEW), Bd. 20, p. 129.
[37] Stalin, *Über dialektischen und historischen Materialismus*. Zit. nach: H. J. Sandkühler, *Europäische Enzyklopädie zu Philosophie und Wissenschaften*, Bd. 4. Hamburg 1990, p. 793. Vgl. ebd. den Artikel „Weltanschauung / Weltbild".
[38] Richard Avenarius, *Der menschliche Weltbegriff*. Leipzig ³1912, p. 4.
[39] Avenarius, a. a. O. p. 3.

begriffs zur wissenschaftlich-philosophischen Weltanschauung."[40] Aber der Standpunkt der „natürlichen Weltauffassung" soll nicht einfach verlassen, sondern aufgehoben werden. Und was Avenarius in diesem Zusammenhang festhält, wird uns bei Heidegger noch beschäftigen: „Auch die kritisch-analytische Gewinnung des *natürlichen* Weltbegriffs erschöpft durchaus noch nicht den Inhalt der *wissenschaftlichen Philosophie*. Wie der Begriff des ‚Lebens' noch nicht die ganze Lebensanschauung ausmacht, so ist auch der *Weltbegriff* noch nicht die volle *Weltanschauung*. Wie aber der kritische Begriff des Lebens allein der Lebensanschauung zugrunde liegen sollte, so hat der natürliche Weltbegriff der Kernpunkt einer haltbaren Weltanschauung zu sein."[41]

## II.

Für Husserls Auseinandersetzung mit „Weltanschauung" ist sein Aufsatz *Philosophie als strenge Wissenschaft* (1911) zentral, wo er „Historizismus und Weltanschauungsphilosophie" mit seinem Begriff von „Philosophie als strenger Wissenschaft" konfrontiert. Es kann gar kein Zweifel bestehen, daß sein Urteil zugunsten der letzteren ausfällt. Zunächst aber geht es ihm darum, „Sinn und Recht der Weltanschauungsphilosophie zu erwägen"[42]. „Jede große Philosophie", schreibt Husserl, „hat ... in der Entwicklung des Geisteslebens der Menschheit eine große, ja einzigartige teleologische Funktion, nämlich als höchste Steigerung der Lebenserfahrung, der Bildung, der Weisheit ihrer Zeit."[43] „Es erwächst", so fährt er fort, „*eine Weltanschauungsphilosophie*, die in den großen Systemen die relativ vollkommene Antwort auf die Rätsel des Lebens und der Welt gibt, nämlich auf die bestmögliche Weise die theoretischen, axiologischen, praktischen Unstimmigkeiten des Lebens, die Erfahrung, Weisheit, bloße Welt- und Lebensanschauung nur unvollkommen überwinden können, zur Auflösung und befriedigenden Klärung bringt."[44] Husserl anerkennt in der „Weltanschauungsphilosophie" durchaus eine „höchst bedeutsame Bildungsmacht", einen „Ausstrahlungspunkt wertvollster Bildungsenergien".[45] Aber er gibt zu bedenken, daß „für das neuzeitliche Bewußtsein sich die Ideen Bildung oder Weltanschauung und Wissenschaft – als praktische Idee verstanden – scharf getrennt" hätten „für alle Ewigkeit".[46] Denn die „‚Idee' der Weltanschauung ist ... für jede Zeit eine andere ... Die ‚Idee' der Wissenschaft hingegen ist eine überzeitliche."[47] „Es treten also", faßt Husserl zusammen,

---

[40] Avenarius, a. a. O. p. 274.
[41] A. a. O. p. 272 f.
[42] *Philosophie als strenge Wissenschaft* (Hua 25), p. 47.
[43] Hua 25, p. 48.
[44] Hua 25, p. 50.
[45] Hua 25, p. 51.
[46] Hua 25, p. 51.
[47] Hua 25, p. 52.

„scharf auseinander: Weltanschauungphilosophie und wissenschaftliche Philosophie als zwei in gewisser Weise aufeinander bezogene, aber nicht zu vermengende Ideen."[48] Husserl sieht durchaus „die geistige Not" seiner Zeit[49], er sieht – wie übrigens auch Wittgenstein –, daß „die Naturwissenschaften uns die aktuelle Wirklichkeit, die Wirklichkeit, in der wir leben, weben und sind, nicht enträtselt [haben]".[50] Aber es gibt für ihn „nur *ein* Heilmittel: wissenschaftliche Kritik und dazu eine radikale"[51]; eine Kritik, die „um der Zeit willen ... die Ewigkeit nicht preisgeben" dürfe.[52] Und deshalb lehnt Husserl jede „Vermittlung" zwischen Wissenschaft (Philosophie) und Weltanschauung ab.[53]

Heideggers Auseinandersetzung mit dem Begriff „Weltanschauung" ist in der Literatur bislang merkwürdigerweise so gut wie unbeachtet geblieben. Schon in einer seiner frühesten Arbeiten befaßt sich Heidegger[54] mit dem „Weltanschauungsproblem": „Die Philosophie, in Wahrheit ein Spiegel des Ewigen, reflektiert heute vielfach nur mehr subjektive Meinungen, persönliche Stimmungen und Wünsche. Der Antiintellektualismus lässt auch die Philosophie zum ‚Erlebnis' werden; man geriert sich als Impressionisten, klammert sich an ‚Augenblickswerte', schliesst im dunklen Drange als ‚Eklektiker' die einander widersprechendsten Gedanken in eine Weltanschauung zusammen, das System ist fertig. Gewiss, es ist System darin, wie sie heute ‚Weltanschauungen machen'. Eine strenge, eisig kalte Logik widerstrebt der fein*fühligen* modernen Seele. Das ‚Denken' kann sich nicht mehr einzwängen lassen in die unverrückbaren ewigen Schranken der logischen Grundsätze. Da haben wir's schon. Zum streng logischen Denken, das sich gegen jeden affektiven Einfluss des Gemütes hermetisch abschliesst, zu jeder *wahrhaft* voraussetzungslosen wissenschaftlichen Arbeit gehört ein gewisser Fond ethischer Kraft, die Kunst der Selbsterraffung und Selbstentäusserung. Es ist ja schon eine banale Sache: Heute wird die Weltanschauung nach dem ‚Leben' zugeschnitten, statt umgekehrt. Und bei diesem Hin- und Herflattern", so zieht nun Heidegger sein Fazit und findet damit zugleich den ursprünglichen Einsprung in seine philosophische Grundfrage, die sich bekanntlich die Option auf abschließende Antworten stets *offengehalten* hat, „bei dem allmählich zum Sport gewordenen Feinschmeckertum in philosophischen Fragen bricht doch bei vieler Bewusstheit und Selbstgefälligkeit unbewusst das Verlangen hervor nach abgeschlossenen, abschliessenden Antworten auf die Endfragen des Seins, die zuweilen so jäh auf-

---

[48] Hua 25, p. 52.
[49] Hua 25, p. 56.
[50] Hua 25, p. 55. Vgl. Wittgenstein, *Tractatus*, n. 6.52: „Wir fühlen, daß selbst, wenn alle *möglichen* wissenschaftlichen Fragen beantwortet sind, unsere Lebensprobleme noch gar nicht berührt sind."
[51] Hua 25, p. 57.
[52] Hua 25, p. 57.
[53] Hua 25, p. 58.
[54] *Zur philosophischen Orientierung für Akademiker.* In: Der Akademiker, Nr. 5 (März 1911), p. 66.

blitzen, und die dann manchen Tag ungelöst wie Bleilast auf der gequälten, ziel- und wegarmen Seele liegen." – Auch in seiner *Duns Scotus*-Arbeit findet sich zu diesem Thema eine aufschlußreiche Stelle: „Besinnt man sich auf das tiefere, weltanschauliche Wesen der Philosophie, dann muß auch die Auffassung der christlichen Philosophie des Mittelalters als im Gegensatz zur gleichzeitigen *Mystik* stehender Scholastik als prinzipiell verfehlt herausgestellt werden. Scholastik und Mystik gehören für die mittelalterliche Weltanschauung wesentlich zusammen. Die beiden ‚Gegensatz'-paare: Rationalismus-Irrationalismus und Scholastik-Mystik *decken sich nicht.* Und wo ihre Gleichsetzung versucht wird, beruht sie auf einer extremen Rationalisierung der Philosophie. Philosophie als vom Leben abgelöstes, rationalistisches Gebilde ist *machtlos,* Mystik als irrationalistisches Erleben ist *ziellos.*"[55] Weder ist hier eine eindeutige Vermittlung, noch eine eindeutige Trennung zwischen Philosophie und Weltanschauung zu erkennen. Doch ist zu bedenken, daß Heidegger hier bereits seinen methodischen Ausgangspunkt für die Philosophie gefunden hat: „Methodisch ist das zuerst und unmittelbar Gegebene die sinnliche Welt, die ‚Umwelt'".[56] Bevor ich Heideggers weitere Auseinandersetzung mit dem Begriff „Weltanschauung" verfolge, gehe ich kurz auf Karl Jaspers' *Psychologie der Weltanschauungen* (1919) ein, die für Heideggers weiteren Denkweg bekanntlich von eminenter Bedeutung ist.

Ich kann hier nicht auf die zahllosen Anregungen eingehen, die Heidegger durch dieses Werk erhielt. Ich will nur an zwei Zitaten verdeutlichen, wo der „Gegner" (bzw. Gesprächspartner) zu suchen ist, wenn Heidegger „Weltanschauung" kritisch analysiert. Jaspers schreibt einleitend: „Es ist philosophische Aufgabe gewesen, eine Weltanschauung zugleich als wissenschaftliche Erkenntnis und als Lebenslehre zu entwickeln. Die rationale Einsicht sollte der Halt sein. Statt dessen wird in diesem Buch der Versuch gemacht, nur zu verstehen, welche letzten Positionen die Seele einnimmt, welche Kräfte sie bewegen. Die faktische Weltanschauung dagegen bleibt Sache des Lebens."[57] Und in der Einleitung heißt es: „Die Philosophie war von jeher mehr als nur universale Betrachtung, sie gab Impulse, stellte Werttafeln auf, gab dem Menschenleben Sinn und Ziel, gab ihm die Welt, in der er sich geborgen fühlte, gab ihm mit einem Wort: Weltanschauung. Die universale Betrachtung ist noch keine Weltanschauung, dazu müssen die Impulse kommen, die den Menschen in seiner Totalität treffen und von seiner Totalität ausgehen. Philosophen waren nicht nur ruhige, unverantwortliche Betrachter, sondern Beweger und Gestalter der Welt. Diese Philosophie nennen wir *prophetische Philosophie.* Sie steht der universalen Betrachtung dadurch als wesensverschieden gegenüber, daß sie Weltanschauung *gibt,* daß sie Sinn und Bedeutung zeigt, daß sie Werttafeln als Normen, als geltend aufstellt. Nur dieser

---

[55] Heidegger, *Die Kategorienlehre des Duns Scotus.* In: Frühe Schriften. Frankfurt 1972, p. 352.
[56] Heidegger, a. a. O. p. 155.
[57] Jaspers, *Psychologie der Weltanschauungen.* München/Zürich 1985, p. VII.

Philosophie gebührte der Name Philosophie, wenn der Name den edlen, mächtigen Klang behalten soll."[58] – Soweit Jaspers.

Heideggers Vorlesung vom KNS 1919 ist ausdrücklich der *Idee der Philosophie* und dem *Weltanschauungsproblem* gewidmet. Jeder Mensch, so beginnt Heidegger, habe seine „Weltanschauung". Aber erst „das Bestreben auf eine höherstufige, in eigenem und selbständigem, von religiösen und sonstigen Dogmen freiem Denken auszubildende Weltanschauung" sei „Philosophie".[59] Und „jede große Philosophie vollendet sich in einer Weltanschauung – jede Philosophie ist, wo sie ihrer innersten Tendenz gemäß zur ungehemmten Auswirkung kommt, Metaphysik."[60] Nun stellt Heidegger zwei Auffassungen nebeneinander: „Weltanschauung als Grenze der wissenschaftlichen Philosophie, oder: die wissenschaftliche Philosophie, d.h. kritische Wertwissenschaft, als notwendiges Fundament einer kritischen, wissenschaftlichen Weltanschauung. Durch den *Vergleich* beider Auffassungen des Themas", so resümiert Heidegger, „und durch die Betrachtung seiner historischen Ausprägungen in der Geschichte ist die Einsicht zu gewinnen, daß das Weltanschauungproblem irgendwie im Zusammenhang steht mit der Philosophie: *Einmal* ist die Weltanschauung als die *immanente Aufgabe* der Philosophie bestimmt, d.h. Philosophie ist letztlich *identisch* mit Weltanschauungslehre; *zum anderen* ist die Weltanschauung die *Grenze* der Philosophie. Philosophie als kritische Wissenschaft ist nicht identisch mit Weltanschauungslehre."[61] In einem dritten Schritt verschärft Heidegger den Gedankengang zur „Paradoxie des Weltanschauungsproblems" und zur These von der „Unvereinbarkeit von Philosophie und Weltanschauung". „Der Ausdruck ‚Weltanschauungsproblem' erhält jetzt eine neue Bedeutung. Soll erwiesen werden, daß die Ausbildung einer Weltanschauung in keiner Weise, auch nicht als Grenzaufgabe, zur Philosophie gehört, daß sie selbst ein philosophiefremdes Phänomen darstellt, dann schließt solcher Nachweis ein das Aufzeigen der völligen Andersartigkeit der ‚Weltanschauung', d.h. *Weltanschauung überhaupt und als solche* – nicht diese oder jene bestimmte, nicht die Ausbildung einer solchen: *Das Wesen der Weltanschauung wird Problem,* und zwar in der Richtung seiner Deutung aus einem übergreifenden Sinnzusammenhang."[62] Für Heidegger geht es also nicht um einen Abschluß des Problems, um eine Beruhigung in einer bestimmten „Weltanschauung", sondern vielmehr um das In-der-Bewegung-halten des Problems, kurz: um die „Beunruhigung des Daseins"[63]. In der Vorlesung *Phänomenologie der Anschauung und des Ausdrucks (Theorie der philosophischen Begriffsbildung)* (SS 1920) führt er aus: „Sofern es

---

[58] Jaspers, a.a.O., p. 2.
[59] Heidegger, *Die Idee der Philosophie und das Weltanschauungsproblem* (GA 56/57), p. 7.
[60] GA 56/57, p. 8.
[61] GA 56/57, p. 10.
[62] GA 56/57, p. 12.
[63] Heidegger, *Phänomenologie der Anschauung und des Ausdrucks (Theorie der philosophischen Begriffsbildung)* (GA 59), p. 174.

... nicht vergessen bleibt, daß das ursprüngliche Motiv der Philosophie aus der Beunruhigung des eigenen Daseins entspringt, bleibt die Tendenz auf ‚Weltanschauung' lebendig. Die Wissenschaft aber ist eine theoretisch ausgeformte Einstellung; im wissenschaftlichen Erfassungsbezug spielt das selbstweltliche Dasein keine Rolle. Dahingegen: sofern Philosophie ihr eigenes ursprüngliches Motiv erhält in *eigenen* Begriffen, kann sie nicht Wissenschaft sein. Das Philosophieren liegt *vor* dem Umschlag in theoretische Einstellungen und *vor* der Ausformung philosophischer Erfahrung in die Aufgabe theoretischer Forschung. Die Philosophie aber hat ebenso wenig Weltanschauung zu geben, die man vorlegen, prüfen und annehmen kann. Sie ist nicht bestimmt, eine Zeit zu retten, zu führen, zu beglücken, Kultur zu fördern und zu steigern – dies ist eine der vorigen analoge Richtung in Verkümmerung. Alle Kulturphilosophie in diesem Sinn verdirbt das ursprüngliche Motiv der Philosophie."[64] Und schließlich heißt es in der Vorlesung *Die Grundbegriffe der Metaphysik* vom WS 1929/30: „Wenn aber die Philosophie überhaupt und von Grund aus *nicht* Wissenschaft ist, was soll sie dann, welches Recht hat sie dann noch im Kreise der Wissenschaften an der Universität? Wird dann nicht die Philosophie lediglich zur Verkündigung einer *Weltanschauung?* Und diese? Was bleibt sie anderes als die persönliche Überzeugung eines einzelnen Denkers in ein System gebracht, das für einige Zeit einige Anhänger zusammentreibt, die alsbald schon wieder ihr eigenes System bauen? ... Am Ende ist die Auslegung der Philosophie als Weltanschauungsverkündigung nur dieselbe Verlogenheit wie die Kennzeichnung derselben als Wissenschaft. Philosophie (Metaphysik) – weder Wissenschaft noch Weltanschauungsverkündigung."[65] Philosophie ist also für Heidegger gerade nicht ein „Mittel" auf dem Wege abschließender Resultate, sondern eine Weise des Offenhaltens ursprünglicher Fragen; seine Formel vom „Unsichermachen des Daseins" entspricht insofern genau dem „zeitaltertranszendierenden Standpunkt", auf den Fichte in seinen *Grundzügen des gegenwärtigen Zeitalters* abhebt (s.o.). „Nicht Lehre", so betont Heidegger 1929 in seiner Rede zum 70. Geburtstag Husserls[66], „ist dann Philosophie, nicht bloßes

---

[64] Heidegger, *Phänomenologie der Anschauung und des Ausdrucks (Theorie der philosophischen Begriffsbildung).* Freiburger Vorlesung SS 1920. Nachschrift Franz-Jos. Brecht. Transkr. F. Hogemann (Bochum), p. 77. Vgl. GA 59, p. 170.
[65] Heidegger, *Die Grundbegriffe der Metaphysik* (GA 29/30), p. 3.
[66] Heidegger, *Edmund Husserl zum siebenzigsten Geburtstag.* In: Akademische Mitteilungen. Organ für die gesamten Interessen der Studentenschaft an der Albert-Ludwigs-Universität in Freiburg i.Br., Vierte Folge, IX. Sem., Nr. 3 (14.5.1929), p. 47. Unverständlicherweise ist diese Rede – ein hochkonzentriertes Lehrstück Heideggerschen Denkens – bislang noch nie (!) in der Heideggerliteratur im Zusammenhang mit der Rektoratsrede interpretiert worden, geschweige, daß sie überhaupt erwähnt worden wäre (bisher nur in zwei Anmerkungen zum *Heidegger-Jaspers-Briefwechsel,* Frankfurt 1990, p. 250ff.). Immerhin finden sich hier (a.a.O. p. 46f.) Vorgriffe einschlägiger Motive: „Philosophie muß die wirkliche Weckung der Freiheit zur letzten Besinnung auf die innere Notwendigkeit werden, vor die jedes menschliche Dasein gebracht ist. Diese Freiheit kann *nicht* das *Ergebnis* der wissenschaftlichen Bildung sein, sondern ist die *Voraussetzung* für ihre mögli-

Schema der Weltorientierung, überhaupt nicht Mittel und Werk des menschlichen Daseins, sondern *dieses selbst,* sofern es in Freiheit aus seinem Grunde geschieht. Wer sich in forschender Arbeit bis zu diesem Selbstverständnis der Philosophie gebracht hat, dem fällt die Grunderfahrung alles Philosophierens zu: je weiter und ursprünglicher sich das Forschen ins Werk setzt, um so sicherer ist es ‚nur' die *Verwandlung* derselben wenigen und einfachen Fragen."

Noch einmal kommt Heidegger auf das Problem der „Weltanschauung" – nun einschlägig zum Thema „Philosophie und Nationalsozialismus" – zurück in seinen Notizen zu dem von ihm im Wintersemester 1937/38 für Dozenten der mathematisch-naturwissenschaftlichen und der medizinischen Fakultät der Universität Freiburg privatissime gehaltenen Arbeitskreis *Die Bedrohung der Wissenschaft*[67]. Die Akzente haben sich verlagert, aber die Fragen vom Kriegsnotsemester 1919 (s. o.) bleiben: „1. Die Wissenschaft gilt an sich, wohl ist eine Weltanschauung dahinter. 2. Die Weltanschauung ist Grund der Wissenschaft und die Wissenschaft gilt nur für die Weltanschauung. Beide Stellungen verworren und in beiden weder Wissenschaft noch Weltanschauung *klar* in sich noch in ihren *Beziehungen.* – Denn vielleicht schon dieses zu sehen, verlangt einen *höheren Standort.* ... ‚Wissenschaft und Weltanschauung': Was ist gefragt? Und wie vorgehen? Wozu? Soll ‚die' nationalsozialistische Weltanschauung auf ‚die' Wissenschaft angewendet werden? Oder soll Weltanschauung selbst so ursprünglich begriffen werden, daß daraus das

---

che Aneignung. Daß dieser Geist der inneren Freiheit der Universität erhalten und in ihr stark werde, muß das schweigende Gelöbnis eines jeden werden, der Recht und Sinn einer solchen Feier begriffen hat. ... Was aber Ihre Führerschaft zu dem werden ließ, was sie ist, das liegt in einem anderen beschlossen: der Gehalt und die Art Ihres Fragens zwingen unmittelbar zur letzten Auseinandersetzung und fordern jederzeit die Bereitschaft der Umkehr oder Abkehr. Keiner von uns ist freilich dessen gewiß, ob es ihm beschieden wurde, den Weg dahin zu finden, wohin ihn das Vorbild Ihrer Arbeit – unauffällig genug – ständig zu lenken suchte: in die Gelassenheit, reif zu werden für die Probleme. Und so sind auch die Arbeiten, die wir Ihnen überreichen, nur eine Bezeugung dessen, daß wir Ihrer Führerschaft folgen wollten, nicht ein Beweis dafür, daß die Gefolgschaft gelungen. Aber eines verwahren wir als bleibenden Besitz: Sie haben, hochverehrter Lehrer, jeden, der in Ihrer Führung mitgehen wollte, vor die Wahl gestellt, pro als Verwalter wesentlicher Dinge zu werden oder aber diesen entgegenzuhandeln. ... Wer verwandeln will, muß die Kraft der bewahrenden Treue in sich tragen. Keiner aber wird diese Kraft in sich steigen fühlen, der nicht bewundert. Keiner wird bewundern können, der nicht an die äußersten Grenzen des Möglichen gewandert. Nie aber wird einer zum Freund des Möglichen werden, der nicht offen bleibt für die Zwiesprache mit den wirkenden Kräften des ganzen Daseins. Das aber ist die Haltung des Philosophen: das Hineinhören in den Vorgesang, der in allem wesentlichen Weltgeschehen vernehmbar wird. ... Plato wußte darum und hat in seinem siebenten Brief davon Kunde gegeben: [Ep. VII, 341c.] Sagbar freilich ist es in keiner Weise, wie anderes (in den Wissenschaften) Erlernbares, sondern es geschieht – auf Grund eines reichen miteinander existierenden Verweilens bei der Sache selbst – plötzlich in der Seele – gleich als wenn ein vom Feuer überspringender Funke ein Licht aufgehen läßt – um dort dann schon allein in sich zu wachsen."

[67] In: D. Papenfuss/O. Pöggeler (Hrsg.), *Zur philosophischen Aktualität Heideggers,* Bd. 1: Philosophie und Politik. Frankfurt 1991, pp. 15 ff.

Wesen der Wissenschaft sich verwandelt? Soll *aus dieser Besinnung* eine *Grundhaltung erweckt* und ausgestaltet werden in ihren Blickbahnen und Forderungen und Wegen, die das wirkliche *Lehren und Forschen* verwandelt? Wenn dieses, dann nur durch äußerste Ursprünglichkeit und Strenge. ‚Exakter' als jede Exaktheit der blinden Rechnung und der Wut des Erklärens. ... Was will man fragen, wenn man Weltanschauung im Sinne des 19. Jahrhunderts und Wissenschaft ebenso nimmt? Wissenschaft an sich – Weltanschauung: darüber und dahinter – psychoanalytisch oder rassisch, der Ungeklärtheit und der Art des Ansatzes nach dasselbe. Man gibt Weltanschauung zu, aber hält sie für die Wissenschaft an sich nicht wesentlich. Man predigt Weltanschauung in *diesem* Sinne und weiß mit der Wissenschaft nicht anzufangen. ... Dieses *Halbrichtige* wird nun gegeneinander gehalten und aneinander gerieben und dann soll womöglich die ‚Wahrheit' herauskommen. Gar kein Boden und keine Anstrengung. *Beides,* Weltanschauung und Wissenschaft, erst im Wesen zu prüfen und dann die *Frage.* ... Was wiegt jedes: Wissenschaft – Weltanschauung? Und mit welcher Waage soll gewogen werden? Weltanschauung – gesetzt, daß klar ist, was man meint – ist *Grund* der Wissenschaft, aber eben Grund, der trägt und umschließt. Aber wenn das, was getragen werden soll, *nichts ist* in sich, was soll dann der Grund denn tragen und wozu Grund sein? Die Wissenswahrheit wird ja getragen, damit sie selbst sei und [s]ie das Wahre leiste und in dieses hineinhebe, so daß eben dann nicht nur vom Grund als Ding gesprochen werden kann, weil er dann nicht Grund, sondern nur ein Festgestelltes und eine unfruchtbare Auskunft ist. ... ‚Weltanschauung' ist erst möglich, wo die Vernunftfreiheit und ihre Folge, der sogenannte ‚Liberalismus', ausgerufen sind. Eine Weltanschauung mag ihrem Lehrgehalt noch so antiliberal sein: sie bleibt als *Weltanschauung,* und sofern sie sich als solche begreift, Liberalismus, versteht sich im Grunde selbst nicht und kommt über eine Vorläufigkeit zum eigentlichen Metaphysischen niemals hinaus."

Diese Bemerkungen Heideggers gewinnen an Konturen, wenn man sie mit den entsprechenden Ausführungen in den *Beiträgen zur Philosophie,* an denen er bekanntlich zu dieser Zeit (1936 - 38) arbeitet, vergleicht.[68] Auch für Heideggers Suche nach einem „anderen Anfang" stellt „Weltanschauung" ein Leitmotiv dar; und bündiger könnte das Weltanschauungs-Theorem Fichtes (s. o.) kaum formuliert werden: „Weltanschauung ist immer ein Ende, meist ein langhingezogenes und als solches nicht gewußtes. Philosophie ist immer ein Anfang und fordert die Überwindung ihrer selbst. Weltanschauung muß sich neue Möglichkeiten versagen, um sie selbst zu bleiben. Philosophie kann langehin aussetzen und scheinbar verschwinden."[69] „Die Unterscheidung", kritisiert Heidegger, „von ‚wissenschaft-

---

[68] Heidegger, *Beiträge zur Philosophie (Vom Ereignis)* (GA 65). Ich beziehe mich auf den Abschnitt „Philosophie und Weltanschauung" (a. a. O. pp. 36 - 41), der offensichtlich eine Quelle des Vortrages von 1937 darstellt, da auch hier von der „liberalen" Weltanschauung (vgl. a. a. O. p. 38) die Rede ist.
[69] GA 65, p. 37.

licher Philosophie' und ‚Weltanschauungsphilosophie'" sei „der letzte Ausläufer der philosophischen Ratlosigkeit des 19. Jahrhunderts, in dessen Verlauf die ‚Wissenschaft' zu einer eigentümlichen technischen Kulturbedeutung kam und andererseits die ‚Weltanschauung' des Einzelnen als Ersatz des geschwundenen Bodens, unkräftig genug, noch ‚Werte' und ‚Ideale' zusammenhalten sollte."[70] Zwischen Philosophie und „Weltanschauung" sieht er vielmehr eine dimensionale „Unterschiedenheit": „‚Weltanschauung' ist ebenso wie die Herrschaft von ‚Weltbildern' ein Gewächs der Neuzeit, eine *Folge* der neuzeitlichen Metaphysik. Hierin liegt auch begründet, warum die ‚Weltanschauung' dann versucht, sich *über* die Philosophie zu setzen.[71] Denn mit dem Heraufkommen der ‚Weltanschauungen' schwindet die Möglichkeit eines Willens zur Philosophie bis zu dem Grade, daß sich die Weltanschauung schließlich der Philosophie erwehren muß. Dies gelingt ihr umso eher, je mehr inzwischen die Philosophie selbst absinken mußte und nur noch Gelehrsamkeit sein konnte. ... Philosophie und Weltanschauung sind so unvergleichbar, daß es für diese Unterschiedenheit kein mögliches Bild zur Versinnbildlichung gibt. Jedes Bild würde beide noch immer einander zu nahe bringen."[72] Und dies ist in der Tat die Spannung, in welcher sich Heideggers Reflexionen zum

---

[70] GA 65, p. 37. Heidegger bezieht sich hier wohl auf Rickert, der sich in seinem Aufsatz *Wissenschaftliche Philosophie und Weltanschauung* (in: Logos 22 [1933], pp. 37 - 57) und in seinem Buch über *Die Grundprobleme der Philosophie* (Tübingen 1934) einschlägig zur „Weltanschauungs"-Problematik geäußert und in diesem Sinne „zwei Arten von Philosophie" unterschieden hatte, „von denen die eine nach außerwissenschaftlicher Weltanschauung strebt, während die andere darauf ausgeht, zu sehen, wie weit wir mit dem rein theoretischen Denken, also mit der Wissenschaft, beim Erfassen des Weltganzen kommen" (Rickert, *Wissenschaftliche Philosophie und Weltanschauung*, a.a.O. p. 43). „Durch eine solche Trennung", schärft Rickert (ebenda) ein, „werden wir am sichersten jede Einseitigkeit, die unphilosophisch wäre, vermeiden." Heidegger wird in diesem Sinne der zu vermeidenden Einseitigkeit als „besonders eindrucksvolles" Beispiel für jene Philosophie herangezogen, „die nach Weltanschauung strebt" und deshalb „leicht einen antiwissenschaftlichen Charakter annimmt", wobei Rickert (a.a.O. p. 43) einen Satz aus *Was ist Metaphysik?* zitiert: „‚Die Philosophie kommt nur (!) in Gang durch einen eigentümlichen Einsatz der eigenen Existenz (!) in die Grundmöglichkeit des Daseins im Ganzen (!)'."

[71] Heidegger spricht in diesem Zusammenhang auch von „totaler Weltanschauung": „Daß die ‚Weltanschauung' gerade eigenste Sache des Einzelnen und seiner jeweiligen Lebenserfahrung und eigensten Meinungsbildung sein kann, daß im Gegenzug hiergegen die ‚Weltanschauung' als totale, jede Eigenmeinung auslöschende, auftreten kann, dies gehört in dasselbe Wesen der Weltanschauung überhaupt. So grenzenlos jene in ihrer Beliebigkeit, so starr ist diese in ihrer Endgültigkeit" (a.a.O. p. 39f.).

[72] A.a.O. p. 38f. Es versteht sich von hier aus, daß sich Heideggers Überlegungen auf einer anderen Ebene befinden als jene Aufsätze in Rosenbergs *Nationalsozialistischen Monatsheften,* die strategisch gegen Kriecks „totale Weltanschauung" vorgehen. So, wenn Alfred Klemmt unter dem Titel *Weltanschauung statt Philosophie?* feststellt: „Weltanschauung ist ohne Philosophie und Philosophie ohne Weltanschauung nicht denkbar: Philosophie ist in Wahrheit überhaupt gar nichts anderes als die exakte Form der Weltanschauung!" (NSMH, 1941, p. 1012); und wenn Heinrich Härtle in seinem Aufsatz *Weltanschauung und Wissenschaft* Philosophie „als wissenschaftlich formulierte und begrifflich systematisch ausgearbeitete Weltanschauung" definiert (NSMH, 1939, p. 775).

Verhältnis von Philosophie und „Weltanschauung" von Anfang an befinden: „Der ‚Weltanschauung' kann nur das Fragen und die Entschiedenheit zur Fragwürdigkeit entgegen gestellt werden. Jeder Versuch der Vermittelung – von welcher Seite er auch kommen mag – schwächt die Stellung und beseitigt die Bereichsmöglichkeit des echten Kampfes."[73]

### III.

Es scheint also nicht damit getan zu sein, in „Weltanschauung" *nur* ein Verfallsprodukt der „nach-hegelschen Identitätskrise" (Schnädelbach) zu sehen, man muß auch das *Problem,* das durch sie ausgedrückt wird, sehen, was bekanntlich gleichbedeutend damit ist, einen *Weg* zu suchen. Die „Weg"-Metapher, die Heidegger so teuer ist, scheint mir in der Tat geeignet, den sachlichen Hintergrund des Phänomens „Weltanschauung" weiter aufzuhellen; und natürlich der Begriff des „Lebens", der ja ebenso wie „Weltanschauung" ein Jahrhundertbegriff war. „Die letzte Wurzel der Weltanschauung ist das Leben", so lautet die berühmte Definition Diltheys.[74] Und das Programm des jungen Hegel heißt: „Durch Philosophie leben lernen"[75]; es ist das Programm einer „Mythologie der Vernunft", in der sich „Aufgeklärte und Unaufgeklärte die Hand reichen [müssen]" und „die Mythologie philosophisch werden ... und die Philosophie mythologisch werden [muß]".[76] Um welches „Leben" geht es aber? Um den faktischen Lebensvollzug, oder nicht vielmehr um die Auslegung eines immer schon *interpretierten* „Lebens" und die damit verbundene Entfremdung von der „naiven" Geborgenheit im Dasein?[77] Kurz: es geht – wie Heidegger sagt – nicht einfach um „Leben", sondern um Leben als „interpretiertes", also um Philosophie als *„ Vollzug und Begriff".*[78]

Friedrich Heinrich Jacobi hat einem ganzen Jahrhundert eine Aufgabe zugewiesen, als er schrieb: „Nach meinem Urtheil ist das größeste Verdienst des Forschers,

---

[73] A.a.O. p. 41.
[74] Dilthey, *Die Typen der Weltanschauung und ihre Ausbildung in den metaphysischen Systemen* (1911 in: Weltanschauung. Philosophie und Religion. Hrsg. Max Frischeisen-Köhler. Berlin 1911. – Husserl bezieht sich in *Philosophie als strenge Wissenschaft* ausdrücklich auf diesen Band). In: Gesammelte Schriften VIII, p. 78.
[75] Vgl. M. Baum/K. R. Meist, *Durch Philosophie leben lernen*. Hegels Konzeption der Philosophie nach den neu aufgefundenen Jenaer Manuskripten. In: Hegel-Studien 12 (1977), pp. 43 - 81.
[76] *Das „Älteste Systemprogramm des deutschen Idealismus"*. In: Mythologie der Vernunft. Hrsg. v. Ch. Jamme/H. Schneider. Frankfurt 1984, p. 13.
[77] Vgl. Bernhard Groethuysen, *Das Leben und die Weltanschauung*. In: M. Frischeisen-Köhler: Weltanschauung, a.a.O. p. 60: „Die Gewißheit, in der wir leben, hält nicht stand, wenn wir über das Leben selbst nachsinnen." Daraus folgt eine doppelte Entfremdung: „Ich lebe in einer Welt, die mir unbekannt ist, und ich selbst bin in ihr ein Fremder" (a.a.O. p. 61).
[78] Vgl. C. F. Gethmann, *Philosophie als Vollzug und Begriff*. Heideggers Identitätsphilosophie des Lebens in der Vorlesung vom Wintersemester 1921/22 und ihr Verhältnis zu Sein und Zeit. In: Dilthey-Jahrbuch 4 (1986/87), p. 40.

*Daseyn* zu enthüllen, und zu offenbaren ... Erklärung ist ihm Mittel, Weg zum Ziele, nächster – niemals letzter Zweck. Sein letzter Zweck ist, was sich nicht erklären läßt: das Unauflösliche, Unmittelbare, Einfache."[79] Von hier aus möchte ich die Aufmerksamkeit auf eine Stelle in Diltheys Abhandlung über *Das geschichtliche Bewußtsein und die Weltanschauungen* richten, an der sich eine *relationale* – und eben nicht „wesensmäßige" – Deutung von „Weltanschauung" zeigt. Dilthey schreibt nämlich: „Alles, was der Mensch an der Welt zu erblicken vermag, ist immer der Bezug seiner Lebendigkeit zu ihren Eigenschaften, welche er nicht zu ändern vermag. Durch das unabänderliche Grundgesetz seiner Lage ist er an diese Relationen gebunden. Was er als diese Welt anschaut, träumt oder denkt, ist immer diese Relation, nichts Anderes."[80] Die „Weltanschauung" hat also eine *symbolische Funktion*[81], und das ist entscheidend auch für das Verständnis von Heideggers Projekt einer „Hermeneutik der Faktizität". Philosophische Einsicht, so hatte schon Dilthey herausgearbeitet, sei nicht zu verstehen im Sinne überzeitlicher „Wesensanschauungen", sondern nur im unendlichen Prozedere der „Auslegung des Daseyns" (Jacobi): „Wohin wir blicken, arbeitet unser Bewußtsein, mit dem Leben fertig zu werden ... Nie werden wir mit dem fertig, was wir Zufall nennen."[82]

Es kommt also sehr darauf an, ob man die Frage nach dem Sinn, die mit „Weltanschauung" verbunden ist, als symbolische Form oder als „Wesensanschauung" interpretiert. Versteht man sie im Sinne der ersteren, so zeigt sich das, was Heidegger den „Sinn von Sein" nennt, in einem gänzlich neuen Licht. Und damit komme ich auf jenen Aspekt zurück, der bei Leibniz die Beziehung zwischen Totalität und Individualität ausdrückt: das „Perspektivische". In seiner Einleitung zum 3. Buch der *Logik* von Rudolf Hermann Lotze gibt Gottfried Gabriel eine diesbezüglich sehr erhellende Interpretation des „Sinn"-Begriffes bei Lotze und Gottlob Frege: „‚Sinn' meint eben den Weg, die Richtung der Erkenntnis einer Sache (vgl. ‚im Uhrzeigersinn')."[83] Frege schreibt: „Verschiedene Zeichen für dieselbe Sache sind unvermeidlich, weil man auf verschiedenen Wegen auf sie hingeführt werden kann und es dann erst festgestellt werden muss, dass man wirklich dasselbe erreicht hat."[84] Mag dies noch abstrakt klingen – aber die wahre Weltanschauung ist bildlos –, so schlägt Cassirer eine Brücke zwischen der Philosophie der „symbolischen

---

[79] F. H. Jacobi, *Über die Lehre des Spinoza in Briefen an den Herrn Moses Mendelssohn*. In: Die Hauptschriften zum Pantheismusstreit. Hrsg. H. Scholz. Berlin 1916, p. 90.
[80] Dilthey, Gesammelte Schriften VIII, p. 27.
[81] Vgl. F. Fellmann, *Symbolischer Pragmatismus. Hermeneutik nach Dilthey*. Reinbek bei Hamburg 1991, p. 187.
[82] Dilthey, Gesammelte Schriften VII, p. 74. Vgl. Fellmann, a.a.O., p. 188.
[83] Gottfried Gabriel, *Einleitung* in: Rudolf Hermann Lotze, Logik. Drittes Buch. Vom Erkennen. Hamburg 1989, p. XVI. Daß Heidegger „Sinn" exakt so verstanden hat, bezeugen Berichte seines Schülers H. Mörchen.
[84] G. Frege, *Über den Begriff der Zahl*. 1. Auseinandersetzung mit Biermann. In: Nachgelassene Schriften. Hamburg 1969, p. 95.

Formen" und dem Projekt einer „Auslegung des Daseins": „Wir sagten früher, daß der Begriff nicht sowohl ein gebahnter *Weg* ist, in dem das Denken fortschreitet, als vielmehr eine Methode, ein Verfahren der *Bahnung* selbst bildet ... In der Sprache der symbolischen Logik drückt sich dies darin aus, daß ... eine ... Satzfunktion zwar eine bestimmte Bedeutung [*intendiert*], aber sie noch nicht [*erfüllt*]: sie gibt keine feste und fertige Antwort, sondern stellt nur die Richtung der Frage fest."[85]

Wie anders als in der Sprache des „linguistic turn" ließe sich noch verstehen, daß der Mensch der Moderne mehrere „Weltanschauungen" – ohne daß diese sich bekämpfen müßten – gleichzeitig haben kann. „Ich sehe", schreibt Paul Valéry, „den ‚modernen Menschen' mit einer Idee von sich und der Welt einhergehen, die nicht länger eine bestimmte Idee ist –; er kann nicht mehr ohne eine Vielzahl von Ideen auskommen; ohne diese Vielfalt widerstreitender Sichtweisen könnte er schwerlich leben; es ist ihm unmöglich geworden, ein Mensch mit einem einzigen

---

[85] E. Cassirer, *Philosophie der symbolischen Formen.* Bd. III. Darmstadt 1977, p. 356 f. Die Nähe zu dem, was Heidegger (*Phänomenologische Interpretationen zu Aristoteles,* GA 61, p. 33; für den theologischen Hintergrund – „Gottes Geheimnisse verkosten, bevor sie geschaut werden" – vgl. Ch. v. Wolzogen, „*Vertauschte Fronten". Heidegger und Rosenzweig,* in: Zeitschrift für Religions- und Geistesgeschichte 46/2 [1994], p. 14 f.) „formale Anzeige" nennt, ist verblüffend: „Es liegt in der formalen Anzeige eine ganz bestimmte Bindung; es wird in ihr gesagt, daß ich an der und einer ganz bestimmten *Ansatzrichtung* stehe, daß es, soll es zum Eigentlichen kommen, nur den Weg gibt, das uneigentlich Angezeigte auszukosten und zu erfüllen, der Anzeige zu folgen. Ein Auskosten, aus ihm Herausheben: gerade ein solches, daß es, je mehr es zugreift, nicht umso weniger (abnehmend) gewinnt, sondern umgekehrt, je radikaler das Verstehen des Leeren als so formalen, desto reicher wird es, weil es so ist, daß es ins Konkrete führt." Gadamer (*Der eine Weg Martin Heideggers,* in: Jahresgabe der Martin-Heidegger-Gesellschaft 1986, p. 24) kommentiert diese Stelle so: „Es gilt, sich gegen die Tendenz zu wehren, etwas zum Dogma zu machen. Stattdessen heißt es versuchen, das, was einem im Zeigen gezeigt wird, nun selber in Worte zu fassen und zur Sprache zu bringen. Formale Anzeige gibt die Richtung an, in die man zu blicken hat. Was sich da zeigt, muß man zu sagen lernen, sagen mit eigenen Worten." Wer hier aber immer noch nicht das systematische Gemeinsame zwischen Cassirer und Heidegger bzw. Gadamer sieht, wer also in der Beschäftigung mit der Geschichte nicht mehr sieht als die „Abenteuer umherirrender Ritter" (Hegel) oder den weltanschaulichen Kampf zwischen den „Schulen", der sei schließlich auf die Wittgensteinsche Unterscheidung von „Sagen" und „Zeigen" verwiesen, die er (Schriften 3, Frankfurt 1980, p. 68 f.) in seinem berühmten Kommentar *Zu Heidegger* präzisiert hat: „Ich kann mir wohl denken, was Heidegger mit Sein und Angst meint. Der Mensch hat den Trieb, gegen die Grenzen der Sprache anzurennen. ... Dieses Anrennen gegen die Grenze der Sprache ist die *Ethik.* Ich halte es für sicher wichtig, daß man all dem Geschwätz über Ethik – ob es eine Erkenntnis gebe, ob es Werte gebe, ob sich das Gute definieren lasse etc. – ein Ende macht. In der Ethik macht man immer den Versuch, etwas zu sagen, was das Wesen der Sache nicht betrifft und nie betreffen kann. Es ist a priori gewiß: Was immer man für eine Definition des Guten geben mag – es ist immer nur ein Mißverständnis, das Eigentliche, was man in Wirklichkeit meint, entspreche sich im Ausdruck (Moore). Aber die Tendenz, das Anrennen, *deutet auf etwas hin.*"

Gesichtspunkt zu sein und *tatsächlich* einer einzigen Sprache, einer einzigen Nation, einer einzigen Konfession, einer einzigen Physik anzugehören."[86]

---

[86] Paul Valery, Cahiers/Hefte 2. Frankfurt 1992, p. 56.

## III. Essays in Interpretation

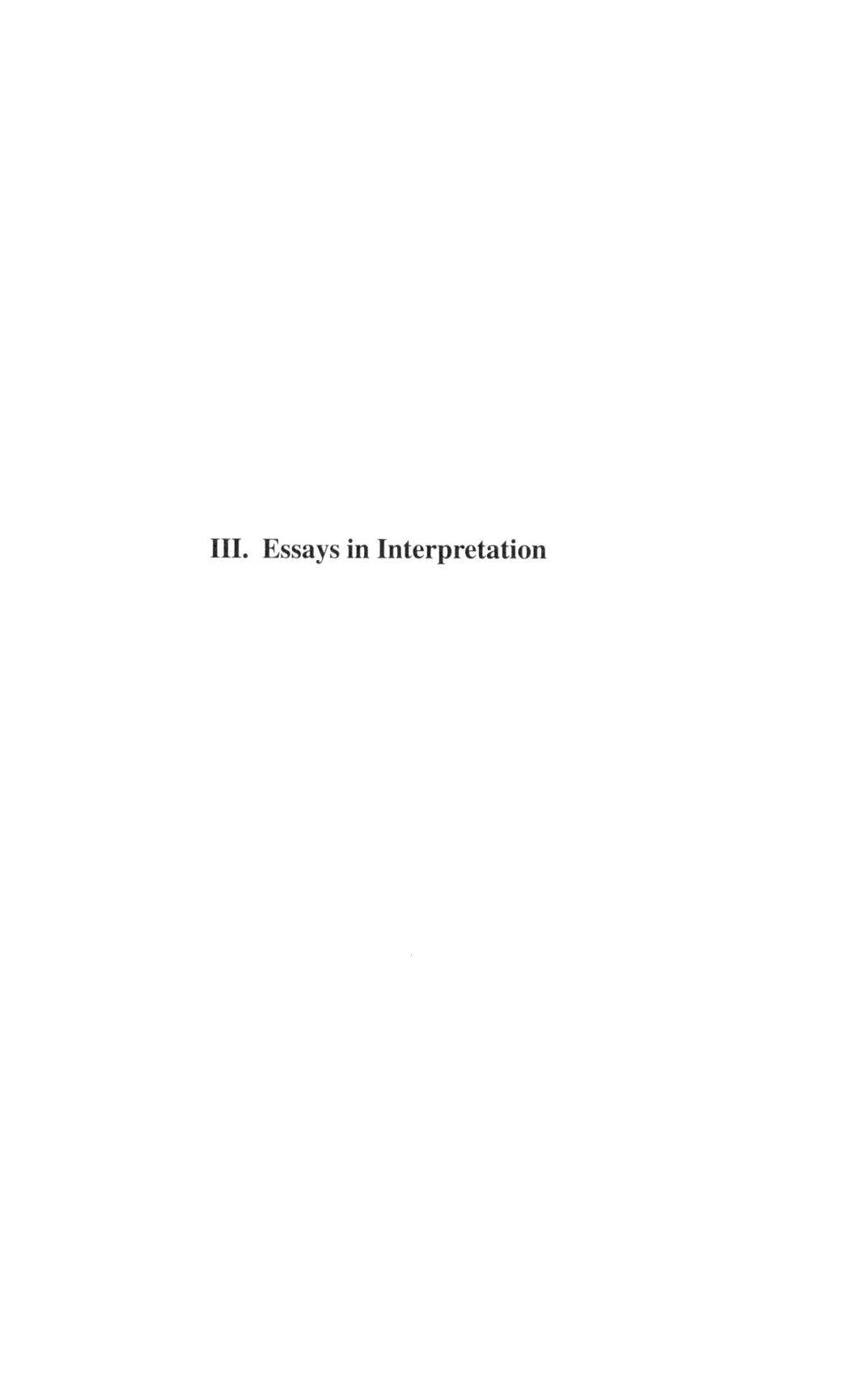

## *Heidegger: Édition Intégrale, tome 60*
## Phénoménologie de la vie religieuse

François Fédier

Le volume 60 s'intitule globalement *Phénoménologie de la vie religieuse*. Le phénomène visé est donc la "vie religieuse" – mais non entendue dans un sens général. Il s'agit en fait de *cette* figure très spécifique de "vie religieuse" que fut l'expérience chrétienne de la "foi", chez saint Paul, chez saint Augustin et chez les mystiques du Moyen-Âge. Le volume s'articule en trois parties, qui correspondent à trois étapes du travail de Heidegger. La première partie présente le Cours du semestre d'hiver 1920 - 1921, *Introduction à la phénoménologie de la religion*. La deuxième, le Cours du semestre d'été 1921, *Saint Augustin et le néoplatonisme*. La troisième rassemble des notes de Heidegger en vue d'un cours qui ne fut pas prononcé, bien qu'il eût été annoncé pour le semestre d'hiver 1919 - 1920 sous le titre: *Les principes philosophiques de la mystique médiévale*.

La composition du volume a pour avantage de faire commencer sa lecture par la longue réflexion introductive de 62 pages qui porte comme titre: *Introduction méthodique/Philosophie, expérience factive de vivre et phénoménologie de la religion*.

Notons bien: la philosophie est nommée *en premier* – ce qui n'amoindrit pourtant en rien le poids de la condition sans laquelle il n'y a pas de philosophie véritable, à savoir l'"expérience factive de vivre". Que veut dire cette formule?

Ainsi, notre lecture commence par devoir affronter une difficulté de traduction. Dans le vocabulaire de Heidegger, au moins jusqu'à *Être et Temps* (1927), le mot de *"Faktizität"* joue un rôle déterminant. Avant la parution, en 1986, de la traduction de *Être et Temps* par François Vezin, ce mot a malheureusement été transposé en français (non pas *traduit*) par "facticité". Une erreur ne doit pas se transmettre, car la transmission d'une erreur engendre le contraire de la tradition, à savoir un obscurcissement, et son risque spécifique, à savoir que l'obscurcissement ne fasse plus que croître.

Le terme de *Faktizität,* en allemand, est une sorte de corps étranger; il n'apparaît même pas dans l'imposant *Dictionnaire allemand* des frères Grimm. Et pourtant, Heidegger n'hésite pas à recourir à lui pour nommer un phénomène qui habite le cœur de toute existence, à savoir que *vivre* – en un sens lui aussi spécifié: *vivre* comme modalité propre d'*être* pour "l'étant que nous sommes chacun nous-mêmes" – vivre, donc, demande de nous que nous le "fassions". Vivre, pour nous autres êtres humains, nous signifie: "factivité". Pas plus que *"Faktizität"* n'est dans le Grimm, "factivité" ne se trouve dans le Littré.

Comment un Allemand entend-il *"Faktizität"?* Il ne l'entend que s'il a le sens du latin. Car le mot sonne son latin, comme le faisaient les mots *"Popularität"* ou *"das Nationelle",* dont Hölderlin espérait qu'ils seraient plus parlants que leurs homologues germaniques. On trouve chez Hölderlin l'adjectif-adverbe *"faktisch"* – pour dire, avec tout le relief que prend la parole entendue à partir d'une langue autre, que ce dont il s'agit, c'est précisément de: *faire ce qu'il faut faire* pour que soit fait ce qui est à faire. Non que vivre soit jamais un "fait". Faire l'expérience de vivre en sa factivité, c'est entrevoir que, quoi que nous fassions, sans nous, il ne se fait pas.

Dans notre langue – chez les grammairiens – existe bel et bien le mot "factitif". Le vieux Larousse du XX$^è$ siècle en parle en ces termes: "Qui indique que le sujet du verbe fait faire l'action". Est-il possible de faire entendre en français, grâce à un mot certes non répertorié, une signification pourtant tout à fait précise? "Factif": qui indique que le sujet du verbe a *à faire* l'action. Tout ce qui est factif a *à être fait* – et *est fait,* ne fût-ce que dans un contraste souvent à peine supportable entre, par exemple, ce qui est fait et ce qui devrait être fait. La *factivité,* pour celui qui est en signé, n'est autre que la condition humaine elle-même, dans son double écartèlement (entre ce qui est à faire et ce qui ne doit pas être fait, d'une part, et d'autre part entre ce qui devrait être fait et ce qui est effectivement fait). Factivité et non *facticité,* parce que, si ce qui est effectivement fait peut souvent présenter un caractère factice, le *sens* de la condition humaine ne saurait être la facticité. Car la factivité, quant à elle, désigne bien la possibilité la plus propre de l'existence humaine, celle de *faire être* – factivement, nous faisons toujours quelque chose, même si ce n'est, la plupart du temps "ni fait ni à faire". En d'autres termes encore: la factivité est au sens propre ce que la facticité est au sens impropre (c'est la factivité qui comprend la facticité, non l'inverse).

Avons-nous encore suffisamment d'oreille pour entendre le mot "factivité" parler à partir du latin? Le *Lexique de l'ancien français* de Godefroy atteste l'usage ancien du mot "factible", pour ce que nous disons aujourd'hui *faisable.* (Factible – faisable; factif – *qui n'est qu'étant à être fait.* Sans nous cacher que notre verbe "faire" s'est considérablement appauvri en sens par rapport au *facere* latin, tout proche encore du τίθημι grec – je pose, je fais se tenir durablement).

Mais même si nous n'entendons plus directement les mots parler, "factif" et "factivité" pourraient au moins avoir le mérite d'arrêter l'attention, et de requérir du lecteur un retour sur la signification exacte du phénomène qu'ils tentent de dire.

Cette signification *phénoménologique,* il est clair que Heidegger va tenter de la dégager dans les remarques introductives au Cours du semestre d'hiver 1920 - 1921. Le sous-titre à lui seul – *Philosophie, expérience factive de vivre et phénoménologie de la religion* – indique clairement l'*intention* de Heidegger: dégager les possibilités d'une *philosophie*. (Philosopher : affronter d'abord l'énigme de savoir. Comment savons-nous? Quelle lumière, quel éclairement, quel allégement nous fait savoir que nous savons ce que nous savons?)

Heidegger mentionne pour commencer le "préjugé d'une philosophie comme science". Lorsqu'on se souvient du titre de l'opuscule de 1910 auquel Husserl tenait tant, *La philosophie comme science rigoureuse,* on mesure l'importance du désaccord de principe qui oppose dès le départ Heidegger à Husserl. Nommer "préjugé" ce qui constitue pour Husserl une évidence première marque la distance où est Heidegger par rapport à son maître.

Mais le plus remarquable, c'est la manière dont Heidegger s'oppose à Husserl (et l'on peut du même coup vérifier qu'il le nomme à juste titre son "maître". *Cf.* G.A. 63, p. 5 *"die Augen hat mir* Husserl *eingesetzt* – les yeux, c'est *Husserl* qui me les a implantés"). L'ascèse du regard phénoménologique a précisément pour sens de parvenir à voir *sans pré-juger;* mais ne pas pré-juger n'implique nullement qu'il soit possible de voir sans pré-entendre, au point même que l'articulation précise de la pré-entente fait partie des opérations nécessaires pour que l'acte de pré-juger et, partant, la présupposition illégitime de "préjugés" soient effectivement suspendus. Ainsi donc, reprocher à Husserl de laisser un "préjugé" gouverner la notion même de philosophie, c'est reprocher au maître de la phénoménologie de ne pas être tout à fait fidèle à lui-même. Ce qui signifie que Heidegger prétend obéir plus fidèlement que Husserl lui-même à la maxime de la phénoménologie. Peut-on s'interroger comme il faut sur le bien-fondé de cette prétention sans savoir de quoi l'on parle quand il est question de phénoménologie?

La philosophie (dont l'autre nom est justement "phénoménologie") se distingue donc de la science, tout comme elle rejette le *"gesunder Menschenverstand"* – locution que l'on ne saurait traduire sans commentaire par "bon sens". Le "bon sens", dans l'acception courante du terme (aux antipodes de l'acception cartésienne) désigne la manière de penser commune, où ce qui est pensé ne l'est pas par quelqu'un qui le pense, mais se trouve simplement reçu tel quel et répété, pour faire comme si l'on pensait – vu que penser, pour le bon sens courant, signifie partager les évidences communes. Le mode de pensée scientifique, lui aussi, se distingue nettement du "bon sens habituel". Mais comme le signalait déjà Platon, tout savoir scientifique est *hypothétique,* recevant d'ailleurs non plus ses termes constitutifs, mais son éclairement. Le mode de pensée philosophique se comprend comme radicalement différent de l'un comme de l'autre. Ce qui y est pensé est factivement pensé par celui qui le pense. Dans le Cours qui sera prononcé neuf ans plus tard (*GA* 29/30, p. 19) – mais il n'est pas anachronique de citer ce texte, tant il expose un thème qui donne lieu à mainte variation – Heidegger parle de la philosophie en ces termes:

> *Alors seulement [quand toute* autorité *s'effondre d'elle-même en implosant] devient pleinement lisible qu'il appartient de fond en comble à chaque être humain de philoso-*

*pher, et que seulement certains peuvent ou doivent connaître l'étrange destin d'être pour les autres l'occasion pour que philosopher, chez ces derniers, s'éveille.*

À la page 16 du tome 60, on peut lire (cela s'adresse aux étudiants de Heidegger en 1920 - 1921):

*Je soutiendrais volontiers que, tous autant que vous êtes, à l'exception de fort peu, vous êtes dans le plus constant malentendu à propos de tous les concepts et de toutes les déterminations que je vous donne.*

Il faut ici, je crois, déjà lire en direction de l'"effondrement en soi-même (par implosion) de toute autorité". Se voir donner des "concepts" et des "déterminations", sans les penser par soi-même, sans penser leur pertinence ni leur portée, c'est l'attitude imphilosophique par excellence. Les "concepts" et les "déterminations" ne tiennent pas leur éventuelle vérité du fait que ce soit tel individu (fût-il le plus grand maître) qui les donne. Un peu plus loin (p. 65), Heidegger revient sur ce "malentendu" (*mißverstehen*). On peut cerner ce qui le constitue en remarquant que tout malentendu est, certes, une entente, mais une entente qui ne convient pas, ou seulement de façon incongrue, à ce qu'il s'agit d'entendre.

De quoi s'agit-il donc dans cette "phénoménologie de la religion"? De mettre à jour un phénomène tout à fait singulier, que Heidegger avait évoqué un an auparavant, dans le Cours du semestre d'hiver 1919 - 1920 (*G.A.* 58 *Problèmes fondamentaux de la phénoménologie*, p. 61):

*L'exemple le plus profondément historique du processus étrange par lequel le centre de gravité de la vie factive et du monde de la vie se déplace dans le monde du soi-même et dans le monde des expériences internes, cet exemple se donne à nous dans la naissance du christianisme.*

D'un seul coup, nous voici confrontés à plusieurs "concepts" et "déterminations" – qu'il va nous falloir essayer d'entendre sans malentendu. Dès à présent, nous pouvons noter que le titre du Cours du semestre d'été 1923 (*G.A.* 63 – c'est le dernier cours avant le départ de Heidegger pour Marbourg), *Herméneutique de la factivité*, pointe l'index vers le seul cadre à l'intérieur duquel ce que dit Heidegger perd toute autorité et se met exemplairement à montrer comment philosopher.

Heidegger entend "herméneutique" d'abord comme *élucidation* (*Aufklärung* – dont il ne faudrait jamais oublier la nuance de "chasser les obscurités" – d'où la convenance du mot allemand pour rendre, au XVIIIème siècle l'idée des "Lumières"). L'herméneutique de la factivité s'efforce, dans la mesure du possible, d'élucider l'obscurité inhérente à la condition humaine, celle qui entoure nécessairement la factivité – pour y répondre et l'affronter, non pas pour la dissiper, projet qui manifesterait une démesure proprement inhumaine.

Mais concentrons-nous d'abord sur l'adjectif "étrange" que nous venons de lire; il faut en saisir la nuance exacte. L'allemand nomme *"merkwürdig"* ce que nous ressentons volontiers comme "étrange". *"Merkwürdig"*, pris au mot, signifie : "digne d'être remarqué". Ce que Heidegger invite à bien remarquer, c'est un *pro-*

*cessus.* Heidegger emploie-t-il ici le mot comme Hegel? Au sens pleinement hégélien (c'est-à-dire comme "processus de l'Idée") certainement pas. Pourtant, si on la formalise complètement, reste bien, dans l'idée de "processus", l'index d'une "suite présentant un sens". Bien plus tard, à la fin de sa vie, évoquant l'histoire de la métaphysique, Heidegger parlera de "libre suite" (*freie Folge*). Au début des années 20, ce qui attire son attention, c'est "le processus par lequel le centre de gravité de la vie factive et du monde de la vie se déplace dans le monde du soi-même et dans le monde des expériences intimes". Ce processus-là est *étrange et remarquable*. Il est remarquable en tant qu'étrange – et il est étrange dans la mesure où s'y produit quelque chose qui ne va pas dans le sens habituel de la vie factive.

Pour indiquer factivement la signification du processus, Heidegger l'articule à l'aide de "déterminations" – dont il est décisif que nous ayons compris sans malentendu la fonction exclusivement phénoménologique. Dans toute la période des premiers cours de Fribourg (1919 - 1923), il parle à plusieurs reprise de: *Selbstwelt, Umwelt* et *Mitwelt* – "monde du soi-même, monde-alentour et monde-commun". Ces termes, on peut assurément les nommer des "concepts", mais à la condition expresse d'avoir présent à l'esprit qu'ils ne sont nullement obtenus comme des "concepts", au sens habituel. Sur ce point, le texte de la page 88 du tome 60 est particulièrement éclairant:

> *Comment la dation "monde-alentour", la dation "monde-commun", la dation "monde du soi-même", lesquelles s'interpénètrent dans l'expérience factive, vont-elles être détachées les unes des autres? On ne peut jamais en considérer qu'une à la fois. Il ne s'agit pas d'abstraire, car les autres facteurs n'en sont pas moins toujours donnés ensemble. (...) Toutes les questions de la philosophie sont au fond des questions en quête du comment...*

Les déterminations proposées indiquent comment, chaque fois, s'articule la factivité. Ce ne sont donc pas, à parler précisément, des concepts – dans la mesure où ils sont orientés sur la saisie d'une *modalité*, et non d'un "contenu".

Ainsi, nous sommes invités à entendre formellement ce qui est dit par ces termes. Or ce que décrit la phrase (*G. A.* 58, p. 61) citée plus haut, c'est un *mouvement*, et qui plus est un mouvement de "déplacement" – *Verlegung. Legen*, c'est "poser", faire que ce qui est posé soit désormais là où il est à sa place, de sorte qu'il y repose (κεῖσθαι). *Verlegen*, c'est déplacer le site, ou l'assise. Ce dont l'assise est ainsi déplacée, c'est "le centre de gravité de la vie factive". Centre de gravité: au sens le plus strict, comme le point où toute vie factive trouve son équilibre et se structure comme *cette vie-ci*. Encore une fois, soyons attentifs à ne comprendre dans ces termes que des modalités, à l'exclusion de tout contenu. C'est le *comment* de la vie factive, uniquement *comment* elle est chaque fois vécue, qu'il s'agit d'avoir en vue.

Comment le centre de la vie factive se déplace-t-il? En trouvant un autre emplacement que celui qui était auparavant le sien. La nouvelle assise de la vie factive est nommée: "monde du soi-même". Pour entendre comme il faut cette détermination, il est indispensable de toujours revenir à la considération exclusive du *comment*. Formellement: quand la vie factive a son centre de gravité dans le monde du soi-même, elle s'ouvre en propre au *comment*, dans la mesure où ce qui vient au tout premier plan, c'est de ne plus pouvoir vivre sans s'être rendu compte que la factivité de vivre n'est pas entièrement accomplie tant que vivre ne se soucie pas de savoir comment faire pour que cela *se fasse comme il faut*. Quand le centre de gravité de la vie factive est placé dans le monde alentour et le monde commun, la vie n'y est pas moins factive – les êtres humains que nous sommes y *accomplissent* ce qu'ils font (même si ce n'est que pour mener à son terme la plus extrême *facticité*). Mais y avoir le centre de gravité fait que ce n'est pas en propre le *comment* qui donne son axe à la vie. Se demander si une vie entièrement mesurée par le *comment* est factivement vivable est moins urgent que de reconnaître l'*exemplarité* d'une telle vie. Par l'exemple de la vie factive ayant son centre de gravité dans le monde du soi-même – où l'être humain a le souci premier de comment être – toute vie peut connaître, comme disent les *Problèmes fondamentaux de la phénoménologie* (G.A. 58, p. 85) *"une rhythmique fonctionnelle qui achève de donner à la vie factive elle-même l'empreinte qui est la sienne, la pousse à se manifester complètement hors de soi."* Cette rhythmique est aussi appelée *"mode factif"* – *Weise*, au sens musical de mélodie, comme modulation d'un ton unique: l'inimitable ton du soi-même.

Tout ce qui vient d'être dit peut être résumé comme suit: la *phénoménologie* de la vie religieuse consiste à en laisser le phénomène apparaître lui-même, dans son originalité à lui. Ce qui implique, pour la phénoménologie, de ne s'articuler autant que possible qu'en déterminations vides, dont le remplissement viendra du phénomène lui-même, au fur et à mesure de son émergence.

En d'autres termes, ce dont il s'agit avant tout, c'est de ne pré-juger en rien quant à la "religion". C'est pourquoi le cours du semestre d'hiver 1920 - 1921 commence par un patient travail où Heidegger met de côté toute "notion" de *religion* – le mot étant entendu dans le sens qui nous est familier aussi bien à partir des "évidences communes" que des "acquis scientifiques".

La "religion" est donc prise, au sens strict, comme un pur phénomène, lequel ne présente d'abord aucun contenu, mais uniquement un certain *"comment"*. Ne rien pré-juger, concernant la *religion*, implique de ne l'aborder que comme un accomplissement de la factivité, en ne déployant, à titre d'éléments de pré-entente que des index de modalité d'être. À bien regarder, il ne s'agit là, en effet, nullement d'abstraction. Ce que cherche à faire Heidegger, c'est de dégager pleinement l'espace de modalité au sein duquel le phénomène "religion" peut apparaître phénoménologiquement.

On a souvent déjà cité et commenté le texte de la lettre à Löwith (du 19 août 1921), où Heidegger se désigne comme "théo*logue* chrétien" (*christlicher Theo-*

loge). L'élément *"-logue"* est souligné. Mais voyons le texte lui-même (publié par Hartmut Tietjen dans le recueil *Zur philosophischen Aktualität Heideggers*, t. 2, Klostermann, Francfort, 1990, pp. 27 sqq.):

> *De cette factivité qui est la mienne fait partie – ce que je vais nommer en toute brièveté – que je sois "thé*ologue *chrétien."*

À coup sûr, le soulignement relève de la brièveté. Il ne signifie pas que Heidegger soit, ou se comprenne comme étant "un théologien" – mais bien qu'il entend travailler *comme* phénoméno*logue* à la mise à jour du phénomène où la factivité se fait factivement "rapport à Dieu". Non pas "Dieu" dans un sens indéterminé ou général, mais le Dieu de la tradition chrétienne – ou plus exactement: Dieu tel qu'il se manifeste par les Evangiles et les textes fondateurs. "Chrétien" doit en effet s'entendre ici au sens de la chrétienté (*Christlichkeit*), et non du christianisme (*Christentum*) – s'il est permis d'opposer aussi abruptement à la factivité d'une vie qu'ébranle l'exemple du Christ, une autre forme de factivité, celle d'une vie que structure l'enseignement doctrinal de l'Église.

Le théo*logue* chrétien, est alors, si nous lisons bien, phénoméno*logue* de la religion où le Fils appelle les hommes au "Règne du Père". Si nous ajoutons que la formule qui vient d'être énoncée n'est pas encore un pur index formel – dont l'articulation soigneuse doit permettre d'envisager comme *phénomènes* (rien que comme phénomènes, d'abord, mais d'une phénoménologie expresse) ce que disent les vocables "appel", "Fils", "Règne du Père" – nous sommes à même de discerner en quel sens Heidegger peut dire que la philosophie (*videlicet* phénoménologie) est par principe "athée". Ce qui se formule dans les feuilles annexes rédigées en vue de l'introduction au Cours du semestre d'hiver suivant, celui de 1921 - 1922 (*G.A.* 61, *Interprétations phénoménologiques en vue d'Aristote/Introduction à la recherche phénoménologique*, p. 197):

> *"Être problématique n'est pas ‹quelque chose qui ressortit au› religieux; mais il peut éventuellement être ce qui, avant tout, va mener au cœur de la situation où il sera question de prendre une décision religieuse. Pour me comporter religieusement en philosophant, il ne suffit pas que je sois, en tant que philosophe aussi, un homme religieux. "Tout l'art consiste en ceci": philosopher, et tout en philosophant, être vraiment religieux, c'est-à-dire entreprendre factivement sa tâche mondiale, sa tâche historialement historique au cœur du philosopher, en un faire et un monde concret du faire – non en une idéologie et fantasmagorie religieuses.*
>
> *La philosophie, dans sa problématicité radicale, qui d'elle-même porte sur elle-même, ne peut principiellement être qu'*a-théistique."

Notre meilleur classicisme connaît l'adjectif "athéistique", que Littré définit: "qui a rapport à l'athéisme". Mais ce qui doit arrêter notre attention, c'est la coupe que Heidegger introduit dans le mot. Par la séparation de l'α- privatif, c'est évidemment la radicale suspension de toute thèse concernant Dieu que se met à indiquer désormais le mot. Nous voyons ici opérer à plein l'injonction de ne rien préjuger. Elle s'arme en plus et se complète de la dé-struction délibérée de tous les instruments traditionnels servant à interpréter le phénomène chrétien. Le mot de dé-struction, tel que l'emploie Heidegger s'entend de lui-même: la dé-struction est le fait d'ôter au terme, à la notion, au concept – qui s'en trouve ainsi vidé – son contenu, sa fonction structurale dans l'édifice du savoir; mais la dé-struction, conduite jusqu'au bout, va encore plus loin, puisque le terme, ayant été vidé de toute teneur doctrinale est reconduit à la source vive de sa signification. Dans le Cours du semestre d'été 1920, qui précède immédiatement l'*Introduction à la phénoménologie de la religion* (*cf. G.A.* 59, p. 91), on peut lire:

*"Demeure la nécessité urgente d'un débat de principe avec la philosophie grecque et la défiguration, par elle, de l'existence chrétienne* (christliche Existenz). ‹c'est› *La* véritable *idée de la philosophie chrétienne (christlich); chrétienne – non pour recouvrir d'une étiquette une mauvaise philosophie, une philosophie épigonalement grecque. Chemin vers une théologie originalement chrétienne, c'est-à-dire libre de tout apport grec."*

Là encore, là surtout, soyons bien attentifs à ne pas mal entendre. Rien ne serait plus égarant que de ne pas procéder nous-mêmes sinon à la dé-struction, au moins à la mise hors circuit des catégories explicatives auxquelles nous recourons habituellement pour "comprendre", à savoir les notions d'*évolution,* de *développement,* de *transformation,* etc. Non certes pour utiliser subrepticement des catégories qui ne sont pas moins égarantes, comme celles d'intangibilité, d'immutabilité ou de fixité. Il s'agit en fait de ne plus faire aucun usage de catégories. Pour nous donc, ici et maintenant: tenter d'apercevoir la pensée elle-même, dans son mouvement à elle, qui, je le répète, n'est pas saisissable à partir d'un autre type de mouvement que le sien propre. C'est pourquoi il n'est pas inutile de citer un texte beaucoup plus tardif, celui d'une intervention de Heidegger à Zurich en novembre 1951 (*G.A.* 15, p. 437):

*"La foi n'a pas besoin de la pensée de l'être. Quand elle en a besoin, elle n'est déjà plus foi. Voilà ce que Luther a compris. Or même dans sa propre Église on semble l'oublier. Sur l'être, quant à son aptitude à ‹fournir de quoi› penser théologiquement la nature de Dieu, je suis très réservé. Avec l'être, ici, on n'arrive à rien. Je crois que l'être ne peut en rien être pensé comme le fondement et la nature de Dieu; mais je n'en pense pas moins que l'expérience de Dieu et de sa manifesteté (dans la mesure où l'être humain la rencontre) a lieu au sein de la dimension de l'être – ce qui ne veut aucunement dire qu'être puisse jamais valoir comme prédicat possible de Dieu."*

Assurément, Heidegger ne dit plus en 1951 qu'il s'agit d'aller vers une "théologie originalement chrétienne". Mais si l'on s'avise que la *pensée de l'être* signifie strictement la philosophie, et que la philosophie est la pensée de l'être telle qu'elle a été engagée chez les Grecs, on peut entrevoir comment est ici à l'œuvre le même mouvement de pensée que dans le projet de 1920; qui est, à l'époque, d'aller vers une théologie "libre de tout hellénisme". ("Le même", dans un sens qui n'a plus rien à voir avec l'identité substantielle. Mêmeté du mouvement de pensée, à entendre à partir d'une géodésique de l'espace au sein duquel a lieu une mouvementation de pensée).

En 1920, le projet, soulignons-le (mais en prenant garde de ne pas laisser se produire le moindre engourdissement doctrinal), est d'aller vers une théologie libre de tout apport grec. Mais ce qu'il faut bien voir, c'est que ce mouvement s'accomplit non pas pour s'installer au sein de la factivité chrétienne; mais "au-delà" de cela (il serait tout aussi loisible de dire: "en deçà"), pour accomplir originalement la factivité *philosophique* comme telle. C'est pourquoi la tâche expresse de pré-entente s'engage sous la forme d'une dé-struction de tout ce qui ressortit épigonalement à la philosophie grecque. Dans le Cours du semestre d'été 1921, celui qui suit immédiatement l'*Introduction à la phénoménologie de la religion* (*G.A.* 60, Deuxième partie, *saint Augustin et le néoplatonisme*), on rencontre de nombreux passages comme le suivant, situé à la page 244. Heidegger y traite de la *molestia* dont parle le Père de l'Église, pour dégager son sens – lequel, écrit-il, *"reçoit sa détermination de comment, à proprement parler, se vit la vie elle-même"*. Il écrit:

"*Pour autant qu'elle [*molestia*: la pesanteur, comme on peut dire en pensant à Simone Weil] est expérimentée au sens propre, elle n'est pas quelque chose comme un élément objectif dont serait pourvu l'être de l'homme, ‹elle n'est pas› de l'objectif ‹repérable› à quelque chose de présent là-devant, et qu'il s'agirait de trancher et de rejeter. C'est ainsi ‹pourtant› que toute ascèse grecque et païenne envisage l'homme; et ‹que le voit› aussi une ascèse chrétienne qui reste imbriquée dans l'hellénisme ..."*

*Molestia*, lisons-nous peu avant (*ibid.* p. 242), *"pour la vie, un alourdissement, quelque chose qui la tire vers le bas."*. Plus loin (p. 254), dans les pages annexes où Heidegger avait consigné des notes en vue du cours, sont indiquées encore plus lisiblement:

"Deux interprétations principiellement divergentes de la molestia: *elles sont en rapport avec la possibilité, au premier chef, de voir les phénomènes tels qu'ils se présentent.*

*1°) Molestia comme qualité, ou composante objectivement constitutive, comme fardeau objectif, se trouvant là et, comme une chose, exerçant un effet (... à faire disparaître avec des moyens objectifs – en s'en dépouillant et en la mettant de côté; notre propre être lui-même ‹étant› un état, une qualité objective).*

*2°) Molestia comme "occasion" de sérieux, occasion, auprès de soi-même, de commencer d'abord par s'en préfigurer l'exemple* en tant que *telle, de me la rendre expérimentable en tant que factivité, et en vérité de la saisir existentiellement, d'avoir de telle façon en souvenir et en espérance la vie, d'augmenter le degré du sérieux.*"

Il est clair que Heidegger, lisant saint Augustin, cherchera constamment à l'interpréter selon la seconde possibilité, à contre-pente de la tendance dans laquelle se trouve pris lui-même le Père de l'Église. Cette tendance a été caractérisée comme "épigonalement grecque", et même comme "mauvaise philosophie". En de nombreux endroits des trois parties du travail que rassemble le tome 60, on peut voir Heidegger attentif à détecter comment le recours aux concepts et représentations des écoles philosophiques issues d'Aristote et Platon *défigure* l'expérience de la factivité chrétienne originale.

Ainsi, dans la première partie du tome 60, après les réflexions méthodiques de l'introduction (pp. 3 - 65), Heidegger entreprend une *"Explication phénoménologique de phénomènes religieux concrets, en liaison avec des Épîtres de saint Paul"*. (pp. 67 - 125). On peut y voir se faire, p. 120, une rectification exemplaire, celle qui vise Nietzsche interprétant la "fondation" du christianisme à partir de la notion de *ressentiment*. Heidegger écrit:

*Il n'est pas permis d'entendre éthiquement les connections du texte de saint Paul. C'est pourquoi Nietzsche méconnaît saint Paul quand il lui fait le reproche de ressentiment.*

Quel est le sens de cette critique? Comment faut-il entendre ici l'*éthique*? Comment, sinon en partant des index formels avec lesquels Heidegger articule entièrement, bien qu'à l'aide de déterminations minimales, toute expérience factive de vivre. À la page 80, il avait remarqué:

*1°) La religiosité chrétienne originale est le cœur de l'expérience originalement chrétienne de vivre – elle est elle-même une telle façon de vivre.*

*2°) L'expérience factive de vivre est historique. La religiosité chrétienne vit la temporellité en tant que telle.*

Toute expérience factive de vivre est "historique". Rappelons que dans la première période de son enseignement à Fribourg, avant 1923, Heidegger entend par *historisch* ce qu'il nommera plus tard *geschichtlich*, à savoir ce qui est pleinement historique – en ceci que tout être humain ne peut *vivre* qu'au regard d'une dimension d'être au sein de laquelle, ayant un jour transmis quelque chose qui sera historique, il devient pleinement à son tour l'héritier d'une histoire – même si tout ne se joue encore qu'au niveau *factice*.

Que se passe-t-il quand l'historicité est vécue comme *temporellité*? D'abord, comment entendre temporellité? Tout simplement à partir du *temporel*. Notre être, à nous autres hommes, est "temporel", et selon un ordre tel que l'historique est même fondé sur le temporel. C'est parce que l'homme est temporel qu'il est historique, et non l'inverse. Mais être temporel ne signifie pas d'abord être éphémère; être temporel veut d'abord dire: vivre, vivre au sens factif, c'est-à-dire, de sa vie, faire l'épreuve (même *factice*) du temps. Vivre la temporellité en tant que telle, c'est vivre à partir de l'exigence de "savoir" comment le temps se donne à celui qui vit selon elle.

Heidegger se réfère donc au célèbre verset 29 du chapitre VII de la *Première Épître aux Corinthiens:* καιρὸς συνεσταλμένος, *"tempus breve est"*. Heidegger commente le texte 29 - 32:

*Il ne reste plus beaucoup de temps, le chrétien vit constamment dans le ‹il ne reste› plus que ... – ce qui accroît sa détresse. Une temporellité ainsi en restriction est constitutive de la religiosité chrétienne: ne reste "plus que" ‹peu de temps›; plus de temps pour remettre à plus tard. Les Chrétiens ont pour devoir d'être tels que ceux qui ont une épouse l'aient en sorte qu'ils ne l'aient point etc. Τὸ σχῆμα τοῦ κόσμου: la forme du monde passe; σχῆμα n'est pas tant entendu objectivement que visé dans la perspective d'une mise en ordre appelant ‹,en réponse, une façon› de se comporter. Le passage XII² de l'Épitre aux Romains montre comment doit être entendu σχῆμα: καὶ μὴ συσχηματίζεσθε τῷ αἰῶνι τούτῳ. De là on en vient à voir le caractère d'accomplissement qu'indique σχῆμα.*

"Ne vous conformez point au siècle présent" dit saint Paul en *Rom.* XII². Où Heidegger entend l'index d'un moment d'accomplissement, dans la mesure où la "forme" (σχῆμα) invite, pour ainsi dire, à lui être conforme (συσχηματίζεσθαι). Le moment proprement chrétien d'accomplissement consiste à accomplir la factivité en sens inverse du moment d'accomplissement habituel (qui se résume à donner forme extérieurement).

Que l'interprétation nietzschéenne par le *ressentiment* comprenne elle aussi un moment d'accomplissement, cela ne fait pas de doute. Mais cet accomplissement ne se produit pas en premier lieu (ce qui ne signifie nullement qu'il ne se produise pas du tout) dans le monde du soi-même, tant il est vrai que toute éthique trouve spontanément son centre de gravité dans le monde commun. C'est la raison pour laquelle la parole "ne vous conformez point au siècle présent" (la Bible de Jérusalem traduit: "ne vous modelez pas sur le monde présent") ne peut pas être entendue congruement si elle est comprise comme parlant à partir du mode d'accomplissement éthique. Il ne s'agit en effet de se détourner du monde commun (comme centre de gravité de l'existence factive) que parce que le centre de gravité de la vie chrétienne s'est déplacé dans le monde du soi-même. Peu importe comment se configure ce monde. Ce qu'il y a de sûr, c'est qu'il se manifeste bien selon une rhythmique très *sensible*. Le moment de *conversion* qui signe la factivité chrétienne la détourne factivement de tout accomplissement centré ailleurs que dans le monde du soi-même – tel est bien, dans leur divergence, le rapport entre une éthique, entendue au sens strict, et une factivité accomplie selon son maximum de *sens*.

Il n'est pas du tout inutile ni intempestif d'évoquer brièvement le reproche absurde qui continue parfois d'être fait à Heidegger à propos de l'éthique. Heidegger se serait, dit-on, écarté de toute préoccupation éthique, au point d'en "forclore la sphère" (*sic!*). A-t-on seulement pris garde à la façon dont se quitte le niveau éthique? S'agit-il de devenir moins responsable? Ou bien tout au contraire s'agit-il d'entrer prendre place, soi-même, au centre de gravité du monde lui-même; qui comprend évidemment les "frères humains", et donc aussi, en particulier, toute la moralité – mais à partir d'une aspiration beaucoup moins spécifique que celle de la discipline morale, puisqu'il s'agit désormais d'en suivre l'unique appel, et de *tout* faire pour que ce qui est fait *se* fasse comme il le faut (en *sachant,* de surcroît, qu'il est impossible de jamais faire cela entièrement).

Vers cette époque, Heidegger nomme "monde du soi-même" ce monde où l'être humain *peut* vivre, à condition qu'il prenne sa part d'un mode d'être très singulier, qu'indique le pronom réfléchi "soi". Être soi-même au beau milieu de tout ce qui, soi-même, est. Peut-on ne pas voir que cet accomplissement est un accomplissement de *soi?* Or sans cet accomplissement l'éthique est sans vie. Sans lui, l'éthique devient quelque chose d'"extérieur"; non pas une éthique factice, mais à proprement parler un moralisme, c'est-à-dire une *éthique fétiche*. Dans le cadre d'un fétichisme, il n'est pas possible d'imaginer autre chose que, par exemple: quitter l'éthique, c'est renier toute moralité – et il n'est pas non plus possible de voir l'autre possibilité, celle d'une reprise, d'un approfondissement, d'un accroissement – l'autre possibilité, à savoir celle du déplacement par lequel le centre de gravité du monde éthique cesse d'être extérieur, et se transporte *à l'intérieur*, dans le "monde des expériences internes" (comme dit G.A. 58, p. 61). Il suffit d'être attentif à prendre "expériences internes" comme pur index formel pour voir s'accentuer le *comment* de l'expérience, sa factivité. Par ce transport, l'éthique n'est plus que soi-même – sans rien perdre en factivité. Il s'agit d'y faire tout le possible pour tout.

L'interprétation nietzschéenne de la naissance du christianisme chez saint Paul à partir du *ressentiment* est effectivement méconnaissance. Elle prend saint Paul pour un autre, elle ne le connaît pas lui-même tel qu'il vit à partir du nouveau monde, celui où il s'agit d'*être soi-même:* conforme au Christ. On voit comment *être soi-même* ne peut pas (à moins de patent *contresens*) s'entendre comme un verrouillage sur "soi" (le "soi" impropre, qui porte le visage du moi). Être soi-même, à contre sens du contresens, c'est être hors de soi. Comme le note Heidegger un peu plus haut (*G.A.* 60, p. 118), tout ce qui a trait au monde du soi-même s'articule – relativement aux rapports qui constituent le monde-commun et le monde-alentour – d'une manière incomparablement plus complexe:

> *Le plus difficile à atteindre, ce sont justement les rapports qui configurent le monde du soi-même. Le souci* (Bekümmerung) *de ce monde-là inclut l'apparence. Saint Paul est très au clair quant au fait que ces directions de rapports exigent une caractérisation qui leur soit propre. Il les donne à l'aide de concepts apparemment courants:* πνεῦμα, ψυχή, σάρξ. *Or ces concepts-là, justement, sont les meilleurs exemples de la façon dont une direction d'entente où tout est à l'envers se trouve mise entièrement hors d'état d'atteindre le sens lui-même.*

L'exemple sur lequel Heidegger attire l'attention: comment, lorsqu'on entreprend de l'entendre à l'aide de déterminations impropres, le sens du souci, tel qu'il se vit au sein du monde du soi-même, souffre une défiguration – *Verunstaltung*. Le mot est très parlant. Il dit le fait de porter atteinte à quelque chose au point de le rendre méconnaissable. Les déterminations, donc, qui défigurent le sens de la factivité chrétienne elle-même, sont l'*esprit,* l'*âme,* la *chair.* Qu'est-ce qui est *à l'envers* dans ces concepts?

Nous voici au point crucial – là où il convient singulièrement d'être attentif à ne pas mal entendre. Nous avons jusqu'ici suffisamment insisté sur la nécessité de suivre Heidegger quand il demande de savoir exactement ce que l'on entend lorsqu'on dit qu'en philosophie on "comprend quelque chose". Il s'agit de saisir un sens.

Un concept détermine *à l'envers* quand le sens est pris à contresens. Ici, vis-à-vis de l'expérience religieuse chrétienne, quelque chose va à contresens lorsque le concept, qui est censé en être l'index, pointe dans une autre direction que la bonne. Les concepts issus de la pensée grecque dérivent dans une direction où tout s'oriente autrement que dans le monde du soi-même. "Esprit", "âme", "chair" sont implicitement entendus à partir de la structure d'un monde tissé de rapports qualitatifs entre des choses subsistantes. Cela vient-il de la pensée originale des philosophes? Oui et non. Oui, dans la mesure où Platon et Aristote ont mené à bien l'analytique de l'être-là (théorie de la présence du présent). Non, s'il y a de bonnes raisons de supposer que cette analytique n'exclut pas (ne serait-ce qu'en principe!) une autre analytique, celle à laquelle ramène la dé-struction – là où toujours à nouveau revient Heidegger. Il explique page 56:

> *Déjà Aristote dit dans la* Métaphysique*: τὸ ὄν πολλαχῶς λέγεται (l'étant se dit de manière multiple). Pourtant Aristote veut sans doute dire là quelque chose d'autre encore que ce que l'on y a vu jusqu'ici. Il n'est pas question chez lui que de considérations ontologiques; tout au contraire, allant avec ces dernières, mais sans qu'elle ‹en› ressorte jamais pour elle-même, il y a toujours une tout autre considération qui s'y dessine. La* Métaphysique *d'Aristote va peut-être déjà plus loin que là où sommes nous-mêmes aujourd'hui en philosophie.*

Parlant de "considérations ontologiques", Heidegger désigne très explicitement l'ontologie de l'étant là-devant. Mais si l'on s'avise que cette ontologie se construit phénoménologiquement, comment ne pas former l'hypothèse qu'une pensée capable de phénoménologie dans un domaine, ne voit pas forcément s'en tarir le pouvoir de manifestation dès lors qu'il s'agit de s'ouvrir à une autre "considération".

Ce point est décisif, je crois, pour comprendre vraiment le parcours de Heidegger – non seulement de 1919 à 1930 (entre la période où nous sommes quand nous lisons le tome 60, et le moment qui a suivi *Être et Temps*), mais au fond pendant tout le temps que Heidegger a pensé. Il n'a jamais cessé de recommencer à prendre la mesure de la *philosophie,* dans une très singulière *hésitation,* dans un mouvement d'*y aller* et d'*en revenir* – de prêter au mode de considération philosophique un *impetus* qui le porte factivement déjà ailleurs que dans la sphère de la stricte ontologie; mais aussi contraint au contact, chaque fois, des grands textes, de reconnaître que les considérations philosophiques ne se sont jamais vraiment accomplies que comme *ontologie.*

Là se trouve la ligne de crête au long de laquelle pense Heidegger. La phénoménologie de la religion n'est *pas du tout* ce que l'on croit naïvement, à savoir une mise au point concernant ce qu'est la religion. Ce n'est pas non plus (et pour cause) un exercice d'expérience religieuse. La "religion", ici, est visée comme *phénomène* – c'est-à-dire d'abord *visée,* à l'aide d'esquisses purement formelles, de sorte que le *phénomène*-religion y apparaisse d'abord (s'il doit apparaître) à partir de ses lignes de forces internes, lesquelles configurent un monde propre, un monde qui appelle, de l'homme religieux, une réponse factive, soit: de vivre au cœur d'un monde de tensions extrêmes (en langage religieux: vivre en vue du Salut – "vie" que nous n'avons, en tant que phénoménologues, aucun droit de réduire à autre chose que ce dont il s'y agit: vivre soi-même).

Le souci philosophique est fondamentalement distinct du souci religieux. Il ne s'agit plus de vivre en vue du Salut, mais en vue de "savoir". L'hésitation mentionnée à l'instant n'a donc pas la moindre possibilité de se présenter elle-même comme un va et vient entre la philosophie et la religion. La "longue hésitation" (*G.A.* 65, p. 0), dont Henri Crétella a bien raison de souligner la portée, s'est factivement rhythmée en va et vient du mouvement de *penser la philosophie*. Il faut se garder (au risque de perdre le contact avec ce dont il s'agit) d'entendre ce va et vient autrement – par exemple en y incluant des contenus appréciatifs ou dépréciatifs. Toute une "lecture" de Heidegger a été radicalement égarée par la supposition qu'il pourrait y avoir chez lui une dépréciation de la *philosophie* (donc une dépréciation de la *science*, donc une dépréciation de la *technique*). Rien qu'un coup d'œil: et l'ordre dans lequel se combinent les termes indique qu'il ne s'agit pas de la pensée de Heidegger. À l'extrême fin de sa vie, il pensait encore:

*La Métaphysique d'Aristote va peut-être déjà plus loin que là où nous sommes nous-mêmes aujourd'hui en philosophie.*

Notons bien: elle va *peut-être*. Comment le savoir si nous n'y allons pas voir?

Pendant tout un temps (jusqu'à l'extraordinaire percée qu'amènent les Cours de Marbourg: *G.A.* 17 à 26, environ 4000 pages) Heidegger imagine que la religion, pour peu qu'elle soit *logisée* comme *phénomène*, permet au monde du soi-même de se manifester *en factivité*, et plus précisément: dans la factivité de l'expérience religieuse chrétienne.

Qu'est-ce donc que la phénoménologie de la religion? Se laisser donner le phénomène de la religion par l'explication phénoménologique de la factivité chrétienne. Mais encore une fois, le phénomène de la religion, ce n'est pas la religion. Il commence à apparaître lorsque la religion est vue comme vie factive au cœur d'un monde du soi-même. Le terme d' "explication phénoménologique" fait l'objet d'un § 22 (intitulé *Le schéma de l'explication phénoménologique*) où en trois pages, juste avant de commencer l'explication phénoménologique de la *Première Épître aux Thessaloniciens*, Heidegger résume l'herméneutique de l'explication (p. 86):

*Quand, au cours de l'explication, certains moments déterminés sont expliqués* [expliziert – exposés pleinement, de sorte que tous leurs implicites soient libérés], *les moments de sens sur lesquels l'explication ne s'oriente pas ne sont pas simplement mis de côté; tout au contraire, "comment" ils pénètrent de leur influence la direction de sens expliquée, ou bien celle qui est incluse dans l'explication, voilà qui est déterminé en partie aussi par l'explication elle-même.*

Nous nous trouvons là sans conteste au point à partir duquel il faut voir l'ensemble du travail de Heidegger. C'est bien la situation herméneutique, dont il s'agit de faire l'épreuve factive – en s'exposant à une mouvementation qui ne se mesure plus en s'orientant prioritairement sur le monde alentour, mais se met en mouvement, puis se mouvemente, *en partie* selon la réponse – articulée ou inarticulée – qui s'en donne. Heidegger, énonçant que la philosophie ne peut être qu'*athéistique*, ne fait que dessiner l'aire d'une situation pleinement herméneutique. Car "athéistique" désigne un double refus factif: celui, pour soi, de ne pré-juger ni de l'"existence" ni de l'"inexistence" de Dieu. Si l'on concède que la croyance en Dieu demande bien une réponse factive, on admettra volontiers aussi qu'être athée exige également quelque chose de factif – ne serait-ce que l'engagement d'être rationnel. Mais *être athéistique?* Quelle factivité propre cela demande-t-il? Comment *penser?* Pense-t-on lorsqu'on ne fait pas face à l'*abîme de la raison humaine,* dont parle Kant dans un passage de la *Critique de la Raison Pure* (A. 613/B. 641) sur lequel, bien plus tard, Heidegger a attiré l'attention. Kant:

> *Ici, tout s'enfonce en dessous de nous, et la plus grande perfection, comme la plus petite, flotte à la dérive sans que plus rien ne la retienne devant la raison spéculative, à laquelle il ne coûte rien de faire disparaître sans le moindre empêchement l'une comme l'autre.*

Si l'on vise le terme comme un index formel (et non comme un concept), faire face à l'abîme se dit en grec: ἐπιστήμη. *Verstehen, vor-stehen:* se tenir devant ..., soutenir de se tenir ainsi, soutenir le choc. Penser, factivement, c'est entendre, sinon même comprendre (comprendre étant plus accompli qu'entendre, dont nous sommes la plupart du temps forcés de nous satisfaire).

La phénoménologie s'accomplit quand le phénomène lui-même se donne à voir dans son intelligibilité. L'intelligibilité phénoménologique est une modalité singulière d'intelligibilité en ceci qu'elle peut se dire formellement: intelligibilité de l'intelligibilité.

Heidegger se livrant à une phénoménologie de la religion explique l'intelligibilité du phénomène chrétien comme factivité explicitement en rapport avec le monde du soi-même. Pour cela, il faut se livrer à la dé-struction du christianisme. Dès le 9 janvier 1919, on peut lire dans la fameuse lettre de Heidegger à Krebs que le "système du catholicisme" lui était devenu inacceptable. Catholicisme désigne ici la forme de christianisme au sein de laquelle Heidegger est né, et qui lui est, qu'il le veuille ou non, héritage historique. Mais la dé-struction du christianisme n'est pas conduite en vue de revenir à la vie chrétienne. Son but est d'arriver à faire face à la question: comment fait-on face au monde du soi-même?

À la page 173 du tome 60, nous pouvons lire:

> *Le théologique et le philosophique ne doivent pas brouiller leurs frontières (...). C'est bien plutôt la remontée derrière les deux élaborations exemplaires de la vie factive qui va devoir 1°) une bonne fois faire pointer l'index principiellement sur la mesure dans*

*laquelle ‹il y a quelque chose› "derrière" les deux et quoi ‹c'est›; 2°) ‹montrer› comment à partir de là se prodigue une problématique tout à fait originale* (genuin); *tout cela non pas au-delà du temps, pour l'édification d'une culture à venir ou à ne pas venir, mais bien ‹de sorte que cela s'accomplisse› en factivité soi-même historique.*

Aller à reculons (*Rückgang*), "derrière" (*"hinter"*) l'élaboration théologique de la factivité chrétienne, et l'élaboration philosophique de la factivité de penser n'implique aucune excursion vers des arrière-mondes – pour la bonne raison qu'il n'y a pas de monde "derrière" le monde. Remonter "derrière" les factivités nous signifie, en bonne phénoménologie, de nous mettre en quête des *requisits* d'intelligibilité propre (puisés à la source, en faisant face à l'abîme de la raison humaine) qui seuls donnent à l'être humain de pouvoir, soi-même, répondre à ce que demande de lui un *monde* soi-même parvenu à la plénitude de son sens. De la phénoménologie a lieu chaque fois qu'un phénomène *se* manifeste au cœur de son *sens*. Le "monde du soi-même", à cette époque (Heidegger ne tardera pas à abandonner cette formulation) désigne le rapport au monde qu'entretient l'être humain lorsque le monde, soi-même, exige de chacun de nous qu'il parvienne soi-même à être à la mesure de soi. Quand le rapport au monde a lieu ainsi, quelque chose de parfaitement singulier et de toujours nouveau prend essor: la factivité historique. Pas seulement comment l'homme fait l'histoire, mais comment avec l'homme se fait l'histoire.

À l'extrême fin du livre, page 336 (mais souvenons-nous que les textes en sont les plus "anciens", et datent de 1919), on peut lire:

*L'analyse, c'est-à-dire l'herméneutique, travaille dans le Je historique. La vie, en tant que ‹vie› religieuse, est donnée d'avance. Ce n'est pas que serait analysée une conscience d'objets neutres; tout au contraire, il s'agit d'écouter en tout la détermination de sens spécifique, de l'écouter en allant tirer d'elle sa modalité. Problème: L'éidétique intuitive, en tant qu'‹éidétique› herméneutique, n'est jamais neutralement théorique; tout au contraire, elle n'a, de soi-même, le rhythme du monde vivant qu'*éidétiquement.

*Le flux de conscience est d'avance plus religieux, et au moins, ainsi, plus motivé et plus tendu. (Donc, par exemple, sainte Thérèse ‹d'Avila›, c'est en tant que* mystique *qu'elle voit de façon phénoménologique, sans ‹pourtant› voir éidétiquement, c'est-à-dire ‹sans› l'éidétique spécifique du religieux.)*

La factivité singulière de la phénoménologie en tant que telle, à savoir la manière dont elle s'accomplit historiquement, a quelque chose à voir avec l'*éidétique*. Le mot est husserlien; mais, pour qui ne sait pas ce qu'est un maître, Heidegger a manifesté vis-à-vis du sien, dès le départ, une liberté surprenante. Éidétique, Heidegger l'entend comme articulation d'intelligibilité. L'éidétique est (peut-on risquer) un élargissement et un allégement de ce qui s'appelle encore en philosophie "logique transcendantale".

Mais "phénoménologie" a encore – ne faudrait-il pas dire: "phénoménologie" a toujours déjà eu – un autre sens. Le sens, lui aussi husserlien, d'intuition. "Phénoménologique", en ce sens, est tout regard qui voit quelque chose qui le regarde vraiment. "Tous les hommes", disait Aristote dans la première phrase de la *Métaphysique,* "ont envie du savoir" (εἰδέναι: avoir vu ce qu'il y a à voir – l'*éidétique* est moins un savoir que ce eu égard à quoi il y a savoir).

Phénoménologie de la religion: entièrement motivée par l'éidétique et uniquement par elle, mais dans la mesure où nous y regarde quelque chose, simplement en tant que nous avons à être humainement. Nous y regarde une modalité tout à fait indicative de factivité: celle où il s'agit de faire ce qui doit *se* faire.

Après 1921, Heidegger ne reviendra plus jamais thématiquement à la religion. Cela ne peut se comprendre entièrement tant que la frontière entre philosophie et religion n'est pas lisiblement marquée, ou mieux encore tant que la séparation entre religion et théologie n'a pas eu lieu irréversiblement. Dans l'entretien de Zurich qui a été évoqué plus haut, Heidegger déclare, séparation faite:

> *S'il devait se faire que j'écrive encore une Théologie – ce dont il m'arrive maintes fois de ressentir l'envie –, alors le mot "être" n'y aurait pas droit de cité.*

Une *Théologie:* non plus une phénoménologie éidétique, mais une phénoménologie intuitive. Sans ironie – mais aussi et surtout en ayant pris soin de parer dans la mesure du possible à tous les risques d'illusion.

# Heidegger's Transition to Another Inception of Thinking

George Kovacs

Martin Heidegger: *Einführung in die phänomenologische Forschung* (lecture course at Marburg, Winter Semester, 1923 - 1924), GA 17, edited by Friedrich-Wilhelm von Herrmann (Frankfurt am Main: Klostermann, 1994), referred to in the text as GA 17.

Wolfgang Müller-Lauter: "Über den Nihilismus and die Möglichkeit seiner Überwindung," in *"Verwechselt mich vor Allem nicht!": Heidegger und Nietzsche* (Schriftenreihe der Martin-Heidegger-Gesellschaft Bd. 3), edited by Hans-Helmuth Gander (Frankfurt am Main: Klostermann, 1994), pp. 43 - 71, referred to in the text with M.

Ingeborg Schüssler: "Zur Frage der Wahrheit bei Nietzsche und Heidegger," in *"Verwechselt mich vor Allem nicht!": Heidegger und Nietzsche* (Schriftenreihe der Martin-Heidegger-Gesellschaft Bd. 3), edited by Hans-Helmuth Gander (Frankfurt am Main: Klostermann, 1994), pp. 157 - 178, referred to in the text with S.

Parvis Emad: "Nietzsche in Heideggers *Beiträgen zur Philosophie*," in *"Verwechselt mich vor Allem nicht!": Heidegger und Nietzsche* (Schriftenreihe der Martin-Heidegger-Gesellschaft Bd. 3), edited by Hans-Helmuth Gander (Frankfurt am Main: Klostermann, 1994), pp. 179 - 196, referred to in the text with E.

Theodore Kisiel: *The Genesis of Heidegger's "Being and Time"* (Berkeley: University of California Press, 1993), referred to in the text with K.

Burt C. Hopkins: *Intentionality in Husserl and Heidegger: The Problem of the Original Method and Phenomenon of Phenomenology* (Dordrecht, The Netherlands: Kluwer Academic Publishers, 1993), referred to in the text with H.

William Lovitt and Harriet Brundage Lovitt: *Modern Technology in the Heideggerian Perspective*, vols. 1 and 2 (Lewiston, N.Y.: E. Mellen Press, 1995), referred to in the text with L.

Sigbert Gebert: *Negative Politik: Zur Grundlegung der politischen Philosophie aus der Daseinsanalytik und ihrer Bewährung in den politischen Schriften Martin Heideggers von 1933/1934* (Berlin: Duncker & Humblot, 1992), referred to in the text with G.

## I.

The sustained interest in Heidegger's thought, in spite of the critical attitude toward many of his claims, always acquires a new impetus with the publication of and about his writings. It is legitimate to wonder on such an occasion, however, about the contribution of this expansion of the corpus Heideggerianum (shaped by many hands, including those of others as editors, scholars, thinkers) to the in-depth grasp and assessment of his insights, of his way of thinking. Do these laborers hand on (deliver) more of the same that amounts to a more extensive (and reliable) documentation coming to be ready to hand? Or, much rather, they impel to think and know the same differently? Do these writings invite the ones contending with the "matter" (*Sache*) of thinking to in fact think otherwise, may be even entirely otherwise than the accepted and expected habits of thought? Thinking as being under-way intimates a passage, a passing by, a going beyond the road already paved, a trans-ition; its time-play-space does not fix a standing, impressive command of a center-stage.

These concerns do not deter the attention from but rather turn it to the issues at stake in Heidegger's works, as well as in the endeavors of his probing explorers and interpreters. Seeing, thus learning, the way Heidegger works in another "posthumous" (left behind for those coming "after" him) volume may clear the way for better discerning the insights and claims of those who explore his works and ways. The question "What and how should one think of Heidegger today?" should not be answered without recognizing in his writings the trans-ition at work to another inception, to another way of thinking, i.e., the radically trans-itional nature of his entire undertaking. In his experience of thinking, and, quite remarkably, in the incisive, recently published text of his first lecture course at Marburg, *Einführung in die phänomenologische Forschung* (Winter Semester, 1923 - 1924) there is a passion for genuine questioning, and not the will to a program or system. He is convinced that philosophy is at its end, that we are facing "entirely new tasks that have nothing to do with traditional philosophy" (GA 17/1). This introduction to phenomenological research brings about the liberation from the sway of the theoretical attitude supported by traditional ontology; it opens up the access to the "things themselves," to beings in their being-characteristics, to the seeing and interpretation of Dasein based on "concrete experiences" (GA 17/3, 275, 276), thus to the "explanation of Dasein in its being (*in seinem Sein*)" (GA 17/278). The task at hand, then, for Heidegger, consists in "concrete research," and not in inventing a method (as Descartes and Husserl claimed and failed at it); it aims at discerning Dasein's concern (*Sorge*) with knowing as a "way" or "how" (*als Wie*) of Dasein, as a "formal indication" of the way Dasein is, thus interpreting the phenomena of Dasein and Dasein itself as being-in-a-world (GA 17/250, 278, 279, 285).[1] Thus the very introduction to phenomenological research breaks through the

---

[1] For Heidegger's discussion of "formal indication," see his *Phänomenologie des religiösen Lebens: 1. Einleitung in die Phänomenologie der Religion* (early Freiburg lecture course, Winter Semester, 1920 - 1921), edited by Matthias Jung and Thomas Regehly; *2. Augustinus und der Neuplatonismus* (early Freiburg lecture course, Summer Semester, 1921), edited by Claudius Strube; *3. Die philosophischen Grundlagen der mittelalterlichen Mystik* (plans for lecture not given, 1918 - 1919), edited by Claudius Strube; GA 60 (Frankfurt a.M.: Klostermann, 1995), pp. 55 - 65. An insightful reflection on Heidegger's "method" of "formal indication" can be found in Daniel O. Dahlstrom, "Heidegger's Method: Philosophical Concepts as Formal Inidcations," *Review of Metaphysics*, 47

prevailing trends in phenomenology, even through Husserl's phenomenology, to the phenomenology of Dasein, and ultimately to raising the question of being. Phenomenology, for Heidegger, in this decisive lecture course as well as in his later writings, is neither a set of fixed procedures nor a fashionable trend of thought; it is, as clearly perceptible in his confrontation with Husserl, most of all a "possibility of thinking" (*die Möglichkeit des Denkens*), an experience of the "matter of thinking whose manifestness remains a mystery."[2]

Heidegger's way of thinking and his primal attraction to unearthing the "matter" of thinking spring forth in contending with, as well as ultimately as breaking away from, the tradition of philosophy. The movement of his historical and thematic inquiry is basically prospective (a freeing up of hidden potentialities) and not retrospective (not a nostalgic return). The very origination of his "ways" is a contention, a struggle with the very "sources," i.e., beginnings, of his pathway of thought. Phenomenology, or rather the rethinking of its Husserlian claims, according to his first lecture course at Marburg, enables and impels him to discern Dasein in its potentiality and facticity (cf. GA 17/283, 289), as well as the "levelling" (*Einebnung*) and even the "emptying" (*Entleerung*) of being (GA 17/250, 283, 286). In fact a main accomplishment of this entire lecture course, in light of its third (and final) part, consists in explaining and thus in establishing the now famous thesis on the neglect (*Versäumnis*), i.e., failure, omission, forgetfulness, of the question of being (*Seinsfrage*) in Husserl's phenomenology (see especially GA 17/266 - 290) as still under the sway of Cartesian thinking and scholastic ontology. These considerations tell something about Heidegger's entire way of thinking, thus not merely about the movement ("genesis," "development") of his project toward existential analysis and fundamental ontology. The exploration of the neglect of the question of being in Husserl and the extensive "preparatory" discussion of decisive milestones of the tradition (Aristotle, Thomas Aquinas, Descartes) surely deserve a distinctive attention to this text and thus a prominent "place" for it among Heidegger's lecture courses at Marburg.

Thinking through the history of philosophy with Heidegger, with the help of phenomenological insights, means to pave the way for, being in trans-ition toward, another inception of thinking, toward another and different way of thinking. The three parts of the lecture course under consideration enact a radicalization of thinking, of philosophical research. The first part clarifies the interpretation of phenom-

---

(1994), 775 - 795; for an extensive discussion of "formal indication," see K, pp. 164 - 170, 235, and *passim*. A concise and helpful analysis of some basic claims of GA 17 can be found in Pavlos Kontos, "L'être-régional comme 'Seinsferne,'" *Revue philosopohique de Louvain*, 93 (1995), 597 - 607.

[2] Martin Heidegger, *Zur Sache des Denkens* (Tübingen: Niemeyer, 1969), p. 90. *On Time and Being,* translated by Joan Stambaugh (New York: Harper Colophon Books, 1977), p. 82. See also GA 17, pp. 75 (questioning as seeking), 76 - 77 (questioning as the way to beings).

enon and λόγος in Aristotle and explores basic aspects of Husserl's phenomenology together with its basic presuppositions. Aristotle's philosophizing was focused on the being of the world and on life as being in a world; it recognized the uncovering as well as the covering (covering up, concealing) potentials (deception, error) of human speech, the function of language in seeing and perceiving things (GA 17/31, 35, 37). The basic affair or concern of philosophical research, especially after Descartes, is determined by the mathematical idea of certitude, by the search for evidence, by the concern for "known knowledge" – a way of research that obviates (or interferes with) the genuine return to the "things themselves" even in Husserl's phenomenology (GA 17/101 - 104). This assessment of the nature of consciousness, of the ideal of knowledge, as well as of Husserl's critique of naturalism and historicism, is quite extensive; it is based on the interpretation of Husserl's *Logical Investigations,* and on a quite comprehensive analysis of his 1911 essay "Philosophy as Rigorous Science." The second part of the lecture course retrieves the historical background of the concern for certitude, knowledge, and truth; it includes an extensive, careful interpretation of Descartes' *Meditationes* and *Regulae ad directionem ingenii,* and a discussion of the ontological (scholastic) background of *verum, certum,* as well as Thomas Aquinas' *De veritate* and *Summa theolgiae.* The third part of the lecture course consists in a clear exposition of the differences and commonalities between Descartes and Husserl, in showing their failure to explore the being of consciousness; it concludes with exhibiting the more original neglect of the question of being in Husserl and with the indication of the need for the phenomenological exploration of historical Dasein and of its phenomena.

These mainly introductory considerations of Heidegger's radicalization of philosophical and phenomenological research show that his confrontation with the tradition is prospective and liberating in retrieving the concrete historical background (the historical formation and embodiment) of philosophical concepts and perspectives. Dialogue with the tradition, for him, means setting free the way(s) and the "matter" of thinking, in the final analysis, a leap; it would be a reversal of this movement or trans-ition of thinking to "read" and to "hold" his thought merely back into and thus delimit it to its (historical) "sources," to its "beginnings."

## II.

Understanding Heidegger's indebtedness to, as well as critique of, the philosophical tradition is in fact indispensable for grasping the task and the nature of his own thinking. Heidegger scholarship may be tempted to either reabsorb his thought into the history of philosophy or to completely detach it in the final analysis from the Western ideal of knowing. Observing his contention with (*Auseinandersetzung*) Nietzsche's philosophy is quite instructive for discerning his understanding and overcoming of metaphysical thinking at its historical culmination (consummation, consumption, end) in the phenomenon of nihilism. For Heidegger, Nietzsche's maxim (*Satz, Wort*) "God is dead" does not represent an ideological proclamation; it, much rather, "names the destiny (*Geschick;* lot) of two thousand years of occidental history,"[3] his interpretation (*Auslegung;* laying-out) of the "historical movement of nihilism."[4] Heidegger attempts to think this maxim, not in order to alter this destiny, something we are not ready for, certainly not by means of a lecture, but with the intention to learn something from it, to clarify it, i.e., to understand it "otherwise" (*anders*), though by no means "better" (*besser*), than Nietzsche, as long as this "other" is concerned with the "same" (thing) as the text interpreted.[5] These remarks come from Heidegger's 1936 - 1940 lectures on Nietzsche that regard Nietzsche's philosophy as the culmination of occidental metaphysics and claim to grasp it based on (from the perspective of) the history of being. Nietzsche, according to Heidegger's assessment, is an "essential thinker" because he (one should add: like Heidegger himself) thinks only "one unique thought," because he is concerned with (thinks and makes a decision about) "being(s)-in-totality" (*das Seiende im Ganzen*) (one should add: though in the end differently from Heidegger, i.e., forgetting being).[6] In the final analysis, then, Heidegger thinks otherwise than Nietzsche; there is a transition to another inception (way) of thinking in Heidegger's interpretation of nihilism, in his understanding of truth, and especially in his being-historical meditation. The in-depth study of Heidegger's lectures on Nietzsche and the unearthing of their relationship to *Beiträge zur Philosophie (Vom Ereignis)* provide a safe remedy to the temptation of "mistaken identity," to reducing one thinker's thought to that of another's, to confusing their distinct insights, to a (disguised) hermeneutics swayed by historical reductionism.

The essays by Wolfgang Müller-Lauter, Ingeborg Schüssler, and Parvis Emad, all focused on Heidegger's comprehensive dialogue with Nietzsche, explore basic issues at stake in Heidegger's transitional, inceptional, ultimately daring and essential thinking. They make definite, insightful contributions to the assessment of Nietzsche's significance for Heidegger's own struggle with metaphysical thinking, as well as to the clarification of Heidegger's "one, unique" thought; their labor in the field, enduring the burdens of the day, ought to be described as paradigmatic.

W. Müller-Lauter's essay "Über den Nihilismus und die Möglichkeit seiner Überwindung" represents a critical probing of Heidegger's appropriation of Nietzsche in light of current scholarship on (and availability of texts of) Nietzsche. It examines the historical significance of nihilism, its essence and overcoming. According to Heidegger, Nietzsche regards nihilism as the devaluation of all values and understands its overcoming as the transvaluation of values (the over-

---

[3] *Holzwege* (GA 5), p. 213.
[4] GA 5, p. 212.
[5] GA 5, pp. 213, 214.
[6] *Nietzsche I* (GA 6.1), p. 427. Cf. also *Grundbegriffe* (GA 51), pp. 3 - 4.

turning of the Platonic worldview). This means that values are posited by the will to power, i.e., by (a) being or by beings, and not by being (*Sein*) as such; being, then, is forgotten and (ac)counts for nothing. Thus from Plato to Nietzsche "metaphysics as metaphysics is nihilism," reaching its completion in Nietzsche's philosophy (M, p. 44). Heidegger views Nietzsche's thought of eternal recurrence as a "fantastic mysticism" and relates it even to the "essence of modern technology" as the "steady rotating recurrence of the same" (M, pp. 63, 64).[7] Heidegger draws the conclusion (in his 1951 - 1952 lecture course at Freiburg) that "Nietzsche's attempt to think being (*Sein*)" shows us moderns that "all thinking, that is, relatedness to being, is still difficult."[8] According to Heidegger's 1969 Le Thor Seminar, the human being is ensnared in nihilism; it becomes the "slave (*Sklave*) of the forgottenness of being" (M, p. 67).[9]

The insightful and critical exploration of Heidegger's interpretation of nihilism by Müller-Lauter, however, seems to remain suspicious about Heidegger's claim that where "danger" is, thrives the "saving power" also, i.e., about the possibility of overcoming nihilism (M, pp. 68, 69 - 70). It should be recognized that Heidegger's indications about the possibility of overcoming nihilism constitute neither a historiological nor a political vision (i.e., a prophecy) of the future; they are based on his teachings about the nature and significance of the ontological difference, on his claims about the clearing of the truth of being, on his assessment of the historical function of the experience of the distress of extreme need, ultimately on his thinking of being as "gift," as "promise." Thinking-through these issues requires a more comprehensive analysis. Overcoming nihilism includes the experience of the end of metaphysical thinking. Heidegger warns that the "end-ing" of metaphysics lasts longer than the "hitherto existing history of metaphysics," that it cannot take place without another inception of thinking, without being-historical thinking.[10] I. Schlüsser's study of the question of truth in Nietzsche and Heidegger and P. Emad's exploration of the transitional nature of thinking at work in Heidegger and Nietzsche, based on seminal texts of both thinkers, constitute significant contributions to the clarification and assessment of this "other," inceptional, more radical way of thinking.

I. Schüssler's essay "Zur Frage der Wahrheit bei Nietzsche und Heidegger" includes a penetrating analysis of Nietzsche's experience of the loss of truth in the modern world, the retracing of the history of the traditional understanding of truth as rightness of agreement between the intellect (subject) and the thing (object), and a concise description of the rethinking of the entire question of truth in Heidegger.

---

[7] *Was heisst Denken?* (lecture course at Freiburg, Winter Semester, 1951 - 1952 and Summer Semester, 1952), 2nd ed. (Tübingen: Niemeyer, 1961), p. 47 (hereafter: WD); tr. *What Is Called Thinking?*, p. 109 (translation slightly modified).

[8] WD, p. 47; tr. p. 109 - 110 (translation slightly modified).

[9] *Seminare* (GA 15), p. 370.

[10] *Vorträge und Aufsätze,* part 1, 3rd ed., (Pfullingen: Neske, 1967), pp. 63, 71, 75, 91).

This careful probing explains how the traditional essence of truth becomes inessential and truthless; it clarifies the more original definition of truth as unconcealment and its interpretation by Heidegger as the "clearing of being" (*Lichtung des Seyns*) (S, pp. 158, 164, 170, 176 - 178). The lucidity and the depth of analysis, as well as the comprehensive grounding of the discussion in seminal texts of both thinkers, constituting valuable characteristics of Schussler's study, are exemplary. The final conclusion of this essay explores the "clearing of being" and the "turning in thinking" (S, pp. 177, 178); it should be regarded as the indication of the way to the overcoming of nihilism, of the oblivion of being in the midst of the sway of technology as "enframing" (*Gestell*), and as the final sense of Heidegger's maxim that where "danger" is, there thrives the "saving power" also (S, p. 176).[11]

P. Emad's study "Nietzsche in Heideggers *Beträgen zur Philosophie*" is a careful, enlightening exploration of basic issues at stake in Heidegger's attempt to think further (otherwise) than Nietzsche. The understanding of Nietzsche's "place" (and "function") in Heidegger's *Beiträge zur Philosophie* cannot be reduced to (it can not be identified with) the description of Nietzsche's influence on Heidegger, to exhibiting the genesis of Heidegger's insights from the ideas of Nietzsche; chronology cannot frame the transition, in fact the leap, the origination of thinking. Heidegger's historical confrontation (struggle) with Nietzsche's thought takes place as, and in the, transition of his way of thinking from the first to another inception of thinking, as striving (through the fundamental ontology of *Being and Time*, *Beiträge zur Philosophie*, and the Nietzsche lectures of 1936 and 1937) for (going-over to) being-historical thinking. The Greek inception of philosophy, the concern with valuation, and the phenomenon of nihilism as discerned, though still not radically enough (i.e., merely in opposition to metaphysics, in an oppositional-metaphysical way), by Nietzsche, according to Emad's analysis, are re-thought (thought further) by Heidegger in a more radical (other than metaphysical) way, i.e., based on the human being's belongingness to being. Nietzsche's idea of nihilism is interpreted by Heidegger (e.g., in the first "movement" or joining of *Beiträge zur Philosophie* called "The Echo") as abandonment by being (*Seinsverlassenheit*) (E, pp. 188; cf. also pp. 180, 187, 194 - 195).[12] According to Emad's claim, abandonment by being marks out a "transitional-being-historical realm" where Nietzsche lectures and *Beiträge zur Philosophie* (especially its parts or joinings called "The Echo" and "The Interlude", the insight into the two inceptions and their interrelated movements) "deeply touch each other" (E, p. 192); the former (the Nietzsche lectures) define the original essence of nihilism (i.e., retrace it to abandonment by being) in relating it to the first inception, while the later (*Beiträge zur Philosophie*) thinks the more original essence of nihilism in relating it to the other inception as "transitional-inceptional-being-historical occurrence"

---

[11] *Die Technik und die Kehre* (Pfullingen: Neske, 1962), p. 41.
[12] For Heidegger's interpretation of metaphysical thinking in Nietzsche, see also his *Vorträge und Aufsätze*, part 1, pp. 111, 112, 114, 118.

(E, p. 192). This means that Heidegger is thinking the "appropriating event" (*Ereignung*) and the "expropriation" (*Enteignung*) of being (*Seyn*) in its historical destiny (E, pp. 192, 193). These are just some of the insights of Emad's study that deserve the attention of those who venture to think through, to contend with, Heidegger's *Beiträge zur Philosophie*.

## III.

Theodore Kisiel's *The Genesis of Heidegger's "Being and Time"* attempts to disclose the "full and reliable story of Heidegger's development from 1915 to 1927" (K, p. 2), the "conceptual history," the "biographical infrastructure," and the "doxography" of the perhaps "most important classic" of twentieth-century philosophy, *Being and Time,* based on the most comprehensive record accessible (K, pp. 2, 3, 5, 8). It is a ground-breaking and ground-probing labor intent on setting some markings or way-wisers, even some path-finders, on Heidegger's "ways" and "works," on his now more and more available lecture courses that trace his unrelenting struggle for the "matter of thinking," the phenomenology of Dasein, and the attunement to being. The hour for in-depth (genetic) probing and critical (discerning) assessment, based on the original sources (texts), of Heidegger's journey of thought, especially of its earlier stretch, is at hand; tracing its unfolding (genesis, course, and ambition) is, and brings about, a mode of understanding. The analysis of Heidegger's breakthrough to hermeneutic phenomenology of "life," to the immediate situation of the individual (first part of Kisiel's book), the description of his confrontation with the ontological tradition, especially with Aristotle, (second part), and the discernment of the "three drafts" of *Being and Time* (third part), built on extensive documentation, constitute valuable guides in exploring and grasping what is at work in Heidegger's writings "leading up to" his magnum opus.

The vastness of Kisiel's undertaking, in spite of its impressive accumulation of "data," historical "chronology," and "doxa", exacts as well, at least *in obliquo,* its inherent hermeneutic limitations. The "schematized," necessarily compressed discussion of the lecture courses, and their archival classification and attractiveness for privileged attention surely disclose decisive insights; they, however, should not distract or detour from their more complete investigation and understanding. Heidegger's thesis of the neglect of being in Husserl, as indicated in the first part of this essay, is something more endemic to Heidegger's 1923 - 1924 lecture course (GA 17) than Kisiel's account is able to suggest (K, pp. 276 - 281). The urge to compile an encyclopedia or a dictionary, not to say a "summa" (comprising the development and understanding of Heidegger's thought), then, would be premature. There are no substitutes for reading and working with Heidegger's texts. No storyteller or interpreter should be expected to dispel the need for phenomenological labor.

Kisiel's study constitutes a "marking" in assessing Heidegger's thought; it delves into the "archives," into the "genesis" of Heidegger's insights. The most significant accomplishment of Kisiel's labor is quite historical and well-timed; it impels thinking about Heidegger's thought and, quite promisingly, about the nature, diversity, and ambitions of research appropriating, interpreting, and making (even final) claims about Heidegger's thought. Kisiel's work, however, should not be granted immunity from subjection to serious scholarly scrutiny. The sense of direction of Heidegger's own research (his philosophical labor) as going back to "the things themselves" (see, e.g., GA 17) may have been reversed by Kisiel's confessed urge to go back to (to recede into) "the archives themselves" (K, p. 11), by the vow to "demystify" "much of the mystagogic language" of the later Heidegger (K, p. 10), by the tantalizing premonition that perhaps there is "nothing essentially new in the later Heidegger," and by the maieutic, retracing wisdom or secret hope that the 1919 war emergency lecture course[13] contains "*in ovo* all" of what is to come later (K, p. 458). Even if one disregards these (and there are some other) spontaneous self-disclosures ("indiscretions") or semi-formal indications, it is worth to ponder whether the "archival-retrieval-impulse" and the passion for "genesis," elements of understanding, pre-chart (project, fix) a regressive and thus reductive reading (re-tracing) of the "Heidegger story." The fascination with the power to write history, to tell and retrace (de- and re-construct) Heidegger's journey of thought, it may be suggested, readily engenders a reductive reading, a (surreptitious) historical reductionism.

Reductionist "tracing" or genesis reverses Heidegger's way of thinking; it insists on a backward reading of history, of thinking. Historical reductionism obscures the nature and way of thinking. Is it feasible (or even possible) to assist (to detect) the birth (including: birth-play, birth-place, birth-space, birth-timing) of thought, especially as something unique to the individual thinker? Could anyone "see" Zarathustra's thinking, the "overflowing" of his "cup" (the genesis of his thought), in his cave?[14] How does the genesis of an "idea" take place? Kisiel's ears may not be ready for these "sounds," for these questions.

Heidegger's way of thinking is subjected to erasure under the spell of historical reductionism. His thought may not be grasped through historical reductionism. His historically (*geschichtlich*) oriented lecture courses discern the unthought and the unquestioned in the tradition; they break through to Heidegger's own questions and way(s) of thinking. Heidegger's attention always brings out the difference, the new or something "other" in criticizing the tradition as well as phenomenology (e.g., in GA 17). Thus, for him, the given history of thought functions as "means,"

---

[13] *Zur Bestimmung der Philosophie: 1. Die Idee der Philosophie und das Weltanschauungsproblem; 2. Phänomenologie und transzendentale Wertphilosophie* (GA 56/57).

[14] Friedrich Nietzsche, *Thus Spoke Zarathustra,* translated by R. J. Hollingdale (Baltimore, Maryland: Penguin, 1971), p. 39.

as "occasion", and not as an "anchor" (foundation, norm), for thinking. He always moves toward other horizons or questions that open up the way to beings, to Dasein, and to being; they constitute clearings by and for the "matter" of thinking. Heidegger himself reads his "predecessors" quite deliberately forwards, not backwards; his confrontation with the tradition, then, is pro-spective, not retro-spective. His rethinking of Husserl's "Philosophy as Rigorous Science" (in GA 17) constitutes an eloquent, even paradigmatic, example of this pro-tension, of this forward-thinking. Understanding the genesis of Heidegger's thought comes about through discerning in his writings the breakthroughs, ultimately the leap, towards its possibilities (future) beyond indebtedness to historical facticity (past). Thus the contribution of Kisiel's book to Heidegger research, in the final analysis, may have to be measured by its ability to impel its readers to read more, rather than less, Heidegger's writings.

According to Heidegger's claim, Husserl's concern for certitude obstructs the possibility of encountering beings in their being-characteristics (cf. GA 17/270). The idea of intentionality as viewing of something includes a theoretical attitude (GA 17/271, 284); the explanation of Dasein in its being may come about only through concrete research (cf. GA 17/278, 279), by regarding knowing as a "mode" or "way" (*Weise*) of Dasein itself (GA 17/286), by interpreting anxiety, not as a phenomenon of intentionality, but as a "phenomenon of Dasein itself" (GA 17/288). Thus, the access to Dasein ought to overcome the levelling of being in beings (GA 17, p. 283), the neglect (ultimately) of being in Husserl's phenomenology. Heidegger, then, comes to the phenomenology of Dasein in the course of his critical appropriation of Husserl's phenomenology. Understanding Heidegger's own hermeneutic phenomenology, as his lectures show, requires grasping basic claims of Husserl about intentionality, as well as about the method of phenomenological research.[15] The exploration of the agreements and differences between Husserl and Heidegger, especially about intentionality and the phenomenological "method" of research, becomes more and more feasible and imperative in light of the publication of their writings. As Burt Hopkins' incisive study *Intentionality in Husserl and Heidegger* shows, the issues at stake here transcend mere historical and genealogical comparisons; they belong to the assessment of phenomenology and to the understanding of hermeneutics. This thorough, objective, "non-partizan" study represents a reliable and timely guide, as well as a daring step, in unearthing the original insights of both thinkers (H, pp. 3, 218). The phenomenological issues of the Husserl-Heidegger controversy are "yet to be explored" (H, p. 4). Hopkins carefully limits his study to texts of Heidegger explicitly addressing phenomenol-

---

[15] Friedrich-Wilhelm von Herrmann, *Der Begriff der Phänomenologie bei Heidegger und Husserl*, 2nd ed. (Frankfurt a. M.; Klostermann, 1988), p. 7 and *passim; Wege ins Ereignis: Zu Heideggers "Beiträgen zur Philosophie"* (Frankfurt a. M.: Klostermann, 1994), pp. 9, 14; *Wege und Methode: Zur Hermeneutischen Phänomenologie seinsgeschichtlichen Denkens* (Frankfurt a. M.: Klostermann, 1990), pp. 12, 17, 36.

ogy and to those texts of Husserl available to Heidegger "during the period of the latter's explicit concern with phenomenology" (H, p. 5). His work examines Husserl's and Heidegger's accounts of the phenomenon of intentionality (parts one and two); it shows, based on the results of the comparison, that Heidegger misinterprets Husserl's account of intentionality, and identifies their discrepancies about phenomenology (part three). Hopkins argues (in part four) for the necessity of reexamining the Husserl-Heidegger relationship. It should be noted that Heidegger's 1923 - 1924 lecture course (GA 17) should play a decisive role in this assessment, including in adjudicating Hopkins' claims. His work, no doubt, makes an excellent contribution to this task.

*Modern Technology in the Heideggerian Perspective* by William Lovitt and Harriet B. Lovitt includes an ambitious, comprehensive analysis of all the major themes of Heidegger's philosophy and the examination of his idea of technology as a "mode of revealing" (L, pp. 1, 225), focusing on the later as a unifying and guiding perspective in rendering Heidegger's thought accessible in a "new way" and, admittedly, by means of the two authors relying "solely on one another" (L, pp. vii, ix, x). This work may be useful as a general, first introduction to, or rather as a first rough acquaintance with, Heidegger's ideas. The main question, however, that ought to be raised is whether or not it makes a substantial contribution to current Heidegger research, especially in light of the remarkable progress of Heidegger scholarship in English. Heidegger's thought may not be adequately explored or interpreted today, as he himself warned about this, without the sustained study of the lecture courses that became available during the last twenty years; it may not be isolated from the impact of his *Beiträge zur Philosophie* on grasping his way of thinking. The extensive work by the Lovitts suffers from serious endemic limitations in this regard. It remains immune from the advances, and from the creative language, of Heidegger studies.

## IV.

The current attention to the political dimension (context, genesis, intention) of Heidegger's thought, even without speculating about the politics of philosophical research and academic scholarship in general and in relation to "Heidegger's case," should, and hopefully will, lead to the clarification of the nature of Heidegger's concern with the political, as well as to the recognition of the hermeneutic viability and intention of scholarly work itself (i.e., to a healthy dose of self-criticism, to a critique of the critique); the time for monolithic, selective thinking is over. The hermeneutic privileging of the prosecutorial disposition in "philosophical" research into Heidegger ought to be questioned (in theory and practice). Sigbert Gebert's *Negative Politik* makes a valuable contribution to "another" way of thinking through "Heidegger and politics," to the deepening of hermeneutic sensitivity in assessing, in making claims about, Heidegger's pathways (*Holzwege*) in the realm of politics. This careful, objective, textually-based study represents a new direction in exploring Heidegger's political ideas and involvement; it is a systematic research that shows the need to overcome the fragmentary approach to, i. e., the selection of one, often accidental aspect of, the more comprehensive issue of Heidegger's relation to politics. Gebert succeeds in showing that, based on Heidegger's earlier writings (up to 1933), his political "involvement" is not something secondary or accidental to, but an endemic element of, his thinking (G, p. 11). Gebert's main task consists in unearthing the philosophical nature of Heidegger's concern with the political, as well as in establishing foundations for political philosophy based on Heidegger's analysis of Dasein. The former task is quite well accomplished; the latter one, however, needs more development.

The introductory part (description of methodology and relation to current scholarship, mainly in Germany) and the clearly structured presentation render Gebert's work readable and thoughtful at the same time. The second part constitutes the elaboration of a political philosophy based on the relationship between fundamental ontology and politics (G, p. 31); it claims to represent a new foundation for political theory, as well as for political action. This includes the discussion of major themes of the existential analysis of Dasein, with special focus on being-with (social dimension), freedom, concern (*Sorge*), call of conscience, temporality, historicity, power, and resoluteness. The decisive conclusion of this "theoretical" grounding of politics is the idea of an essentially "negative politics," i. e., an existential critique of existentiell possibilities, the undermining of political programs that claim eternal validity (ideology), the indication of a sense of direction for possible action (alternatives, risks) (G, pp. 107; also 111, 148). The third part of Gebert's study examines Heidegger's concrete "politics," i. e., his attempt to reform the university (to recover its true mission), and thus his intention to reawaken a basic disposition for genuine political transformation. This includes an extensive explanation of the philosophical issues at stake in Heidegger's rectoral address. The most worthwhile accomplishments of this "practical" part of Gebert's work are the careful analysis of the situation of the university, the description of the status of the sciences, the diagnosis of the "spirit" of the times (G, pp. 119 - 140), as well as the explanation of the nature of the "struggle" and of the sense of "leadership" as understood by Heidegger. The entire discussion is based on relevant texts of Heidegger; it includes a concise and critical reflection on insights of Emmanuel Levinas, Hannah Arendt, and on those of others.

Gebert's work makes a helpful, balanced, and thoughtful contribution to the exploration of the basically philosophical nature of Heidegger's concern with, and to the assessment of his practical involvement in, politics. It should be recognized, however, that historical events and individual responsibility may not be reduced to, nor fully grasped as, merely political configurations; their assessment, in the final analysis, cannot escape from the sense of commitment shaped by moral, personal, historical responsibility. The elaboration of these issues may not be comprehensive without confronting the need for and the insights of a philosophy of history. Thus political philosophy may not be sufficient, though it is surely necessary, for judging "ways" and "turnings" in history, in decisive historical times.

# Der Wirtschaftshistoriker und die Wahrheit

## Notwendige Bemerkungen zu den Veröffentlichungen Hugo Otts über Martin Heidegger

Hermann Heidegger

Der Wirtschaftshistoriker Hugo Ott hat seit vielen Jahren mit großem Fleiß ergebnisreiche Forschungsarbeit über Martin Heidegger geleistet. Ihm kommt das Verdienst zu, bisher Unbekanntes, vor allem aus der Frühzeit Martin Heideggers, aus den Archiven hervorgeholt zu haben. Einige Hauptquellen, vor allem für die Zeit ab 1930, wurden von ihm bedauerlicherweise nicht genutzt.

Bei der Niederschrift seiner Forschungsergebnisse wurde leider vielfach wissenschaftlich unsorgfältig gearbeitet. Dies und eine enge katholische Sicht verführten ihn manchmal zu Vorurteilen, Fehlurteilen, Verdächtigungen, Ungerechtigkeiten und unzutreffenden Darstellungen. In seinem Text tauchen oft Fremdworte auf, für die es gute deutsche Worte gibt. Einige in der Tonart mit wenig Taktgefühl geschriebene, sehr salopp ausgeführte Aussagen über meinen Vater werden dessen Persönlichkeit nicht gerecht. Allein in seinem Buch „Martin Heidegger – Unterwegs zu seiner Biographie" habe ich 243 Stellen gefunden, die wissenschaftlich bzw. sachlich zu beanstanden sind.

Seit Hugo Ott sich mit Martin Heidegger beschäftigte, hat er in vielen Zeitschriften- und Jahrbuchaufsätzen immer wieder, neben Richtigem und Wichtigem, Einseitiges, Fehlerhaftes und Unwahres über meinen Vater veröffentlicht. Ich habe dazu, weil ich mit der Arbeit für die Gesamtausgabe Wichtigeres zu tun hatte, und aus Gründen rotarischer Freundschaft, 17 Jahre lang in der Öffentlichkeit geschwiegen, was mir vielfach zum Vorwurf gemacht wurde. Ich habe ihn anfangs mehrmals persönlich auf seine Fehler hingewiesen. Meine Korrekturen berücksichtigte er nur wenige Male. Angebotene Hilfe vor seinen Drucklegungen lehnte er ab. In dem „Heidegger-Heft" der Freiburger Universitätsblätter (Heft Nr. 92, Juni 1986) kam er, wohl aufgrund meiner warnenden Stellungnahme, die ich ihm gleichzeitig zur Kenntnis gab, nicht zu Wort. Seither war leider, trotz meines wiederholten Angebots, ein sachlich-vernünftiges Gespräch zwischen uns nicht mehr möglich.

Im Sommer 1996 nahm Hugo Ott eine eigene Ehrung durch die Stadt Freiburg zum Anlaß, in einer Rede, die er im Auszug in der „Badischen Zeitung" zum Druck brachte, erneut meinen Vater mit unwahren Aussagen öffentlich anzugreifen. In einem Leserbrief an die „Badische Zeitung", veröffentlicht am 5. September 1996, nahm ich dazu Stellung.

Ebenfalls im Sommer 1996 veröffentliche Hugo Ott im „Forum" (herausgegeben von der Schulstiftung der Erzdiözese Freiburg) einen Aufsatz „Wie katholisch war Martin Heidegger?" mit einer gegenüber seinem Buch neuen, aber immer noch wahrheitswidrigen Darstellung über den Ablauf der Beisetzungsfeierlichkeit für meinen Vater auf dem Meßkircher Friedhof am 28. Mai 1976, bei der er nicht zugegen war. Er griff dabei nun auch mich in taktloser Form an.

Als Hugo Ott 1979 zum ersten Mal in der Öffentlichkeit in dem Buch „Badische Geschichte" zu Martin Heidegger Stellung nahm und angebliche Sätze aus der Rektoratsrede zitierte, die in dieser Rede nicht vorkamen, mußte er mir damals zugeben, daß er diese Rede noch nicht gelesen hatte.

Erst 1983 entschloß ich mich, die Rektoratsrede neu aufzulegen, als die von Hugo Ott mitverantwortete Universitätsausstellung zu 1933 die Rektoratszeit meines Vaters einseitig darstellte.

Mit dem nicht genehmigten Nachdruck von Gedichten meines Vaters, mit dem Abdruck eines bisher unveröffentlichten Gedichts (Ott weigerte sich, mir die Quelle zu nennen), mit der Veröffentlichung von bisher unbekannten Briefen meines Vaters ohne meine Zustimmung und mit der Veröffentlichung eines, dazu noch an einer Stelle falsch entzifferten Privatbriefes von Elfride Heidegger an Frau Malvine Husserl in der 2. Auflage seines Heidegger-Buches noch zu Lebzeiten meiner Mutter, verstieß Hugo Ott eindeutig gegen das Urheberrecht.

Der Direktor des Deutschen Literaturarchivs stellte in einem am 12. September 1996 in der „Badischen Zeitung" veröffentlichten Leserbrief fest, daß Hugo Ott die „durch Unterschrift anerkannten Benutzungsbedingungen des Deutschen Literaturarchivs verletzt" und „vorsätzlich nicht eingehalten" habe; er könne ihm „das Recht zur Benutzung des Deutschen Literaturarchivs künftig nicht mehr ohne weiteres einräumen".

Das Verhältnis Husserl/Heidegger stellte Hugo Ott falsch dar. Ich stelle fest: Während des Rektorats Sauer 1932/33 wurde Husserl als Jude beurlaubt. Während des Rektorats Heidegger – dieser war am 21. April 1933 auf Vorschlag von Möllendorffs fast einstimmig zum Rektor *gewählt* worden – wurde diese Beurlaubung Ende April 1933 aufgehoben. Husserl erhielt im Juli 1933 die Mitteilung, daß er wieder lesen dürfe. Die Entfremdung zwischen Husserl und Heidegger begann, als Husserl bei der Lektüre von „Sein und Zeit" feststellen mußte, daß Heidegger Husserls Phänomenologie verließ und eigene Wege einschlug. Auf den auch im Namen von Martin Heidegger von Elfride Heidegger Ende April 1933 geschriebenen Brief an Frau Husserl brachen *Husserls* die familiären Beziehungen ab. Martin Heidegger entschuldigte sich zum 90. Geburtstag von Frau Husserl in einem von der Schwiegertochter persönlich überbrachten Brief mit Blumen für sein Versäumnis, nach dem Tod von Husserl, als er selbst krank zu Bett lag, ihr nicht geschrieben zu haben.

Über die Rektoratszeit Martin Heideggers berichtet Ott unzureichend: Der *nicht*„spektakuläre" Eintritt Heideggers in die NSDAP geschah am 3. Mai 1933, mit Rückdatierung auf den 1. Mai, unter der im Rechenschaftsbericht erläuterten ausdrücklichen, von der Partei bis 1945 eingehaltenen Bedingung, daß Martin Heidegger nie ein Parteiamt übernehmen und nie an einer Parteiversammlung teilnehmen werde. Die Fortdauer der NSDAP-Mitgliedschaft bis 1945 bedeutete für Martin Heidegger einen gewissen Schutz vor der ihn nach seinem Rücktritt als Rektor überwachenden Gestapo.

Im Herbst 1933 wurde Heidegger zum Rektor *ernannt*. Seinerseits ernannte er zu Dekanen nur Nicht-Nationalsozialisten, nach seinem Urteil sämtlich Spitzenleute ihrer Fakultät, darunter den von den Nationalsozialisten als Rektor zum „freiwilligen" Rücktritt gezwungenen Mediziner Prof. von Möllendorff. Deutlicher und mutiger hat kein deutscher Rektor der damaligen Zeit gezeigt, daß er die „Selbstbehauptung der deutschen Universität" gegenüber der Partei durchsetzen wollte. Die jüdischen Professoren v. Hevesy und Thannhauser konnten, solange Heidegger Rektor war, an der Universität gehalten werden.

Im April 1934 bekannte Heidegger bereits in einer Niederschrift, daß er sich politisch geirrt habe. In ganz Deutschland hatte kein *ernannter* Universitätsrektor den Mut, nach einem halben Jahr bereits sein Amt unter Protest niederzulegen – nur Heidegger tat dies.

Im Rechenschaftsbericht über sein Rektorat gab Heidegger zu (S. 34): „So geschah manches Ungenügende, Unrichtige und Unvorsichtige, was die Kollegenschaft, wie es schien, ausschließlich beschäftigte. Die Rektoratsrede war in den Wind gesprochen ..." und (S. 39): „Das Rektorat war ein Versuch, in der zur Macht gelangten ‚Bewegung' über alle ihre Unzulänglichkeiten und Grobheiten hinweg das Weithinausreichende zu sehen, das vielleicht eine Sammlung auf das abendländisch geschichtliche Wesen des Deutschen eines Tages bringen könnte. Es soll in keiner Weise geleugnet werden, daß ich damals an solche Möglichkeiten glaubte und dafür Verzicht tat auf den eigensten Beruf des Denkens zugunsten eines amtlichen Wirkens. In keiner Weise soll abgeschwächt werden, was eigene Unzulänglichkeit im Amt verursachte."

Nach einem letzten, durch einen Freund gemachten, aber leider gescheiterten Versuch, zu einer gemeinsamen Aussprache zu kommen, sehe ich mich jetzt, auch aus Selbstachtung, gezwungen, meinen Vater öffentlich zu verteidigen und in diesem wissenschaftlichen Jahrbuch öffentlich gegen Hugo Ott Stellung zu nehmen. Bisher wurde von Laien, aber auch von vielen Fachleuten gemutmaßt, daß alle Aussagen Ott's wohl zutreffen müßten, wenn der als Historiker ausgebildete Sohn Martin Heideggers sich nicht zu Wort meldete.

Beim ersten Lesen des Ott'schen 1988 erschienenen Buches „Martin Heidegger – Unterwegs zu seiner Biographie" machte ich 163 mal an den Seitenrändern Bemerkungen: 7 Raubdrucke, 64 sachliche Fehler, bzw. nicht genehmigte Nachdrucke, dabei nicht gekennzeichnete Auslassungen bei Zitaten; 21 fehlende Quellenangaben; *49 unwahre Aussagen;* 22 wichtige und nicht unbekannte Tatsachen wurden von Ott verschwiegen, dagegen zahlreiche, nicht belegte Mußmaßungen niedergeschrieben.

Ott bezichtigt meinen Vater, unwahre Aussagen gemacht zu haben. Seine Meinung scheint zu sein: Was er nicht in den Akten findet, hat nicht stattgefunden. Auch 1933 gab es schon das Telefon. Viele Gespräche wurden nicht protokolliert. Akten verbürgen nicht immer das tatsächliche Geschehen.

Beim jetzigen, nochmaligen Lesen seines Buches entdeckte ich weitere 80 Fehler. Alle Fehler gefunden zu haben, maße ich mir nicht an, da ich nur stichprobenhaft die Richtigkeit der zahlreichen Zitate überprüft habe oder mangels Quellenangabe überprüfen konnte.

Ott's unzureichendes Buch ist schon in sechs Sprachen übersetzt worden. Seine z.T. fehlerhaften und wahrheitswidrigen Angaben über meinen Vater werden leider auch im Ausland meist kritiklos übernommen.

Der Wirtschaftshistoriker Hugo Ott verdankt seine weltweite Bekanntheit nur seiner Beschäftigung mit Martin Heidegger, den er mit einer Haßliebe verfolgt. Ist Hugo Ott immer auf der Suche nach der Wahrheit?

Nachfolgend liste ich die von mir bis jetzt in seinem Buch festgestellten Beanstandungen (Fehler, Unwahrheiten, Raubdrucke, nicht gekennzeichnete Auslassungen, fehlerhafte Zitate, fehlende Quellenangaben und Tatsachen-Unterschlagungen) auf. Verbesserte Worte und Zahlen wurden kursiv gesetzt. Zum leichteren Auffinden der Verbesserungsstellen wird bei der Seitenzahl jeweils o. = oben; m. = mitte; u. = unten angezeigt.

**Auflistung der wissenschaftlich
bzw. sachlich zu beanstandenden Stellen**

in Hugo Ott's Buch „Martin Heidegger – Unterwegs zu seiner Biographie"
Campus-Verlag, Frankfurt/New York 1988, 1. Auflage.

S. 7 m.     Zu: „Ausgelöst wurde ...": Ott's falsches, nicht belegtes Zitat aus der Rektoratsrede in „Badische Geschichte" (1979), die von ihm mitverantwortete einseitige Ausstellung 1983 in der Freiburger Universitätsbibliothek und die Unwissenheit vieler Zeitgenossen, die die Rektoratsrede nicht kannten, aber über sie redeten, veranlaßten mich, die Rektoratsrede neu aufzulegen – nicht das „50. Gedenkjahr".

S. 8 m.     Der Rechenschaftsbericht „Tatsachen und Gedanken" ist in Petzet's Buch *nicht* eingearbeitet, er kannte diesen noch gar nicht, als er sein Buch schrieb. Der Querverweis in Petzet's Buch S. 52 konnte erst 1983 nach Erscheinen der „Tatsachen und Gedanken" eingefügt werden, also unmittelbar vor dem Ausdruck des ebenfalls 1983 erschienenen Petzet-Buches.

S. 9 o.     *zuteil*

Der Wirtschaftshistoriker und die Wahrheit 181

S. 10 u.  Kein Hinweis von Ott, daß die Originaltagebücher Sauers nach nicht kontrollierten und nicht mehr kontrollierbaren Abschriften vernichtet wurden.

S. 11 o.  Heidegger „strebte" *nicht* ins Rektorat, sondern wurde gedrängt, *auch von Sauer.*

S. 14 u.  Beaufret war *während des Krieges* im Raum Lyon *im französischen Widerstand.* Seit Ende der 40er Jahre lehrte er *in Paris.*

S. 22 m.  Der Vortrag „Die Notwendigkeit der Wissenschaft" ist entgegen Ott's Angabe in der Fußnote 27 zur Veröffentlichung in der GA Bd. 16 *vorgesehen*. Eine Anfrage bei mir hätte dies klären können.

S. 23 u.  Ott's Satz von „der in Freiburg sich abzeichnenden Amtsenthebung Heideggers" ist falsch! Heidegger ist freiwillig zurückgetreten.

S. 24 m.  Arbeit*en*

S. 24 u.  Meister E*k*khart

S. 25 o.  Ott zitiert (wie auch schon auf. S. 24) aus unveröffentlichten Briefen Heideggers an Stadelmann ohne Genehmigung.

S. 27 u.  Aus eigenem Miterleben kann ich bezeugen, daß mein Vater Mitte April 1933 von seinem Vorgänger, Prof. von Möllendorff, der mehrmals in diesen Tagen über die Straße in unser Haus kam, und von dem in der Nähe wohnenden Prof. Schadewaldt, ebenso von Prof. Sauer, alle drei keine Nationalsozialisten, gedrängt wurde, eine Wahl zum Rektor anzunehmen. Meine Mutter riet ab, weil sie wußte, daß ihr Mann sowohl von seiner Persönlichkeit her und ohne jegliche praktische Erfahrung in der akademischen Selbstverwaltung für ein solches Amt nicht geeignet war. Mein Vater ging am 21. April 1933 zur Senatssitzung in die Universität mit der festen Absicht, die Wahl zum Rektor nicht anzunehmen, wurde dann aber von vielen Kollegen so bedrängt, daß er schließlich die fast einstimmige Wahl doch annahm. Namen des „kleinen Kaders nationalsozialistischer Professoren an der Universität Freiburg" nennt Ott nicht. Der nationalsozialistische Prof. Aly, den mein Vater nicht schätzte, erhielt unter dem Rektor Heidegger keine besondere Wirkungsmöglichkeit.

S. 28 u.  Fußnote 34: „leicht überarbeitet" – 6 Setzfehler wurden berichtigt. Zwei kleine sprachliche Korrekturen aus dem Handexemplar Heideggers wurden übernommen.

S. 34 m.  Unsorgfältig zitiert: „*ist* in sich Gegenangriff", bei Heidegger in der Handschrift unterstrichen, also hier kursiv zu setzen.

S. 35 o.  Erste Zeile: „wären *wir* zuerst" (wir bei Heidegger unterstrichen)

S. 36 m.  Ott verschweigt hier, daß das durch die französische Militärregierung verhängte Verdikt erst von Ende Dezember 1946 stammte!

S. 37 m.  Heidegger hat auf seinen Brief vom 16. Mai 1936 an Jaspers von diesem nie eine Antwort erhalten. Der im Jaspers-Nachlaß erhaltene Briefentwurf Jaspers an Heidegger trägt wohl irrtümlich das gleiche Datum 16. Mai 1936.

S. 37 u.  Fehler im Zitat: *Philosophie* (statt Philosophieren) In der Fußnote 41 ist das f nach S. 26 zu streichen.

S. 39 m.  let*z*tlich

       u. „... erkennen? Ist diese Macht ..." (das ‚Und' ist zu streichen)

S. 40 o.  4 Druckfehler im Zitat (vgl. Briefwechsel Heidegger/Jaspers S. 210 f.)

S. 42 o.   Zitat ist ein Raubdruck aus einem damals noch unveröffentlichten Brief mit insgesamt 10 Fehlern (vgl. a.a.O. S. 157), darunter zwei Verlesungen: *Arbeitstisch* statt Schreibtisch und *Gestammel* statt Gestänge.
S. 45 u.   *südlich* statt westwärts
S. 46 u.   *nördlich* statt östlich. Ott verwechselt entweder die Himmelsrichtungen oder kennt sich in der Geographie nicht aus.
S. 47 u.   Zitat ohne Quelle. Im „Der Feldweg" steht es nicht!
S. 55 o.   Das Gedicht „Abendgang auf der Reichenau" ist im Spätsommer 1916 *entstanden*, veröffentlicht im „Das Bodenseebuch 1917".
S. 55 u.   Die Weglassung von Anrede und erstem Satz ist nicht kenntlich gemacht.
S. 56 o.   Auch der Schlußsatz ist ohne Kenntlichmachung weggelassen worden.
S. 56 u.   Fußnote 54: Das Original des Briefes befindet sich gemäß dem Jahresbericht des Schönborn-Gymnasiums Bruchsal 1988/89 S. 69 in der Personalakte von Matthäus Lang im Erzbischöflichen Archiv in Freiburg.
S. 63 u.   Fußnote 60 ist falsch. In der Zeitschrift veröffentlichte Martin Heidegger auch noch 1912 und 1913.
S. 64 u.   Heidegger im 1. Semester als „Der Theologe" zu bezeichnen ist überzogen.
S. 67 u.   „Das ganze Leben hindurch mußte Heidegger mit dieser gesundheitlichen Beeinträchtigung kämpfen" („nervöse Herzbeschwerden ‚asthmatischer Natur'"). Diese Aussage ist unzutreffend. Die längste Zeit seines erwachsenen Lebens war er gesund und ohne Herzbeschwerden, schon gar nicht asthmatischer Natur.
S. 68 m.   „… endgültigen, von Heidegger nicht gewünschten, totalen Abbruch des Theologiestudiums …" – diese Aussage ist falsch! Mein Vater sagte mir, daß er 1911 nicht nur wegen der gesundheitlichen Beeinträchtigung, sondern aus innerer Überzeugung nicht mehr katholischer Priester werden konnte. Die Tatsache, daß er sich gegen den Rat seines besten Freundes entschloß, das Theologie-Studium abzubrechen, bestätigt dies.
S. 71 m.   und u.: Die Gedichte „Ölbergstunden" (GA Bd. 13, S. 6) und „Auf stillen Pfaden" wurden ohne meine Zustimmung abgedruckt.
S. 72 o.   Das Gedicht „Julinacht" ist ein Raubdruck. Ott verweigerte mir die Quellenangabe.
S. 73/74   Der Heideggerbrief vom 17. März 1912 ist ebenfalls ein Raubdruck.
S. 80      Zwei unveröffentlichte Heidegger-Texte ohne mein Wissen und ohne meine Zustimmung abgedruckt.
S. 83 u.   Veröffentlichung des Privatbriefes vom 19. Juli 1914 ohne meine Genehmigung. Fehlende Quellenangabe.
S. 84      Zitate aus der Parmenidesvorlesung ohne genaue Quellenangabe.
S. 85-87   Veröffentlichung des Lebenslaufes ohne Zustimmung und ohne Quellenangabe.
S. 87 u.   Zitat aus unveröffentlichtem Heideggerbrief ohne Quellenangabe. Lesung „Dünkel" ist falsch; richtig vielmehr: „Pfuhl".
S. 89 m.   Abdruck eines Gedichts ohne Genehmigung. Die „still" Verlobte stammte nicht „aus der Verwandtschaft eines kleineren Zollbeamten", sondern war Tochter einer alten wohlhabenden Straßburger Bürgerfamilie.

Der Wirtschaftshistoriker und die Wahrheit 183

| | |
|---|---|
| S. 91 m. | Ott über M. H.: „... dann springt der Opportunismus überdeutlich in die Augen." (!) |
| S. 92 m. | Der angesprochene Husserl-Brief vom 21. 7. 1916 ohne genaue Quellenangabe. |
| S. 95 o. | Die erste Begegnung mit Elfride Petri erfolgte im *Herbst 1915* (nicht Sommer 1916) |
| S. 95 m. | Vater Petri war in der *sächsischen* Armee (nicht preußischen). |
| S. 95 u. | Das durch Ott von Schneeberger übernommene Zitat aus einem angeblichen Brief von Martin Heidegger an Dr. Stäbel ist nicht belegt. Schneeberger, von mir angeschrieben, weigerte sich in seiner Antwort, mir die Quelle zu nennen. |
| S. 98 u. | Der „Durchbruch" wurde 1923 geschafft. |
| S. 100 o. | Selbst wenn Krebs solches notiert haben sollte: Meine Mutter, von mir über diese Aussage unterrichtet: Niemals habe sie ernsthaft einen Übertritt zur katholischen Kirche erwogen; sie habe sich durch Krebs über den Katholizismus genau unterrichten lassen, um ihren künftigen Ehemann besser zu verstehen. Fünf Tage nach der katholischen Trauung im Münster in Freiburg wurde das Ehepaar in Wiesbaden in der Luther-Kirche auch evangelisch getraut. |
| S. 102 m. | Der volle Husserl-Text an Heidegger ist gar nicht „spröde und sehr unverbindlich", sondern sehr persönlich! |
| u. | Im Zitat des folgenden „förmlichen Satzes" fehlen zwei Worte: „Gerne will ich *Sie in* Ihren Studien ..." Bei beiden Zitaten fehlt die genaue Quellenangabe. |
| S. 104/105 | Heidegger wurde am 8. Juli 1918 zur *Heimat*wetterwarte nach Berlin-Charlottenburg *kommandiert*. Der Gefechtsstand der Frontwetterwarte 414, zu der Heidegger Ende August 1918 kam, lag in Nouillon-Pont und in Villers (11 km SW Stenay, näher zu Verdun als zu Sedan). Als Heidegger an die Front kam, war die deutsche Offensive längst beendet. Eine Frontwetterwarte „deckt" nicht den Flügel einer Armee. |
| S. 106/107 | Brief meines Vaters vom 9. Januar 1919 ohne meine Zustimmung abgedruckt. |
| S. 110 u. | Zu Krebs: „... dessen Freundesspuren von Heidegger sorgfältig getilgt worden sind" – dies ist eine Behauptung Ott's, Belege bringt er dafür nicht bei. In unserer Familie sprach mein Vater über Krebs in dankbarer Hochachtung. |
| S. 114 o. | Quelle für Brief Malvine Husserl an Elfride Heidegger fehlt. |
| S. 115 m. | Den Ruf nach Marburg erhielt Martin Heidegger im *Juni 1923*. Was Ott über die Assistentenstelle schreibt, ist widersprüchlich. Becker folgte Heidegger als Assistent nach. Heidegger ist nie evangelisch geworden. |
| S. 122 ff. | zitiert Ott, das Urheberrecht verletzend, mehrfach aus damals noch gesperrten Heidegger-Briefen an Jaspers. |
| S. 123 m. | „Sein und Zeit" wurde im *Altenteil des „Brender"-Hofes in der* Rütte (heute „Bühl-Hof") niedergeschrieben. |

S. 123 u.  Das Datum des zitierten Briefes lautet richtig: 18. Juni 1924. In der untersten Zeile ist eine vergessene Zeile einzufügen nach „... nichts los", *verschlafen, mäßigster Durchschnitt, keine Aufregung;*

S. 124 u.  an die „üppigen Fleischtöpfe in Japan" hat Martin Heidegger nicht gedacht.

S. 127 o.  Aussage Ott's ist falsch! Erst wurde der Ruf nach Freiburg angenommen, dann erst das Grundstück in Freiburg-Zähringen erworben.

S. 131 u.  Ott sieht bei Heidegger „das Zwiespältige" und „das Zwielichtige" – dies ist ein Vorurteil.

S. 132  Die durch Ott von Löwith übernommene Darstellung ist betreffend des Parteiabzeichens unzutreffend. Meine Mutter trug, auf Bitte von Botschafter von Hassel, auf ihrem englischen Wollkostüm das Parteiabzeichen in Rom, um nicht für eine Engländerin gehalten zu werden. Engländer wurden damals wegen des Abessinienkonfliktes in Rom unfreundlich behandelt. Ich kenne kein Bild, auf dem Martin Heidegger das Parteiabzeichen (schwarz-weiß-rot mit Hakenkreuz) trug. Als Rektor trug er zeitweise die kleine silbernfarbige Anstecknadel (Hoheitsadler mit Hakenkreuz). Ich kann mich nicht erinnern, daß er das Parteiabzeichen in Rom noch sonst jemals trug.

S. 133 o.  „dem Führer Adolf Hitler in einer besonderen, subtilen Weise unterwürfig"

u.  „Seine Nummer jedoch hatte nicht gezogen, die Schau war vorüber" solche Formulierungen verraten Hugo Ott's innere Einstellung zu Martin Heidegger.

S. 134 m.  Der Eintritt Heideggers in die NSDAP geschah *nicht* „demonstrativ" am 1. Mai 1933. Am 4. Mai 1933 schrieb er an seinen vertrauten Bruder Fritz: „Ich bin gestern in die Partei eingetreten nicht nur aus innerster Überzeugung, sondern auch aus dem Bewußtsein, daß nur auf diesem Wege eine Läuterung und Klärung der ganzen Bewegung möglich ist." Der Widerspruch zu einer späteren Angabe im Fragebogen von 1936 „Mitglied der NSDAP seit 30. April 1933 nach besonderer Aufforderung durch die Kreisleitung Freiburg i. B. Mitgliedsnummer 3.125 894" kann mit der Ausstellung der Parteiausweise zusammenhängen; die Partei verfügte ab Anfang Mai 1933 eine Eintrittssperre. Die „Breisgauer Zeitung" meldete den Parteieintritt Heideggers am 4. Mai 1933, was Heideggers Angabe „gestern" = 3. Mai 1933 bestätigt.

S. 135 u.  Die Mitteilungen von Oehlkers, die Ott zitiert, sind eine Verleumdung über meine Mutter, die in Zähringen jahrelang segensreich für „Mutter und Kind" gearbeitet hat, was ihr bis in ihr hohes Alter von damals Betroffenen gedankt wurde.

S. 136 o.  Der „Rechenschaftsbericht" „Das Rektorat 1933/34" (1983 veröffentlicht) hat keine „verschiedensten redaktionellen Bearbeitungen" erfahren. Er lag handschriftlich vor, wurde mir von meinem Vater übergeben und ist so unverändert veröffentlicht worden.

Ende Februar 1934 erklärte mein Vater in Karlsruhe seinen Rücktritt als Rektor gegenüber dem Minister. Dieser befahl ihm, den Rücktritt so lange geheim zu halten, bis ein Nachfolger gefunden sei. Dies war, nach zwei Absagen, bis Mitte April 1934 nicht der Fall. Deshalb bat Heidegger mit Schreiben vom 14. April 1934, nun offiziell, zum Sommersemester 1934 einen neuen Rektor für die Universität Freiburg zu ernennen.

| | Der Wirtschaftshistoriker und die Wahrheit |
|---|---|
| S. 139 o. | Die mehrmaligen Besuche von Möllendorffs Mitte April 1933 bei meinem Vater habe ich miterlebt, weil ich ihm nach dem Schellen jeweils die Haustür geöffnet und ihn zu meinem Vater ins Arbeitszimmer nach oben gebracht habe. Belege für die behauptete sehr enge Zusammenarbeit mit Baeumler und Krieck bringt Ott nicht bei. |
| S. 140 u. | Ott verschweigt hier, daß das Tagebuch von Sauer nach dem Krieg vernichtet worden ist – wann? warum? von wem? auf wessen Veranlassung? – Ott läßt beim Zitat aus der auf Richtigkeit nicht mehr nachprüfbaren Abschrift einen wesentlichen Satz aus: „Was Schaden (sic!)-waldt vermieden sehen wollte, ist etwa die Wahl Bries oder Alys." |
| S. 141/142 | Ott spricht vom „Kader", „kleinen Kreis" „kleinem NS-Kader" ohne Namen zu nennen. Im Auszug des abgedruckten Briefes, in dem Heidegger mehrfach genannt wird, aber nicht als zukünftiger Rektor, verschweigt Ott den Autor Aly. |
| S. 143 | Hier ist unter dem Abschnitt 21. April 1933 nur für den sorgfältigen Leser erkenntlich, daß die Maßnahmen gegen die nicht-arischen Professoren noch unter dem Rektor Sauer widerspruchslos durchgeführt worden sind. |
| S. 148 o. | Sommerfelds Büchlein „Hermann Göring" „zur wichtigen Quelle von Heideggers Rektoratsrede" zu erklären, ist unsinnig. Auch die Rede des Prorektors Sauer vom 27. Mai 1933 wies nationale Töne auf. |
| S. 148 u. | Im Sommersemester 1933 gab es noch keinen „Rektoratswagen" (vgl. Bernd Martin, Martin Heidegger und ‚Dritte Reich' S. 34). Meine Mutter chauffierte ihren Mann mit einem kleinen DKW zur Universität. – „Zuständige Stellen der Reichswehr" gab es damals nicht in Freiburg.– Alle Angaben auf dieser Seite sind ohne Quellenbelege. |
| S. 150 m. | *förmlich* (statt formell). *Jetzt* (statt Darauf) |
| u. | Martin Heidegger schätzte Ernst Jünger vor allem wegen seines Buches „Der Arbeiter", das er gerade gelesen hatte. |
| S. 151 | Zur hämischen Kommentierung Ott's zu Heideggers Militärdienstzeit: Mein Vater war gewiß kein „Held". Aber er hat im Ersten Weltkrieg als Soldat dort seine Pflicht erfüllt, wohin er jeweils aufgrund seiner Leistungsfähigkeit befohlen worden ist (vgl. meine Bemerkungen zu S. 104/105). |
| S. 152 m. | Ott zitiert den Zeitungsbericht über die Rede Martin Heideggers in Heidelberg, der Wortlaut ist nicht verbürgt.<br>Löffingen liegt Luftlinie 40 km OSO von Freiburg. |
| S. 153 m. | Der zitierte Brief (Quelle fehlt!) wurde von einem Mitarbeiter des Rektorats aufgesetzt, von Heidegger unterschrieben und damit verantwortet. Ott ließ den letzten Satz, der auf Heideggers Absicht hinwies, weg und unterschlägt auch eine wichtige spätere (26. 2. 1934) Stellungnahme Heideggers: „Wenn bis zum Beginn des Sommersemesters kein für alle Hochschulen gleichmäßig ergangener Befehl des Reichs-SA-Hochschulamtes über die Abhaltung von Kurzlagern vorliegt, verbiete ich künftighin solche Kurse." (Universitätsarchiv Freiburg XIV – 4/11). |
| S. 155 o. | „Niemals hat Heidegger diesen Satz zurückgenommen" – doch!: Im „Spiegelgespräch". Auch im Brief an Herbert Marcuse (bei Ott, S. 136 ohne Datum und ohne Quellenangabe), aus dem Ott ohne Erlaubnis zitiert. – Hei- |

|  |  |
|---|---|
|  | degger war mit seiner Volkssturmeinheit am 30. 11. 1944 noch im Elsaß, ein von dort geschriebener Brief liegt bei mir vor. |
| S. 156 u. | Anfang Dezember 1944 wurde Heidegger aus dem Volkssturm entlassen. |
| S. 157 u. | Heidegger hielt sich im *Forsthaus von Werenwag* auf. |
| S. 158 m. | Datum 9. Januar 1946 ist falsch, richtig: 9. *Juni* 1946. |
| S. 159 | Zwei Raubdruck-Zitate aus noch unveröffentlichten Briefen. |
| S. 161 m. | Überhebliches Urteil Ott's über den Schüler Heideggers, Walter Bröcker, ehemals Ordinarius in Rostock und in Kiel. |
| S. 162 m. | Unsauber zitiert „*auch* den Führer...„ |
| S. 163 o. | „Vom Wesen der Wahrheit" wurde *nicht* in Beuron „erstmals berichtet". Bereits *1926* zu diesem Thema ein Vortrag, 1930 in neuer, ganz anderer Form in Bremen, Marburg und Freiburg vorgetragen. |
| S. 164 u. | Wilhelm von Möllendorff gehörte *nicht* zu den „Exponenten der Opposition". Hätte Martin Heidegger Möllendorff im Oktober 1933 zum Dekan ernannt, wenn er sein Gegner gewesen wäre? |
| S. 164/165 | unsauber zitiert. |
| S. 165 m. | Fehlende Quellenangabe. |
| S. 167 m. | Quelle nicht genau benannt. |
| S. 169 o. | Die Darstellung von Towarnicki war nicht von Heidegger veranlaßt, dieser wurde von Towarnickis Veröffentlichung, eine Kompilation von verschiedenen Gesprächsaussagen, überrascht. |
| S. 170 m. | Die „Beurlaubung" des Emeritus Husserl geschah noch unter dem Rektorat Sauer. |
| S. 171 u. | Möllendorff (statt Moellendorff). |
| S. 172 o. | Husserl irrt: Heideggers Eintritt in die Partei war weder „ganz theatralisch" noch wurde er „am 1. Mai öffentlich" vollzogen. Ott verschweigt hier, daß Husserl unter dem Rektorat Heidegger wieder hätte lesen dürfen. |
| S. 174 o. | *Husserls* hatten die Beziehungen zu Heideggers *abgebrochen*. Bei Tod und Begräbnis Husserls lag Heidegger krank zu Bett. |
| S. 176 m. | Ungenaue Zitatwiedergabe (5 kleine Fehler). |
| S. 180 o. | Die Freundschaften mit Husserls, Löwiths, Szilasis, mit Hannah Arendt, Brock, Helene Weiß lassen keinen „Antisemitismus" erkennen. |
| S. 182 o. | Der Philosoph Gerhard Krüger war mit Heidegger „vertraut", nicht aber der Studentenführer Gerhard Krüger. |
| S. 182 m. | Ein „loderndes Feuer" vor der Universitätsbibliothek am Abend des 10. Mai 1933 wäre gewiß von der örtlichen Presse berichtet worden. Namen der „Zeitzeugen", mit denen Ott gesprochen hat, nennt er nicht. |
| S. 183 m. | Werner Brock war *Halb*jude. |
| S. 183 u. | In der Fußnote 146 sind durch Pünktchen Angaben zur Frage der Habilitation ausgelassen worden. |
| S. 184 o. | Ott zitiert (ohne genaue Quellenangabe) aus Jaspers ersten Brief 1949 an Heidegger. Jaspers spricht gegenüber Heidegger „... Ihr schweigender Abbruch seit 1933" – was *nicht* zutrifft. Heidegger schrieb an Jaspers am 1. Juli 1935 und am 16. Mai 1936. Auf letzteren Brief bekam er *von Jaspers* keine Antwort. Ott konnte dies wissen, verschweigt es aber. |

| | |
|---|---|
| S. 184 m. | Heidegger kannte das hier angesprochene Jaspersgutachten nur zum Teil. Jaspers hatte festgelegt, welche Teile, etwa die Hälfte, Martin Heidegger eröffnet werden durften. Heidegger hat, entgegen Ott's Aussage, festgestellt, daß sein Gutachten verfälscht worden ist. |
| S. 184 u. | Die Aussage Ott's „Wieviele politisch gefärbte Gutachten Heidegger im Laufe der folgenden Jahre zu Händen der Partei-Stellen schrieb, ist nicht bekannt" ist eine üble, durch nichts belegte Verdächtigung! |
| S. 185 m. | Briefzitat ohne Genehmigung aus damals noch unveröffentlichtem Brief Martin Heideggers, ohne Quellenangabe. |
| S. 186 m./u. | Für vier Unterstellungen „mußten", „muß", „offenkundig", „muß" gibt Ott keine Quellen an. |
| S. 187 u. | Fehlende Quellenangabe. |
| S. 188 u. | Falsches Telegramm-Datum 23. Mai, richtig *20.* Mai 1933. |
| S. 190 m. | Zu Ott's Aussagen über die angeblich „rege Korrespondenz" fehlen Quellen und Belege. |
| S. 191 m. | Die Zitation Ott's aus der Abschrift des Sauer-Tagebuches ist fehlerhaft und unsorgfältig. „Das war Heideggers Werk" steht am 22. August 1933 *nicht* in der Abschrift, ebensowenig „Ende der Universitäten" (S. 79 des Tagebuches). Hier kein Wort darüber, daß Heidegger als zum 1. 10. 1933 *ernannter Rektor nur Nicht-Nationalsozialisten* zu Dekanen ernannte, darunter den Sozialdemokraten von Möllendorff. |
| S. 193 m. | Im Zitat fehlendes Komma, fehlender Absatz. |
| S. 193 u. | „starke Kräfte" drängten, Heidegger zu halten. Diese Namen werden nicht genannt. Viele wollten später nicht zugeben, daß sie Heidegger damals unterstützt haben. |
| S. 194 m./u. | Genaue Quellenangaben fehlen zweimal. |
| S. 195 m. | Heidegger hat die badische Universitätsverfassung *nicht* konzipiert. Genaue Quellenangaben fehlen wiederum. |
| S. 196 m. | Ott kennt „keine Stelle in Heideggers Werk, auch nicht in den Briefen und Akten, wodurch auch nur ein Wort dieses Aufrufes wie auch anderer vergleichbarer Verlautbarungen zurückgenommen wären." Heidegger verbat es sich, von seinem „Werk" zu sprechen. Seine denkerischen Bemühungen waren „Wege". Heidegger hat sich im „Spiegel-Gespräch" von seinen Sätzen vom November 1933 distanziert, ebenso in Briefen an Jaspers und Marcuse. Auch in „Das Rektorat 1933/34" gibt es dazu selbstkritische Sätze. |
| S. 196 u. | „Eigentlich müßte hier die gesamte Leipziger Rede folgen …" – warum also nicht? Zumal die Rede seit 1933 gedruckt vorliegt. In der Auslassung fehlt ein langer, wesentlicher Absatz! |
| S 197 o. | Bezeichnend ist, welchen Satz Ott hier im Zitat ausgelassen hat: „Unser Wille zur völkischen Selbstverantwortung will, daß jedes Volk die Größe und Wahrheit seiner Bestimmung finde und bewahre. Dieser Wille ist höchste Bürgschaft des Friedens der Völker, denn er bindet sich selbst an das Grundgesetz der mannhaften Achtung und der unbedingten Ehre." – Im letzten Satz des Zitates muß es heißen „*dieses* Willens". |

| | |
|---|---|
| S. 200 | Hier kein Wort zu Prof. Thannhauser, der bis zum April 1934 an der Universität gehalten werden konnte. |
| | Der Theologe und Kirchenhistoriker Veit richtete an Heidegger am 10. Juli 1934 ein Dankesschreiben für dessen Eintreten für ihn: „Darum wird mir Ihre Rektoratszeit 1933 stets in guter Erinnerung bleiben." |
| S. 201-214 | Zum Kapitel „Der Fall Hermann Staudinger..." kann ich noch nicht Stellung nehmen, da mir bisher die Zeit fehlte, die von Ott benutzten Archivakten in Karlsruhe, Koblenz und Bonn einzusehen. Nur so viel sei festgestellt, daß Ott sich wieder vielfach in nicht belegten Mußmaßungen äußert und mehrfach die Quellen nicht genau benennt. |
| S. 216 o. | Es stehe dahin, wieviele Wissenschaftslager durch Heidegger im Sommer und Herbst 1933 organisiert und geleitet worden sind" – wieder eine Mutmaßung, die Ott nicht belegen kann. |
| S. 221 u. | Fehlerhaftes Zitat: *Erwartungen* (statt Zumutungen). |
| S. 212 o. | Fehlerhaftes Zitat: Im zweiten Satz: *denn* (statt Und). |
| S. 225 m. | Nochmals: Heideggers Rechenschaftsbericht „Das Rektorat 1933/34" hat ab 1945 *keine* „verschiedenen Stufen der Bearbeitung, Verfeinerung, Modifizierung, Gewichtung und Verfälschung durchlaufen". Es ist in seiner Handschrift mir von meinem Vater übergeben und ohne jegliche Veränderung oder Bearbeitung so von mir 1983 herausgegeben worden. |
| S. 227 o. | Fehlende Quellenangabe. |
| S. 228 m. | Keine genaue Quellenangabe. |
| S. 229 o. | Keine genaue Quellenangabe. |
| S. 230 u. | Ott wirft mir in meinem *kurzen Vorwort* zur Neuauflage der Rektoratsrede „Spiegelfechtereien" vor. Die Rektoratsrede war eine *philosophische* Rede, die von Heideggers Wahlreden von 1933 deutlich zu unterscheiden ist! |
| S. 231 o. | „Die letzte außerhalb Freiburgs gehaltene Rede war am 30. November 1933 in Tübingen." Die letzte Rede war im *Dezember 1933* in *Aachen*. |
| S. 232 m. | Beim Zitat, daß auf S. 316/17 nochmals gebracht wird, fehlt die genaue Quellenangabe. |
| S. 233 u. | Schneeberger weigerte sich, mir die Quelle des angeblichen Heidegger-Briefes vom 6. 2. 1934 an Stäbel zu nennen. |
| S. 234 m. | Gegen Ott halte ich, aus eigenem Miterleben, daran fest, daß mein Vater Ende Februar 1934, am Ende des Wintersemesters 1933/34, in Karlsruhe gegenüber dem Minister seinen Rücktritt erklärt hat. Der Minister befahl ihm, diesen Rücktritt so lange geheim zu halten, bis ein Nachfolger gefunden sei. Martin Heidegger wartete darauf den ganzen März, davon 13 Tage auf seiner Hütte. Zwei für die Nachfolge angesprochene Professoren lehnten ab. Als bis Mitte April 1934 noch keine Entscheidung über die Nachfolge vorlag, stellte Martin Heidegger am 14. April 1934 den offiziellen, nicht mehr geheim zu haltenden Antrag an den Minister, einen neuen Rektor zum Sommersemester 1934 für die Universität Freiburg zu ernennen, um den Minister zu einer Nachfolge-Entscheidung zu drängen. |
| S. 234 u. | Hier wird berichtet, daß beim Kultusminister gegen die Tätigkeit von Dekan Erik Wolf „von verschiedensten Seiten" – *also unter Umgehung des Dienstweges und ohne Wissen des Rektors Heidegger* – „sehr erhebliche" und „wohl nicht ganz unbegründete Bedenken erhoben worden" seien. |

| | |
|---|---|
| S. 235 m. | schreibt Ott über den Rechenschaftsbericht Heideggers: „Und dann folgt der schlimme Satz von der Konspiration gewisser Universitätskreise mit den Nationalsozialisten", der eine halbe Seite vorher und eine halbe Seite hinterher bestätigt worden ist! Der Minister wußte seit Ende Februar von Heideggers Rücktritt, den er noch nicht veröffentlicht haben wollte, bevor ein Nachfolger gefunden war. |
| S. 236 o. | Adolf Lampe, den Ott als „eindeutiger Gegner des Nationalsozialismus" bezeichnet, veröffentlichte im Dritten Reich 1938 eine „Allgemeine Wehrwirtschaftslehre" und war mit Prof. Eucken Mitautor des „Professoren-Kriegsfinanzierungsgutachten", das unter dem Titel „Die Quelle der Kriegsfinanzierung, ungeeignete Wege und Kriegsfinanzierung" am 9. 12. 1939 fertiggestellt und als „Geheime Reichssache" behandelt wurde. Solche Tatsachen verschweigt der Wirtschaftshistoriker Ott. |
| S. 236 u. | Das Zitat ist ohne Quellenangabe. Nach der Ott'schen Darstellung begab sich Lampe *unter Umgehung des vorgeschriebenen Dienstweges* zum Minister. |
| S. 237 o. | Heidegger nahm nicht die „formale Angelegenheit zum Anlaß" zurückzutreten. Seit Herbst 1933 rang er mit sich. |
| S. 237 m. | Bei den Zitaten fehlen genaue Quellenangaben. |
| S. 238 m. | Die neue badische Universitätsverfassung stammt *nicht* von Heidegger, wie Ott unterstellt. Aus den Briefen Martin Heideggers an Elisabeth Blochmann (Briefwechsel 1918-1969, Marbach 1989, S. 69 und S. 74) spricht eine große Skepsis gegenüber der neuen Verfassung, die er so nie geäußert hätte, wenn er der Autor gewesen wäre. Ob und wie weit in den Vorverhandlungen ein Rat von Heidegger in die Verfassung eingeflossen ist, konnte noch nicht geklärt werden. Am 19. September 1933 schrieb Martin Heidegger an Elisabeth Blochmann kritisch: „So ist es mir auch zweifelhaft, ob sich die mehrjährige Arbeit in Freiburg aufgrund der neuen Verfassung lohnt. Ob nicht unmittelbare Wirkung auf die Jugend das Wertvollste ist." So schreibt keiner, der die neue Verfassung „selbst bewerkstelligt" hat und angeblich in die Reichsführung nach Berlin drängte. |
| S. 240 o. | Ott behauptet, Heidegger habe in den Jahren des deutschen Ungeistes „diesem freilich immer den geziemenden Tribut gezollt. Augen- und Ohrenzeugen wie Walter Biemel, Franz Büchner und der von den Nationalsozialisten entlassene Landrat a. D. Bröse, der von 1934-1944 Heideggers Vorlesungen und Seminare besuchte, bezeugen, daß Heidegger gefährlichen „geistigen Widerstand" geleistet hat. Georg Picht weist darauf hin, „daß Heideggers in den Jahren 1936-1940 in Freiburg gehaltene Vorlesungen über Nietzsche das bedeutendste Dokument des geistigen Widerstandes gegen den Nationalsozialismus sind, das mir aus jenen Jahren bekannt ist." (Georg Picht, Nietsche. Klett-Cotta, S. 152) |
| S. 241 m. | Baeumler und Heidegger hatten schon bald nach 1933 keine Verbindung mehr miteinander. |
| S. 244 m. | Genaue Quellenangabe fehlt. |
| S. 245 m./u. | Ohne Quellenangabe; von Farias S. 269 und 273 übernommen? |
| S. 250 m. | Fehlende Quellenangabe. |

S. 252 m.  Heideggers „letzter" Brief „während der Dauer des Dritten Reiches" (16. Mai 1936), *weil Heidegger auf diesen Brief keine Antwort mehr von Jaspers erhielt.*

S. 253 o.  Zitat aus einem damals noch unveröffentlichten Brief, dazu zweimal falsch entziffert: In der letzten Zeile des Zitats muß es heißen: wah*r*haftes Wissen, daß uns *welches* fehlt. Ott's in eckige Klammer gesetzter Zusatz (Vorlesung) ist zu streichen. Genaue Quellenangabe fehlt, weil *Raubdruck.*

S. 253 u.  Heidegger las im Sommersemester 1936 Schelling.

S. 257 m.  Fehlende Quellenangabe.

S. 258 m.  Ott spricht an „das tausendfache Morden jener Juninacht" (1934). Nach dem „Ploetz" „über 100"; nach Heinz Höhne „Der Orden unter dem Totenkopf" „83" Ermordete.

S. 262 o.  „Heidegger erwies sich an seiner eigenen Universität als unerbittlicher Feind christlicher Philosophen, späte Rache übend …" – diese Behauptung wird durch die Freundschaft zu Welte, zu Laslowski und zu Max Müller widerlegt.

S. 262 u.  „Max Müller hat die komplexe Konstellation dieser Beziehung und die pure Paradoxie meisterhaft geschildert" – leider mit manchen sachlichen Fehlern. Max Müller hat in einem scharfen Brief an Hugo Ott zu dessen unsachlichen Darstellungen Stellung genommen.

S. 263 u.  Ungenaue Quellenangabe.

S. 265  Ott verschweigt, daß Max Müller im Wintersemester 1937/38 im Seminar Heideggers für Fortgeschrittene war, ebenfalls im 1. Trimester 1941; er verschweigt, daß Max Müller im Mai 1937 die Aufnahme in die NSDAP beantragte, zum 1. 1. 1940 mit der Mitgliedsnummer 8.367.007 aufgenommen wurde und aus Tarnungsgründen selbst Blockleiter und Amtswalter in der NSDAP war.

S. 266 m.  Ott behauptet, daß „es zwischen Bollinger und ihm (= M. H.) nie ein Gespräch oder einen sonstigen Kontakt gegeben hatte" – Bollinger war laut Seminarbuch 1940 und 1941 in Heideggers Seminaren (eigene Eintragung!) Ott's Behauptung, die „Sätze Heideggers in *Tatsachen und Gedanken* entbehren demnach jeder Grundlage" ist *falsch!*

S. 267 m.  Fehlende Quellenangabe.

S. 275 u.  „Kein Protestverhalten zu irgendeiner Zeit" – es gibt zahlreiche Zeugen aus seinen Vorlesungen und Seminaren, die anderes bezeugen. So kürzlich mir gegenüber Edith Picht-Axenfeld.

S. 276 o.  Martin Heidegger trug das Parteiabzeichen *nicht*. Sein Eintritt in die Partei erfolgte *nicht* „unter einigem Theaterdonner". Siehe auch oben.

S. 277  Ott wirft der Herausgeberin von Bd. 40 zum Nachwort vor: „worin sie doch mehr verunklart als darlegt, was die inkriminierte Stelle betrifft". Was Ott selbst mit zwei kleinen Fehlern als Heidegger-Text abdruckt, ist ohne Quellenangabe. Was bei der Zitatwiedergabe von Ott kursiv abgedruckt wird, hat Martin Heidegger in die Einzelausgabe *nicht* aufgenommen, ist deshalb auch nicht im Text des Bandes 40 der Gesamtausgabe vorhanden. Bei Pöggeler ist dieser Text nicht abgedruckt. Ott vermischt hier, dies kursiv kennzeichnend, aber keine Quelle angebend, den Text von Heideggers Buchtext mit dem Heidegger-Zitat aus dem Nachwort der Herausgeberin von Band 40.

| | |
|---|---|
| S. 278 m. | Daß Heidegger statt „Nationalsozialismus" „Bewegung" zum Druck brachte, geht, wie mein Vater mir erzählte, auf den Vorschlag seines damaligen Schülers Buchner zurück. |
| S. 278 u. | Hier wird unsauber zitiert. |
| S. 279 u. | zu Fußnote 210: Das Verzeichnis von Richardson über Heideggers Lehrveranstaltungen weist leider einige Fehler auf. |
| S. 281 u. | Neu-Breisach war *bis 6. 2. 1945 in deutscher Hand*. In Straßburg drangen französische Panzer am 23. November 1944 ein. In der Stadt wurde bis zum 27. November gekämpft. |
| S. 284 o. | „Der Rektor vor Heideggers Rektorat" war *von Möllendorff*, wenn auch nur für fünf Tage. |
| S. 288 o. | Petzet datiert die Rückkehr nicht. Er schreibt „nach seiner Rückkehr" und berichtet von „Inquisitionsverhör" „im Dezember 1945". |
| S. 300 m. | Von der Philosophischen Fakultät saß Gerhard Ritter im Bereinigungsausschuß. |
| u. | Daß Heidegger für die Umwidmung des Lehrstuhls für Philosophie II „maßgeblich mitgesorgt hatte", wird nicht belegt. |
| S. 305 m. | Nach dem Bericht von Dietze vom 19. 12. 1945 stammte das Gutachten vom 1. 8. 1945 (nicht Sept. 1945) |
| S. 307 o. | Was „Gruppe B" bedeutet, wird nicht erläutert. Über die Entscheidung der französischen Militärregierung vom 28. 9. 1945 zu Heidegger: „disponible" wird hier nicht berichtet. |
| S. 311 o. | Heidegger war auf der Tübinger Berufungsliste „aber nicht auf vorderer Stelle der Liste plaziert" – er stand an *zweiter* Stelle. |
| S. 312 m. | Ott zitiert aus Heideggers Brief vom 15. 12. 1945 an Constantin von Dietze ungenau. In der Klammer muß es heißen: (nicht *nationalistische*) statt (nicht Nationalsozialistische) beja*te* … |
| S. 319 m. | Jaspers „autorisierte die Kommission, Heidegger das Gutachten in vollem Umfang zur Kenntnis zu bringen" – wann? durch welchen Brief? Jaspers hatte am 22. XII. 1945 Dietze ermächtigt, nur die Punkte 1, 2, 6 und den letzten Satz aus 3 mitzuteilen. |
| S. 319 u. | Ott vergißt zu bemerken, daß der väterliche Freund, Erzbischof Gröber, anfangs auch die nationalsozialistische Revolution begrüßte, als „brauner Bischof" galt, jahrelang förderndes Mitglied der SS war. Später zeigte Gröber mutig und deutlich seine Opposition. |
| S. 322 u. | Ott: „Heidegger befand sich im Frühjahr 1946 im Sanatorium Schloß Haus Baden in Badenweiler" – also wohl nach dem 21. März. Dagegen berichtet Gröber bereits in einem Brief vom 8. März, daß sich Heidegger in Badenweiler aufhalte. |
| S. 323 o. | Erzbischof Gröber in seinem Brief vom 8. März 1946: „… Martin Heidegger … ist emeritiert" – hier war Gröber unzutreffend unterrichtet. |
| S. 324 o. | Das Zitat ist fehlerhaft: Zahlung (statt Bezahlung) und „Ende *Februar* 1947" (statt „Ende 1947"). |
| S. 324 m. | „Die Entscheidung der Militärregierung vom Herbst 1946, die eine Reintegrierung Heideggers in die Universität ausschloß, lag nicht im Sinne der Universi- |

|           | tät. Anderslautende Gerüchte entbehren jeder Grundlage." Dagegen ist zu halten: 1945 waren die Franzosen bereit, Heidegger lehren zu lassen. Aus der Universität heraus, auf Kanälen, die bis heute noch nicht vollständig durchleuchtet sind, wurde die Reintegrierung Heideggers in die Universität hintertrieben. |
|-----------|---|
| S. 326 u. | Nicht Heidegger versuchte, „das Werk des Lao-tse ins Deutsche zu übersetzen", sondern Heidegger gab Herrn Hsiao gelegentliche Hilfe bei dessen Übersetzungsversuchen. |
| S. 332 o. | Szilasi hat Freiburg *nicht 1933* als „rassisch Verfolgter" verlassen, sondern *schon wesentlich früher* aus *privaten* Gründen. Die schweizerisch-italienische Grenze verlief nicht durch das Villengrundstück von Szilasi am Lago Maggiore, sondern war noch einige hundert Meter davon entfernt. |
| S. 337 u. | Wer in der Senatssitzung Heidegger einen Modephilosophen oder gar einen „Scharlatan" genannt hat, „dessen Lehre gefährlich sei und zu Recht unter das Lehrverbot falle", wird leider nicht angegeben. |
| S. 340 m. | „... zumal das Lehrverbot alsbald aufgehoben werde" – dies war von den Franzosen *bereits im September 1949 aufgehoben worden.* Ott verschweigt, auch, daß Heidegger bereits durch den Staatskommissar für politische Säuberung am *15. 3. 1949* als „Mitläufer" – „Keine Sühnemaßnahmen" eingruppiert wurde. Die *Universität verhinderte,* ihn auf seinen Lehrstuhl zurückkehren zu lassen, was Teile seiner Fakultät beantragt hatten. |
| S. 341 u. | „Was heißt Denken?" – Fußnote 247 ist fehlerhaft. Nicht „Jetzt in der Gesamtausgabe Bd. 8", sondern *vorgesehen* in der GA als Bd. 8, jetzt *als Einzelausgabe* bei Niemeyer, Tübingen, 5. Aufl. 1997. |
| S. 342 m. | Der wiedergegebene Hüttenbucheintrag Celans ist hinsichtlich der Interpunktion nicht korrekt. Beim „*am*" ist das a klein geschrieben. |
| S. 344 o. | Von „Gebrechlichkeit" konnte man bei Heidegger bis zu seinen letzten Lebenstagen nicht sprechen. |
| S. 346    | Der Neffe Heinrich Heidegger sollte nach dem Wunsch Heideggers am offenen Grab *nur* das *lateinische* Vaterunser sprechen. Die „festgelegten Texte und Riten katholischer Begräbnisliturgie" *wollte Heidegger nicht* haben. Elfride Heidegger war empört über die Art, wie der Neffe schon in der Friedhofskapelle die Trauergäste begrüßte und am offenen Grab Heideggers letzten Wunsch *nicht beachtete.* Ott verschweigt, daß auf Wunsch Heideggers von ihm ausgesuchte Verse Hölderlins (Brod und Wein, 4. Strophe Vers 55-62; An die Deutschen, 1. und 2. Strophe; Versöhnender, der du nimmergeglaubt ..., Vers 1-13; Die Titanen, Vers 1-3; Brod und Wein, 3. Strophe Vers 41-46), am offenen Grab vom Sohn gesprochen, die Trauerfeier abschließen sollte, wie es auch geschah. |

## IV. Update on the *Gesamtausgabe*

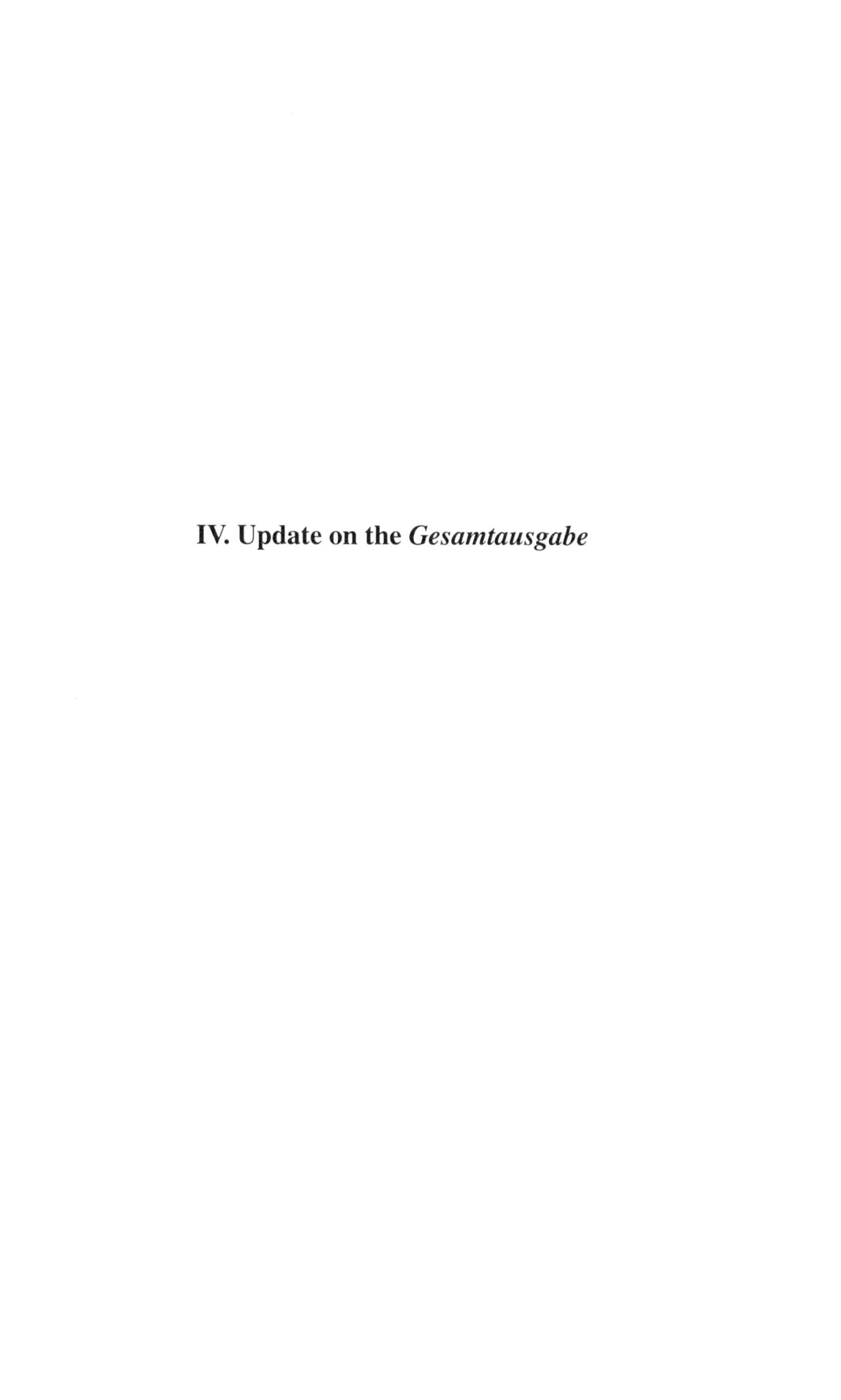

# List of Heidegger's Gesamtausgabe

## In German, English, French, and Italian

The following is a complete list of all the volumes of the *Gesamtausgabe* that have been published as of the beginning of 1997. The list includes all the volumes available in the original German as well as in the French, English and Italian translations.

**German** (published by Vittorio Klostermann Verlag, Frankfurt am Main):

I. Abteilung: Veröffentlichte Schriften (1910 - 1976)

1. Frühe Schriften (1912 - 1916)
   Herausgeber: Friedrich-Wilhelm von Herrmann 1978.

2. Sein und Zeit (1927)
   Herausgeber: Friedrich-Wilhelm von Herrmann 1977.

3. Kant und das Problem der Metaphysik (1929)
   Herausgeber: Friedrich-Wilhelm von Herrmann 1981.

4. Erläuterungen zu Hölderlins Dichtung (1936 - 1968)
   Herausgeber: Friedrich-Wilhelm von Herrmann 1981, $^2$1996.

5. Holzwege (1935 - 1946)
   Herausgeber: Friedrich-Wilhelm von Herrmann 1978.

6.1 Nietzsche I (1936 - 1939)
   Herausgeberin: Brigitte Schillbach 1996.

6.2 Nietzsche II (1939 - 1946)
   Herausgeberin: Brigitte Schillbach 1997.

9. Wegmarken (1919 - 1958)
   Herausgeber: Friedrich-Wilhelm von Herrmann 1976, $^2$1996.

10. Der Satz vom Grund (1955 - 1956)
    Herausgeberin: Petra Jaeger 1997.

12. Unterwegs zur Sprache (1950 - 1959)
    Herausgeber: Friedrich-Wilhelm von Herrmann 1985.

13. Aus der Erfahrung des Denkens (1910 - 1976)
    Herausgeber: Hermann Heidegger 1983.

15. Seminare (1951 - 1973)
    [Heraklit (Freiburg 1966/67, mit Eugen Fink)
    Vier Seminare (Le Thor 1966, 1968, 1969; Zähringen 1973)
    Züricher Seminar (Aussprache mit Martin Heidegger am 6. 11. 1951)]
    Herausgeber: Curd Ochwadt 1986.

II. Abteilung: Vorlesungen 1919 - 1944

A. Marburger Vorlesungen 1923 - 1928

17. Einführung in die phänomenologische Forschung
    (Wintersemester 1923/24)
    Herausgeber: Friedrich-Wilhelm von Herrmann 1994.

19. Platon: Sophistes (Wintersemester 1924/25)
    Herausgeberin: Ingeborg Schüßler 1992.

20. Prolegomena zur Geschichte des Zeitbegriffs (Sommersemester 1925)
    Herausgeberin: Petra Jaeger 1979, ²1988, ³1994.

21. Logik. Die Frage nach der Wahrheit (Wintersemester 1925/26)
    Herausgeber: Walter Biemel 1976, ²1995.

22. Grundbegriffe der antiken Philosophie (Sommersemester 1926)
    Herausgeber: Franz-Karl Blust 1993.

24. Die Grundprobleme der Phänomenologie (Sommersemester 1927)
    Herausgeber: Friedrich-Wilhelm von Herrmann 1975, ²1989.

25. Phänomenologische Interpretation von Kants Kritik der reinen Vernunft
    (Wintersemester 1927/28)
    Herausgeberin: Ingtraud Görland 1977, ²1987, ³1995.

26. Metaphysische Anfangsgründe der Logik im Ausgang von Leibniz (Sommersemester 1928)
    Herausgeber: Klaus Held 1978, ²1990.

B. Freiburger Vorlesungen 1928 - 1944

27. Einleitung in die Philosophie
    (Wintersemester 1928/29)
    Herausgeber: Otto Saame † und Ina Saame-Speidel 1996.

28. Der deutsche Idealismus (Fichte, Schelling, Hegel) und die philosophische Problemlage der Gegenwart
    (Sommersemester 1929)
    Herausgeber: Claudius Strube 1997.

29./30. Die Grundbegriffe der Metaphysik. Welt – Endlichkeit – Einsamkeit
    (Wintersemester 1929/30)
    Herausgeber: Friedrich-Wilhelm von Herrmann 1983, ²1992.

31. Vom Wesen der menschlichen Freiheit. Einleitung in die Philosophie
    (Sommersemester 1930)
    Herausgeber: Hartmut Tietjen 1982, ²1994.

32. Hegels Phänomenologie des Geistes (Wintersemester 1930/31)
    Herausgeberin: Ingtraud Görland 1980, ²1988.

33. Aristoteles: Metaphysik Θ 1-3 (Sommersemester 1931)
    Herausgeber: Heinrich Hüni 1981, ²1990.

34. Vom Wesen der Wahrheit. Zu Platons Höhlengleichnis und Theätet (Wintersemester 1931/32)
    Herausgeber: Hermann Mörchen 1988.
39. Hölderlins Hymnen „Germanien" und „Der Rhein" (Wintersemester 1934/35)
    Herausgeberin: Susanne Ziegler 1980, ²1989.
40. Einführung in die Metaphysik (Sommersemester 1935)
    Herausgeberin: Petra Jaeger 1983.
41. Die Frage nach dem Ding. Zu Kants Lehre von den transzendentalen Grundsätzen (Wintersemester 1935/36)
    Herausgeberin: Petra Jaeger 1984.
42. Schelling: Über das Wesen der menschlichen Freiheit (Sommersemester 1936)
    Herausgeberin: Ingrid Schüßler 1988.
43. Nietzsche: Der Wille zur Macht als Kunst (Wintersemester 1936/37)
    Herausgeber: Bernd Heimbüchel 1985.
44. Nietzsches metaphysische Grundstellung im abendländischen Denken: Die Lehre von der ewigen Wiederkehr des Gleichen (Sommersemester 1937)
    Herausgeberin: Marion Heinz 1986.
45. Grundfragen der Philosophie. Ausgewählte „Probleme" der „Logik" (Wintersemester 1937/38)
    Herausgeber: Friedrich-Wilhelm von Herrmann 1984, ²1993.
47. Nietzsches Lehre vom Willen zur Macht als Erkenntnis (Sommersemester 1939)
    Herausgeber: Eberhard Hanser 1989.
48. Nietzsche. Der europäische Nihilismus (II. Trimester 1940)
    Herausgeberin: Petra Jaeger 1986.
49. Die Metaphysik des deutschen Idealismus. Zur erneuten Auslegung von Schelling: Philosophische Untersuchungen über das Wesen der menschlichen Freiheit und die damit zusammenhängenden Gegenstände (1809) (I. Trimester 1941)
    Herausgeber: Günter Seubold 1991.
50. 1: Nietzsches Metaphysik
    (für Wintersemester 1941/42 angekündigt, aber nicht vorgetragen).
    2: Einleitung in die Philosophie – Denken und Dichten (Wintersemester 1944/45)
    Herausgeberin: Petra Jaeger 1990.
51. Grundbegriffe (Sommersemester 1941)
    Herausgeberin: Petra Jaeger 1981, ²1992.
52. Hölderlins Hymne „Andenken" (Wintersemester 1941/42)
    Herausgeber: Curd Ochwadt 1982, ²1992.
53. Hölderlins Hymne „Der Ister" (Sommersemester 1942)
    Herausgeber: Walter Biemel 1984, ²1993.
54. Parmenides (Wintersemester 1942/43)
    Herausgeber: Manfred S. Frings 1982, ²1992.
55. Heraklit 1: Der Anfang des abendländischen Denkens (Heraklit) (Sommersemester 1943) 2: Logik. Heraklits Lehre vom Logos (Sommersemester 1944)
    Herausgeber: Manfred S. Frings 1979, ²1987, ³1994.

C. Frühe Freiburger Vorlesungen 1919 - 1923

56./57. Zur Bestimmung der Philosophie, 1: Die Idee der Philosophie und das Weltanschauungsproblem (Kriegsnotsemester 1919) 2: Phänomenologie und transzendentale Wertphilosophie (Sommersemester 1919)
Herausgeber: Bernd Heimbüchel 1987.

58. Grundprobleme der Phänomenologie (Wintersemester 1919/20)
Herausgeber: Hans-Helmuth Gander 1992.

59. Phänomenologie der Anschauung und des Ausdrucks. Theorie der philosophischen Begriffsbildung (Sommersemester 1920)
Herausgeber: Claudius Strube 1993.

60. Phänomenologie des religiösen Lebens.
   1. Einführung in die Phänomenologie der Religion (Wintersemester 1920/21)
      Herausgeber: Matthias Jung und Thomas Regehly.
   2. Augustinus und der Neuplatonismus (Sommersemester 1921)
      Herausgeber: Claudius Strube.
   3. Die philosophischen Grundlagen der mittelalterlichen Mystik (1918/19)
      Herausgeber: Claudius Strube 1995.

61. Phänomenologische Interpretationen zu Aristoteles. Einführung in die phänomenologische Forschung (Wintersemester 1921/22)
Herausgeber: Walter Bröcker und Käte Bröcker-Oltmanns 1985, ²1994.

63. Ontologie. Hermeneutik der Faktizität (Sommersemester 1923)
Herausgeberin: Käte Bröcker-Oltmanns 1988, ²1995.

III. Abteilung: Unveröffentlichte Abhandlungen – Vorträge – Gedachtes

65. Beiträge zur Philosophie (Vom Ereignis)
Herausgeber: Friedrich-Wilhelm von Herrmann 1989, ²1994.

68. Hegel
Herausgeberin: Ingrid Schüßler 1993.

77. Feldweg-Gespräche
Herausgeberin: Ingrid Schüßler 1995.

79. Bremer und Freiburger Vorträge
Herausgeberin: Petra Jaeger 1994.

**French** (published by Édition Gallimard, Paris):

2. Être et Temps
Traducteur: François Vezin 1986, ²1988, ³1990, ⁴1992, ⁵1994, ⁶1996.

24. Les problèmes fondamentaux de la phénoménologie
Traducteur: Jean-François Courtine 1985.

25. Interprétation phénoménologique de la "Critique de la raison pure" de Kant
Traducteur: Emmanuel Martineau 1982.

26. Fonds métaphysiques initiaux de la logique
Traducteur: Gérard Guest 1997.

29./30. Les concepts fondamentaux de la métaphysique
Traducteur: Daniel Panis 1992.

31. L'Essence de la liberté humaine
    Traducteur: Emmanuel Martineau 1988.
32. La "Phénoménologie de l'esprit" de Hegel
    Traducteur: Emmanuel Martineau 1984.
33. Aristote Métaphysique Θ 1 - 3
    Traducteur: Bernard Stevens et Pol Vandevelde 1991.
39. Les Hymnes de Hölderlin "La Germanie" et "Le Rhin"
    Traducteur: Julien Hervier et François Fédier 1988.
51. Concepts fondamentaux
    Traducteur: Pascal David 1985.

**At the Press:**
21. Logique: La question de la vérité
    Traductrice: Françoise Dastur.

**In Preparation:**
17. Introduction à la recherche phénoménologique
    Traducteur: Didier Franck.
19. Platon: Le Sophiste Traducteur: Jean-François Courtine.
34. De l'essence de la vérité
    Traducteur: Alain Boutot.
45. Questions fondamentales de la philosophie
    Traducteur: Pascal David.
54. Parménide
    Traducteur: Alexandre Lowit.
61. Interprétations phénoménologiques d'Aristote/Introduction
    à la recherche phénoménologique.
    Traducteur: Daniel Panis.
65. Compléments à la philosophie
    Traducteur: François Fédier.

**English** (published by Indiana University Press, Bloomington):
3. Kant and the Problem of Metaphysics
   Translator: Richard Taft 1997.
19. Plato: The Sophist
    Translators: Richard Rojcewicz and André Schuwer 1997.
20. History of the Concept of Time, Prolegomena
    Translator: Theodore Kisiel 1985.
24. The Basic Problems of Phenomenology
    Translator: Albert Hofstadter 1982.
25. Phenomenological Interpretation of Kant's *Critique of Pure Reason*
    Translators: Parvis Emad and Kenneth Maly 1997.

26. The Metaphysical Foundations of Logic
    Translator: Michael Heim 1984.

29./30. The Fundamental Concepts of Metaphysics
    Translators: William McNeill and Nicholas Walker 1995.

32. Hegel's Phenomenology of Spirit
    Translators: Parvis Emad and Kenneth Maly 1988.

33. Aristotle's Metaphysics Θ 1 - 3: On the Essence and Actuality of Force
    Translators: Walter Brogan and Peter Warnek 1995.

45. Basic Questions of Philosophy: Selected "Problems" of "Logic"
    Translators: Richard Rojcewicz and André Schuwer 1994.

51. Basic Concepts
    Translator: Gary Aylesworth 1994.

53. Hölderlin's Hymn "The Ister"
    Translators: William McNeill and Julia Davis 1997.

54. Parmenides
    Translators: André Schuwer and Richard Rojcewicz 1993.

**In Preparation:**

21. Logic. The Question of Truth
    Translators: Thomas Sheehan and Reginald Lilly.

39. Hölderlin's Hymn "Germanien" und "Der Rhein"
    Translator: William McNeill.

63. Ontology: The Hermeneutic of Facticity
    Translator: John van Buren.

65. Contributions to Philosophy
    Translators: Parvis Emad and Kenneth Maly.

**Italian**

4. La poesia di Hölderlin
    Traduttore: Leonardo Amoroso; direzione scientifica: Franco Volpi 1988, [2]1994 (Adelphi, Milano).

6. Nietzsche
    Traduttore: Franco Volpi 1994, [2]1995 (Adelphi, Milano).

9. Segnavia
    Traduttore: Franco Volpi 1987, [3]1994 (Adelphi, Milano).

15. Seminari
    Traduttore: Massimo Bonola; a cura di Franco Volpi 1992 (Adelphi, Milano).
    Dialogo intorno a Eraclito
    Traduttore: Mauro Nobile; a cura di Mario Ruggenini 1992 (Coliseum, Milano).

20. Prolegomeni alla storia del concetto di tempo
    Traduttori: Renato Cristin e Alfredo Marini 1991 (Il melangolo, Genova).

21. Logica. Il problema della verità
    Traduttore: Ugo Maria Ugazio 1986 (Mursia, Milano).

24. I problemi fondamentali della fenomenologia
    Traduttore: Adriano Fabris 1988 (Il melangolo, Genova).

26. Principi metafisici della logica
    Traduttore: Giovanni Moretto 1990 (Il melangolo, Genova).

29./30. Concetti fondamentali della metafisica. Mondo – finitezza – solitudine.
    Traduttrice: Paola Ludovica Coriando 1992 (Il melangolo, Genova).

32. La fenomenologia dello spirito di Hegel
    Traduttrice: Silvia Caianello 1988 (Guida, Napoli).

33. Aristotele, Metafisica Θ 1 - 3
    Traduttore: Ugo Ugazio 1992 (Mursia, Milano).

34. L'essenza della verità. Sul mito della caverna e sul Teeteto di Platone
    Traduttore: Nicola Curcio 1997 (Adelphi, Milano).

41. La Questione della cosa. La dottrina kantiana dei principi trascendentali
    Traduttore: Vincenzo Vitiello 1989 (Guida, Napoli).

42. Schelling
    Traduttore: Carlo Tatasciore 1994 (Guida, Napoli).

45. Domande fondamentali della filosofia. Selezione di "problemi" della "logica"
    Traduttore: Ugo Maria Ugazio 1988 (Mursia, Milano).

51. Concetti fondamentali
    Traduttore: Franco Camera 1989 (Il melangolo, Genova).

55. Eraclito
    Traduttore: Franco Camera 1993 (Mursia, Milano).

61. Ontologia. Ermeneutica della effettività
    Traduttore: Gennaro Auletta 1992 (Guida, Napoli).

**In Preparation:**

2. Essere e tempo
   Traduttore: Alfredo Marini (Longanesi, Milano).

43. Nietzsche: La volontà di potenza come arte
    Traduttore: Franco Volpi (Adelphi, Milano).

44. La posizione metafisica fondamentale di Nietzsche nel pensiero occidentale
    Traduttore: Franco Volpi (Adelphi, Milano).

48. Nietzsche: Il nichilismo europeo
    Traduttore: Franco Volpi (Adelphi, Milano).

54. Parmenide
    Traduttore: Giovanni Gurisatti (Adelphi, Milano).

65. Contributi alla filosofia
    Traduttore: Franco Volpi (Adelphi, Milano).

# Addresses of the Contributors

Professor Henri Crétella
359 Ave. des Mourets
F-8200 Montauban/France

Professor Dr. Pascal David
Université de Bretagne Occidentale
Departement de Philosophie
Faculté des Lettres et Science Sociales
20, rue Duquesne BP 814
F-29285 Brest/France

Professor François Fédier
19, rue de Rocroy
F-75010 Paris/France

Professor Dr. Istvan M. Fehér
V. Báthory u. 6
H-1054 Budapest/Hungary

Dr. Hermann Heidegger
Attental 4
D-79252 Stegen-Wittental/Germany

Dr. Holger Helting
Assmayergasse 23/2
A-1120 Vienna/Austria

Professor George Kovacs
Department of Philosophy
Florida International University
Tamiami Campus
Miami, FL 33199 USA

Professor William J. Richardson
Boston College
Department of Philosophy
Chestnut Hill, MA 02167-3806 USA

Dr. Philippe Rothan
26, Cours Mirabeau
F-13100 Aix-en-Provence/France

Dr. Christoph von Wolzogen
Universität Karlsruhe
Allgemeine Pädagogik
Kaiserstr. 12
D-76128 Karlsruhe/Germany

# Volume 13   HEIDEGGER STUDIES   1997

Editors:

Parvis Emad (La Crosse, WI U.S.A.)
Friedrich-Wilhelm von Herrmann
(Freiburg, Germany)

Kenneth Maly (La Crosse, WI U.S.A.)
François Fédier (Paris, France)

Associate Editors:

Hans-Helmuth Gander (Freiburg, Germany)
Gérard Guest (Gif-sur-Yvette, France)
George Kovacs (Miami, Florida, U.S.A.)
John Sallis (Nashville, Tennessee, U.S.A.)

Gail Stenstad (Johnson City, U.S.A.)
Ingeborg Schüßler (Lausanne, Switzerland)
François Vezin (Paris, France)

Editorial Advisory Board:

Beda Allemann (Bonn, Germany) †
Pierre Aubenque (Paris, France)
Robert Bernasconi (Memphis, Tennessee, U.S.A.)
Rudolf Bernet (Louvain, Belgium)
Walter Biemel (Aachen, Germany)
Franz-Karl Blust (Freiburg, Germany)
Heribert Boeder (Osnabrück, Germany)
Wolfgang Brockmeier (Horgenzell, Germany)
John Caputo (Pennsylvania, U.S.A.)
Paola-Ludovica Coriando (Freiburg, Germany)
Jean-François Courtine (Paris, France)
Françoise Dastur (Paris, France)
Pascal David (Brest, France)
Costantino Esposito (Bari, Italy)
István Fehér (Budapest, Hungary)
Joseph P. Fell (Lewisburg, Pennsylvania, U.S.A.)
Michel Haar (Paris, France)
Klaus Held (Wuppertal, Germany)
Samuel Ijsseling (Louvain, Belgium)
Pierre Jacerme (Paris, France)
Petra Jaeger (Düsseldorf, Germany)
Dieter Jähnig (Tübingen, Germany)

Joseph. J. Kockelmans (Pennsylvania, U.S.A.)
David Krell (Chicago, U.S.A.)
Jean-Luc Marion (Paris, France)
Graeme Nicholson (Toronto, Canada)
Giorgio Penzo (Padua, Italy)
Günther Pöltner (Wien, Austria)
William Richardson (Boston, Mass. U.S.A.)
Ewald Richter (Hamburg, Germany)
Manfred Riedel (Halle/Wittenberg, Germany)
Reiner Schürmann (New York, N.Y., U.S.A.) †
Charles Scott (Nashville, Tennessee, U.S.A.)
Günter Seubold (Bonn, Germany)
Joan Stambaugh (New York, N.Y., U.S.A.)
Claudius Strube (Wuppertal, Germany)
Jacques Taminiaux (Louvain, Belgium)
Rainer Thurnher (Innsbruck, Austria)
Hartmut Tietjen (Freiburg, Germany)
Helmuth Vetter (Wien, Austria)
Vincenzo Vitiello (Salerno, Italy)
Franco Volpi (Padua, Italy, Witten-Herdecke, Germany)
Richard Wisser (Mainz, Germany)
Susanne Ziegler (Darmstadt, Germany)

Aim and Scope:

**Heidegger Studies** is an annual publication dedicated to promoting the understanding of Heidegger's thought through the interpretation of his writings. **Heidegger Studies** provides a forum for the thorough interpretation of the whole of Heidegger's work (including works published during his lifetime) that is called for by the publication of his **Gesamtausgabe**. In keeping with its international character, **Heidegger Studies** publishes articles in English, German, and French. The editors of this journal welcome the submission of manuscripts that take up the serious task of interpreting and thinking through Heidegger's work. The editors especially welcome submission of manuscripts devoted to an interpretive exploration of the new texts published in the **Gesamtausgabe**.

Die **Heidegger Studien** sind eine jährlich erscheinende Zeitschrift, die der Förderung des Verständnisses des Heideggerschen Denkens durch die Interpretation seiner Schriften gewidmet ist. Die Zeitschrift will ein Forum für die gründliche Interpretation von Heideggers Werk im Ganzen (einschließlich der zu seinen Lebzeiten veröffentlichten Werke) bereitstellen, deren Notwendigkeit sich aus der fortlaufenden Veröffentlichung der **Gesamtausgabe** ergibt.

In der Tat machen Spannbreite und Bedeutung der neuen Texte, die in dieser Ausgabe erscheinen, die **Heidegger Studien** erforderlich. Die **Heidegger Studien** sind ihrem Wesen nach international und werden diesem Wesen entsprechend Arbeiten in englischer, deutscher und französischer Sprache veröffentlichen. Die Herausgeber der **Heidegger Studien** wünschen die Zusendung solcher Beiträge, die sich mit der ernsthaften Aufgabe der Interpretation und dem Durchdenken des Heideggerschen Werkes befassen. Die Herausgeber heißen insbesondere solche Beiträge willkommen, die einer interpretativen Untersuchung der neuen Texte in der **Gesamtausgabe** gewidmet sind.

Les **Etudes Heideggeriennes** sont une publication annuelle, consacrée à promouvoir l'entente de la pensée de Heidegger grâce à l'interprétation de ses écrits. Cette revue s'offre ainsi à être un lieu de débat en vue de la réinterprétation complète du travail de Heidegger dans son ensemble (y compris les textes publiés de son vivant) – ce qu'appelle d'ailleurs la publication en cours de l'**Edition Intégrale**. Assurément, les **Etudes Heideggeriennes** répondent aussi à l'exigence suscitée par l'ampleur et l'importance des inédits que publie l'**Edition Intégrale**. Les **Etudes Heideggeriennes** sont une revue délibérément internationale. Ce caractère s'affirme avec la publication de textes en anglais, en allemand et en français. Les responsables de la publication souhaitent recevoir des manuscrits manifestant le souci d'interpréter à fond, c'est-à-dire de penser de bout en bout le travail de Heidegger. Ils espèrent surtout recevoir des manuscrits consacrés à l'examen et à l'interprétation des textes inédits paraissant dans l'**Edition Intégrale**.

\*

A list of the volumes of the **Gesamtausgabe** that have already been published (including the status of English, French and Italian translations) appears at the back of each issue of **Heidegger Studies**. In the interest of clarity and conciseness the editors request that all submissions make reference to the volumes of the **Gesamtausgabe** by using the following format:

a) The first reference to a particular volume of the *Gesamtausgabe* will include the title of the volume and the volume numbers, as well as the title of the volume in translation, if available. Such references will look like this:
[1]*Grundbegriffe* (GA 51), p. 44.
[2]*Die Grundprobleme der Phänomenologie* (GA 24), p. 213; tr. *The Basic Problems of Phenomenology*, p. 149.
[3]*Hegels Phänomenologie des Geistes* (GA 32), p. 132; tr. *La „Phénoménologie de l'esprit"  de Hegel*, p. 150.

b) All further references to the same volume will use the abbreviation "GA" and the volume number. Such references will look like this:
[4]GA 51, p. 44. [5]GA 24, p. 213; tr., p. 149. [6]GA 32, p. 132; tr., p. 150.

| Submissions in English should be sent in duplicate to: | Submissions in German should be sent in duplicate to: | Submissions in French should be sent in duplicate to: |
| --- | --- | --- |
| **Heidegger Studies** | **Heidegger Studien** | **Etudes Heideggeriennes** |
| Parvis Emad<br>Department of Philosophy<br>University of Wisconsin<br>La Crosse<br>La Crosse, WI 54601/U.S.A. | Friedrich-Wilhelm von Herrmann<br>Seminar für Philosophie und Erziehungswissenschaft<br>Albert-Ludwigs-Universität<br>D-79085 Freiburg i. Br.<br>Federal Republic of Germany BRD | François Fédier<br>Lycée Pasteur<br>Bld d'Inkermann<br>F-2200 Neuilly sur Seine<br>France |

# Martin Heidegger Gesamtausgabe

II. Abteilung: Vorlesungen 1919-1944

Band 27   EINLEITUNG IN DIE PHILOSOPHIE

Herausgegeben von Otto Saame und Ina Saame-Speidel
*1996. XII, 404 Seiten*
*Ln einzeln DM 98.– ISBN 3-465-02893-7*
*Kt einzeln DM 88.– ISBN 3-465-02892-9*

Die hier erstmals veröffentlichte Vorlesung „Einleitung in die Philosophie" hielt Martin Heidegger vierstündig im Wintersemester 1928/29 an der Universität Freiburg. Der beabsichtigte „Gang" der Einleitung umfaßte drei Stadien bzw. Wege: Philosophie und Wissenschaft, Philosophie und Weltanschauung, Philosophie und Geschichte. Der zweite Abschnitt gewann an Umfang durch eine eingehende Erörterung des Weltbegriffs von Kant, während der dritte Abschnitt – Philosophie und Geschichte – nicht zur Ausführung kam.

„Diese Vorlesungen sind eine der wichtigsten Schriften zur Philosophie dieses Jahrhunderts, und in didaktischer Hinsicht sind sie ein Meisterwerk... Die „Einleitung" steht zwischen „Sein und Zeit" (1927) und „Vom Wesen des Grundes" (1929). Aber sie bietet keine Abbreviatur dieser Bücher, sondern sie leitet die Hörer auf einem eigenen Weg in die Philosophie... Alle Punkte, die seit den fünfziger Jahren zu endlosen Mißverständnissen geführt haben, sind hier in souveräner Ruhe erklärt. Es ist kaum auszudenken, was geschehen wäre, wäre dieser Band vor fünfzig Jahren erschienen."

*Kurt Flasch*
*Frankfurter Allgemeine Zeitung*

VITTORIO KLOSTERMANN · FRANKFURT AM MAIN

# INTERNATIONAL STUDIES IN PHILOSOPHY

Editors: Leon J. Goldstein,
Stephen David Ross

*International Studies in Philosophy* is published four times each year. The Spring and Fall issues contain articles and reviews of books of interest to philosophers internationally. The Summer issue is composed of papers delivered to the North American Nietzsche Society. The Winter issue is composed of papers selected from the annual conference on Philosophy, Interpretation, and Culture at Binghamton University, in continental philosophy, feminist philosophy, pragmatism, cultural critique, and multicultural studies, including social, political, and legal issues, also crossing boundaries between philosophy and other disciplines.

*Subscription rates in the U. S. are $35 for individuals and $55 for institutions, per year. All correspondence regarding subscriptions should be addressed to Scholars Press, P.O. Box 15399, Atlanta, GA 30333. Manuscripts of articles, discussions, and notes should be addressed to the Editors, International Studies in Philosophy, P.O. Box 6000, Binghamton University, Binghamton, N.Y. 13902-6000, U.S.A.*

HEIDEGGER STUDIES · HEIDEGGER STUDIEN
ETUDES HEIDEGGERIENNES
VOLUME 14 · 1998

# Heidegger Studies
# Heidegger Studien
# Etudes Heideggeriennes

Volume 14 · 1998

Politics, Violence, Reticence
and the Hint of Be-ing

Duncker & Humblot · Berlin

Each issue of *Heidegger Studies* carries an appropriate volume title in order to draw attention to the point toward which most, if not all, contributions gravitate.

Die Deutsche Bibliothek – CIP-Einheitsaufnahme

**Heidegger studies** = Heidegger Studien. – Berlin : Duncker und Humblot.
Erscheint jährl. – Früher verl. von Eterna Press, Oakbrook, Ill. – Aufnahme nach Vol. 3/4. 1987/88 (1988)
ISSN 0885-4580

Vol. 14. Politics, violence, reticence and the hint of be-ing. – 1998

**Politics, violence, reticence and the hint of be-ing.** –
Berlin : Duncker und Humblot, 1998
(Heidegger studies ; Vol. 14)
ISBN 3-428-09524-3

All rights reserved

For subscription information contact:
Verlagsbuchhandlung Duncker & Humblot GmbH
Carl-Heinrich-Becker-Weg 9, 12165 Berlin

Fremddatenübernahme: Fotosatz Voigt, Berlin
Druck: Berliner Buchdruckerei Union GmbH, Berlin
Printed in Germany

ISSN 0885-4580
ISBN 3-428-09524-3

Gedruckt auf alterungsbeständigem (säurefreiem) Papier entsprechend ISO 9706 ♾

Je aufdringlicher die Rechner,
je maßloser die Gesellschaft.

Je seltener Denkende,
je einsamer Dichtende.

Je notvoller Ahnende,
ahnend die Ferne
rettender Winke.

Heidegger (GA 13/222)

In honor of Walter Biemel's unwavering commitment to the work of thinking enopened by Heidegger, this volume of *Heidegger Studies* is dedicated to him on the occasion of his eightieth birthday, February 19, 1998. May Biemel's work on hermeneutic phenomenology and his philosophical analyses of art and literature continue to flourish.

# Table of Contents / Inhaltsverzeichnis / Table des Matières

## I. Texts from Heidegger's *Nachlaß*

*Martin Heidegger*
Aufzeichnungen zur Temporalität (Aus den Jahren 1925 bis 1927) .......... 11

## II. Articles

*Paola-Ludovica Coriando*
Die „formale Anzeige" und das Ereignis: Vorbereitende Überlegungen zum Eigencharakter seinsgeschichtlicher Begrifflichkeit mit einem Ausblick auf den Unterschied von Denken und Dichten .............................. 27

*Pascal David*
New Crusades Against Heidegger: Riding Roughshod over Philosophical Texts (Part Two)
The Genealogy of a Mystification from Ernst Krieck to Victor Farias ....... 45

*Guillaume Badoual*
Le mythe du *Politique* .............................................. 65

*Jürgen Gedinat*
Zur Geschichtlichkeit der Kunst ........................................ 85

*David C. Durst*
Heidegger on the Problem of Metaphysics and Violence .................. 93

*Daniel Panis*
La Sigétique ........................................................... 111


### III. Essays in Interpretation

*Heinrich Hüni*
Welt-Geschichte als Grenze der Daseinsanalyse in „Sein und Zeit" ......... 131


### IV. Update on the *Gesamtausgabe*

List of Heidegger's Gesamtausgabe (in German, English, French, and Italian)  139


**Addresses of the Contributors**  147

**I. Texts from Heideggers's *Nachlaß***

# Aufzeichnungen zur Temporalität

## (Aus den Jahren 1925 bis 1927)

Martin Heidegger

### 1. Gegenwart – reine Gegenwart – Jetzt[1]

*[Zur Zeit]*

Das ‚Zur Zeit' überhaupt. Das ‚im Jetzt von' überhaupt.

Gegenwart als unausgesprochenes ‚im Jetzt von', genauer: das Sein des ‚Jetzt'. Was ist mit ‚Jetzt' – in der Gegenwart – gemeint?

*Analyse des ‚Jetzt'*

Weil vulgäre Zeit Jetzt-Zeit, den Weg zur Zeit über das ‚Jetzt'. Das ‚Jetzt' – als das Moment – des *‚Zur Zeit';* Momentaneität des *Zur-Zeit*. Dieses ‚Jetzt' hermeneutisch, d. h. es hat, strukturmäßig In-Sein, Mit-Sein, Selbstsein, seinen *Horizont* – und hier ganz widersinnig, es fassen zu wollen in Richtung einer Differenzierung. Und nur weil es dieses gibt, gibt es ein Jetzt der Uhr: das Uhr bezogene Jetzt.

Das Uhr bezogene Jetzt: das ‚Jetzt', das selbst noch in eine Bewandtnis gestellt wird, eine weltliche Bewandtnis, die es *mit ihm* hat und haben kann. Diese Bewandtnis selbst besorgt und geregelt. Das Jetzt, gesichert und verfügbar, von der Welt her: Tag, Nacht, Sonne. Was besagt aber: *es gibt das ‚Jetzt'*?

Momentaneität des ‚Jetzt': leer, aber hermeneutisch leer. *‚Hermeneutische Indikation'.* Diese ‚Leere' – etwas Phänomenales – weder Weltliches, noch Andere, noch Selbst qua Vorhandenes, sondern die ‚Gegenwart'; und hier aber nicht mehr nach dem Sinn fragen, als stünde ein Seiendes in Frage, sondern das Sein ist gerade die *‚Gegenwart',* und zwar das Sein als In-Sein, Sein-bei. (Das ‚Jetzt' kein beliebiges, sondern faktisch das des besorgenden Aufgehens bei: jetzt das, jetzt noch nicht, jetzt erst noch.)

---

[1] [Auf dem Titelblatt findet sich der Vermerk:] Wichtig für Temporalität.

## Brentano. Sein und Anerkennung

„Das, wovon wir sagen es sei, wird von uns im eigentlichen Sinne anerkannt."[2] ‚Sein'-sagen: als seiend ansprechend, d.h. ausdrücklich im Sagen begegnen lassen. Vorhandensein lassen = ‚Anerkennen'. (Ich gebe ihm zu – seine Anwesenheit. Gegenüber einer Tendenz des Nicht-Zugebens? bzw. Seinsart, das keine Gelegenheit zu diesem Zugeben hat. Dieses Zugeben selbst besagt für das Dasein was? sorgensmäßig?) *Interpretation!*

‚Uneigentliche' Anerkennung: wenn wir sagen „etwas sei gewesen" oder „sei zukünftig" (ist es dasselbe: etwas ist gewesen und etwas ist vergangen?); ‚ähnlich' dem: ‚es sei in Gedanken'; denn auch hier notwendig auf einen Denkenden zu beziehen, für den Gedachtes ist, was es ist. Auch hier – ein Seiendes in recto – Gegenwart.[3]

„Temporale Relationen": Modus, „bei welchem der Terminus des Vergleichs (...) nicht existieren muß, wenn das Fundament der Relation existiert"[4].([...]*: Relation bzw. *Erfassen* von Relationen vergleichen. Zeit als gegeben, erfaßte Bestimmte.)

Gegenwart: modus rectus. Vergleiche: „im eigentlichen Sinne ist ein Gewesenes ebensowenig als ein Gedachtes"[5]. Gewesenes und Gedachtes, Beispiele von entia rationis, *sind* nur, sofern in obliquo anerkannt, d.h. sofern in recto ein Denkendes/ein Gegenwärtiges anerkannt ist.

## *Jetzt und Jetztsagen – Gegenwärtigen – Gegenwart*

Ist das Gegenwärtigen ein schweigendes[?] im Jetzt Begegnenlassen, und was besagt ‚jetzt'?

Zu ‚Zeit' gehört[?] nicht ein Ich (vgl. Ich und Zeit) (Ich und Selbst), sondern umgekehrt: Zeit macht Ich erst möglich (nicht wie Kant). Zeit ist ‚mehr' als Ich – ursprünglicher ‚Ichlich', wenn auch nicht faktisch. Ursprünglicher deshalb, *weil* ursprünglicher selbstlich, faktisch zunächst im Man.

Brentano: setzt erstens ungenau Jetzt = Gegenwart und nimmt jedes Jetzt als frei von spezifizierender und individualisierender Differenz – vielmehr als *universell* (formal-logisches Schema).[6] Muß nicht gerade die schärfste Gegenthese

---

[2] Franz Brentano, *Psychologie vom empirischen Standpunkt. Zweiter Band: Von der Klassifikation der psychischen Phänomene.* Mit neuen Abhandlungen aus dem Nachlass, hrsg. v. Oskar Kraus, Leipzig 1925, S. 221.
[3] Vgl. Brentano, a.a.O., S. 221.
[4] A.a.O., S. 222.
* [Nicht entzifferbare Abkürzung.]
[5] A.a.O., S. 231; vgl. a.a.O., S. 222.

durchgeführt werden. Das ‚Jetzt' ursprünglich nicht nur erfüllt, denn dann könnte und müßte es gerade ‚leer' sein, sondern als es selbst konkret ist.

In recto vorstellen: Gegenwärtigen von *Dingen* (Realem); in obliquo: *Relation* – Vorstellen (Komparation) – auf Zeit übertragen: das ‚früher' und ‚später'.[7]

Brentano formalisiert und logisiert den phänomenalen Zusammenhang und sieht das eigentliche Problem nicht.[8]

Brentano nimmt ‚gegenwärtig' als eine *Bestimmung* des ‚ist', nicht als sein eigentliches – Sinne[?], d.h. er sagt Sein, besonders ‚Sein' *in* der Gegenwart.

Die Laienwelt ist „mit ihrem einfachen gesunden Menschenverstand darin einig, daß ‚Sein' und ‚Gegenwärtigsein' auf dasselbe hinauslaufen"[9].

‚Das Quadrat der Hypotenuse *ist* gleich der Summe der Quadrate der beiden Katheten.' Kann das ‚ist' durch ‚ist gegenwärtig' interpretiert werden? (Das ist nicht erst temporal gesagt, sondern ‚*zeitlich*'.) Brentano sagt: bei diesem ‚Verhältnis von Quadraten' hat man es mit etwas zu tun, was den zeitlichen Dingen zugehört. „Der pythagoreische Lehrsatz besagt nichts anderes, als daß das gegenwärtig Bestehende weder ein rechtwinkliges Dreieck enthält, bei welchem jene Gleichheit fehlt, noch von einem Dreieck abstehe, welcher derselben ermangelt habe oder ermangeln werde."[10]

*Aufzählung temporaler Hinblicke und Strukturen*

Das ‚zur Zeit' und das *gesagte* ‚Jetzt' (dieses zweite: meint das erste). Die Modi des ‚zur Zeit', ‚zu aller Zeit' u.s.f.

Jetzt – das *gesagte, gemeinte*:

jetzt-da: das in der Welt so und so In-der-Welt-sein

jetzt-da: der und der, so und so Mitsein

jetzt-da: ich, so und so Selbstsein

(Das be-sorgte – Sein des Daseins, im Besorgen – sich aussprechende. – Dasein: Jetzt[?] spricht in das Dasein zurück und zugleich aus ihm her. *Sorge*: Zeit verhält sich zu sich selbst.)

Jetzt: damit gemeint und ausgesprochen Dasein als In-Sein, Mit-Sein (Sorge i.w.S.), nicht das Dasein in ein Jetzt gestellt, sondern das Jetzt notwendig, ein

---

[6] Vgl. Brentano, a.a.O., S. 202 Anm.
[7] Vgl. a.a.O., S. 218.
[8] Vgl. a.a.O., S. 220.
[9] Franz Brentano, *Zur Lehre von Raum und Zeit*, hrsg. v. O. Kraus, in: Kant-Studien XXV (1920), S. 20.
[10] A.a.O., S. 18.

Daseinshorizont von ihm aus verstanden (zur Zeit – da). Das Jetzt der Indifferenz, das indifferente Dasein, das leer hingesagte Jetzt nimmt Brentano für universal und verwechselt hier *das* formal aus der Manzeit ablösbare[?] und formalisierte Jetzt der Jetzt-Zeit, der Gegenwarts-Zeit.

Das so *gesagte* Jetzt – zur Zeit ‚fixiert' – sagt aus ein Gegenwärtigen, darin ich lebe, und damit *mein Gewärtigen*. Mein Gewärtigen wird damit weltlich[?] zeitlich verstanden, als ‚gegenwärtig', besser anwesend (abfolgend), sich vollziehend; zur Zeit, zur *Man*-Zeit nämlich, in der sich das Besorgen findet.

Gegenwart: modus rectus; Vergangenheit, Zukunft: modi obliqui.[11] „Wer anerkennt, es sei etwas gestern gewesen, erkennt eigentlich nicht dieses an, sondern ein anderes, als um einen Tag später und so von ihm, das gar nicht ist, zeitlich Abstehendes"[12] („wobei – wie gesagt – nach der Eigentümlichkeit des zeitlichen Abstehens das, *wovon* etwas absteht, nicht ebenso wie dieses selbst *ist*"[13]). „Wer außer den zeitlichen Dingen auch noch ein Zeitliches für sich und außer den jetzigen Dingen ein Jetzt für sich annehmen wollte, der würde in einen ganz ähnlichen Fehler verfallen, wie der, welchen Platon mit seiner Ideenlehre begangen hat."[14]

Was heißt: „etwas räumlich und zeitlich absolut Differenziertes"?[15] „Wie kann es Abstände geben, wenn nicht jedes der Abstehenden ein spezifisch anderes ist?"[16] Zeitlich kann „nichts was *ist,* von etwas, was *ist,* abstehen"[17] (beides gegenwärtig, also *gleich*zeitig). Zeitliches = Dingliches; es ist „unmöglich, etwas anderes als Zeitliches anzuerkennen"[18]. „Und somit erscheint es als gesichert, daß nichts ist, außer was zeitlich, beziehungsweise gegenwärtig ist."[19] Der Einwand von unzeitlichen geometrischen Gebilden her und seine Lösung[20] gekünstelt und gewaltsam!

*Das Jetzt-sagen*

wird darin etwas angesprochen: ‚jetzt', da das *geschieht*, ‚jetzt', da ich das tue (Jetzt, das gesagte: *Zur Zeit* von …); jetzt, gesprochen im Hinblick auf In-Sein in der Welt. (Zeit kann sich nur von der Welt her und Weltlichem aussprechen. Die Zeit, zwar[?] sofern sie sich als Gegenwart versteht, und das muß sie, in sich *aussprechen*: zur Welt und für sie sprechen.)

---

[11] Vgl. Sein und Anerkennen.
[12] Psychologie vom empirischen Standpunkt, a.a.O., S. 232.
[13] Zur Lehre von Raum und Zeit, a.a.O., S. 17.
[14] A.a.O., S. 8.
[15] A.a.O., S. 9.
[16] A.a.O., S. 10.
[17] A.a.O., S. 14.
[18] A.a.O., S. 17.
[19] Ebd.
[20] Vgl. a.a.O., S. 17f.

Was meint das „Jetzt'? Nicht, was angesprochen wird, sondern das – nur die Anwesenheit – deren das Jetzt bedarf. (Nicht immer! vgl. Augenblick – warum?).

Im Jetzt: Anwesenheit, besser Anwesendes, oder *Gegenwärtigen*. ‚Jetzt' orientiert am Sein *zur* Welt, bzw. weltlich erfahren *Dasein.*

Jetzt meint in der Tat ‚Gegenwart', und diese Gegenwart ist das Dasein selbst.

Mit Jetzt *Zeit gemeint,* aber so, daß in diesem Jetzt-meinen die Zeit von sich weg spricht. Diese Rede ist bei Welt, besonders Besorgen ihrer.

Das Schon ist somit ein temporaler Modus der Ge-genwart selbst. Ich bin schon bei der Welt und komme erst später auf die *Gegenwart*; daß dieses Sein bei der Welt Gegenwart ist.

Dasein ist schon Gegenwart, *wann* immer es auf sich zurückkommt; *‚in jedem Zeitpunkt'.*

*‚Jetzt' und ‚Stehen der Zeit'*

als die reine *Durchlaufbarkeit,* das reine Durchlaufen lassen können, d. h. Anwesend-abwesend-lassen, *verschwinden* lassen.

Zeit fließt nicht, ‚steht' schon eher. Kant hier recht gesehen von der Man-Zeit; das Man, das keine Geschichte hat und noch weniger – die reine Form des Gegenwärtigens.

Zeit zeitigt; auf Zeit nicht Seinsbestimmungen anwenden, nicht reden von Wirklichkeit und Unwirklichkeit des Jetzt.

Zeit steht, aber nicht als vorhandene Reihe, die selbst wieder ‚Zeit' forderte, um durchlaufbar zu sein; kein Stehen als *Anwesenheit,* sondern das Immer, qua Jetzt-Immer der Zeitlichkeit, die sich *zeitigt.*

*[Gegenwart und Gegenwärtigen]*

Es spricht sich aus die *Gegenwart* des Gegenwärtigens der Welt. Die Gegenwart ist ein Gegenwärtigen, d. h. z. B. ein Begegnenlassen eines Vorhandenen, nicht selbst (wie Vorhandenes) anwesend, sondern die Gegenwart ist gegen*wärtig*; gegenwärtig im Verhaltenssinne, nicht im Sinne von anwesend.

*Gegenwart*: Modus des Seins des Daseins, und so wie aus ihm bisher charakterisiert, noch nicht in seinem ursprünglichen Zeitlichkeitscharakter gefaßt, und daher ist der Zusammenhang von Gewärtigen, Gegenwart und Jetzt noch nicht hinreichend scharf herausgearbeitet.

Gewärtigen und Behalten. Hier der Ursprung des Jetzt: Jetzt noch, Jetzt noch nicht, Jetzt. Das primäre.

*Marty. Zeit*

Daraus, daß Zeitbestimmungen in der Kopula – als Urteil – vorkommen, ist nicht zu folgern, daß das Zeit-bewußtsein primär ein Urteilen und kein Vorstellen sei.[21] Es ist *keines von Beiden*, oder Vor-stellen in einem ganz weiten Sinne.

Begriff der Tatsächlichkeit entspringt aus dem Verhalten der Position, Bejahung.

Wie *entspringt* überhaupt ein solcher Begriff? Was er meint, liegt u. a. im Verhalten, und zwar als zu diesem gehörig.

Wie gehört etwas zu einem Verhalten, so daß obiges[?] möglich wird. (Dieses war ursprünglicher als das ‚früher'.)

In gewissen Grenzen oder überhaupt Intentionalität. Sein-zu und darin die ‚*Vorhabe*'.

Dieses selbst noch Bedingung der Möglichkeit von Gegenwärtigen, also Vor und Nach noch ursprünglicher temporal.

## 2. [Anwesenheit und Gegenwart, Beständigkeit und Zeitlosigkeit]

Sein als σύνθεσις

Beisammensein – Zusammengehörigkeit von *etwas* mit etwas. *Zusammengehören von ... mit ...* als ‚*Sein*' (An-sich-bestehen). Warum gerade dieses als Sein? Der temporale Sinn von Sein.

Zusammenhänge durch Mitsetzen. Ihr *An-sich-bestehen* = Sein;

ihr An-sich-bestehen nur eine Besonderheit von ‚Mitsetzen'

Sein – eine Besonderheit von *Mitsetzen*!!

---

[21] Anm. d. Hrsg.: Heidegger bezieht sich offensichtlich auf die folgende Stelle in Martys Auseinandersetzung mit Brentanos Lehre von den temporalen Vorstellungsmodi. „Hier muß ich weiter auch darin von *Brentano* abweichen, daß, während es sich nach ihm dabei primär um Modi des *Vorstellens* handeln soll, nach meiner Ansicht primär solche des *Urteilens* beteiligt sind. Mit Recht haben sich (...) schon frühere Philosophen durch die Sprache leiten lassen, welche vielfach in den Ausdruck des Urteils auch den der Gegenwart, Vergangenheit und Zukunft aufnimmt und mit ihm verwebt und so das Verbum sowie die Kopula (...) zum ‚Zeitwort' geprägt hat. Dem Sein im prägnanten Sinne oder dem Gegenwärtigsein und dem ‚ist' steht so das ‚ist gewesen' (‚war', ‚fuit') und das Vergangensein, und wiederum das ‚wird sein' (erit) und das Zukünftigsein wie verschiedene Weisen der Tatsächlichkeit gegenüber. Das scheint sich nun am einfachsten zu erklären durch die Annahme, daß wir es hier mit Begriffen zu tun haben, die auf verschiedene Modi desjenigen Verhaltens reflex sind, aus welchen der Begriff der Tatsächlichkeit entspringt; und dies scheint kein anderer zu sein als der des Bejahens, der Position oder überhaupt des Urteilens" (Anton Marty, *Raum und Zeit*. Aus dem Nachlasse des Verfassers hrsg. v. Josef Eisenmeier u. a., Halle 1916, S. 204.).

σύν

Warum das Zusammen (Verknüpfung, Ordnung, System) konstitutiv für ‚Sein‘? Nur da, wo λόγος Leitfaden, oder grundsätzlich solange primär ‚Gegenwart‘ u. a. Leitfaden.

### Zeitloses ‚Sein‘

Gerade wenn es so etwas soll ‚geben‘ können und erfaßbar, verstehbar sein soll, muß Verstehen Zeitlichkeit sein, und zwar als diese zugleich *Privante. Negierende* – Zeitlichkeit. *Zeit und Negation.*

### Das Zeitlose

Zeitlosigkeit – als outrierte Anwesenheit; so anwesend, daß selbst die Gegenwart ausgelöscht wird von ihr, das Gewärtigen völlig geschrumpft, und die *Gegenwart* selbst verdeckt.

Man versteht umgekehrt dieses Sein nicht mehr als zeitlich, eben aus demselben Grunde, weil man sich darin in der Gegenwartszeit bewegt.

Man kennt diese so sehr nur *weltlich* (in gutem? Sinne), daß man zu ihr Vergangenheit und Zukunft braucht; wo die fehlen bzw. nicht zu finden sind, da vermeintliche *Unzeitlichkeit.*

Gibt es zeitfreies ‚Sein‘? Nein. Gibt es zeitloses Seiendes? Ja. Aber nicht nur das mathematische ist solches, sondern auch das, was nicht *Dasein* ist.

### Gegenwart und ‚Sein‘

‚Alles‘, was sein soll, muß *jetzt* sein‘ (‚jetzt‘ d. h.), Gegenwart und Wirklichkeit sind unzertrennlich.

Was ‚ist‘, d. h. als Seiendes begegnen kann, muß in einem Gegenwärtigen begegnen können. Gegenwärtigen aber kann sich aussprechen als *Jetzt-sagen*. Was ‚ist‘, ‚muß‘ *jetzt* bzw. *in jedem Jetzt* (*überhaupt* in einem *Jetzt*) sein, weil ‚Sein‘ besagt: *Anwesenheit.* (Was als Seiendes zugänglich sein soll, wird es nur in einem Gegenwärtigen.)

Von dem ich soll sagen können: es ‚ist‘, das muß anwesend sein, muß in einem Gegenwärtigen begegnen können, d. h. ‚ist‘ selbst nicht nur *in der Zeit,* sondern *temporal.*

Das Jetzt als ‚in‘ jedem Jetzt. Das *‚Niemals‘.*

## Martin Heidegger

*Zeitigung und Temporalität*

Zeitigung und Geschichtlichkeit, Geschehen, Bewegtheit.

Vgl. Antike: παρουσία – ἀπουσία / οὐσία
κίνησις
ἐνέργεια – ἐντελέχεια – δύναμις
μὴ ὄν – στέρησις

NB. Bestand – Beständigkeit
Beharrlichkeit
Im Vorhinein ὑπό

*Temporalität der Anwesenheit (Zuhandenheit, Vorhandenheit)*

Das jederzeit Verfügbare. Die *Jederzeitigkeit*: je für das Dasein verschieden. Der jeweilige Horizont der Zeitlichkeit selbst gemäß der Weltlichkeit des Daseins.

Was jederzeit je zuhanden, nicht zu aller Zeit überhaupt, sondern zu jeder Zeit meiner Zeitlichkeit, *unserer* Zeitlichkeit.

Die spezifische *Anwesenheit* und *Nähe des Zuhandenen*. Die *Zuhandenheit* des Zeugs.

NB. Die verschiedenen Möglichkeiten des Seinsverständnisses – des *ontisch-vorontologischen* – gemäß der *Zeitlichkeit* und *Geschichtlichkeit*.

*Sein und Zeit*

Nicht Bestand im Sinne des Bestehenden, sondern Beständigkeit dieses Bestandes. Beständigkeit – von Zeit her verstanden.

*Warum sucht das Dasein das ‚Sein' im Bestand,
in der Beständigkeit?*

Weil es 1. zeitlich ist, 2. als Zeitliches geschichtlich vergeht.

Es legt zunächst aus – aus dem her, was ihm wesenhaft *fehlt*, was es – geschichtlich – ‚vergehend' *nicht* ist; es flieht zunächst vor ihm selbst in die *Gegenwärtigung*. Weil Dasein Zeitlichkeit ist, wird es Gegenwärtigung nie los, überall ein ‚Minimum' solcher, noch radikaler hermeneutisch ex[istenzial] zu fassen. Temporal!

## Zugegenheit und Anwesenheit

*Ab*wesenheit entsprechend der Anwesenheit:
deesse – was nicht an seinem Ort ist.
abesse – was nicht ‚in seiner Zeit' ist, nicht ‚*zugegen*'.

## Temporalität

– und das Problem des An sich der ‚Außenwelt'.[22]

## Beharrung

– als hermeneutisch-temporales Phänomen, zugleich als ‚normal'-temporales Phänomen, aus dem her das ‚*Zeitliche*' interpretiert werden muß.

## Gegenwart (act.) und Anwesenheit
### das ‚Währen' – temporal!

Gegenwart, Warten, Gewärtigen immer als *Sorge* verstehen.

Anwesenheit – was sich im Gewärtigen als Erschließen im vorhinein schon zeigt (was Gegenwärtigen *schon versteht*).

Was sich zeigt, spreche ich als ‚ist' an; dem scheinbar echten Sinn von *Sein*, den ich auf Gegenwart selbst übertrage; sie ist *anwesend*. Sein – Anwesenheit, Nichtsein – Abwesenheit.

## Vorläufige temporale Charakteristik des Seins

Von *Gegenwart* (verfallende) ausgehen; historisch am εἶδος orientieren, Zuhandenheit mit beiziehen.

Was die Bestimmtheit dieses ekstatischen Horizontes ausmacht und was das schlechthinnige *im Vorhinein* bedeutet.

Und was indifferent schon erschlossen ist und von der Seinsart des Daseins ‚abhängt' in der Art und Richtung der Artikulation (vgl. Mythologie).

Das Zeitlose, Über-zeitliche als Charaktere des Seins; die *extremste Verirrung* der vulgären Seinsinterpretation, – ihr Recht und was sie gerade sichtbar macht! Nicht ohne Zeit! Aber wie?

---

[22] Vgl. Sein und Zeit, S. 212.

## 3. Apriori ontologische ‚Abstraktion'[23]

*Eigentliches und uneigentliches Gegenwärtigen*

Das extremste Gegenwärtigen der Apriori-Forschung nur aus der radikalsten Zeitlichkeit.

*Zukünftigkeit*, d.h. Wesendes[?] des Ursprungs von Sein überhaupt und der Möglichkeit seines Seins.

*Die Temporalität und die in ihr gegebene Ordnung – das ‚Apriori'*

Apriori als temporales *Früher* nur *ein* Moment. Oder gar der Duktus und seine Form hier ontologische Fundierung. Struktur und Ursprünglichkeits- (Gleichursprünglichkeits-) Zusammenhänge.

*Das Mögliche qua Apriori*

Das *nur so* und nicht anders Mögliche, d.h. ständig Früher als alles andere und daher unabänderlich, so zwar, daß[?] *Veränderung* gar keinen Sinn hat.

*a priori*

a priori: 1. innerhalb des Was-seins
2. bezüglich des Was- und Daßseins

a priori und Sein überhaupt

Warum sind alle echten a-priorischen Aussagen intuitiv, und was besagt das? Sie erwachsen der originären Selbstgebung des *Worüber*. Müssen sie das? Ja, denn ihre *Begründung* schöpft das *als-was* aus dem *Worüber* selbst.

Daß dieses an ihm selbst und daß das als-was getroffen wird, ist nicht ohne weiteres gewährleistet.

*Apriori*

– nicht ontisch zu beweisen; seine Diskussion nur Sinn innerhalb der Problematik der Selbstverständigung, was Verstehen besagt und Verständnisabsicht will.

Aber so nur ein Prolegomenon; damit noch nichts entschieden und vor allem nicht erkannt das Apriori.

---
[23] Metaphysicae fontes et methodus. P. Fr. n. 10.12.

*a priori:* was als *Worüber* der Aussage – des Verstehens – aller Erfassung desselben vorausliegt; was in jedem *Worüber* früher ist als dieses selbst und es so möglich macht.

*a priori:* charakterisiert eine Ordnung der Fundierung des Seins des Seienden – seines *Was-seins.*

### Das Früheste und die Temporalität

Früher als alles Frühere und als das Früheste ist, was Früher-heit überhaupt möglich macht. Zeitlichkeit und *Temporalität.*

Zeitlichkeit die Bedingung der Möglichkeit des *Möglichen,* des *Wesens,* und damit der ‚Grund' des ‚Seins'.

### Vor und Nach (Apriori)

– 1. als innerzeitiges,
– 2. als zeitliches,
– 3. als temporales.

Auch im Apriori: Zeit als *Temporalität.* Das Apriori selbst ein temporaler Begriff.

Die *temporale* Ordnung – als ontologische Grundordnung (gemäß dem ontologischen Princip).

### Temporalität und Beziehung – Apriori

– nicht die ‚Zeit' durch Beziehung definieren, sondern umgekehrt *Zeitlichkeit* der Grund von Relation.

Das Vor – Nach aus früher und später jetzt, und diese als ausgesprochene Zeitlichkeit aus – dieser. (Vgl. Met. Δ, πρότερον, ὕστερον, und Θ.)

### Zeitlichkeit und Temporalität der Philosophie

Extremste Gegen-wart, zum Apriori; in der radikalsten *Geschichtlichkeit* – der Existenz.

A priori nur, wenn es selbst mitbegriffen ist, und es ist es, wenn begriffen ist die Bedingung der Möglichkeit und Notwendigkeit des Früher überhaupt.

*a priori*

„*Meinen* findet in Urteilen a priori gar nicht statt, sondern man erkennt durch sie entweder als ganz gewiß, oder gar nichts."[24]

„… wie denn a priori zu meinen, schon an sich ungereimt und der gerade Weg zu lauter Hirngespenstern ist"[25].

*[Apriori]*

Der existenziale Sinn der Verborgenheit des Apriori und die Zeitlichkeit.

## Nachwort des Herausgebers

Claudius Strube

Der erstmaligen Veröffentlichung der vorliegenden Auswahl von Aufzeichnungen liegt ein Konvolut zugrunde, das aus demselben Schuber stammt wie das Originalmanuskript der „Logik"-Vorlesung vom Wintersemester 1925/26 (GA 21). Es besteht aus 6 Faszikeln nichtnumerierter Blätter (zwischen 10 und 40).

Beim Studium des Konvolutes drängten sich dem Herausgeber für eine Auswahl drei Aspekte auf. Der 1. Abschnitt möchte vor allem Heideggers Lektüre von Brentanos und Martys Schriften zur Zeitproblematik dokumentieren. Um den systematischen Ort zu kennzeichnen, ist der gesamte Kontext dieser Notizen, es sind die ersten 9 Blätter des Faszikels (3), mit zum Abdruck gekommen. Die weiteren Aufzeichnungen dieses Faszikels („Temporale Analytik der Sorge", „Verstand, Verbinden, Gewärtigen", „Gegenwärtigen und Einheit der Apperzeption" u. a.) stellen ersichtlich ‚Vorarbeiten' für das zweite Hauptstück der „Logik"-Vorlesung vom WS 1925/26 dar. Der 2. Abschnitt enthält Aufzeichnungen über Beständigkeit und Zeitlichkeit, die wohl zumeist auch noch im Zusammenhang mit der „Logik"-Vorlesung entstanden sind, die ihrer Thematik nach aber zugleich auf den späteren 3. Abschnitt von „Sein und Zeit" vorweisen. Tatsächlich trägt das Faszikel (1), das hier ganz zum Abdruck gekommen ist, auf dem ersten Blatt den Farbstiftvermerk ‚I 3'. Ein solcher Vermerk findet sich auch auf dem Faszikel (2), das hier vollständig im 3. Abschnitt zum Abdruck gekommen ist. Die Faszikel (4) und (5) behandeln im Ausgang von „Sein und Zeit" das Thema „Weltlichkeit und Zeit". Die Blätter des Faszikels (6) sind offensichtlich Vorarbeiten zum Schluß der Vorlesung vom SS 1927. Die Veröffentlichung dieser Faszikel ist für später vorgesehen.

---

[24] Kant, Kritik der Urteilskraft, S. 451.
[25] A.a.O., S. 455.

Für den Abdruck ließ sich der Herausgeber von den folgenden Vorstellungen leiten. Jedes einzelne Blatt sollte durch einen eigenen Titel hervorgehoben werden. Bei der erstmaligen Transkription der Blätter ist bis auf einige notwendige Fragezeichen von jeder leserfreundlichen Hinzufügung (Hilfsverben, Artikel) abgesehen worden; grammatische Härten sind stehengelassen worden. Anders als bei den Vorlesungen sollte, um ein Wort aus der „Logik"-Vorlesung vom WS 1925/26 zu gebrauchen, das „Eruptiv-Elementarische" der Aufzeichnungen gewahrt werden. Dementsprechend hat sich die Veröffentlichung bemüht, die graphische Gestalt der Aufzeichnungen, so weit das überhaupt geht, auch im Druck ‚abzubilden', etwa durch Blockung oder durch die Bildung kleinster Absätze (eingeklammerte Begriffe und Satzteile geben randständige Zusätze wieder).

Der besondere Dank des Herausgebers gilt dem Nachlaßverwalter Herrn Dr. Hermann Heidegger für die freundliche Genehmigung der Veröffentlichung, Herrn Prof. Dr. Friedrich-Wilhelm von Herrmann für seine Aufgeschlossenheit, auch ‚Vorarbeiten' an diesem Ort erscheinen zu lassen. Hilfestellung und eine nochmalige Kollationierung der ausgewählten Textstücke waren ihnen selbstverständlich.

**II. Articles**

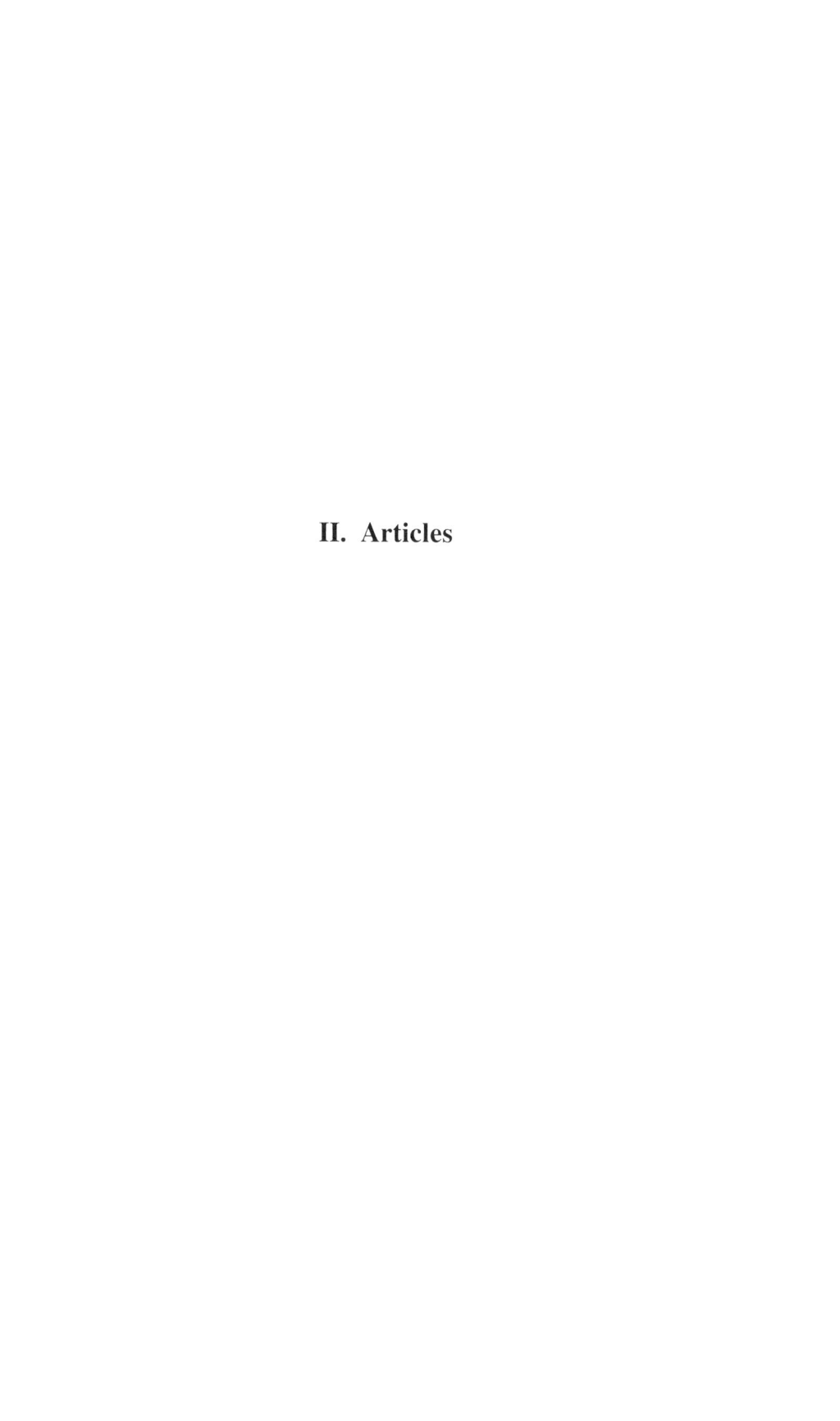

# Die „formale Anzeige" und das Ereignis

## Vorbereitende Überlegungen zum Eigencharakter seinsgeschichtlicher Begrifflichkeit mit einem Ausblick auf den Unterschied von Denken und Dichten

Paola-Ludovica Coriando

### Einleitung

Die Aussage ist in der abendländischen Überlieferung *die* Form philosophischen Sprechens überhaupt. In der Aussage-Struktur, die das Subjekt-Objekt-Gefüge in einer ausgezeichneten Ausdrücklichkeit offenbart, liegt das Eigene des abendländischen Denkens – unser geschichtlich Eigenes – mitbeschlossen.[1] Die Ansetzung des Prädizierens als ausschließlichen Orts philosophischer Wahrheit hängt wiederum aufs engste mit der „selbstverständlichen" Auffassung der Wahrheit als Richtigkeit zusammen, deren wachsender Fraglosigkeit die neuzeitliche Selbstgewißheit des Selbstbewußtseins ein „unerschütterliches Fundament" verlieh und welche wiederum die Entdecktheit des Seins alles Seienden als Vorhandenes zur Voraussetzung und Wesensfolge hat.

Gegen diese Selbstbestimmung des Wesens philosophischer Begrifflichkeit und ihre Implikationen richtet sich Heideggers Wesensentwurf der *formalen Anzeige*. Durch die frühen Freiburger Vorlesungen[2] hindurch bis hin zu „Sein und Zeit"[3] und der Vorlesung vom WS 1929/30 „Grundbegriffe der Metaphysik"[4] begleitet

---

[1] Die Tatsache, daß in einigen außereuropäischen Kultursprachen (z. B. im Japanischen) so etwas wie eine „Aussage-Struktur" dem ursprünglichen Selbstverständnis der Sprache fremd war und erst nach und infolge der interpretierenden Übernahme der Beschreibungsmethoden der europäischen „Grammatik" und nur unter der Voraussetzung der Annahme deren Gesetzlichkeit „feststellbar" ist, stellt einen fruchtbaren Ausgangspunkt für ein denkerisches Gespräch mit diesen geschichtlichen Traditionen dar. Der Hinweis auf das Andere darf die Besinnung auf das Eigene allerdings nie und um so weniger dann ersetzen, wenn diese Versuche – wie oft – der jeweiligen Einmaligkeit jeder gewachsenen Sprachwelt nicht eingedenk bleiben und so sich über die Unmöglichkeit, im Anderen die „Rettung" des Eigenen zu suchen, nicht klar werden können.

[2] Exemplarisch sei hier hingewiesen auf „Phänomenologie des religiösen Lebens" (1918 - 1921). GA 60. Hrsg. v. M. Jung, Th. Regehly, C. Strube. Frankfurt a.M. 1995, S. 62 ff.; „Phänomenologische Interpretationen zu Aristoteles. Einführung in die Phänomenologische Forschung" (WS 1921/22). GA 61. Hrsg. v. W. Bröcker u. K. Bröcker-

dieser Fragebereich geradezu alle Stationen des fundamentalontologischen Denkens. Die Entwicklung des Begriffs der formalen Anzeige im Rahmen der *Fundamentalontologie* haben die beiden 1990 und 1991 erschienenen Aufsätze von Th. C. W. Oudemans[5] und R. J. A. van Dijk[6] wegweisend verfolgt. Der vorliegende Beitrag stellt sich nun in Anknüpfung an deren Grundergebnisse die Aufgabe, die Frage nach der formalen Anzeige bzw. deren Verwandlung im *ereignisgeschichtlichen* Denken *einleitend* in ihren Konturen anzureißen und so den Weg für eine noch zu leistende weiterführende Untersuchung der Eigenvalenz seinsgeschichtlicher Sprache zu bahnen.[7]

Dieses Vorhaben könnte trotz ausdrücklichem Verweis auf die genannten Aufsätze nicht in Gang gebracht werden, ohne die Grundzüge der „formalen Anzeige" in ihrer fundamental-ontologischen Gestalt noch einmal vergegenwärtigt zu haben. Wir werden uns in diesem Rahmen allerdings auf den Umriß derjenigen (hauptsächlich in „Sein und Zeit" aufgezeigten) Aspekte beschränken, die für das hier verfolgte Ziel fruchtbar gemacht werden sollen.

Unsere Überlegungen gliedern wir folgendermaßen:

I. Aussage-Satz und „formale Anzeige" im fundamentalontologischen Denken

II. Der Wink des Übergangs als Anzeige des Seins

    1. Der sichzuwerfende Wink als dreifach ent-rückender Ab-grund des Ereignisses

    2. Der denkerische Entwurf auf den Wink als ab- und hinweisende Ent-sprechung

        a) Genauere Abgrenzung unserer Fragestellung

        b) Die Geschichtlichkeit des Seins als Spannungsfeld der Ent-sprechung

        c) Der abwehrend-hinweisende Charakter der seinsgeschichtlichen Sprache als ab- und hin-winkende Ent-sprechung

---

Oltmanns. Frankfurt a.M. 1985 (1994[2]), insb. S. 17, 32; „Ontologie. Hermeneutik der Faktizität" (SS 1923). GA 63. Hrsg. v. K. Bröcker-Oltmanns. Frankfurt a.M. 1988.

[3] M. Heidegger, „Sein und Zeit" (SuZ). Einzelausgabe (EA) Tübingen 1986[16]. GA 2. Hrsg. v. F.-W. v. Herrmann. Frankfurt a.M. 1976. Die hier zitierten Seitenzahlen aus der Einzelausgabe sind im Bd. 2 der Gesamtausgabe am Seitenrand wiedergegeben.

[4] M. Heidegger, „Grundbegriffe der Metaphysik. Welt, Endlichkeit, Einsamkeit" (GA 29/30). Hrsg. v. F.-W. v. Herrmann. Frankfurt a.M. 1983.

[5] Th. C. W. Oudemans, „Heideggers ‚logische Untersuchungen'". In: Heidegger Studies Vol. 6 (1990), S. 85ff.

[6] R. J. A. van Dijk, „Grundbegriffe der Metaphysik. Zur formalanzeigenden Struktur der philosophischen Begriffe bei Heidegger". In: Heidegger Studies Vol. 7 (1991), S. 89ff.

[7] Die Vf. plant, in absehbarer Zeit einen Versuch in diese Richtung zu unternehmen.

3. Die Struktur der abwehrenden Hinzeige im fundamentalontologischen und im seinsgeschichtlichen Denken: zusammenfassende Gegenüberstellung

III. Ausblick: das Spiel des nähernden Entfernens im Unterschied von denkerischem Begriff und dichterischem Bild

## I. Aussage-Satz und „formale Anzeige" im fundamentalontologischen Denken

Heidegger gebraucht den Begriff der formalen Anzeige grundsätzlich in zwei verschiedenen Zusammenhängen: *erstens* um die „formale" i. S. der *vorläufigen* Inblicknahme eines zu analysierenden Sachverhaltes von der „konkreten" Aufweisung seines Seinsgehaltes abzuheben – also in methodisch-didaktischer Hinsicht – und *zweitens* im vollen denkerischen Sinne einer „positiven" Wesensumgrenzung philosophischen Sprechens als solchen. Nur in dieser zweiten Bedeutung ist der Begriff für unsere Untersuchung relevant.

Für die Aufgabe, „Seiendes in seinem *Sein* zu fassen", so heißt es am Ende des Methodenparagraphen von „Sein und Zeit", „fehlen nicht nur meist die Worte, sondern vor allem die ‚Grammatik'".[8] Die „Grammatik" einer geschichtlich gewachsenen Sprache ist aber nicht eine „außerhalb" der jeweiligen (ausdrücklichen oder unausdrücklichen, freilegenden oder verstellenden) Beantwortung der „Seinsfrage" vorfindliche autonome Gesetzlichkeit, sondern ist dem jeweiligen Sichverhalten zum Sein je schon entwachsen und hält jedes „es ist" in seine vorgängig zur Entscheidung gebrachte Erschlossenheit so oder so hinein. Die „Grammatik" für die Aufgabe einer Befreiung des Seins von der Macht der Vorhandenheits-Voraussetzung fehlt, weil das abendländische Denken das Sein ausschließlich als Seiendheit und diese als Vorhandenheit gedacht hat. Der „Wahrheits"-Ort des Vorhandenen ist aber der Aussage-Satz. Doch was heißt etwas von etwas aussagen? Ist jedes sachabgrenzende Sagen von ... notwendig schon ein Prädizieren? Oder hat diese Selbst-verständlichkeit nicht eher etwas mit dem ausdrücklichen Selbst-*verständnis* der Sprache in ihrem jeweiligen Vollzugssinne zu tun?

Im § 33 von „Sein und Zeit" thematisiert Heidegger die Aussage als abkünftigen Modus der umsichtig-besorgenden Auslegung. Das Eigene der Aussage besteht darin, daß sie die Zugehörigkeit eines Prädikates zu einem Zugrundeliegenden als vorhandenes, „wirklich bestehendes" Verhältnis sehen läßt und kundgibt: „Aussage ist mitteilend bestimmende Aufzeigung".[9] Die Sprache, der λόγος, ist der Ort, in dem sich die prädikative Zugehörigkeit manifestiert (ἀποφαίνεσθαι).

---

[8] SuZ, EA S. 39.
[9] SuZ, EA S. 156.

Im *apophantischen* Als drückt sich eine den Blick auf sich einschränkende Beziehung aus, deren Verbindlichkeit[10] der nivellierenden Modifikation des vorprädikativen Verstehens auf das „pure hinsehende Aufweisen"[11] entspringt. Indem die Aussage das ursprüngliche *existenzial-hermeneutische* Als in das apophantische verwandelt, hat sie auch schon über die Enthülltheitsweise des in ihr Ausgesagten entschieden.

Die spezifische *Valenz* desjenigen philosophischen Sprechens, das nicht Vorhandenes, sondern Da-sein und in ihm den Sinn von Sein überhaupt ausdrücken soll, wird von Heidegger in „Sein und Zeit" nicht eigens bedacht. Wenn aber dieses Sprechen das apophantische Als im skizzierten Sinne des aussagenden Aufweisens nicht mehr in Anspruch nehmen, sich andererseits als denkerisch enthüllendes Aufzeigen von Seins-Phänomenen auch nicht bloß innerhalb des hermeneutischen Als des alltäglichen unthematischen Seinsverständnisses halten kann, dann muß es für das Denken des Seins einen „dritten Weg" geben, auf dem einerseits die aufzeigende Ausdrücklichkeit gerettet wird, andererseits aber diese Ausdrücklichkeit sich nicht um den Preis einer vergegenständlichenden Nivellierung der Phänomene auf die bloße Vorhandenheit behaupten soll. Eine Modifikation des hermeneutisch-existenzialen Als muß stattfinden können, die nicht im vorhinein schon die Richtung auf das apophantische Als einschlägt, sondern das umsichtig-verstehende ἑρμηνεύειν sich zur *hermeneutischen Phänomenologie des Daseins* ausbilden läßt.[12]

Der λόγος der Phänomenologie ist aufweisendes Sehenlassen des Sichzeigenden in seinem Sein. Doch – für das *Sein* des Seienden „fehlt die Grammatik". Fehlt sie „nur" auf dem Grunde der metaphysischen Vorbelastung der Sprache? Und wie soll die Metaphysik überwunden werden? Läßt sich das Schicksal der abendländischen Sprachen rückgängig machen? Oder vielleicht vor-gängig hinaushalten in etwas, das sich „noch nicht" gibt und doch „schon" zeigt?

Auf der Ebene von „Sein und Zeit" und den anderen fundamentalontologischen Schriften ist die Geschichtlichkeit des Seins, die diesen Fragen erst einen Erfahrungsboden geben wird, noch nicht in den Umkreis des Denkens eingedrungen. Wohl aber läuft in jedem Aufweisungsschritt mit die Problematik der ausdrücklichen Gewinnung einer gegenüber der Tradition *anderen* Sprache, und zwar nicht primär auf dem Wege der Prägung „neuer" Begriffe, sondern als der stets neu ansetzende Versuch, den *Ursinn des Sprechens* vom Seienden auf das Sein hin zu *verlegen*. In diesen Zusammenhang ordnet sich die Charakterisierung des philosophischen Sprechens als „formale Anzeige" ein.

---

[10] Ebd.
[11] SuZ, EA S. 158.
[12] S. SuZ, EA S. 37 ff. S. darüber Friedrich-Wilhelm v. Herrmann, „Hermeneutische Phänomenologie des Daseins. Bd. I.: ‚Einleitung: Die Exposition der Frage nach dem Sinn von Sein'". Frankfurt a.M. 1987, S. 366 ff.; ders., Der Begriff der Phänomenologie bei Heidegger und Husserl. Frankfurt a.M. 1981 (1988²), S. 23 ff.

Der *äußeren* „Grammatik" nach unterscheiden sich fundamentalontologische Sätze *nicht* von apophantischen Aussagen. Der Satz „Das Wesen des Daseins liegt in seiner Existenz" und etwa der Kantsche „Das: ich denke muß alle meine Vorstellungen begleiten können"[13] oder der Hegelsche „Der Inhalt des Vorstellens ist der absolute Geist"[14] sind hinsichtlich ihrer *bloß formalen* Beschaffenheit, dem sichvordrängenden *verlautenden* λόγος nach, in ihrer *Valenz* identisch. Nicht nur: aufgrund des „Fehlens" einer solchen „Grammatik", die das nunmehr in den denkerischen Blick gerückte „Sein" ausdrücken könnte, besteht immer die wesenhafte Möglichkeit, Daseins-Sätze i.S. von apophantischen Aussagen zu mißdeuten und so deren Wahrheit auf die Richtigkeit und Falschheit des urteilenden Verstandes zurückzuführen, und zwar so, daß diese Möglichkeit sich als die erste, unmittelbarste und selbstverständlichste vordrängt. Weil diese verstellende Möglichkeit die „natürliche", in den Gesetzen und in der Selbstinterpretation unserer Sprachen langeher als die einzig mögliche eingeschrieben ist, kann sie weder vorgängig ferngehalten noch im nachhinein endgültig überwunden werden. Deshalb ist die „Abdrängung der sich andrängenden und mitlaufenden Auslegungstendenzen"[15], die das *erste Moment* der formalen Anzeige konstituiert, keine den Raum des Verstehens endgültig freigebende Vorkehrung, sondern ein stets *neu* zu erfüllender *Vollzug.*

Weil die Sachverhalte, die im Umkreis der fundamental-ontologisch gestellten Seinsfrage aufgewiesen werden, keine vorhandenen Verhältnisse sind, die zur Erkenntnis gebracht werden, sondern richtunggebende („formale") *Indikationen* eines *wesensmäßig* Verborgenen, die überlieferte Sprache aber nur die verbindlich-univoke Aufzeigung einer als „wirklich bestehend" gemeinten Beziehung zuläßt, gilt es, allem zuvor die sichandrängende Vorhandenheits-Voraussetzung in ihrem ausschließenden Charakter *abzuwehren.* Die *Gewinnung des Sprachraumes* für das Da-sein ist immer ein jeweilig-vollzugshaftes, in den Grund der ganzen Existenz je schon zurückschlagendes *Freiwerden von ...* In dieser tendenziellen (und nie faktisch, „wirklich" werdenden) Befreiung von der Grammatik des Vorhandenen wird die Sprache erst *frei für* das Da-sein. Das *zweite Moment* in der formalen Anzeige besteht also darin, die Richtung auf das Indizierte *so* einzunehmen, daß aus diesem heraus (aus den „Sachen selbst") der denkerische Entwurf seinem Sagen und jedem „ist" eine ganz andere Bedeutung entgegenzubringen vermag.

Die formale Anzeige gewinnt sich jeweils ihren Vollzugsraum in der und als die Spannung des *Weg-von...* und *Hin-zu...* Das fundamental-ontologische Denken ist formal-anzeigend, weil es *ab-weisend* vom scheinbar Selbst-verständlichen auf die Koordinaten einer Er-örterung *hin-weist,* unter deren Leitung sich das letztlich

---
[13] I. Kant, „Kritik der reinen Vernunft", B 131 f.
[14] G. W. F. Hegel, „Phänomenologie des Geistes". Neu Hrsg. v. H.-F. Wessels u. H. Clairmont. Mit e. Einl. v. W. Bonsiepen. Hamburg 1988, S. 516.
[15] SuZ, EA S. 67.

Gemeinte und nie Vor-zustellende in seinem Sinn kundgeben kann. Die Aussage indiziert nicht Sein, das Eigenst-Fernste, sondern prädiziert das schon vorgängig (als Vorhandenes) Entdeckte mit je einem bestimmten „ist" und rückt es so in die scheinbare Nähe der De-finition. Der abwehrende Hinweis präsentiert nicht, sondern gibt die Richtung (die „Form") auf den freien Raum an, in dem ihm Da-sein ungegenständlich entgegenstehen kann. Die Bestimmung des Denkens als formale Anzeige auf das Sein weist hin auf die *vollzugshafte Ver-legung* der vergegenständlichenden Sprache des *Subjektes* in die freigebende des *Da-seins*. Eingedenk des ursprünglichen und in seinem existenziellen Sinn „zunächst und zumeist" entstellten Als des bodengebenden vortheoretischen In-der-Welt-seins weist das formal-anzeigende Denken sein Gedachtes vom apophantischen Als, das sich in der „Grammatik" als vordergründig andrängt, ab und so jeweils in das im Entwurf *intendierte* existenzial-ausdrückliche Als hinein, ohne daß es diese Spannung je in die Ruhe einer Erfüllung überwinden könnte.

Die formale Anzeige ist innerhalb der Fundamentalontologie zuinnerst und in einer ausgezeichneten Weise mit dem *Gefüge von Transzendenz und Horizont* verknüpft. Die in ihr liegende Aufgabe deckt sich letztlich mit der denkerischen Aufforderung[16], den transzendierenden Existenzvollzug des Daseins ausdrücklich auf sein horizontal begegnendes Wohin zu verfolgen und so dieser Überstieg dahingehend unverstellt zu „sein", daß *durch* die aussagende Sprache *hindurch* und sie durchbrechend das ekstatisch-horizontale Gefüge des Seinsverständnisses in seiner eigensten Gegebenheit aufscheint.

Das Gefüge von Transzendenz und Horizont, in welchem in der Fundamentalontologie das Selbstverständnis des Denkens als formal-anzeigender Seinsentwurf eingebettet ist, wird aber im seinsgeschichtlichen Denken überwunden zugunsten der „Gleichzeitigkeit" der Wesung des Seins und des sie bergend-offenhaltenden Da-seins. Nach diesem Wandel seines Fragens gibt Heidegger auch den Terminus der „formalen Anzeige" auf. Worauf soll sich dann die Suche nach einem „formalanzeigenden" Charakter der seinsgeschichtlichen Begrifflichkeit stützen? Ist sie noch in der Sache selbst begründet?

Die weiteren Ausführungen zu diesem Thema verlangen nach einem Leitfaden, der ihnen sachnige Verbindlichkeiten und so erst denkerische Relevanz gewähre. Wir behaupten: in den „Beiträgen zur Philosophie"[17], dem Hauptwerk des seinsgeschichtlichen Denkens, verdichtet sich der Sinn desselben Sachbereiches, der im Begriff der formalen Anzeige seine fundamental-ontologische Abgrenzung erfuhr, im Wort des *Winks des Seins*. Die erste Aufgabe wird also darin bestehen, diesen Begriff im Lichte unserer Fragestellung zu untersuchen.

---

[16] Wobei jedoch letztlich die „Aufforderung" nur existenziell formuliert und übernommen bzw. überhört werden kann.

[17] M. Heidegger, „Beiträge zur Philosophie (Vom Ereignis)". (GA 65). Hrsg. v. F.-W. v. Herrmann. Frankfurt a. M. 1989 ($1995^2$).

## II. Der Wink des Übergangs als Anzeige des Seins

Mit dem Widerfahren der *Herkunft der Geworfenheit* aus dem er-eignenden *Zuwurf* des Seins, das in sich die Erfahrung der *Geschichtlichkeit des Seins als solchen* eröffnet, verläßt das Denken Heideggers die transzendental-horizontale Blickbahn.[18] Vollzog sich der fundamental-ontologische Entwurf als enthüllendes Mitgehen mit dem jeweiligen Entrückungssinn der Transzendenz auf das horizontal enthüllte Anwesen hin, so verlegt sich im Ereignis-Denken der primäre Erfahrungsort in den „Gegenschwung" von Seinszuwurf und Daseinsentwurf, als welcher das Wahrheitsgeschehen selbst – das zum „Eigentum" des Seins bestimmende Er-eignis – „west". Das Er-eignis ist als das wesenhafte Geschehen dieser Kehre zumal eingespannt in die Geschichtlichkeit des *Übergangs* vom „ersten", metaphysischen, in den „anderen Anfang"[19] und entbindet sich, *als* der Übergang, gefügt in den Wesungsorten Der Anklang, Das Zuspiel, Der Sprung, Die Gründung, Die Zu-künftigen, Der letzte Gott.

Das Denken sagt das Ereignis, indem es in seinem Entwurf dem Zuwurf des Seins, das sich als Kluft der Anfänge zusagt, ent-spricht. Den Status derjenigen Begrifflichkeit, die das Ereignis denkt, abzugrenzen versuchen, heißt, die Frage nach dem Richtungssinn dieser Ent-sprechung als eine geschichtliche zu stellen.

### 1. Der Wink als dreifach ent-rückender Ab-grund des Ereignisses

So wie in „Sein und Zeit", wird auch in den „Beiträgen" die Frage nach dem Eigenen der denkerischen Sprache nur indirekt gestellt. Auch im Begriff des Winkes thematisiert Heidegger nicht ausdrücklich den Vollzug des denkerischen Sprechens; vielmehr spricht sich in ihm in erster Linie das Wesungsgeschehen des „letzten Gottes" aus, das als an- und vor-gedachter „Vorbeigang" des un-entschiedenen Gotthaften den Wesensraum seines Geschehens im *Wink des Seins* – dem *Er-eignis* – hat. Die Zusammengehörigkeit des Gotthaften und des Seins auf dem Grunde ihres *Unterschiedes,* in welchem der „Gott" sich als „Seinsbedürfnis" zu denken gibt, liegt beschlossen im seinsbrauchenden Bezug des sichentziehenden Gotthaften, der das Da-sein zur Ergründung der zeit-räumlichen Ortschaft für die mögliche Wiederkunft einer versammelnden Gottesgestalt „nötigt" und ihm in

---

[18] Zum immanenten Wandel im Denken Heideggers sowie zum Verhältnis beider „Blickbahnen" und den Grundzügen des Ereignis-Denkens s. F.-W. v. Herrmann, „Wege ins Er-eignis. Zu Heideggers ‚Beiträgen zur Philosophie'". Frankfurt a. M. 1994, insb. das Erste Kapitel: „Das Ereignis und seine Fügungen".

[19] Die Wendungen „der erste Anfang" und „der andere Anfang" sind *terminologisch,* d. h. als Grund-Worte des seinsgeschichtlichen Denkens zu verstehen. Im vorliegenden Aufsatz, der nur die ersten Züge einer weit ausgreifenden Fragestellung sichtbar zu machen versucht, müssen wir weitgehend auf deren notwendige Explizierung verzichten. Die Anführungszeichen möchten auf die bewußte Vorläufigkeit dieses Sprechens hinweisen.

diesem eröffnenden Zug sein geschichtliches Wesen überantwortet.[20] Den Wink des letzten Gottes und den Wink des Seyns trennt nicht ein verschiedener „Inhalt", sondern *im* Wink des Seins als Ereignis und *als* dieser Wink erbreitet sich der zögernde (räumende)-sichversagende (zeitigende) Zeit-Spiel-Raum des Ereignisses, das als Ab-grund der anklingenden Seinsferne sich zusagt und so dem Vorbeigang des Gottes eine im Dasein zu gründende Stätte entgegenhält.

Das Geschehen des ab-gründenden Zeit-Spiel-Raums, mit dem der Gedanke des Ereignisses als Wink des Seins erst in seiner ganzen Tragweite sichtbar wird, bedenkt Heidegger ausführlich im 242. Abschnitt aus der „Gründung". Dort wird gezeigt, wie das beginnliche Wesen des (enteignenden) Ereignisses, das im Ab--grund sich als das geschichtliche Da- des Da-seins zuwirft, zeitigend-räumend das Entrückungs-Berückungs-Gefüge des Übergangs in sich entspringen läßt, das Welt und Erde und so dem Seienden im Ganzen unserer geschichtlichen Gegenwart ihre Grund-züge gibt. Für unsere Fragestellung soll hier der Hinweis in die Richtung genügen, daß in den „Beiträgen" der Wink nicht nur das Geschehen des „letzten Gottes", sondern wesenhaft auch *das Ereignis selbst* in seiner zeit-spielräumlichen, in Welt und Erde sich auseinanderfügenden Weite nennt. Denn wir müssen weiter fragen: was „ist" der Wink als Wink? Und inwiefern kommt die Erfahrung des übergänglichen Ereignisses dem Widerfahren eines Winkes gleich?

Der Wink ist kein Zeichen und kein Symbol; wie diese zeigt er zwar etwas an, um es im selben Augenblick zu verbergen, doch er kennt nicht die Spaltung zwischen seiner „Form" und dem, was in ihm angezeigt werden soll. Gleichwohl läßt sich am Phänomen des Winkes ein gegliedertes Geschehen aufzeigen. In „Aus einem Gespräch von der Sprache" befindet sich Heideggers klarste Abgrenzung des seinsgeschichtlich gedachten Wink-Phänomens. Dort heißt es, die Winke

„sind rätselhaft. Sie winken uns *zu*. Sie winken *ab*. Sie winken uns *hin* zu dem, von woher sie unversehens sich uns zutragen."[21]

Das hier hermeneutisch-phänomenologisch umrissene *dreifache Bewegungsgeschehen des Winkes* zeigt die selbe Struktur, die in den „Beiträgen" das Erfahrungsganze des Ereignisses durchzieht. Der Wink – d.h. aber das Ereignis selbst in seiner Kehre – geschieht als die Einheit der drei Entrückungsrichtungen von *Zu-*, *Ab-* und *Hin-*winken.

Diese Entrückungs- als Ent-zugsbahnen sind im Be-zugsfeld des Ereignisses geschichtlich, d.h. auf dem Grunde des zeitigend-räumenden Wahrheitsgesche-

---

[20] S. GA 65, S. 470 ff. Zum „letzten Gott" sowie der Gottesfrage im Denken Heideggers s. F.-W. v. Herrmann, „Wege ins Ereignis", Viertes Kapitel: „Mensch – Gott und Ereignis" (S. 325 ff.); s. auch v. Vf. „Der letzte Gott als Anfang. Zur ab-gründigen Zeit-Räumlichkeit des Übergangs in Heideggers ‚Beiträgen zur Philosophie'", München 1998.
[21] M. Heidegger, „Unterwegs zur Sprache" (GA 12). Hrsg. v. F.-W. v. Herrmann. Frankfurt a.M. 1985, S. 111. Zum Wink s. v. Vf. „Der letzte Gott als Anfang", a.a.O., § 10: „Die formale Struktur des Winkes".

hens zu denken: das Sich-*zu*-winken des Winkes ist der ereignend-übergängliche Zuwurf, der sich dem entwerfenden, den Wink in Empfang nehmenden Da-sein, es eröffnend, gegenwärtig zuwirft; in der Spannung des *Ab*-winkens von ... (dem gewesenen Un-grund der „Metaphysik"), das je schon das *Hin*-winken in ... (den sichkünftigenden „anderen Anfang") in sich eröffnet hat, liegt die Geschichtlichkeit des Ereignisses im Zeitalter des Übergangs beschlossen. Indem das Da-sein sich auf den jeweiligen Entrückungssinn des Winkes einläßt, hält es entwerfend das (in der Berückung ein-geräumte) Zeitigungsgeschehen des Ab-grundes in seiner welthaft-erdenden Erbreitung offen und er-gänzt so das Entgegenwährende des er-fahrenen Enteignisses auf das zu er-gründende Ganze der Geschichte des Seins. Im Wink und durch ihn hindurch wird der Riß im Sein, der das Seiende von allem wesentlichen „ist" zu trennen scheint, zum versammelnden Übergang des „ersten" in den „anderen Anfang".

Im Geschehen des *Ab- und Hin-winkens* zeigt sich schon an dieser Stelle eine unverkennbare Nähe zum *abwehrend-hinweisenden* Charakter der formalen Anzeige. Der Wink ist die er-gänzende Spannung des übergänglichen Er-eignisses, das Ereignis, daß der Riß im Sein durch Erde und Welt *als der Übergang* zieht. Doch der Wink hält nicht den „ersten" und den „anderen Anfang" durch die Kluft hindurch zusammen wie ein Symbol, das das ursprünglich Zusammengehörige in die bestimmbare Einheit einer ein- bzw. bidimensionalen Verwiesenheit zurückholt. Das, was er zu verstehen gibt, ist die mit dem geschichtlichen Da des Daseins als Ab-grund mitgegebene *Spannung* des noch Unentschiedenen und als solches Zu-ent-scheidenden: das Er-eignis *im* waltenden Ent-eignis. Das gewesene Eigene bringt der Wink, es in seinem Ursprung *bewahrend und um-werfend* zugleich, vor in das zukünftige Eigene des „anderen Anfangs". *Der sich zu-winkende Wink des Seins gibt ab- und hin-winkend im Ent-eignis das Er-eignis zu verstehen.* Im Wort „im" versammelt sich das Entscheidende. Es gilt also zu fragen: wie gibt sich inmitten der im Seienden herrschenden Verstellung das „Wahre", in der Verschränkung des Enteignisses (des Ge-stells) das Offene des Ereignisses (des Ge-vierts)? Wie ent-spricht das seinsgeschichtliche Denken dem Wink des Seins?

### 2. Der denkerische Entwurf auf den Wink als ab- und hin-weisende Ent-sprechung

#### *a) Genauere Abgrenzung unserer Fragestellung*

Das Ereignis als Wink des Seins im Übergang von der Metaphysik in den „anderen Anfang" geschieht in einer besonderen Ausdrücklichkeit in der *Sprache*, weil in der Sprache sich das Sein „als" das, was es ist – in seinen geschichtlichen Namen – zeigt oder verbirgt. Das Ereignis als Wink er-eignet sich, indem es sich *zur Sprache bringen läßt.* Das Denken bringt das Ereignis als den Wink des Seins zur Sprache, indem es ihm *ent-spricht*. Ent-sprechung ist ein ent-(gegen-)sagendes Nachgehen, das das zugesprochene Maß des Eigenen übernimmt, um ihm gemäß zu werden. Doch die Frage muß lauten: wie bringt sich das Ereignis zur Sprache, wenn die Sprache die metaphysisch ausgebildete Gesetzlichkeit des Subjekt-Objekt-Gefüges nicht geradewegs überwinden und hinter sich lassen kann, sondern als das gewesene Eigene auf sich nehmen muß, um sich in dieser Übernahme erst in das Eigene des Übergangs und so in „den anderen Anfang" vorzuhalten? Wie kann in der metaphysisch geprägten Sprache das Andere des „anderen Anfangs", das Er-eignis inmitten des Enteignisses zu Wort kommen? Die im folgenden gegebenen Hinweise möchten keine voreilige Antwort liefern, sondern diese Fragen als Fragen in ihrem Umfeld zu erörtern versuchen.

*b) Die Geschichtlichkeit des Seins als Spannungsfeld der Ent-sprechung*

Soll das Denken den Ab-grund im Sein als Übergang *sagen* können, dann muß es möglich sein, die denkerische Sprache in die Kluft des Ab-grundes so hineinzuhalten, daß sie Ausbleiben und Sichgewähren sich zueinanderkehren zu lassen vermag, damit in den Worten des Denkens die Kehre des *Ab*-grundes in den Ab--*grund* aufscheint.

Die Kluft im Sein gibt sich dem Denken aber nicht nur als die bloße un-seiende Entscheidungslinie eines einmaligen Entweder-Oder, sondern als dieser Riß im Sein öffnet sie eine zeit-räumliche Spannungsweite in sich – die Fuge des Ereignisses mit ihren sechs Wesensorten –, die das Denken zur ausmessenden Er-fahrung ihrer Erbreitung in Anspruch nimmt.

Die Bewahrung der Fuge des Ab-grundes *als Wink*: als das Ereignis *im* waltenden Enteignis, ist die Aufgabe des Denkens, das sich vom Wink er-eignet weiß und ihm ent-spricht. Dem Wink ent-sprechen heißt, ihn entwerfend *weiterwinken* zu lassen als das, was es ist. Der Wink er-eignet sich als die Spannung der zueinandergekehrten Anfänge der Seinsgeschichte, die kein vorhandener „Zustand" im Seienden ist, sondern eine Schwingung, die sich im „es ist" hörbar macht. Das seinsgeschichtliche Denken „sagt" das Ereignis, indem es „sich", den ereigneten Entwurf der Sprache, in die sichzuwerfende Schwingung des An- und Vorzudenkenden hineinhält und diese Schwingung im gedachten Wort *weiterschwingen* läßt. Die Schwingung des ab-gründenden übergänglichen Seins, das sich als Wink zu denken gibt, ist als die ganze (bzw. jeweils im Bergungsvollzug zu *er-gänzende*) Geschichtlichkeit des Seins das Spannungsfeld der Ent-sprechung, in der alle wesentliche Sprache erst zu ihren Worten kommt.

Jede Fügung in der Fuge des Er-eignisses hat „ihre eigene Sprache". Das zeigt sich nicht nur in der Entfaltung der jeweiligen Begrifflichkeit, sondern auch und gerade im Selbstverständnis des denkerischen Entwurfs, das nicht zuletzt mit der jeweiligen fügungseigenen Grundstimmung zusammenhängt. Doch die *eine*

Grundbewegung im Ab-grund, die Schwingung von „Weg-bleiben" und „Doch--schon-sichzeigen"[22] eines Grundes: die Kehre des *Ab*-grundes in den Ab-*grund,* bestimmt die Fuge des Ereignisses im ganzen und jeweils anders all ihre Wesungsorte. Diese Schwingung ist das Ereignis des Übergangs – das Ereignis des Übergangs ist die Schwingung des Ab-grundes und als dieses Geschehen der Wink des zögernd sichversagenden Seins. Das Geschehen des Ab-grundes ist in einer eigentümlichen Weise mit der Bewegtheit des ab-winkenden Hin-winkens verknüpft. Diese beiden Momente lassen sich nun eigens in ihrer Valenz verfolgen.

*c) Der abwehrend-hinweisende Charakter der seinsgeschichtlichen*
 *Sprache als ab- und hinwinkende Entsprechung*

Im Weg-winken von ... und Hin-winken zu ... liegt die Spannungsweite der Ent-sprechung dem sichzusprechenden ab-gründenden Wink des Seins. Das Denken ent-spricht dem Ereignis des Übergangs, indem es sich auf den Wink des Seins entwirft und ihn in die Sprache über-setzt, so, daß diese selbst zum Wink wird. Die Sprache des Denkens soll *inmitten* der metaphysischen Gesetzlichkeit und *durch diese hindurch* zum Wink des Seins *werden.* Die Sprache „wird" im Ereignis-Denken zum Wink, indem sie das Herrschende des Ge-stells *ab-weist,* nicht, um es mit einem Schlag zu überwinden, sondern um seine Wesung in den Ursprung zurückzuverweisen und so aus dem selben Ursprung in ein Anderes *hinzuweisen.* Es zeigt sich hier in aller Deutlichkeit: der Einbruch der Geschichtlichkeit des Seins in das Denken beseitigt nicht, sondern *radikalisiert* die ab-wehrend-anzeigende Valenz der fundamentalontologischen Sprache dahingehend, daß er sie von ihrer transzendental-horizontalen Selbstauslegung, dem „metaphysischen Rest" in „Sein und Zeit", befreit zugunsten der Verlegung ihres Wesenssinnes in den *Ursprung* des Wahrheitsgeschehens selbst. Das *Abzuwehrende* ist im seinsgeschichtlichen Denken also nicht „etwas anderes" als in der Fundamentalontologie, sondern das Selbe (das Verstellende der Vorhandenheits-Voraussetzung bzw. der „Meta-physik"), dieses Selbe steht jedoch unter ganz anderen Vorzeichen in das Denken herein. Ähnlich verhält es sich mit dem, wohin das Denken des Ereignisses hinzeigt – dem Anderen, das sich inmitten des gegenwärtig Waltenden (des „selbst-verständlich" Sichandrängenden) kundgibt. Im Ereignis-Denken begegnen Abwehr und Hinweis letztlich, wenn auch nicht und nie im Sinne einer bloßen Korrespondenz, als je eine Hin-sicht auf den *Ab-grund* des anfänglichen Sichlichtens des Sichverbergenden, dessen Schwingung die Geschichte des Seins in der Fuge des Ereignisses ausspannt.

Nehmen wir die beiden Momente genauer in den Blick. Die „Abwehr" gestaltet sich im Ereignis-Denken als ein Weg-vom Verstellenden des „ersten Anfangs" in seinem gegenwärtigen letzten Auslauf. Der Vollzug der *Abwehr vom „ersten*

---

[22] s. GA 65, S. 379 ff.

*Anfang"* ist Entsprechung dem sichzuwerfenden entziehenden Wink des Ereignisses in dem Sinne, daß das Denken selbst sich als ein *ent-werfendes Weg-winken vom Gewesenen* vollzieht. Im Ab-winken vom gewesenen Ungrund der Metaphysik zeigt sich die Kluft des Übergangs als *ab*-gründendes Wegbleiben des einst (un-gründig) Gründenden und so zugleich als ent-ziehende Entrückung *in* ein Ausbleibendes. Doch das Abzuwehrende ist einerseits der bloße Auslauf des „ersten Anfangs", das Verstellende seines Ungrundes, andererseits aber auch der erste Anfang in seiner ersten Wesentlichkeit, die in ihm die ἀλήθεια aufleuchten ließ. Abwehrend das zunehmend Enteignende des Endes der Metaphysik (Abwehr im Sinne des Fernhaltens des bloß Verstellenden) eröffnet das Denken auch schon den „ersten Anfang" in seiner gewesenen Wahrheit und läßt sich diese Wahrheit ihm als eine „erstanfängliche" – als die *gewesene Wesentlichkeit* des Abendlandes – „zuspielen" (Abwehr im Sinne des Einrücken- und Ab-wesenlassens in das wesentlich Gewesene).

In der Bewegung des Ab-winkens von ..., die wesentliche Züge des nichtenden *Sprungs*-Geschehens trägt, ist aber schon eine Richtung*nahme* vorgezeichnet, die das „Weg-von" in die sichkünftende Einkehr in ein geschichtlich Anderes, den Ab-*grund* als das gründend-zuergründende Gewährende, eingespannt hält. Ab--wehrend den „ersten Anfang" *zeigt* das Denken *in* den „anderen Anfang" und diesen *an* als das tragende Ungesagte und Zusagende, das sich im vollzugshaften Sicheinlassen auf die Kluft im Sein und durch diese hindurch zuspricht. Hin-zeigend in den „anderen Anfang" und ihn an-zeigend (an-sagend sein uns zugekehrtes Fernbleiben) ent-spricht das Denken dem Ab-*grund* und wird so zum Hin-weis in das Künftige.

Als springende Abwehr vom nicht mehr tragenden Gewesenen und dieses erst als das, was es gewesen *ist,* eröffnend, ver-weilt das Denken immer schon beim „zu-künftig" Vorwesenden des „anderen Anfangs", den es in seinem ergründenden Entwurf ins Wort vor-birgt. Das Abzuwehrende und das Hin- und als solches Angezeigte sind im seinsgeschichtlichen Denken durch die Kluft des Übergangs getrennt und zusammengehalten im winkenden Wink des Ereignisses.

Der denkerische Entwurf ent-spricht diesem Wink und gibt ihm seine Sprache, indem er den *sichzuwinkenden* Zuwurf des übergänglichen Seins eingespannt hält in die Bewegung des den „ersten Anfang" abwehrenden *Ab-winkes* und des den „anderen Anfang" an- und in ihn hinzeigenden *Hin-winkes*. In dieser Grundbewegtheit des denkerischen Ent-sprechens übernimmt *und verwandelt* das Ereignis-Denken jenes sinngebende Vollzugsgefüge, das die Fundamentalontologie erstmals im Begriff der formalen Anzeige entfaltete.

3. Die Struktur der abwehrenden Hinzeige im fundamentalontologischen und im seinsgeschichtlichen Denken: zusammenfassende Gegenüberstellung

In der Fundamentalontologie war die jeweilige Durchbrechung der sich vordrängenden Aussage-Struktur nicht mit der Erfahrung der Geschichtlichkeit der Wahrheit des Seins, sondern mit der vollzugshaften Überwindung der Vorhandenheits-Voraussetzung auf dem Wege des freilegenden Aufenthaltes des Denkens in der kehrigen Struktur des transzendental-horizontalen Wahrheitsgefüges verknüpft. Die denkerische Entscheidung zwischen Vollzug der formalen Anzeige und selbstverständlich-unbefragter Übernahme der Aussage-Struktur vollzog sich im Umfeld der Entscheidung zwischen Eigentlichkeit und Uneigentlichkeit, nicht aber trugen beide Entscheidungspole die Züge jener Kluft im Schicksal des Abendlandes, die erst die Grunderfahrung des Ereignisses sichtbar werden ließ. Im fundamentalontologischen Denken erschöpft sich die innere Bewegtheit der formalen Anzeige darin, daß sie die auf dem Grunde der überlieferten Selbstauslegung philosophischen Sprechens sichandrängende Aussage-Struktur zu überwinden sucht zugunsten einer anderen, vollzugshaft-existenziell dem Gesagten entgegenzuhaltenden, weil aus ihm hervorsteigenden Sprach- und Seinsvalenz, die erst die aufzuweisenden Daseins- und Seinsphänomene enthüllend ins Wort zu bringen vermag. Die Bewegung des abwehrenden Hinzeigens vollzieht sich dort innerhalb der ausgezeichneten Ausdrücklichkeit des philosophischen Entwurfes: wohl ist die fundamentalontologische Seinsauslegung eine die Tradition miteinbeziehende und sich von ihr, sie radikal wiederholend, absetzende Bewegtheit; das *in* dieser Bewegung zu erörternde Sein selbst ist aber in seinem Anwesen ungeschichtlich.

Auch im seinsgeschichtlichen Denken bleibt die Bewegung der abwehrenden Hinzeige dem jeweiligen Existenzvollzug überantwortet: der Sinn dieser Überantwortung, seine Wesensrichtung, liegt jedoch nicht mehr im Ausdrücklichmachen des unthematisch durchlebten Überstiegs, auch nicht mehr nur im enthüllenden Aufenthalt in der Erschlossenheit von Selbst und Seiendem im Ganzen, sondern im bergenden „gleichzeitigen"[23] Vollzug des geschichtlichen und darin existenziell zu bezeugenden *Übergangs*. Denn zwar gilt es immer noch, in der sichvordrängenden objektivierenden Aussage-Struktur, der „äußeren Grammatik" des Abendlandes, das Ungegenständliche der Da-seinsphänomene aufzuspüren, doch diese Aufgabe weiß sich nunmehr ausdrücklich in die Geschichtlichkeit des Seins eingeschrieben.

Das Ereignis in die Sprache des Denkens bergen – das Ereignis *denken* – heißt, im Wort die Schwingung der Seinsgeschichte hörbar werden zu lassen. Die Schwingung der zueinandergehaltenen Anfänge wird hörbar, indem das Wort sich

---

[23] s. GA 65, S. 13, 223 u. a.

jeweils ausdrücklich als die Kluft vollzieht und weiß, die im Spiel der Nähe und Ferne fernhält und nähert und so den Zeit-Raum des Übergangs durchmißt, um ihm seine Wege zu bahnen. Nur aus der jeweiligen, in der Jemeinigkeit des Daseins beheimateten Erfahrung des Selben ent-spricht aber das Wort *je-weilig* (in der vorgegründeten Weile des Ereignisses) dem Wink des Seins. Nur dann, wenn *je-weils* „mir" als Da-sein der Richtungssinn des Übergangs schon widerfahren ist, wird das Wort des Ereignis-Denkens zum Wink. Nur in der vollzugshaften Verwandlung der Existenz spricht die Unruhe des Daseins sich „aus" als das Er-eignis, das im Ent-eignis als dessen verborgene Quelle schwingt.

Zusammenfassend gilt es, folgendes Ergebnis festzuhalten. In der *Fundamentalontologie* gestaltet sich die „formale Anzeige" als abwehrend-indizierende Richtungnahme auf das Sein, die die Aussage-Struktur vollzugshaft-jeweilig durchbricht, um das Dasein sichtbar zu machen. Im *seinsgeschichtlichen Denken* bleibt die Struktur der abwehrenden Hinzeige unter anderen Vorzeichen beibehalten. Indem die Geschichtlichkeit des Seins selbst nunmehr das primär zu Denkende ist, geht die durchbrechende Valenz seinsgeschichtlicher Begrifflichkeit dahin, die Sprache des auslaufenden „ersten Anfangs" in ihren Ursprung zurückzugründen und so in das Andere des „anderen Anfangs" hineinzuhalten. Ab-wehrend die Geschichte der Metaphysik birgt das Ereignis-Denken diese selbst in ihr gewesenes Eigene und zeigt so hin in das zu-kommende Eigene des „anderen Anfangs". Die seinsgeschichtliche Umwandlung der „formalen Anzeige" hat ihre klarste Konkretion im Begriff des „ab- und hinwinkenden Winks" des sichzuwerfenden Ereignisses, dem der denkerische Entwurf im springend-gründenden Sagen des Ab-grundes des Seins, selbst ab- und hin-winkend, jeweils ent-spricht.

### III. Ausblick: das Spiel des nähernden Entfernens im Unterschied von denkerischem Begriff und dichterischem Bild

In der Sprache offenbart sich das Sein in einer ausgezeichneten Ausdrücklichkeit, weil sie dem, was „ist", seine Namen gibt und auch noch in der Namenlosigkeit des enteignenden Wesens des Seins dieses, den Entzug aller wesentlichen Namen, nennt. Der Name ist der am offensten hinzeigende und zugleich in die Verbergung zurückweisende Bezug zum Sein. Alle wesentlichen Namen und zumal ihr wesentliches Fehlen entfernen und nähern zugleich, weil in ihnen jeweils eine aus der Stille der Weltmitte aufsteigende Ant-wort auf das heimischunheimliche *Ab-gründige* des Da-seins „zu Wort" kommt.

Das wesentliche Sprechen des Denkens zeigt ab vom und hin in das übergängliche „Sein", indem es dieses in seinem Wesen anzeigt. Das Denken de-finiert nicht, sondern läßt das Sein sein, was es ist. Die seinsgeschichtliche Begrifflichkeit entfernt immer gleichsam das Seiende in seinem gegenwärtigen „es ist", um das *er-gänzte* Sein zu sagen: doch in dieser Entfernung des Nächsten wird das Seiende erst wieder nah in seiner Befremdlichkeit. Um dem Seienden einen Grund im Ab-grund zu geben, zeigt das Denken hin in das Sein. Die Entfernung des „ist" zugunsten des er-gänzten Ereignisses geschieht im Denken des Übergangs als ein abwehrendes Ab-winken vom „ersten Anfang" der Seinsgeschichte und ist als solches schon zugleich nähernd hinweisende Anzeige des „näher" rückenden ausbleibenden „anderen Anfangs".

Die abwehrend-hinzeigende Anzeige des Denkens ist ihrem Wesen nach bild- und anblicklos[24], weil sie ihren Wesensort in der Wahrheit des Seins hat, die als stilles Geschehen des gegenschwingenden Ereignisses alles, was „ist" und Anblick hat, sein läßt und trägt. Das alles Tragende, die Wahrheit des Seins, ist das winkende Anzuzeigende. Indem das Denken seinem Anspruch ent-spricht, „bricht" es die Stille des Sprachwesens[25], jedoch so, daß es im ab- und hinweisenden Wink das Sein in das stillere, weil Einziges nennende Wort des bindend-ausgreifenden Anblicklosen – in den *Begriff* – einbrechen läßt. Zum Geschehenlassen *dieser* Einzigkeit gehört wesenhaft die „schwere Langsamkeit"[26] des in der Fuge gebundenen Gedanken-ganges. Weil es ein Gang ins Unverbildliche ist, spricht das Denken auch nie „unmittelbar", sondern dimensional vermittelt im er-fahrenden Einräumen und Er-örtern der maßgebenden Mitte (des übergänglichen Er-eignisses), welche nur im gefügten Gang einander folgender Aufweisungsschritte durchmessen und so „näher" gebracht werden kann.

Das Denken steht aber in einer einzigartigen Nähe zum *Dichten*. Das Dichten versammelt sein Sagen im *Bild*. Beide Weisen wesentlichen Sprechens trennt eine „zarte, aber helle Differenz".[27] Läßt sich auch vom dichterischen Bild sagen, daß es von etwas wegweist, um in ein Anderes hinzuweisen? Wie spricht das Dichten?

Das dichterische Wort sagt das Selbe wie das Denken, doch dieses Selbe gibt sich ihm anders. Dem Einzigen des Seins, von dem es nicht ausdrücklich zu wissen braucht, gibt das Dichten ein Ge-sicht. Im dichterischen Bild, das weder Abbild noch Metapher ist, verweilt das Seiende im Ganzen in der wahrsten Fülle seines heimisch-unheimlichen Seins. Das dichterische Wort sagt dem Seienden, daß es und wie es ist. Jedes echte Bild ist *Vor*-Bild, nicht und nie in einem ethisch-praktischen Sinne, sondern so, daß es das Seiende vor-stiftet in seinem „es ist". In diesem Sinne ist auch das Dichten anzeigend. Es naht eine Fülle, die jedes „es war" und „es wird sein" schon eingeholt hat in das Stiftende des einfachen „ist". Deshalb verhüllt das Dichten „leichter"[28] die Wahrheit in das Bild, weil es dem Seienden seinen wahrsten Anblick unvermittelt zurückschenkt und keine dimen-

---

[24] s. „Winke". In: „Aus der Erfahrung des Denkens" (GA 13). Hrsg. v. H. Heidegger. Frankfurt a. M. 1983, S. 33.
[25] s. GA 12, S. 28.
[26] GA 65, S. 19.
[27] GA 12, S. 185 u. ö. Zur Differenz von Denken und Dichten s. F.-W. v. Herrmann, „Nachbarschaft von Denken und Dichten als Wesensnähe und Wesensdifferenz". In: Wege ins Ereignis, S. 223 ff.
[28] GA 65, S. 19.

sionale Durchschreitung braucht, um das Einzige einzig sein zu lassen. Das „ist" der Dichtung hat nicht „weniger" Wahrheit als das „ist" des Gedankens, sondern die Ein-fachheit ihres stiftenden Setzens übertrifft so sehr allen nur er-örternden Durch-gang, daß dessen eigenste Aufgabe letztlich darin besteht, „vor dem Dichten zurücktreten"[29] zu lernen.

Die Dichtung braucht keine ausdrückliche Abwehr des Geläufig-Vorherrschenden, um anzeigend das Einzige zu nähern. Sie braucht auch keine Schrittfolge, um ein bindender Weg zu sein und zugleich das Ziel. Sie zeigt an und kennt nicht die Spannung des noch-nicht und nicht-mehr, die alles Denken als das Unsagbarste umtreibt. Anzeigend „ist" das Bild nicht der längste Bogen zu einem Fernbleibenden.

Und doch – auch das Element des Dichtens ist durchzogen von einer wesenhaften Spannung. Indem das Dichten das *Ferne* in die Nähe des *Anwesens herruft*, weist sein Wort es zugleich in das es tragende *Abwesen*.[30] Die nahend-entfernende Bewegung des *hin*-rufenden *Her*-rufens des Fernen zeigt eine eigentümliche Nähe zum Geschehen des Winkes in der denkerischen Sprache. Diese Nähe ist aber zugleich die Kluft, die Denken und Dichten in ihrem Eigenen trennt. Denn es gehört zwar wohl zum Wesen allen wesentlich-stiftenden Sprechens, daß es immer eine Bewegung des nähernden Entfernens des Un-vorstellbaren und so nie Auszusagenden bleibt. Doch Nähe und Ferne: das „ernste Spiel" des abweisenden Hinweises, das die Sprache mit dem Menschen spielt, um ihn zuweilen zerbrechen zu lassen am Wesentlichen, – die selbe Nähe, die selbe Ferne, das selbe Spiel will, ohne jegliches Warum, jeweils anders gesagt werden in seinem stets einmaligen seienden Ge-sicht und anders im unsichtbaren Geflecht des tragenden Seinsgeschehens. Denken und Dichten unterscheiden sich in der Valenz ihres Sprechens so sehr, daß selbst „gleichlautende" Worte, denkerisch oder dichterisch gesprochen, nie bloß „das Gleiche sagen", sondern nur auf ganz anderem Wege das Selbe anzeigen.[31]

Wenn die Überlieferung die „Poesie" dem Beschreiben des Einzelnen im Medium der Einbildungskraft und die „Philosophie" der rationalen Bestimmung

---

[29] GA 4, S. 196.

[30] s. GA 12, S. 21 f. u. F.-W. v. Herrmann, „Dichterische Einbildungskraft und andenkendes Denken". In: Wege ins Ereignis, S. 264 ff.

[31] So, daß aus dem dichterischen Gebrauch etwa des Wortes „Bewußtsein" oder „Wille" keineswegs eine „bewußtseins-" oder „willensmetaphysische" Grundstellung erschlossen werden muß. In diesem Sinne und im sachnahen Ausgang von den hermeneutischen Voraussetzungen, die sowohl die Fundamentalontologie als auch und vor allem das Ereignis-Denken eröffnet hat, muß *Heideggers Gespräch mit Rilke* – das Rilkes Dichtung schlechterdings in die „Metaphysik" einordnet – grundsätzlich hinterfragt werden. In einem im SS 1995 und WS 1995/96 in Freiburg gehaltenen Oberseminar über „Wozu Dichter?" arbeitete *Friedrich-Wilhelm v. Herrmann* in denkerischem Durchgang durch die Grundworte der Dichtung Rilkes die Möglichkeit eines gewandelten Verständnisses dieser Dichtung heraus und zeigte so ausführlich, daß und in welcher überwältigenden Erfahrungsfülle Rilke dem *Da-sein dichterisch* nahe gekommen ist.

des Allgemeinen zuschrieb, so leuchtete in dieser „groben"[32] Abgrenzung nur noch der letzte Schein jener Grund-Ent-scheidung im Wesen der Sprache. Den Unterschied von Denken und Dichten aus dem Ereignis deutet das Wort der „zarten, aber hellen Differenz" andererseits nur in seinen ersten Zügen an. Der entscheidende Leitfaden für eine weitergehende Besinnung auf das Eigene der wesentlichen Sprache könnte gerade im Grund-zug des nähernden Entfernens liegen, der Bild und Begriff gleichermaßen durchzieht, um so die abgründige Nähe beider, ihre Begegnung im Un-endlichen,[33] am Maß des Unter-scheidenden abzuwägen.

---

[32] s. F.-W. v. Herrmann, Wege ins Ereignis, S. 242 ff.
[33] s. GA 12, S. 185. s. darüber F.-W. v. Herrmann, Wege ins Ereignis, S. 244 f.

# New Crusades Against Heidegger:
## Riding Roughshod over Philosophical Texts
### (Part Two)
### The Genealogy of a Mystification
*from Ernst Krieck to Victor Farias*

Pascal David

The first part[1] of this article was devoted to the new crusade against Heidegger – against Heidegger's thought and person – initiated by John D. Caputo, as author of the book *Demythologizing Heidegger* (1993), as editor of a special issue of the *American Catholic Philosophical Quarterly* (1995), and finally as a contributor to a volume in honor of William J. Richardson, S. J., entitled *From Phenomenology to Thought, Errancy and Desire* (1995). There I draw attention to Caputo's very strange way of dealing with Heidegger's thought and to Caputo's own "mythologization" of Heidegger – his admission that his thinking about Heidegger "has undergone a basic shift" insofar as he has been "moved" (jolted is the better word) by the publication of books by Victor Farias (1987) and, more importantly, by Hugo Ott (1988).[2]

Unlike J. Caputo or H. Ott, T. Rockmore is not motivated by the zeal to safeguard the Catholic faith from Heideggerian threats and intrusions. But, on the other hand, Rockmore is the co-translator of V. Farias's book about Heidegger and Nazism and shares with Caputo the same uncritical attitude toward Farias. In the context of the political, it is interesting to note that the first historical attack against Heidegger's involvement in politics denounced his thinking as totally lacking the crucial elements of Nazi ideology. German authorities denounced Heidegger's writings and rectorial address and by February 1934 had ordered the text of the address to be banned.[3] It should not be forgotten that, after he resigned from the rectorate, Heidegger had already run the gauntlet of scathing criticism during the 1930's, especially by Ernst Krieck (1892 - 1942), who was a representative

---

[1] See *Heidegger Studies*, volume 13, p. 69 - 92, 1997.
[2] J. D. Caputo, *Demythologizing Heidegger* (Bloomington: Indiana University Press, 1993), p. 2.
[3] M. Heidegger, *Die Selbstbehauptung der deutschen Universität. Das Rektorat 1933/34* (Frankfurt am Main: Vittorio Klostermann, 1983), p. 5, trans. Karsten Harries, "The Self-assertion of the German University," *Review of Metaphysics* 38 (March, 1985), p. 468.

spokesman of the Nazy ideology. As rector of the University of Frankfurt, E. Krieck delivered his rectorial address on May 23, 1933. This address was entitled: *Die Erneuerung der Universität* (The Renewal of the University). In that address, Krieck, unlike Heidegger, appealed to the *Führer* – and to Horst Wessel as well as the NSDAP. More importantly, Krieck demanded the expulsion of Martin Heidegger from the German university, rejecting him as a non-Nazi. What is more, in his journal *Volk im Werden* Krieck attacked Heidegger's philosophy, his person, and his language. As a defender of Nazi ideological and racial purism, Krieck "rejected" numerous "heretical" passages and coinages in Heidegger's writings, thus reminding us of "Thy speech bewaryeth thee, Galilean!"[4] Decidedly, Heidegger's did not fit Nazism.

Nowadays, the attacks on Heidegger portray him as an "outright Nazi." Unlike the earlier attacks carried out by those Nazis who condemned Heidegger as a non-Nazi, present attacks generally side with anti-nazism rather than with Nazism. However, in both cases, Heidegger's thought is "denounced."[5] These attacks are launched by T. Rockmore in his "Heidegger's Nazism and the French debate,"[6] and *Heidegger and French philosophy*.[7] The present study will examine these works, in order to determine their bearing upon and relevance for an understanding of Heidegger's *short and reserved* involvement in National Socialism at the beginning of the thirties. Let me begin by asking the following question: How is one to characterize the balance of ten years of polemic against Heidegger's thought in the context of the attacks against his involvement in National Socialism?

1987 - 1997: ten years that shook the (philosophical) world, insofar as Heidegger's life and person suddenly appeared in the limelight of the *Öffentlichkeit* (publicness) which, according to section 27 of *Being and Time* "obfuscates everything."[8] In these ten years Heidegger's life and thought have been called to

---

[4] See J.-M. Palmier, *Les Ecrits politiques de Heidegger* (Paris: L'Herne, 1968), p. 302.

[5] See Hartmut Tietjen, "Die Denunziation eines Denkens: Zu Victor Farias: *Heidegger et le nazisme*," *Duitse Kroniek* 38 (1988): p. 40 - 56.

[6] In: *Martin Heidegger – Critical assessments*, ed. by C. Macann, vol. IV: Reverberations (Routledge, London and New York).

[7] Published by Routledge (London and New York, 1995).

[8] GA 2, 170: *"Die Öffentlichkeit verdunkelt alles."* I do not mean that the background of Heidegger's rectorate or its immediate historical context should not be brought to light, but that no biography can grasp the life of a thinker *as such,* i.e. what is lively and vivid in it. On the hermeneutic problems related to bio-graphy, see GA 58.

Furthermore, I do agree with the way T. Rockmore broaches the subject at the very beginning of his article: "Any thinker who departs from the previous discussion in a significant manner, who displaces the discussion, for instance through the introduction of new categories, a new approach to a problem in the debate, in practice any important thinker requires a process of reception in order to assimilate and evaluate novel insights." But unfortunately, this methodological rule will not be applied by Rockmore. Contrasting, too, with the rule formulated, if not applied, by Rockmore: H. Ott's interest in, and study of, 'Heidegger's mentality' [*Martin Heidegger – Unterwegs zu seiner Biographie* (Frank-

account, fairly or unfairly, because of the thinker's entanglement in politics. To what extent did this process contribute to clarifying the relation between Heidegger's thought and his involvement in politics? And to what extent did this process, in these "enlightened" days near the end of the century, vainly try to delay, if not prevent, the unavoidable engagement with Heidegger's thought? That is the question. Using Heidegger's entry into – and without considering his exit from – politics, his thought has been condemned by ill-advised scholars, who, as they say, suddenly realized that they had been for a long time in evil company. As a result, this thought has been reduced to an ideology. However, this reduction overlooks Hegel's warning that before we pass a sentence on a thought *we* are "condemned by a great man to explicate his thought."[9] This is nowhere more clearly manifest than in T. Rockmore's assessment of Farias. Did Farias try to explicate Heidegger's thought before he (Farias) passed his sentence on that very thought? Did Farias take his "condemnation" seriously? When Rockmore hails Farias's "resolute effort ... to study Heidegger's Nazism ..." and welcomes "Ott's historically more careful but even *more damning* effort towards a Heidegger biography,"[10] Rockmore fails to ask the crucial question whether Farias and Ott made any effort at all "to explicate" Heidegger's thought. This question cannot be swept aside by Rockmore's insincere hailing of Heidegger, on the one hand, as "perhaps the most influential philosopher in this century," as "an important thinker," "major thinker" (33) and, on the other hand, by Rockmore's failure "to explicate" this thought in that dimension which is immune in its core from Heidegger's entanglement in politics.

Before I take a closer look at Rockmore's article and book, I must put his views on Heidegger in the context of V. Farias's book, wherein they are fully and totally – and uncritically – lodged. Rockmore's main thesis assumes that "Heideger was a Nazi," thus accepting as established Farias's distortions and allegations.

As noted and stressed by many scholars – and as can be seen in almost every page of his book – V. Farias himself, like his followers, rides roughshod over Heidegger's texts. This is nowhere more clear than in Farias's treatment of Heidegger's rectorial address. Against both the letter and the spirit of this address, Farias asserts that Heidegger's concern with "what belongs essentially to the German university" *(das Wesen der deutschen Universität)* and with the endowments and tasks of the German people is tantamount to "siding with National Socialism."[11]

---

furt - New York: Campus Verlag, 1988, p. 10)]. On this point, see H. Crétella, "Le Chemin et les tournants," in *Heidegger Studies* 8 (1992), p. 148.

[9] *Hegel, Notizen und Aphorismen, 1818 - 1831,* in vol. 11 of *Berliner Schriften, Werke in zwanzig Bänden,* Suhrkamp Verlag, (Frankfurt am Main, p. 574): *"Ein großer Mann verdammt die Menschen dazu, ihn zu explizieren"* / "A great man condemns people to explain him." First published in K. Rosenkranz's *Hegel's Leben* (Berlin, 1844), p. 555.

[10] T. Rockmore, "Heidegger's Nazism and the French Debate," in C. Macaun (ed.), *op. cit.* p. 34. Hereafter, all the quotations followed by the page number in parentheses refer to this article by T. Rockmore.

[11] *Heidegger et le nazisme* (Lagrasse: Verdier, 1987), p. 113.

Thus he unwittingly shows that he has no access to the philosophical level of Heidegger's analysis in his rectorial address, and that he (Farias) must more or less Nazify the philosophical content of this address in order to make it fit a mere ideological fabrication. V. Farias has no clue of, or access to, *the spiritual dimension* of what Heidegger calls a people – "a people worthy of the name."[12] Failing to grasp this dimension of the notion of people as used by Heidegger, he inserts biological determinations into this notion and consequently does not shy away from falsifying many passages by including the word "Aryan" in square brackets. This falsification of Heidegger's text occurs every time Farias refers to Heidegger's use of the words "people" and "our people."[13] What Farias writes about Heidegger's views on "people" is a blatant falsification of Heidegger's philosophical achievement, insofar as this thinker's understanding of "people" opens the possibility for grasping "people" as a non-racial and non-biological entity. Thus insertion of the word "Aryan" in the text is an inexcusable falsification and another indication of riding roughshod over Heidegger's text. By failing to grasp Heidegger's views on "people" in terms of what he calls *das Mitgegebene* (a people's endowment) and *das Aufgegebene* (a people's task) (which *ipso facto* excludes insertion of the word "Aryan" in the text), Farias reduces Heidegger's thought on "people" to a mere ideology. It is this reduction that leads us from Farias to Rockmore.

Strictly speaking, Rockmore's article is not specifically devoted to Heidegger's thought, but to the general reception, within the French debate, of the thinker's involvement in National Socialism. Within this narrow perspective, Rockmore endeavors to establish a link, a significant connection, between the thinker's involvement and his very thought. Consequently, he (Rockmore) believes to have at his disposal an *interpretation* of the thought that he can afford to connect with a political indictment – at least as having a possible connection with, or as being liable to, a political concern, whatever it may be. Depending on his purpose and intentions, this interpretation stays in the background of Rockmore's article and constitutes its implicit foundation. But sometimes this interpretation crops up, becomes explicit, and then draws the attention of the reader to the weaknesses and liabilities of Rockmore's assumptions. In order to demonstrate this point, let me turn to the following passage (66 - 67):

> Heidegger insisted throughout his writings on the crucial difference between philosophy and a mere *Weltanschauung*, but his own "philosophy" is in some respects the best counter example. For his theory of Being is also clearly a *Weltanschauung* which reflects, in fact incorporates, the "philosophy" of the Weimar Republic.

Here Rockmore assumes that Heidegger operates within the polarity of "theory" and "practice," but he (Rockmore) does not support this assumption by any argument. Here he assumes that Heidegger's "theory of being" reflects a *Welt-*

---

[12] GA 65, p. 97.
[13] *Heidegger et le nazisme*, p. 136. See also p. 135, where "aryan" is supposed to translate *volkhaft,* and p. 175, where it is supposed to be tantamount to *völkisch.*

*anschauung* but he does not offer any argument to support this assumption. What does this way of thinking reveal? Simply put, it reveals that Rockmore puts forth an *interpretation which does not admit its own nature as interpretation* and *pretends* to be a self-evident statement about self-evident and incontrovertible "facts." This is what I call intellectual terrorism, because it peremptorily and gratuitously imposes an interpretation without acknowledging its own nature as an interpretation, thus excluding the possibility of questioning this interpretation. I say peremptorily and gratuitously because the "crucial difference" between philosophy and *Weltanschauung* points to a huge difference *between* Heidegger's philosophical achievements and ideologies of his time. This "crucial distinction" uproots the very possibility of a "life-philosophy" and a "philosophy of values." Therefore, this "crucial distinction" renders inadmissible biologism and racism as ways of non-thinking that do not originate from within a philosophical perspective, but belong to a *Weltanschauung.* Philosophy and *Weltanschauung* are poles apart and incompatible and essentially incongruous. If identification of philosophy and *Weltanschauung* is *philosophically* irrelevant, then this identification could be maintained only if the "crucial difference" is no difference at all. Rockmore then must bridge the gap between philosophy and *Weltanschauung* if he intends to connect Heidegger's thought (philosophy) with a political ideology. Rockmore essentially repeats what Krieck had done before him: He (Rockmore) bans Heidegger's thought as a *Weltanschauung.* How could it escape notice that the strategy of reducing Heidegger's thought to *Weltanschauung* becomes feasible only after Nazis began attacking Heidegger in the 1930's? What Rockmore's identification entails *and* reflects and in fact incorporates, this presents another story. If there is nowhere philosophy, but everywhere *Weltanschauung,* Rockmore has to tell us what kind of *Weltanschauung* he wants to substitute Heidegger's supposed, alleged and so-called *Weltanschauung* with. This he does not do. Nevertheless, indication of an answer to such a question is to be found in that part of his sentence where he alludes to the "philosophy" of the Weimar Republic. According to Rockmore Heidegger's ontology (or the *fundamental ontology* of *Being and Time*) is supposed to "reflect," but in fact "incorporates," what Rockmore calls the "philosophy" of the Weimar Republic. This "reflection" has probably to be understood as a typical case of what Marxists (not to be confused with Marx) call *Tendenz* or "programmatic bias."[14] One cannot help but wonder whether Rockmore, the editor of a book on Georg Lukacs, is here tacitly operating with a Marxist assumption. Be that as it may, we can say that with the so-called "philosophy" of the Weimar Republic, Rockmore means a *Weltanschauung, i.e.* the spectrum of political theories which are known in Germany as *konservative Revolution.*[15]

---

[14] Regarding this rendition see, George Steiner, *Language and Silence: Essays on Language, Literature, and the Inhuman,* (New York, Antheneum: 1967), p. 306.

[15] See Armin Mohler, *Die konservative Revolution in Deutschland 1918 - 1932: ein Handbuch* (Darmstadt: Wiss. Buchges., 1989³). This authoritative study does not include Heidegger among the figures and protagonists of the "conservative revolution."

These observations lead us to the background that tacitly supports Rockmore's presentation: He not only reviews different trends in the "French debate" about Heidegger's involvement with National-Socialism, but also sides with G. Lukacs,[16] R. Wolin,[17] and, more specifically, P. Bourdieu.[18] Rockmore adopts the position of the French sociologist Pierre Bourdieu, whose pseudo-philosophical analyses clearly express a deep resentment against philosophy and "reflect" the need of the social sciences for revenging themselves on philosophy (anthropology versus ontology). The so-called "holy frontier" that Heidegger has supposedly erected between ontology and anthropology[19] appears unpleasant to modern taste, and according to Bourdieu Heidegger's thought should be put in the context of the Weimar Republic. According to Rockmore, who is not wrong on this point, Bourdieu "regards Heidegger as representative of extremely conservative revolutionary tendencies which arose in Germany between the two World Wars." (55) Rockmore takes for granted the validity of sociological assumptions for passing a judgment on philosophical matters. But the pertinency or relevance of the very project of existential analytic cannot be disputed on sociological grounds; it has to be discussed at its own, philosophical level, which is the level of fundamental ontology.

Nevertheless, there is a crucial difference between *Weltanschauung* and philosophy; and such a difference is worked out in many lecture courses delivered by Heidegger. This difference marks the threshold that has to be crossed by anyone willing to enter into the realm of philosophy. This difference for Heidegger is as significant as geometry was for Plato: no entry, no admission, if you are unaware of the difference between philosophy and worldview! The first pages of the lecture-course text *Zur Bestimmung der Philosophie* (1919) focus on the difference between philosophy and *Weltanschauung*. There Heidegger discusses *Weltanschauung* as the *critical limit* of philosophy.[20] Very early in his career Heidegger points out that "the word *Weltanschauung* was not available to Plato and Aristotle."[21] In *The Basic Problems of Phenomenology*, the second section is entitled "Philosophy and *Weltanschauung*." There *Weltanschauung* is described as a mixture of superstition and knowledge, prejudice and reflection.[22] In this lecture text Heidegger outlines an impressive genealogy of the *Weltanschauung*, from Kant, Goethe, Humboldt, and Schelling through Hegel, Ranke, and Schleiermacher, to

---

[16] See T. Rockmore (ed.), *Lukacs Today. Essays in Marxist Philosophy*, (Boston: Dordrecht, 1988). Rochmore has written a foreword to this book.

[17] R. Wolin, *The Politics of Being. The Political Thought of Martin Heidegger*, (Columbia U.P., New York, 1990). Cf. my review of this book in *Les Etudes philosophiques* (Paris: Presses Universitaires de France, 1995), vol. 4.

[18] P. Bourdieu *L'Ontologie politique de Martin Heidegger* (Paris: Les Editions de Minuit, 1988).

[19] *Ibid.* p. 8.

[20] GA 56/57, pp. 7 - 10.

[21] GA 61, p. 44.

[22] GA 24, p. 7.

Jaspers. Another lecture course begins with an inquiry about philosophy.[23] What does it look *like*? To what is it comparable? And Heidegger answers: Philosophy is incomparable. Philosophy is neither science nor *Weltanschauung*.

At least for three reasons the concept of a world-view-philosophy seems to Heidegger to be contradictory, or as he puts it, "a *hölzernes Eisen*"[24] – a) because philosophy as ontology does not fit the scales of values which ultimately relate to beings and b) because philosophy as a work of freedom cannot be at ease in a worldview. The latter is the name for the attitude that has already seen and viewed the world, whereas philosophy endeavors to see the world as what has to be seen and discovered, as never seen before. A worldview is not a view of the world, but the view of a viewer. c) Because worldviews have to do with convictions, they are forms of convictions.[25] Worldviews refuse to take a *critical distance* toward themselves as convictions. Such a critical stance toward all convictions is called philosophy.

Thus, in a radical sense philosophy is essentially disengaged from any worldview, be it scientific, religious or political. Rejecting a major trend of the 1920s, Heidegger did not assign to philosophy the task of elaborating a scientific worldview, but the task of disengaging from any worldview. Such a disengagement – or ἐποχή – is not a new worldview, since it does not take into account the *contents* of worldviews, but turns to their *structure* and the conditions for the possibility of worldviews. This movement of disengagement leads us from an ontic level to an ontological one. Consequently, it is absurd to say that fundamental ontology is "the philosophy of the Weimar Republic"; one might just as well assert that Kant's Transcendental Æsthetics is the philosophy of Frederik's Prussia!

Before going any further let me briefly recapitulate:

(a) Rockmore's explication of the "French debate" about Heidegger by no means wants to be an interpretation, but an objective review. He wants to present a detached panorama. Nevertheless, prejudices and preconceptions sometimes crop up in Rockmore's interpretations and then reveal what is in the background of the whole project. A "would-be no interpretation" willy-nilly proves to be an interpretation. This contradictory situation of an interpretation which does not want to be an interpretation but an objective review combined with a denial of philosophy (or of a "self-effacing" and "self-denying" philosophy) is precisely the situation of any *Weltanschauung*. Rockmore sits in judgment on Heidegger's thinking from the point of view of a worldview which nowadays passes for the right way of thinking. He subjects Heidegger's thinking to that which this thinking has already unmasked as irrelevant to philosophy, i.e., *Weltanschauung*.

---

[23] GA 29 - 30, pp. 1 - 3.
[24] GA 24, p. 16.
[25] GA 24, p. 7.

(b) It should not escape notice that to a certain extent Rockmore joins forces with the attacks against Heidegger during the 1930s in order to develop a strategy against Heidegger today.

To what an extent? The appropriate answer to this question is to be found in section 10 of *Being and Time* where *Daseinsanalytik* is "distinguished" from anthropology, psychology, and biology.

In the 1930's biologism constituted a major trend by claiming to have the solution to all the problems of natural, spiritual, and political life. For example, German writer Kolbenheyer[26] articulated this trend, when he said that: "Poetry is a biologically necessary function of a people,"[27] a statement that Heidegger reluctantly *(mit Widerwillen)* quotes near the end of the 1934/35 lecture on Hölderlin where he also mentions Darwin as a "fatality."[28] I would suggest that it is not so much Darwin that is a "fatality" as it is Darwinism, which since the nineteenth century contaminated Western thought in the form of "Social Darwinism".

Nowadays the clue and the ultimate answer to the spiritual and philosophical problems is not found in biologism, but in what I would like to call sociologism. In the context of a sociological framework, life of the mind, and especially the philosophical one, is no longer appraised as "a biologically necessary function of a people," but assessed sociologically as "a necessary function of a society," "a social class" or "a political regime." Rockmore blindly adheres to the priority of the sociological framework when he says (56): "Bourdieu's analysis of the relation between Heidegger's thought and the historical, cultural and political background, are still unsurpassed in the French discussion." But what is unsurpassed might well be unfounded. What Rockmore needs to show – but does not – is whether a philosophical work can be subjected to sociological measures. Bourdieu's application of sociological measures to philosophy and Kolbenheyer's application of biologistic measures to poetry may be unsurpassed, but the question is whether Bourdieu and Kolbenheyer touch what is essential in philosophy and poetry.

Thus since sixty years the polemic against Heidegger has undergone this basic change:

It is no longer biologism that is applied to Heidegger, but anthropologism. Social sciences are a variety of anthropologism. Whenever one refuses to question what belongs essentially to human beings, anthropologism rules. Anthropologism appears to be the answer to the question "What is man?" But this is an answer which lets the question itself disappear. Subsequently it is an answer which does not acknowledge its own character as an answer, just as *Weltanschauung* does not

---

[26] Erwin Guido Kolbenheyer (1878 - 1962), who was a fellow-traveler of the Third Reich, falls into the category of the *"volkhaften" Dichter* in A. Mohler's topology: *Die konservative Revolution* (see above note 15), pp. 317 - 8.
[27] Quoted by Heidegger in: GA 39, p. 27.
[28] GA 39, p. 294.

acknowledge its own character as the world-interpretation that it is. *Weltanschauung* is self-complacent and has no knowledge of itself, or as Heidegger puts it, a "worldview has fundamentally no comprehension of itself."[29] That worldview has no comprehension of itself means that it does not put itself into question. However, questioning may occur even if there is no question mark, and questioning may not occur even where there is a question mark. It is "because one has already an answer to the question at stake that no questioning" occurs, – "an answer of such a kind that it tells us at the same time that no question should be asked."[30]

Contrasting this with the perspective of the social sciences and the ensuing sociologism, we will have to say that *Daseinsanalytik* (or 'existential analytics') in *Being and Time* does not supply an answer to the question "What is man?" because this analytic is concerned with the "who-question" *(Werfrage):* who is the human being? How does this being[31] unfold its being?

The "who-question" is an important point, not only for interpreting Heidegger's thought, but also for determining "the relation between Heidegger's thought and the historical, cultural and political background," as has been pointed out by P. Emad:

"The absence of the racial element was the logical outcome of Heidegger's sustained criticism of anthropologism and biologism in all their varied and sophisticated forms as found in the philosophies of Nietzsche, Spengler, Ziegler, and Scheler. Long before he presented his rectorial address in 1933, Heidegger had laid out this criticism in his lecture courses ... rendering philosophically indefensible the anthropologistic, biologistic, and racist aspects of nazism."[32]

---

[29] Heidegger, *Die Bedrohung der Wissenschaft* (1937), in *Zur philosophischen Aktualität Heideggers* (Frankfurt: Vitt. Klostermann, 1991), 1: 17: *"Weltanschauung (...) versteht sich im Grunde selbst nicht ..."*. See M. Heidegger, *Écrits politiques,* trans. François Fédier (Paris: Gallimard, 1995), p. 179.

[30] GA 40, 151: *"Gefragt wird nicht (...), weil man eine Antwort auf die Frage bereits besitzt, und zwar eine solche Antwort, mit der zugleich gesagt wird, daß man gar nicht fragen darf."* According to H. Ott *(op. cit.,* p. 256 - 7), this passage alludes to Theodor Hæcker's book: *Was ist der Mensch?* [What is Man?] , 1933.

[31] On the "break of neutrality" *(Bruch der Neutralität)* which belongs to the 'facticity' of any human existence as such, see: GA 27, pp. 146 - 7.

[32] H. W. Petzet, *Encounters and Dialogues with Martin Heidegger – 1929 - 1976,* tr. P. Emad and K. Maly (Chicago and London: The University of Chicago Press, 1993), p. xxii.
The whole text of this Introduction by P. Emad has been translated into French by P. David and G. Guest in: *Cahiers philosophiques,* vol. 66 (1996), under the title: "Martin Heidegger. – Le philosophe dans la cité / au fil des *Mémoires* de Heinrich Wiegand Petzet", p. 77 - 110.
Rockmore deliberately ignores this "Introduction" and never refers to its French version. This shows Rockmore's prejudicial and selective approach. He assumes that "Heidegger's Nazism ... became public knowledge in the Rectorial address" (34), but does not acknowledge even the existence of this "Introduction" to Petzet's book, which is, as far as

Consequently, the decisive and "strategic" importance of section 10 of *Being and Time* can hardly be overstated. This section is the threshold no reader can cross without abandoning the presuppositions and determinations of biologism and anthropologism. This section brings out the specific horizon of existential analytics, in order to let human beings appear in their most proper unfolding, what Heidegger names *Dasein* – which is not something with which one needs to identify oneself[33] but a constitutive openness. In order to bring out the specific horizon of this analytic, *Being and Time* has to delimit what belongs and what does not belong to this analytic, insofar as the analytic of human *existence* is subordinated to the question of being.[34] This subordination lies at the very core of the whole section 10. The concern with the limits and frontiers of various disciplines is not to be taken as excluding or underrating other fields of possible knowledge about human beings. This concern aims at setting off the specific horizon for the research that will be undertaken throughout the treatise. Anthropology, psychology, and biology cannot provide an "ontological" answer that would be sufficiently founded *in* the way of being *(Seinsart)* of the beings we are ourselves. Delimitation of these disciplines is not to be confused with the positive work they have accomplished.[35] This delimitation wants to stress the fact that these sciences are in need of ontological foundation. Delimitation as *Abgrenzung* is called for by the task of circumscribing *(Umgrenzung)*[36] the theme of existential analytics. Thus *Being and Time* has to distinguish existential analytic from other disciplines because, if Heidegger wants to specify the field of his research, he needs first to draw a line *around* the island he is about to explore. Such delimitations and circumscriptions follow the methodological rules of any treatise – a fact already pointed out by Kant in the *Critique of Pure Reason:* "To let the limits *(Grenzen)* of the sciences overlap each other, does not amount to enlarging them but only to distorting them."[37] Section 10 of *Being and Time* has explicitly a "prohibitive" goal while describing what should not be done in the field of existential analytics, and this in its way corresponds to a "discipline" in the Kantian sense.

Moreover, section 10 of *Being and Time* tries to show that the question What is man? ontologically calls for another level than the anthropological one. This sec-

---

I know, the only text in English which attempts to lay out the philosophical core of Heidegger's Rectorial address.

[33] R. Bernasconi, "I Will Tell You Who You Are", in: *From Phenomenology to Thought, Errancy and Desire* (Dordrecht/Boston/London: Kluwer Academic Publishers, 1995), p. 301.

[34] GA 28, p. 278: *"Wenn die Frage, was der Mensch sei, unter die Frage, was das Sein sei, gestellt werden muß ..."*

[35] GA 2, p. 67: *"... ist über die positive Arbeit dieser Disziplinen kein Urteil gefällt."*

[36] GA 2, p. 60.

[37] B VIII: *"Es ist nicht Vermehrung, sondern Verunstaltung der Wissenschaften, wenn man ihre Grenzen ineinander laufen läßt ..."*

tion can be understood also as a debate with German philosophers like Max Scheler and Ernst Cassirer. Anthropology describes *what* man is among other beings. It takes man as a being among other beings, but anthropology does not explore the *way of being* of the human beings. Heidegger takes the first step towards this exploration when he distinguishes two different "modes" of being: the mode of being of a *who* (existence) and the mode of being of a *what* (*Vorhandenheit*, extantness, availability). A *philosophical* discussion of the question What is man? needs to bring out its *a priori*. According to Heidegger, there is an "urgency" in accomplishing this task as a task "whose urgency is hardly less than the urgency of the question of being itself." Existing or being a *who*, is the only access we have to fundamental ontology, and fundamental ontology is not possible without existential analytics (being requires beings), and existential analytics is not possible without fundamental ontology (beings require being), and this point makes all the difference between existential analytics and existentialism.

Working out the *a priori* of the question What is man? is the specific task of existential analytics and leads Heidegger to revolutionize the formulation of this question itself.

Its formulation undergoes two radical shifts, insofar as What is man? now becomes Who are human beings? from *what* to *who*, and from man to human beings. Thus Heidegger bids farewell to the "whatness" of a being (human being) as being-there among other beings. And this is closely tied to the constitutive openness of a being named *Dasein:* a human being has to be his or her being. This is the reason why existential analytics is not vulnerable to sociological attacks or criticism: *Dasein* cannot be caught in the net of a sociological approach. Sociology approaches man as a "social animal" and studies the whatness of a social animal among other social animals, without having an access to the who-question, to the *a priori* of sociology's own determination of man.

Here is the juncture where I need to say a few words about what Rockmore alleges as Heidegger's anti-humanism and anti-Cartesianism – two "isms" that have nothing to do with Heidegger's thought. Not because Heidegger would be a humanist or a Cartesian, but because short-sighted oppositions such as humanism vs. anti-humanism or Cartesianism vs. anti-Cartesianism are irrelevant to Heidegger's thought. Heidegger frequently stresses that any "anti-" (including anti-Bolshevism) shares something essential with its elected opponent.

There is a hidden connection between sociological criticism and the charges of anti-humanism and anti-Cartesianism and this connection has been uncovered by Heidegger himself in the *Holzwege,* where he points out that anthropology cannot overcome Descartes[38] because this would be tantamount to sawing off the branch which supports anthropology.

---

[38] GA 5, p. 100.

According to Heidegger, "insofar as the thinking in *Being and Time* is against humanism,"[39] humanism has to be overcome – not because of preferring anti-humanism to humanism, but because humanism has failed to experience "the proper dignity of the human being" *(die eigentliche Würde des Menschen).* This passage from the *Letter on Humanism* has to be read very carefully. A thought which is "against humanism" for the reasons indicated by Heidegger must not be confused with anti-humanism, because it has nothing to do with anti-humanism; this thought does not differentiate itself from humanism in terms of opposition, but rather in terms of the level of elevation. Humanism must be abandoned not because of anti-humanism but because humanism cannot be elevated to the level of the "proper dignity," i.e., of the *humanitas* of the human being, because humanism does not set the *humanitas* of man high enough *(Humanitas des Menschen nicht hoch genug ansetzt).* Heidegger's alleged "anti-humanism" is consequently more humanist than humanism with regard to "the proper dignity of the human being." This "proper dignity" is closely related to the "existence" (as the dimension of the *who*) discussed above.

Rockmore is on the wrong track when he assumes that anti-Cartesianism is a major trend of Heidegger's thought – this accusation is nothing but a house of cards. Heidegger's alleged anti-Cartesianism is a hackneyed prejudice. Jean Beaufret has already pointed out that "a hardened opinion assumes that Heidegger 'hates' Descartes. This piece of nonsense has probably its origin in the sections 19 - 21 of *Being and Time.*"[40] Turning to these sections, we find that they deal with the problem of the "world" and discuss the Cartesian approach to this problem in terms of *res corporea* or *res extensa.* Here Heidegger shows that the modern distinction between social sciences and exact sciences, *Geistes-* and *Naturwissenschaften*, has its origin in the second *Meditationes de prima philosophia*[41] in Descartes's *res cogitans* and *res extensa.* In other words, we have to go back to Descartes's *Meditationes* if we are to understand the modern way of distinguishing social sciences from exact natural sciences – a distinction that preoccupies Dilthey and Husserl. Heidegger frequently emphasizes how much modern thinking "is indebted to the French thinker Descartes,"[42] as "a thinker of the highest rank."[43]

Did the author of *Being and Time* foresee that the "prohibitive" delimitation carried out in section 10 of his work would be infringed upon, neglected or misunderstood? At the beginning of section 10 Heidegger expresses some doubt whether the "prohibitive" character of this section would be heeded and made fruitful. It is noteworthy that many critiques and disparagings of Heidegger fail to take into account the "prohibitive" character of this section and do not tolerate the way it

---

[39] GA 9, p. 330.
[40] *Dialogue avec Heidegger,* II (Paris: éd. de Minuit, 1973), p. 52.
[41] GA 2, p. 120.
[42] GA 13, p. 19.
[43] *Nietzsche, II* (Pfullingen: Neske, 1961), p. 150.

points out the lack of ontological foundation of their own disciplines. The views of such critiques range from the pure nonsense of a "politics of being" (R. Wolin) to Ott's psychological concern with "Heidegger's mentality." Furthermore, Bourdieu's scornful sneering at the "holy frontier" *(frontière sacrée)* Heidegger is supposed to have erected between ontology and anthropology refers more or less to this section of *Being and Time*. Rockmore too does not take into account what this section achieves when he talks about "Heidegger's erection of a wall[?] between anthropology and ontology" (55). This shows how much Rockmore is explicitly indebted to Bourdieu's sociologism. Bourdieu ironically introduces the adjective "holy" in order to reassert the dogma of the relevance of sociology to all philosophical issues.

These observations make clear that section 10 of *Being and Time*, properly understood, renders ineffective the efforts in the social sciences, i.e. in anthropologism, that aim at discrediting Heidegger's thought. Seen in the light of what section 10 establishes, these efforts of anthropologism lose every passion. But Bourdieu is unaware of what section 10 achieves. That is why he can characterize Heidegger's thought as "an exemplary illustration" of "a philosophy of philosophy,"[44] and why he can conveniently ignore the juncture in *Holzwege*[45] where Dilthey's "philosophy of philosophy" is identified as "the distinguished form of an anthropological elimination and not a surmounting of philosophy." Heidegger is aware of the lucidity of anthropologism, but he considers the source of this lucidity to lie in anthropologism's rendering philosophy superfluous. According to Heidegger this openly admitted elimination of philosophy is far better than "the painfully manufactured absurd products such as the national-socialist philosophies."[46] He seems to be suggesting that it is preferable to declare philosophy useless than to use and abuse it.

So far I focused my investigation on section 10 of *Being and Time* in order to draw attention to the fundamental difference between ontology and anthropology. This may give rise to the suspicion that, by focusing on philosophical problems, I am trying to avoid confronting the political question under debate. This is not the case. I draw attention to the fact that many objections raised against Heidegger at a political or historical level are actually based on non-philosophical grounds or are a mere pretext to avoid confronting his thought. A case in point is Rockmore's article "Heidegger's Nazism and the French Debate," where he does not present the slightest evidence in support of the assumptions implicit in this title.

Even if we grant Rockmore his point and take seriously "the historical, cultural and political background" of Heidegger's thought (56), we cannot fail to notice

---

[44] *L'Ontologie politique de Martin Heidegger*, p. 8.
[45] GA 5, p. 99.
[46] GA 5, p. 100: "... *die mühseligen Anfertigungen so widersinniger Erzeugnisse, wie es die nationalsozialistischen Philosophien sind* ..."

that recent historical studies[47] have laid bare the fact that Bolshevism as antifascism and National Socialism as an antibolshevism cannot be studied separately. They repel and need each other. Thus, the "historical, cultural and political background" which Rockmore rhetorically emphasizes while following "Bourdieu, a well-known Marxist sociologist" (54) reaches far beyond an accidental coexistence of a philosophical work *(e. g. Being and Time)* with a certain political regime (e.g. the Weimar Republic). To be consistent, Rockmore must take seriously Nolte's main theses according to which National Socialism of 1933 was substantially an anticommunism, which requires us to go back to 1917 if we want to understand 1933. According to Nolte National Socialism has to be understood as "the copy of a social original which is remodeled biologistically," *[die biologistisch umgeprägte Kopie des sozialen Originals]*.[48] But because such differentiations are alien to Rockmore, his enactment of his own demand for going back to the so-called "historical background" is too narrow and short-sighted to be able to clear up the matter under debate. This is probably why Rockmore keeps referring the reader to Bourdieu's outdated *L'Ontologie politique de Martin Heidegger*, first published in 1975 and then republished and rewritten as a book in 1988, in a revised and more fashionable version which reaps advantage as a best-seller from what French journalism calls *l'effet Farias*.[49] Rockmore's indebtedness to Bourdieu's past and present sociological views cannot cover up the fact that Rockmore makes no effort to take into account the most recent research. He ignores the present *status quæstionis*, as shaped by F. Furet's study *Le Passé d'une illusion* (1995), and by F. de Towarnicki's *A la rencontre de Heidegger* (1993).[50] I wonder how can he call his book *Heidegger and French philosophy* (1995), when F. Furet is ignored and F. de Towarnicki is only mentioned for the testimony he gave about Heidegger in ... 1946!

---

[47] Cf. Ernst Nolte: *Der Europäische Bürgerkrieg 1917 - 1945* (1987), *Geschichtsdenken im 20. Jahrhundert* (1991), *Heidegger – Politik und Geschichte im Leben und Denken* (1992) [I reviewed this work in *Heidegger Studies* vol. 11 (1995)], *Streitpunkte – Heutige und künftige Kontroversen um den Nationalsozialismus* (1993), *Die Deutschen und ihre Vergangenheiten* (1995) – all published by Propyläen (Berlin / Frankfurt).
Cf. François Furet: *Le Passé d'une illusion – essai sur l'idée communiste au XXe siècle* (Paris: Robert Laffont / Calmann-Lévy, 1995).

[48] *Der Europäische Bürgerkrieg ...*, p. 517.

[49] An instructive confrontation of these two versions (1975 and 1988) has been made by Henri Crétella in his article "Le procès de la liberté," in the French journal *Le Croquant*, 3 (Summer, 1988), especially p. 61 - 66, devoted to "La sociologie fantastique de Pierre Bourdieu." According to H. Crétella, P. Bourdieu's is a rumor mongering covered over by a pretension to scientificality which is not to be confused with the scientific character of the sociological method.

[50] F. de Towarnicki, *A la rencontre de Heidegger* (Paris: éd. Gallimard, 1993). See Frédéric Bernard's essay "Les promesses du passé et la révolution de la pensée," *Heidegger Studies* 12 (1996), p. 134 - 136.

Assuming that they should be considered and faced in their full implications, we must admit that the effects of Rockmore's statement about the "historical background" are far-reaching. Given the limited scope of the present discussion, I must stay within the boundaries of a philosophical assessment. At this level, ideologies (and not only powers or regimes) which are poles apart prove to be connected in their hidden or "secret collusion."[51] If according to Nolte's analysis, National Socialism is actually "a biologistically remodeled copy of a social original," then conflicting ideologies, although mutually exclusive, share one fundamental assumption, namely that worldviews once and for all *refer* the essence of mankind either to *biological* or to *social* determinations. For the national-socialist worldview or bolshevist worldview the essence of mankind is de-termined in both cases as a fixed reality. There is no going back on this point, the question cannot be reopened. The essence of mankind is determined in both cases as an *ontic* reality. We are now in a position to see that, by proceeding from the root of the matter, delimitation accomplished in section 10 of *Being and Time* is to be reopened as a question and released at an *ontological* level. Not only the question as to *who* human beings are (as distinguished from the question as to "what man is") has to be reopened, but also the question of an openness which as *Erschlossenheit* is constitutive of being human. Acknowledging the central significance of this openness, we can say with F.-W. von Herrmann that "the success or failure of any interpretation of *Being and Time* depends essentially on how seriously we take the phenomenon of *Erschlossenheit*."[52]

Consequently, to read Heidegger through the binoculars of biological or sociological determinations, i.e. biologism or anthropologism, amounts to avoiding confrontation with his *thinking,* and carrying on in the rut of ready-made determinations. Rockmore's reception of Heidegger's thought has therefore no access whatever to the thought he pretends to have "received." Siding with anthropologism under the form of social sciences, Rockmore has to reduce Heidegger's thought to a *Weltanschauung* in order to put forward and vindicate – with loaded dice – another *Weltanschauung*. Moreover, in its statutory physiognomy this deliberate violation of Heidegger's thought reveals how far we have already entered "the Age of the World as Image." I find it not at all surprising that, as soon as "Farias' study burst onto the intellectual scene in the fall of 1987" (50) – as a commercial hit rather than as a philosophically respectable achievement – several channels of the French television network organized a discussion about the topic "Heidegger and Nazism" in order to gratify the need of the general public for having an "image" of this topic in front of them. In fact, television and *Weltanschauung* belong to the same "Age of the World as Image" as pointed out appropriately by Hanspeter Padrutt: "On television, the perspectivism inherent in any *Welt - Anschauung*

---

[51] F. Furet, *op. cit.,* p. 545: *"la connivence secrète qui lie nazisme et communisme".*
[52] *Hermeneutische Phänomenologie des Daseins. Eine Erläuterung von "Sein und Zeit",* I (Frankfurt: Klostermann, 1987), p. 106.

comes to its ultimate desolate consequence. From his point of view everyone now views the world as an image on the television screen."[53] The *Schau* of the *Weltanschauung* ends in the *show* sponsored by the industry of the show business. Then, the loop is looped: the thought is first reduced to a *Weltanschauung* in order for it to finally become a matter for show business.

We may agree, nevertheless, with Rockmore when he writes: "... at least since Plato philosophy has consisted in the refusal to accept undemonstrated assumptions, in the constant effort to clarify, demonstrate or eliminate what is merely presupposed, in order to progress through an examination of its presuppositions." (67) However, this wonderful principle remains a dead letter as soon as Heidegger's thought is at stake. Rockmore's "critical assessment" begins, in fact, with the mere *dictum* that "Heidegger was a Nazi" (50). Did it ever occur to the author who makes such an allegation that precisely this allegation could be a good example of "the undemonstrated assumptions and mere presuppositions" which are to be eliminated from respectable philosophical discussions? The "incontrovertible archival evidence" which Caputo[54] grants to Ott's study becomes for Rockmore a damning evidence (34). The spectacle of scholars indebted to such a positivist and police-minded conception of "documents" is actually painful to behold, and has something saddening and disquieting about it. Nevertheless, the fact that an author keeps coming back to his hobby-horse, always harping on the same string, does not add an ounce of truth to his allegation. And when the refusal to discuss allegations which are as slanderous as they are unfounded turns into the catchword "Heidegger's Nazism," then the die is cast until the crack of doom.

Incidentally, it is worth recalling that the French linguist Claude Hagège identifies as "Soviet Russian"[55] the statement "the soundness of my arguments" instead of "my arguments are sound," or the assertion "the legitimate struggle against imperialism" instead of asserting that the struggle against imperialism is legitimate. Statements such as these muzzle the reader and he cannot raise any objection until presentation is completely unrolled. The turn of phrase "Heidegger's Nazism" might well be a trick of – so to speak – "Soviet English." It is a well-known principle of propaganda and advertisement that terms systematically coupled generate an association of ideas. Hence, the fact that the ignominious expression "Heidegger's Nazism" occurs almost twelve times on the first two pages of Rockmore's article is probably not to be wondered at.

Just as a *Weltanschauung* is a ready-made world-*interpretation* which is not recognized as such, the Stalinist coinage "Heidegger's Nazism" is an indictment which gives itself out to be a mere statement. The shameful advantage of this trick is that Rockmore not only never substantiates his charge, but excuses himself from

---

[53] *Der epochale Winter* (Zurich: Diogenes Verlag, 1984, 1990²), p. 127.
[54] *Demythologizing Heidegger*, p. 2.
[55] *L'Homme de paroles* (Paris: Fayard, 1986²), p. 268.

doing it. This piece of intellectual dishonesty is half-confessed by Rockmore himself, when he writes that "the reception of Heidegger's Nazism, *although not always under that name* [I underline], has been underway for several decades, at least since the 1930s" (34). But when he writes that "Heidegger's Nazism ... became public knowledge in the rectorial address in 1933" (50), one might wonder whether he has ever read a single line of this address from which he never quotes. Such a rumour-mongering seems to me to be an unscholarly behavior. The travesty of branding Heidegger's thought as "Nazism" is not only similar to what is known as "a typically Stalinist trial,"[56] but also attempts to prevent the uncovering of the "ins" and "outs" of Nazism. Such a prevention becomes all the more interesting if we recall that Heidegger's thought is one of the most radical attempts to lay bare the metaphysical and "historical" conditions of possibility of Nazism and Bolshevism, (cf. his treatment of the question of *nihilism* between 1936 and 1945). What I find missing in Rockmore's allegations is his failure to define the charge he brings against Heidegger.

What does Nazism mean according to Rockmore? Contrary to all expectations, Rockmore does not respond to this basic question. But we find a kind of answer in another contribution of his, where Rockmore says, "In my opinion, we can understand Heidegger's Nazism as the faith he had in the fateful mission of the German people."[57] Here we stand aghast. First of all we must bear in mind that what Heidegger says about German people must be understood in the context of his views on a people's endowment *(das Mitgegebene),* and its spiritual task *(das Aufgegebene).*[58] Neither of these has anything to do with political or racial supremacy over other peoples. Fichte's *Discourses on the German Nation* of 1807 could serve as an example of such a perspective. Nazism was not a mission, but a de-mission or demise of the German people. As Heidegger points outs in 1938, "a mission granted to the German people that would dismiss philosophy and renounce a people's spiritual task would be a suicide."[59] It should be explicitly pointed out that Rockmore's strange definition of Nazism is a very dangerous understatement of the evils that increasingly burst out during the Nazi regime. In order to exaggerate and overstate Heidegger's involvement in National Socialism, Rockmore has to understate the malignancy and awfulness of Nazism. Rockmore shares such understating with V. Farias, who always harks back on the wide-spread legend of the so-called "infamous" rectorial address, which he takes as Heidegger's professed allegiance to the ideology of National Socialism. To the extent that Farias

---

[56] Gérard Granel, *"La Guerre de Sécession – ou Tout ce que Farias ne vous a pas dit et que vous auriez préféré ne pas savoir,"* in *Le Débat,* 48 (Jan. - Feb., 1988) p. 143.

[57] T. Rockmore, *"Heidegger und der Nationalsozialismus: eine dreifache Kehre?"* in *Zur philosophischen Aktualität Heideggers,* 1: p. 416.

[58] See GA 13, p. 15.

[59] "Die Bedrohung der Wissenschaft," in: *Zur philosophischen Aktualität Heideggers,* 1: p. 27.

misconstrues the spiritual mission of the German people as "siding with National Socialism,"[60] he and his translator T. Rockmore also misconstrue what a people is in terms of race. Both Farias and Rockmore confuse the *spiritual* mission of a people as it exists among other peoples with the *hegemony* of a *race* over other races. Thus they obfuscate a possible understanding of what a people is by reducing a people to racial, biological, or sociological determinations. By assuming that the "people" addressed by Heidegger in his rectorial address is *nothing other than a racial entity*, by fancying that a rectorial address that relates to German people in its greatness, its mission, and its task means *nothing other than* an allegiance to the ideology of National Socialism, Farias and Rockmore in fact allow the very notion of *people* to be returned to National Socialism. Thus they join hands with Ernst Krieck, who preceded them. Here we see the other side of the coin: contemporary detractors of Heidegger share the same bias and the same prejudice as his yesteryear's adversaries.

Heidegger's involvement with National Socialism should be neither overstated nor understated. But we should keep in mind that Heidegger conceived his confrontation with the political as a philosophical confrontation for the sake of the German university. Heidegger's philosophical confrontation with the political and his concern with the German university were shaped by his lack of experience in political matters. And this reminds us of Aristotle's words in the *Nicomachean Ethics* VI, 7, according to which not every *sophos* is a *phronimos,* since human affairs require a special insight, i.e. *phronesis* as the ability for discriminating in the twilight. Besides, after resigning from the rectorate, Heidegger abandoned the idea of the ascendancy of philosophy in the arena of political reality, if we read carefully the following lines from a lecture course delivered during the winter semester 1937 - 38 – lines that read like a *retractatio:* "Even the fact that Plato's *Republic* intends the "philosophers" to be the βασιλεῖς, the supreme chiefs, already means an essential disparagement of philosophy."[61] Statements like this indicate Heidegger's way of returning "from Syracuse." A widespread legend depicts Heidegger's conditional membership as an enthusiastic entry into the party in May, 1933 – a legend which distorts his original intention of removing administrative obstacles in the implementation of rectorial responsibilities. That this intention was reduced to nothing as it rushed into the lion's mouth has not induced Caputo and Rockmore to "demythologize" that legend. However, there is a difference between joining a party and agreeing under pressure to join the party because of one's official capacity (the minister of culture had demanded that all rectors become party members). This difference indicates that Heidegger's membership is not tantamount to an allegiance to the ideology of the party.

---

[60] V. Farias, *op. cit.,* p. 113.

[61] GA 45, p. 180: "Selbst dieses, daß in *Platons* "Staat" die "Philosophen" zu den βασιλεῖς, den obersten Herrschern, bestimmt werden, ist schon die wesentliche Herabsetzung der Philosophie."

If we do not yield to the temptation of a tenacious illusion in retrospect, we should not judge Heidegger's rectorate from the point of view of the reality of the events that took place after Heidegger resigned from the rectorate. This rectorate should be judged from the point of view of the opportunity that Heidegger did not want to miss, namely the *possibility* of a spiritual renewal of the German university. History is made of what actually happened, but historical explanations have to take into account what could have happened. If so, the spiritual renewal of the German university Heidegger had in view belongs to what Leibniz once called "the mystery of possibilities that will never be realized."

It has been the goal of the preceding discussion to unveil the genealogy of the proceedings instituted against Heidegger by Farias, Bourdieu, Rockmore and others. One cannot help wondering why some try to nazify Heidegger's thought and person. How is one to understand that Heidegger's courageous criticism and radical rejection of Nazism is systematically left aside by those who claim to come from or be affiliated with antifascism? What does disturb in Heidegger's thought to the extent that the thinker is pilloried and his thought distorted?

These questions should be grasped at two different but connected levels, i.e. by taking into account the revolution in thinking that is brought about by Heidegger's thought, and by considering the historical background of this revolution. An appreciation of both levels seems to depend on grasping section 10 of *Being and Time*. It is not enough to differentiate, as Rockmore does, "three waves" in the French debate concerning Heidegger's brief entanglement in National Socialism. One must ask why it is that the so-called "objective" opinions have crystallized into the view the genealogy of which I tried to unmask.

The reason why Farias's book was published in France (and not in Germany where he lives and teaches) is not "the subversive character of Farias's assault on the Heideggerian establishment" (34), but rather has to do with the French cultural and ideological scene in the last decades. This scene presents the efforts of social sciences and, to a certain extent, French communism to establish their hegemony. This is a hegemony of an ideological front which refuses to examine the historical background of National Socialism and is reluctant to look back at its own indebtedness to Stalinism.

In his lifetime, Heidegger suffered numerous attacks in his own country, especially during the 1930s and the 1940s. But in our time the polemic against Heidegger has undergone a basic shift – from biologism of an Ernst Krieck[62] to anthropologism/sociologism of a Bourdieu and Rockmore. However, the question that anthropologistic detractors of Heidegger should ask themselves is how far they stand from Heidegger's detractors of yesteryear, inasmuch as – whether represent-

---

[62] See Jean-Michel Palmier, *Les Écrits politiques de Heidegger* (Paris: éd. de L'Herne, 1968), pp. 95 - 100.

ing biologism, anthropologism, or sociologism – all of them denounce and distort a thought without facing, i.e. confronting this thought.

# Le mythe du *Politique*

Guillaume Badoual

*"Weil die Griechen das schlechthin unpolitische Volk sind..."*
Heidegger, *Parmenides,* GA t. 54, p. 142

Les Grecs, peuple foncièrement non politique? L'affirmation ne conteste absolument pas que les Grecs aient littéralement *inventé* la politique. Elle dit que cette invention de la politique, qui marque pour nous à la fois un trait majeur de la Grèce, et une des parts les plus lourdes de notre héritage, est dans sa source *absolument non politique*. C'est justement parce que les Grecs sont le peuple non politique qu'ils ont inventé la politique, qu'ils l'ont rendue *visible*.

Quelle expérience porte ce regard, pour qu'il ait pu rendre visible cette chose singulière qu'est la politique? Réponse de Heidegger: cela même qui fait des Grecs le peuple absolument non politique, à savoir que leur monde *"aus der ἀλήθεια bestimmt ist"*, est initialement porté et déterminé, dans sa vocation propre, par l'épreuve de l'ἀλήθεια.

Ce lien entre la naissance grecque de la politique et l'épreuve de l'ἀλήθεια, nous le traduisons aussitôt ainsi: politique *et* "vérité", c'est-à-dire, immédiatement, politique et philosophie. Ce rapport prend la forme à nous familière d'une connexion entre un savoir (tourné vers la vérité) et une réalité – la politique. Bien sûr, c'est vers Platon que nous regardons alors; ou plutôt – mais la nuance a son importance – c'est à partir de la pensée de Platon que nous comprenons la possibilité "idéale" qu'un savoir tourné vers la vérité puisse, en tant que tel, régir cette réalité.

Les choses, sans doute, ne sont pas si simples. Car, régir la politique, la "vérité" ne le peut qu'à condition d'être ce qui idéalement règne: ce qui doit régner selon la modalité de l'idée. Elle est en ce sens pensée en termes *politiques*. Car est "politique" pour nous la question de savoir ce qui est fondé à régner, à diriger. Mais – et le rapport se retourne – cette conception *directrice* de la politique est peut-être elle-même intégralement dépendante de cette construction verticale où idée et réalité se répondent, selon une connexion qui est la vérité même dans son concept classique.

L'équivoque est donc à son comble, tant que nous restons pris dans cet écheveau de rapports dont le coeur est la "vérité" et son règne. Entre autres, nous supposons acquis le sens de la "réalité politique". Nous pensons aussitôt, dans une perspective historique, à ce qu'est la "réalité politique" des Grecs: la cité, la πόλις. Or dans le même texte, quelques lignes plus haut, Heidegger écrit:

"*Die πόλις ist genausowenig etwas "Politisches", wie der Raum selbst etwas Räumisches ist.*"

La πόλις est tout aussi peu une "réalité politique", que l'espace en lui-même n'est quelque chose de spatial. La formule qu'emploie Heidegger en rappelle une autre: l'essence de la technique n'est absolument rien de technique. La phrase de Heidegger – si nous suivons l'analogie – ne part pas de la πόλις pour se tourner vers le "politique", compris comme son essence. Au contraire, elle se retourne, en amont du "politique", vers la πόλις dans sa singularité, vers ce qui en elle est proprement et initialement non politique[1].

Que les Grecs soient le peuple non politique, cela ne contredit pas, mais doit éclairer la manière singulière dont leur existence s'est décidée dans la forme de la πόλις. Une chose est du même coup certaine: la connexion idéale par laquelle la "vérité" doit régir idéalement la politique, selon un rapport qui constitue un des sommets de la pensée grecque, est justement l'obstacle à franchir pour voir ce qu'est proprement la πόλις, la manière dont elle s'ouvre, de façon foncièrement non politique, dans l'épreuve grecque de l'ἀλήθεια.

De cette épreuve à la projection conjointe de la philosophie et de la politique le mouvement (qui est culmination de la philosophie grecque) est tellement rapide qu'il nous est difficile de ne pas penser dans son sillage, mais en le remontant. Un dialogue de Platon permet d'entrevoir ce mouvement, et par conséquent sa provenance: autrement dit de voir ce qui s'ouvre initialement sous les noms d'ἀλήθεια et de πόλις. Il s'agit du *Politique*.

Ce dialogue est difficile et déroutant. Cela tient, pour une part, à la place centrale qu'y occupe un récit, un *mythe*, que l'Étranger expose à Socrate le jeune. Plus que tout autre, il atteste que les mythes, dans les dialogues de Platon, ne sont en rien des illustrations ou des images. Il intervient en effet au moment où est constaté l'échec d'une définition du "politique", de l'homme politique au sens propre, à partir d'une division des τέχναι, des savoir-faire, par la distinction de leurs domaines respectifs. Or la définition obtenue, qui fait du politique le "*pâtre et nourricier du troupeau humain*" (νομεὺς καὶ τροφὸς ἀγέλης ἀνθρωπίνης, 268c 1 - 2) est jugée insuffisante. Il faut alors, dit l'Étranger, reprendre *tout dès le commencement*, et suivre une autre voie (πάλιν ἐξ ἄλλης ἀρχῆς ... καθ' ἑτέραν ὁδόν, 268d 5). Ce genre de formule signale toujours chez Platon (voir le *Théétète* et le *Sophiste*) autre chose qu'une césure dans le cours du dialogue. Il appelle un déplacement du regard à la faveur duquel devient visible, à partir d'un point jusque là demeuré inapparent, l'ensemble de la question: moment, donc, où la logique du développement doit céder la place à l'acuité d'un regard phénoménologique.

---

[1] Le point décisif, dans un cas comme dans l'autre, est de ne plus comprendre l'essence comme généralité.

N'est-il pas étrange que ce soit à un mythe qu'est demandé d'éveiller un tel regard? Il est présenté comme une "sorte de jeu", un amusement. A nous, prévient l'Étranger, de l'écouter comme font les enfants. Mais le sens que revêt cette naïveté du regard et de l'écoute est loin d'être aussi évident qu'il y paraît. Car écouter comme des enfants c'est, dit Platon, être capable de προσέχειν τὸν νοῦν (268e 4) – de donner à sa pensée toute l'acuité dont elle est capable à l'égard de ce qui lui est natif.

Pourquoi la première définition donnée du politique est-elle insuffisante? A l'issue du mythe, et au regard de son développement, il est dit que le politique n'a pas pour affaire le nourrissage (τροφή) mais le soin (ἐπιμέλεια). Seule une interprétation du mythe peut montrer le sens de cette distinction. Mais une chose est claire: en rendant possible la distinction, le mythe ouvre *la dimension initiale* à partir de laquelle la recherche de l'essence du politique trouve son véritable éclairage. En ce sens il est une ἀπόδειξις τοῦ βασιλέως (273e 5): non pas la définition, mais la mise au jour du roi dans sa vérité propre.

Car l'art politique et l'art royal ne font qu'un (*cf.* 259d 3 - 4). Il faut l'entendre en évitant tout contresens: l'éminence "royale" qui définit proprement le politique n'est pas relative à une fonction d'autorité. Si elle a le caractère d'un commandement, ou plutôt d'un ordonnancement (ἐπίταξις, *cf.* 260e), c'est dans la mesure où, en elle et à travers elle, l'essence de la πόλις est rendue manifeste en un *savoir*. Qu'un tel savoir doive effectivement être réalisé "πρὸς τὴν τῆς ψυχῆς σύνεσιν καὶ ῥώμην" (259c 8), en faisant appel à toute la ressource et la vigueur de la ψυχή, donne la condition qui fait de l'art politique l'art d'un seul, qui est le vrai βασίλευς. Mais pourquoi la mise au jour de ce que sait ce savoir prend-elle la forme d'un mythe?

Revenons aux raisons pour lesquelles échoue la première tentative de définition du politique. La méthode a consisté à diviser tout ce qui relève de la τέχνη par des bifurcations successives visant à cerner l'art recherché dans son domaine particulier de compétence. Si le résultat – l'art politique revient à *"paître et nourrir le troupeau humain"* – est insatisfaisant, ce n'est pas en raison d'une omission ou d'une erreur dans le raisonnement. Ce résultat a, à tous les sens du terme, un aspect ironique. Ce qui est ironiquement mis en question, c'est le fait même que le savoir politique puisse être défini comme une compétence parmi d'autres, affairée à un domaine particulier de l'étant.

Il faut ici se souvenir du début du *Sophiste*, qui avec le *Théétète* et le *Politique* forme un ensemble étroitement lié. De la même manière, la méthode par division n'y permet pas de voir ce qui constitue le propre de l'art sophistique; de la même manière, il faut soudain se résoudre à tout reprendre καθ᾽ ἑτέραν ὁδόν. Mais surtout, la recherche entreprise au début du *Sophiste* se propose, comme on sait, de définir le sophiste, le politique et le philosophe. Ce triple projet naît d'une question adressée à l'Étranger d'Élée: les nomme-t-on chez lui, ces trois-là, d'un même nom ou bien distingue-t-on trois genres, puisqu'il y a trois noms?

Le motif de cette question est la proximité équivoque où ils se trouvent l'un par rapport à l'autre.

La foule, dit en effet Socrate, "met dans le même sac" le sophiste, le politique, et celui qui semble "en délire" (μανικῶς). Le philosophe n'est pas nommé. Correspond-il à l'homme en délire? La lecture attentive du texte montre qu'il n'en est rien. Sous ces trois "figures", à la fois ressemblantes et étrangement discordantes, se tient dissimulée une seule et même possibilité, à laquelle elles renvoient et dont elles se distinguent pourtant: cette possibilité, seul le philosophe l'accomplit, dont Socrate dit qu'il est, non pas un dieu, mais un homme divin (θεῖος). Mais la foule ne peut le reconnaître en lui-même; ce qui fait proprement sa vocation – le "divin" en lui – demeure en retrait.

Quelle est cette possibilité présente en clair-obscur dans l'étrange proximité du sophiste, du politique et de l'homme en proie au délire? Tantôt, dit Socrate, ils semblent ne rien valoir, tantôt, tout valoir. Ils se tiennent à la fois au-delà et en deçà de la compétence "en la matière" qui fait l'homme du métier, le τεχνικός. Ils ne s'occupent de rien en particulier, d'aucun domaine, d'aucune dition particulière de l'étant, et *c'est en cela qu'ils sont semblables.* Mais ce qu'ils sont a en même temps rapport à tout. Cette disposition qui, aux yeux de ceux que le Poème de Parménide nomment δίκρανοι, a trait à tout et rien, renvoie à une seule et même source: la réalisation, en amont de telle τέχνη particulière, du rapport à l'étant comme tel et dans son ensemble, qui porte toute τέχνη sans qu'aucune puisse pourtant, à la mesure du domaine propre où elle est compétente, s'en aviser. Le *Théétète* – qui ne vient pas par hasard en tête des trois dialogues – nomme ἐπιστήμη cette ouverture d'un rapport à l'étant où se tient l'existence humaine. Qu'un tel rapport règne secrètement en toute τέχνη, c'est ce que Socrate explique très simplement en définissant la cordonnerie comme l'ἐπιστήμη qui s'accomplit dans la fabrication de chaussures (*Théétète,* 146d 8 - 9). Voir, en amont de toute τέχνη, à même cette dimension où s'ouvre pour la ψυχή l'intelligence de l'être de l'étant qu'est l'ἐπιστήμη, c'est ce à quoi s'exerce "naïvement" le jeune Théétète. Être capable de ce regard, c'est le propre de cet être "divin" qu'est le philosophe, dont on comprend ici qu'il ne puisse jamais *techniquement* définir un métier, mais dépende toujours de la manière dont une pensée réussit "divinement" à se faire regard, transparent à sa propre possibilité.

En quoi le politique appartient-il à la même dimension où, sous les figures du sophiste et de l'homme en proie au délire, s'abrite la possibilité du penser philosophique? Le trait commun du sophiste et du μανικός est que chacun à sa manière se situe au-delà du rapport qu'une τέχνη entretient avec son domaine propre. Pour l'un, c'est dans la prétention à exposer et enseigner un savoir excédant toute compétence particulière. Chez l'autre, c'est dans l'excès constitutif, par rapport au "technique", de ce qui survient démoniquement. L'un et l'autre tiennent leur singularité du rapport où ils sont avec la même et unique possibilité: se tenir dans un savoir qui, au-delà de toute dition particulière de l'étant, *comprend l'ouverture à l'étant en tant que tel et dans son entier.* La mise au jour compréhensive de cette ouverture est la philosophie. Elle doit se réaliser dans une remontée vers ce qui s'indique équivoquement sous les figures du sophiste et du "délirant". Il en va ainsi dans le *Sophiste:* la définition du sophiste exige de s'avancer jusqu'au coeur de la possibilité de dire l'étant dans son être (en tant qu'elle permet de dire ce qui n'est pas). Cet éclaircissement portant dans l'être même est la réalisation de ce qui joue au fond du prestige omniscient du sophiste, et qu'il dissimule comme le véritable original dont il est l'image – original qui, réalisé dans le dialogue, n'a pas besoin d'être défini comme l'est le sophiste.

Il doit en aller de même dans le *Politique*. Mais, au regard de l'analogie de structure entre les deux dialogues, ce qui tient lieu de l'éclaircissement portant dans la région même de l'étance (*Sophiste,* 254a), c'est le mythe. Que le politique, comme à sa manière équivoque le sophiste, doive découvrir son essence dans la même saisie compréhensive où, en amont de toute compétence particulière, s'éclaire le savoir dans son ouverture constitutive à l'être, implique alors qu'existe un lien étroit entre cette ouverture à l'être et la possibilité de la πόλις.

Il est dit, toujours au début du *Sophiste,* que ceux qui paraissent à la foule sous les trois figures étranges du sophiste, du politique et de l'homme en délire, "ἐπιστρωφῶσι πόληας". Cette citation de l'*Odyssée*[2] dit bien qu'ils *"vont de cité en cité".* Ils sont donc en un sens *extérieurs* à la πόλις. Mais le verbe ἐπιστρωφᾶν peut aussi signifier *"se tourner vers";* la possibilité qui se tient réservée sous les figures du sophiste et du politique, et demeure invisible à la foule, regarde ainsi expressément vers ce qui règne au coeur de la πόλις. Or pour la foule – qui, elle, est *dans* la πόλις – ce regard qui vise au coeur demeure étrange et étranger. Il appartient donc à la πόλις d'être détournée de sa propre essence. Cette contradiction, ou plutôt cette tension interne, elle ne peut d'elle-même l'éclairer. Le rapport de la πόλις à sa propre essence ne peut être rendu visible qu'en amont de toute "institution" politique: il exige une intelligence de l'existence humaine en son ouverture à l'être, dans son "jour" fondamental, tel qu'il comprend initialement la configuration de la πόλις. Cette compréhension de ce qui en amont de la πόλις en éclaire la possibilité, *c'est le mythe qui la dispense.* Parce que la πόλις est constitutivement détournée de sa propre essence, la mise au jour de son essence doit prendre la forme d'un mythe.

Le mythe ne parle pas de la constitution de la πόλις ou de sa fondation, du moins pas directement. Il expose le rapport à ce qui règne au coeur de la πόλις mais n'est plus visible en elle – à ce qui en un certain sens constitue son origine. Par là, il touche nécessairement à la dimension du *temps.* Ce lien nécessaire avec le temps appartient à tout mythe. Mais le mythe du *Politique* a trait expressément *au temps lui-même.* De quelle manière? En quoi cela concerne-t-il l'essence de la πόλις?

---

[2] Chant XVII, vers 487.

Nous comprenons spontanément le mythe en général selon une représentation temporelle. Ce qu'il dit, nous l'imaginons reculé dans un passé immémorial, un passé "mythique". Cet éloignement temporel se marque autrement: il est, selon la présentation qui est faite du mythe, à l'origine de sa "diffraction" en différents récits antiques (παλαὶ λεχθέντα) bien connus: l'inversion du cours du soleil (lié à la légende d'Atrée), l'ancien règne de Kronos, enfin la légende qui soutient que *"ceux d'autrefois venaient au monde en naissant de la terre et ne s'engendraient pas les uns à partir des autres"* (269b 2 - 3). Le mythe concernerait un temps antérieur, où le cours du soleil était inverse, et les humains "autochtones". Pourtant le texte dit autre chose: que ces fragments légendaires concernent tous, non une époque, mais le même παθός (269b 5), le même *événement,* pouvons nous traduire à condition de l'entendre de la façon la moins chronologique possible. Car dans cet événement a lieu justement *un retournement du temps du monde.* Ainsi le sens de l'antérieur et du postérieur se trouve nécessairement bouleversé. Le mythe ne peut avoir trait à un temps antérieur, et l'événement qu'il relate être situé en un temps quelconque, puisque cet événement concerne *le mode selon lequel le temps lui-même advient.* Mais il faut se garder de conclure trop vite qu'une conception linéaire du temps laisse place à une conception "cyclique": plus que la ligne ou le cercle, importe ce retournement où est donné l'horizon initialement contrasté au sein duquel il y a temps.

Mais alors la représentation naturelle qui place le mythe dans les légendes d'autrefois est en réalité propre à l'époque dont nous faisons l'épreuve maintenant – "maintenant" qui doit être lui-même compris non comme un instant datable, mais comme ce régime du temps qui est éclairé, dans le mythe, par son contraste avec le régime inverse[3]. En ce sens, la manière dont nous nous souvenons aujourd'hui du mythe comme d'un ensemble fragmentaire de légendes manifeste le mode sous lequel nous survient le temps *maintenant.*

C'est donc contre cette fragmentation du mythe au fil du temps que nous devons remonter: non pas vers un événement lointain, mais, dans un effort de remembrance, vers ce qui originellement nous donne le temps. Le mythe, aussitôt, ne peut plus être une histoire, un récit; il est cette parole qui dicte et donne la dimension où s'ouvre toute entente du temps. Il n'est donc l'image, l'illustration de rien; il est lui-même le phénomène révélateur où nous est donné ce qu'il nous revient de penser au coeur même du présent, du don où tout vient à la présence. Alors, en effet, il s'agit bien de προσέχειν τὸν νοῦν, de saisir le mythe avec toute la ressource de l'intelligence.

Premier pas en ce sens: nous venons de voir que le mythe, dans sa teneur radicale, nous contraignait à un renversement. Ce n'est plus lui qui, comme récit, se situe dans la succession du temps, c'est la succession du temps, telle qu'elle nous installe dans le "maintenant" où nous sommes, qui trouve initialement sa source

---

[3] Cf. R. Brague, *Du temps chez Platon et Aristote, quatre études,* P.U.F, 1982, p. 80.

dans l'événement que dévoile le mythe sous les légendes fragmentaires où il s'est dispersé. Ce renversement déroute notre conception spontanée du temps, selon un mouvement qui répond au retournement du temps que dévoile le mythe. Or ce renversement de notre conception a lieu quand nous constatons (à la lecture de l'ensemble et sans entrer encore dans le détail) que le "sens" originel du temps répond à ce que Platon nomme la "royauté de Kronos", et non à celle de Zeus, qui définit le "maintenant". L'image cocasse d'un temps allant à rebours, comme un film qu'on passerait à l'envers (les vieillards redevenant jeunes etc....) doit alors elle-même être renversée: c'est en vérité notre représentation successive du temps qui, du passé à l'avenir, va d'une certaine façon à rebours.

Mais les images d'envers et d'endroit sont insuffisantes. C'est au-delà que doit nous conduire l'étonnement où nous plonge la déroute de notre représentation du temps. Au-delà – dans la dimension initiale où s'éclaire l'"événement" qui est au coeur du mythe et que l'Étranger expose ainsi:

> "τὸ δὲ γὰρ πᾶν τόδε τοτὲ μὲν αὐτὸς ὁ θεὸς συμποδηγεῖ πορευόμενον καὶ συγκυκλεῖ, τοτὲ ἀνῆκεν, ὅταν αἱ περίοδοι τοῦ προσήκοντος αὐτῷ μέτρον εἰλήφωσιν ἤδη χρόνου, τὸ δὲ πάλιν αὐτόματον εἰς τἀναντία περιάγεται, ζῷον ὂν καὶ φρόνησιν εἰληχὸς ἐκ τοῦ συναρμόσαντος αὐτὸ κατ᾽ ἀρχάς." (269c 4 - d 2)

> *"Car le tout que voici, le dieu lui-même tantôt le guide en sa marche et le tient parachevé en son orbe, tantôt le laisse aller, aussitôt que du temps les périodes ont atteint la mesure à lui assignée; alors, à rebours et se mouvant de lui-même il s'en retourne à l'opposé, étant vivant et doué de penser par ce qui à l'origine l'a ajointé harmoniquement."*

Ce que nous avons nommé le "double mouvement" du temps est donc le mode selon lequel advient *"ce tout que voici"* – l'étant dans son entier. Pensons d'abord – en nous éloignant d'autant d'une conception abstraite du temps – à la première image qui est donnée du mythe, à partir de la légende d'Atrée: le soleil et les astres allant à rebours. Nous voyons, nous rencontrons le tout selon cette modalité du jour, du lever et du coucher. Toutes choses sont présentes en une apparition où elles naissent au jour. Naissant et apparaissant, elles s'acheminent de multiples façons vers leur disparition, dont la nuit nous donne le sens, celui d'un recouvrement qui à son tour est dimension d'où pourra paraître le jour. Ainsi le tout de l'étant "tourne"-t-il (le "tour" dont il s'agit devant être vu avant toute image d'une révolution spatiale). Nous rencontrons toutes choses *à partir de* leur apparition: elles doivent *d'abord* apparaître pour être présentes. Mais voyant ce qui apparaît et s'achemine, nous voyons d'un regard dont la direction est celle où s'achemine toute chose: vers la disparition. Que signifierait voir *en direction de l'apparition?* Une chose est sûre: ce serait voir d'un regard qui remonterait à contresens du fil où s'achemine notre existence.

Dans quel mesure un tel regard est-il possible? Le mythe, d'une certaine façon, nous contraint à ce regard: plus exactement, à voir le présent de "maintenant" où les choses vont de l'apparition à la disparition, où l'apparition n'est que le *premier moment* de l'acheminement d'une chose vers sa disparition, en contraste avec ce qui règne initialement en toute apparition et présence.

L'"événement" dont parle le mythe est ce point non temporel où le temps – compris comme le mode où se découvre le tout de l'étant – est renvoyé à son origine, c'est-à-dire à sa possibilité. Cette dimension d'origine excède le visage successif du temps. Le mythe la présente comme un "revers" du temps. Nous ne pouvons cependant en saisir le sens là où nous nous contentons de l'image d'un temps à l'envers.

Ce sens est donné par le rapport du retournement du temps à ce que Platon nomme ὁ θεός, le dieu. Tantôt il *"guide lui-même et tient parachevé en son orbe"* le tout, tantôt il le *"laisse aller"*. Alors le tout, *"à rebours et se mouvant de lui-même s'en retourne à l'opposé, étant vivant et doué de penser par ce qui à l'origine l'a ajointé harmoniquement"*.

Sous la conduite et la sollicitude du dieu le tout est maintenu dans son unité harmonique. Comment l'entendre ? Le dieu ici nommé est dit plus loin géniteur et "démiurge" (269d 9). Mais le qualificatif ne renvoie qu'en apparence à l'action d'un dieu créateur. Le double mouvement qu'expose le mythe n'est pas l'effet d'une cause première ; en lui, le divin, plus que cause, *est ce dont la présence et le retrait alternativement donnent le rythme et le mode selon lesquels l'étant se déploie dans son entier*. La présence du dieu, dans l'époque de sa sollicitude, ne fait qu'un avec le déploiement de l'étant. Mais justement en cela, nous ne pouvons, là où le dieu est pure présence globale, saisir en propre ce qu'est le dieu. Nous ne pouvons le comprendre qu'en contraste avec l'autre période, celle du retrait de la sollicitude divine, où le mythe nous est donné à entendre.

Cette période est celle du maintenant, de l'épreuve du temps. Nous devons donc voir le don du temps à partir du retrait du dieu et de l'abandon du tout à lui-même. Alors le dieu est ailleurs. Dans cet ailleurs (que rien ne nous autorise à concevoir comme une transcendance) il est ce qui contemple. La manière dont le dieu doit nécessairement nous apparaître maintenant comme retiré dans la contemplation (περιωπή) reste énigmatique.

Dans l'événement qu'est le retrait du dieu le tout *"s'en retourne à l'opposé"*. Mais il est dit qu'au cours de ce mouvement rétrograde, il suit au plus près et au mieux l'ordonnancement qui sous la garde du dieu ne faisait qu'un avec son déploiement. Car *"il est vivant et doué de pénétration* (φρόνησις) *par ce qui à l'origine l'a ajointé harmoniquement"*.

Ici encore il faut être très méfiants, et écarter les explications toutes faites. Parler d'une "âme du monde" par exemple, n'avance à rien. La seule chose que nous pouvons dire, puisque nous ne voyons pas en quoi consistent cette vie et cette pénétration, est qu'elles sont ce qui dans le tout rappelle et manifeste son rapport à la sollicitude divine. La sollicitude divine n'est plus alors présente que comme une *origine* (voir en direction de cette origine, c'est voir ce qui dans le tout est "vie").

Le tout se déploie à partir de cette origine, en ne cessant de s'éloigner d'elle. Tel est le mouvement où le mythe nous dévoile ce qu'est pour nous le présent, mouvement qu'il faut désormais suivre de plus près.

Le retrait du dieu laisse se déployer le tout en rapport à une origine et à partir d'elle, origine qui est la *présence* du dieu se retirant. Dans ce rapport à l'origine règne le temps. Platon nomme également le mode selon lequel le tout de l'étant nous est donné (ce à quoi s'ouvre essentiellement notre regard): *ciel et monde* (269d 7 - 8). Le ciel est lumière et obscurité, il est la visibilité du monde selon le rythme de l'apparition et de la disparition: là où le tout de l'étant paraît comme ciel et monde, il est changement (μεταβολή, 269e 1). Toutes choses que nous voyons et vivons viennent au jour d'un mouvement qui les porte de la naissance à la disparition, en une γένεσις. Or γένεσις et μεταβολή sont propres, dit Platon, à ce qui est corps (φύσις τοῦ σώματος, 269d 6 - 7). Le corps nomme le trait ontologique par lequel l'étant est présent, comme ciel et monde, dans la mobilité et la genèse, la naissance et la disparition. Là est le sens du rebroussement du tout, de l'ἀνάπαλιν ἰέναι: le tout, laissé à lui-même, ne peut *demeurer*. Car *"demeurer toujours même, cela appartient seulement à ce qu'il y a de plus divin"* (269d 5 - 6).

Sans doute est-il tentant de retrouver ici les oppositions "verticales" qui font le paysage doctrinal du "platonisme": au devenir s'oppose le permanent, au corporel, l'immatériel et le divin. Mais faire de ces termes opposés autant de "réalités" dont le sens irait de soi revient à laisser dans l'ombre aussi bien l'essence du divin que celle du corps ou du devenir. C'est en fait se rendre aveugle à la nécessité phénoménologique où prennent source ces oppositions. Le divin et le corporel sont moins en effet des régions différentes de l'étant que les modes adverses de l'être, dont le mythe, en amont de toute construction canonique, dit l'unité secrète. Le corps est dans sa φύσις genèse et changement. Il est intrinsèquement lié à la dimension du temps: de telle sorte – et là réside le point décisif – que le retrait du divin et le don de l'étant comme corps sont un seul et même phénomène, où s'ouvre "le ciel et le monde". Plus précisément: le "toujours même" où se tient le divin, nous devons le voir comme ce qui dans le changement et le temps se retire; et dans ce retrait laisse se déployer – laisse aller, dit le mythe – le "tout que voici".

Le *sens* de cet "aller", Platon l'indique expressément: il va de l'ajointement harmonique où le tout est pleinement *un* à cette limite extrême où le tout, *"sombrant dans l'océan sans fin et sans fond de la différence"* (273d 6 *sq*), il ne peut plus même être un tout, et où le dieu doit venir le ressaisir pour le sauver. Cette dispersion constitue proprement le trait où nous éprouvons maintenant le présent, dans la mesure où rien n'est justement présent sans en même temps être livré à sa perte. C'est précisément ainsi que nous rencontrons le mythe, dispersé en fragments depuis une origine unique.

Mais comment saisir, dans ce retournement à même l'épreuve du présent qu'impose le remembrement du mythe en son mouvement initial[4], l'essence du divin, dont le retrait ouvre ce que nous entendons ontologiquement sous les aspects du corps et du devenir?

Il est ce qui dans le déploiement inépuisable de l'étant, de ce qui incessamment vient au jour, se tient occulté: *l'un et même* qui en toute apparition ouvre la dimension une de l'apparaître, unité secrète et foyer au regard duquel seulement l'étant forme un tout. Là où tout ne cesse d'advenir, ce qui demeure un et même ne peut que se retirer dans l'inapparence. Voir ce qui dans l'étant est *le plus divin*: voir en direction de l'ouvert où toute chose a lieu, mais qui de soi n'a jamais lieu et se tient nécessairement en retrait, qui dans le présent se retire à même ce mouvement par lequel le présent nous est donné.

Dans la déclosion du tout, ce devant quoi se retire la déclosion elle-même, insiste et persiste. Cette persistance ne laisse plus visible la déclosion qu'à la manière d'un commencement, d'une origine. Le mouvement phénoménologique par lequel l'étant vient au jour et s'expose dans une persistance est le même où il devient visible comme *corps* – comme ce qui, abandonné à soi, doit se perdre, mourir et disparaître. C'est cela que nous nommons le "devenir". Mais il faut le voir à partir de sa dimension phénoménologique initiale, qui constitue l'"événement" que révèle le mythe: il est la nécessaire obnubilation, par ce qui vient à être, du don qui porte et ouvre en son unité toute venue à être, obnubilation dans laquelle il est abandonné à lui-même, dans laquelle la diversité sans fin de l'étant occulte l'un qui l'ouvre à l'être.

L'essence du temps, telle que le mythe l'enseigne, peut désormais être saisie. Elle est l'unité secrète où le don ne fait qu'un avec le retrait. Entendre le mythe, c'est voir le temps à partir de cette unité secrète. Sitôt qu'à l'inverse nous la voyons, elle, à partir du temps, elle n'est plus qu'origine, et le don où se déclôt l'étant n'est plus que commencement – mais le temps est *justement* ce retrait et cette obnubilation de la déclosion dans ce qui en elle se déclôt et se tient sous la modalité de l'insistance et de la dispersion, sous la φύσις τοῦ σώματος.

Ainsi le mythe appelle un regard qui, en amont du temps – de ce jour de l'être où unilatéralement nous voyons et vivons toutes choses, allant par multiples chemins du naître au périr – nous descelle cet envers où le temps a son foyer secret. C'est cela qu'il faut voir dans le mouvement alterné qui mène du règne du dieu à son retrait, du règne de Kronos au règne de Zeus – et il faut le voir avant toute opposition verticale du divin et du corporel: l'un se retirant, l'autre apparaissant dans ce retrait, ils se tiennent dans une absolue proximité que rien ne vient encore hiérarchiser[5].

---

[4] Retournement *à même* l'intelligence du mythe telle qu'elle ouvre l'horizon où nous existons.

[5] Cette absolue proximité est l'intimité du vaste – ciel et monde.

Mais voir ainsi, nous ne le pouvons qu'en remontant contre ce qui, *maintenant,* tient notre regard et lui donne sa direction. Cette remontée est le remembrement des fragments du mythe dans son intelligence essentielle. C'est d'un même mouvement que le tout sombre dans l'océan de la différence et que le mythe, se fragmentant, devient simple florilège de légendes. Le temps apparaît alors intrinsèquement lié à l'oubli, comme un passage du mythe, qui nomme ensemble χρόνος et λήθη (273c 6), l'indique sans équivoque.

Mais l'oubli est déjà terme impropre. La λήθη n'est pas la perte, au fil du temps, du souvenir. Elle nomme plutôt ce retrait de l'un dans la déclosion multiple de l'étant, qui ne fait qu'un avec l'essence du temps. La déclosion où s'ouvre l'espace du manifeste et qui constitue son foyer secret est ce au regard de quoi il y a λήθη: l'ἀλήθεια. Ἀλήθεια et λήθη sont au coeur du mythe. Il faut les saisir non comme deux contraires, mais de ce regard qui ne voit l'un qu'en voyant l'autre: qui voit le don à même le retrait. Ce qui se retire, ce qui s'obombre en sa propre éclaircie, c'est l'ἀλήθεια même. Elle est l'événement même du temps – du "ciel et du monde".

Cela veut-il dire que le "règne de Kronos", de la sollicitude entière du dieu, est l'ἀλήθεια? Apparemment. Mais il se peut qu'une telle conclusion soit prématurée; qu'elle soit même contraire au sens profond du mythe, qui n'a jusqu'ici été que partiellement interprété.

Voir en l'ἀλήθεια le coeur de la λήθη, voir celle-ci comme ce qui règne là où, dans le temps, se déploie toute chose[6], c'est être capable de ce retournement vers l'amont qui fait secrètement écho au "rebroussement" du tout qu'expose le mythe. Cette possibilité de voir contre la λήθη au coeur de la λήθη, l'intelligence du mythe en dépend intégralement; mais cette possibilité de voir en même temps révèle un trait décisif où s'annonce *ce qu'est notre être*. C'est pourquoi le mythe s'accomplit en ressaisissant la manière dont, à même l'événement que constitue le retrait du divin et le rebroussement du tout, notre existence advient à elle-même.

Nous vivons "maintenant", dit Platon, sous le règne de Zeus et des Olympiens. Dans sa partie centrale le mythe décrit la vie de ceux d'autrefois: non seulement des hommes, mais des vivants en général sous le règne de Kronos. Cette description commence par une phrase souvent corrigée en plusieurs points. Lisons cette phrase telle que les manuscrits la proposent et telle que R. Brague invite, dans une analyse précise et convaincante, à la lire[7]:

τότε γὰρ αὐτῆς πρῶτον τῆς κυκλήσεως ἦρχεν ἐπιμελούμενος ὅλης ὁ θεὸς ὡς νῦν κατὰ τόπους ταὐτὸν τοῦτο ὑπὸ θεῶν ἀρχόντων πάντῃ τὰ τοῦ κόσμου μέρη διειλημμένα (271d 3 - 6)

---

[6] Et voir l'inapparence de la λήθη c'est voir l'ἀλήθεια!
[7] R. Brague, *op. cit.* p. 74 et suiv. La partie "ὡς νῦν *(et non* ὣ δ 'αὖ, *comme corrige Burnet)* κατὰ τόπους ταὐτὸν τοῦτο" constituerait une incise, faisant allusion aux lieux où le dieu, dans la seconde période, s'est retiré et s'adonne à la pure περιωπή, lieux qu'on peut, avec Brague, identifier aux îles des Bienheureux, voir page 86.

Le sens serait alors:

*"Car alors le dieu menait la révolution elle-même et dans son entier, déployant sa sollicitude (comme il en va maintenant en certains lieux): ce par l'intermédiaire de dieux qui menaient les parties intégralement réparties du monde"*

Une des conséquences importantes de cette lecture est de souligner que, si la sollicitude du dieu était globale sous le règne de Kronos, les parties du cosmos étaient intégralement (πάντῃ, au lieu de παντ 'ἦν, autre correction admise depuis Stallbaum) soumises à la gouverne de "dieux", ce qui implique, dit Brague, *"qu'il ne reste aucune partie réservée au dieu suprême"*[8].

Ces dieux sont nommés dans la phrase suivantes: ils sont des δαίμονες, semblables à des pasteurs divins, veillant sur tous les vivants répartis eux-mêmes *"en genres et troupeaux"*. Il est dit que sous leur garde ils ne se dévoraient pas les uns les autres et qu'entre eux *"ni conflit ni querelle de quelque ordre que ce soit"* ne surgissait jamais (271e 1 sq).

Il est clair, comme l'indique expressément la suite du texte, que les hommes sont ici comptés parmi les vivants en général, dont la vie est entièrement hébergée sous la garde des δαίμονες. L'absence de conflits, de guerre, est sans doute un trait bien connu de l'âge de Kronos. Mais quel est le sens fondamental de cette paix qui ne fait qu'un avec la garde démonique?

Les lignes suivantes reprennent un point déjà souligné plus haut: dans cette période, πάντα αὐτόματα γίγνεσθαι τοῖς ἀνθρώποις (271d 1): *"toutes choses venaient d'elles-mêmes aux hommes"*. Il est dit plus loin qu'arbres et plantes venaient tout seuls, la terre donnant spontanément (αὐτομάτης ἀναδιδούσης τῆς γῆς, 272a 5).

Ainsi, la sollicitude du dieu est ce mode d'être de l'étant où tout vient de soi-même au jour, où le mouvement qu'est à chaque chose sa propre φύσις règne pleinement. Sans doute, "maintenant", plantes et arbres poussent-ils aussi d'eux-mêmes. Mais la manière dont la terre dispense[9] se trouve liée *pour nous* à la γεωργία, au travail des champs. Sans le soin agricole, la terre ne donne plus; ou plutôt elle donne de manière "sauvage". Une analogie s'impose alors: dans l'âge d'aujourd'hui, l'homme qui cultive la terre se trouve exactement dans la même position que le δαίμων de l'âge de Kronos à l'égard de tout ce qui vit. Il enclôt et tient séparé en parties (μερῆ). Par lui seulement, la vigne est protégée des parasites, taillée, soignée, afin de donner pleinement. Qui a vu une vigne laissée à l'abandon voit exactement le progressif glissement dans l'océan de la dissemblance dont parle le mythe.

---

[8] R. Brague, *op. cit.* p. 87.
[9] Voir Rilke, *Sonnets à Orphée*, I, XII:
*Le paysan peut bien aviser et agir,*
*ce lieu, où les jeunes pousses en moisson d'été se changent,*
*jamais il ne l'atteint. C'est la terre qui dispense.*

Mais il faut être ici attentif aux rapports précis qui s'établissent. La manière dont l'homme soigne la vigne *n'est pas démonique*. Le démonique se tient au lieu où la φύσις se déploie d'elle-même. Or l'homme, *"ce lieu, jamais il ne l'atteint"*, comme le dit Rilke. La manière humaine procède d'un soin expert, d'un art. Dans cet art, le cultivateur répond à la sollicitude démonique, au pur déploiement de la φύσις. L'art, le savoir-faire (τέχνη) constitue le mode propre par lequel "ceux de maintenant" se tiennent en rapport avec le démonique qui règne en toute chose. Mais ce rapport, précisément *en tant qu'il est un rapport,* signifie qu'ils ne sont plus hébergés sous la garde démonique.

Alors s'éclaire – à condition de la lire, là encore, selon les indications de R. Brague – la phrase qui suit:

θεὸς ἔνεμεν αὐτοὺς αὐτὸς ἐπιστατῶν, καθάπερ νῦν ἄνθρωποι, ζῷον ὄν ἕτερον θειότερον ... (271 e 5 - 7)

*"un dieu veillait sur eux en personne et les faisait paître, de même que maintenant les hommes, vivant autre et plus divin ..."*

Comprenons bien: les hommes, *comme les autres espèces vivantes*, étaient sous la garde d'un dieu [10], d'un δαίμων. Le règne de Kronos est celui où toute chose, en toutes parts du monde, se tient sous la garde démonique qui ne fait qu'un avec son déploiement (φύειν). Hébergés sous cette garde, dit le mythe, les hommes ne cultivaient pas, tout leur étant donné. Entendons: ils ne se tenaient pas en rapport avec le déploiement divin du tout; étant partie de ce déploiement, rien ne les distinguait des autres êtres vivants. L'homme n'était pas né à ce qui proprement constitue l'existence humaine, par quoi il est un vivant "autre" et plus divin.

L'homme surgit à lui-même – c'est-à-dire, ne l'oublions pas, *au divin en lui* – dans le retrait du divin et par ce retrait. Il est l'être qu'il est en tant qu'il éprouve le retrait du divin, ou plus exactement du démonique, de la sollicitude globale où toutes choses ne se déploient que rassemblées dans l'éclaircie de l'ouvert.

Dans le soin qu'il prodigue à ses troupeaux, l'homme est analogue au δαίμων du temps de Kronos. Mais cette analogie ne doit pas tromper. Si l'homme est plus divin, si, autre que les autres êtres vivants, il peut les capturer et les élever, s'il est ce δεινότερον que dit le choeur dans l'*Antigone* de Sophocle, c'est *parce qu'il se tient en rapport avec le démonique (avec l'entier déploiement de la φύσις) d'une manière elle-même non démonique.*

Ce rapport non démonique s'annonce à travers deux traits fondamentaux. L'un, déjà rencontré, est la τέχνη. Les hommes du temps de Kronos étaient ἄτεχνοί, et les Olympiens qui dans le mythe marquent de leur présence l'entrée dans le règne de Zeus ne sont pas par hasard Héphaïstos et Athéna. Mais celle-ci est aussi la divinité "poliade" par excellence. Est-ce à ce titre qu'elle est nommée? Car le second trait où, dans le règne de Zeus, l'humanité vient à elle-même est *l'existence*

---

[10] Un dieu (θεός) et non "le dieu", (ὁ θεός) cf. Brague, op. cit. page 87.

*politique*. Mentionnée de façon moins explicite, plus discrète, elle est dans un lien nécessaire avec la τέχνη[11].

Une lecture superficielle du récit que propose le mythe rendrait ainsi raison de ce rapport: dans la situation où les hommes se sont trouvés à la suite du retrait du dieu, la nourriture qui s'offrait d'elle-même étant venu à manquer, il leur a fallu faire face, et s'organiser pour lutter contre la sauvagerie désordonnée des bêtes et la discorde en leur sein. Nous sommes là en terrain familier: à l' "état de nature" succède un état à la fois politique et industrieux, en un passage que les Modernes ont mis à la base de leur représentation de la politique. Mais va-t-il de soi que la société et l' "état politique" répondent au besoin et à la guerre, comme une solution rationnelle à un problème? N'est-ce pas plutôt, à la lumière du *Politique,* la nécessité qu'au coeur de la raison moderne s'impose un tel mythe qui devient digne de question, mythe où se tient occulté, recouvert sous les fausses évidences, le sens du rapport à ce que nous nommons "nature"?

Car les *"arts et les sciences"* (Rousseau), et de même la communauté politique, sont moins les conséquences du besoin et de la discorde que les modalités essentielles où l'existence humaine se trouve suscitée et concernée dans l'épreuve de l'étant, qui est indissociablement don et retrait du divin. Ainsi besoin et discorde ne prennent sens, dans leur teneur d'expérience, qu'en ce don de l'étant qui est en même temps *abandon* à l'étant, où seulement peut devenir poignant le défaut de l'étant.

En cet abandon et à partir de lui, l'homme survient et fait face à l'étant comme au *"tout que voici"*. Faire face, à tous les sens du terme, implique ce rapport à l'étant qui est τέχνη, où l'homme répond au don de la φύσις, mais sous la menace désormais du besoin et de la mort. Cette menace, dont il ne faut jamais oublier qu'elle est aux prises avec *ce qui se donne,* renvoie elle-même à un défaut plus essentiel, inapparent parce qu'il se tient au coeur de ce qui se donne et est rendu disponible. Ce rapport entre le don et l'abandon où règne sans insister un défaut plus essentiel que tout manque, pouvons-nous le reconnaître comme le phénomène initial où surgit et prend sens la "politique", et auquel renvoie donc la question qui s'enquiert de l'essence de la βασιλεία? En quoi la politique est-elle, en un sens qui précède toute institution, le mode selon lequel l'existence humaine est suscitée en ce qu'elle a de propre, suscitée et concernée dans son rapport à l'entier?

Un terme dont l'insistance discrète habite la fin de l'exposition du mythe, donne la véritable orientation de cette question. Lorsque le "soin" divin fut retiré aux hommes, il leur fallut *"se conduire par eux-mêmes et prendre soin d'eux-mêmes"*

---

[11] En particulier avec la τέχνη fondamentale dont il est prioritairement question dans le mythe, à savoir le travail des champs. A ce propos, voir Polignac, *La naissance de la cité grecque,* (éd. La découverte, 1984) où est mise en évidence, à partir du rôle joué par les sanctuaires extra-urbains, l'importance du labour des terres cultivées dans la formation de la πόλις.

(δι 'ἑαυτῶν τε ἔδει τήν τε διαγωγὴν καὶ ἐπιμέλειαν αὐτοὺς αὑτῶν ἔχειν ... 274d 4 - 6). Le sens que prend ici le terme d'ἐπιμέλεια ne permet pas encore de distinguer un soin proprement humain. Mais lorsque plus loin l'Étranger, tirant la leçon du mythe, reconnaît qu'il y a méprise à chercher le roi parmi ceux qui nourrissent un troupeau, puisque c'est confondre le pasteur divin et le roi de maintenant, le roi proprement politique, il distingue le "nourrissage" (τροφή) du soin proprement dit (ἐπιμέλεια) (cf. 276d 1 - 2). L'art politique est ainsi ἐπιμέλεια ἀνθρωπίνης συμπάσης κοινωνίας (276b 7), soin ou souci de la communauté humaine prise dans son tout. Le risque de cette définition est de nous conduire à interpréter le sens de ce souci à partir de l'activité politique. Il s'agit à l'inverse de saisir dans l'ἐπιμέλεια la possibilité où s'ouvre essentiellement la "communauté humaine", et du même coup la dimension de toute politique. Un biais peut être éclairant: peu avant, il est indiqué que sous le règne de Kronos les hommes, comme tous les vivants, naissaient spontanément de la terre. Alors *"il n'existait ni communautés politiques* (πολιτεῖαι) *ni possession de femmes et d'enfants"* (271e 8).

A la pure croissance répond la τροφή. Sous la garde démonique, elle est ce mode où la vie de ce vivant qu'est l'homme n'est pas encore rapport proprement humain à l'étant, lequel est épreuve du don de l'étant en son entier et indissociablement abandon à même l'étant, où seulement l'étant peut faire défaut. Ce défaut est clairement rencontré sous les formes du besoin et de la discorde. Mais sa signification décisive n'est pas encore véritablement atteinte.

Symétriquement, sous le règne de Zeus où les hommes doivent se conduire par eux-mêmes, où leur existence est non plus τροφή, mais ἐπιμέλεια, la communauté politique semble surgir en même temps que la génération. Comprendre le sens ici accordé à la génération, c'est du même coup comprendre la possibilité en jeu dans le "souci" de la communauté politique.

Le *Banquet*, et non le *Politique,* donne un éclaircissement du sens de la génération. Elle est le phénomène où se manifeste ce qui tend la vie humaine d'une tension tout-à-fait spécifique: l'ἔρως. Le souci de se perpétuer, de donner vie et être, atteste que plus essentiel que notre propre vie, il y a en nous un "désir d'immortalité" (*Banquet,* 207a 1). La formule est lourde de malentendus. Ce que Platon nomme ainsi – et cette manière de dire n'est qu'une parmi d'autres qui tentent d'approcher le sens fondamental de l'ἔρως – ne vient pas se greffer à notre existence, à notre "condition mortelle" comme une sorte d'appel venu de plus haut, de nostalgie d'un ailleurs. Lire ainsi verticalement Platon c'est bien pour une part le lire à partir de lui-même; mais c'est aussi le lire dans le sens précis où s'est effectué cette simplification de la pensée de Platon qui a pris le nom de platonisme.

La tension du mortel vers l'immortel que marque en nous la présence de l'ἔρως n'est désir qu'en un sens très particulier; car elle ne vise pas la possession de quelque chose qui nous manquerait. Enfanter n'est pas posséder, rajouter quelque chose à notre existence. C'est accomplir ce qui initialement ouvre toute existence et a ouvert la nôtre dans le don du présent. De même la fameuse "initiation" où vient culminer, dans le *Banquet,* la parole de Diotime, n'est qu'au premier regard une sorte d'ascension. Elle est plus essentiellement un retournement vers le fond de notre existence tel qu'il a déjà été saisi par l'ἔρως, retournement qui trouve lui-même son éveil et son essor dans l'ἔρως.

Autrement dit, nous ne sommes pas mortels et *de surcroît* tournés vers l'immortalité. L'éveil, dans l'ἔρως, à ce qui jamais ne meurt, et le savoir humain de la mort ne font qu'un. L'épreuve de la mortalité, du défaut le plus radical, n'est elle-même possible qu'en contrepoint de l'ouverture dans la présence entière de l'étant, où la vie de l'homme, "race plus divine", naît à elle-même – c'est-à-dire est abandonnée à la pleine possibilité d'être et de ne plus être.

Cet abandon a déjà montré sa structure: faire face à ce qui vient en multiples chemins, sous le jour du temps. Le "foyer" secret du temps est cet événement non temporel que représente au coeur du mythe le retrait du dieu, le retirement dans l'inapparence de la sollicitude, de la "grâce" où le tout a son unité.

L'épreuve du défaut le plus radical qu'est la mort représente le signe absolument singulier où doit se saisir cet être qui naît dans l'abandon au déploiement du tout, déploiement qui indissociablement laisse se retirer l'un et même, le "divin" de son éclosion. Alors la vie humaine n'est plus portée par la pure croissance de la φύσις. Elle est encontre de la φύσις, voyant venir toute chose dans son apparition que menace la disparition, voyant venir toute chose à partir de la fin, dans ce jour humain du temps dont le mythe dit qu'il est temps à rebours, temps à l'encontre.

L'ἔρως est l'éveil, face à ce qui dans le temps vient à la rencontre, d'un rapport à ce qui dans toute rencontre brille démoniquement. Ce qui dans la rencontre de l'étant nous tourne vers lui, ce qui insiste dans la défaillance où tout fait défaut, cet excès sur tout défaut est ce vers quoi l'ἔρως fait signe, mais qui ne peut pourtant jamais être rencontré comme un étant, abritant comme la source à partir de laquelle se déploie la dimension de toute rencontre. Voir dans cette direction, c'est, dit Platon dans le *Phèdre,* apercevoir τὸ ἐκφανέστατον, l'éclat en lui-même plus éclatant que tout.

Cette source, l'un et même, la divine ouverture où toute chose a son éclat, est essentiellement retrait. Ce retrait est le temps. L'éveil à ce qui brille dans le retrait et comme tel oriente secrètement la vie humaine est l'essence de l'ἔρως. Mais alors il appartient à l'essence de l'ἔρως de demeurer scellée, d'être non-savoir à l'égard de soi, justement là où il ne cesse de nous tendre vers ce qui multiplement vient à la rencontre. La tension de l'ἔρως a sa source dans le don de l'ouvert; mais, faisant face à l'étant ainsi découvert, il est à contre jour de l'ἐκφανέστατον, de l'éclosion initialement ouvrante. Ce contre-jour où est comprise toute entière la vie humaine est la λήθη. Le coeur de la λήθη est ἀλήθεια, dans une tension intime qui est la ressource unique et fondamentale de la vie humaine, et la rend capable d'expérimenter toute chose dans son rapport à l'ἀλήθεια. Mais il appartient à la λήθη de demeurer inapparente, d'être non visible *comme* λήθη: d'être la pure et simple visibilité de l'ouvert illimité, "sans coeur", laissé à lui-même: le ciel et le monde. Elle est donc ce qui dans le jour du temps transit et porte la vie humaine, en tant que rapport non démonique à l'étant dans sa disponibilité – rapport non démonique dont l'ἔρως vient cependant rappeler le rapport initial qu'il a avec le démonique.

En quoi le détour par l'intelligence de l'ἔρως éclaire-t-il le sens de ce qui dans le *Politique* est nommé ἐπιμέλεια, le "soin" ou le "souci", et plus précisément le sens du soin proprement politique?

Dans l'ἔρως vient s'éveiller un rapport à ce qui, un et même, ouvre la dimension où tout vient à la rencontre en une présence, et qui de soi ne peut être rencontré là où la vie humaine, dans la présence de l'étant, se trouve aux prises avec lui. Il est ce qui dans la possibilité de la mort brille à contre jour, comme le don au regard duquel elle peut constituer le défaut radical.

Être aux prises avec l'étant, tourné vers sa propre vie dans l'urgence du temps à venir est le sens propre de l'ἐπιμέλεια[12], dont l'ἔρως révèle la structure intime. Mais, indéfiniment concernée par les multiples chemins qui s'ouvrent en l'étant et inquiétée par lui, l'ἐπιμέλεια est *elle-même* ce qui recouvre l'ouverture démonique où elle advient initialement. C'est pourquoi le temps de "maintenant", du retrait du dieu, est en même temps celui de l'ἐπιμέλεια, où la vie humaine naît à elle-même.

Quel sens donner alors au soin proprement politique? L'ἐπιμέλεια porte à chaque fois le présent humain dans l'horizon, à la fois distinctif et ouvert, où ce qui vient est rencontré selon une orientation spécifique. Ainsi s'ouvre, dans sa consistance propre, la possibilité de prendre soin et de devenir expert: la possibilité de la τέχνη. Quel domaine propre répond au soin politique?

Il est temps de se remémorer le premier trait qui avait signalé la singularité du politique: comme le philosophe et le sophiste, il semble être dépositaire d'un savoir qu'aucun domaine spécifique de compétence ne peut circonscrire, tout autre donc, en sa nature, que l'art du cordonnier, du boulanger ou du médecin. Ainsi, comme celle du philosophe et du sophiste, et parce qu'elle renvoie à la même possibilité de fond, l'essence du savoir politique demeure obscure et problématique.

Elle est ἐπιμέλεια τῆς ἀνθρωπίνης κοινωνίας, de la communauté humaine prise comme telle. La communauté humaine peut-elle être définie à la façon d'un domaine, d'une "région" de l'étant où une compétence particulière a autorité? Platon parle de κοινωνία ἀνθρωπίνη συμπάσῃ – de communauté humaine prise dans son entier, intégralement. Cette intégralité comprend tous les aspects de la vie

---

[12] Si on traduit ἐπιμέλεια par "souci" c'est alors, bien sûr, en pensant au § 65 de *Être et Temps*, "La temporellité comme sens ontologique du souci".

humaine. Mais rien n'indique qu'il faille la concevoir de façon architectonique. La question est plutôt de saisir l'unité où l'ensemble des affaires humaines prend la forme d'une κοινωνία.

La communauté humaine n'est ni troupeau ni masse, et le souci politique est foncièrement différent du nourrissage. Dans l'éveil à la présence de ce qui est, dans l'abandon à l'épreuve du "tout que voici", la vie humaine est au contraire diversement ouverte en une multitude de chemins. En elle est portée à son comble cette divergence qui fait, selon le mythe, le rythme du temps sous le règne de Zeus, où l'homme naît à lui-même.

Mais il faut alors comprendre que dans cette divergence s'abrite le *trait commun* qui ouvre la vie humaine: l'ἐπιμέλεια, l'abandon à soi dans le soin de sa propre existence. Il devient du même coup visible que la communauté n'est pas un aspect, une structure de la vie humaine parmi d'autres. Elle renvoie à la possibilité focale, où la vie humaine a, comme ἐπιμέλεια, son commencement et son unité, d'une épreuve de l'étant en tant que tel et dans son entier. Le trait commun qui fait l'ἀνθρωπίνη κοινωνία est la multiplicité des chemins qu'ouvre à chaque fois toute existence humaine. En tant que telle, la compréhension de l'essence de la communauté répète structurellement le rapport d'ouverture et d'occultation qui décide initialement du "jour" du temps. Elle est, si on veut, "centrifuge" et *c'est ainsi seulement qu'elle est politique.*

Comme telle, l'unité de la πόλις est fondamentalement rapport à cette autre unité qui tient dans le même horizon, à même la diversité des chemins qui s'y ouvrent, les hommes ouverts dans la déclosion où se donne tout horizon et tout chemin. Cette unité renvoie donc à l'unicité où advient dans sa temporation la vie humaine: l'unicité du rapport à l'ἀλήθεια, rapport qui en dernier lieu décide du *sens non politique* du savoir et du soin politique.

Quel sens revêt alors, au regard de la communauté politique mais d'une manière essentiellement distincte d'elle, la βασιλεία, la royauté?

En aucune façon Platon ne pense en termes de pouvoir ou même d'autorité. Le roi n'est pas celui qui supervise mais plutôt – du moins le véritable roi dont l'essence est ici recherchée – celui dont le savoir ordonne la πόλις à partir du rapport qu'elle entretient à ce foyer initial qu'est l'ouverture dévoilante de l'étant dans son être. C'est pourquoi ce savoir ne peut, à l'intérieur de la κοινωνία humaine, prendre place dans une division des différentes τέχναι, qui dans le rapport à l'étant qu'elles manifestent, *présupposent* cette ouverture dévoilante. Mais en même temps le roi n'est pas le pasteur divin, comme l'enseigne le mythe. Il est essentiellement lié au mode non démonique du rapport à l'étant où surgit la vie humaine, au règne de l'ἐπιμέλεια et de la τέχνη. L'ensemble du dialogue est la méditation de cette étrangeté (au sens propre) du roi politique, de l'équivoque et de l'obscurité où se tient sa place dans la cité.

Mais équivoque et étrangeté ne sont pas ici accidentelles. La royauté est, dans son soin de la communauté comme telle et dans son ensemble, le lieu où se dévoile le rapport constitutif qu'entretient la πόλις au foyer de la vie humaine qu'est l'ἀλήθεια. Mais il apparaît alors que ce rapport dont le savoir est la véritable royauté, *est et doit demeurer occulté dans la* πόλις: plus exactement, ce rapport à la fois de fondation et d'occultation *détermine le lien nécessaire entre la* πόλις *et la royauté, c'est-à-dire le lien proprement politique.*

La fin du dialogue dit en effet que le vrai roi est parti. Le sens de cette absence, la manière dont elle est au sens propre constitutive de la πόλις, peuvent désormais s'éclairer, si on s'efforce toujours à nouveau de les comprendre de façon non politique. L'absence du vrai roi signifie que la πόλις à la fois ouvre le lieu fondamental de la vie humaine et constitue le lieu par excellence où le rapport à cette ouverture dévoilante est recouvert. Avant d'être une institution politique, la πόλις est l'espace où se configure focalement l'existence humaine dans son rapport à l'entier de l'étant, et c'est *comme telle* qu'elle semble comporter ce double trait d'ouverture et de recouvrement – *comme si elle était le lieu où se trouve obnubilée et perdue de vue sa propre essence.*

C'est pourquoi l'ἀπόδειξις τοῦ βασιλέως ne vise aucunement la définition d'un régime politique parmi d'autres. Pour éclairer l'essence du roi, elle dévoile ce qui ouvre initialement l'existence des hommes dans ce qu'elle a de propre. Elle nous enseigne donc que toute entente de la politique est référence à l'essence de la royauté[13]. Mais il faut comprendre cette référence de façon non-politique; ce qui revient à saisir en quoi le vrai roi est nécessairement absent.

Il est dit à la fin du dialogue que le roi véritable gouvernerait μετὰ φρονήσεως, selon la ressource de son discernement propre. Socrate le jeune s'en étonne: *"qu'il faille gouverner sans lois (νομοί), c'est assez difficile à entendre"* (293e 7).

Gouverner sans lois, c'est être un tyran. Or la tyrannie est l'opposé de la monarchie. Tout repose en fait sur une juste compréhension de la loi. Elle est, dans le *Politique,* donnée en peu de mots: les lois sont μιμήματα τῆς ἀληθείας, imitatrices et institutrices de l'ἀλήθεια (300c 5 - 6). De même qu'en son absence le médecin laisse, à défaut, des prescriptions écrites, les lois renvoient au savoir d'un seul *"qui dirige selon un savoir expert".* Elles sont à la fois le phénomène de *l'un et même* au regard duquel se déploie la communauté (dont le savoir est le seul et unique "art royal"), et la marque de son retrait, inhérent à cette même communauté. Le sens des lois renvoie donc à cette identité du don et du retrait qui parle au coeur du mythe. Nécessairement premières, parce qu'ouvrant le temps proprement politique, les νομοί sont ce *partage*[14] où s'institue la κοινωνία politique et où, en même temps, demeure occulté le foyer qui ouvre l'existence humaine dans la possibilité du partage et de la communauté.

---

[13] Les différents régimes politiques se comprennent donc au regard du *"souci qu'ont les hommes de réaliser au mieux l'image de cette* politeia *pleinement dévoilée, celle d'un seul qui dirige selon un savoir expert – cela autant que possible"* (301a).
[14] Cf E. Benveniste, *Le vocabulaire des institutions indo-européennes,* ed. de Minuit, tome I, pp. 84 - 85.

Pourquoi alors l'inévitable confusion entre le vrai règne royal et le pouvoir tyrannique? Pourquoi les hommes répugnent-ils, comme le fait remarquer Socrate le jeune, au règne d'un seul qui gouvernerait μετ 'ἀρετῆς καὶ ἐπιστήμης? Non pas seulement à cause de la grossièreté supposée des πολλοί, du nombre. Mais parce que dans la πόλις le roi – c'est-à-dire en vérité le "lieu" où s'ouvre le rapport (λόγος) qui recueille le multiple dans l'un – n'est plus et ne peut plus être lui-même qu'un des πολλοί. L'impossibilité pour le roi de régner n'est donc imputable à aucune faiblesse humaine. Elle n'est ni accidentelle ni remédiable. Toute idée d'une régie de la cité par la "vérité", impossible réellement mais idéalement souhaitable, est étrangère au sens profond du *Politique*. L'impossibilité pour le roi de régner éclaire à contre-jour l'essence de la πόλις: être, d'une façon qu'il importe de saisir d'un seul trait, rapport à l'un et même où l'entier de l'étant a son déploiement (c'est comme telle qu'elle est κοινωνία, communauté) et lieu d'occultation de ce rapport (où *l'un* n'est plus qu'un des nombreux, où le λόγος qui le recueille n'est qu'une parole parmi d'autres)[15]. Le caractère "centrifuge" de la communauté humaine trouve sa possibilité dans ce rapport à la fois focal et détourné à l'un et même de l'ἀλήθεια.

L'intelligence de ce qui institue la communauté humaine renvoie foncièrement à la compréhension de la manière dont la vie humaine s'ouvre au regard de l'ἀλήθεια – c'est-à-dire, en même temps et nécessairement, dans la λήθη. La λήθη n'est pas l'oubli, elle est proprement l'ouverture à l'étant où la vie humaine est abandonnée, et c'est seulement en voyant au coeur de la λήθη qu'un, parmi les nombreux, peut se retourner vers l'ἀλήθεια. Dans ce mouvement que le *Théétète* nomme ὁμοίωσις θεῷ (176b 1), il est semblable au dieu qui, dans le retournement du ciel et du monde, n'est plus que regard où se ressaisit en sa source ce qui déploie tout regard: il est pure περιωπή.

---

[15] On peut de là voir sous un autre jour ce fait singulier: dans la *Politique* d'Aristote, la "démocratie" est, en tant que règne des *polloi*, la forme dégénérée d'un régime dont le nom est purement et simplement *politeia*.

# Zur Geschichtlichkeit der Kunst

Jürgen Gedinat

Zweifellos ist Kunst geschichtlich. Aber *wie* sie das ist, bleibt fraglich. So ist es problematisch, inwiefern von Auffassungen der Kunst des 20. Jahrhunderts aus frühere Kunst zu verstehen ist und umgekehrt. Gibt es eine Vorstellung von der Kunst, die selbstverständlich, aber nicht eigens geklärt, den verschiedenen Auffassungen zugrundeliegt, und daher auch ein Verständnis ihrer Geschichtlichkeit mitprägt? Ob es eine solche Vorstellung gibt, wie sie selbst geschichtlich ist und aus diesem Grunde heutige Auffassungen von der Kunst und ihrer Geschichtlichkeit bestimmt, ist hier die Frage.

Sicher sind an den Kunstwerken, die im Laufe der Zeit geschaffen wurden, Gemeinsamkeiten zu entdecken, die sich als Konstanten begreifen lassen, und an denen je epochal spezifische Ausprägungen (z. B. Stil) zu unterscheiden sind – Konstanten, die dann das Substanzielle der Kunst ausmachen. Vorausgesetzt ist dabei, daß Kunst in einem Identischen beruhe, das in seinem Kern geschichtlich ohne Änderung beharre. Was je als derartiger Kern gilt, ändert sich mit der jeweiligen Blickrichtung auf die Kunst.

Doch nicht nur *was* als ein solcher Kern und *wie* er da vorgestellt wird, ist zu klären, sondern vor allem das Vorstellen selbst. Dies bezieht sich ausschließlich auf Seiendes als einen Gegenstand. Aber die Geschichtlichkeit der Kunst ist nicht gegenständlich zu begreifen.

Woher etwas überhaupt gegenständlich *sein* kann, ist eine Frage seines Seins und Wesens und bestimmt sich aus diesem und *dessen* Geschichtlichkeit. Ein Verständnis der Geschichtlichkeit von Kunst wird jedenfalls vereitelt, wenn – wie Heidegger in den „Beiträgen zur Philosophie" bemerkt – heute weitgehend eine „Blindheit gegen ihren Wesenskern"[1] herrscht und schon den Frageansatz leitet. Diese Blindheit ist jedoch keineswegs gegen alles und jedes blind, sondern nur gegen jenen Wesenskern der Kunst, nicht gegen die Werke.

In welcher Weise die Kunst mit ihren Werken geschichtlich ist, muß im Hinblick auf diesen Wesenskern gefragt werden. Was die >Blindheit< gegen ihn bedeutet, ist zu ermessen an dem, was Wesen heißt; und worin das Wesen der Kunst im Kern beruht. Das aber könnte unauslotbar abgründig sein. Deshalb: „Μὴ

---

[1] M. Heidegger, Beiträge zur Philosophie (Vom Ereignis), GA 65, S. 117.

εἰκῇ περὶ τῶν μεγίστων συμβαλλώμεθα." – Nicht aufs Geratewohl, nicht auf den Anschein hin, wollen wir über das Größte, das Tiefste urteilen. (Heraklit, B 47)

Die Blindheit gegen diesen hier wesend zu verstehenden, tiefgründenden Kern ist selbst geschichtlich, insofern sie das *Wesende* vergessen hat: das Sein. In der Seinsvergessenheit und der sie mit ausmachenden Blindheit gegen das, was Wesen heißt, sieht Heidegger einen Grundzug unserer Geschichte. Der Bezug zwischen besagter Blindheit und dem Wesenskern der Kunst ist derselbe wie der zwischen der Vergessenheit und dem Sein, bzw. ist dieser der Grund von jenem.

Allgemein aber ist das Sein als solches vergessen, und zwar nicht durch bloße menschliche Vergeßlichkeit, sondern weil es selbst sich verweigert im geschichtlichen Wesen der Seinsverlassenheit: „daß das Seyn sich dem Seienden entzieht und es dabei als >seiend< und sogar >seiender< erscheinen läßt."[2] Der so geschehende Selbstentzug des Seins vom Seienden bestimmt in einer je anderen und eigenen Weise jeweils die Epochen seiner Geschichte.

Der Komparativ des Wörtchens >seiender< nennt nicht nur eine Art, wie uns das seinsverlassene Seiende vorkommen kann, sondern deutet auch an, daß die Verweigerung des Seins sich geschichtlich wandelt und steigert. In der Neuzeit ist das Seiende >verlassener< vom Sein als früher. Wie können wir das wissen? Mit der jüngsten Weise der Seinsverlassenheit haben wir zu tun im Wesen der modernen Technik und Kybernetik. Und die allein für sie ausschlaggebende, allein ihr eigene Steigerung in Gestalt des blendenden Fortschritts ist nichts anderes als die der verborgenen Seinsverlassenheit. Aus ihr wird u. a. auch die im 19. Jahrhundert an die Kunst herangetragene Vorstellung der >Avantgarde< eigentlich erst verständlich.

Gemäß dem Geschehen der geschichtlichen Selbstverweigerung des Seins, in der es sich dem Seienden entzieht, ist die Seinsverlassenheit nicht offenbar wie ein Seiendes. Zu ihrem Wesen gehört, daß sie sich verhüllt. Doch in solcher Verhüllung *zeigt* sie sich dem Entwurf des Seins auf das Geschehen des Wesens seiner Wahrheit.

Geht es im Hervorbringen der Kunst um ein Enthüllen ganz eigener Art, ist gerade auch für sie und in ihr das Wesen der Verhüllung mitentscheidend. Doch Verhüllung ist, wie das Hervorbringen, unterschiedlichen Wesens und nicht gleich in Kunst und Technik.

Neuzeitlich verhüllt sich die Seinsverlassenheit in dem, was Heidegger in der „wachsenden Geltung der *Berechnung,* der *Schnelligkeit* und des *Anspruchs* des *Massenhaften*" aufzeigt.[3] Das Sichverhüllen ist eine Weise des Sichzeigens, und zwar des Seins, das sich geschichtlich dem Seienden entzieht. Dieser Selbstentzug, der ein Gesamtentzug des Grundgefüges des Seins selbst ist, geschieht jetzt im

---

[2] GA 65, S. 116.
[3] GA 65, S. 120.

Wesen der modernen Technik bzw. der schon früh im Verborgenen anhebenden „Machenschaft".[4] In sie weisen und ihr entspringen die besagten drei neuzeitlichen Verhüllungen, die das Seiende in den Horizont eines weit zu fassenden >Machens< stellen.

Im Schein der technischen Machbarkeit des Seienden verhüllt sich die Seinsverlassenheit, deren Steigerung aktuell in der globalen Vernetzung von Informationsprodukten jeden angeht. Das ist nicht nur ein Beispiel für die Verhüllung der Seinsverlassenheit, sondern darin zeigt sich ein heute *maßgeblicher* Vorgang in unserem Verständnis des Seienden und unserem Umgang mit ihm. Je scheinbarer, und d.h. hier wirklicher Seiendes sich über einen Bildschirm den *Anschein* seiner selbst gibt, und damit zugleich die Sicht auf diese >Grundlage< seines Erscheinens verstellt, desto unseiender ist es in Wahrheit, desto seinsverlassener. Das Faszinierende derartiger Bilder liegt in einem Schein, den der blendende Fortschritt fordert, und zwar für jene Verblendung, als die die vergessene Seinsverlassenheit sich ausbreitet.

Ist im Hinblick auf Bilder, die Seiendes von seinem Sein abschirmen und ihm das Wesen des Seins verwehren, eine in dieser Weise ihr selbst nicht einsichtige Erblindung aufzuweisen, wäre zu fragen, wo sich anders die Blindheit gegen den Wesenskern der Kunst zeigt. Doch könnte es sein, daß die in virtuosen Bildern provozierte Blindheit derjenigen gegen das Wesen der Kunst nicht nur irgendwie ähnlich oder verwandt ist, sondern dieselbe geschichtliche Herkunft hat wie diese. Gibt es *einen* geschichtlichen Grund der heutigen Blindheit gegen das Wesen, den die Frage nach der Geschichtlichkeit der Kunst als erstes einsehen müßte, um dann eigentlich von da aus gestellt zu werden? Wäre dies auch der Grund jener gefragten, selbstverständlichen Vorstellung, die ganz verschiedene Auffassungen von der Kunst durchzieht? Wo wäre der zu suchen?

Nicht erst die informierenden und beeindruckenden Bilder der Medien des Konsums verhüllen in ihrem *Schein* den geschichtlichen Selbstentzug des Grundgefüges des Seins, aus dem sie nur so sind, wie sie eben nicht *sind*. Ihre Bilderflut kann nur aufkommen, wenn schon vorher eine prinzipielle Vorstellung von Bild den Rahmen dafür abgibt, worin und woraufhin Seiendes in den Blick kommen soll. Neuzeitlich ist dieser >Rahmen< die als Bild entworfene Welt. Mit einem derartigen Ansatz eines Bildes von der Welt im Sinne „der Welt als Bild"[5] breitet sich das aus, was Heidegger die „Weltverdüsterung"[6] nennt. Sie verhüllt sich in jenem Licht, in dem heute das Seiende sich erscheint. Verdüsterung ist ein Wesenszug der in ihr vergessenen Seinsverlassenheit des Seienden. Diese „trägt vor diesem her den Anschein, als sei dieses selbst nun, unbedürftig eines Anderen, zu Griff und Nutzen"[7].

---
[4] Siehe hierzu Abschnitt 61, GA 65, S. 126ff.
[5] GA 65, S. 136; siehe auch: Die Zeit des Weltbildes, in: Holzwege, GA 5.
[6] GA 65, S. 119.

Der geschichtliche Selbstentzug des Anderen zum Seienden überläßt den neuzeitlichen Menschen einer Art Verblendung, in der er als Subjekt des Seienden von sich aus die Stelle dieses Anderen beansprucht. So steht ihm das Seiende vermeintlich zur Verfügung, und damit auch er – selbst ein Seiendes – sich selber. Letzteres zeigt der Verständniswandel der πάθη zu Affekten und deren Umdeutung zu Effekten, und dies wiederum im Hinblick auf die Bilder technischer Medien. Je machenschaftlicher und d. h. technischer im wesentlichen Sinne solche Bilder >sind<, desto beeindruckender ist ihr Effekt als Erlebnis. In einer Spannung steril berechnender Technik und gefühlsträchtiger Erlebnisse liegt die Macht der Medien des Konsums und ihrer Bilder. Der Anschein des Seienden solch blendender Bilder verhüllt den Grund der Weltverdüsterung im Weltbild, die Seinsverlassenheit.

Daß die Neuzeit als die Epoche, die sie ist, zu Recht *die* „Zeit des Weltbildes" genannt wird, muß nicht bedeuten, daß sie sich auch selbst ausdrücklich so versteht. Denn dann müßte dieser Charakter des Bildes, d. h. des Bildes von der Welt als einer Vorstellung des Seienden im Ganzen wesentlich kritischer beleuchtet werden, als dies gewöhnlich der Fall ist.

Dabei ist zu sehen, daß das, was in einem phänomenologisch aufgewiesenen Sinn des Titels >Weltbild< eben >Bild< heißt, die *neuzeitliche Weise* kennzeichnet, in der der Mensch sich zum Seienden verhält. Ausgehend von einer Einsicht in dieses Verständnis von >Bild< als der seinsvergessenden Vorstellung von Welt, *dürfen geschichtliche Fragen, die dementsprechend an die Kunst zu richten sind, nicht etwa auf die bildende Kunst beschränkt werden*. Auch an die doch offensichtlich bildfreie Musik – deren Ton Hegel wiederholt als Punkt und Eins und daher in einer Übereinstimmung, ja Identität mit dem Subjekt begriffen – müssen in diesem Sinne angemessene Fragen nach ihrer seinsgeschichtlichen Bestimmung in der Neuzeit gerichtet werden.

So *charakterisiert* Heidegger mit dem Titel >Weltbild< nicht bloß die Neuzeit, sondern dringt durch die Auslegung dieses Begriffs zur Einheit ihrer *Grundzüge* vor. Die beruht im „Grundgeschehnis unserer Geschichte"[8], in der Seinsverlassenheit. Diese Auslegung aber wirft eine Fülle von Fragen bezüglich der Kunst auf.

Wie machenschaftlich im Sinne des Weltbildes, also des prinzipiellen Vor-stellens ist neuzeitliche Kunst? Ist sie seinsvergessender als die früherer Epochen, wenn sie dies je war? Was hat sie mit den drei genannten Verhüllungen der Seinsverlassenheit zu schaffen? Setzt die Kunst unserer Epoche etwa nicht die Unverborgenheit des Seins ins Werk?

Ist z. B. Frans Hals' Porträt von Descartes so vor-stellend wie dessen Philosophie? Wie kann van Goghs Gemälde der Bauernschuhe in dieser Epoche zu wissen

---

[7] GA 65, S. 114.
[8] GA 65, S. 112.

geben, „was das Schuhzeug in Wahrheit ist"[9]? Was ist unter >Bild< und >Verhüllung< zu verstehen, wenn Heidegger u. a. mit Bezug auf Hölderlin, eines Dichters in der Zeit des Weltbildes, sagt: „Leichter als andere verhüllt der Dichter die Wahrheit in das Bild und schenkt sie so dem Blick zur Bewahrung."[10]?

Durch die Verhüllung der Wahrheit in das dichterische Bild geschieht anderes als in der machenschaftlichen Verhüllung von Bildern der Medien des Konsums. Verstellen diese mit ihrem blendenden Schein die Wahrheit des in seinem geschichtlichen Wesen sich entziehenden Seins, bringt jenes in seinem Verhüllen die Wahrheit selbst zum Scheinen. Verhüllung als blendender Schein verstellt die offene Sicht auf das Sein des Seienden. Verhüllung als wesensbergendes Bild schenkt dem Blick das Scheinen der Wahrheit. Fordern die auszehrenden Bilder jener Medien von sich aus für sich ihren Konsum, ist ein Bild der Dichtung schon schöpferisch-schaffend auf seine Bewahrung hin mitentworfen.

Verhüllung ist nicht gleich Verhüllung, Bild ist nicht gleich Bild, ja auszehrende Bilder sind schenkend-stiftenden Bildern gar nicht vergleichbar. Ein solcher Vergleich kann erst angesetzt werden, wenn in einem wieder anderen, nämlich prinzipiellen Sinn von Bild Welt vorgestellt wird. Aber gerade die Vorstellung der Welt als Bild verriegelt gleichsam „das Offene der bildlosen Welt."[11] Und das deshalb, weil die phänomenologisch-seinsgeschichtlich zu verstehende Welt als ein aufgeschlossenes Ganzes jenes ist, *worin* es überhaupt nur zu soetwas wie einem Bild kommen kann. Als das, was Bilder allererst *ermöglicht,* ist sie selbst wesenhaft nur bildlos und nie zu >sehen< wie ein Seiendes innerhalb der Welt. Die wesentlich verstandene Welt kann nie Bild sein, sondern allein durch ein sie in ihrem Wesen bergendes Seiendes *zum Scheinen* kommen. In solchem Scheinen geschieht die notwendige Verhüllung des an ihm selbst wesenhaft Bildlosen ins Bild.

Wenn ursprünglich schon „bildlos das Seyn west"[12], und zur Wesung seiner Wahrheit als der Lichtung für das Verbergen grundwesentlich auch Verweigerung und Entzug gehören, gehört zur Entfaltung dieser Wesung notwendig ein Seiendes, worin diese Wahrheit mit ihrem Sichverweigern und -entziehen scheinend zum Zuge kommt, und d. h. am Werk ist. Diesem Geschehen entspricht – wenn auch nicht allein, so doch besonders – ein dichterisches Bild; es ist *bergende* Verhüllung. Bergend entbirgt solches Verhüllen die Verbergung in der Unverborgenheit des Wesens der Wahrheit.

Bilder aber, die wie die der Medien des Konsums aufgrund einer Vor-stellung der Welt *als* Bild zustandekommen, können nie ein bildlos Wesendes – weil Tiefes und Tiefstes – in bergender Verhüllung zum Scheinen bringen, sondern versperren

---

[9] Der Ursprung des Kunstwerks, in GA 5, S. 20.
[10] GA 65, S. 19.
[11] GA 65, S. 91.
[12] GA 65, S. 470.

die Notwendigkeit solchen Scheinens durch ihren Anschein des sich selbst erscheinenden, scheinbar seinsunbedürftigen Seienden. Solche Bilder sind eine *verstellende* Verhüllung des geschichtlichen Entzugs des Seins, das neuzeitlich das Seiende zunehmend sich selbst überläßt in seiner Seinsverlassenheit.

Ein Porträt von Frans Hals, eine Invention von J. S. Bach sind den zu konsumierenden Bild- und Musikprodukten der aktuellen Medien unvergleichbar – es sei denn im Rahmen eines Weltbildes, das allerdings blind und taub macht gegen den Wesenskern der Kunst. So unmöglich deren Werke Medienprodukte sind, so unverkennbar ist doch auch, daß manche jüngere Arbeiten mit künstlerischem Anspruch derartigen Produkten zum Teil ähnlich, wenn nicht gleich sind. In dieser noch sehr partiellen Angleichung könnte sich für die Kunst geschichtlich Entscheidendes andeuten.

Angesichts solcher Produkte kann nicht so schnell gesagt werden, was denn im Grunde unter >Bild< zu verstehen sei. Was, wenn in derartigen Arbeiten die Macht des grenzenlosen Anspruchs der neuzeitlichen Machenschaftlichkeit des Seienden begonnen hätte, sich in die Kunst einzurichten? Ob diese Frage etwa zu undifferenziert ist und ob sie überhaupt legitim gestellt werden darf, ist zu entscheiden, wenn u. a. gesehen ist, worin die Wesensmöglichkeiten des Bildes beruhen, und d. h. gerade heute auch das Wesen bergender Verhüllung. Dazu wird es jedoch schwerlich kommen, wenn ein beirrendes Weltbild sich seine „Verkehrung und Verwechslung der Ansprüche und Anspruchsbereiche"[13] verstellt. In der noch nicht ermessenen Verkehrung und Verwechslung ist nicht zuletzt der Grund der sprachlichen Verwirrung zu suchen, in der Begriffe wie >Bild<, >Scheinen< oder >Anschein< sich einer sachentsprechenden Bestimmung förmlich entziehen.

Verkehrend und verwechselnd schreitet der Konsum über Grenzen fort – bis zum Konsum von Kunstwerken. Konsumieren wird jedoch nur erst ein Mensch, der sich als Subjekt allein von sich aus und für sich das Gesetz der Zuteilung macht. Und das geschieht im Erlebnis, im Er-leben: „Das Seiende als Vor-gestelltes auf *sich zu* als die Bezugsmitte beziehen und so in das >Leben< einbeziehen."[14] Die gesteigerte Verbreitung des Erlebnisses, des anthropozentrischen >Pompes< (πομπεύω) der Machenschaft, im Bereich der Kunst erschwert die notwendige Unterscheidung in verstellende und bergende Verhüllung, denn die entgeht dem mittlerweile völlig selbstverständlichen Erleben.

Obwohl die Neuzeit einsetzt, als der Mensch damit beginnt, sich als das Subjekt einer als Bild vorgestellten Welt zu behaupten, sich mit dem Anspruch des Seins als der Bezugsmitte zu verwechseln, und damit die verstellend-abriegelnde Verhüllung des bildlos Wesenden einzuleiten und Schritt für Schritt auszuweiten, büßt die Kunst jenes Beginns offensichtlich nichts von der sie auszeichnenden Kraft

---

[13] GA 65, S. 414 f.
[14] GA 65, S. 129.

öffnend-bergender Verhüllung ein. Eher trifft wohl das Gegenteil zu. Aber daraus zu schließen, dies gelte bruchlos für die Kunst der ganzen Neuzeit, hieße sowohl die Geschichte der Seinsverlassenheit zu verkennen als auch unsere damit einhergehenden Möglichkeiten eines Verständnisses der Geschichtlichkeit der Kunst.

Ist das > Unwesen < der Seinsverlassenheit im Entwurf der ihr eigenen Verstellung durch das Erlebnis und die Machenschaft zu erfahren, wird eine möglichst tiefe Einsicht in jedes dieser Phänomene nötig, und damit die Frage nach dem Wesensverhältnis, in dem beide nicht nur zueinander stehen, sondern das sie ausmachen, ja *sind*. „Die Zusammengehörigkeit beider wird nur begriffen aus dem Rückgang in ihre weiteste Ungleichzeitigkeit und aus der Auflösung des Scheins ihrer äußersten Gegensätzlichkeit."[15]

Doch schon diesen Schein nur zu sehen, ist schwierig genug, wenn die Machenschaft das Erlebnis gleichsam vorschickt und sich, wie unbeteiligt an der Vor-stellung des Seienden, scheinbar zurückhält. Solches ist vom Seienden aus etwa in der Musik in je anderer Richtung an der Improvisation des Free Jazz und dem Kalkül Serieller Komposition aufzuweisen. Zu dieser > Engführung < von Machenschaft und Erlebnis kommt es, wenn das Erlebnis von unserem Bezug zum Seienden der Kunst maßgeblich Besitz ergriffen hat.

So grundlegend es für den Beginn der Neuzeit auch ist, daß der Mensch sich als *das* Subjekt vorstellt und sich von hier aus selber seine Bezüge und Verhältnisse machenschaftlich zuteilt, so bemächtigt sich doch das Erlebnis *nicht* gleichzeitig im selben Augenblick des Verstehens der Kunst. Das setzt allmählich und für das Weltbild unmerklich im 19. Jahrhundert ein; unmerklich für sein Erlebnis, weil die in dieser Bemächtigung wesende Macht gar nicht erlebbar und weder vorstellbar noch gegenständlich ist.

Die Neuzeit *ist als Epoche* in dem als Weltbild vollzogenen, ungleichzeitig auseinandergehenden Zusammengehören von Machenschaft und Erlebnis. Gemäß dieser epochalen Wesung des Seinsentzugs richten sich über das nach der Machenschaft anhebende Erlebnis Vorstellungen von der Kunst in die Kunst ein, durch die die kunstgemäße Auseinandersetzung mit der > Welt < dem Vor-stellen des Weltbildes entgegenkommt. Inwieweit, das ist nicht entschieden, und seinsvergessend auch nicht entscheidbar. Dazu müßte überdies deutlich werden, inwiefern Kunst in ihrem *Wesenskern* nicht machenschaftlich ist. Die Frage nach ihrer Geschichtlichkeit hat bei dessen heutigen Verhüllungen anzusetzen.

In der von Heidegger angesprochenen Ungleichzeitigkeit von Machenschaft und Erlebnis verbirgt sich der Anspruch, einen anderen Anfang auch mit der Frage nach der Geschichtlichkeit der Kunst zu unternehmen. Kunsthistorisch wird diese Frage wohl kaum zum Problem, wenn die als Bild vorgestellte Welt den Rahmen wissenschaftlicher Forschung abgibt. Umgekehrt liegt für ein Geschichtsdenken in

---

[15] GA 65, S. 128.

jener Ungleichzeitigkeit eines der tiefsten Probleme. Denn „Machenschaft und Erlebnis ist formelhaft die ursprünglichere Fassung der Formel für die Leitfrage des abendländischen Denkens: Seiendheit (Sein) und Denken (als vor-stellendes Be-greifen)."[16] Die im Heute der Kunst ansetzende Frage nach einer Verstehensmöglichkeit ihrer Geschichtlichkeit ist im Hinblick auf die weiteste Ungleichzeitigkeit von Erlebnis und Machenschaft zu fragen und so bis zur Identität von Denken und Sein bei Parmenides zurückzubinden. Verbindlichkeit hat daher auch die Mahnung eines anderen Denkers jener Zeit, des Heraklit: Nicht auf ein >Bild< hin, nicht auf ein Bildchen, auf den Anschein hin ... – μὴ εἰκῆ ...

---

[16] GA 65, S. 128.

# Heidegger on the Problem of Metaphysics and Violence

David C. Durst

## I. Thesis

In a statement seeking to clarify a still hidden horizon of motivation behind Heidegger's philosophical thought, Hans-Georg Gadamer writes:

"When later, in the face of all facts, he (Heidegger) continued to dream his bygone dream *(Traum)* of a 'religion of the people' *(Volksreligion)*, this involved his deep disappointment over the development of things. But he continued to protect his dream and hold it in silence. At the time when he attempted to fundamentally revolutionize the university, in 1933 and 1934, he believed he was pursuing this dream and fulfilling his ownmost philosophical calling. ... This (the terrible consequences of Hitler's rise to power) was the corrupted revolution and not the great renewal rising from the spiritual and ethical force *(geistigen und sittlichen Kraft)* of the people, of which he had dreamt and which he longed for as a preparation for a new religion of humanity *(Menschheitsreligion)*."[1]

Gadamer's words are revealing. His talk of a new *Volksreligion* rising from the *geistigen und sittlichen Kraft* of the people recalls Heidegger's indebtedness to a tradition of modern German thought beginning with Hegel, Schelling, and Hölderlin. I mention these three so unique authors together, for it has been argued that they all were either directly or indirectly involved in drafting the short sketch later entitled *The Oldest System Program of German Idealism* of 1796. This tract functioned as a manifesto inspiring the further development of the philosophical thought of Schelling and Hegel as well as the poetic imagination of Hölderlin. In order to end the coercive machinations of the modern, "mechanical State"

---

[1] In German, Gadamer's text reads: "Wenn er (Heidegger) später, gegen alle Realitäten, seinen damaligen Traum von einer 'Volksreligion' weiterträumte, so schloß das seine tiefe Enttäuschung über den Lauf der Dinge selber ein. Aber seinen Traum hütete er weiter und beschwieg ihn. Damals, 1933 und 1934, glaubte er diesem Traum zu folgen und seinen eigensten philosophischen Auftrag zu erfüllen, wenn er die Universität von Grund auf zu revolutionieren suchte. ... Das (die fürchterlichen Folgen der Hitlerischen Machtergreifung) war die verkommene Revolution und nicht die große Erneuerung aus der geistigen und sittlichen Kraft des Volkes, von der er geträumt hat und die er als Vorbereitung zu einer neuen Menschheitsreligion ersehnte" (H.-G. Gadamer, "Zurück von Syrakus?," in: J. Altwegg (ed.), *Die Heidegger Kontroverse*, [Frankfurt am Main: Athenäum Verlag, 1988], 177).

"repressing" *(unterdrücken)* the "free" motion and creative energy *(Kraft)* of man, the authors proclaimed the need for a *"neue Religion"* of the *"Volk."* This "last, greatest work of humanity" would do away with the violence and repression which Hölderlin, Hegel, and Schelling thought was so characteristic of their age.[2] Heidegger's *Traum* of renewing the *geistigen und sittlichen Kraft* of the people in the *Volksreligion,* of which Gadamer speaks, clearly parallels that of the *Oldest System Program.*[3] Notwithstanding his call to acts of creative "violence" *(Gewalt)* by a nation's leaders in *An Introduction to Metaphysics* of 1935[4], Heidegger's thought of being articulates a poignant critique of the "violence" *(Gewalt)* of the modern technological age. At the same time, it forms a preparatory stage in the development of what, according to Gadamer, Heidegger envisioned as a new religion of humanity, pious toward the "mystery of being."[5]

Central to this project is Heidegger's critique of Occidental metaphysics. The categories Heidegger uses to elaborate this critique are derived from his intense dialogue with the tradition of modern Western philosophical thought. In his critical appraisal of Descartes, Leibniz and Kant, Heidegger seeks to reveal the violent character of modern representational thinking *(vorstellendes Denken).* Its essence is the will to dominate. Representational thinking provides the general framework for the practice of science, which makes possible the technological control over nature and the nature of man in modern life. The will to power manifest in modern

---

[2] F. Hölderlin, "Entwurf (Das älteste Systemprogramm des deutschen Idealismus)," in: Friedrich Hölderlin, *Werke Briefe Dokumente,* (München: Winkler Verlag, 1977), 556 - 558.

[3] Heidegger's relation to German idealism is complex and will not be analyzed here. That his appraisal of this movement was not simply negative is documented in the following quote from *An Introduction to Metaphysics:* "What makes the situation of Europe all the more catastrophic is that this enfeeblement of the spirit originated in Europe itself and – though prepared by earlier factors – was definitely determined by its own spiritual situation in the first half of the nineteenth century. It was then that occurred what is properly and succinctly called the 'collapse of German idealism.' This formula is a kind of shield behind which the already dawning spiritlessness, the dissolution of the spiritual energies, the rejection of all original inquiry into grounds and men's bond with the grounds, are hidden and masked. It was not German idealism that collapsed; rather, the age was no longer strong enough to stand up to the greatness, breadth, and originality of that spiritual world" (Heidegger, *IM* 45 f.; *EM* 34).

[4] In *The Politics of Being: The Political Thought of Martin Heidegger,* Richard Wolin rightly argues that in *An Introduction to Metaphysics* of 1935 Heidegger "glorifies violence;" a gesture which reveals Heidegger's "patent affinities" with the National Socialist ideology during this time period (Richard Wolin, *The Politics of Being: The Political Thought of Martin Heidegger,* [New York: Columbia UPress, 1990], 126). Without denying this fact, I will nonetheless attempt to show in what way Derrida was not incorrect when he asserted that Heidegger's "thought of being is ... as close as possible to nonviolence" (Jacques Derrida, "Violence and Metaphysics: An Essay on the Thought of Emmanuel Levinas," in: Jacques Derrida, *Writing and Difference,* [Chicago: UChicago Press, 1978], 146).

[5] Heidegger, *EP* 109.

technological rationality, Heidegger writes, devours "all materials, including the raw material 'man'" and thereby "drives the earth beyond the developed sphere of its possibility into such things as are no longer a possibility and are thus the impossible."[6] In light of this exhaustive consumption of nature and the nature of man, "the mystery of being and ... the inviolability of the possible" are increasingly violated.[7] As a consequence, the true nature of being falls into oblivion. This forgetfulness of being *(Seinsvergessenheit)* reflects for Heidegger the fundamental crisis of Western society; it points to the pervasive nihilism of modern life.[8] Heidegger characterizes this nihilism as the "false fulfillment" *(falsche Vollendung)* of being which is manifest in the "total domination" *(restlose Beherrschung)* of beings, a domination whose violence robs beings of the "quiet power of the possible."[9] Heidegger does not, however, just formulate an insightful critique of the alterior[10] causal thinking of Western metaphysics; as I will argue, he also seeks to conceptualize a new ethos of human existence. By "letting beings be," this new ethos promises to transcend the existing forms of violence plaguing modern society.[11]

## II. The Critique of Modern Metaphysics:
### Alterior Causality, Violence, and the Abandonment of Being

Heidegger structures his critique of modern Occidental metaphysics along the knowledge/power axis by revealing not just its rules of veridiction but also its subsequent rules of jurisdiction. Accordingly, Heidegger will attempt to show how the fundamental laws of representational thinking provide the theoretical basis for the increasingly violent technological appropriation of nature and the nature of man in modernity. In doing so, Heidegger reveals how representational thinking inscribes itself in practices which violently emasculate living beings of their still hidden inner force, of their inexhausted inner possibility of the present. In this way, modern metaphysics leads to the nihilistic abandonment of being.

---

[6] *Ibid.,* 109.

[7] *Ibid.,* 109.

[8] "In the phase of complete nihilism," according to Heidegger, "it looks as if there is no such thing as the *being of* beings, as if it is nothing with being. ... Being remains in a strange way distant. It conceals itself. It holds itself in a concealment which itself remains concealed" (Heidegger, *W* 409).

[9] Heidegger, *BP* § 254/406; *BW* 196. In *On the Essence of Truth,* Heidegger equates "essence" with the "ground of the inner possibility" when he states: "In the concept of 'essence' philosophy thinks being" (Heidegger, *BW* 139, 125).

[10] I introduce here the term 'alterior' to emphasize the specific non-identical relation or fundamental 'alterity' between cause and effect, which for Heidegger constitutes an underlying assumption of modern metaphysics and also grounds its violent character. See Heidegger, *W* 253 ff.; *SG* 71.

[11] Heidegger, *EP* 109.

In many writings, including *What is a Thing?* and *Nietzsche,* Heidegger begins his de-struction of modern metaphysics with a critique of Descartes.[12] The highest principle in the philosophy of Descartes is what Heidegger refers to as "the I-principle": the *cogito, ergo sum.*[13] Yet this synthetic proposition is not the sole axiom of Cartesian philosophy. In the "I-principle itself," Heidegger asserts, "there is included and posited with this one and thereby with every proposition, yet another."[14] The other principle Heidegger speaks of here is nothing other than the law of contradiction, which, along with the *cogito-sum,* forms a prerequisite for representational thought. Heidegger makes this relation between the I-principle and the law of contradiction plain in the following passage:

> "When we say '*cogito-sum*', we express what lies in the *subjectum (ego).* If the assertion is to be an assertion, it must always posit what lies in the *subjectum.* What is posited and spoken in the predicate may not and cannot speak against the subject. ... In the proposition as proposition, and accordingly in the highest principle as I-principle, there is co-posited as equally valid the principle of the avoidance of contradiction (briefly: the principle of contradiction). ... 'I think' signifies that I avoid contradiction and follow the principle of contradiction. The I-principle and the principle of contradiction spring from the essence of thinking itself, and in such a way that looks only to the essence of the 'I think' and what lies in it and in it alone."[15]

Stated briefly, the law of contradiction demands that attributes reflected in the predicate of an assertion not negate the possibility of the subject. It represents the principle of all analytic knowledge, in which, to use Kantian terminology, the connection of subject and predicate is thought "through identity."[16] As such, all analytic propositions reflect the logical possibility of the representation, but not the real possibility of the object represented. When combined with the I-principle it thus reflects what Heidegger terms the "analytic synthetic" *(zergliedernd verbindende)* structure of modern representational thinking.[17]

Informed by Nietzsche's critique of the law of contradiction, Heidegger reveals how this fundamental principle of representational thought is a manifestation of modern man's will to domination.[18] The law of contradiction constitutes a tool, by

---

[12] For a detailed analysis of Heidegger's critical appropriation of Descartes, see J.-L. Marion "Heidegger and Descartes" in: Christopher Macann (ed.), *Critical Heidegger,* (London: Routledge, 1996), 67 - 96.

[13] Heidegger, *BW* 281.

[14] *Ibid.,* 281.

[15] *Ibid.,* 281 f.

[16] I. Kant, *Critique of Pure Reason,* (London: Macmillan, 1968), A7/B10.

[17] Heidegger, *IM* 118 f.; *EM* 91. Heidegger writes in *What is a Thing?:* "With respect to the subject-predicate relationship the analytic judgment, too, is synthetic" (Heidegger, *WT* 163).

[18] For an insightful interpretation of the relation between Nietzsche and Heidegger on the problem of modern metaphysics, see Michel Haar, "Critical Remarks on the Heideggerian Reading of Nietzsche," in: C. Macann, *Critical Heidegger,* (London: Routledge, 1996), 121 - 133.

which in the indeterminate heterogeneity of reality the modern subject posits the logical possibility of the determinate homogeneity of things. Amidst the boundlessness of nature threatening human existence, the law of contradiction is used by representational thought to force this chaos to yield to rational purpose and order. As such, it forms a prerequisite for human self-preservation. "The law of contradiction," Heidegger writes, "is the fundamental law of reason, in which the essence of reason is expressed. ... Man must, stated roughly, avoid the contradiction in order to escape the confusion and the chaos, or to master this (chaos) by imposing on it the form of that which is free of contradiction, i.e., of that which is unitary and in each case the same."[19] Decisive in modern Occidental metaphysics, however, is not just the grounding of all certainty in the analytic-synthetic structure of the Cartesian subject but, conversely, the simultaneous reduction of all human willing to a form of representational thought driven to secure the preservation of the subject:

> "Every relation to something – willing, taking a point of view, being sensible of [something], – is already representing; it is *cogitans,* which we translate as 'thinking'. Therefore, Descartes can cover all the modes of *voluntas* and of *affectus,* all *actiones* and *passiones,* with a designation that is at first surprising: *cogitatio.* ... The fundamental certainty is the *me cogitare = me esse* that is at any time indubitably representable and represented. This is the fundamental equation of all reckoning belonging to the representing that is itself making itself secure."[20]

Against this backdrop, Heidegger can argue that beginning with Descartes the modern subject is reduced to a will to security, self-preservation, i.e., a will to dominate: "the *co-agitatio* is already, *in itself, velle,* willing. In the subjectivity of the subject the will appears as its essence. Modern metaphysics, as the metaphysics of subjectivity, thinks the being of beings in the sense of the will."[21] This determination of the modern subject reaches its apex in Nietzsche, for Heidegger the *Vollender* of Occidental metaphysics, who equates the essence of subjectivity with the will to power.[22]

According to Heidegger, this metaphysical foundation of all representational thought has grave consequences for the modern determination of nature. By rooting the logical possibility of an object *(Gegenstand)* in the "abstract universal," intentional structure of the modern subject's will to power, nature is reduced to lifeless matter without hidden, inner force or possibility in the present.[23] The logi-

---

[19] Heidegger, *NI* 593.
[20] Heidegger, *QCT* 150; *H* 106f.
[21] Heidegger, *H* 239; Cf. *QCT* 88.
[22] Heidegger does not fail to mention that already in the philosophy of Fichte "one finds the absolutization of the Cartesian *cogito*" (*Q* 263, 282).
[23] Heidegger, *BW* 139. In *Der Satz vom Grund,* Heidegger writes: "Vielmehr ist die Gegenständigkeit, die dem Gegenstand den Grund seiner Möglichkeit zureicht, das *antecedens,* das Vorhergehende, das *a priori*" (*SG* 135). In another passage, Heidegger writes: "Die Gegenständlichkeit eignet sich vielmehr den Gegenstand zu, dies jedoch nicht nach-

cal connection between the analytic-synthetic structure of the Cartesian subject and this mechanical determination of nature is drawn by Heidegger in the following passage:

> "With the proposition *cogito sum*, Descartes opened the gate to the essential region of this metaphysically understood domination. The proposition that lifeless nature is *res extensa*, is but the essential consequence of the first proposition. *Sum res cogitans* is the ground, that which lies at the ground, the *subiectum* for the determination of the material world as *res extensa*. ... In the realm of domination of this *subiectum*, the *ens* is no longer *ens creatum*, it is *ens certum: indubitatum, vere cogitatum: 'cogitatio'*."[24]

In light of the dualistic relation of *res cogitans* and *res extensa*, Heidegger can rightfully argue that "now nature is no longer an inner capacity of a body, determining its form of motion and its place. ... Nature is no longer the inner principle out of which the motion of the body follows."[25] Hence, once "the being has become an object of re-presentation, it forfeits being in a certain way."[26]

The categorical reduction of nature to dead matter without inner force, to a lifeless *(leblos)* object *(Gegen-stand)* standing over against the representation of the modern subject, becomes more explicit in the principle of sufficient reason. According to Heidegger, this principle is first introduced in its modern sense by Leibniz.[27] In *What is a Thing?*, Heidegger argues that "with Leibniz there is added the principle of sufficient reason *(Satz vom Grund)*" alongside the "principles which lie in the essence of thinking ..., i.e., the I-principle and the principle of contradiction."[28] The analytic-synthetic structure of the I-principle constitutes the pre-condition for the conceptual determination of an object, but since Kant[29] by no means the sufficient pre-requisite for the scientific explanation of this object as an actually existing, determinate empirical event.[30] In order to scientifically explain

---

träglich, sondern bevor er als Gegenstand erscheint, damit er als solcher erschienen kann. Die kritische Umgrenzung der Gegenständigkeit des Gegenstandes geht deshalb über den Gegenstand hinaus. Allein dieses Hinausgehen über den Gegenstand ist nichts anderes als das Hineingehen in den Bereich der gründenden Grundsätze, in die Subjektivität der Vernunft. Der Überstieg über den Gegenstand zur Gegenständigkeit ist der Einstieg in die Vernunft" (*SG* 133).

[24] Heidegger, *N* II 166.
[25] Heidegger, *BW* 268, 264.
[26] Heidegger, *H* 99.
[27] In the following passage, Heidegger reveals the connection between causality and the notion of *Gegenstand* (object): "Das Wort Gegenstand besagt seit dem 15. Jahrhundert: Widerstand. ... Gegenstand und Vor-stellen: *re-praesentare*. Für einen Zimmerman ist das Holz der Gegenstand, d.h. das 'Wogegen' – wenn er als Ursache wirkt" (*N* II 462).
[28] Heidegger, *WT* 108.
[29] Heidegger, *WT* 184f. For a discussion of the relation between Heidegger and Kant, see Christopher Macann, "Heidegger's Kant Interpretation," in: Christopher Macann (ed.), *Critical Heidegger,* (London: Routledge, 1996), 97 - 120.
[30] In his detailed essay on the relation between Heidegger and Descartes, Jean-Luc Marion mentions the fact that what Heidegger questions in Descartes is "not the *ego cogi-*

empirical reality, one must connect two distinct empirical events according to the principle of sufficient reason; antecedent causal conditions must be linked to consequent effects.[31] In *What is a Thing?*, Heidegger expresses this idea in the following fashion: "The existence *(Dasein)* of an object, whether and that it is present at hand, can never be immediately forced and brought before us *a priori* by a mere representation of its possible existence. We can only infer the existence of an object ... from the relation of the object to others, not by immediately procuring the existence."[32] Thus, Heidegger can write that in the philosophy of Kant, "we do not now take a direct view of the object (sun, warmth, rock) but with regard to the mode of its objectivity *(Gegenständlichkeit)*. This is the respect in which we refer to the object *a priori*, and in advance: as cause and effect."[33] In its formulation as the law of causality, the principle of sufficient reason allows for the scientific explanation of objective processes by synthetically relating two radically heterogeneous events. In Kantian terminology, the synthesis is constructed "without identity."[34]

At the basis of this principle of sufficient reason lies an interpretation of causality, in which a relation of fundamental alterity between the event cause and the event effect pervades nature. Critical insight into this fundamental problem of modern thought was already gained by Hölderlin, Schelling and, most systematically, by the young Hegel in his *Differenzschrift* of 1801.[35] I say problem, for, as a

---

to with regard to the primacy of its cognitive origin but rather the ontological indeterminateness of the *esse*" (J.-L. Marion "Heidegger and Descartes," in: Christopher Macann (ed.), *Critical Heidegger,* [London: Routledge, 1996], 69).

[31] Heidegger, *SG* 135. For the connection of scientific explanation and the law of causality, see Heidegger, *BP* § 76/147.

[32] Heidegger, *WT* 227.

[33] Heidegger, *WT* 178.

[34] I. Kant, *Critique of Pure Reason,* (London: Macmillan, 1968), A7/B10. Heidegger writes of Kant's determination of the relation of the 'altogether different' or non-identity between subject and predicate in all synthetic judgments: "The 'altogether different' is the object. The relation of this 'altogether different' to the concept is the representational putting-along-side *(Beistellen)* of the object in the thinking intuition: synthesis. Only while we enter into this relation and maintain ourselves in it does an object encounter us. The inner possibility of the object, i.e., its essence, is thus co-determined out of the possibility of this relation to it" (Heidegger, *WT* 182).

[35] F. Hölderlin, *"Urteil und Sein,"* in: Friedrich Hölderlin, *Werke Briefe Dokumente,* (München: Winkler Verlag, 1977), 490 - 491; F. W. J. Schelling, *Einleitung zu: Ideen zu einer Philosophie der Natur als Einleitung in das Studium dieser Wissenschaft,* in: F. W. J. Schelling, *Ausgewählte Schriften,* Bd. I, (Frankfurt am Main: Suhrkamp, 1985), 245 - 294; G. W. F. Hegel, *The Difference between Fichte's and Schelling's System of Philosophy,* (Albany: SUNY Press, 1977). In *Heidegger: From Metaphysics to Thought,* Dominique Janicaud makes mention of Heidegger's *Séminaire du Thor* of 1968 on the "austere" *Difference Essay* of Hegel without attempting to expose the fundamental links between Hegel's and Heidegger's parallel critique of modern instrumental rationality (Dominique Janicaud & Jean-Francois Mattéi, *Heidegger: From Metaphysics to Thought,* [Albany: SUNY Press, 1995], 16).

result of this radical heterogeneity embedded in the modern understanding of the law of causality, each individual object or event is in turn categorically deprived of its inner force, stripped of its inner capacity for self-emergence. Nature is divested of its "irreducible spontaneity," its labyrinth of inner potentiality for self-determination; modern scientific explanation *(Erklärung)* of the objective processes of the empirical world functions in strict adherence with the principle of alterior causality. As effects of deterministic laws, natural objects are always passively subject to a controlling cause non-identical with their inner being.[36] What is effected always finds its scientific explanation in a cause categorically "outside" *(außerhalb)* itself, alterior to itself, and "in an Other" *(in einem Anderen)*, upon which it is "dependent" for its existence.[37] In consequence, Heidegger can argue that the Greek determination of φύσις as a "self-fulfilling presencing of that which brings itself forth" into unconcealment is categorically defiled by modern representational thought.[38] The φύσει ὄντα are no longer categorically determined as entities emerging of themselves, as entities being brought-forth out of hiddenness into unconcealedness by their own inner force or possibility; instead, they are understood as effected entities passively dependent on the force of a radical Other: the determining antecedent cause.[39]

In light of this reduction of φύσει ὄντα to lifeless beings divested of hidden inner force, we can readily understand what for Heidegger constitutes the parallel reduction of truth to mere "correctness" *(Richtigkeit)* in modern scientific thought.[40] In his many writings on the subject, Heidegger defines truth by reference to the Greek notion of ἀλήθεια, which he translates as un-concealment *(Unverborgenheit)*.[41] Truth is understood as the revealing, the bringing-forth into light of that which is hitherto concealed. Heidegger is referring here without doubt to the process of actualizing the hitherto hidden potential actually latent in a being.[42] Yet because the truth of a being is grounded in "the concealed of the inexhausted" *(das Verborgene des Unerschöpften)*, i.e., in its still hidden, inexhausted inner possibility, ἀ-λήθεια remains inextricably rooted in λήθη or concealment.[43]

---

[36] Heidegger, *BW* 161; *BP* § 76/147.

[37] Heidegger, *W* 253ff. In his lectures on Schellings *Freiheitsschrift*, Heidegger also discusses the problem of alterior causality by means of the notion of *"außerhalb"* (Heidegger, *S* 135).

[38] Heidegger, *VA* 45.

[39] In contrast to that which is effected in an alterior causal fashion, Heidegger writes, "blooming happens to the rose by emerging in it and disregarding that which could effect this blooming as something Other, namely as cause and condition of this" (Heidegger, *SG* 71).

[40] Heidegger, *BW* 120f.; *BP* § 76/145f.

[41] Heidegger, *BW* 127.

[42] Heidegger formulates the problem of ἐνέργεια in a similar fashion: "With this the decisive question has already become more precisely determined: *How is a capability thought of not only as potential but rather as actually present, although not being actualized*" (Heidegger, *AM* 146).

Hence, Heidegger's paradoxical statement found in the *The Origin of the Work of Art:* "truth, in its essence, is un-truth."[44] As a process of lighting or revealing, ἀλήθεια is simultaneously cohabited by concealment *(λήθη)* of the still inexhausted inner force of a being: "truth is never simply lighting, but presences as concealment just as primordially and fundamentally with lighting. Both, lighting and concealment, are not two, but the presence of one, of the truth itself."[45]

In contrast to the "self-concealing revealing" indicative of the true being of beings, modern science "explains" *(Erklären)* away such hiddenness of the inexhaustible inner force of beings. It does this by placing "the living" *(das Lebendige)* under the "subjugation" *(Botmäßigkeit)* of the law of alterior causality.[46] In "correct" scientific explanations of natural phenomena, modern science reduces the being of beings to the causal relation of one being effecting the present presence of another being.[47] Although such causal propositions of modern science may ensure the correct technological control of beings, the integrity of their "inner principle" is violated. In being correct, modern science denies beings their truth, i.e., the labyrinth of their own inner potentiality hidden in the present or, with Heidegger more simply, being.

The law of alterior causality does not, however, just found the untruthful correctness of modern science; it also grounds the increasingly "violent" character of the technological control over nature and the nature of man. In *What is a Thing?* and in his sundry writings on Aristotle, Heidegger explains this connection between modern science and the violence of modern technology by means of an explanation of the differing understandings of motion given in Greek antiquity and modernity.[48] According to Heidegger, for Aristotle the motion of a body is evoked by the ἀρχή. The term ἀρχή initially carried two different meanings. On the one hand, "ἀρχή means that from where something takes its origin *(Ausgang)* and beginning *(Anfang)*; on the other hand, however, that which as this origin and beginning simultaneously anticipates and so contains and thereby dominates the Other *(das Andere)* which proceeds from it."[49] Central for Heidegger's interpretation of Aristotle is the fact that in the motion of φύσει ὄντα the Other proceeding from ἀρχή is not a radical Other, but the Other of itself. In contrast to the lifeless matter reflected in the Cartesian conception of causality, φύσει ὄντα emerge – in a process of γένησις – from out of their own hitherto hidden inner force, i.e., from out of the Other within.[50] In this light Heidegger can write that "φύσις is ἀρχή,

---

[43] Heidegger, *WBP* 299; 268.
[44] Heidegger, *OWA* 176.
[45] Heidegger, *BP* § 225/349.
[46] Heidegger, *BP* § 76/147.
[47] See Heidegger, *BP* § 159/282.
[48] In *The Origin of the Work of Art*, the notion of violence also plays a role in Heidegger's critique of Western rationality (Heidegger, *BW* 155 f.).
[49] Heidegger, *W* 245.

and indeed as origin of and ordering control over motility and rest and of something moved, which has the ἀρχή in itself. ... Their being-moved (of plants and animals) is such that the origin of, ἀρχή, the ordering control over motility, rules in itself."[51] In the processes of change *(μεταβολή)* in φύσις there is without doubt "transition of something *(ἔκ τινος)* into something else *(εἴς τι)*"; but we first capture the essential meaning of change *(μεταβολή)*, as it is thought in the Greek manner, Heidegger explains, "when we take into consideration that in the transition something hitherto concealed *(Verborgenes)* and absent *(Abwesendes)* comes to appearance. ... φύσις is ἀρχὴ κινήσεως – beginning ordering control over the transition in such a way that every thing in transition has this ordering control in itself *(in ihm selbst)*."[52] Heidegger identifies such φύσις, as this "self-fulfilling presencing of that which brings itself forth," with the term *Gewächse* or things of growth.[53] The motion of *Gewächse* is "natural" because it finds its basis "in the nature of the body itself, in its essence, in its most proper being."[54]

In contrast to *Gewächse,* there are also the products of τέχνη which Heidegger terms *das Gemächte* or the machinated.[55] Etymologically, *Gemächte* is derived from the verb *machen,* to make, and the substantive *Machenschaft,* machination. This is a notion Heidegger uses in his *Beiträge zur Philosophie* to critically describe the destructive nature of modern technology.[56] As a product of "τέχνη," Heidegger argues, "the *Gemächte* does not have the ἀρχή of its motility and therefore also of its rest of being finished and completed in itself, but instead in an Other *(in einem Anderen),* in the ἀρχιτέκτων, in that person who controls the τέχνη as ἀρχή. Therewith we would have its differentiation from φύσει ὄντα fulfilled, which are called such because they do not have the ἀρχή of their motility in

---

[50] See Heidegger, *W* 289f.

[51] *Ibid.,* 246. Elsewhere Heidegger writes: "φύσις is the originating ordering control *(ἀρχή)* over motility of a being moved in itself" (Heidegger, *W* 264).

[52] Heidegger, *W* 247f. Heidegger also writes: "Motion, in general, is *μεταβολή,* the alteration of something into something else" (Heidegger, *BW* 260).

[53] Heidegger, *VA* 45.

[54] Heidegger, *BW* 262.

[55] Heidegger, *W* 249. These arguments seem to contradict Heidegger's assertion in *The Question Concerning Technology,* in which he defines φύσις as the highest form of ποίησις (Heidegger, *BW* 293). I will not attempt to trace here the differing, potentially contradictory determinations Heidegger has made on the nature of φύσις and ποίησις. Helpful in this context is the detailed study of the notion of ποίησις (and πρᾶξις) in the philosophy of Heidegger by Bernasconi (Robert Bernasconi, "The Fate of the Distinction between Πρᾶξις and Ποίησις," in *Heidegger Studies,* vol. II, (1986), 111 - 139).

[56] Heidegger, *BP* § 64f./130f. In *An Introduction to Metaphysics,* Heidegger evaluates the connection between violence and the machinations of τέχνη in a different light: "The power *(Gewalt),* the powerful *(Gewaltige),* in which the act of the violent one *(Gewalttätige)* moves, is the entire scope of the machination *(Machenschaft),* τὸ μαχανόεν, entrusted to him. We do not take the word 'machination' in a disparaging sense. We have in mind something essential that is disclosed to us in the Greek word τέχνη (*IM* 158f.; *EM* 121f.).

an other being, but instead in a being which they are themselves."[57] Underlying this discussion is of course the notion of alterior causality. Its application reduces the real object from a self-emerging being to a lifeless entity dependent on the force of a radical Other: "The real is now the resulting. The result is brought about by means of a thing which precedes it, through the cause *(causa)*. The real appears now in the light of the causality of the *causa efficiens*."[58]

Most important, however, is the fact that when a body is subject to an external force, for Aristotle the resulting motion is violent.[59] In *What is a Thing?*, Heidegger discusses Aristotle's unequivocal link between alterior causality and violent motion: "With Aristotle, ... 'force', δύναμις, the capacity for its motion, lies in the nature of the body itself. ... A motion contrary to nature, i.e., violent motion, has its cause in the force that affects it."[60] In order to highlight this point, Heidegger provides the following example: "When a body moves toward its place this motion accords with nature, κατὰ φύσιν. A rock falls down to the earth. However, if a rock is thrown upward by a sling, this motion is essentially against the nature of the rock, παρὰ φύσιν. All motions against nature are βίαι, violent."[61] Because in violent motion the individual being is not moved by its own hitherto hidden inner force, but instead by the force of an alterior being, the being of the forced being is coercively repressed. Hence, Heidegger can state in his *Beiträge zur Philosophie*: "*Power (Macht)* – the *securing* of control over the possibilities of violence *(Gewaltmöglichkeiten)*. As securing it always stands in relation to a oppos-

---

[57] Heidegger, *W* 250.

[58] Heidegger, *VA* 46. According to Heidegger, the mechanically successive temporal nature of alterior causality is first articulated fully by Kant: "Lastly, the series of cause-effect relations comes to prominence as succession and therewith the temporal process. Kant recognizes causality as a rule of temporal succession" (Heidegger, *VA* 46f.).

[59] For a recent discussion of the relation between Heidegger's critique of the violent nature of Occidental metaphysics and his conception of ethics, see Joanna Hodge, *Heidegger and Ethics*, (London: Routledge, 1995), 165ff.

[60] Heidegger, *WT* 85; *BW* 261f. In his *Nicomachean Ethics*, Aristotle sees βίᾳ (compulsion, force, violence, or in German *Gewalt*) in every act, in which the cause of the human act is "outside" or "from without" of the individual moved and the individual contributes nothing: "What kind of acts, then, should be called 'compulsory' *(βίαια)*? Used without qualification, perhaps this term applies to any case where the cause is in things outside the agent and the agent contributes nothing. ... It appears therefore that an act is compulsory *(βίαιον)* when its origin *(ἀρχή)* is from outside, the person compelled contributing nothing to it" (Aristotle, *Nicomachean Ethics*, [Cambridge: Harvard UPress, 1990], 1110b10 - 12).

[61] Heidegger, *WT* 84; *BW* 260. In his *Physics*, Aristotle writes: "Every motion must be either natural or forced *(κίνησις ἢ βίᾳ ἢ κατὰ φύσιν)*, and there can be no such thing as forced movement if there is no natural movement (for forced movement is movement counter to that which is natural, and the unnatural presupposes the natural)" (Aristotle, *Physics*, [Cambridge: Harvard UPress, 1993], 215a2 - 4). This identification of violence with actions "contrary to nature" can also be found in Plato's *Timaeus*. Cf. Plato, *Timaeus*, (64d), in: Plato, *The Collected Dialogues of Plato*, (Princeton: Princeton UPress, 1989).

ing power and is therefore never an origin. ... In all circumstances where beings should be changed through *(durch)* beings (not from out of the being *(Seyn)*), violence *(Gewalt)* is required. Every act is an act of violence, such that here violence is dominated by power."[62]

One could think here that with this differentiation between the natural self-emerging of *Gewächse* and the violence linked to the *Gemächte* Heidegger is simply reiterating the long-standing Hegelian distinction between the organic and the mechanical. But such an assertion would contradict Heidegger's own comments. For the "self-fulfilling presencing of that which brings itself forth" or φύσις is not to be equated with the organic. In contradistinction, the organic is a conceptualization of beings, which understands individual entities as mechanically self-made; for Heidegger, the organic is thus but "a purely modern, mechanical-technical notion, according to which the *Gewächs* is interpreted as a self-making *Gemächte*. ... Yet in every made object *(Gemachten)* the origin of the making is 'outside' *(außerhalb)* of the made object *(Gemachten)*; seen from this the ἀρχή is always instituted first from alongside *(beiher mit ein)*."[63]

In order to avoid all reductive interpretation of "φύσις as self-production *(Selbstherstellung)* and the φύσει ὄντα merely as a special kind of *Gemächte*," Heidegger argues that Aristotle introduced the notion of καθ' αὐτό, meaning "according to itself."[64] In contrast to φύσει ὄντα, all modern organic self-making remains but a *Gemächte*, for even though the ἀρχή is now in the individual thing *(ἐν ἑαυτῷ)*, the ἀρχή is not according to itself *(καθ' αὐτόν)*. To highlight this vital distinction made by Aristotle, Heidegger uses the following example:

"The doctor has the ἀρχή of healing in himself *(ἐν ἑαυτῷ)*, but not according to himself *(καθ' αὐτόν)*, as far as he is a doctor. Being a doctor is not the ordering control over healing, but instead being a human and this only in so far as the human is a living being *(ζῷον)*, which only lives by physically being. ... The healthy, resisting nature is the actual origin and control over the healing; without this, all doctoring (of the self or of others) remains useless."[65]

If we view health as something technically producible in the sense of a *Gemächte*, according to Heidegger we misunderstand the nature and integrity of human existence:

"assuming that the doctor cures himself, what has taken place is merely that the medical art has supported and directed φύσις in a better fashion. Τέχνη can only co-operate with φύσις, can more or less promote health; as τέχνη the medical art can never replace φύσις and thus become the ἀρχή of health in the place of φύσις. This would only be true, if life as such would become a technically producible machinated object *(Gemächte)*, but in the same moment there would then no longer be health, just as little

---

[62] Heidegger, *BP* § 159/282.
[63] Heidegger, *W* 253; see also *BP* § 76/155.
[64] Heidegger, *W* 253; *BP* § 76/155.
[65] Heidegger, *W* 254.

as their would be birth and death. In the meantime, it looks as if modern humanity is rushing toward this goal: that man can technically produce himself."[66]

With the rise of the modern scientific enterprise, Heidegger writes, the "difference between natural and against nature, i.e., violent, is ... eliminated; the βία, violence, is as force only a measure of the change of motion and is no longer special in kind."[67] The alterior causal knowledge of modern science does not just increasingly reduce all φύσις to either an externally-produced or self-produced kind of *Gemächte;* it also institutionalizes this violence on an ever more universal scope in modernity. The predominance of modern representational thought casts itself in the ever more pervasive technological control over nature and the nature of man. In doing so, beings are robbed of their hidden inner possibility, of being: "By violence and on the basis of this suffered violence something does not have what according to its nature it could and should have."[68] Yet it must not be forgotten that for Heidegger the result of the violently repressive "ordered mobilization" of human life in modernity is neither order, nor free movement, but the anarchical "arbitrariness" of things in the *perpetuum quietum* of modern life.[69] Instead of repressive control leading to qualitatively intensified movement of beings, the opposite is paradoxically the result: through the total technological mobilization of the modern world the true kinetic nature of life must ultimately come to a standstill: "according to its motion, the body, driven forcibly, must withdraw from this power, and since the body itself does not bring with it any basis for this violent motion, its motion must necessarily become slower and finally stop."[70]

## III. Heidegger's *Traum*
## Letting Beings Be, Nonviolence and the Mystery of Being

In light of his critique of Western metaphysics and the increasingly violent technological domination it engenders in modernity, Heidegger sought to formulate a set of alternative strategies for the renewal of the *geistigen und sittlichen Kräfte* of the people in a *Volksreligion* (Gadamer), pious toward the "mystery of being." They are articulated in his many studies on art, poetry and language beginning in the mid-1930s, as well as in his writings on the *Sittenhafte, ἦθος*, dwelling *(Wohnen)* and usage *(Brauch)* drafted between the mid-1930s and early 1950s.

---

[66] *Ibid.*, 255.

[67] Heidegger, *BW* 264.

[68] Heidegger, *AM* 92. Heidegger's conviction that the being of beings, i.e., φύσις, would reassert itself against the repression of τέχνη is documented in the following passage from *An Introduction to Metaphysics:* "Violence against the preponderant power of being must shatter against being, if being rules in its essence, as φύσις, as emerging power" (Heidegger, *EM* 124).

[69] Heidegger, *EP* 106; *BP* § 14/38.

[70] Heidegger, *BW* 261 f.

The conceptual basis for all these alternatives may be found in his essay *On the Essence of Truth,* completed already in 1930. In this essay, Heidegger not only opposes the "empty generality of the abstract universality" found in modern representational thinking with a concrete "comportment" *(Verhalten)* to beings found in "freedom"; in contrast to the modern determination of nature as lifeless matter, he also reasserts an understanding of nature as φύσις. Lastly, instead of the repressive rationality of modern science and technology nihilistically threatening the integrity of beings, Heidegger opens the way toward a relation of man to his environment without such violence by "letting beings be."[71] In this way, Heidegger aims to overcome the nihilistic abandonment of being pervasive in modernity.[72]

As we have seen, modern metaphysics is characterized by the analytic-synthetic structure of representational thinking, whose principles include the *cogito-sum* and the law of contradiction. The truth of scientific statements is said to be given in the certainty of the self-knowing subject, who posits the "abstract universality" of an *a priori* analytic concept. In the face of the threatening heterogeneity of the natural environment, the modern subject postulates the abstract homogeneity of objects in an attempt to bring order into chaos. In this analytic-synthetic structure of modern representational thinking the modern subject's will to dominate is already manifest. Yet by placing the logical possibility of the object of representation in the *a priori* analytic judgments of the modern will to knowledge, the being of the object represented is forfeited. The truth of the object is rooted in the empty generality of the analytic concepts. Although when linked with the modern law of alterior causality such representational thinking forms the basis for the "correct" technological manipulation of beings, their essential truth is shrouded: the being of beings falls into oblivion.

If the modern will to power leads to the increasingly violent repression of natural motion, then for Heidegger true freedom must rest in thwarting this fundamentally destructive will. Thus, true freedom can be first achieved through the renunciation of this very will to power predominating in modern science and technology.[73] In order to overcome the nihilism of modern thought, the analytic-synthetic structure reflective of the modern will to power must itself be relativized. This relativization takes place when the "ground of the inner possibility of correctness" is revealed as a concrete comportment to beings grounded in "freedom."[74] Heidegger explains this in the following passage:

---

[71] *Ibid.,* 127.

[72] *Ibid.,* 137.

[73] For an insightful discussion of the relation of phenomenological openness to the "anti-voluntarism" of Heidegger, see Klaus Held, "Heidegger and the Principle of Phenomenology," in: C. Macann, *Martin Heidegger: Critical Assessments,* vol. II, (London: Routledge, 1992), 313f.

[74] Heidegger, *BW* 127.

"To represent here means to let the thing stand opposed as object. As thus placed, what stands opposed must traverse an open field of opposedness *(Entgegen)* and nevertheless must maintain its stand as a thing and show itself as something withstanding *(ein Ständiges)*. This appearing of the thing in traversing a field of opposedness takes place within an open region, the openness of which is not first created by the representing but rather is only entered into and taken over as a domain of relatedness. The relation of the representative statement to the thing is the accomplishment of that bearing *(Verhältnis)* which originally and always comes to prevail as a comportment *(Verhalten).*"[75]

Crucial for an understanding of Heidegger here is the fact that this concrete comportment ontologically prior to representation explodes the abstract analytic-synthetic structure of the will to power. Instead of obstinately demanding the rigid application of any pre-determined, self-same analytic identity to the heterogeneous objects, the practical comportment of the individual now involves a "standing in the open region, it adheres to something opened up *as such.*"[76] The objects of the world are no longer subjected to the abstract homogeneity of the self-securing individual; in reverse fashion, this empty, fixed analytic-synthetic structure is now to be subordinated to beings as they appear in their self-emerging capacity. Heidegger makes this crucial point plain when he writes: Residing in this open region of comportment "can occur only if beings present themselves along with the representative statement so that the latter subordinates itself to the directive that it speak of beings *such-as* they are."[77]

The pre-condition to comport in a way which at once supersedes the "closed" analytic-synthetic structure of the self-securing subject and also opens it up for beings as they reveal themselves is the freedom of man. For Heidegger, it is a "freedom for what is opened up in an open region. ... That which is opened up, to which a representative *(vorstellendes)* statement as correct corresponds, are beings opened up in an open comportment. Freedom for what is opened up in an open region lets beings be the beings they are. Freedom now reveals itself as letting beings be."[78] As an act of freedom, letting beings be should in no way be interpreted as a form of passive neglect or indifference. According to Heidegger, it implies instead the very "opposite"; namely, the active "engagement" of "oneself with beings."[79] In *The Origin of the Work of Art*, Heidegger writes: "To let a being be as it is – represents the opposite of the indifference that simply turns its back upon the being itself. ... We ought to turn toward the being, think about it in regard to its being, but by means of thinking at the same time let it rest upon itself in its very own essence."[80] Freedom thus involves a form of active human comportment to beings, in which their hidden inner potentiality or, better, their being is

---

[75] *Ibid.*, 123 f.
[76] *Ibid.*, 124.
[77] *Ibid.*, 124.
[78] *Ibid.*, 127.
[79] *Ibid.*, 127.
[80] *Ibid.*, 161.

no longer "covered up and distorted" by the analytic-synthetic structure of the self-securing subject; instead, "in the face of beings" the subject now "withdraws" from the "closed" structure of representational thinking. In this way, the subject can then open itself up to the hidden possibility of beings as they "reveal themselves with respect to what and how they are and in order that representative *(vorstellende)* correspondence might take its standard from them."[81] Hence, the criterion of representative thinking is no longer simply the "empty" analytic-synthetic structure of the will to knowledge but the object itself as it reveals itself "in regard to its being."[82]

By "exposing" oneself to the hitherto hidden labyrinth of beings, not only does the closed subject now become "ek-sistent, disclosive Dasein"; the understanding of nature itself is also radically altered.[83] Nature is no longer simply defined according to the law of alterior causality as lifeless matter divested of all hidden inner force or being; instead, by letting beings be in the way they actively reveal themselves out of their own hidden inner possibility, ek-sistent Dasein becomes "attuned" to "beings as a whole."[84] In this fashion, nature "reveals itself as φύσις," shows itself as the "emerging presencing *(aufgehendes Anwesen)*" of itself.[85] The ἀλήθεια of these beings as φύσις thus remains inextricably rooted in λήθη, in the "inexhausted of the concealed."[86]

By opposing the alterior causal knowledge of modern science and the forms of violent technology it spawns, Heidegger believed that a freer modus of human motion could arise to renew the *geistige und sittliche Kraft* of the people. His discussions of the *Sittenhaften* in *An Introduction to Metaphysics* (1935), of ἦθος in *Letter on Humanism* (1946), of dwelling *(Wohnen)* in *Building Dwelling Thinking* (1951), and of usage *(Brauch)* in *The Anaximander Fragment* (1946) and *What is Called Thinking?* (1951/2) all reflect an attempt to formulate a freer relation of man to being without the violence of modern metaphysics. I cannot discuss in any detail the development of these notions here. A more exact study of the role they play as alternatives to the increasingly violent appropriation of nature and the nature of man by modern science and technology would demand a series of separate studies. More careful consideration would have to be given to the ineluctable role the "violence of knowledge" manifest in τέχνη continues to play for Heidegger in the history of being as such, in the constitution of all human his-

---

[81] *Ibid.*, 128, 133.

[82] Here, of course, we find reflected the fundamental imperative of Heidegger's phenomenological method: "to the things themselves" or "to let that which shows itself be seen from itself in the very way in which it shows itself from itself" (Heidegger, *BT* 50, 58).

[83] Heidegger, *BW* 129.

[84] *Ibid.*, 129, 131.

[85] *Ibid.*, 129, 131.

[86] *Ibid.*, 132f.

tory.[87] But what can be mentioned here, by way of conclusion, is that common to all these notions is a type of human behavior which "lets beings be" as they are in their "essence." By letting beings be as they emerge of themselves, the motion of these beings is not simply to be violently compelled by a force of interest alterior to it, but instead is to be cultivated in accordance with their ownmost inner capacity.[88] This is to be true not only for man's "usage" *(Brauch)* of objects, nor simply of man's "dwelling" *(Wohnen)*, but also of the ethical relation of man to man in the human community. By sponsoring such forms of human behavior Heidegger did not, however, simply expect the more uninhibited motion of beings to flourish; more specifically, he believed that the arbitrary "dispersal of the I, you and we" and the "slavery of the accidental" in modern life resulting from the increasingly violent repression of the being of beings would be mitigated in a new human ethos. Rooted in the "truth of being," such an ethos would provide man with a "hold" *(Halt)* or basis for conduct not to be found in any "rules" "fabricated by human reason."[89] It was only in such freer forms of human behavior beyond the fabrications of human reason that Heidegger could imagine his *Traum* of a new *Volksreligion* fulfilled.

---

[87] By way of an interpretation of Sophocles' *Antigone*, in *An Introduction to Metaphysics* Heidegger argues that man's "strangeness" (δεινὸν, *das Unheimliche*) is rooted in an ineluctable ontological antagonism of forces between the "overpowering order" *(Überwältigendem Fug)* of δίκη found in φύσις and the "violence of knowledge" *(Gewalt-tätigkeit des Wissens)* given in τέχνη. Their reciprocal relation is the happening of strangeness, in which history finds its fateful course (Heidegger, *IM* 146f.; *EM* 112f.). Thus, Derrida is certainly correct when he states not only that the "thought of being (is) as close as possible to nonviolence" but, furthermore, that "in its unveiling. ... the thought of being is never foreign to a certain violence." Nevertheless, the fact that in this context Derrida seems to concentrate solely on *An Introduction to Metaphysics* and does not at all discuss the Heideggerian notions of *das Sittenhafte*, ἦθος, *Brauch, Wohnen,* or even the "work of art" may lead to an underestimation of the seriousness, with which one can argue Heidegger attempted to dream the dream of nonviolent history, of a history without history or, in other words, of a history beyond that of 'human reason' (Jacques Derrida, "Violence and Metaphysics: An Essay on the Thought of Emmanuel Levinas," in: Jacques Derrida, *Writing and Difference*, [Chicago: UChicago Press, 1978], 146f.). See also Joanna Hodge, *Heidegger and Ethics*, (London: Routledge, 1995), 165f.

[88] In *The Origin of the Work of Art*, Heidegger makes the connection between nonviolence and openness to letting beings be clear in the following passage: "This multiple thrusting (of an artwork) is nothing violent *(nichts Gewaltsames)*, for the more purely the work is itself transported into the openness of beings – an openness opened by itself – the more simply does it transport us into this openness and thus at the same time transport us out of the realm of the ordinary" (Heidegger, *BW* 183; *H* 52).

[89] Heidegger, *BP* § 14/38; § 99/194; § 197/321; *BW* 239.

**Abbreviations:**

References to Heidegger's works are from the following English and German editions:

AM   *Aristotle's Metaphysics θ 1 - 3: On the Essence and Actuality of Force*, (Bloomington: Indiana UPress, 1995).

BP   *Beiträge zur Philosophie (Vom Ereignis)*, Bd. 65, (Frankfurt am Main: Vittorio Klostermann Verlag, 1989).

BT   *Being and Time*, (San Francisco/New York: Harper & Row Pub., 1962).

BW   *Basic Writings*, (New York: Harper & Row Pub., 1977).

EM   *Einführung in die Metaphysik*, (Tübingen: Max Niemeyer Verlag, 1987).

EP   *The End of Philosophy*, (New York: Harper & Row Pub., 1973).

IM   *An Introduction to Metaphysics*, (New Haven: Yale UPress, 1959).

H    *Holzwege*, (Frankfurt am Main: Vittorio Klostermann Verlag, 1980).

N    *Nietzsche*, vol. I & II, (Pfullingen: Neske Verlag, 1989).

Q    *Questions IV*, (Paris, 1976).

QCT  *The Question Concerning Technology and Other Essays*, (New York: Harper and Row Pub., 1977).

SG   *Der Satz vom Grund*, (Pfullingen: Neske Verlag, 1986).

S    *Schellings Abhandlung Über das Wesen der menschlichen Freiheit*, (Tübingen: Max Niemeyer Verlag, 1971).

VA   *Vorträge und Aufsätze*, (Pfullingen: Neske Verlag, 1969).

W    *Wegmarken*, (Frankfurt am Main: Vittorio Klostermann Verlag, 1978).

WT   *What is a Thing?*, (Chicago: Henry Regnery Co., 1967).

# La Sigétique

Daniel Panis

## I. Déclaration de principe sur la "profusion"

Alors même qu'en cette fin de XX$^{ème}$ siècle, on n'a cessé de disserter sur la fin de la philosophie – je dis bien: "on" n'a cessé de concevoir hâtivement la fin de la philosophie comme la suppression d'une recherche considérée comme foncièrement inutile ou superflue –, la profusion d'une "littérature" philosophique est contradictoirement étonnante. Étonnante (en apparence seulement) est aussi la manière dont le terme "philosophie" y est le plus souvent entendu: tout se passe comme si les auteurs oubliaient qu'ils parlent grec dès qu'ils emploient ce terme. La φιλο-σοφία dit d'elle-même ce qui constitue sa propre tâche et ce qu'elle a érigé en affaire personnelle: 1) tension vers 2) le savoir le plus fondamental et le plus originel possible (ou impossible), le savoir du Fond originel et de l'Origine fondatrice. Cet oubli du Grec explique la profusion d'une littérature dite philosophique. La Philosophie n'est pas une quelconque méthode de réflexion applicable à divers objets ou à divers domaines. A *proprement* parler, il n'y a pas de philosophie *de*. Il est tout à fait contraire à la *lettre* de la Philosophie d'avoir inventé la philosophie des sciences, la philosophie de l'art, la philosophie du droit, la philosophie du langage, la philosophie de la religion, la philosophie morale, la philosophie politique. Ne pas tenir compte de ce principe permet la profusion d'une littérature dite philosophique. Cette considération n'a pas la nature d'un jugement négatif sur l'intérêt relatif de ce qui se professe ou de ce qui s'imprime dans ces "matières", mais elle en conteste l'appellation rigoureuse de *philosophique*. D'autre part, elle vise à mettre en évidence l'opposition entre la profusion de la "philosophie de …" et la parcimonie de la parole dans la première pensée grecque, celle où le mot même de σοφία n'est pas vu comme nécessaire. La philosophie platonicienne, quant à elle, commence déjà à développer une profusion discursive dans laquelle interfèrent le récit mythique et l'argumentation purement logique[1]. Mais avant cette forme suprême de bavardage que représente la narration mythique se cache peut-être une forme extrême de silence pensif. Avant cette forme sophistiquée d'argumentation qu'élabore la logique classique faut-il peut-être découvrir une forme originelle de langage. Ce langage – et plus encore ce

---

[1] Voir, sur ce point, J. F. Mattéi, *Platon et le miroir du mythe. De l'âge d'or à l'Atlantide*, Paris, P.U.F., 1996.

silence – ne peuvent en aucune façon devenir l'objet de la linguistique. S'il faut penser les origines de la parole et du silence, il faut d'abord mettre en jeu, avant toute logistique et toute sémantique, une approche différente de ces phénomènes – approche différente, différente et non pas virulente à l'égard des autres approches mais peut-être en mesure de faire *époque,* ce qui veut dire, ici, de laisser exister *autrement.*

## II. De la sigétique

Dans son *Dictionnaire de la langue française,* Littré indique, pour le substantif féminin "sigé": "Littéralement. Le silence, un des deux principes qui constituent le dualisme valentinien." Penser le silence, penser la parole silencieuse avant la parole prononcée, cela pourrait s'appeler la *sigétique.*

Au n° 37 des *Beiträge zur Philosophie (Vom Ereignis)*[2] est nommée *die Sigetik.* Ce vocable insolite, qui naît sous la plume de Heidegger dans le grand traité rédigé entre 1936 et 1938, doit être directement relié au grec σιγᾶν, *das Erschweigen.*

Comme le remarque opportunément H. Crétella, dans son étude intitulée *Staurologie*[3], cette pensée du silence est déjà en place une dizaine d'années plus tôt dans *Être et temps.* Il observe en effet que, lors de l'entretien d'*Acheminement vers la parole*[4], Heidegger recommande de se reporter, pour déjà appréhender cette pensée, au paragraphe 34 de *Être et temps.* Il est opportun, pour cerner toute cette problématique, de citer certains passages essentiels de ce paragraphe. Heidegger écrit notamment ceci: "A la langue parlée appartiennent comme possibilités l'*écoute* et le *silence.* Ce n'est que par ces phénomènes que s'éclaire pleinement la fonction constitutive de la parole pour l'existentialité de l'existence (...). C'est le même soubassement existential qu'a une autre possibilité essentielle de la parole, le *silence.* Qui se tait dans la conversation peut beaucoup mieux donner à entendre, c'est-à-dire accroître l'entente, que celui qui n'est jamais à court de parole. Quand il est abondamment parlé sur quelque chose, cela ne garantit en rien que l'entente s'en trouve davantage établie (...). Ce n'est que dans le parler à l'état pur qu'est possible un silence digne de ce nom. Pour pouvoir se taire, l'être le Là doit avoir quelque chose à dire ..."[5]

"Avoir quelque chose à dire": à cet endroit du texte, relativement à ce "quelque chose à dire", une apostille de l'exemplaire de Todtnauberg précise: "Et ce qui est-à-dire? (l'être)." Bref, *das Schweigen,* le fait de se taire ou d'établir un certain

---

[2] Heidegger, GA 65, Frankfurt a.M., Vittorio Klostermann, 1989, p. 78.
[3] *Études heideggeriennes,* n° 9, 1993, p. 74. Sur ce problème, voir aussi F.-W. von Herrmann, *Subjekt und Dasein,* Frankfurt a.M., Vittorio Klostermann[2], 1985.
[4] Trad. fr. F. Fédier, Paris, Gallimard, 1976, p. 127. GA 12, p. 130.
[5] Trad. fr. F. Vezin, Paris, Gallimard, 1986, p. 208 et p. 211. GA 2, p. 161 et pp. 164 - 165.

silence n'équivaut pas à ne rien dire mais très rigoureusement à dire l'être. Dans son extrême brièveté, l'apostille précise que, dès 1927, le silence existentialement déterminé a le sens de la diction de l'être. Cette diction de l'être pourrait-elle donc revêtir la forme d'une méditation silencieuse, telle est bien la question à laquelle il faut répondre mais non sans étudier d'autres analyses du Silence afin de délimiter au mieux cette forme de méditation.

Dans *Être et temps,* il importe de remarquer l'emploi du verbe substantivé *das Schweigen* alors que dix années plus tard, dans les *Apports à la philosophie,* Heidegger parle de *das Erschweigen.* Ce verbe substantivé, tout comme le substantif *Erschweigung* (qui entre dans le titre du n° 37 du tome 65), sont, à ma connaissance, absents des dictionnaires allemands. Il est vrai que Heidegger ne boude pas les néologismes, déjà par ceci que le n° 37 du tome 65 a pour titre complet: *Das Seyn und seine Erschweigung (die Sigetik).* La "sigétique": il faut à présent expliciter ce terme à partir de l'écrit où il apparaît, c'est-à-dire proposer une traduction interprétative partielle du n° 37 en question. Celle-ci ne sera peut-être pas identique à la traduction que prépare François Fédier[6]. Mais pour définir une pensée du silence propre à la méditation heideggerienne et pour déterminer ce vers quoi ce silence existential fait signe, il faut bien tenter une première exégèse de cette "locution savante" *(fremdwortliche Rede)* de sigétique.

Il importe d'abord de traduire le titre: *Das Seyn und seine Erschweigung (die Sigetik). Das Seyn:* dans le tome 65, Heidegger distingue à de nombreuses reprises *das Sein* et *das Seyn. Sein* correspond bien entendu au verbe français "être". Il faudra donc, en vue de marquer la distinction, trouver pour *Seyn* un autre mot français et je pense que Gérard Guest apporte une suggestion qui mérite d'être retenue. Il écrit en effet ceci: "Si *sein* et *das Sein* (...) doivent être traduits en français tout simplement par le verbe "être" et par l'infinitif substantivé "l'être", il fallait encore tenter de rendre l'orthographie ancienne *seyn, das Seyn* (...) à laquelle Heidegger fait appel à l'époque des *Beiträge.* Il a donc fallu recourir à l'orthographie ancienne de *être* en français, soit *estre* (prononcer: *être*), usuelle dans la langue de Montaigne et jusque dans la langue classique."[7]

Puisque Montaigne n'a point hésité à parler de l'estre, traduisons en français le n° 37 des *Apports à la philosophie* en disant: *L'estre et sa mise en parole sur le mode du silence (la sigétique).* "Mise en parole sur le mode du silence" est évidemment aussi une interprétation déterminée de l'infinitif substantivé *Erschweigung* qu'il n'est pas permis de rendre simplement par "silence" *(das Schweigen).* J'ai signalé plus haut que ce terme est celui de *Être et temps* au paragraphe 34. J'émets l'hypothèse que le néologisme introduit en 1936 - 1938 vise, par rapport à 1927, à

---

[6] Voir, sur le problème de la traduction interprétative entière du tome 65: F. Fédier, "Traduire les *Beiträge* ...", dans *Regarder voir,* Paris, Les Belles Lettres, 1995, pp. 83 - 117.

[7] G. Guest, *L'aîtrée de l'être,* dans les *Cahiers philosophiques,* Centre national de documentation pédagogique, n° 41, 1989, p. 31.

bien faire comprendre que ce silence n'est pas le mutisme de celui qui n'a strictement rien à dire. L'estre, au contraire, a besoin d'une mise en parole mais d'une parole qui se produise de telle façon qu'il ne soit pas dit comme quelque chose qui est: cette parole insigne doit donc laisser l'estre en silence.

Mais il faut à présent suivre pas à pas Heidegger dans le n° 37 des *Apports à la philosophie*.

La question fondamentale, déclare comme entrée en matière Heidegger, s'énonce: *wie west das Seyn?* "Comment l'estre être-t-il?" Une remarque incidente s'impose ici à propos de *west* puisque Heidegger n'écrit pas: *wie ist das Seyn?*, ce qu'il serait alors légitime de rendre par "comment est l'estre?" Il faut donc justifier l'introduction audacieuse d'un nouveau verbe: *êtrer*. Voici: il est normal de dire d'une chose étant là qu'elle est là comme ceci ou comme cela. Mais de l'estre lui-même, qui n'est aucune chose étant là, il n'est plus adéquat de demander comment il est. L'étant là est; l'estre n'est pas (car ce serait alors de l'étant) mais il être *(idem* pour un événement, dont on dit qu'il "se produit", alors que l'évenir "évient"). Sans répondre immédiatement à la question inaugurale du n° 37, Heidegger poursuit: la mise en parole sur le mode du silence est la loi prudente de se taire tout en parlant (σιγᾶν). Et il ajoute que cette mise en parole silencieuse est la "logique" de la philosophie pour autant que celle-ci pose la question fondamentale à partir de l'autre commencement. Résumons: quelques lignes plus loin, Heidegger écrit: *Das Wesen der "Logik" ist daher die Sigetik*. La sigétique est donc l'appellation de la logique essentielle et non dérivée, celle des origines de la philosophie quand celle-ci pose *la* question fondamentale de savoir comment l'estre être. La sigétique "cherche la vérité de l'*aîtrée de l'estre* et cette vérité est l'obscurité (le secret) – faisant signe-demandant de s'accorder à elle – de l'évenir (le refus hésitant)."[8]

Cette traduction appelle évidemment quelques explications qui ne seront peut-être pas suffisantes mais qui, à ce point de l'analyse, paraissent nécessaires.

1. Comment rendre en français l'allemand *Wesung?* Sur ce point, je renvoie encore une fois à l'étude de G. Guest précisément intitulée: *L'aîtrée de l'être*. Sur le mot "aîtrée", voici ce que G. Guest explicite: "Nous sommes partis de la certitude que la *Wesung* doit désigner un mouvement ou un processus auquel seul *'l'estre'* doit pouvoir 'donner lieu' comme à ce qui lui est son 'Événement' propre (l'*Ereignis*)."[9] Il serait trop long de citer ici les pertinentes élucidations données par l'auteur à propos de la traduction de *Wesung* par "aîtrée". Mais il est clair que *Wesung* ne peut se ramener tout simplement à *Wesen*, c'est-à-dire à ce qu'il est convenu de traduire par "essence", ce terme qui est lui-même la traduction de

---

[8] GA 65, p. 78: *"Sie sucht die* Wahrheit der Wesung *des Seyns, und diese Wahrheit ist die winkend-anklingende Verborgenheit (das Geheimnis) des Ereignisses (die zögernde Versagung).*"

[9] *Art. cit.*, p. 40

l'*essentia* scolastique, celle dont Heidegger cherche précisément à cerner les présuppositions par rapport surtout à la métaphysique aristotélicienne. Je remarque toutefois que G. Guest traduit *Ereignis* par le mot "Événement", qui est effectivement la restitution usuelle, dans les dictionnaires classiques, du mot allemand. Des "événements", voilà ce qui est relativement banalisé dans la langue française comme étant ce que relatent les informations quotidiennes. Dans son étude intitulée "*Traduire les* Beiträge", F. Fédier, citant Péguy, ("Le monde travaille aux pièces mais (devient, *évient,* s'écoule) passe à l'heure") fait cette remarque: "Étonnant hapax du verbe *évenir,* d'où Péguy fait naître *l'événement* – lequel désormais désigne non plus 'quelque événement', mais le mouvement-même d'*évenir,* dans lequel le monde 'fait' son temps." Plus loin: "*Ereignis* nomme non l'événement mais ce qui fait qu'il y a événement: le paraître qui d'abord a lieu (le paraître tel, certes, qu'il *évient,* mais premièrement) pour que puisse paraître un événement."[10]

La traduction d'*Ereignis* par "évenir" peut sembler risquée, mais il faut absolument éviter "événement", aussi bien que celle tentée par F. Fédier par "appropriement" (dans *Acheminement vers la parole*[11]) qu'il finit par considérer lui-même comme insuffisante pour restituer toute la puissance originelle de l'*ereignen,* même si la dimension de la "propriété" se retrouve aisément dans l'*eigen* de l'*Ereignis.* Mais l'appropriement, ce n'est pas faire venir l'événement. Le rapprochement entre "appropriement" et *Eigentlichkeit* entendu comme "être proprement soi-même" ou "authenticité" risque de ramener l'interprétation de la pensée heideggerienne à une anthropologie existentielle qui n'est vraiment pas de mise ici. Il faudra donc, semble-t-il, se résoudre à un néologisme français pour penser la pensée de Heidegger en 1936 - 1938. L'avenir nous le dira: ce ne sera pas le seul! Ce qu'il n'est jamais inopportun de rappeler, en l'occurrence, est le fait que les écrits de Heidegger parlent une langue inouïe pour la langue allemande courante tout comme les écrits d'Aristote parlent une langue inouïe pour la langue grecque de son temps. Il faudra donc une écoute inouïe pour la langue française afin d'entendre ce que ces penseurs ont médité.

Le n° 37 des *Apports à la philosophie* dit bien de la logique de la philosophie (la sigétique) qu'elle cherche la vérité de l'aîtrée de l'estre, non pas l'essence de l'être. Les discours sur l'essence de l'être font la gloire de l'histoire de la métaphysique et les *Apports à la philosophie* ont précisément pour but de tenir un autre langage, celui qui dit sans discourir et (ce qui est une hypothèse de travail) de laisser évenir à être sans agir directement sur l'être entendu comme ce qui est. C'est la question décisive sur laquelle s'achèvera cette analyse qui, pour le dire d'avance, mettra en rapport la notion de sigétique avec celles de laisser être ou de laisser évenir à être – et celle de sang-froid.

---

[10] *Regarder voir, op. cit.,* pp. 116 - 117.
[11] Paris, Gallimard, 1976, p. 28, note 8.

Il faut maintenant interpréter la proposition qui détermine la tâche de la "logique" de la philosophie, la tâche de la sigétique: la sigétique "cherche la vérité de l'aîtrée de l'estre et cette vérité est l'obscurité (le secret) – faisant signe-demandant de s'accorder à lui – de l'évenir (le refus hésitant)".

La sigétique, qui constitue le coeur de la logique et qui a donc rapport au logos, à la parole, est ainsi une parole qui affronte une vérité pensée comme obscure ou secrète. Cette parole, qui constitue le coeur de la philosophie et de la pensée, est ainsi cette pensée qui cherche à dévoiler cet obscur secret qui se refuse – Mais! Cet obscur secret, *en même temps,* hésite à se refuser et, du fond de son obscurité, fait signe à la pensée pour que celle-ci s'y accorde.

Que peut alors faire cette pensée en arrêt devant un secret qui se refuse et tout à la fois laisse entendre que, d'une certaine manière, il se donne? Elle ne peut, à première vue, que se taire puisqu'elle ne peut *posséder* de manière *dicible* cette vérité qui invite tout en se refusant.

C'est ce que fait la sigétique en laissant la possibilité de discourir logiquement sur ce qui s'échappe de l'aîtrée ou du refuge de l'estre sous l'expression d'"essence de l'être" et sur ce qui s'échappe de l'évenir sous le terme d'"Evénement". La sigétique est ainsi la science du silence qui règne dans l'aîtrée de l'estre et dans l'obscurité de l'évenir. Relatives aîtrée et obscurité puisqu'elles laissent entrevoir tout ce qui est et les événements à propos desquels les sciences, au sens le plus large, se prononcent avec profusion.

La profusion d'une littérature scientifique encadrée par des considérations relevant de la philosophie au sens non originel de ce terme ne se trouve pas en contradiction avec la sigétique. Comme le souligne Heidegger et comme le remarque H. Crétella dans l'étude citée plus haut, la sigétique n'a pas pour vocation de remplacer la logique, pas plus qu'un mot surprenant n'a la vocation d'éliminer en terminologie, par souci d'originalité, un mot fort bien intégré dans la tradition philosophique. Heidegger écrit: "La locution savante de 'sigétique' en équivalence à 'logique' (onto-*logie*) n'est entendue que regardant transitoirement en arrière et nullement comme l'obsession de remplacer la 'logique'."[12]

Tout l'effort de Heidegger, à cet endroit des *Apports à la philosophie,* vise à faire comprendre que ce qu'il médite, contrairement à ce que croient en 1936 - 1938 et encore maintenant des logiciens effrayés par l'éclair du λόγος grec et réfugiés dans la formalisation mathématique, est que la mise en parole sur le mode du silence n'est pas a-logique, non logique, illogique, qu'elle n'est pas irrationnelle, qu'elle ne s'exprime pas avec des symboles (sans doute une allusion à Cassirer) ni avec des "chiffres" (sans doute une allusion à Jaspers). Tout l'effort de Heidegger, dont la pensée est souvent qualifiée d'oraculaire et de non rationnelle, est,

---

[12] GA 65, p. 79: *"Die fremdwortliche Rede von 'Sigetik' in der Entsprechung zur 'Logik' (Onto-*logie*) ist nur übergänglich rückblickend gemeint und keineswegs als die Sucht, die 'Logik' zu ersetzen."*

dans ce passage, tendu pour dire que cette pensée est celle qui, au contraire, doit se révéler comme la plus logique qui soit puisqu'elle s'efforce de dévoiler les fondements mêmes de la logique sans prétendre détruire celle-ci.

La remontée vers les fondements de la logique ne peut que mener à cette logique originelle que j'ai déjà évoquée et qui s'apparente à la sigétique dans la mesure où celle-ci pense le silence qui précède et rend possible le déploiement des discours en tous genres. La question qu'il est permis de poser est celle de savoir si la profusion de ces discours n'a pas pour fonction patente de masquer l'impossibilité de dire et donc de penser ce que, depuis la nuit des temps, l'être humain cherche désespérément à posséder au point de vouloir faire corps avec elle: la vérité de l'aîtrée de l'estre, le secret de l'évenir. Tout se passe comme si ces discours ne cessaient de "tourner autour" de la *Grundfrage,* de la question fondamentale (comment l'estre être-t-il?) comme autant de formes de substitution visant à consoler du désespoir d'un jour faire corps avec la vérité.

Inversement, la question qu'il est permis de poser est celle de savoir si l'impossibilité dont je viens de faire mention n'engendre pas la nécessité d'une pensée plus silencieuse, moins bavarde et moins médiatique, qui se trouve en corrélation essentielle (méta-physique/méta-éthique) avec une façon d'agir moins affairiste et moins technicienne. Ce sera là l'objet de la question finale du rapport entre sigétique et sang-froid. J'ai déjà traité ailleurs de cette notion de sang-froid en proposant de ne plus interpréter la *Gelassenheit* comme la "sérénité" mais comme une façon – qui n'est pas sereine mais au contraire liée à l'angoisse *essentielle* et à l'ennui *profond* – de laisser être ce qui est plutôt que de vouloir le transformer. La *Ge-lassenheit* ainsi entendue n'est pas du tout, comme on pourrait alors l'imaginer, une sorte d'apathie mais bien au contraire une situation de décontraction qui permet enfin de délaisser beaucoup de choses au profit d'un rythme d'eksistence dont le tonus est *tout entier* investi dans la prise en garde du retrait de l'estre dans son aîtrée, dans son "antre". La prise en vue de ce retrait devient ainsi le pouvoir de détecter, dans les systèmes établissants des principes ontiques de ce qui est là, l'oubli d'une Dif-férence qui porte l'estre dans son aîtrée, c'est-à-dire toujours ailleurs du lieu de ce qui est là[13]. Je reviendrai plus loin sur cette interpré-

---

[13] Cf. mon livre: *Il y a le il y a. L'énigme de Heidegger,* Bruxelles, Ousia, 1993, p. 219: "Le 'délaissement' évoqué par un texte comme *Gelassenheit* aboutit en effet à laisser l'étant être en tant que tel, à ne plus 'vouloir' ce qui est et prendre garde au retrait de l'être. Par un tel laisser-être de l'étant, par un tel délaissement des principes de ce qui est, la pure mise en question de l'être-même en tant que fond sans fond devient ce qui reste à faire et cela uniquement. Il est donc, à l'agir, un fondement sans pourquoi et la question 'Que faire?' ne peut se résoudre qu'en son redéploiement, en raison ou *sur le fond* d'un tel sans-pourquoi."
Dans la présente étude, la *Gelassenheit* n'est plus restituée par l'idée de "délaissement" qui, en français, sonne, sur un mode mineur, de façon très proche à celle du relâchement. Par contre, la *Gelassenheit* désigne l'arrêt, sur un mode majeur, des occupations dispersées dans tout ce qui est parce qu'elle est, de sang-froid, en arrêt devant le "est" lui-même.

tation mais il faut auparavant relire celle de Heidegger à propos de ce qu'il nomme *die Sigetik.*

La volonté de faire corps avec la vérité ou le sens, non de l'être de ce qui est ceci ou cela mais avec le sens de estre lui-même, a le désespoir de cette fusion. "Nous ne pouvons jamais dire *immédiatement* l'estre lui-même, précisément quand il est expulsé dans le saut. Car toute dite provient de l'estre et parle en partant de sa vérité. Tout mot et donc toute logique se trouve sous la puissance de l'estre. L'essentiel de la "logique", c'est par conséquent la sigétique. Ce n'est qu'en elle aussi qu'est conçu l'essentiel de la parole."[14] Cette citation appelle quelques développements:

1. j'ai expressément souligné le mot "immédiatement" *(unmittelbar),* qui réapparaît d'ailleurs au n° 38 du volume commenté. Le discours (le fait de dire) quotidien ou le discours scientifique vise à mettre la pensée immédiatement en contact, en rapport, en liaison avec ce qui est et l'être de ce qui est, alors que l'estre lui-même, au moment exact de son bondissement ou de son explosion donnant lieu à ce qui est, annule toute possibilité d'être dit, toute diction ou toute "dite". *Cela* qui donne à être dit ne se donne pas *lui-même* à une "dite".

2. *Die Sage:* en allemand courant, ce mot désigne la légende ou encore la fable. Dans le passage cité ici, *Sage* suit directement le verbe *sagen,* "dire". Il faut donc abandonner encore une fois la traduction courante pour rapprocher la *Sage* du fait de dire, du dicible, etc.

Je renvoie de nouveau le lecteur à une note de François Fédier dans sa traduction *D'un entretien de la parole:* "Ce que tente ici de dire Heidegger, c'est – simplicité inouïe – le *pouvoir du dire,* plus original que tout dire et que tout ce qui est dit, et qui, secrètement, ne cesse de se dire à travers tout ce que nous disons. La traduction proposée, la 'Dite' – toujours avec une majuscule – ne me paraît pas interdire la possibilité d'entendre. Car le propre de la Dite est justement de ne *jamais* venir immédiatement au langage."[15] Le principal traducteur d'*Unterwegs zur Sprache* ne s'y trompe pas: il emploie en français l'adverbe "immédiatement" en insistant sur le fait que la Dite ne vient *jamais* (et il souligne) au langage. La sigétique n'est pas loin! Avant le fait de dire, avant tout ce qui est dit, avant tous les discours portant sur tous les domaines de ce qui est, il y a la Dite qui jamais ne vient au langage et qui, cependant, est le *pouvoir* de toutes les formes de discours. La sigétique est le savoir de ce pouvoir, le savoir d'un pouvoir qui se dérobe au moment même où il se donne. Le dérobement de ce pouvoir originel, pouvoir précédant tout prédicat et toute catégorie, n'est rien d'autre que celui de l'estre, de ce

---

[14] GA 65, p. 79: "*Wir können das Seyn selbst, gerade wenn es im Sprung ersprungen wird, nie unmittelbar sagen. Denn jede Sage kommt aus dem Seyn her und spricht aus seiner Wahrheit. Alles Wort und somit alle Logik steht unter der Macht des Seyns. Das Wesen der 'Logik' ist daher die Sigetik. In ihr erst wird auch das Wesen der Sprache begriffen.*"

[15] *Acheminement vers la parole,* op. cit., p. 133, note 15.

qui se dérobe face à toute tentative d'être dit *lui-même* (le "refus hésitant"). Dans la note de François Fédier, l'adverbe "immédiatement" est exactement le *unmittelbar* du tome 65 publié en 1989, c'est-à-dire bien après *Unterwegs zur Sprache* (1959). Cette note montre donc bien l'harmonie de la pensée heideggerienne toute entière, une harmonie qui remet en question tout type de classification du genre "Heidegger I, Heidegger II (voire III)". Quant à l'impossibilité de dire immédiatement l'estre, c'est elle qui explique la profusion des détours organisés par les discours de ce que l'on appelle parfois les "sciences philosophiques", appellation qui est une aberration totale eu égard à la philosophie au sens original du mot.

3. "Tout mot et donc toute logique se trouve sous la puissance de l'estre": la sigétique est le savoir de cette puissance fondatrice de toute verbalisation, de toute énonciation, une puissance dès lors antérieure à ce qu'il est convenu d'appeler l'"expression". La sigétique est le savoir d'une puissance fondatrice qui se tient en retrait de toute forme de discours scientifico-philosophique.

### III. Sigétique et sang-froid

Je viens d'employer le mot "retrait". Il désigne communément ce qui n'est pas visible au moment même où une multiplicité de choses sont visibles et dicibles: estre et ce qui est, voilà la Dif-férence dont parle la conférence sur *La parole:* "Le mot de Dif-férence est ici libéré de tout usage courant. Ce que nomme à présent le mot 'la Dif-férence' n'est pas un concept générique pour toutes les différences possibles. La Dif-férence à présent nommée est Une en tant que telle."[16] La Dif-férence est le fondement même du retrait de l'estre, un retrait à ce point original qu'il rend de manière irréductible l'aîtrée de l'estre non visible et non dicible. Non visible: non accessible, non saisissable, non malléable, non transformable – et pourtant tellement désirée et tellement contraignante à la résolution au sang-froid. Non dicible: échappant à toutes les tentatives d'attribution d'un nom commun, à toutes les velléités de définition, à toutes les littératures – d'où la résolution à la sigétique.

La résolution à la sigétique (au savoir du silence essentiel, de celui qu'impose nécessairement la vérité de l'aîtrée de l'estre, une vérité à ce point imposante qu'elle n'est pas, pour reprendre certains termes de Heidegger cités plus haut, un concept générique pour toutes les vérités possibles) est une résolution à rapprocher de la résolution au *Sein-lassen,* au laisser-être: apparentement original entre ne pas immédiatement parler et ne pas immédiatement agir. Cet apparentement pourrait tout aussi bien s'appeler l'apparentement entre ne rien dire et ne rien faire *immédiatement.* L'exemple de Heidegger est lui-même éloquent: après l'écriture des *Apports à la philosophie* où il est précisément question de la sigétique, Heidegger consacre la majeure partie de son activité universitaire non pas à vouloir dire sans

---

[16] *Ibid.*, p. 27.

médiation la vérité de l'aîtrée de l'estre (dévoiler sans médiation le secret de l'évenir) mais à faire apparaître, dans le discours volontairement possesseur de cette vérité *chez les autres,* l'oubli de la Dif-férence qui disjoint de manière *irréductible* ladite vérité de toutes les vérités possibles. C'est bien cette dis-jonction irréductible qu'évoque la conférence du 24 février 1957 intitulée *La constitution onto-théo-logique de la métaphysique*[17] où Heidegger recourt plaisamment à la métaphore d'un conte de Grimm dans lequel, lors d'une course sans fin, un lièvre, croyant pouvoir inéluctablement devancer un hérisson, est sans cesse devancé par l'indiscernable hérissonne placée d'avance au but du parcours et qui enjoint au lièvre de retourner au point de départ où se trouve toujours le hérisson. La ruse du hérisson est la ruse de la Dif-férence qui rend indiscernable l'aîtrée de l'estre par rapport à tous les domaines explorables de ce qui est. L'estre n'est jamais là où on espère le rattraper et l'attraper, jamais là où l'on espère être avec lui. Même s'il y a entrelacement entre l'être vers la mort et l'estre vers la mort (voir le n° 161: *Das Sein zum Tode* et le n° 162: *Das Seyn zum Tode* dans les *Apports à la philosophie*), il n'y a pas pour autant fusion pure. L'estre vers la mort: à concevoir comme ce qui détermine, comme ce qui dispose l'être le Là[18], lui donne la tonalité; à concevoir *seulement* ainsi[19]. L'estre vers la mort (finitude d'estre) dispose l'être le Là en tant qu'être vers la mort (finitude d'être le Là). Il faut bien noter que, dans cette phrase, Heidegger souligne le "seulement", qui est la marque de l'irréductibilité de la Dif-férence nommée plus haut. L'estre *ne* fait *que* disposer l'être de l'homme. Que peut donc celui-ci, en actes et en paroles, dans sa liaison incomplète avec l'estre? Si la fusion était totale, si s'anéantissait le "et" entre estre et être le Là, le dernier dieu serait *là* et s'anéantiraient du même coup actes et paroles. En même temps, plus de domination de la technique ni de profusion de littérature mais sang-froid et sigétique.

---

[17] Texte repris dans *Identité et différence* (*Questions I,* trad. fr. A. Préau, Paris, Gallimard, 1968, p. 297).

[18] Tout comme il faut restituer en langue française la démarcation qu'établit Heidegger entre *das Sein* et *das Seyn,* il est indispensable de marquer en français la démarcation entre *Dasein* et *Da-sein.* Sur ce point, je renvoie de nouveau à l'étude de G. Guest, *L'aîtrée de l'être,* où il écrit: "... il est infiniment dommageable à la simple compréhension de ce qui a lieu avec et depuis *Être et temps* (notamment dans les *Beiträge*), de laisser le '*Da-sein*' intraduit à longueur de pages dans les traductions françaises, et, par là même, opaque à l'élucidation contextuelle que sa sémantique appelle. (...) Lorsqu'il explicite lui-même (très souvent) le sens de l'expression '*das Da-sein*' (dont l'usage du trait d'union [n'est-ce pas plutôt un tiret?] souligne la structure d' 'ouvertude'), Heidegger y fait toujours ressortir la dimension 'topologique' du '*Da-*', tout en accentuant le caractère 'pour ainsi dire activement transitif' – précise-t-il encore dans les *Beiträge* – de l'infinitif '*-sein*': ce qui constitue la structure ontologique de l'être qui 'est' sur le mode du '*Da-sein*', sur le mode de l' 'être-le-là', c'est qu'il y ait à 'être' (de façon pour ainsi dire transitive) le 'là' qui constitue le 'lieu' où il puisse jamais seulement (mais toujours en quelque façon) être 'répondu de'... la 'vérité de l'être' même." (*art. cit.,* pp. 31 - 32).

[19] GA 65, p. 284: *"als Bestimmung des Da-seins zu begreifen und nur so."* (souligné par Heidegger).

J'ai parlé plus haut d'un apparentement entre ne rien dire et ne rien faire *immédiatement*. Heidegger a compris que le penseur n'est pas un acteur, à ceci près que "pendant qu'il pense, le penser agit" *(Au-delà de l'humanisme)*[20] mais que penser ne peut avoir d'effet direct, immédiat, sur ce qui est. D'où le désengagement politique de Heidegger après 1933, après un engagement qu'il a qualifié lui-même comme "la plus grande erreur de jugement" dans sa vie. Mais ce désengagement, qui est déjà le sang-froid, n'est pas l'inaction au sens de la pure et simple passivité: c'est "ne pas faire", par exemple ne pas faire le salut réglementaire au début des cours. Ne pas le faire est, dans ce cas précis, une manière d'agir très osée.

Ne pas faire ce qu'il est convenu de faire pourrait donc bien être une manière d'agir supérieure à toutes les autres. Agir au sens de l'agitation au sein d'une époque donnée pourrait être révélateur de l'oubli de ce "penser qui agit pendant qu'il pense". A propos de cette pensée orientée vers le secret de l'évenir, Henri Birault écrit: "Rien ne dit qu'elle inclinera le monde. Elle est la simple attente, la veille ou la vigile d'une aurore seulement possible, le pressentiment d'un nouvel âge, d'une nouvelle époque …"[21] La pensée apparentée à la *Gelassenheit* n'incline pas le monde, elle ne vise pas à le transformer activement (contrairement à ce que vise Marx) mais elle n'exclut pas la *possibilité* qu'éclose une époque autre par la grâce du sang-froid et par le prix du silence.

L'époque autre que celle du bruit et de la fureur correspond, dans le vocabulaire heideggerien, à l'époque de la sigétique (1936 - 1938) et à celle du sang-froid (1959). Parole et action sont nécessairement reliées, à des distances temporelles qui témoignent, comme s'il était encore besoin de le vérifier, de l'harmonie du cheminement heideggerien. Ce cheminement n'est donc pas celui du mutisme ni du repli sur soi mais celui d'une intense méditation qui, discrètement, s'est déployée lors d'une période hautement trouble[22]. La non-parution, même à la fin, du vivant de son auteur, des *Apports à la philosophie* est peut-être, finalement, la plus fidèle traduction de l'invention du mot: *Sigetik*.

L'autre commencement de la pensée qu'inaugurent les *Apports à la philosophie* est aussi l'autre commencement de la parole et le commencement d'une autre époque. Bien sûr, ce qu'il est convenu d'appeler l' "actualité" ne donne pas l'impression d'une rupture d'époque. Mais la rupture que pourrait – tout cela étant à mettre au conditionnel! – provoquer le déploiement d'une pensée sigétique n'est pas une rupture programmée. Elle est de celle dont parle Heidegger dans *Die*

---

[20] GA 9 *(Wegmarken)*, p. 313: *"Das Denken handelt, indem es denkt."*

[21] H. Birault, *Heidegger et l'expérience de la pensée*, Paris, Gallimard, 1978, p. 43.

[22] Il faut préciser encore une fois que la notion de sang-froid n'a rien à voir avec le fait d'être simplement calme ni avec celui d'abandonner, mais qu'elle désigne ce que la σχολή ramenée à sa source entend comme "loisir", "étude". La possibilité du loisir et de la décontraction n'est pas comprise ici comme la possibilité rare de délaisser le labeur au grand profit d'un ressaisissement pour l'étude enthousiaste qui peut déboucher sur un étonnement à la lisière de l'épouvante.

*Frage nach dem Ding* quand il évoque, par exemple, l'"influence" de la pensée de Descartes sur l'histoire mondiale. L'influence d'un haut mode de penser peut se faire sentir après un siècle, ou plusieurs, ou bien jamais.

De toutes façons, l'analyse du silence, la sigétique inventée par Heidegger, une brève analyse qui ne cesse d'être entourée par une ample analyse de la profusion de paroles des autres, est le point d'appui possible pour un être le Là commun placé sous le signe de la *Gründung*, de la Fondation dont parlent les *Apports à la philosophie* (n° 168) et que la profusion scientifico-philosophique n'a, par nature, aucune possibilité d'établir. Peut-être n'y a-t-il pas d'autre façon d'en parler que d'une façon détournée, une façon qui contourne la Fondation, l'Évenir, l'Aîtrée de l'Estre – bref, une dictée sous-tendue par ce qui la rend possible: la sigétique.

### IV. La sigétique d'Héraclite ou l'éthique originelle

Le thème exposé ici se veut d'ordre méta-physique (ou, pour le formuler d'une façon qui peut sembler moins traditionaliste: méta-ontologique) mais il se veut en même temps méta-éthique. Plus question de problèmes de morale ou de théories de la justice. Il s'agit d'un être le Là en l'être humain qui se situe au-delà de dire ou le bien ou le mal.

La méta-éthique ou *die ursprüngliche Ethik*, l'"éthique originelle", est un être au monde, à la fois très simple et très étrange, qu'évoque Aristote en parlant d'Héraclite: un grand penseur qui simplement se chauffe à un four de boulanger et qui étrangement se tait. Là où Heidegger esquisse l'idée d'une éthique originelle (cf. *Über den "Humanismus"*: «Au-delà de ce que l'on appelle l'"humanisme"»), il rapporte ce propos d'Aristote concernant un penseur tout à la fois silencieux et attentif, comme s'il était en attente dans sa méditation. La méditation silencieuse d'Héraclite semble pressentir la profusion d'une littérature qui voudrait donner des indications, venant de sa part, sur la meilleure manière d'être au monde. Le retrait marqué d'une certaine distance à l'égard de visiteurs avides de ces indications les prive de leçons à recevoir puis à communiquer – bref, les prive d'un être au monde à enseigner en provenance de l'Obscur, d'Héraclite. L'Obscur est obscur parce qu'il médite sur l'obscurité de l'évenir (le refus hésitant)[23]. Mais l'Obscur hésite et l'obscurité ne se refuse pas totalement. C'est pourquoi il déclare: "Oui, même ici, les dieux sont présents." Le silence d'Héraclite n'est pas total. Il invite seulement à considérer que, même dans un lieu qui n'a rien d'académique – et peut-être là mieux qu'ailleurs –, la pensée est en exercice. Là où règne le silence règnent aussi des questions inhumaines qui s'imposent à l'être humain. Tellement in-humaines (puisque l'humain n'en vient pas à bout) qu'elles sont l'être le Là en l'être humain, celui qui ek-siste, celui qui est littéralement *hors* de l'être simplement vivant qu'il

---

[23] Voir ce qui a été dit plus haut à propos de *"die Verborgenheit (das Geheimnis) des Ereignisses (die zögernde Versagung)."*

est par ailleurs – d'où la référence à la divinité. L'interprétation de cette référence héraclitéenne à la divinité n'est pas le thème de mon analyse de la sigétique mais il importe quand même d'en dire un mot afin d'au moins entrevoir le sens du fragment d'Héraclite.

Une lecture superficielle de ce fragment pourrait faire croire qu'Héraclite s'identifie quasiment à un dieu. Il faut comprendre au contraire que la situation d'extrême simplicité dans laquelle se trouve le penseur est en même temps une situation dont le dénuement permet d'approcher l'essentiel, l'originel, un parfum de divin qui plane lorsque l'être humain n'est pas l'esclave des affaires et des bavardages mondains. Dans sa description de l'attitude d'Héraclite se chauffant près d'un feu de boulanger, Aristote ne dit même pas que le penseur entretient une conversation avec un boulanger. Il se tient là en *silence,* comme si ce silence était propice à une manière d'exister *autrement* (comme je l'écrivais tout au début de cette étude), c'est-à-dire autrement que la *masse* des visiteurs venus voir le penseur pour pouvoir ensuite le raconter fièrement à une autre masse qui n'a pas eu cette chance. Cette communication de masse ne convient pas à un penseur surnommé l'Obscur et qui, de ce fait, peut apparaître comme surhumain, in-humain, un peu comme divin. Mais ce divin n'a rien à voir avec la représentation que l'on se fait ordinairement des divinités dans l'antiquité grecque. Les dieux, dans la déclaration d'Héraclite, font aussitôt penser à la déclaration de Heidegger dans l'entretien accordé au *Spiegel*: *Nur noch ein Gott kann uns retten,* "Seul un dieu peut encore nous sauver."

Il est important de rappeler ici tout le passage où Heidegger répond à la question qui lui est posée par les journalistes sur la possibilité qu'aurait la philosophie de conduire les individus en vue d'entreprendre une action décisive pour l'avenir du monde. A cette question, Heidegger répond en substance: "La philosophie ne pourra pas produire d'effet immédiat qui change l'état présent du monde. Cela ne vaut pas seulement pour la philosophie mais pour tout ce qui n'est que préoccupations et aspirations du côté de l'homme. Seulement un dieu peut encore nous sauver. Il nous reste pour seule possibilité de préparer dans la pensée et la poésie une disponibilité pour l'apparition du dieu ou pour l'absence du dieu dans notre déclin, que nous ne fassions pas, pour dire brutalement les choses, que 'crever'; mais si nous déclinons, que nous déclinions à la face du dieu absent."[24] A la question qui lui est posée ensuite entre un rapport causal entre sa pensée et l'entrée en présence de ce "dieu", Heidegger répond qu'il est impossible de le faire venir par la pensée et que l'homme est, au mieux, capable d'éveiller une disponibilité pour l'attendre, que la préparation de cette disponibilité pourrait bien être le "premier secours", que le monde ne peut pas être ce qu'il est et comme il l'est par l'homme mais qu'il ne peut non plus l'être sans l'homme.

Heidegger parle d'un premier secours eu égard à l'état du monde, le secours rapide qu'attendent les visiteurs des paroles d'Héraclite se réchauffant en *silence.*

---

[24] *Écrits politiques* 1933 - 1966, trad. fr. J. Launay, Paris, Gallimard, 1995, p. 260.

Heidegger parle d'un premier secours en précisant d'emblée qu'il ne préconise aucune voie immédiate pour parvenir à un changement effectif. La seule voie médiate, donc lente, prudente, patiente, est la "préparation d'une disponibilité" pour l'apparition d'un dieu. La question de la représentation de cette apparition et de ce dieu constitue forcément une question cruciale dans l'interprétation d'une telle réplique de Heidegger. Pour tenter d'y voir plus clair, je reviens aux *Apports à la philosophie*, soit à un écrit qui précède de trente années cette réplique.

"Le dernier dieu n'est pas l' 'évenir' même, mais certes en besoin de lui comme de cela dont fait partie le fondateur du Là."[25] La traduction de *Dagründer* par "fondateur du Là" tente de restituer cet extrait du n° 256 des *Apports* avec, comme hypothèse, qu'elle correspond à l'*Ab-Grund* du livre sur *Der Satz vom Grund* (1957).

Le dernier dieu pourrait s'identifier à l'*Ab-Grund* entendu comme fond lui-même sans fond (et non pas comme non-fond, *Un-Grund*). D'après le passage extrait du n° 256 des *Apports,* le dernier dieu précède l'évenir, lequel a besoin d'une dimension à laquelle appartient le *Dagründer,* le fondateur du Là. Celui qui fonde le Là pourrait bien s'identifier à ce que d'autres textes heideggeriens nomment l'être le Là en l'être humain, c'est-à-dire à ce qui fonde à n'en plus finir l'évenir de tout événement. Le dernier dieu, qui fonde ainsi en se retirant sans cesse de ce qu'il fonde, n'est pas un événement, pas non plus de l'humain, pas non plus du surnaturel. La proposition "Seul un dieu peut encore nous sauver" doit se comprendre ainsi: le premier secours à apporter à l'état actuel du monde ne peut venir ni d'une action humaniste ni d'une action divine. Ce qui peut sauver le monde est le fondateur du Là qui n'est pas l'être humain simplement vivant mais qui est ek-sistence, sortie hors du vivant et des choses pour prendre la mesure de leur étrangeté et de leur fond insondable. Donc, pas d'*Ereignis* (pas d'évenir de tout événement) sans ce fondateur hors des choses qui n'en finit pas de leur trouver un fond qui n'est lui-même aucune chose. Si donc seul un dieu peut sauver le monde, il est à voir du côté du fondateur qui n'en finit pas de fonder – finalement résolu au silence.

La science du silence, la sigétique, serait alors la science qui pourrait sauver le monde. Héraclite serait alors le *Dagründer,* le fondateur du Là, celui qui appartient à une Dif-férence qui le rend irréductiblement différent des visiteurs avides de connaissances, voire indifférent à leur visite. Son silence relatif est à cet égard extrêmement éloquent car il ne faut pas perdre de vue un point qui n'a pas encore été développé, à savoir que la proposition *"Nur noch ein Gott kann uns retten"* contient le verbe *retten* qui a pour équivalent le verbe *befreien:* délivrer. Délivrer a ici le sens d'arracher à une situation périlleuse.

Quand les journalistes du *Spiegel* demandent à Heidegger ce que la philosophie peut bien faire pour l'avenir du monde, cela sous-entend que le monde se trouve,

---

[25] GA 65, p. 409: *"Der letzte Gott ist nicht das Ereignis selbst, wohl aber seiner bedürftig als jenes, dem der Dagründer zugehört."*

et peut-être depuis toujours, dans une situation de péril. Ces journalistes, par ailleurs très respectables dans leur souci de savoir, ressemblent un peu aux visiteurs partis à la récolte de révélations secrètes auprès d'Héraclite. Les interrogations d'aujourd'hui comme celles d'hier semblent se résumer en une seule question (du genre: "quelle morale pour notre temps?") enfin adressée à un maître des maîtres qui va pouvoir tout dire, tout dévoiler.

Mais la déception est grande quand la présence d'Héraclite est si discrète ou que Heidegger ne fournit qu'une "réponse brève"[26]. Délivrer de la situation de péril dans laquelle le monde se trouve, c'est, de façon presque effacée et silencieuse, préparer la disponibilité pour l'apparition du dieu. Telle est la seule façon d'être, le seul ἦθος que suggère Heidegger. Originellement, cet être au monde qui est celui de la figure emblématique d'Héraclite se déploie sur le mode d'un silence *pensé*, c'est-à-dire sur le mode de la sigétique. L'éthique originelle est donc celle de la sigétique, non pas celle du silence mais celle de la science du silence, c'est-à-dire celle du savoir que la profusion des discours prophétiques sur les progrès de l'humanité ne sert rigoureusement à rien pour faire face au péril qui, *de toutes manières*, constitue le monde dans son être vers la fin.

Autre attestation du fait que la sigétique de 1936 - 38 est comme un fil rouge dans la pensée heideggerienne: elle réapparaît d'une certaine manière trente années plus tard dans ce que j'ai déjà nommé la méta-éthique. Lorsqu'on demande du secours au philosophe, celui-ci répond: "Je ne peux pas vous aider [...]. Je ne le peux pas parce que les questions sont si difficiles que cela irait contre le sens de cette tâche de la pensée de faire une espèce de déclaration officielle, de sermon et de distribuer des notes de moralité." Quelques instants avant, il disait: "Il se peut bien que le chemin d'une pensée conduise aujourd'hui à *se taire* pour empêcher que la pensée ne soit bradée en l'espace d'un an."[27]

La préparation de la disponibilité pour l'apparition du dieu peut alors s'interpréter comme une préparation à être disponible à ce qu'apparaisse l'ek-sistence qui se tait dans la vie humaine qui communique. Cette apparition est seulement possible et pas du tout certaine: il se pourrait que le dieu soit absent, c'est-à-dire que la communication frénétiquement vivante étouffe toute possibilité de sortir de son circuit et de penser autrement, d'être en silence. Aucune action directe ne peut susciter l'ek-sistence pas plus que la sigétique. Telle est, semble-t-il, la leçon qu'il faille tirer de ces passages de l'entretien de 1966 pour autant qu'ils contribuent à élucider la surprenante notion du n° 37 des *Apports à la philosophie*.

---

[26] *Écrits politiques, op. cit.*, p. 260.
[27] *Ibid.*, p. 264. C'est moi qui souligne.

## V. Conclusion: sigétique et méta-éthique

Il faut enfin mettre en relation la sigétique avec ce que Heidegger, dans le même ouvrage, appelle *die große Stille,* le grand calme. *Die Stille* est apparenté à *das Stillschweigen,* le silence. Il faut en l'occurrence se reporter au n° 13 des *Apports,* où il est question de la *Verhaltenheit,* de la contenance au sens de la tenue réservée, de la retenue. Ce qui ressort globalement de ces pages, c'est la détermination d'un lien essentiel entre la tenue à avoir, le grand calme et le silence. La tenue à avoir, dans le grand calme qui est celui du sang-froid évoqué plus haut, est du même coup une retenue dans le silence. Ce que j'ai pensé avoir pu montrer est l'apparentement entre ce que Heidegger appelle la sigétique et ce que je me risque à signifier avec l'expression de méta-éthique. Si cette étude a bien pour titre et pour thème la sigétique, son but est de rendre manifeste l'inextricabilité entre silence d'être le Là et retrait d'Être et d'Évenir. Avec la pensée d'un tel retrait, il n'est pas de contenance possible autrement que sur le mode du silence ek-statique qui enveloppe, dans leur profusion, les discours philosophico-scientifiques et philosophico-moraux établis. La déstabilisation de ces discours ne peut se faire dans le mutisme mais bien grâce à une parole qui garde le silence sur ce que ces discours prétendent dévoiler au moment même où elle les déconstruit. La sigétique, dans sa portée méta-physique et méta-éthique, est donc le savoir d'un silence qui doit en dire long sur les limites des discours établis et sur la constante possibilité de leur déstructuration.

Si un lien s'instaure entre sigétique et méta-éthique, c'est parce que la résolution au silence est une affaire de contenance, de retenue, de *Verhaltenheit.* Pour autant qu'il soit permis de prolonger la réponse de Heidegger aux questions empressées de 1966 touchant l'influence que devrait avoir la philosophie sur l'avenir mondial, il faut, en tenant compte des analyses qui précèdent, énoncer ceci: la philosophie indique, comme tenue à avoir, la re-tenue, la tenue qui retient les processus mondiaux afin qu'apparaissent le grand calme et le grand silence. Seule la sigétique peut encore nous sauver. Seule la sigétique peut enfin faire commencer la question-du-Fond: "La mise en parole sur le mode du silence est la 'logique' de la philosophie dans la mesure où celle-ci pose, à partir de l'autre commencement, la question-du-Fond."[28]

Parler de la *Grundfrage* conduit à voir ce que dit Heidegger, toujours dans le même ouvrage, à propos de la *Gründung,* de la fondation. Si la mise en parole sur le mode du silence équivaut, logiquement, à l'indication de la philosophie – poser la question du Fond –, il importe de vérifier cette assertion dans la V$^{\text{ème}}$ Partie du tome 65, là où est abordé expressément le thème de la fondation. Une phrase, dans cette partie du texte, semble indiquer un sens méta-éthique, un sens qui dépasse

---

[28] GA 65, p. 78: *"Die Erschweigung ist die 'Logik' der Philosophie, sofern diese aus dem anderen Anfang die Grundfrage fragt."*

l'être simplement humain vers ce qui n'est pas inhumain et qui, du reste, ne pourrait avoir lieu sans l'être humain mais qui est, en lui, une sorte de fracture. Cette fracture est la possibilité même de la question-du-Fond, du Fond lui-même sans fond *(der Ab-grund)*. Ce n'est pas le moment d'analyser ici tout le passage intitulé: "L'espace-temps comme le fond abyssal" (pp. 371 - 388). Mais lorsque Heidegger, au début de ce développement, indique les chemins qui pourraient mener à penser autrement l'espace-temps, il précise d'emblée qu'il ne s'agit pas de simplement abandonner le domaine traditionnel de la représentation courante de l'espace et du temps. "Il s'agit, écrit-il, d'un dé-placement *(Ver-rückung)* de l'être-de-l'homme jusqu'à être le Là."

Donc, si la logique de la philosophie veut la mise en parole sur le mode du silence – la sigétique – et que celle-ci déploie la question du Fond comme Fond abyssal, le déploiement, sur le mode de la sigétique, de cette question présuppose un dé-placement de l'être-de-l'homme. Pour répondre à l'exigence de la logique philosophique, à l'exigence de la sigétique, il faut que l'être-de-l'homme change de place. Ce changement de place est une dé-centration de l'humain, ce qui signifie que l'humain n'est plus le centre. Il faudrait que l'être-de-l'homme sorte de l'humain, soit ek-statique, ek-sistence. Pour répondre à l'exigence de la sigétique, qui est la logique même de la philosophie, il faudrait que l'être-de-l'homme séjourne ailleurs que dans le genre humain simplement vivant. Il faudrait que l'être-de-l'homme soit une autre manière d'être, une autre forme de séjour – en grec: ἦθος –, un autre aître. Le *passage* d'un *séjour* à un autre peut donc bien recevoir l'appellation de méta-éthique. Encore une fois, il importe de remarquer que l'indication de ce passage n'est pas moralisatrice, qu'elle se limite à suggérer ce qu'il faut pour qu'un changement se produise peut-être ou ne se produise peut-être pas. Tout le style de Heidegger manifeste, à cet endroit du tome 65, un grand souci de ne pas tenir des propos qui donneraient la marche à suivre – autrement dit: un grand souci de sigétique.

# III. Essays in Interpretation

# Welt-Geschichte als Grenze der Daseinsanalyse in „Sein und Zeit"[1]

## Heinrich Hüni

Es geht in „Sein und Zeit" (der Titel sagt es) um ein Doppeltes. Das aber wiederum in zwiefacher Hinsicht, daher rühren die grundsätzlichen Schwierigkeiten. Denn weil das ferne Thema erst ahnungsvoll erscheint, läuft der um Verdeutlichung bemühte Weg nicht gerade darauf zu. Bekanntlich soll die Analyse des „Daseins" (S. 7; ich zitiere nach der Einzelausgabe im Niemeyer-Verlag, 1927ff.) die entscheidende Station auf dem Weg zu Sein und Zeit bilden; der Entwurf sieht vor, erst das fragende Dasein zu analysieren, um von da aus nach dem Sein überhaupt fragen zu können. Als Vorzeichen dieser „Doppelaufgabe" (S. 15) erscheint die Gliederung der Frage bezüglich des Daseins nach dessen (eigenem) Sein und sodann nach dem damit beanspruchten, dem darin waltenden Sinn. Der Sinn, oder wie es auch heißt (S. 151): „das Gerüst" des Daseins als zugleich befindliches, verstehendes, redendes In-der-Welt-sein (1. Abschnitt, vor allem 2. und 5. Kapitel) ist sein zeithafter Vollzug, seine „Zeitlichkeit" (2. Abschnitt, vor allem 3. und 4. Kapitel).

Dasein und Zeitlichkeit, das ist also die Mittelstation des Aufstiegs zu Sein und Zeit, den Fortgang selbst aber soll die Zeitlichkeit ermöglichen: „Aus" ihr soll nun die Zeit als „Horizont" und als „Horizont alles Seinverständnisses" begriffen werden (S. 17). So die Vorstellung vom eigentlichen und in sich zwiefachen Ziel. Freilich wird von dieser „Sinnbestimmtheit des Seins ... aus der Zeit" nichts weiter gesagt, sie wird einleitend nur unter den Titel „Temporalität" gebracht (S. 19); dabei bleibt es. Heidegger bildet hier einen Terminus für eine Sache, die, wenn sie einmal zur Erörterung kommen wird, nicht mehr diesen Titel trägt. Bekanntlich hört die Veröffentlichung vor dem ergänzenden Teil auf.

## I.

Bereits in der Einleitung ist nicht nur von der Zeit die Rede, sondern auch von der *Geschichte*. Sie ist das Bewährungsfeld für die aufgeworfene Seinsfrage. Aber sie wird dabei vorzüglich als Material der „Destruktion" (§ 6) angesehen. Das

---

[1] Dieser Vortrag wurde im Oktober 1996 an der Universität Prag und im Oktober 1997 an der Universität Budapest gehalten. Die gedruckte Fassung möchte ich Georg Siegmann widmen.

heißt: Es soll die Herkunft, in der wir uns doch finden, es soll das Überkommene auf die „ursprünglichen Erfahrungen" (S. 22) hin abgebaut werden. Das klingt nach einem Rückgang auf einen gleichbleibenden Bestand, als sei mehr als an Epochen einer Geschichte an eine Epoché von der Geschichte gedacht. Zunächst muß uns das genügen. In den Zusammenhang des zweiten Abschnitts über die Zeitlichkeit ist dann ein Kapitel über die Geschichte eingeschaltet. Aber welche Funktion erfüllt dieses fünfte Kapitel dort genau? Dieser Frage soll ein erster Augenmerk gelten.

Der zweite Abschnitt „Dasein und Zeitlichkeit" sollte die Frage nach dem Dasein zur Antwort bringen und im Einzelnen bewähren. Das ist auch mit seinem vierten Kapitel „Zeitlichkeit und Alltäglichkeit" geschehen. Wenn nun ein fünftes Kapitel „Zeitlichkeit und Geschichtlichkeit" angefügt wird, klingt das nicht nur sehr parallel, sondern diese Interpretation der Geschichtlichkeit versteht sich ausdrücklich „nur als eine konkretere Ausarbeitung der Zeitlichkeit" (S. 382). Der Anlaß zu gerade dieser Ausarbeitung ist die Unsicherheit darüber, ob denn überhaupt der sogenannte Zusammenhang des Lebens gebührend bedacht worden sei. Zwar hat das erste Kapitel des zweiten Abschnitts „das mögliche Ganzsein des Daseins" thematisiert und eingehend „das Sein zum Tode" analysiert. Aber jetzt wirft sich als Problem auf, wie das Dasein „zwischen Geburt und Tod", wie denn seine „Erstreckung" zu verstehen sei (S. 373).

Es zeichnen sich zwei Unmöglichkeiten ab. Weder läßt sich die Frage beruhigen durch den Hinweis auf Zusammenhänge und Abfolgen im vom Dasein Betriebenen und Besorgten, Erlebten oder Erlittenen. Das Objektgewordene (vgl. S. 388) kann gerade über den praktischen Vollzug keine Auskunft mehr geben. Denn im Vollzug wissen wir uns selbst immer als etwas von allem Erstrebten und Erreichten Verschiedenes. Noch aber hilft der Blick auf die „Abfolge einzelner Erlebnisse" (S. 373), denn die Frage ist gerade, wie sie denn innerlich zusammenhängen. Und selbst der Existenzialist muß zugeben: So etwas wie eine „lückenlose Folge von Entschlüssen" (S. 387) erbringt auch nicht den gesuchten Zusammenhang.

Aber spätestens hier müssen wir doch sagen – und der einleitende Paragraph 72 nimmt ebenfalls diese Wendung –, daß die fragliche Erstreckung bereits in der „Einheit der Zeitlichkeit" (S. 374) gegründet ist. Das Geschehen des Daseins als immer schon „erstrecktes Sicherstrecken" (S. 375) ist eben Ausformung seiner zeithaften Verfassung. Welche Frage ist also eigentlich noch offen?

Die Unruhe geht von dem Phänomen *Geschichte* aus. Die Frage nach dem Sein der Geschichte hatte sich eingangs mit der Notwendigkeit einer Destruktion von erfahrenen Überlagerungen und Verstellungen gemeldet, aber sie ist gar kein Desiderat der Zeitlichkeitsanalyse selbst. Diese ist an ihrem Ziel. Man kann behaupten, wie es der Text tut (ebd.), mit der Freilegung jener daseinsmäßigen Geschehensstruktur werde ein Verständnis der „Geschichtlichkeit" gewonnen,– aber dann hat man zunächst einmal eingestanden, daß doch ein neues Phänomen vor Augen tritt. Heideggers Vorgehen ist hier von einer eigenartigen Befangenheit: Von der in „Sein und Zeit" erstmals enthüllten Zeitlichkeit aus blickt er auf das neue Phänomen des Geschichtlichen – und will aber an ihm nur die Aufgabe der „Verwurzelung in der Zeitlichkeit" sehen (ebd.).

In diesem Zwielicht wird eine Parallele spürbar. Wie zu Beginn erinnert, soll die Frage nach dem Sinn von Sein überhaupt „aus" (S. 17) der Zeitlichkeit des Daseins expliziert werden. Und dem vergleichbar, soll jetzt die Geschichtlichkeit „aus" der Zeitlichkeit gar deduziert werden (S. 377, allerdings in vorsichtigen Anführungszeichen). Handelt es sich hier nicht um eine Unfreiheit des phänomenologischen Vorgehens? Schon die in der Einleitung zu „Sein und Zeit" entworfene Ontophänomenologie verlangt eine Auseinandersetzung mit überkommenen Vorstellungen von Begründung und Ableitung. Zeigt der Titel „Geschichtlichkeit" nur einen weiteren Fundierungsschritt an oder nicht vielmehr eine Bedenklichkeit eben dieses Vorgehens? Wo soll das Wesen des Geschichtlichen überhaupt gesucht werden? Klärung kann hier nur aus dem näheren Eingehen (vgl. § 73 u. 74) auf die Erscheinung des Geschichtlichen erwachsen. Das ist der entscheidende zweite Schritt.

## II.

Zunächst und zumeist begegnet Geschichtliches in der Form des Vergangenen, und zwar zeigt es sich in einer nicht ganz selbstverständlichen, aber auch nicht unverständlichen Nachwirkung. Was liegt darin, daß etwas doch Gegenwärtiges in seiner Hauptsache als Vergangenes erscheint? Wann wird etwas schon Vorgegebenes zu etwas Altem und gar zu einem überhaupt Veralteten? Etwas Älteres muß ja nicht darum schon zerbrechen. Und sowieso ist ein Beschädigtes nicht gleich ein Vergangenes. Auch am Fremden allein tritt nie Vergangenheit hervor.

Dennoch gibt es das: An der gegenwärtigen Sache ist zugleich eine Veränderung und Vergangenheit gegenwärtig. Man kann diese Erscheinung nur verstehen, wenn man sich selbst versteht und sich eingesteht: Die Welt der betreffenden Sache ist vergangen (S. 380). Aber da das Zeugnis der vergangenen Welt gegenwärtig ist, muß die gegenwärtige Welt doch auch den Verweis auf die vergangene Welt hergeben, sie muß zu ihr irgendeinen möglichen Bezug haben.

Das heißt: Die Welt, das sogenannte Bezugsganze des Bedeutens (vgl. § 18), hat immer auch Erinnerungstiefe. Und diese sich staffelnde Welt kann sich insgesamt verändern, bis hin zu einem gewissen Undeutlichwerden und Verblassen. Das aber heißt: Die *Welt* selbst ist ein *Geschehen*. Das erinnert an Heideggers frühe Wortbildung „welten" und verweist zugleich auf seine spätere Absage an eine Erläuterung der Welt durch das Phänomen des Horizonts. Zwar läßt der Horizont in sich das Einzelne begegnen, aber er verändert sich nur in dem Maße, indem sich das erfahrende Dasein bewegt. Das Maß solcher Bewegung kann nicht wiederum dieser selbe Horizont sein. Diese Absage betrifft aber zuallererst das Verständnis des Sinnes als ein wenn auch offenes „Gerüst" (s. o.).

Wäre aber die Welt des In-der-Welt-seins, also das, von woher und woraufhin sich das Dasein in allem versteht, letztlich immer ein Eines und Selbes, dann herrschte über das Verstehen eine verstandene und ausgelegte Generationenfolge in einer gewissen Periodik. Es gäbe die Wechsel des Jung und Alt, des Stark und Schwach. Und das alles gibt es auch – aber das alles ergibt von sich aus keine Geschichte.

Heidegger kann sich seiner eigenen Analyse nicht entziehen und muß mit Recht feststellen, daß etwas „nur auf Grund seiner Weltzugehörigkeit geschichtlich ist" (S. 381). Aber ihm rückt seine Einsicht, daß „die Welt ... die Seinsart des Geschichtlichen hat" (ebd.), wieder ins Zwielicht, wenn er fortfährt: „weil sie eine ... Bestimmtheit des Daseins ausmacht". Denn er meint, daß die Welt aufgrund des zeitlichen Daseins (genitivus subiectivus) geschichtlichen Charakter habe. Aber die Welt ist doch keine Folge des Daseins – hier wäre eine Auseinandersetzung mit dem Paragraph 69c über das zeitliche Problem der Transzendenz der Welt nötig –, sondern die Welt ist die Bedeutsamkeit *für* das Dasein, so daß es das In-der-Welt-sein sein kann, das es doch ist. Muß man also nicht anders denken: Es gibt Geschichte, weil es Welt als Bestimmtheit herum um und für das Dasein gibt (genitivus obiectivus)? Gewiß ist alles innerweltlich Begegnende nur „sekundär geschichtlich", aber muß man darum behaupten, „primär geschichtlich" (ebd.) sei nicht die geschichtliche Welt, sondern das zeitliche Dasein?

Das In-der-Welt-sein existiert als Entschlossenheit und als Entschluß zur Situation. Aber nicht der reinen Entschlossenheit, sondern nur der Situation sind die Möglichkeiten zu entnehmen, auf die sich das Existieren entwirft. Dieses Entwerfen befindet sich immer in einer Auseinandersetzung zwischen mehr zukünftigen, mehr heutigen und mehr überkommenen oder eben vergangenen und unmöglich gewordenen Möglichkeiten. Die Welt präsentiert sich nicht nur in einer planen Vielheit, sondern präsentiert ihre Fülle ihrem inneren Geschehen gemäß in einer eigenen Erinnerungstiefe. Die Welt erscheint als *„Erbe"*, wie der Paragraph 74 (S. 383) einsichtig aufdeckt. Wenn alle Möglichkeiten und Güter Erbschaft sind, dann könnte man mit Heidegger gegen Platon die These wagen: Alles Gute ist Geschichte.

Vergangenes gibt es in der Welt nur, insofern sie Sprachwelt ist. Bei allem mit Namen und Wort Genannten wird als erstes „mitangezeigt die mitseiende Zeit", wie schon Aristoteles (De interpretatione, Kap. 3) festhält. Das sogenannte Zeit-Wort zeigt bei allem Genannten ein „Ringsherum" (ebd.), kurz: das Nennbare erscheint in einer Zeit-Tiefe. Die Sprachwelt ist das ursprüngliche Forum der Vergangenheit. An diesen Hintergrund zu erinnern ist umso nötiger, als eben das eigentliche Mitsein in der – zugunsten einer Enthaltung von vorgegebenen Auslegungen – am Gebrauch und seinen Dingen orientierten Perspektive von „Sein und Zeit" im Hintergrund bleibt.

Erbe bedeutet nicht einfach vorhandene Güter, sondern Güter mit dem eingeschriebenen Sinn des Überliefertseins für ein nachfolgendes Voraussehen und Handeln mit Anderen und letztlich für eine Weitergabe an wieder Andere. Wo die Welt Erbe ist, ist die Gegenwart immer Gemeinschaft. Diese Gemeinschaftlichkeit im Welt-Geschehen nennt Heidegger „*Geschick*" (S. 384). Alle einzelnen Entschlüsse und Schicksale sind als Auseinandersetzungen in und mit der Erbe-Welt „im vorhinein schon geleitet" (ebd.) von gemeinschaftlichem Geschick. Ausdrücklich wird festgehalten, daß sich dieses Geschick nie erst aus Einzelschicksalen zusammensetzen kann; so wenig wie Welt aus Innerweltlichem.

In der Entschlossenheit wird primär die Wahl gewählt. Die Bereitschaft für die und zur Situation verwirklicht sich aber nur *in* der Situation. Wahr bleibt: *In* der Situation bin ich nur, wenn ich für sie offen bin. Aber das beides kann nur geschehen, indem ich schicksalhaft in ein Geschick versetzt bin – und darin allein mich finden, mich ansprechen, mich bezeugen und mich betätigen kann. In der Entschlossenheit zur Welt bestimmt sich je mein Schicksal. Heidegger sagt dazu: Im Schicksal „gründet mit das Geschick" (S. 386). Eine eigenartige Wendung. Ja, das Existieren und Immer-schon-existieren und Schicksal-haben ist das Nächste und Erste. In ihm allein ist das Geschick am Werk, insofern wirkt das Geschick *mit* dem Schicksal und *mit* in ihm – aber doch nicht nach und wegen ihm.

Man darf sich von den einrahmenden und insgesamt gesperrt gedruckten Absätzen auf den Seiten 376 und 385 nicht blenden lassen: Der Absicht einer einseitigen Begründung – daß die Zeitlichkeit erst die Geschichtlichkeit möglich mache – läuft doch die praktizierte Phänomenologie zuwider.

### III.

Wenn wir jetzt auf die anfängliche Frage nach dem Zusammenhang einer Existenz zurückkommen, müssen wir antworten: Eine erste Einheit liegt wohl in der inneren Zeitlichkeit, aber inhaltliche Fülle und also verständige Bekundung ergibt sich nur in der Auseinandersetzung mit Erbe und Geschick, das heißt: mit der Geschichte der Welt. In diese Geschichte hinein gehört das zeitliche Dasein, soll es als Verstehen existieren können. Diese Umkehrung deutet sich zuletzt auch bei Heidegger an, wenn er sagt (S. 388): „Geschehen der Geschichte ist Geschehen des In-der-Welt-seins. Geschichtlichkeit des Daseins ist wesenhaft Geschichtlichkeit von Welt."

Welt ist nicht nur ein Bedeutungsrahmen, sondern ein Bedeutungsgeschehen. Daß diese geschehende Welt das In-der-Welt-sein bestimmt, das leitet alle einzelnen Geschichten, und das ist die eigentliche *Welt-Geschichte* (S. 389 u. 388): nicht die erdballweite Interdependenz aller Vorgänge, sondern das nicht ableitbare

Bedeutungsgeschehen, das mit seinen Schüben und Schichtungen die eigentliche Geschichte ausmacht. Welt-Geschichte ist in gewisser Weise – allerdings doch wieder nur in Rücksicht auf das in dieser Welt-Geschichte Seiende – das Schlußwort der Geschichtlichkeitsanalyse und von „Sein und Zeit" überhaupt.

Die Enge der einseitigen Begründung hat sich durch die phänomenologische Besinnung geöffnet; auch wenn diese Öffnung latent bleibt und daraus keine Konsequenz mehr für die Anlage des Fragegangs gezogen wird. In der Sache wird der Einblick in die Welt-Geschichte zu einem Erkundungsschritt über die Daseinsanalyse hinaus. Damit zeigt sich die Welt-Geschichte als der erste Ansatz zu einer Erörterung jener eingangs genannten, aber unverständlich gebliebenen *Temporalität*. Das war doch und bleibt die Absicht des Unternehmens von „Sein und Zeit": zu erkennen, daß sich das Sein mit Bewegung verbindet, also „vor das ontologische Rätsel der Bewegtheit des Geschehens überhaupt zu führen" (S. 389). Und das heißt jetzt: vor das Geschehen von Welt, das nie Folge von irgendetwas sein kann.

Darum ist die Welt-Geschichte aristotelisch gesprochen die Wirklichkeit. Und das heißt die Wirklichkeit, die die Möglichkeiten mit sich heraufführt, auf die sich die zeitliche Existenz entwirft. Diese erfüllte Zeitlichkeit der Existenz geht freilich wiederum der Möglichkeit historischer Ausforschung voran (vgl. S. 396). Aber für die das Mögliche verstehende und ausstehende Zeitlichkeit zeichnet sich als das äußerste Geschehen ab die Welt als Geschichte. Ausdrücklich bedacht und erörtert wird das als Temporalität Angekündigte und als Welt-Geschichte phänomenologisch Angezeigte schließlich unter dem Titel „Seinsgeschichte".

# IV. Update on the *Gesamtausgabe*

# List of Heidegger's Gesamtausgabe

## In German, English, French, and Italian

The following is a complete list of all the volumes of the *Gesamtausgabe* that have been published as of the beginning of 1998. The list includes all the volumes available in the original German as well an in the French, English and Italian translations.

**German** (published by Vittorio Klostermann Verlag, Frankfurt am Main):

I. Abteilung: Veröffentlichte Schriften (1910 - 1976)

    1. Frühe Schriften (1912 - 1916)
       Herausgeber: Friedrich-Wilhelm von Herrmann 1978.

    2. Sein und Zeit (1927)
       Herausgeber: Friedrich-Wilhelm von Herrmann 1977.

    3. Kant und das Problem der Metaphysik (1929)
       Herausgeber: Friedrich-Wilhelm von Herrmann 1991.

    4. Erläuterungen zu Hölderlins Dichtung (1936 - 1968)
       Herausgeber: Friedrich-Wilhelm von Herrmann 1981, $^{2}$1996.

    5. Holzwege (1935 - 1946)
       Herausgeber: Friedrich-Wilhelm von Herrmann 1977.

    6.1 Nietzsche I (1936 - 1939)
       Herausgeberin: Brigitte Schillbach 1996.

    6.2 Nietzsche II (1939 - 1946)
       Herausgeberin: Brigitte Schillbach 1997.

    9. Wegmarken (1919 - 1958)
       Herausgeber: Friedrich-Wilhelm von Herrmann 1976, $^{2}$1996.

    10. Der Satz vom Grund (1955 - 1956)
       Herausgeberin: Petra Jaeger 1997.

    12. Unterwegs zur Sprache (1950 - 1959)
       Herausgeber: Friedrich-Wilhelm von Herrmann 1985.

    13. Aus der Erfahrung des Denkens (1910 - 1976)
       Herausgeber: Hermann Heidegger 1983.

    15. Seminare (1951 - 1973)
       [Heraklit (Freiburg 1966/97, mit Eugen Fink)
       Vier Seminare (Le Thor 1966, 1968, 1969; Zähringen 1973)
       Züricher Seminar (Aussprache mit Martin Heidegger am 6.11.1951)]
       Herausgeber: Curd Ochwadt 1986.

II. Abteilung: Vorlesungen 1919 - 1944

A. Marburger Vorlesungen 1923 - 1928

17. Einführung in die phänomenologische Forschung
    (Wintersemester 1923/24)
    Herausgeber: Friedrich-Wilhelm von Herrmann 1994.

19. Platon: Sophistes (Wintersemester 1924/25)
    Herausgeberin: Ingeborg Schüßler 1992.

20. Prolegomena zur Geschichte des Zeitbegriffs (Sommersemester 1925)
    Herausgeberin: Petra Jaeger 1979, [2]1988, [3]1994.

21. Logik. Die Frage nach der Wahrheit (Wintersemester 1925/26)
    Herausgeber: Walter Biemel 1976, [2]1995.

22. Grundbegriffe der antiken Philosophie (Sommersemester 1926)
    Herausgeber: Franz-Karl Blust 1993.

24. Die Grundprobleme der Phänomenologie (Sommersemester 1927)
    Herausgeber: Friedrich-Wilhelm von Herrmann 1975, [2]1989.

25. Phänomenologische Interpretation von Kants Kritik der reinen Vernunft
    (Wintersemester 1927/28)
    Herausgeberin: Ingtraud Görland 1977, [2]1987, [3]1995.

26. Metaphysische Anfangsgründe der Logik im Ausgang von Leibniz
    (Sommersemester 1928)
    Herausgeber: Klaus Held 1978, [2]1990.

B. Freiburger Vorlesungen 1928 - 1944

27. Einleitung in die Philosophie
    (Wintersemester 1928/29)
    Herausgeber: Otto Saame † und Ina Saame-Speidel 1996.

28. Der deutsche Idealismus (Fichte, Schelling, Hegel) und die philosophische Problemlage der Gegenwart
    (Sommersemester 1929)
    Herausgeber: Claudius Strube 1997.

29./30. Die Grundbegriffe der Metaphysik. Welt – Endlichkeit – Einsamkeit
    (Wintersemester 1929/30)
    Herausgeber: Friedrich-Wilhelm von Herrmann 1983, [2]1992.

31. Vom Wesen der menschlichen Freiheit. Einleitung in die Philosophie
    (Sommersemester 1930)
    Herausgeber: Hartmut Tietjen 1982, [2]1994.

32. Hegels Phänomenologie des Geistes (Wintersemester 1930/31)
    Herausgeberin: Ingtraud Görland 1980, [2]1988, [3]1997.

33. Aristoteles: Metaphysik Θ 1 - 3 (Sommersemester 1931)
    Herausgeber: Heinrich Hüni 1981, [2]1990.

34. Vom Wesen der Wahrheit. Zu Platons Höhlengleichnis und Theätet
    (Wintersemester 1931/32)
    Herausgeber: Hermann Mörchen 1988, [2]1997.

38. Über Logik als die Frage nach der Wahrheit
    (Sommersemester 1934)
    Herausgeber: Günter Seubold 1998.

39. Hölderlins Hymnen „Germanien" und „Der Rhein" (Wintersemester 1934/35)
    Herausgeberin: Susanne Ziegler 1980, ²1989.

40. Einführung in die Metaphysik (Sommersemester 1935)
    Herausgeberin: Petra Jaeger 1983.

41. Die Frage nach dem Ding. Zu Kants Lehre von den transzendentalen Grundsätzen
    (Wintersemester 1935/36)
    Herausgeberin: Petra Jaeger 1984.

42. Schelling: Über das Wesen der menschlichen Freiheit (Sommersemester 1936)
    Herausgeberin: Ingrid Schüßler 1988.

43. Nietzsche: Der Wille zur Macht als Kunst (Wintersemester 1936/37)
    Herausgeber: Bernd Heimbüchel 1985.

44. Nietzsches metaphysische Grundstellung im abendländischen Denken: Die Lehre
    von der ewigen Wiederkehr des Gleichen (Sommersemester 1937)
    Herausgeberin: Marion Heinz 1986.

45. Grundfragen der Philosophie. Ausgewählte „Probleme" der „Logik"
    (Wintersemester 1937/38)
    Herausgeber: Friedrich-Wilhelm von Herrmann 1984, ²1992.

47. Nietzsches Lehre vom Willen zur Macht als Erkenntnis (Sommersemester 1939)
    Herausgeber: Eberhard Hanser 1989.

48. Nietzsche. Der europäische Nihilismus (II. Trimester 1940)
    Herausgeberin: Petra Jaeger 1986.

49. Die Metaphysik des deutschen Idealismus. Zur erneuten Auslegung von Schelling: Philosophische Untersuchungen über das Wesen der menschlichen Freiheit
    und die damit zusammenhängenden Gegenstände (1809) (I. Trimester 1941)
    Herausgeber: Günter Seubold 1991.

50. 1: Nietzsches Metaphysik
    (für Wintersemester 1941/42 angekündigt, aber nicht vorgetragen).
    2: Einleitung in die Philosophie – Denken und Dichten (Wintersemester 1944/45)
    Herausgeberin: Petra Jaeger 1990.

51. Grundbegriffe (Sommersemester 1941)
    Herausgeberin: Petra Jaeger 1981, ²1991.

52. Hölderlins Hymne „Andenken" (Wintersemester 1941/42)
    Herausgeber: Curd Ochwadt 1982, ²1992.

53. Hölderlins Hymne „Der Ister" (Sommersemester 1942)
    Herausgeber: Walter Biemel 1984, ²1993.

54. Parmenides (Wintersemester 1942/43)
    Herausgeber: Manfred S. Frings 1982, ²1992.

55. Heraklit 1: Der Anfang des abendländischen Denkens (Heraklit) (Sommersemester 1943) 2: Logik. Heraklits Lehre vom Logos (Sommersemester 1944)
    Herausgeber: Manfred S. Frings 1979, ²1987, ³1994.

C. Frühe Freiburger Vorlesungen 1919 - 1923

56./57. Zur Bestimmung der Philosophie, 1: Die Idee der Philosophie und das Weltanschauungsproblem (Kriegsnotsemester 1919) 2: Phänomenologie und transzendentale Wertphilosophie (Sommersemester 1919)
Herausgeber: Bernd Heimbüchel 1987.

58. Grundprobleme der Phänomenologie (Wintersemester 1919/29)
Herausgeber: Hans-Helmuth Gander 1992.

59. Phänomenologie der Anschauung und des Ausdrucks. Theorie der philosophischen Begriffsbildung (Sommersemester 1920)
Herausgeber: Claudius Strube 1993.

60. Phänomenologie des religiösen Lebens.

   1. Einführung in die Phänomenologie der Religion (Wintersemester 1920/21)
   Herausgeber: Matthias Jung und Thomas Regehly.

   2. Augustinus und der Neuplatonismus (Sommersemester 1921)
   Herausgeber: Claudius Strube.

   3. Die philosophischen Grundlagen der mittelalterlichen Mystik (1918/19)
   Herausgeber: Claudius Strube 1995.

61. Phänomenologische Interpretationen zu Aristoteles. Einführung in die phänomenologische Forschung (Wintersemester 1921/22)
Herausgeber: Walter Bröcker und Käte Bröcker-Oltmanns 1985, [2]1994.

63. Ontologie. Hermeneutik der Faktizität (Sommersemester 1923)
Herausgeberin: Käte Bröcker-Oltmanns 1988, [2]1995.

III. Abteilung: Unveröffentlichte Abhandlungen – Vorträge – Gedachtes

65. Beiträge zur Philosophie (Vom Ereignis)
Herausgeber: Friedrich-Wilhelm von Herrmann 1989, [2]1994.

66. Besinnung
Herausgeber: Friedrich-Wilhelm von Herrmann 1997.

68. Hegel
Herausgeberin: Ingrid Schüßler 1993.

69. Die Geschichte des Seyns
Herausgeber: Peter Trawny 1998.

77. Feldweg-Gespräche
Herausgeberin: Ingrid Schüßler 1995.

79. Bremer und Freiburger Vorträge
Herausgeberin: Petra Jaeger 1994.

**French** (published by Édition Gallimard, Paris):

2. Être et Temps
Traducteur: François Vezin 1986, [2]1988, [3]1990, [4]1992, [5]1994, [6]1996, [7]1998.

24. Les problèmes fondamentaux de la phénoménologie
Traducteur: Jean-François Courtine 1985.

25. Interprétation phénoménologique de la "Critique de la raison pure" de Kant
Traducteur: Emmanuel Martineau 1982.

26. Fonds métaphysiques initiaux de la logique
    Traducteur: Gérard Guest 1997.

29./30. Les concepts fondamentaux de la métaphysique
    Traducteur: Daniel Panis 1992.

31. L'Essence de la liberté humaine
    Traducteur: Emmanuel Martineau 1988.

32. La "Phénoménologie de l'esprit" de Hegel
    Traducteur: Emmanuel Martineau 1984.

33. Aristote Métaphysique Θ 1 - 3
    Traducteur: Bernard Stevens et Pol Vandevelde 1991.

39. Les Hymnes de Hölderlin "La Germanie" et "Le Rhin"
    Traducteur: Julien Hervier et François Fédier 1988.

51. Concepts fondamentaux
    Traducteur: Pascal David 1985.

**At the Press:**

21. Logique: La question de la vérité
    Traductrice: Françoise Dastur.

**In Preparation:**

17. Introduction à la recherche phénoménologique
    Traducteur: Didier Franck.

19  Platon: Le Sophiste
    Traducteur: Jean-François Courtine.

27. Introduction à la philosophie
    Traducteur: Henri Crétella.

34. De l'essence de la vérité
    Traducteur: Alain Boutot.

45. Questions fondamentales de la philosophie
    Traducteur: Pascal David.

54. Parménide
    Traducteur: Alexandre Lowit.

61. Interprétations phénoménologiques d'Aristote / Introduction
    à la recherche phénoménologique.
    Traducteur: Daniel Panis.

65. Compléments à la philosophie
    Traducteur: François Fédier.

**English** (published by Indiana University Press, Bloomington, and Athlone Press, London):

3. Kant and the Problem of Metaphysics
    Translator: Richard Taft 1997.

19. Plato: The Sophist
    Translators: Richard Rojcewicz and André Schuwer 1997.

20. History of the Concept of Time, Prolegomena
    Translator: Theodore Kisiel 1985.
24. The Basic Problems of Phenomenology
    Translator: Albert Hofstadter 1982.
25. Phenomenological Interpretation of Kant's *Critique of Pure Reason*
    Translators: Parvis Emad and Kenneth Maly 1997.
26. The Metaphysical Foundations of Logic
    Translator: Michael Heim 1984.
29./30. The Fundamental Concepts of Metaphysics
    Translators: William McNeill and Nicholas Walker 1995.
32. Hegel's Phenomenology of Spirit
    Translators: Parvis Emad and Kenneth Maly 1988.
33. Aristotle's Metaphysics Θ 1 - 3: On the Essence and Actuality of Force
    Translators: Walter Brogan and Peter Warnek 1995.
45. Basic Questions of Philosophy: Selected "Problems" of "Logic"
    Translators: Richard Rojcewicz and André Schuwer 1994.
51. Basic Concepts
    Translator: Gary Aylesworth 1994.
53. Hölderlin's Hymn "The Ister"
    Translators: William McNeill and Julia Davis 1997.
54. Parmenides
    Translators: André Schuwer and Richard Rojcewicz 1993.

**In Preparation:**

31. On the Essence of Human Freedom
    Translator: E. H. Sadler
34. The Nature of Truth
    Translator: E. H. Sadler
39. Hölderlin's Hymn "Germanien" und "Der Rhein"
    Translator: William McNeill.
56./57. Towards a Definition of Philosophy
    Translator: E. H. Sadler
59. Phenomenology of Intuition and Expression
    Translator: E. H. Sadler
63. Ontology: The Hermeneutic of Facticity
    Translator: John van Buren.
65. Contributions to Philosophy
    Translators: Parvis Emad and Kenneth Maly.

**Italian**

4. La poesia di Hölderlin
   Traduttore: Leonardo Amoroso; direzione scientifica: Franco Volpi 1988, ²1994 (Adelphi, Milano).
6. Nietzsche
   Traduttore: Franco Volpi 1994, ²1995 (Adelphi, Milano).

List of Heidegger's Gesamtausgabe   145

9. Segnavia
   Traduttore: Franco Volpi 1987, ³1994 (Adelphi, Milano).

10. Il principio di ragione
    Traduttori: Giovanni Gurisatti e Franco Volpi; a cura di Franco Volpi 1991 (Adelphi, Milano).

15. Seminari
    Traduttore: Massimo Bonola; a cura di Franco Volpi 1992 (Adelphi, Milano).
    Dialogo intorno a Eraclito
    Traduttore: Mauro Nobile; a cura di Mario Ruggenini 1992 (Coliseum, Milano).

20. Prolegomeni alla storia del concetto di tempo
    Traduttori: Renato Cristin e Alfredo Marini 1991 (Il melangolo, Genova).

21. Logica. Il problema della verità
    Traduttore: Ugo Maria Ugazio 1986 (Mursia, Milano).

24. I problemi fondamentali della fenomenologia
    Traduttore: Adriano Fabris 1988 (Il melangolo, Genova).

26. Principi metafisici della logica
    Traduttore: Giovanni Moretto 1990 (Il melangolo, Genova).

29./30. Concetti fondamentali della metafisica. Mondo – finitezza – solitudine.
    Traduttrice: Paola-Ludovica Coriando 1992 (Il melangolo, Genova).

32. La fenomenologia dello spirito di Hegel
    Traduttrice: Silvia Caianello 1988 (Guida, Napoli).

33. Aristotele, Metafisica Θ 1 - 3
    Traduttore: Ugo Ugazio 1992 (Mursia, Milano).

34. L'essenza della verità. Sul mito della caverna e sul Teeteto di Platone
    Traduttore: Franco Volpi 1997 (Adelphi, Milano).

41. La questione della cosa. La dottrina kantiana dei principi trascendentali
    Traduttore: Vincenzo Vitiello 1989 (Guida, Napoli).

42. Schelling
    Traduttore: Carlo Tatasciore 1994 (Guida, Napoli).

45. Domande fondamentali della filosofia. Selezione di "problemi" della "logica"
    Traduttore: Ugo Maria Ugazio 1988 (Mursia, Milano).

51. Concetti fondamentali
    Traduttore: Franco Camera 1989 (Il melangolo, Genova).

52. L' inno *Andenken* di Hölderlin.
    Traduttori: Chiara Sandrin e Ugo Ugazio 1997 (Mursia, Milano).

54. Parmenide
    Traduttore: Giovanni Gurisatti 1998 (Adelphi, Milano).

55. Eraclito
    Traduttore: Franco Camera 1993 (Mursia, Milano).

61. Ontologia. Ermeneutica della effettività
    Traduttore: Gennaro Auletta 1992 (Guida, Napoli).

**In Preparation:**

2. Essere e tempo
   Traduttore: Alfredo Marini (Longanesi, Milano).
43. Nietzsche: La volontà di potenza come arte
    Traduttore: Franco Volpi (Adelphi, Milano).
44. La posizione metafisica fondamentale di Nietzsche nel pensiero occidentale
    Traduttore: Franco Volpi (Adelphi, Milano).
48. Nietzsche: Il nichilismo europeo
    Traduttore: Franco Volpi (Adelphi, Milano).
65. Contributi alla filosofia
    Traduttore: Franco Volpi (Adelphi, Milano).

# Addresses of the Contributers

Dr. Guillaume Badoual
90, lotissement Zohra
El Harhoura
Témara
Maroc

Dr. Paola-Ludovica Coriando
Albert-Ludwigs-Universität
Seminar für Philosophie
und Erziehungswissenschaft
Postfach
79085 Freiburg i. Br.
Federal Republic of Germany

Professor Dr. Pascal David
Université de Bretagne Occidentale
Department de Philosophie
Faculté des Lettres et Science
Sociales
20, rue Duquesne BP 814
F-29285 Brest/France

Professor David Durst
American University in Bulgaria
Humanities Division
2700 Blagoevgrad
Bulgaria

Dr. Jürgen Gedinat
Simonsstraße 61
42117 Wuppertal
Federal Republic of Germany

Professor Dr. Heinrich Hüni
Bergische Universität
Fachbereich 2, Philosophie
Gauss-Straße 20
42097 Wuppertal
Federal Republic of Germany

Dr. Daniel Panis
26, rue del' No
4671 Housse
Belgium

# Volume 14  HEIDEGGER STUDIES  1998

Editors:

Parvis Emad (La Crosse, WI U.S.A.)
Friedrich-Wilhelm von Herrmann
(Freiburg, Germany)

Kenneth Maly (La Crosse, WI U.S.A.)
François Fédier (Paris, France)

Associate Editors:

Hans-Helmuth Gander (Freiburg, Germany)
Gérard Guest (Gif-sur-Yvette, France)
George Kovacs (Miami, Florida, U.S.A.)
John Sallis (Nashville, Tennessee, U.S.A.)

Gail Stenstad (Johnson City, U.S.A.)
Ingeborg Schüßler (Lausanne, Switzerland)
François Vezin (Paris, France)

Editorial Advisory Board:

Beda Allemann (Bonn, Germany) †
Pierre Aubenque (Paris, France)
Robert Bernasconi (Memphis, Tennessee, U.S.A.)
Rudolf Bernet (Louvain, Belgium)
Walter Biemel (Aachen, Germany)
Franz-Karl Blust (Freiburg, Germany)
Heribert Boeder (Osnabrück, Germany)
Wolfgang Brockmeier (Horgenzell, Germany)
John Caputo (Pennsylvania, U.S.A.)
Paola-Ludovica Coriando (Freiburg, Germany)
Jean-François Courtine (Paris, France)
Françoise Dastur (Paris, France)
Pascal David (Brest, France)
Costantino Esposito (Bari, Italy)
István Fehér (Budapest, Hungary)
Joseph P. Fell (Lewisburg, Pennsylvania, U.S.A.)
Michel Haar (Paris, France)
Klaus Held (Wuppertal, Germany)
Hans Hübner (Göttingen, Germany)
Samuel Ijsseling (Louvain, Belgium)
Pierre Jacerme (Paris, France)
Petra Jaeger (Düsseldorf, Germany)

Dieter Jähnig (Tübingen, Germany)
Joseph J. Kockelmans (Pennsylvania, U.S.A.)
David Krell (Chicago, U.S.A.)
Jean-Luc Marion (Paris, France)
Graeme Nicholson (Toronto, Canada)
Giorgio Penzo (Padua, Italy)
Günther Pöltner (Wien, Austria)
William Richardson (Boston, Mass. U.S.A.)
Ewald Richter (Hamburg, Germany)
Manfred Riedel (Halle/Wittenberg, Germany)
Reiner Schürmann (New York, N.Y., U.S.A.) †
Charles Scott (Nashville, Tennessee, U.S.A.)
Günter Seubold (Bonn, Germany)
Joan Stambaugh (New York, N.Y., U.S.A.)
Claudius Strube (Wuppertal, Germany)
Jacques Taminiaux (Louvain, Belgium)
Rainer Thurnher (Innsbruck, Austria)
Hartmut Tietjen (Freiburg, Germany)
Helmuth Vetter (Wien, Austria)
Vincenzo Vitiello (Salerno, Italy)
Franco Volpi (Padua, Italy, Witten-Herdecke, Germany)
Richard Wisser (Mainz, Germany)
Susanne Ziegler (Darmstadt, Germany)

Aim and Scope:

**Heidegger Studies** is an annual publication dedicated to promoting the understanding of Heidegger's thought through the interpretation of his writings. **Heidegger Studies** provides a forum for the thorough interpretation of the whole of Heidegger's work (including works published during his lifetime) that is called for by the publication of his **Gesamtausgabe**. In keeping with its international character, **Heidegger Studies** publishes articles in English, German, and French. The editors of this journal welcome the submission of manuscripts that take up the serious task of interpreting and thinking through Heidegger's work. The editors especially welcome submission of manuscripts devoted to an interpretive exploration of the new texts published in the **Gesamtausgabe**.

Die **Heidegger Studien** sind eine jährlich erscheinende Zeitschrift, die der Förderung des Verständnisses des Heideggerschen Denkens durch die Interpretation seiner Schriften gewidmet ist. Die Zeitschrift will ein Forum für die gründliche Interpretation von Heideggers Werk im Ganzen (einschließlich der zu seinen Lebzeiten veröffentlichten Werke) bereitstellen, deren Notwendigkeit sich aus der fortlaufenden Veröffentlichung der **Gesamtausgabe** ergibt.

In der Tat machen Spannbreite und Bedeutung der neuen Texte, die in dieser Ausgabe erscheinen, die **Heidegger Studien** erforderlich. Die **Heidegger Studien** sind ihrem Wesen nach international und werden diesem Wesen entsprechend Arbeiten in englischer, deutscher und französischer Sprache veröffentlichen. Die Herausgeber der **Heidegger Studien** wünschen die Zusendung solcher Beiträge, die sich mit der ernsthaften Aufgabe der Interpretation und dem Durchdenken des Heideggerschen Werkes befassen. Die Herausgeber heißen insbesondere solche Beiträge willkommen, die einer interpretativen Untersuchung der neuen Texte in der **Gesamtausgabe** gewidmet sind.

Les **Etudes Heideggeriennes** sont une publication annuelle, consacrée à promouvoir l'entente de la pensée de Heidegger grâce à l'interprétation de ses écrits. Cette revue s'offre ainsi à être un lieu de débat en vue de la réinterprétation complète du travail de Heidegger dans son ensemble (y compris les textes publiés de son vivant) – ce qu'appelle d'ailleurs la publication en cours de l'**Edition Intégrale**. Assurément, les **Etudes Heideggeriennes** répondent aussi à l'exigence suscitée par l'ampleur et l'importance des inédits que publie l'**Edition Intégrale**. Les **Etudes Heideggeriennes** sont une revue délibérément internationale. Ce caractère s'affirme avec la publication de textes en anglais, en allemand et en français. Les responsables de la publication souhaitent recevoir des manuscrits manifestant le souci d'interpréter à fond, c'est-à-dire de penser de bout en bout le travail de Heidegger. Ils espèrent surtout recevoir des manuscrits consacrés à l'examen et à l'interprétation des textes inédits paraissant dans l'**Edition Intégrale.**

\*

A list of the volumes of the **Gesamtausgabe** that have already been published (including the status of English, French and Italian translations) appears at the back of each issue of **Heidegger Studies**. In the interest of clarity and conciseness the editors request that all submissions make reference to the volumes of the **Gesamtausgabe** by using the following format:

a) The first reference to a particular volume of the *Gesamtausgabe* will include the title of the volume and the volume numbers, as well as the title of the volume in translation, if available. Such references will look like this:
[1]*Grundbegriffe* (GA 51), p. 44.
[2]*Die Grundprobleme der Phänomenologie* (GA 24), p. 213; tr. *The Basic Problems of Phenomenology*, p. 149.
[3]*Hegels Phänomenologie des Geistes* (GA 32), p. 132; tr. *La „Phénoménologie de l'esprit" de Hegel*, p. 150.

b) All further references to the same volume will use the abbreviation "GA" and the volume number. Such references will look like this:
[4]GA 51, p. 44. [5]GA 24, p. 213; tr., p. 149. [6]GA 32, p. 132; tr., p. 150.

| Submissions in English should be sent in duplicate to: | Submissions in German should be sent in duplicate to: | Submissions in French should be sent in duplicate to: |
| --- | --- | --- |
| **Heidegger Studies** | **Heidegger Studien** | **Etudes Heideggeriennes** |
| Parvis Emad<br>Department of Philosophy<br>University of Wisconsin<br>La Crosse<br>La Crosse, WI 54601/U.S.A. | Friedrich-Wilhelm von Herrmann<br>Seminar für Philosophie und Erziehungswissenschaft<br>Albert-Ludwigs-Universität<br>D-79085 Freiburg i. Br.<br>Federal Republic of Germany BRD | François Fédier<br>Lycée Pasteur<br>Bld d'Inkermann<br>F-2200 Neuilly sur Seine<br>France |

# INTERNATIONAL STUDIES IN PHILOSOPHY

Editors: Leon J. Goldstein,
Stephen David Ross

*International Studies in Philosophy* is published four times each year. The Spring and Fall issues contain articles and reviews of books of interest to philosophers internationally. The Summer issue is composed of papers delivered to the North American Nietzsche Society. The Winter issue is composed of papers selected from the annual conference on Philosophy, Interpretation, and Culture at Binghamton University, in continental philosophy, feminist philosophy, pragmatism, cultural critique, and multicultural studies, including social, political, and legal issues, also crossing boundaries between philosophy and other disciplines.

*Subscription rates in the U. S. are $35 for individuals and $55 for institutions, per year. Subscribers outside the U.S. should add $5. All correspondence regarding subscriptions should be addressed to Scholars Press, P.O. Box 15399, Atlanta, GA 30333. Manuscripts of articles, discussions, and notes should be addressed to the Editors, International Studies in Philosophy, P.O. Box 6000, Binghamton University, Binghamton, N.Y. 13902-6000, U.S.A.*

# the philosophical forum
## A QUARTERLY

Founded by Marx Wartofsky in 1968

### Current Issue: Vol. XXVIII, No. 4 & Vol. XXIX, No. 1

Joseph Margolis, *The Philosophical Neglect of History and Culture*
Jay Lampert, *Gadamer and Cross-Cultural Hermeneutics*
Richard Dien Winfield, *Friendship, Family and Ethical Community*
Jeremiah McCarthy, *The Paradox of Abortion and Violence*
Kenneth Mischel, *Are We Too Thin For Our Own Good?*
Parker English & Nancy Steele Hamme,
*Spiritualism and Authoritarianism in an African Moral System*

### Upcoming Issue: Vol. XXIX, No. 2

Christopher Norris,
*Supplementarity and Deviant Logics: Derrida Contra Quine*
Sami Pihlström,
*Peirce vs. James: Susan Haack on Old and New Pragmatism*
Steven Ross
*The Nature and Limits of Moral Objectivism*
AND MORE!

---

Subscriptions:
$20.00 per year for individuals
$75.00 per year for institutional subscribers
Foreign subscribers add $5.00

HEIDEGGER STUDIES · HEIDEGGER STUDIEN
ETUDES HEIDEGGERIENNES
VOLUME 15 · 1999

# Heidegger Studies
# Heidegger Studien
# Etudes Heideggeriennes

Volume 15 · 1999

Renewal of Philosophy,
Questions of Theology, and
Being-historical Thinking

Duncker & Humblot · Berlin

Each issue of *Heidegger Studies* carries an appropriate volume title in order to draw attention to the point toward which most, if not all, contributions gravitate.

Die Deutsche Bibliothek – CIP-Einheitsaufnahme

**Heidegger studies** = Heidegger Studien. – Berlin : Duncker und Humblot.
Erscheint jährl. – Früher verl. von Eterna Press, Oakbrook, Ill. –
Aufnahme nach Vol. 3/4. 1987/88 (1988)
ISSN 0885-4580

Vol. 15. Renewal of philosophy, questions of theology, and being-historical thinking. – 1999

**Renewal of philosophy, questions of theology, and being-historical thinking.** – Berlin : Duncker und Humblot, 1999
(Heidegger studies ; Vol. 15)
ISBN 3-428-09840-4

All rights reserved
For subscription information contact:
Verlagsbuchhandlung Duncker & Humblot GmbH
Carl-Heinrich-Becker-Weg 9, 12165 Berlin
Fremddatenübernahme: Fotosatz Voigt, Berlin
Druck: Berliner Buchdruckerei Union GmbH, Berlin
Printed in Germany
ISSN 0885-4580
ISBN 3-428-09840-4

Gedruckt auf alterungsbeständigem (säurefreiem) Papier entsprechend ISO 9706 ⊗

# Table of Contents / Inhaltsverzeichnis / Table des Matières

### I. Texts from Heidegger's *Nachlaß*

*Martin Heidegger*
Das Sein (Ereignis) .................................................. 9

### II. Articles

*Gérard Guest*
The Turning of *Ereignis*: Situating „Deconstruction" in the Topology of Being ............................................................ 19

*Alejandro G. Vigo*
Welt als Phänomen: Methodische Aspekte in Heideggers Welt-Analyse in *Sein und Zeit* ....................................................... 37

*Henri Crétella*
Heidegger et la philosophie ............................................. 67

*Mark Basil Tanzer*
Heidegger on Being's Oldest Name: „Τò Χρεών" ........................... 81

*Félix Duque*
Gegenbewegung der Zeit: Die hermeneutische Verschiebung der Religion in der Phänomenologie des jungen Heidegger ............................. 97

*Fabrice Midal*
Martin Heidegger: *Correspondance avec Karl Jaspers* – Une correspondance émouvante ........................................................... 117

*Hans Hübner*
Martin Heideggers Götter und der christliche Gott: Theologische Besinnung über Heideggers „Besinnung" (Band 66) ................................. 127

## III. Essays in Interpretation

*George Kovacs*
Difficulties and Hazards of Dealing with the Question of Being: Examining Recent Heidegger Literature and the Richardson-*Festschrift*................. 155

*Peter Trawny*
Anmerkungen zu drei Studien über das Ende der Kunst..................... 171


## IV. Update on the *Gesamtausgabe*

List of Heidegger's Gesamtausgabe. In German, English, French, and Italian . 185

**Addresses of the Contributors** 193

I. Texts from Heidegger's *Nachlaß*

# Das Sein (Ereignis)

Martin Heidegger

Nicht *nach* dem Tod, sondern *durch* den Tod erscheinen die Götter. Durch den Tod – will sagen: nicht durch den Vorgang des Ablebens, sondern dadurch, daß der Tod in das Dasein hereinsteht. So offenbart sich das große Nicht in seiner Zugehörigkeit zum Sein als Verborgenes – Lichtung und Verbergung des Seins in seiner Nichtigkeit geschehen so; diese Nichtigkeit meint keineswegs die Nichtswürdigkeit des Seins, sondern das Gegenteil – die höchste in sich gegenwendige Macht des Seins selbst.

Und weil der Tod in das Da-sein hereinsteht, dieses aber das Menschsein begründet, ursprünglicher und weiter als dieses ist, weil die Stätte und der Grund der Seinsereignung, deshalb offenbart der so wesende Tod nicht nur und nicht zuerst das Aufhören des Menschseins, sondern umgekehrt in zwiefacher Hinsicht: die Beständigkeit des Seins und zwar als des in sich Gegenwendigen, das keine Überhöhung eines Gegen-teils gegen den anderen duldet, sondern in der Widerwendigkeit selbst sich ereignet.

Das so gegründete Erscheinen der Götter jedoch kann hier nicht gemeint sein als ein Trost und eine Zuflucht, sondern als der Jubel und Schrecken des Ereignisses selbst. Dieses Ereignis ist das aus diesem Gründen und Abgründen stimmende; der Mensch erhascht nur als Mensch Fetzen dieser Stimmung – oder er wird von solchen befallen und gefangen, wenn er nicht inständlich wird als Da-*sein* und so aus dem Gründen die Grund-stimmungen zu bestehen vermag.

Aber die Einheit dieser Grundstimmungen ist jene Art Einheit des Gründens, die sich in sich selbst zurück breitet und durch solche in den Grund gehende Ausbreitsamkeit die verborgene Fülle des Grundes entfaltet.

Die Einheit dieser Grundstimmungen öffnet und verschließt in Einem zugleich das Furchtbare und das Fruchtbare, so daß das Eine das Andere ist.

Die Furchtbarkeit des Da und seine Fruchtbarkeit – Ausgang und Boden aller Verklärung und damit der Geschichte – Angang und Meer aller Bestürzung und Nähe des Sturzes – das Fruchtbare er-langt und behütet das Furchtbare – ihre Einheit ist der Fug des Ereignisses. Furchtbarkeit und Fruchtbarkeit (F und F) gehören zum Wesen der *Wahrheit* und nur deshalb kann ihre Grundgestalt die Schönheit werden als die berückende Entrückung.

Wie Furchtbarkeit und Fruchtbarkeit auf die Inständlichkeit gegründet und wie diese als Verhaltenheit der wesenden Einheit von Furchtbarkeit und Fruchtbarkeit das Ereignis bereitet – wer vermag dieses werkend zu sagen?

Die Urstimmung als die Innigkeit von Jubel und Schrecken ist der Wesensgrund der Schönheit. Der Schrecken ist als höchste und reinste Befremdung (nicht als grober und wüster Terror) das Berückende, wodurch alles anders wird, denn sonst – das Sonstige der Gewöhnlichkeit und Üblichkeit wird erschüttert.

Der Jubel aber (nicht die leere und oberflächliche lärmende Ausgelassenheit) ist das *Entrückende,* wodurch über das in der Befremdung erst als solches erscheinende Seiende hinweg die höchsten Möglichkeiten des Verklärten aufleuchten.

Die Berückung öffnet als Befremdung das Ab-gründige des Da-seins; der Jubel enthüllt als Verklärung das Gründende; beides in einem ist ursprünglich die *Ver-rückung* – das meint, jene Erschütterung im annoch als solchem verborgenen Seienden, in der die Lichtung des Da und damit zugleich die Verbergung des darin erscheinenden Seienden geschieht.

Die Einheit jener Berückung und Entrückung ist das Wesen der Schönheit; die Wesung dieses Wesens aber ist das ursprünglichste Geschehnis der Wahrheit selbst, – diese jedoch begriffen als Lichtung und Verbergung des Seins selbst; dieses ist *der Riß,* der Sein als solches aufreißt und zwar nicht beliebig und zufällig, sondern in der wesentlichen *Zerklüftung* [(vgl. das Manuskript darüber!)[1], wo die reichen Gestalten der Notwendigkeit, Wirklichkeit, Möglichkeit, Zufälligkeit, Freiheit, das Was und das Daß, das Ja und Nein in der Urstimmung entspringen und sich wechselweise zurufen. (Gegenüber diesem Ansatz bleibt alle „Modalitäten"lehre jeglicher „Ontologie" im Abgeleiteten und Äußeren stehen und keine „Dialektik" hilft weiter, solange diese „Modalitäten" weder in ihrem geschichtlichen Ursprung begriffen noch gar in ihrem Wesensursprung aus dem Sein und seiner Wahrheit enthüllt sind. Wird aber das „Sein" nur und immer wieder nur als der „generelle" Begriff genommen, dann ist jeder Schritt in den Ursprung versperrt und alle „Ontologie" ist Spiegelfechterei mit Scheinbegriffen; das gilt auch von der Gegnerschaft gegen die „Ontologie", sofern sie nur „Nein" dazu sagt – sie also voraussetzt und in Wahrheit doch ständig benutzt, wenn auch veräußerlicht zu einem „Apparat" (Jaspers))].

Aber nun ist es ein Rätsel, warum und wie Da-sein bis zur Stunde verborgen bleiben konnte und wie es dennoch in Vorgestalten und Mißgestalten (als verschiedene Auslegungen des Menschen und seiner Vermögen – νοῦς – ψυχή – anima, animus, „Subjekt", Bewußtsein, Vernunft – Geist – Leben – Ich – Wir –) eine entsprechende Wahrheit über das Seiende als solches und deren Veräußerlichung erwirken mußte.

---

[1] M. Heidegger, Beiträge zur Philosophie (Vom Ereignis). Gesamtausgabe Bd. 65. Hrsg. v. F.-W. v. Herrmann. Frankfurt a.M. 2., durchgesehene Auflage 1994. 127., 156., 157., 158., 159. Abschnitt.

Auch wir werden nicht glauben dürfen, das Da-sein blank zu haben und sicher zu bestehen; denn dieses widerstöße seinem innersten Wesen. Im Gegenteil – die Grunderfahrung des Ereignisses – der Wesung des Seins – ist zwar eine unvergleichbar andere als die jeder Metaphysik bisher – und *sie* läßt erst das Da-sein als solches erfahren, aber nur, um jetzt in die reine Einfachheit und volle Ursprünglichkeit des Seins zurück zu wollen.

Wir lernen das Nächste und Allernächste und längst schon Verödete in seiner einfachsten Befremdlichkeit und Verborgenheit wieder erfahren, indem wir zu wissen bekommen: Im Geschehnis des Da-seins – rückt erst das Seiende als Seiendes ins Offene. Aber dieses geschieht nur, indem das Entborgen-Verborgene geborgen wird durch wesentliche Weisen der *Bergung*; sie vollzieht erst die eigentliche Eröffnung des Seienden.

Die Bergung der Wahrheit als Werksein, Zeugsein, Dingsein, als Machenschaft (Technik – Maschine), als Einrichtung (Staat), als Opfer, als Sagen des Denkers im höchsten Erschweigen.

Von hier wird – für alle Weisen und Weise der Bergung der Wahrheit (und damit der Wesung des Seins) in je verschiedener Art *die Sprache* wesentlich – nicht als „Ausdruck", sondern zurückgenommen in die Urstimmung des Geschehens der Schönheit. Von hier aus wird dann erst begreiflich, warum von früh an die Sprache – miß- und halbverstanden und gedeutet – zum Wesen des Menschen gemacht wurde (ζῷον λόγον ἔχον – λόγος – die Sammlung des Seienden als solchen, die zunächst im Sagen geschieht – aber warum?) (vgl. S.S. 34 Vorlesung).[2]

Mit dem Adel der Sprache erblüht erst die Durchsichtigkeit des Begriffes und die Schärfe des Sagens und in all dem erst die Bewahrung des Verborgenen als solchen und schließlich das Ereignis selbst. (Dichten und Denken)

Das Ereignis ist der verborgene Ursprung und Quellgrund aller großen Geschichte und der daseinshaften Erwirkung einer geschichtlichen Welt.

Weil es so ist, gehört zur Geschichte die Nichtigkeit – auch in der Ungestalt des Verfalls, des Scheins, des Lärms, der Mißdeutung des Großen in das nur Riesige und Massenhafte, d.h. das schlechthin Kleine, das nur den Allerkleinsten als „groß" erscheint und für ihren leeren Hunger der Knochen ist.

Weil aber Ereignis nur sich ereignet im Da-sein, deshalb ist das Da-sein ursprünglicher als *der* Mensch als solcher und somit ursprünglicher als Gemeinschaft von Menschen und selbst als deren leibender Grund – das Volk; ohne Gründung des Da-seins bleibt ein Volk außerhalb der Geschichte im Sinne des

---

[2] M. Heidegger, Logik als die Frage nach dem Wesen der Sprache. Freiburger Vorlesung Sommersemester 1934. Gesamtausgabe Bd. 38. Hrsg. v. Günter Seubold. Frankfurt a.M. 1998.

Geschichte-schaffens, was mehr ist als Mitmachen oder Sichzurückziehen im Gegebenen.

Gründung des Da-seins bringt alle Nutz-setzung – sie sei noch so umfassend – in die Stellung des Nachgeordneten; alles Nutzdenken ist Gleichmachen Aller und damit die Zerstörung jeder Einzigkeit und damit die Untergrabung jedes eigentlichen und d. h. immer äußersten Bezuges zum Sein. –

Wie aber kommen wir in die Bereitschaft auch nur, das Ereignis zu erfahren und zu gründen?

*Der verhaltene Stil* vgl. u. a. IV. S. 72 ff.[3]

Das *erste* ist das Verborgenste und zunächst Unscheinbarste und jeglicher Mißdeutung und Verzerrung notwendig ausgesetzt: der Vor-sprung in das Dasein auf dem Wege der denkerisch sagenden Vorgestaltung; wenn nicht zugleich die große Dichtung zu hilfe kommt – droht eine lange Ohnmacht auch des Denkens, zumal im Zeitalter der völligen Unkraft des Begriffes und der Geltung des Lärms.

Der Vorsprung in das Da-sein in der Vorgestaltung seines Wesens aus dem Ereignis in der Weise der Seinsfrage kann als *geschichtliche* Erwirkung, d. h. auf den Anfang der Philosophie und ihr Unentfaltetes bezogen, selbst nur als Auseinandersetzung des werdenden anderen Anfangs mit dem ersten und so *durch* diesen vollzogen werden.

Diese Auseinandersetzung der Anfänge (vgl. S. 14) – des ersten und des anderen, kommenden – diese in *diesem* Sinne *anfängliche* Auseinandersetzung ist nicht eine Erörterung von „Sätzen" und Lehrstücken, sowenig wie ein Aushorchen und Hervorkehren des „psychologisch" genannten „weltanschaulichen" Standpunktes – sie ist Auseinander-setzung und damit wechselweise Versetzung in die Grund-stellungen. Das Begreifen dieser in ihren vollzogenen und unvollzogenen Fragen – der sich selbst entfaltende Wettstreit der Leit- und Grundfrage – der Streit um das Wesen der Wahrheit und so der Wesung des Seins.

Dieses Ziel der Vorbereitung der Bereitschaft für das Ereignis ist zwar in allem echten Denken von selbst da – und gerade deshalb kann es nicht das Ziehende und Treibende sein; die Bewegung kommt allein aus der Wesung des Seins selbst – aus dem, wie weit diese als der Streit von Welt und Erde in der Urstimmung des schrecklichen Jubels eröffnet und erstritten wird.

Das *Ereignis* der Näherung und Flucht der Götter und damit deren Wesung und Verwesung selbst hat allein die Eignung und das Geschick – den Fuog –, uns Menschen unserer höchsten Möglichkeit – dem Da-sein – zuzueignen und *zu*-zufügen und einzufügen in den Fuog selbst, der sich fügt und so als Sein west. –

---

[3] Überlegungen IV. Zur Veröffentlichung vorgesehen in: Überlegungen A. Gesamtausgabe Bd. 94.

*Da-sein* das äußerste Außerhalb wider alles Erfahrene des Seienden als des sonstigen Vorhandenen (ἰδέα).

Der andere Anfang ist als Einsprung in das Da-sein – Gründung des Da-seins (vorbereitend und als Übergang in der Weise einer „Metaphysik des Daseins" und „Fundamentalontologie") so sehr wider allen „Nihilismus" im gewöhnlichen Sinne, daß freilich der gewöhnliche Blick nicht sieht, was hier gedacht wird.

Hier wird der Mensch – über alle bisherige Erklärung und Herleitung hinweg – erfahren als in*ständ*lich im Sein (nicht nur und niemals als vorhanden unter Seiendem als Vorhandenem); aber diese Inständlichkeit des Menschen, wodurch er Da-*sein* mit übernimmt, ist als solche des *Menschen* immer und notwendig gemäß der Nichtigkeit des Seins selbst zuerst dieser verfallen und daher *flüchtig* – so taumelt der Mensch im Flüchtigen und was kann er da noch anderes als das Beständige und Anwesende allein für das Seiende zu erklären, ohne sich auch hier und gerade hier noch auf das Sein und dessen „Zeit" zu besinnen, d. h. den Grund und Abgrund des „Da".

Die *Flüchtigkeit* – aber nicht zunächst die christliche Vergänglichkeit, sondern als Abgründigkeit des Gähnenden χάος – ist die Vorauserfahrung für ἀλήθεια und οὐσία – παρεόν.

Der Mensch kommt daher – auch als geschichtlicher – nicht unmittelbar und mit einem Schlag und Wurf gesammelt in das Eigentum des Seins zu stehen – er bleibt außerhalb und sieht es Aufgehen – φύσις – und hat es schließlich nur noch als Gesichtetes – ἰδέα.

Sammlung und Eigentum des Seins im Da-sein werden erst aus ursprünglicher Erfahrung des Ereignisses, wodurch der Mensch erst sich als einem *Selbst* zu-geeignet wird. Die Zu-eignung an ihn selbst als den Gründer des ihn selbst erst tragenden Da-seins geht in eins mit dem Schrecken der äußersten Entfremdung und Befremdung, weil nur so der Jubel der Entrückung in das Sein die Stätte und Notwendigkeit des Aufklangs haben kann.

Was heißt demnach, der Mensch ist hineingehalten in das Nichts? Wo ist das geringste Anzeichen dafür, dies sei gemeint in dem Sinne: alles ist Nichts und Leer und Umsonst und dies sei das Ziel des Menschen? Von all dem das genaue Gegenteil – oder wahrer – jenseits dieser äußerlichen Zielbestimmung für den Menschen als eines vorgeblich schon Bekannten bewegt sich alles Fragen.

Der Mensch ist hineingehalten in das Nichts – heißt, er gründet im Da-*sein,* als welches das Sein in seiner Widerwendigkeit zur Wahrheit seiner Wesung bringt. Allerdings ist hier im Entwurf Da-sein vorausgenommen – es ist da nichts beschrieben und als vorhanden behauptet – es ist in allem denkerisch gedacht und gefragt und daher nur im entsprechenden Nach-denken begreiflich.

Menschsein heißt da, in der Möglichkeit der äußersten Befremdung stehen – aber zugleich auch in der Möglichkeit der nächsten und leichtesten Verflüchtigung ins Flüchtige, Greifliche und Betreibliche.

Die äußerste Befremdung ist der Zeit-Raum, in dem das Sein in seiner Einzigkeit und Eigentümlichkeit als das Ereignis aufscheint und sich zugleich an das Unbestreitbare seines verborgenen Wesens verschenkt.

Nur wo *Da-sein* und höchste Inständigkeit im Sein, nur da ist die ursprüngliche Offenbarkeit des Nichts in seiner Zugehörigkeit zum Sein selbst; nur wo Da-sein, ist die höchste Notwendigkeit der einfachsten Freiheit des Spiels im Streit des Seins als Ereignis.

Vgl. das Da-sein als die Unter-brechung des χάος. – (Manuskript Dasein)[4]

*Die Auseinandersetzung der Anfänge*
(vgl. oben S. 12)

in „Sein und Zeit" als „Destruktion" gefaßt. Trotz der dortigen Darstellung ist das im „destruktiven" – zerstörerischen Sinne verstanden worden.

Die Auseinandersetzung schließt in sich das Abtragen der herkömmlichen Auslegung; aber was da zutage kommen soll und kann, zeigt sich nicht von selbst als der etwa noch verbliebene Rest, der von der bisherigen Auslegung nicht angegriffen wurde; das durch die Abtragung zu Befreiende kommt selbst erst zum Stehen, wenn es in der Auseinander-setzung in seine eigene Fragekraft und Fragebewältigung der Leitfrage zurückgesetzt wird. Die Auseinandersetzung ist so die Gegeneinander-setzung der metaphysischen Grundstellungen nach allen wesentlichen Richtungen des Leitfragengefüges, wobei immer zu unterscheiden ist, was innerhalb dieses Gefüges eigens verfolgt und bewältigt und was nicht ergriffen wurde, aber doch werden mußte in irgendeiner unkenntlichen Gestalt, weil es zum Gefüge der Frage selbst gehört.

## Nachwort des Herausgebers

F.-W. v. Herrmann

Der hier erstmals aus dem Nachlaß veröffentlichte Text „Das Sein (Ereignis)" gehört zu einem aus fünf Teilen bestehenden Manuskript, auf dessen Umschlag Heidegger notiert hat: „Das Sein (Ereignis). Ein Entwurf. Frühjahr 1937." Damit ist die zeitliche und sachliche Nähe zu den „Beiträgen zur Philosophie" angegeben. Das Gesamtmanuskript ist für die Veröffentlichung im Band 73 der Gesamtausgabe „Zum Ereignis-Denken" vorgesehen.

---

[4] M. Heidegger, Beiträge zur Philosophie (Vom Ereignis). Gesamtausgabe Bd. 65, S. 307–326.

Die Handschrift des hier erscheinenden Teils setzt sich aus 17 durchgezählten Blättern und einem Blatt 2a im DIN A5 Format zusammen. In der Transkription wurden die Schreibweisen Heideggers beibehalten. Fünf Verschreibungen sind stillschweigend berichtigt worden. Die Zeichensetzung wurde vorsichtig ergänzt oder berichtigt. Unterstreichungen in der Handschrift werden im Kursivdruck wiedergegeben.

Dem Nachlaßverwalter, Herrn Dr. Hermann Heidegger, danke ich herzlich für die freundliche Genehmigung zum Vorabdruck. Ihm und Herrn Dr. Hartmut Tietjen sage ich meinen besonderen Dank für das Nachkollationieren der Transkription.

## II. Articles

# The Turning of *Ereignis:*
# Situating "Deconstruction" in the Topology of Being

Gérard Guest

To take the measure that *Ereignis* is means to measure *oneself* to its yardstick and truly sense "therein" our "disposition" – and *not* to try willy-nilly to reduce and to assimilate *Ereignis* to what one believes to be (until further notice) "better proportions," by submitting it to the *(downsized)* measure of current philosophical-literary actuality, that of "philosophy in effect"[1] – even if this latter is supposedly armed (as it claims) with some "new strategy," some "other stratigraphy," even an "other topology"[2] (which may have just "escaped"... Heidegger!). To what other "order" it might relate is hard to say, if indeed it is not, as ever, the sacrosanct order of "dissemination" and of the "literality of the *trace*" (not "of the *letter*").

It is our sense that to size it up on this "scale" is precisely *not* to take the measure of *Ereignis*, but instead to "scale" *Ereignis* to oneself! To maintain this healthy misconception, one just needs to undertake a kind of *detour* around the *turning* or *Kehre*, and all in order to *turn* its own *turn of phrase* in a *roundabout* way – to

---

[1] The expression "philosophy in effect" became both the title and the program for a collection directed by Jacques Derrida, Sarah Kofman, Philippe Lacoue-Labarthe, and Jean-Luc Nancy, first published by Aubier-Flammarion and then by Editions Galilée, within which a number of Derrida's works have appeared. One of the aims of the collections was "no longer to fail to recognize what philosophy has overlooked or downplayed as 'effect,' presenting as beyond or beneath itself ('formal' effects, drapes or clothing of discourse...): operating separately without or against philosophy" – all of this in order at last to "interpret philosophy *in effect*" (cf. the collection's dustjacket). The collection's second aim consists in the claim to "determine the specificity of the philosophical after-effect" which is denounced from the start as that which philosophy supposedly has unceasingly and paradoxically laid claim to in order "nevertheless to name, constitute, and appropriate as its own" hegemony "other 'discourses,' knowledges,' 'practices,' history,' etc." The third aim consists in "putting philosophy to work *in fact*" (there no longer being any need, as should be clear, actually to work effectively in philosophy), and this as an intervention from the outside (according to *Margins of Philosophy,* which Derrida refers to), in a "practical" and "critical" manner on the level of "philosophical efficaciousness" (supposedly that of its "weapons, instruments, and stratagems"), without pretending to the "transparent and arbitrary neutrality" that has always been taken to be the attitude of philosophy.

[2] The three expressions – "other strategy," "other stratigraphy," and "other topology" – appear one after the other in J. Derrida, *De l'esprit: Heidegger et la question* (Paris: Galilée, 1987), pp. 150-151, in a note, without any further explanations.

the *detriment* of what Friedrich-Wilhelm von Herrmann called *"die Selbstinterpretation Martin Heideggers,"*[3] but to the best advantage of the proceedings and procedures of "deconstruction" and "reinscription," which are employed in the writing games belonging to "grammatology" and to the "thought of the trace." This is basically an effort simply to "reinscribe" and "circumscribe" – if possible, without ever directly encountering the very *twists* and turns of the *"Kehre" (Kehre im Sein, Kehre im Ereignis)* – within the tight circle of the "deconstructive writing" (its "closure"!), within which we can certainly see the effects of "philosophy in effect"!

One of the principal stakes in all these "current debates" – and other "strategies," projects, and "operations" of every kind ("deconstructions" and "reinscriptions") – which take place, as they say, "around" Heidegger (and the "Heidegger case"!) is to *deprive Heidegger of the benefit of his own "Kehre,"* to remove – by every possible means! – his own *straightforward*, no-detour "self-interpretation." As if "one" feared instinctually (the instinct of those who sense that their expected prey might unexpectedly escape them and turn on them, like some terrible backlash, some especially fearful boomerang!), as if one had, therefore, some secret reason to fear lest the *curves* and the "turning" of the *"Kehre,"* once reinscribed – this time by Heidegger! – within the very *orb* of the *"Kehre im Ereignis,"* which the rigorous fugal passages of the *Beiträge zur Philosophie* look at without blinking, might just be (and in an appropriate "return to things" *ought to* be) ultimately and ineluctably *salutary!*

Hence all the excitement – comprehensible, but hardly excusable – in diverting or turning inside-out the very "turning" or *"Kehre"* and the "turning of *Ereignis*, to the utter detriment of the *"Selbstinterpretation,"* in even confiscating the "turning" in order to turn it – unfairly – to the advantage of "deconstruction"! Deconstruction hopes that the entire "topology of being" will be at the mercy of the "literality of the trace" – and not the reverse! In order for this "detouring" of the "turning's" very "turn" to have some chance of succeeding, it is up to its instigators to bring about its "deconstruction" by every available means, to harness oneself to the task – a thankless task, surely, but one hardly lacking adherents – of the systematic "discrediting" of what for our part we call the "literality of the letter." If on the contrary it is our purpose to *render phenomenologically clear* the fraudulent aspect of the current *diversionary* operation, we must also prevent the "literality of the letter" from being simply – as the deconstructive enterprise somewhat cynically proposes – "returned to the sea of texts," or literally, as Derrida says, *"vomited"!*[4]

---

[3] Friedrich-Wilhelm von Herrmann, *Die Selbstinterpretation Martin Heideggers* (Meisenhaim am Glan: Verlag Anton Hain, 1964). The "interpretation of Heidegger by Heidegger" is indeed a demanding thread to follow for the reader who follows the indefatigable work of F.-W. von Herrmann, as much in that which concerns the commentary and elucidation of the direction of the "way of thought" and the *"Kehre"* as in that which concerns the immense erudition of the *Gesamtausgabe*.

The only contribution that our consideration can hope to make, moving along the line of the literality of the *letter* and hugging the properly termed "topological" *curve* which is none other than the "turning within *Ereignis*," is that this turning-inside-out done by deconstruction might not occur with utter impunity. Our aim is to show, in particular, how "deconstruction," "grammatological strategies," and "philosophical grammars" gravitate around the *orb* and along the *curve* characteristic of the "turning of *Ereignis*" that, to put it another way, they simultaneously arise *from* and come back *to:* the "topology of *be-ing*"[5] – and not the other way around!

It is not possible here to retrace, even in their principal episodes, the long wanderings of this interminable war of brief encounters, within the keenly solicited texts of Heidegger, between the thought that has increasingly aligned itself with the "deconstruction" of metaphysics and with "philosophy in effect" *and* at first hand the thought that was already – and remains still today and beyond the present day – so powerfully at work and at stake in the "way of thinking" of Martin Heidegger. Upon reflection, these episodes and encounters appear less central, more peripheral and occasional – and even more anecdotal – than perhaps at first sight. In any case they are less concerned (than some partisans of the thought "of the trace" sometimes believe) with seriously confronting "that which is in question" on the difficult path of both "topology of *be-ing*" and [the] thought of the "history of *be-ing*."[6] And thus they are less concerned with the "matter of thinking" itself, whose *necessity* – the necessity of "turning" that the German word *Not-wendigkeit* reveals, discreetly but firmly, to those who are sensitive to its rigor – comes quite simply to substitute, at the end of a long *mutation* of the very meaning of "phenomenology," for the Husserlian principle of the "return to things themselves" *("Zu den Sachen selbst!"),* the far more perilous task whose thread Heidegger's "way" follows closely: *"Zur Sache des Denkens."*[7]

---

[4] Cf. C. Clément, "A l'écoute de Jacques Derrida," in *L'Arc,* 54 (1973), 16. "What interests Jacques Derrida, in his complex relationship with philosophy, is how to reject it, as he himself says, to give it back, to *throw it up.*" This throws a crude light on the true colors of the "thought of the *trace*" – that of a kind of "cynicism" that is postmodernity's own.

[5] [We have used the English rendition be-ing (with a hyphen) to render Guest's French word *estre,* which is his translation of the German *Seyn.* To be differentiated from being-*être-Sein.* See footnote 6. Trans.]

[6] We propose the French *topologie de l'estre* and *histoire de l'estre* for the expressions *Topologie des Seyns* and *Geschichte des Seyns.* The archaic spelling of the French *être: estre* (pronounced *être)* attempts to render as best it may the archaic spelling of the verb *sein* that Heidegger adopted in the 1930's: *seyn* – whose pronunciation is identical, as is that of *être* and *estre* in French [as is that of *being* and *be-ing* in English]. The archaic spelling renders in an identical way in [all three] languages the discrete reference to the "archaism" of *être* itself *(estre),* its immemorial aspect – all incomparably more discreet, because inaudible, than the less obvious archaism already apparent in Aeolian ἔμμεναι for εἶναι, to which Parmenides has recourse on one decisive occasion.

[7] Cf. Martin Heidegger, *Zur Sache des Denkens* (Tübingen: Niemeyer, 1969).

From the very beginning, the "thought of the trace" is made up, if not of its procedures of "avoidance" of the "thing itself" that Heidegger was led to contemplate unflinchingly, at least of its own *demarcation* with regard to the "metaphysics" of (particularly Husserlian) "phenomenology." It has done this with a gesture that, even if merely sketched, can only have been in an intimately analogical, *mimetic* – and thus rival, competitive – relation with that which constitutes the inaugural movement of thought at work along Heidegger's "path." In Heidegger's work, even before *Being and Time,* we see a *double* gesture fully sketched out in a *single* movement of thought: 1. The profound and irreversible "mutation of meaning" of *"phenomenology"* (flowing from Husserl) reappropriated "as possibility" and lending vertiginous depths of the "reduction" until returning above to a "place" powerfully situated at a distance from all "consciousness," which is ultimately accessible to a "transcendental phenomenology." This is the *Da-* of *Dasein.* This is what already announces itself as the ultimate "country" of the "truth of being" and as the "land" of *"Ereignis."* 2. The hermeneutic necessity introduced, even before *Being and Time,* by a phenomenological task of a new sort: the "de-struction of the history of ontology" *(die Destruktion der Geschichte der Ontologie),* the task of that "de-struction of dogmatic tradition," which was perhaps a trifle hastily interpreted in French (in the heyday of the "age of suspicion"!) as that of a pure and simple "de-struction of metaphysics."[8] Clearly it is upon this double gesture, sketched with a single movement, that *mutatis mutandis* – and at the price of one of those misreadings that is forever impossible to correct and by which the irony of fate doubtlessly still argues over the constraint of the structure inherent in the internal law of the curve of "fate" in the "history of *be-ing*"! – it is upon this double gesture that, to keep things in balance, the rise of the "thought of the trace" would appear to depend. The "thought of the trace" constituted itself simultaneously from the very brilliant debate regarding the "metaphysical privilege of self-presence" (notably through a critique of Husserl and Hegel) and from a very impressive *methodological mutation,* a mutation which consisted in attempting to come back, in an often overtly and cleverly incongruous way, from "phenome-

---

[8] The strict meaning of the "destruction of the history of ontology" is clearly indicated beginning in section 6 of *Being and Time,* where the task is defined as the *"destruction,* taking place along the *thread of the question of being,* of that which, from ancient ontology, has been delivered to us as if constituting the base, from which one would go back to the primordial experiences in which the prime determinations, and perhaps the determining determinations, of being, were conquered." In French literary and philosophical circles what is commonly understood as the "destruction of metaphysics" (often confused with the expression "end of philosophy") – as well as Derrida's "deconstruction" or "deconstruction of philosophy" – cannot possibly satisfy, either methodologically or conceptually, the extreme thinking that is demanded by the expression "destruction of the history of ontology" – notably, in its demand for a "positive appropriation" of "primordial experiences" where the "prime determinations of being" were acquired in a struggle. The point for the strategies of "deconstruction" is, rather, to cast "suspicion" on these "prime determinations."

The Turning of Ereignis 23

nology" (reputedly forever eminently suspect) to a set of procedurally and strategically "grammatological" procedures that would no longer admit any ultimate "instance" other than the *absence of instance* in "trace," "differance," and "dissemination."[9] But everything seems to occur as if this entire movement of *demarcation* typical of "the thought of the trace" were invincibly accompanied by an even more insistent "gesture" of clear *demarcation* with regard to "phenomenology" and "metaphysics" – and, one dares to say: an insistent gesture of *"différance"! – with regard to Heidegger!* Thus the innumerable precautions introduced in such decisive inaugural texts as the celebrated lecture presented to the *Société Française de Philosophie* on January 27, 1968, which sought to bring before that learned body the disconcerting thematics of "differance" – with an "a"![10] Said "differance" moreover putting straightaway "into question" (in a quite visible way) nothing other and no less than the "authority of presence," one could hardly fail to oppose to Derrida's (undeniable) originality the fact that on the witness's own testimony *"differance seems to lead back to ontic-ontological difference."*[11] Request-ing permission from his speechless audience to "delay this reference" – and thus to "defer" (so to speak) or to "defer paying deference" to *the authority of Heidegger* – Derrida is also careful to call attention to the fact that, clearly, "between differance as temporalizing-temporalization, which can no longer be thought within the horizon of the present, and what Heidegger says in *Being and Time* of temporalization as the transcendental horizon of the question of being, which must be liberated from its traditional, metaphysical domination by the present and the now, *there is a strict communication, even it if is not an exhaustive and irreducibly necessary one."*[12] The problem is – as the brilliant (perhaps even *too* brilliant) analyses of *Speech and Phenomena* and the monumental *Introduction* to Husserl's *Origin of Geometry*[13] have shown – that the "privilege granted to consciousness" signifies the "privilege granted to the present" (to the "present" of "self-presence") and that, within this realm, "even if one describes with Husserl's profundity the transcendental temporality of consciousness," it is still and always "to the *'living present'* [emphases added] that one grants ... the power of synthesizing *traces* and of incessantly reassembling them."[14] If therefore this "privilege of presence" constitutes what Derrida calls here "the ether of metaphy-

---

[9] Jacques Derrida, *La Dissémination* (Paris: Seuil, 1972).

[10] Jacques Derrida, "La 'différance,'" in *Bulletin de la Societé française de philosophie* (meeting of 27 January 1968), 62, no. 3 (July-September, 1968). Reprinted under the title "La différance" (without quotations) in *Marges de la philosophie* (Paris: Minuit, 1972), pp. 1-29.

[11] *Marges*, p. 10.

[12] *Ibid.*

[13] Cf. Jacques Derrida, *Introduction* to Husserl, *L'Origine de la géométrie*, trans. Derrida (Paris: Presses Universitaires de France, 1962) and *La Voix et le phénomène: Introduction au problème du signe dans la phénoménologie de Husserl* (Paris: Presses Universitaires de France, 1967).

[14] *Marges*, p. 17.

sics," that is, "the element of our thought" inasmuch as it remains precisely "caught in the language of metaphysics" – and thus that which would indeed constitute its celebrated "closure" – one could hardly undertake to "delimit such a closure" except by working to "solicit" (and doubtlessly in the etymological sense!) "the value of presence that Heidegger has shown to be the onto-theological determination of being."[15] The meaning of Derrida's entire enterprise would thus be to "examine the absolute privilege of this form or this epoch of presence in general that is consciousness as meaning in self-presence."[16] It would again be an understatement to say that in so daring and ambitious an enterprise Heidegger constitutes a powerful ally, perhaps too powerful an ally.

Of course, the "thought of differance" takes its supply from a source entirely other than "the thought of being" – from a source where flow together the currents issuing from the "masters of suspicion" frequently invoked at the time (notably Nietzsche and Freud) as well as the currents attributed to the master of the "structuralist" revolution, Ferdinand de Saussure, as well as Emmanuel Levinas's thought of "alterity."[17] The initial and overtly "Freudian" and "Saussurian" determination of "differance" does not seem to have sufficed to ward off the "danger" incurred by the "thought of differance," the danger of being suddenly and irresistibly sucked into nothingness, a danger which would force it to reintegrate the dimension already opened by Heidegger with the thought of "ontological difference." Thus the necessity of the demarcation (or just plain "lifting up"[18]) of "differance" from *that* "difference" *(Differenz* or *Unterschied)* belonging to the "difference of being and beings," even the "difference of coming-into-presence (presencing) and of that which comes-into-presence" *(der Unterschied des Anwesens und des Anwesenden)*. The "thought of differance" is manifestly unable, however, to oversee the entire economy of what Derrida has occasion to refer to as "Heidegger's uncircumventable meditation" or, more soberly, "Heidegger's text."[19] But clearly the reference serves only to allow him to claim to have found the "trace" (to say the least!) of some powerful questioning of "metaphysics," that is, and all at once, freely to take inspiration from the very movement and from the Heideggerian pace of "destruction" as much of the "authority of consciousness" as of the "privilege of presence" in the "history of ontology until today" and in order to find therein the forerunners of a "thought," certainly, and of "the trace" (!), but from which the "thought of the trace" must, for its part, still and always *delimit itself* in order to "exceed" – at last – the fateful "closure of metaphysics."

---

[15] *Ibid.*
[16] *Ibid.*
[17] *Ibid.*, pp. 12, 22, 24, and *passim.*
[18] [Here Guest is making a play on words: *"... de la démarcation (ou du démarquage)...."* Trans.]
[19] *Marges,* pp. 22 and 24.

To the extent that the "trace" claimed by the "thought of the trace" (as "thought of differance") precisely *cannot* itself *be* a "presence," any more than a "being present," but rather "is" no more than *"the simulacrum of a presence that dislocates itself, displaces itself, refers itself"* – and that (it is decreed) so as to be forever unassignable to any "metaphysics" past or future – one must agree with Derrida that it "properly has no site" and that *"erasure belongs to its structure"* – that "erasure" itself is what *"constitutes it from the outset as a trace."*[20] And this is precisely why, as Derrida announces from the outset, in an overtly anti-prophetic tone that takes its meaning precisely from its echo of a certain prophetic tone (formerly adopted in philosophy) – which he thus *ipso facto* both "lifts up and conserves"[21] – *"not only is there no kingdom of differance, but differance instigates the subversion of every kingdom."*[22]

There is no question – for the thought "of the trace" (as well as "of differance"), still in its beginning – of denying that this "subversion" is henceforth indeed, after a fashion, strongly at work in the gap, the "inter-val" *(Unter-schied)* – a *subversion* that one hardly dare identify as the "work" of "difference" itself (since *there is no* "difference itself" that could ever "present itself as such" and since "instigating" is certainly neither "working up" nor "being at work"), a "subversion" that appears to Derrida as so "obviously threatening" to (and that, he wants to believe, is so "infallibly dreaded by") *"everything within us that desires a kingdom"* – thus that within us that still aspires to "the past or future *presence* of a kingdom."[23] This subversion indeed holds sway in the "difference" *(Unterschied),* even in the "simplicity" of this "double-pleat" (both *Einfalt* and *Zwiefalt*) that is none other than that of "ontological difference" as "difference" opening the vast gap that goes from coming-into-presence ("presence itself" or "presencing") to "that" which itself comes to presence therein, that happens "to come to presence" as "being-present" (as "having-come-into-presence"). For this "ontological difference" – thanks to which the "present" and "presence" can indeed be originally "differed" and "deferred" (in a modality that always stems the "temporality of being"!) – is certainly not a *regime* nor a *kingdom* of "self-presence" in itself, presently and forever unalterable. A more patient reading than Derrida's would even show that, in the very "interval" of this "ontological difference," if it ever opens up, and from time immemorial the "locality," the "country" itself, of which it is always already question for the thought *of* the "oblivion of being," and even the "country of the oblivion of being" – this country is in the final analysis (contrary to all "regimes," "empires," and other "dominions"!) none other than the "country of *Ereignis,*"

---

[20] *Ibid.,* p. 25.
[21] [With the words *relevé et conservé* Guest here echoes Derrida's translation of *Aufhebung* as *la relève.* See Alan Bass's translator's notes to *Margins,* especially pp. 19-20, note 23. Trans.]
[22] *Ibid.,* p. 22.
[23] *Ibid.* (emphases added).

which, it is true, is in the end unique – singularly so – on the scale of the "history of be-ing"! No "empire" or "kingdom" in the sense of "domain" of *domination of "self-presence"* could possibly be suspected of *reigning* there; there could be no suspicion of some of those unshared "reigns" of which "metaphysics" (as "metaphysics of power") possesses the secret, of the said reigns that would then symptomatically come under its usual jurisdiction (of "metaphysics"). Without ever going, apparently, to the point of discerning therein the entire mighty movement of *Ereignis* – which Heidegger for his part never ceases to keep in mind – Derrida finds it necessary to acknowledge, if only with veiled words, that for Martin Heidegger indeed, at the very heart of the "thought of being," *"oblivion of being belongs to the self-veiling of being."*[24] Derrida further must acknowledge that for him, decidedly, "it belongs so essentially to the destiny of being that the dawn of this destiny rises as the unveiling of what is present in the presencing."[25] Let us be clear: "Forgetfulness [of being] *comes forth so essentially [so wesentlich] at the disposition of being*" that the *"newness"* or the *"morning" [die Frühe]* of this "dispensation" *[dieses Geschickes]* initially takes its source and origin in *"the revealing of that which, in its presencing, comes to presence"* – and *not* as the revealing *of the "difference" itself* that is indeed at work between "being-present" and the "presence-itself" that is its own, a "difference" that for its part keeps to itself and *just does not "appear" there.*[26] This signifies nothing other than that *in the very economy* of the "dispensation of being" "difference" does not *appear* at all, does not *give* itself – that, literally, *"there" is no "difference" at all,* that it could only "lack there" – and that the "morning trace" (or "primordial trace": *die frühe Spur)* of "difference" (that "of being and beings," that is, "of the presencing" and the "presence of being" itself) could itself only, discreetly and from the start, *make itself... "forgotten" or "erase"* itself, with an erasure and a "forgetting" that are forevermore those "of difference." And that to the precise extent that the "presence-itself" *[Anwesenheit]* of the coming-to-presence or "presencing" *[des Anwesens]* could never itself appear "as such" and "in itself" in good "metaphysics," unless as a "being-come-to-presence" *[wie ein Anwesendes].*[27] So that the "difference" (of "being" and "beings") originally erased before the pure spectacle of "being-present" – and the difference of "being-present" and "presence-itself" before the pure reign of "being-present" – *only the "trace" of this "erasure of the ontological difference"* can ever be regained, in favor of the "being-present" (that is always there, but is never more than the "differential" of that "difference":

---

[24] Martin Heidegger, "Der Spruch des Anaximander," in *Holzwege* (GA 9), pp. 364; cited by Derrida in *Marges,* p. 25, from the translation by W. Brokmeier: Heidegger, *Chemins qui ne mènent nulle part* (Paris: Gallimard, 1962), p. 297.

[25] *Ibid.*

[26] But "not appearing at all" is, in the mode of the "non-apparent," precisely still a particular mode of "apparition" (of the "phenomenon"), which in this instance stems from a "phenomenology of the non-apparent."

[27] GA 9, p. 364.

"that" which "differentiates" itself. But "difference" itself in and of itself can never be regained without ever having been "given" directly in full "presence," that is only if it is "read" and as it were "deciphered" – that is to say, within the very "text" (a "palimpsest" of sorts) of the "metaphysical tradition."[28]

If the "thought of the trace" takes – in its way – the measure of Heideggerian *"difference"* as opening up to the deciphering of the "trace" in its own (immemorial) "erasure" at the heart of the tradition of the "history of be-ing" – even though this "trace" would first have to be previously reinscribed within the *textuality* of a "text" that, as Derrida is careful to note from the outset as a warning, *will not only consist "of the texts of the 'history of philosophy'"*[29] – it is all the better to claim to be able to "ex-ceed" and "transgress" the measure, in the name of some *"differance"* in the hitherto unknown sense that is nonetheless declared "so violent" (!) and in any case "'older' than the ontological difference or than the truth of being."[30]

This claim to some greater "seniority" (even in quotation marks…) of "differance" over "difference" – and leaving aside the strange claim to "an even greater violence"! – this claim that "differance" exceeds "difference" (even as the latter is said to differ from the former by no more than "one letter") begins to manifest itself from the initial, apparently symptomatic divergence constituted by the insistent double reference to the "text" of Heidegger in the lecture on "Differance," for the sake of the "thought of the trace." The "text" in question is a single passage drawn from *Der Spruch des Anaximander*. Derrida claims to see in it a "contradiction without contradiction,"[31] which consists in showing that Heidegger evidently *begins* by noting how the "ontological difference" had indeed *"disappeared"* – according to Derrida, *"without leaving a trace"* – in the "forgetting of being," which is *ipso facto* her own (the forgetting of "difference" as well). Derrida further wants to show that Heidegger decides *in conclusion* (and in the same text) to "consign," as Derrida puts it, and even to "countersign" the "sealing of the trace."[32] Certainly these *two* movements of a *single thought* are articulated in Heidegger's text, but as *two aspects of a single "phenomenon"* – and not as a "contradiction," even were it instantly "without contradictions." Heidegger says in fact, from the very start, that the "oblivion of being" is essentially "the oblivion of the distinction of being and beings" and that it is in this respect a part of "the very sway *[Wesen]* of being."[33] He even adds that *"the history of being begins with the*

---

[28] The entire question here is to see whether this "text" from the "metaphysical tradition" has the same status for Heidegger and for Derrida. And, as we shall see, this is not the case at all.

[29] *Marges*, p. 23.

[30] *Ibid.*

[31] *Ibid.*, p. 26.

[32] *Ibid.*, pp. 24 and 26.

[33] Cf. GA 9, p. 264. [Throughout this essay Guest has been working carefully with the various forms of the German word *Wesen: Anwesen, Anwesendes, wesentlich*. We have

*oblivion of being, since being – together with its sway, its distinction from beings – keeps to itself"; and this is precisely why, in the "history of being" itself, the distinction collapses and, in that sense "remains forgotten."* Heidegger writes: *"Der Unterschied entfällt. Er bleibt vergessen."* "Although," he immediately notes, "the two parties to the differentiated-there *[des Unterschiedenen]* – the having-come-to-presence and the coming-to-presence or presencing *[das Anwesende und das Anwesen]* – reveal themselves, they do not do so as distinguished. Rather, even the early trace *[die frühe Spur]* of the distinction is obliterated *[wird ausgelöscht]* when the presencing itself *[das Anwesen]* appears as a being-come-to-presence *[wie ein Anwesendes]* and finds itself in the position of being a supreme being-come-to-presence *[in einem höchsten Anwesenden]*."[34] Nothing in this passage allows one to affirm that Heidegger sees the "distinction" in question as having simply *"disappeared without leaving a trace."* First, because, in good *phenomenology*, the "ontological distinction," however "forgotten" it may be, "appears" no less in the course of the "history" of this "oblivion" (it *"reveals itself,"* as the text puts it), and it always appears *in a certain way* – a way, it is true, not expressly related to the "distinction" *as such*. But also because – again, in good *phenomenology!* – the *manner and modality itself* by which the "primordial trace *(die frühe Spur)* of the "difference" in question is said to have to "be obliterated when the presencing appears as a being-come-to-presence" is clearly still a modality of the *"phenomenon"* or of the "apparition" and of the "manifestation."

---

put these German words in brackets in the text. Guest has often rendered das Wesen with the old French *l'aître*. (See two articles by Guest: "L'aîtrée de l'aître," *Cahiers philosophiques*, 41 (1989), 25 - 44; "L'origine de la responsabilité," *Heidegger Studies*, 8 (1992), 29 - 62.) Derived from the Latin *atrium* (and related to the French *âtre*, "hearth"), *aître* designates a house, an enclosure. For Guest it expresses elements implicit in the etymological ramifications of *Wesen* and its relative *währen*: to live, sojourn, inhabit, endure. Guest writes: "In the expression *l'aître-en-présence (das Anwesen, die Anwesenheit), aître* should be understood as an infinitive verb translating *wesen*, as is implied by the verb *anwesen*, or by the substantive *Anwesenheit*, which signifies the pure shining of presence itself, as in *présence d'aître*. Similarly, in the expression *ce qui y aître-en-présence, aître-en-présence* is understood as a present indicative form of a verb whose infinitive would be *aître-en-présence*, where *aître* translates the verb *wesen* implied in the substantivized present participle *das Anwesende:* that which is present, beings-come-to-presence" (from "La tournure de l'Événement," in *Heidegger Studies*, 10 (1994), 44, note 23).

Thus, granting that Heidegger uses *das Wesen* as a word derived from the verb *wesen* – with meanings such as swaying, enduring, abiding, whiling – and granting that Heidegger sees in this "swaying" an originary and profound enactment that belongs to "being" and granting that Guest chooses the unusual French word *aître* to "say" this deep, subtle, and very significant word, we have up to now carefully avoided any misleading terms in English. And here we choose the English word *sway* and *swaying* to render the French aître, which renders the German *Wesen*. If nothing else, this translation will keep the reader awake (!) and perhaps jolt the reader into staying "in" what is opened up by Heidegger's word *Wesen*. Trans.]

[34] GA 9, pp. 364 - 5.

Not only has the "trace of the difference" *not* disappeared from the face of the earth, not *"disappeared without leaving a trace;* but it has even remained marked, "imprinted" and "preserved" in the many-layered thickness of *"phenomena."* With all due respect to the *a priori's* of a thought that is a thought "of the trace" only, the extreme "danger" consists precisely in the way in which one "phenomenon" just might always *"hide another one"* – a danger of which only a "phenomenology" that might ever rigorously be called "phenomenology...*of the unapparent"*[35] must be essentially more aware (more aware than the "thought of the trace" as such will doubtlessly ever be). And this is exactly what Heidegger deliberately says:

> the distinction of being and beings, as something forgotten, can invade our experience only if it has already unveiled itself with the presencing of beings-come-to-presence *[mit dem Anwesen des Anwesenden],* only if it has left a trace *[und so eine Spur geprägt hat]* which remains preserved in the language to which being comes *[die in der Sprache, zu der das Sein kommt, gewahrt bleibt].*[36]

This is neither "contradiction" nor "recantation" nor "turnabout" on Heidegger's part. The "erasure" of the "early morning trace" of the "distinction" in question here, the way that this "trace" is said to "erase itself," "at dawn," as Heidegger said, before the triumph of an "onto-theology" arrived at the summit of its glory and attracting all gazes for more than two millennia of the history of "metaphysics" – this movement, therefore, of "disappearance" (of "difference" in the "nonapparent") never prevents that same "difference" (if it is ever to be able to manage some day to be "experienced" as having been "forgotten" during the long winter of the "oblivion of being") from already being "discovered" after a ("nonapparent") fashion, even at the height of that "oblivion" – only by *"leaving a trace which remains preserved in the language to which being comes"!* To rediscover the "imprint" of this immemorial "trace," inscribed in "nonapparent" fashion even within the "sway of language and speech," such is precisely the task that Heidegger set for himself in the "destruction of the history of ontology," the "phenomenology of the nonapparent," and the thought of the "history of be-ing" and of *Ereignis* as well, itself discreetly inscribed within the deepest "sway of language" – wherein Ereignis can be said to be *"of all the nonapparent the most nonapparent"*[37]; or again, to put it another way: *"of all the-appearing-there [l'y-apparaissant] the most non-appearing [inapparaissant]."*[38]

For those who want to listen, for those who consent to "read" along with Heidegger what he terms the *Ur-kunde* – the *"Original,"* the "original document," the

---

[35] Martin Heidegger, *Vier Seminare* (Frankfurt: Klostermann, 1977), p. 135; *Seminare* (GA 15), p. 397.

[36] GA 9, p. 397.

[37] Martin Heidegger, *Unterwegs zur Sprache* (Pfullingen: Neske, 1959), p. 259.

[38] *Vier Seminare,* p. 115; *Vorträge und Aufsätze* (Pfullingen: Neske, 1954), p. 264. Cf. also *Heraklit* (GA 55), pp. 142-43.

"birth certificate" of language, its "first-hand script," as it were – it is perhaps a question of this very thought of the "trace," of this "thought of the trace," which is in search of the "trace" discreetly "left" in the phenomenological thickness of that "history of be-ing" remembered in the "sway of language." [39] It is therefore perhaps *against* this very thought of the "history of be-ing" – one that reads the "original document" which constitutes the very "letter" of the "sway of language" – it is therefore *against Heidegger's thought of the "history of be-ing"* that the other sort of thought that claims to be "thought of the trace" (and, for that matter, the "thought of differance") can do no more than *mark off* – "grammatologically" – the *Heideggerian* "difference": for the sake of another expected "text" and of another way of "writing" – in short, of another "literality" which would no longer be that of the *"letter"* and which is moreover no longer anything but *"literature"* (even if it is "literature in effect").

What strikes one immediately in the type of stakes specific to the beginnings of the "thought of differance" is the *necessity* in which it finds itself from the start, as if inevitably, of never being able to hope to conquer and appropriate them save "through contact" with the Heideggerian thought of "difference" (that of "ontological difference") but also *following the traces* of the "destruction of the history of ontology" – of the "trace" left in hiding within the "sway of language" by the very oblivion of said "difference" in the history of metaphysics. But what strikes one next, in the earliest beginnings of the "thought of differance," is a strange *hesitation* – and a hesitation that is perhaps one of its most ambiguous resources – between the *recognition of debt* in due form with regard to Heidegger on the one hand and, on the other hand, the *denial of this debt* through the proclamation of a novel kind of "overcoming," of "exceeding," even flagrant "transgression" with regard to what would be the "limit" and even the "closure" ("intra-metaphysics"!) of the "thought of being." Nothing shows the meaning of this strategic "hesitation" in the lecture on "Differance" more clearly than the question that Derrida poses at the outset, taking the initiative after a fashion:

> For these reasons, can *differance* settle down into the division of the ontic-ontological difference, such as it is thought, such as its "epoch" in particular is thought, by "traversing," if it may still be expressed as such, Heidegger's uncircumventable meditation?[40]

What would be in effect the originality of the "differ*ance*" over "difference" – that of the *"a"* in "differance" as it were! – if, however "differ*ant*" it might be, it simply "settled down into the division of the ontic-ontological difference"? If the "Heideggerian meditation" is said here to be "uncircumventable," it is still very

---

[39] Cf. Heidegger, *Unterwegs zur Sprache*, p. 181. The *Ur-kunde* in question here is none other than the "original document," a sort of "birth certificate" of *"language and of speaking" (die Sprache)*, in which it speaks to us, immemorially, of its *aître: l'aître de la langue, l'aître de la parole (das Wesen der Sprache)*. Cf. in this regard my analysis cited above, "L'origine de la responsabilité," *Heidegger Studies*, 8 (1992), 55ff.

[40] Derrida, *Marges*, p. 22.

much a question here of *circumventing* it! This is why the response to this preliminary question, despite the accompanying remark that "there are no simple answers to such a question," is not long in coming. And, since unable to be "simple," it presents itself as a *double* answer. One must in effect first confess that:

> In a certain aspect of itself, *differance* is certainly just the historical and epochal *unfolding* of being or of the ontological difference. The "a" of *differance* marks the *movement* of this unfolding.[41]

But this concession is, very symptomatically, quickly followed by an important reservation – a reservation in the form of a "suspicion," which constitutes the entire resource of the "thought of differance" (and of the "trace"):

> And yet, are not the thought of the *meaning* or *truth* of being, the determination of *differance* as the ontic-ontological difference, difference thought within the horizon of the question of being, still intrametaphysical effects of *differance?*[42]

Only this suspicion in the form of a *rhetorical* question – for the answer is manifestly never in doubt from the point of view of the "thought of differance," as it will indeed, from that point of view, be the "difference" proper to the "thought of being" that will be taken as another "intrametaphysical effect of differance," and not "differance" with an "a" that will be an "intrametaphysical effect" of "ontological difference," as the reader will have guessed! – only this "suspicion," then, seems to be able to authorize Derrida to formulate the weak hypothesis constitutive of the "thought of differance" and all that in the future could bed its *domains of objects* (and perhaps even *"objects of all kinds"*). According to this hypothesis, *"the unfolding of differance is perhaps not solely the truth of being, or of the epochality of being."*[43]

Let us recall that, according to the thought of the "history of be-ing," a "trace" – "left" in the "language" – of the "erasure of difference," "remains" truly "preserved" there, in a "nonappearance" that is the very fact of *Ereignis:*

> However, the distinction between being and beings, as something forgotten, can invade our experience only if it has already unveiled itself with the presencing of the beings-come-into-presence, *only if it has left a trace which remains preserved [gewahrt bleibt] in the language to which being comes.*[44]

This is the source of the concern, which must be that of a "thought of the trace," for which "the proper" or "authenticity" *(Eigentlichkeit)* can no longer be more

---

[41] *Ibid.*, p. 23.
[42] *Ibid.*
[43] *Ibid.*
[44] "Der Spruch des Anaximander," in GA 9, p. 365. Derrida is clearly aware in this sentence (cited in *Marges,* p. 26) of that which might appear as an emphasis on the theme of the "presence of the present," as well as of that which might be hinted about 'truth" within the very imprint of the "trace," which "stays guarded" or remains "preserved" *(gewahrt bleibt),* inasmuch perhaps as it is "averred" *(gewahrt)* in the conservatory of the "language of metaphysics."

than a "play of writing" (a "writing-game," perhaps) for which there can no longer be "either being or truth in the play of writing" in order to *demarcate itself* at any price from the thought of the "history of be-ing." For example, by emphasizing from the outset that *"differance is not a 'species' of the genus ontological difference"* and that "if the 'gift' of *presence* is a property of *Ereignen (Die Gabe von Anwesen ist Eigentum des Ereignens),"*[45] then *"differance is not a process of propriation in any sense whatsoever";* and even under these *conditions "differance...would be no more a species of the genus Ereignis than being."*[46] So noted! But does this begin to authorize Derrida to take his desires for realities and see in what he terms the *"dis- of differance"* – where Heidegger in the "Anaximander Fragment" speaks of the *dis-* of *discord* (the *Un-* of *Un-fug),* of the dis-joining proper to the essential conjoining of be-ing *(die Wesensfüge des Seyns)* – already the promise of something *"beyond the history of being"* and the announcement of a reference *"beyond our language and everything that can be named in it"*?[47] Does this authorize Derrida to suppose somewhat hastily – if only in the interrogative – that the *dis-* of the intimate *discord* inherent in the "accord" of the "appropriation" proper to *Ereignis* would so easily allow itself to be reduced by decree to the work of "differance" – in advance,[48] as it were! – and remarking *"in the language of being...the necessarily violent transformation of this language by an entirely other language"*?[49]

Neither the somewhat thundering introduction to "differance" – in all its "difference" from the "country" that the patient wanderings of the "topology of be-ing" might have already initiated us in – nor the practice of "dissemination" and of the "play of writing" that a certain way of writing invariably allows to occur, nor the interminable procedural "strategies" or "deconstruction" and "philosophy in effect" – none of this seems seriously able, given the heavy-handed weight of the proceedings (and occasionally their pure and simple *scurrility),* to reach, if only from a distance, the ultimate meaning of a thought which thinks by going back along the thread of *"necessity"* (the necessity of "turning" that one finds in *Notwendigkeit),* in other words the thread of *"possibility"* in *Ereignis* of the "history of be-ing" itself. Now, this kind of thought is and remains what Heidegger, following the "turning" of his own "way of thought," did more than inaugurate. It is the thought with which he endeavored to "instaurate" (in the strong sense of *instauratio)* what *Heidegger* calls a "new beginning." To begin to realize this would imply that one had, seriously, taken the measure of the internal "law" of the "curve," as

---

[45] Derrida refers explicitly here to Heidegger, "Zeit und Sein," in *L'Endurance de la pensée,* trans. F. Fédier (Paris: Plon, 1968), p. 63.
[46] *Marges,* pp. 27, note 1.
[47] *Ibid.,* p. 26.
[48] *["Avant la lettre":* literally, "before the letter" – the letter "a" in "differance." Trans.]
[49] *Ibid.*

of the "legality," or even the "sway of loyalty" – *Wesensgesetzlichkeit!* – but also of the "danger" and signal "peril," even the intrinsic "injustice and cruelty" *(Unfug und Tücke) of be-ing itself* – inherent in the internal "topology" of Ereignis itself in its turning.

All of this should certainly be taken "seriously" (as Derrida would say). What is at stake in such a consideration would be in effect, not simply the probable future of "deconstruction" and of "philosophy in effect" (whose "knell" would *ipso facto* sound), but indeed the *"other beginning of thought."*

What needs to be measured in what Heidegger calls a "new beginning" is nothing other and nothing less than the very vastness ("topologically" speaking) and the *necessity-in-turning (Not-wendigkeit)* that are part of the internal "law" of the "curve" of the *"Kehre."* This is what neither the "thought of *trace*" nor *a fortiori* "*philosophy in effect*" has been able to measure. No capricious "turnaround," no anecdotic "peripatetic," and no shameful "recantation" on Heidegger's way can allow "deconstruction" seriously to found a hasty thesis regarding some "upheaval" insurmountable by the *"Kehre."* The "questioning" and the steps taken by the "fundamental ontology" of *Being and Time* must already be said to "respond" to the demand of the "call of being," in a resolutely and methodically assumed figure of the "hermeneutic circle," from which stems an entire "acoustics" of "responsibility" proper to the "call of conscience."[50] As for that thought that takes form according to the internal "law" of the "curve" of the *"Kehre"* in conformity with the "acoustics" of the "call of being" as well as according to the "optics" of an *"Er-eignis"* that must ultimately be understood as an *"Er-äugnis,"* such a thought comes immediately into another "circle" that we term "topological" and that closely espouses the structure inherent in the "turning within *Ereignis.*"[51] This situation implies that we must envisage – even stare at – the imminence of an "extreme peril" *(die äußerste Gefahr)*, of a "danger," itself "turning" *(eine kehrige Gefahr)*, that might be "peril in being," "danger in Ereignis" *(Gefahr im Sein, Gefahr im Ereignis)* – that is thus linked to the dynamic "turning" of *Ereignis*.

For anyone who has been able to learn, in the course of a "way of thought," unblinkingly to withstand – at the cost of an extreme sort of consideration that Heidegger names at certain critical moments *(Augenblicke)* of the "history of being": *"Einblick in das, was ist"*[52] – the sight of being: the sight of the "extreme danger" inherent in the dynamic turning of *Ereignis* – a turning that is none other

---

[50] *Being and Time*, §§ 54-60. I have attempted to give an account of the main lines of the argument in "L'origine de la responsabilité."

[51] Martin Heidegger, *Beiträge zur Philosophie (Vom Ereignis)* (GA 65), pp. 407 ff. See also "Die Kehre," in *Die Technik und die Kehre* (Pfullingen: Neske, 1962), pp. 37-47.

[52] On the importance of this title, see Heidegger, *Die Technik und die Kehre*, p. 3. The four lectures from 1949-50 – "Das Ding," "Das Gestell," "Die Gefahr," and "Die Kehre" – all attempt to *"look into the heart of that which is,"* which also means: thinking the "danger."

than that of the "history of be-ing," for which "we" must forever "answer" in all our undeclinable "responsibility," because of the "word" that has been given us, the *Kehre* can clearly *not* be reduced (as "deconstruction" would like) to a purely theoretical "recantation," even when tricked out with various strategic modifications. The "turnarounds" and "reversals" of the "history of be-ing," the very possibility of this salutary "revolution of modes of consideration and representation" called for by Hölderlin, their very perilous (but also eventually salutary) "eventuality" in pro-venance of *Ereignis*, are inscribed within the *Ereignis* of the "history of be-ing" – which could indeed also be its *Er-äugnis:* "that-which-lets-be-seen," letting *Ereignis* "happen," take "place," even though *Ereignis* is *never* given as "visible," but rather remains, says Heidegger, *"of all the non-apparent the most-nonapparent there*[53] – in short: the "shattering *(sidération)* of any "consideration" stemming from that which, from the very beginning and even as it assured our "place" and "sway," has not ceased "watching us," even without our knowledge, and which, at the most perilous "hearth" of the "history of be-ing," is perhaps what we should call, in the strictest sense: "the Marvel."[54]

Attempting to divert the very "turning" of Heidegger's *Kehre* in favor of the "play" of "differance" and "dissemination" appears to be the thrust of "deconstruction" within the "history of be-ing." But if it is indeed a question – in the movement of the *Kehre* as Heidegger accomplishes it all along his "way of thought" – of closely espousing the law of "topological" curve that is none other than that of the very *"oiko-nomia"* of *Er-eignis* as *Er-äugnis,* that of the internal "economy" of the "Marvel" – even were there to be, as Heidegger suggests, "peril in the Marvel" inherent in the "turning of the Marvel"! – it is also this "dynamic turning of *Ereignis*" that must be diverted; it is also this "economy of the Marvel" (even if the "peril" residing therein goes unnoticed) that "deconstruction" must forever ruin: by throwing "speech" (in other words, in "vomiting") up to "the sea

---

[53] Cf., for example, *Unterwegs zur Sprache,* p. 259.

[54] I have attempted here to render the word *Ereignis* in the sense of *Er-eignis* with *la merveille* ("the marvel"), the same word with a different spelling and meaning, *das Er-äugnis,* wherein appear the etymons of *Auge* ("eye") and the verb *äugen* ("to make visible," "to show"). To go back, as Heidegger does, from *Er-eignis* to *Er-äugnis* is to go from *Ereignis* (of the "history of be-ing") back to that which "enables *(donner lieu)* without ever being itself "shown," but *thanks to which* appears all that appears and "takes place" *(avoir lieu).* This could indeed be, in French, *la merveille* ("the marvel"), which suggests something "dazzling" *(quelque chose d'une sidération).* The "marvel" in this sense is less "what might be seen" than "what makes visible" without ever "appearing": the very *inconspicuousness* of the "marvel" of "appearance" (where "appearance" – French: *paraître* – is to *aître* as παρουσία is to οὐσία!). The "marvel" is thus here not so much what there would be to "contemplate" as, at least in a very particular sense, "that which concerns *[regarde]* us" and perhaps "dazzles" us. That whose "regard" we, along with Heidegger, must dare attempt to withstand! This is precisely the point of the phrase, *"Einblick in das, was ist"* – cf. *Die Kehre,* p. 45, where Heidegger further observes that "humans are those who, in this look, are looked at."

of texts"! There can be no doubt that in this "emetic" program the "sway of language" must constitute the first target. But "language" would in that case keep no "promise," and no one would be "obliged" to "respond" to any "giving of the word" that could impose an "obligation." "Language" would be no more than what our time says and reckons that it must be until further notice – and by Derrida's own admission:

> Language, however, is only one among those systems of marks that claim this curious tendency as their property: they simultaneously incline toward increasing the reserves of random indetermination as well as the capacity for coding and overcoding, or, in other words, for control and self-regulation.[55]

Nevertheless, even in this bloodless and desolate mode of a "speech" that is no more than the language of "communication" and "information" proper to the reign of the "sway of technique," "language" continues to "speak" to us, silently, from its "sway," calling us to respond at the heart of an extreme "epoch of being." For *"being speaks, always and everywhere, in every language."* It calls us to "respond." Because we carry its irrefusable "responsibility." In a sense, "being" does nothing but send us back our own image – coldly. In this it is filled with danger, as well as salutary.

Translated by Ladelle McWhorter and Julie C. Hayes

---

[55] Jacques Derrida, "Mes chances," *Confrontation,* 19 (1988), 20. – What we have lost there, with such a deficient conception of language, can hardly be measured to a poetical yardstick of what language could mean – for those, at least, who want to listen to it, as for example Saint-John Perse: *"Comme un grand arbre tressaillant dans ses crécelles de bois mort et ses corolles de terre cuite – [...]/ Comme ce grand arbre de magie sous sa pouillerie d'hiver: vain de son lot d'icônes, de fétiches,/ Berçant dépouilles et spectres de locustes; léguant, liant au vent du ciel filiales d'ailes et d'essaims, lais et relais du plus haut verbe –/ Ha! très grand arbre du langage peuplé d'oracles, de maximes et murmurant murmure d'aveugle-né dans les quinconces du savoir..."* (Saint-John Perse, *Vents,* I, 1). – Just tell me what you think about language, and I shall tell you who you are –.

# Welt als Phänomen: Methodische Aspekte in Heideggers Welt-Analyse in *Sein und Zeit**

Alejandro G. Vigo

## I.

Im Rahmen der Existenzialanalytik von *Sein und Zeit* (*SZ*), welche als Vorbereitung für die thematische Erörterung der Frage nach dem Sinn von Sein eine phänomenologisch angemessene ontologische Interpretation des Daseins als „In-der-Welt-sein" entwickeln will, liefert Heidegger eine ausführliche Analyse der komplexen Struktur des „In-der-Welt-sein" in ihren Grundelementen. Diese Analyse, die den größeren Teil des ersten Abschnittes von *SZ* – nämlich §§ 14-38 – in Anspruch nimmt, beginnt in §§ 14-18 mit der Erörterung des Elementes „Welt".

In der Welt-Analyse in §§ 14-18 von *SZ* sind manche der aus inhaltlicher Sicht interessantesten Partien des ganzen Werkes enthalten. Man denke hier z.B. an die in der späteren Rezeption einflußreiche Analyse des „Zeugs" als „zuhanden" in §§ 15-16, welche, für sich allein genommen, sehr wohl als ein Meisterstück phänomenologischen Philosophierens gelten darf. Aber auch aus methodologischer Sicht weist die Welt-Analyse von *SZ* eigentümliche Züge auf, die sie besonders interessant machen. Dieses besondere Interesse hängt m. E. zumindest mit drei verschiedenen, doch miteinander verbundenen Aspekten zusammen. Der erste Aspekt betrifft Heideggers Auffassung dessen, was in der von Husserl stammenden phänomenologischen Tradition allgemein als „Intentionalität" bezeichnet wird, präziser noch, Heideggers Auffassung dessen, was man in einem weiten, von Husserls Kon-

---

* Die hier vorgelegte Deutung geht in ihren Grundlinien auf einen Vortrag zurück, der November 1996 im Rahmen einer internationalen Heidegger-Tagung an der Universidad Católica de Chile (Santiago) gehalten wurde. Die vorliegende ganz neu bearbeitete Fassung wurde im Rahmen eines Forschungsprojektes zu Heideggers *Sein und Zeit* geschrieben, das mit finanzieller Unterstützung der Alexander von Humboldt-Stiftung und der Universidad de los Andes (Santiago de Chile) am Philosophischen Seminar der Universität Heidelberg bei Prof. Dr. Wolfgang Wieland ausgeführt wurde. Für Hinweise und kritische Bemerkungen danke ich A. Rosales, R. Thurnher, F. Volpi, J. Grondin und nicht zuletzt D. Kaegi, der mir nicht nur wichtige inhaltliche Verbesserungsvorschläge, sondern auch viele sprachliche Korrekturen mitgeteilt hat. Mein Dank gilt auch den Herausgebern von *Heidegger-Studies*, Prof. Dr. Parvis Emad und Prof. Dr. Fr.-W. von Herrmann, deren kritische Hinweise und Verbesserungsvorschläge der endgültigen Fassung der Arbeit sehr zugute kamen.

zeption der Intentionalität abweichenden Sinne die „Transzendenz" des Daseins nennen kann.[1] An der Welt-Analyse in §§ 14-18 lassen sich nämlich wichtige Eigentümlichkeiten in der Art und Weise, wie Heidegger eine solche Transzendenz denkt, sowie auch manche methodisch und systematisch relevanten Folgen dieser Auffassung besonders deutlich erkennen. Ein zweiter, mit dem oben erwähnten eng verbundener Aspekt betrifft die konkreten methodischen Forderungen, die eine derartige Auffassung der Transzendenz des Daseins mit sich bringt für eine phänomenologische Erörterung, die eine solche Transzendenz in ihrer Grundverfassung und ihren Grundstrukturen wiederum zum Gegenstand der Auslegung machen will: die von Heidegger auf der Theorie-Ebene erarbeitete Auffassung der Transzendenz des Daseins hat auf der Metatheorie-Ebene ihrerseits wichtige Folgen in bezug auf die Möglichkeit eines phänomenologischen Zugangs zu diesen Transzendenz-Strukturen und mithin auch zu den Phänomenen, die sich in

---

[1] Bekanntlich verzichtet Heidegger in *SZ* wie auch in späteren Schriften auf den Begriff der „Intentionalität", wenn es darum geht, seine eigene Auffassung der Transzendenz des Daseins positiv zu formulieren. Dies geschieht in der Absicht, Husserls am Begriff des Bewußtseins sich orientierende Auffassung der Intentionalität dadurch zu überwinden, daß die bei ihr anvisierten Intentionalitätsstrukturen als gegründet auf eine ursprünglichere Struktur der Transzendenz erwiesen werden. So etwa Heideggers ausdrückliche Stellungnahme: „Kennzeichnet man alles *Verhalten* als intentionales, dann ist die *Intentionalität* nur möglich *auf dem Grunde der Transzendenz*, aber weder mit dieser identisch noch gar umgekehrt selbst die Ermöglichung der Transzendenz" (vgl. *Vom Wesen des Grundes*. In: *Wegmarken*, GA Bd. 9, S. 135; siehe auch *SZ* § 70 S. 363 und Heideggers Ausführungen in der Leibniz-Vorlesung vom SS 1928: *Metaphysische Anfangsgründe der Logik im Ausgang von Leibniz*, GA 26, § 11 bes. S. 215 ff.). Heideggers Kritik hat hier wohl in erster Linie die Verengung der Intentionalitätsproblematik auf die theoretisch-kognitiven Leistungen des Bewußtseins bei den unterschiedlichen Vollzugsformen der Subjekt-Objekt-Beziehung im Auge. Bleibt man aber bei einer rein formalen Bedeutung des Ausdrucks „Intentionalität", die nicht nur die verschiedenen Formen des gegenständlichen „Sich-Richten auf...", sondern auch die vielfältigen ungegenständlichen Formen des transzendierenden Bezugs wie etwa „Sein-in", „Sein bei...", „Sich-Auskennen in...", „Sein mit..." usw. umfaßt, dann kann man auch bei Heidegger von einer bestimmten Auffassung der „Intentionalität" sprechen, welche allerdings auf ganz andere, durch Husserls Auffassung so nicht gedeckte formale Strukturen abzielt. Eine solche Erweiterung und Umdeutung des phänomenologischen Intentionalitätsgedankens vollzieht Heidegger in *SZ* durch die Einführung des Begriffs der Erschlossenheit des Daseins und die Erörterung der ihr eigenen, komplexen Transzendenz-Struktur anhand einer ganz anderen, von Husserls Terminologie stark abweichenden Begrifflichkeit. In diesem Zusammenhang ist auch Heideggers Rede von einem „ekstatischen" bzw. „ekstatisch-horizontalen" Charakter der erschlossenen Transzendenz des Daseins als ursprünglicher Zeitlichkeit zu beachten (vgl. bes. *SZ* § 65 S. 328 ff., § 69 S. 364 ff.; *Die Grundprobleme der Phänomenologie*, GA 24, § 19 S. 374 ff., § 20 S. 418 ff.). Zu Heideggers Transformation des Husserlschen Intentionalitätsgedankens siehe Fr.-W. von Herrmann, *Der Begriff der Phänomenologie bei Heidegger und Husserl*, Frankfurt a.M. 1988, bes. S. 23 ff., 38 ff.; siehe auch R. Bernet, „Transcendance et intentionalité: Heidegger et Husserl sur les prolégomènes d'une ontologie phénoménologique" in: F. Volpi *et alii*, *Heidegger et l'idée de la phénomenologie*, Dordrecht-Boston-London 1988, S. 195-215. *SZ* wird nach der 7. Ausgabe, Tübingen 1953 zitiert.

ihr und durch sie darbieten. Der dritte Aspekt betrifft schließlich die in *SZ* entwickelte Auffassung als ein Ganzes: anhand der Welt-Analyse von *SZ* mit ihren eigentümlichen methodischen Forderungen und sachlichen Ergebnissen können nämlich einige zentrale Motive in Heideggers Auffassung in bezug auf Methode und Gegenstand der Phänomenologie und mithin wichtige Unterschiede zu anderen Konzeptionen der Phänomenologie, insbesondere zur Husserlschen hervorgehoben werden.

Ich versuche im folgenden eine Interpretation zentraler Aspekte in Heideggers Analyse der Weltlichkeit der Welt in §§ 14-18 von *SZ*. Dabei beabsichtige ich keine vollständige Rekonstruktion der im Text entwickelten Argumentation. Ich konzentriere mich vielmehr grundsätzlich auf die Art und Weise, wie Heidegger das Problem der Möglichkeit eines phänomenologischen Zugangs zur Welt als solcher stellt und zu lösen versucht, und mache dabei auf die wichtigsten Voraussetzungen und Folgen aufmerksam, die hier aus der Sicht der oben erwähnten methodischen Probleme relevant sind.

## II.

In § 14 von *SZ* mit dem Titel „Die Idee der Weltlichkeit der Welt überhaupt" stellt Heidegger die Frage nach der Tragweite und dem Zweck der Aufgabe, die Welt als solche phänomenologisch zugänglich zu machen. Die Analyse der verschiedenen Phänomenzusammenhänge und ontologischen Strukturen in *SZ* wird zwar in der Regel durch Momente ausdrücklicher methodischer Reflexion darüber eingeführt bzw. begleitet, wie die jeweiligen Phänomene methodisch dazu gebracht werden können, sich selbst in ihrer eigentümlichen ontologischen Verfassung zu zeigen. Es ist gleichwohl auffallend, daß Heidegger im Fall der Welt-Analyse diesem Moment ausdrücklicher methodischer Reflexion eine ganz besondere Bedeutung beimißt. § 14 wird nämlich im ganzen der Aufgabe gewidmet, den „Gegenstand" einer phänomenologischen Analyse der Welt methodisch zu fixieren, d.h. die „Welt" in ihrer eigentümlichen ontologischen Verfassung, die Heidegger terminologisch als die „Weltlichkeit" der Welt bezeichnet. Eine solche methodische Fixierung des „Gegenstandes" der Welt-Analyse wird dabei auch durch eine Unterscheidung der möglichen Bedeutungen des Ausdrucks „Welt" mit geleistet, die auf die Identifizierung der für die Untersuchung leitenden Bedeutung des Wortes abzielt.

Die notwendige Fixierung des „Gegenstandes" der Untersuchung einerseits und die genaue Bestimmung der angemessenen Zugangsart zu dem so fixierten „Gegenstand" werden dabei als Seite und Kehrseite eines und desselben Problems betrachtet, und dies, zumindest formell, noch ganz im Sinne der Husserlschen Reflexion auf die phänomenologische Korrelation *intentio-intentum* mit ihrer charakteristischen Insistenz auf der strukturellen Zusammengehörigkeit des intentionalen Aktes einerseits und des sich in ihm bzw. durch ihn darbietenden phänomenalen Gehalts andererseits. Die Struktur des intentionalen Aktes und die des sich in ihm darbietenden phänomenalen Gehalts dürfen zwar nicht verwechselt werden. Dabei bleibt es aber wichtig, daß die jeweilige Art, wie sich ein bestimmter phänomenaler Gehalt darbietet, mit der Struktur des entsprechenden intentionalen Akts wesentlich zusammenhängt, insofern es sich dabei eben um eine intentionale *Korrelation* handelt.

Nun gilt dies zunächst einmal für die Korrelation *intentio-intentum*, wie sie in der „natürlichen" Einstellung sozusagen auf der Objekt-Ebene stattfindet, d.h. auf der Ebene des unmittelbaren Vollzugs der jeweiligen intentionalen Akte. Entsprechendes gilt aber auf einer höheren Reflexionsebene auch für die phänomenologische Betrachtung selbst, insofern sie gerade die verschiedenen unmittelbaren Vollzugsweisen der Korrelation *intentio-intentum* auf der Objekt-Ebene aus der Perspektive der höheren Reflexionsebene, die der phänomenologischen Einstellung entspricht, thematisch erfassen will. Daraus ergeben sich nun ganz besondere methodische Forderungen für die phänomenologische Betrachtung als solche. Die Phänomenologie macht nämlich die Korrelation *intentio-intentum* in ihren verschiedenen Vollzugsweisen zum Gegenstand der phänomenologischen Beschreibung und Interpretation. Dabei wird versucht, die verschiedenen Modi und Bereiche der phänomenalen Erfahrung in ihren Grundstrukturen phänomenologisch zugänglich zu machen. Auf der anderen Seite macht die phänomenologische Methodenreflexion selbst darauf aufmerksam, daß bei der Korrelation *intentio-intentum* gerade als intentionaler Korrelation ein innerer Zusammenhang besteht zwischen der Struktur der jeweiligen intentionalen Akte und der Darbietungsart des entsprechenden phänomenalen Gehalts. Daraus folgt aber, daß bei jedem Versuch, einen bestimmten Phänomenbereich phänomenologisch zugänglich zu machen, der methodischen Frage eine große, ja sogar entscheidende Bedeutung zukommt, bei welcher Vollzugsweise der intentionalen Korrelation *intentio-intentum* die phänomenologische Analyse ansetzen soll. Geht man dabei nämlich von einem methodisch verfehlten Ausgangspunkt aus, dann verfehlt man von Anfang an auch die Gelegenheit, die angezielten Phänomene so zur Darstellung zu bringen, daß sie sich dabei in ihrer „ursprünglichen" Gegebenheitsweise zeigen, und zwar so, wie sie in gewissen Grenzen schon in der vor-phänomenologischen, „natürlichen" Einstellung „(mit)gesehen" und „(mit)verstanden" werden, obzwar meistens nur auf nicht-thematische, nicht-reflektierte und tendenziell verstellende Weise. Was sich der phänomenologischen Betrachtung bei einem methodisch verfehlten Ansatz darbietet, sind eben nicht die jeweils angezielten Phänomene in ihrer „ursprünglichen" Gegebenheitsweise, sondern vielmehr entweder andere Phänomene oder, wie es Heideggers Meinung nach noch häufiger der Fall ist, die gleichen Phänomene in einer abgewandelten, derivativen Gegebenheitsweise. Dabei kann das in der vor-phänomenologischen Einstellung zwar unthematisch und tendenziell verstellend, aber in der Form einer gewissen Vertrautheit immer noch ursprünglich „Gesehene" bzw. „Verstandene" dann nur noch auf eine unschärfere und stärker verstellende Weise zum Durchscheinen kommen, welche die in der vor-phänomenologischen Einstellung bereits angelegten Verstellungstendenzen konsolidiert und sogar potenziert.[2]

Das soeben Gesagte mag vielleicht den Eindruck erwecken, als hätte man hier letztlich mit einer eher trivialen Folgerung aus den Grundprämissen der Phänomenologie selbst zu tun. Jedenfalls würde es sich dabei um eine dieser „Trivialitäten" handeln, die für Heidegger vor allem auf der Ebene der Methode umso wichtiger werden, als man sie eben aufgrund ihres *prima facie* trivialen Charakters in der philosophischen Reflexion allzu oft ohne weiteres übersieht, mit dem Ergebnis nämlich, daß die so entwickelten Auffassungen sich von Anfang an in die methodisch verkehrte Richtung orientieren. In der Tat besteht einer der wichtigsten Vorwürfe, die Heidegger sowohl an die vor-phänomenologische philosophische Tradition wie auch an Husserls Auffassung der Phänomenologie richtet, gerade darin, sich im Zuge von bereits in der vor-philosophischen Einstellung wirkenden Tendenzen unkritisch an bestimmten Vollzugsweisen der Korrelation *intentio-inten-*

---

[2] Ganz im Sinne dieser methodischen Forderung stellt Heidegger hinsichtlich der Aufgabe einer angemessenen phänomenologischen Interpretation des Daseins, zu der auch die Analyse der Weltlichkeit der Welt gehört, folgendes fest: „Die Zugangs- und Auslegungsart muß vielmehr dergestalt gewählt sein, daß dieses Seiende (*sc.* das Dasein) sich an ihm selbst von ihm selbst her zeigen kann. Und zwar soll sie das Seiende in dem zeigen, wie es *zunächst und zumeist* ist, in seiner durchschnittlichen *Alltäglichkeit.*" Heideggers Position wird hier jedoch nicht richtig verstanden, wenn von Anfang an nicht beachtet wird, daß der methodische Rückgang auf die Alltäglichkeit bei ihm nicht etwa in der naiven Annahme erfolgt, daß beim alltäglichen Dasein eine Art unmittelbarer, verstellungsfreier Zugang zu sich selbst und zur Welt gegeben sei. Im Gegenteil! Heideggers ontologische Analyse des alltäglichen Daseins geht ausdrücklich davon aus, daß ihm in seinem Seins- und Weltverständnis eine eigentümliche Verstellungstendenz strukturell eigen ist (siehe unten Anm. 6). Diese zum Sein des Daseins gehörige Verstellungstendenz muß auf der Ebene der phänomenologischen Erörterung dadurch kompensiert werden, daß sie als solche bei der Auslegung der daseinsmäßigen Seinstrukturen von Anfang an im Auge behalten und mit einbezogen wird. Nun gehört zum Sein des Daseins als die strukturelle Kehrseite der erwähnten Verstellungstendenz auch eine gewisse vorontologische Vertrautheit mit sich selbst und mit der Welt, die den faktischen Boden, d.h. die positive Grundlage für die Möglichkeit jedes Versuchs liefert, das Sein des Daseins selbst und damit auch das Sein der Welt thematisch zu erörtern. Der Erfolg eines solchen Versuchs hängt für Heidegger also entscheidend davon ab, daß die zum Dasein selbst gehörige Verstellungstendenz auf der Ebene der ausdrücklich-thematischen Erörterung nicht unbeachtet übernommen und fortgeführt, sondern vielmehr durch einen angemessenen methodischen Ansatz kompensiert wird. Heidegger macht der traditionellen Auslegung des Daseins als Subjekt gerade die Tatsache zum Vorwurf, daß sie die zum Dasein selbst gehörige Verstellungstendenz des eigenen Seins als „In-der-Welt-sein" auf methodisch unreflektierte Weise übernommen, fortgeführt und dabei auch konsolidiert hat. Im Sinne der hier erörterten methodischen Zusammenhänge ist auch Heideggers prägnante Formulierung: „Dasein ist ihm selbst ontisch „am nächsten", ontologisch am fernsten, aber vorontologisch doch nicht fremd" (*SZ* § 5 S. 16) zu verstehen. Hierzu siehe auch die Ausführungen bei Fr.-W. von Herrmann, *Hermeneutische Phänomenologie des Daseins. Eine Erläuterung von „Sein und Zeit"*, Band I: *„Einleitung: Die Exposition der Frage nach dem Sinn von Sein"*, Frankfurt a.M. 1987, S. 153ff.

*tum* orientiert zu haben, denen in der philosophischen Reflexion dann auf methodisch ungerechtfertigte Weise der Vorzug gegeben wurde, und zwar vor allem an der Beziehung des „Bewußtseins" zur „Welt", welche wiederum anhand des Modells der Subjekt-Objekt-Beziehung meistens nur als rein theoretisch-kognitiv verstanden wird. Diese Grundorientierung führt – so Heidegger – zu Auffassungen, die den Zugang zu den angezielten Phänomenen dadurch blockieren, daß sie bei der Thematisierung solcher Phänomene auf nicht legitimierbare, d. h. phänomenologisch unausweisbare Interpretationskonstrukte zurückgreifen. Dies gilt Heideggers Meinung nach nicht nur für die traditionelle Auffassung des „Ich" als Subjekt und Bewußtsein, sondern auch für die dazu korrelierenden Auffassungen der Welt und des innerweltlichen Seienden. Solche Auffassungen sind also nicht in erster Linie deswegen mangelhaft, weil sie keine interne Konsistenz aufweisen würden, sondern vielmehr deswegen, weil sie ausgehend von einem methodisch verfehlten Ansatz keinen phänomenologisch angemessenen Zugang zu den intendierten Phänomenen mehr erlauben.

Vor diesem Hintergrund kann nicht wundernehmen, daß Heideggers methodische Reflexion in § 14 von *SZ* sich gerade an der Frage nach der angemessenen Zugangsart zum Phänomen der Welt orientiert. Konkreter noch fragt Heidegger dabei, wie die Aufgabe, die Welt als Phänomen zu beschreiben, eigentlich zu verstehen ist und woran bei einer solchen Aufgabe Orientierung zu suchen ist (*SZ* § 14 S. 63). Die Antwort auf diese Frage wird nicht auf direkte Weise gegeben, sondern vielmehr durch eine kritische Auseinandersetzung mit zwei methodisch *prima facie* grundverschiedenen Ansätzen erarbeitet, und zwar: einerseits die sozusagen „objektivistische" Auffassung, die sich an den in der Welt vorkommenden „Dingen" bzw. „Gegenständen" orientiert, und andererseits die entgegengesetzte „subjektivistische" Auffassung, die bei dem diesen „Dingen" bzw. „Gegenständen" gegenüberstehenden „Subjekt" ansetzt. Beide Ansätze erweisen sich aus Heideggers Sicht als verfehlt, und dies, wie es noch zu sehen sein wird, aufgrund einer hinter der scheinbaren Grundverschiedenheit steckenden gemeinsamen Voraussetzung. In seiner bekannten Studie zu Heideggers Weltbegriff hat W. Biemel zu Recht betont, daß es sich hier bei der Alternative „Objektivismus"-„Subjektivismus" nicht um eine mehr oder weniger willkürliche Aufzählung verschiedener Versuche der Welt-Interpretation handelt. Es handelt sich vielmehr jeweils um Auffassungen, die auf verschiedene Weise bestimmte, bereits in der vor-philosophischen Einstellung wirkende Tendenzen verkörpern und die in der Geschichte der Philosophie nacheinander vertreten und zur begrifflichen Entfaltung gebracht wurden.[3]

Es kann kein Zweifel darüber sein, daß die Alternative „Objektivismus"-„Subjektivismus" die innere Grenze markiert, die Heidegger durch seine eigene Auffassung der Welt überwunden wissen will. Schwieriger zu bestimmen ist allerdings

---

[3] Vgl. W. Biemel, *Le concept de monde chez Heidegger*, Paris 1987 = 1950, S. 15.

die genaue methodische Tragweite der Kritik Heideggers an beiden Auffassungen. Heidegger beginnt mit der objektivistischen Welt-Auffassung. Sowohl in ihrer vor-philosophischen, auf die bloße Aufzählung des innerweltlich vorkommenden Seienden (z. B. Häuser, Bäume, Menschen, Berge) zurückgreifenden wie auch in ihrer echt philosophischen Spielart, die den Zugang zur Welt durch eine Ontologie des innerweltlich Seienden sucht, scheitert die objektivistische Auffassung bei dem Versuch, das Phänomen der Welt als solches zu erfassen. Sie setzt es vielmehr auf die eine oder die andere Weise immer schon voraus (vgl. § 14 S. 63f.). Die subjektivistische Auffassung, die – obwohl in ihren letzten Wurzel auf indirekte Weise ebenfalls bis auf die „natürliche" Einstellung zu verfolgen – als solche erst auf der Ebene der philosophischen Reflexion zur ausdrücklichen Entfaltung kommt, ist ihrerseits auch nicht in der Lage, einen angemessenen Zugang zum Phänomen der Welt zu verschaffen, und zwar deswegen nicht, weil sie ausgehend von einer bestimmten Auffassung des Daseins als „Subjekt" letztlich dazu führt, daß die Welt als ein „subjektives" Phänomen vorgestellt wird. Wird die Welt aber auf diese Weise als ein rein subjektiv, d. h. als ein im bzw. für das Bewußtsein Gegebenes vorgestellt, dann kann weder die gemeinsame Welt, in der das „Subjekt" mit den anderen immer schon ist, noch die Weltlichkeit der Welt als solche angemessen zugänglich gemacht werden (vgl. § 14 S. 63f.).[4]

---

[4] Wohl gemerkt, wird die subjektivistische Weltauffassung hier nicht auf direkte Weise thematisiert. Heidegger führt an dieser Stelle vielmehr seine eigene Auffassung ein, allerdings so, daß sie zunächst einmal als subjektivistisch verdächtig präsentiert wird, also als eine Auffassung, die dadurch, daß sie beim Dasein ansetzt, die Möglichkeit zu gefährden scheint, die „gemeinsame" Welt des alltäglichen Lebens phänomenologisch zugänglich zu machen (vgl. S. 64: „Ist „Welt" gar ein Seinscharakter des Daseins? Und hat dann zunächst jedes Dasein seine Welt? Wie soll denn noch eine „gemeinsame" Welt möglich sein, „in" der wir doch *sind*."). Dieser hier gegen seine eigene Auffassung gerichtete Einwand, den Heidegger in der Form eines *prima-facie*-Falls zum Zwecke der Darstellung einführt, entspricht übrigens der bei ihm üblichen Kritik an der Bewußtseinsphilosophie allgemein und an der Position Husserls insbesondere. Nun wird Heidegger dann durch die in §§ 14-18 entwickelte Argumentation ganz deutlich zeigen, daß der Ansatz beim Dasein mit einer subjektivistischen Auffassung nicht verwechselt werden kann, und zwar schon deswegen nicht, weil das Dasein als solches überhaupt kein „Subjekt" im traditionellen, bewußtseinstheoretischen Sinne des Wortes, d.h. kein weltloses, isoliertes „Ich", sondern vielmehr ein durch die ontologische Verfassung des „In-der-Welt-sein" charakterisiertes, im Sinne der „Existenz" sich selbst transzendierendes Seiendes ist. Wie es vor allem aus der Analyse der gemeinsamen Umwelt der Praxis in § 15 (siehe bes. S. 70ff.) und der dazu ergänzenden Analyse des alltäglichen Daseins als Mitsein in § 26 klar hervorgeht, ist das Dasein als in seinem „Wesen" durch die „Existenz" bestimmt immer schon „in" der Welt „mit" den Anderen, und zwar noch längst bevor jedes rein theoretisches Verhalten zum innerweltlichen Seienden und damit auch jede erkentnistheoretische Auffassung des Daseins als Subjekt (Bewußtsein) in Frage kommt. Zum Ursprung des für *SZ* wichtigen philosophischen Motivs einer radikalen Kritik an der subjektivistischen Auffassung des Daseins und der Welt siehe etwa Heideggers frühere Ausführungen in der Vorlesung vom SS 1923, erschienen mit dem Titel *Ontologie. Hermeneutik der Faktizität*, GA 63, bes. S. 79ff., 88ff. Zu Heideggers Kritik an der Auffassung des „Subjekts" als „Bewußtsein"

Zu beachten ist in diesem Zusammenhang, daß bei aller Radikalität Heideggers Kritik die Tatsache nicht verkennt, daß sowohl bei einer objektivistischen wie auch bei einer subjektivistischen Position bestimmte strukturelle Züge des Welt-Phänomens dokumentiert werden, die, entsprechend umgedeutet, auch bei einer phänomenologisch angemessenen Auffassung der Welt zur gebotenen Geltung kommen müssen und die Heidegger selbst also in seiner eigenen Position beibehalten wissen will. So dokumentiert etwa die subjektivistische Auffassung – obgleich auf eine einseitige und der Sache nach unangemessene Weise – eine strukturelle Tatsache, die als solche von grundsätzlicher Bedeutung ist, wenn es darum geht, einen methodisch adäquaten Zugang zum Phänomen der Welt zu gewährleisten, nämlich die, daß die Welt – die als solche kein „Gegenstand", sondern vielmehr ein universaler Horizont für das Sich-Zeigen der innerweltlichen „Gegenstände" ist – in ihrem Sein, d.h. in ihrer Weltlichkeit phänomenologisch nicht zu erfassen ist, wenn sie dabei als etwas thematisiert wird, das vom Dasein strukturell völlig unabhängig wäre. Was die objektivistische Auffassung ihrerseits angeht, so ist sie in ihrer üblichen Form zwar auch methodisch verfehlt, bringt aber auf indirekte Weise ebenfalls eine sehr wichtige strukturelle Tatsache zum Ausdruck, die darin besteht, daß die Welt, soll sie phänomenologisch zugänglich gemacht und in ihrer Weltlichkeit erfaßt werden, nicht im Modus der *intentio recta* thematisiert werden darf, sondern: der methodisch angemessene Zugang zur Welt, die als solche kein Ding bzw. Gegenstand ist, erfolgt notwendigerweise in einem eigentümlichen Modus der *intentio obliqua*, in dem versucht wird, zur Welt als solcher indirekt über die schon immer *in* der Welt begegnenden „Dinge" bzw. „Gegenstände" zu gelangen. Die verschiedenen Spielarten bzw. Versuche des objektivistischen Zugangs zur Welt dokumentieren insgesamt, obwohl nicht alle auf die gleiche Weise und mit vergleichbarer Schärfe, dadurch die Notwendigkeit dieses strukturellen Sachverhaltes, daß bei ihnen der Zugang zur Welt auf die eine oder die andere Weise immer in der Orientierung am innerweltlichen Seienden gesucht wird.

Von Belang ist hier die Tatsache, daß Heidegger die verschiedenen Spielarten der objektivistischen Auffassung im Hinblick auf ihre methodische Angemessenheit differenziert betrachtet. So wird etwa die vor-philosophische Spielart, die sich Zugang zur Welt auf dem Weg einer bloßen Aufzählung der (Arten der) innerweltlichen Dinge bzw. Gegenstände verschaffen möchte, gerade als vor-philosophisch sofort zurückgewiesen (vgl. § 14 S. 63). Was die echt philosophischen Spielarten der objektivistischen Welt-Auffassung angeht, so wird wiederum differenziert, und zwar je nachdem, an welcher Art des innerweltlichen Seienden jeweils bei der Thematisierung des Welt-Phänomens Orientierung gesucht wird. So lehnt Heidegger als grundsätzlich unangemessen diejenige objektivistische Auffassung ab, die methodisch – wie es für die traditionelle Ontologie charakteristisch ist – bei den

---

vgl. jetzt G. Piller, *Bewußtsein und Dasein. Ontologische Implikationen einer Kontroverse*, Würzburg 1996, bes. S. 101-123.

Naturdingen ansetzt.[5] Dagegen wird der traditionell weniger beachteten Spielart ausdrücklich der Vorzug gegeben, die sich primär an den im Text sog. „wertbehafteten Dingen" orientiert, d. h. an den „Dingen", mit denen das Dasein im praktisch-operativen Umgang primär zu tun hat. Diese aus der Sicht der traditionellen Ontologie zunächst unerwartete methodische Festlegung wird mit der Behauptung begründet, daß gerade anhand dieser Dinge das Phänomen der Welt als solches „eindringlicher" gezeigt werden kann (vgl. § 14 S. 63f.). Der Grund, warum der methodische Ansatz bei den Naturdingen abgelehnt wird, wird etwas später angegeben. Heidegger glaubt nämlich, daß diese ontologische Grundorientierung am „Vorhandenen" zwei miteinander verbundene, aus methodischer Sicht fatale Folgen hat, und zwar: einerseits führt ein solcher methodischer Ansatz tendenziell dazu, die Seinsverfassung des Daseins als „In-der-Welt-sein" interpretativ zu verdecken, und zwar dadurch, daß die bereits in der vor-philosophischen Einstellung wirkende Tendenz des Daseins selbst, das eigene Sein „reluzent" aus dem in der Welt *vorhandenen* Seienden her zu verstehen, auf der Ebene der philosophischen Interpretation einfach übernommen und konsolidiert wird;[6] andererseits bringt diese (tendenzielle) Verdeckung der Seinsverfassung des Daseins als „In-der-Welt-sein" wiederum ein „Überspringen" des Phänomens der Weltlichkeit der Welt mit sich (vgl. § 14 S. 65). Vom ontologisch-kategorialen Standpunkt aus machen die Naturdinge bzw. die Natur selbst als rein „vorhanden" nicht den paradigmatischen Fall, sondern eher einen Grenzfall des innerweltlich Seienden aus, und zwar im Sinne einer reduktiven Abwandlung dessen, was sich in der Welt zunächst und zumeist unmittelbar zeigt. Der Grund dafür ist Heideggers Meinung

---

[5] Wie die spätere Diskussion in §§ 19-21 zeigt, denkt Heidegger hier vor allem an die Interpretation der Welt bei Descartes. Sie verkörpert und radikalisiert dadurch die Grundtendenzen der traditionellen Substanz-Ontologie, daß sie die ontologische Grundbestimmung des innerweltlichen Seienden und der Welt als solcher als bloße „extensio" denkt. Diese Interpretation und ihre ontologischen Fundamente führen bei Descartes dazu, daß sowohl das Phänomen der Welt wie auch das Sein des innerweltlichen Seienden als „zuhanden" übersprungen werden (vgl. *SZ* § 21 S. 95, 99f.).

[6] Vgl. z.B. *SZ* § 5 S. 15f.: „Das Dasein hat vielmehr gemäß einer zu ihm gehörigen Seinsart die Tendenz, das eigene Sein aus *dem* Seienden her zu verstehen, zu dem es sich wesenhaft ständig und zunächst verhält, aus der „Welt". Im Dasein selbst und damit in seinem eigenen Seinsverständnis liegt das, was wir als die ontologische Rückstrahlung des Weltverständnisses auf die Daseinsauslegung aufweisen werden." In der später eingetragenen Anmerkung zu dieser Stelle im sog. Hüttenexemplar erklärt Heidegger zum Ausdruck „Welt": „d. h. hier aus dem Vorhandenen". Diese ontologisch verankerte Tendenz des Daseins zur „rückstrahlenden" Selbst-Auslegung aus dem Vorhandenen her steht in einem inneren Zusammenhang mit den für die Seinsverfassung des Daseins konstitutiven Strukturmomenten des „Sein bei" und des „Verfallens". Hierzu siehe *SZ* § 12 S. 55f.; § 38 S. 175ff. Zur Vorgeschichte der durch den Begriff des „Verfallens" indizierten Problematik vgl. Heideggers Ausführungen zu den Begriffen „Reluzenz" und „Ruinanz" in der Aristoteles-Vorlesung vom WS 1921-22, erschienen mit dem Titel *Phänomenologische Interpretationen zu Aristoteles*, GA 61, bes. S. 117ff., 131ff. Hierzu siehe auch die interessanten Bemerkungen bei Th. Kisiel, *The Genesis of Heidegger's Being and Time*, Berkeley-Los Angeles 1993, S. 257ff.

nach darin zu sehen, daß bloß „Vorhandenes" eben nicht das intentionale Korrelat der primären und fundierenden Art des Welt-Zugangs des Daseins als „In-der-Welt-sein", welche im praktisch-operativen Umgang mit „Zuhandenem" besteht, sondern vielmehr das intentionale Korrelat des rein theoretischen Erkennens ist, das, wie bereits die vorbereitende Exemplifizierung des „In-sein" in § 13 zeigt, einen fundierten und defizienten Modus des „In-der-Welt-sein" darstellt (vgl. § 14 S. 65). Als fundierter und defizienter Modus des „In-der-Welt-sein" bringt das theoretische Erkennen – so Heidegger – eine bestimmte „Entweltlichung der Welt" mit sich (vgl. § 14 S. 65), die mit dem bei der rein theoretischen Einstellung eintretenden Umschlag des Zuhandenen zu einem bloß Vorhandenen strukturell zusammenhängt. Dieser Verweis auf eine mit der rein theoretischen Einstellung verbundene „Entweltlichung der Welt" macht also verständlich, warum Heidegger die methodische Orientierung der traditionellen Ontologie am bloß Vorhandenen für grundsätzlich verfehlt erklärt, wenn es darum geht, durch eine Ontologie des innerweltlichen Seienden *als innerweltlich* das Phänomen der Weltlichkeit der Welt zugänglich zu machen. Vorausgesetzt, daß der phänomenologische Zugang zur Welt sich nur anhand einer gewissen Thematisierung des innerweltlichen Seienden verwirklichen läßt, bleibt immer noch die aus methodischer Sicht entscheidende Frage, bei welcher Darbietungsart des innerweltlichen Seienden eine solche Erörterung methodisch ansetzen muß. Heideggers Antwort lautet hier: der für einen derartigen Versuch des thematischen Zugangs zum Welt-Phänomen einzig richtige Ansatz besteht darin, sich methodisch am innerweltlichen Seienden zu orientieren, und zwar so, wie es sich primär und ursprünglich zeigt, d.h. als für den praktisch-operativen Umgang „zuhanden" und nicht als für das theoretische Erkennen bloß „vorhanden".

Wenn diese Deutung der Heideggerschen Kritik an der objektivistischen und der subjektivistischen Welt-Auffassung zutreffend ist, dann folgt daraus, daß Heidegger selbst bei der Entwicklung seiner eigener Auffassung der Welt eine Reihe von Forderungen erfüllen muß, die auf den ersten Blick nicht trivialerweise vereinbar zu sein scheinen, nämlich: zunächst einmal muß die Welt so aufgefaßt werden, daß sie als mit der Seinsverfassung des Daseins strukturell zusammenhängend und nicht als vom Dasein selbst völlig unabhängig vorgestellt wird, allerdings ohne daß dabei die Welt als solche zu einem bloß „subjektiven" Phänomen im üblichen Sinn des Wortes wird; dann aber muß die Erörterung so gestaltet werden, daß der phänomenologische Zugang zur Welt in einem eigentümlichen Modus der *intentio obliqua* ausgehend vom innerweltlichen Seienden gesucht wird, allerdings ohne dabei den strukturellen Zusammenhang der Welt in ihrer Weltlichkeit mit dem Dasein aus den Augen zu verlieren und gleichzeitig ohne die Welt, die als solche eben kein Ding bzw. Gegenstand, sondern ein universaler Horizont für jedes mögliche Sich-Zeigen des innerweltlichen Seienden ist, auf illegitime Weise zu vergegenständlichen. Zugunsten der Plausibilität einer solchen Aufgabenstellung, die ja vom Standpunkt der traditionellen Welt-Auffassungen aus zunächst völlig kontraintuitiv wirkt, stellt Heidegger ausdrücklich fest, daß die Erörterung der Welt in ihrer Weltlichkeit als ein mit der Seinsverfassung des Daseins zusammenhängendes Phänomen eben nicht ausschließt, daß der phänomenologische Zugang zur Welt auf dem Weg einer ontologischen Thematisierung des innerweltlichen Seienden erfolgen muß (vgl. § 14 S. 64). Nach Heideggers methodische Auffassung in bezug auf die Möglichkeit einer phänomenologischen Thematisierung des Welt-Phänomens soll hier der Ausgang vom innerweltlichen Seienden als durch die Welt bestimmt bzw. ermöglicht allerdings so erfolgen, daß dabei eben der Rückgang zur Welt als seiner Bedingung der Möglichkeit gewährleistet wird.

Die sich in § 14 unmittelbar anschließende Unterscheidung der relevanten Bedeutungen des Wortes „Welt" zielt gerade darauf ab, die Plausibilität der so umrissenen methodischen Auffassung dadurch zu bekräftigen, daß der sozusagen „formale Gegenstand" der intendierten phänomenologischen Welt-Analyse präziser abgegrenzt wird. Ausgehend von den für die methodische Konzeption in *SZ* zentralen Gegenüberstellungen zwischen „ontisch" und „ontologisch" einerseits und zwischen „kategorial" und „existenzial/existenziell" andererseits, unterscheidet Heidegger vier verschiedene Bedeutungen des Ausdrucks „Welt" (vgl. § 14 S. 64f.). In einem kategorialen Sinne, der als solcher nur für das nicht daseinsmäßige Seiende gilt, kann „Welt" je nachdem zweierlei bedeuten, ob der Ausdruck ontisch oder ontologisch verstanden wird, und zwar: 1) ontisch genommen, bedeutet „Welt" im kategorialen Sinne das All bzw. die Ganzheit des innerweltlich vorhandenen Seienden; 2) ontologisch genommen, bedeutet „Welt" wiederum das Sein des innerweltlich vorhandenen Seienden so, wie etwa im Sinne der sog. Regionalontologien von der „Welt" des Mathematikers bzw. der Mathematik die Rede sein kann. Neben diesen kategorialen Bedeutungen nennt Heidegger dann auch zwei andere Bedeutungen von „Welt", die dagegen als „existenziell" bzw. „existenzial" gelten, insofern sie auf das Daseins als solches verweisen. Auch hier unterscheidet Heidegger eine ontische und eine ontologische Bedeutung: 3) ontisch genommen, bedeutet „Welt" im existenziellen Sinne das, „worin" ein faktisches Dasein als solches „lebt", und zwar in seinen verschiedenen Möglichkeiten wie etwa die öffentliche Wir-Welt oder die häusliche Welt; 4) ontologisch genommen, bedeutet „Welt" im existenzialen Sinne wiederum die „Weltlichkeit" als solche, die apriorische ontologische Struktur, die das Sein der Welt als solcher ausmacht und deren jeweils faktische Konkretionen die verschiedenen möglichen „Welten" im ontisch-existenziellen Sinne, d.h. im oben erwähnten Sinne 3) darstellen. Nun muß die phänomenologische Welt-Analyse derart gestaltet werden, daß dabei die „Welt" im ontologisch-existenzialen Sinne – also die „Welt" im Sinne 4) – durch eine ontologische Thematisierung des innerweltlichen Seienden zugänglich gemacht wird, wobei aber das innerweltliche Seiende, von dem die Analyse ihren Ausgang nehmen soll, so betrachtet werden muß, wie es sich in einer der möglichen faktischen Konkretionen der Welt im ontisch-existenziellen Sinne, also der Welt im Sinne 3) unmittelbar zeigt. Spezifischer noch: die phänomenologische Analyse der Welt in ihrer Weltlichkeit soll durch eine ontologische

Thematisierung des innerweltlichen Seienden erfolgen, wie dieses sich in derjenigen ontischen-existenziellen Konkretion der Welt zeigt, die dem alltäglichen Dasein am nächsten liegt. Diese dem alltäglichen Dasein am nächsten liegende Konkretion der Welt entspricht dem, was Heidegger hier die „Umwelt" nennt (vgl. § 14 S. 66).

Dies ist nun genau der Weg, den die Welt-Analyse in §§ 15-17 tatsächlich beschreitet und der letztlich in § 18 zur Charakterisierung des Seins des innerweltlichen Seienden als „Bewandtnis" und zur Freilegung der „Bedeutsamkeit" als Grundstruktur der Welt in ihrer Weltlichkeit führt. Nun nimmt Heidegger in § 18 bezeichenderweise die in § 14 entwickelten methodischen Erörterungen wieder auf, und zwar offensichtlich mit dem Ziel, die Plausibilität der dort entworfenen methodischen Konzeption im Lichte der Ergebnisse, die in ihrer konkreten Ausführung erzielt wurden, zu bekräftigen. Heidegger verweist in § 18 nochmals auf die Notwendigkeit, die verschiedenen für die ontologische Welt-Problematik strukturell relevanten Momente bzw. Aspekte methodisch sauber zu scheiden und auseinanderzuhalten, hier nämlich: erstens das Sein des innerweltlichen Seienden, wie dieses sich im praktisch-operativen Zugang unmittelbar zeigt, also die durch „Bewandtnis" bestimmte „Zuhandenheit"; zweitens das Sein des innerweltlichen Seienden, wie dieses sich der derivativen Zugangsart des theoretischen Erkennens zeigt, also die durch „Dinglichkeit" bestimmte „Vorhandenheit"; und drittens das Sein der ontischen Bedingung der Möglichkeit der Entdeckbarkeit von innerweltlichem Seienden überhaupt, also die Weltlichkeit der Welt (vgl. § 18 S. 88).[7] Nur der dritte Aspekt macht – so Heidegger – eine existenziale Bestimmung, d. h. eine Bestimmung des Daseins selbst aus. Beide andere genannten Aspekte stellen dagegen kategoriale Bestimmungen dar und betreffen als solche das nicht-daseinsmäßige Seiende.

Damit will Heidegger darauf aufmerksam machen, daß seine eigene Welt-Auffassung über die traditionelle Alternative „Objektivismus"-„Subjektivismus" so hinaus geht, daß dabei zugleich die positiven phänomenalen Befunde beibehalten und explizit entfaltet werden, die in der objektivistischen bzw. subjektivistischen Auffassung jeweils auf eine eher unausdrückliche Weise enthalten sind: das innerweltliche Seiende läßt sich als solches nicht auf das Dasein zurückführen, sondern es ist vielmehr der Horizont seiner Offenbarkeit, welchen das Bezugsganze der Welt ausmacht, der auf das Dasein strukturell zurückverweist. Diese Position will jede schlechte Subjektivierung des Seins des innerweltlichen Seienden vermeiden, versucht aber zugleich, der Rolle des Daseins bei der Eröffnung der Welt als solcher dadurch Rechnung zu tragen, daß sie ausdrücklich auf die Tatsache verweist, daß es das Dasein ist, das – als in seinem Seins- und Weltverstehen (geworfen-

---

[7] „Zuhandenheit" und „Vorhandenheit" sind Weisen des „Wie-seins" des innerweltlichen Seienden, während „Bewandtnis" und „Dinglichkeit" die entsprechenden Weisen seines „Was-seins" ausmachen. Hierzu siehe Heideggers Ausführungen in GA 24 § 20 S. 412 ff.

entwerfend) „erschlossen" – das „Da" für jede mögliche Offenbarkeit von Seiendem stiftet. Zur Erschlossenheit des Daseins gehört eben das Phänomen der (Weltlichkeit der) Welt, wie es in §§ 14-18 erörtert wird.[8] Nun impliziert die Tatsache, daß die Weltlichkeit der Welt und damit der Offenbarkeitshorizont von innerweltlich Seiendem auf die Seinsverfassung des Daseins strukturell bezogen bleiben, keine Subjektivierung des Seins der Welt als solcher. Heidegger betont in diesem Sinne, daß der Verweisungszusammenhang, der die Weltlichkeit als solche konstituiert, kein bloß „gedachtes", d. h. subjektiv vorgestelltes Relationssystem darstellt. Als Struktur des Horizontes der ekstatischen Transzendenz des Daseins macht er vielmehr das hintergrundhafte Bedeutungsgefüge aus, in dem sich jedes praktisch-operative wie auch rein theoretische Sich-verhalten zu innerweltlich Seiendem erst orientieren kann und immer schon bewegt. Somit macht der Verweisungszusammenhang, der als Bedeutsamkeit die Weltlichkeit der Welt konstituiert, eigentlich die Möglichkeitsbedingung für die Entdeckbarkeit von innerweltlich Seiendem und damit auch für jede Art des verstehend-entdeckenden Zugangs zu ihm aus: nur aufgrund dieses die Weltlichkeit der Welt konstituierenden Verweisungszusammenhangs kann innerweltlich Seiendes, wie Heidegger hier zugespitzt formuliert, in seinem „An-sich" entdeckbar werden (vgl. § 18 S. 88).

### III.

Ich gehe jetzt auf manche wichtige Folgen bezüglich der sachlichen Auffassung ein, die der methodischen Erörterung der Welt-Problematik in § 14 zugrunde liegt. Heideggers Kritik an der objektivistischen bzw. der subjektivistischen Welt-Auffassung kombiniert zwar verschiedene Aspekte, läuft aber letztlich auf einen zentralen Punkt hinaus, nämlich: der Ansatz beim Objekt und der Ansatz beim Subjekt weisen, obwohl auf den ersten Blick scheinbar entgegengesetzt, ein und denselben methodischen Fehler auf. Der ihnen gemeinsame Fehler besteht – in einer ersten, wie sich zeigen wird, nur annähernden Formulierung – darin, daß bei der Erörterung der Welt-Problematik die strukturelle Einheit des „In-der-Welt-sein" dadurch übersprungen wird, daß die ontologische Grundorientierung in der Subjekt-Objekt-Beziehung gesucht wird, wobei diese ihrerseits meistens als rein theoretisch-kognitiv aufgefaßt wird. Nun kann die Subjekt-Objekt-Beziehung, wie die Analyse in § 13 gezeigt hat, das „In-der-Welt-sein" funktionell schon deswegen nicht ersetzen, weil sie selbst eine eigentümliche defiziente Konkretionsart des „In-der-Welt-sein" ausmacht, die in ihrer ontologischen Herkunft als eine reduktive Abwandlung des ursprünglichen praktisch-operativen Zugangs zur Welt im Umgang mit „Zuhandenem" zu verstehen ist. Heidegger verweist in § 14, wie wir gesehen haben, ausdrücklich darauf, daß das theoretische Erkennen eine gewisse

---

[8] Die Erörterung der Welt als Horizont der erschlossenen Transzendenz des Daseins wird methodisch und sachlich durch die spätere Analyse des „In-Sein" in §§ 28-38 ergänzt, wo die Struktur der erschlossenen Transzendenz als solcher thematisiert wird.

„Entweltlichung der Welt" mit sich bringt bzw. voraussetzt. Vom methodischen Standpunkt aus folgt daraus, daß jeder Versuch, die Welt im Ausgang von der theoretisch-kognitiven Subjekt-Objekt-Beziehung phänomenologisch zugänglich zu machen, einfach deswegen notwendig verfehlt ist, weil im theoretischen Erkennen die Welt als solche sich nicht mehr ursprünglich zeigt, jedenfalls nicht so, wie sie es im praktisch-operativen Zugang als dem nächsten und primären Modus des „In-der-Welt-sein" tut. Liegt nun hier der eigentliche Sinn der Kritik Heideggers an der objektivistischen bzw. der subjektivistischen Welt-Auffassung, dann kann es nicht wundernehmen, daß die Erörterung der verschiedenen Bedeutungen des Ausdrucks „Welt" in § 14 gerade die Unterscheidungen wieder aufnimmt, die schon bei der vorbereitenden Erörterung des Ausdrucks „In-sein" in § 12 vorgenommen worden waren. Denn beide Erörterungen, die des „In-sein" in § 12 und die der „Welt" in § 14, zielen letztlich darauf ab, beim Versuch einer phänomenologisch angemessenen Analytik des Daseins den für die ontologische Tradition charakteristischen methodischen Grundfehler von Anfang an zu entkräften, der gerade in der Verkennung der einheitlichen formalen Struktur des „In-der-Welt-sein" besteht.

Heideggers zentraler Einwand gegen die traditionellen Welt-Auffassungen besteht nun, wie gesehen, darin, daß bei ihnen methodisch auf eine mehr oder weniger unkritische Weise bei der theoretisch-kognitiven Subjekt-Objekt-Beziehung angesetzt wird, ohne dabei zu beachten, daß die Subjekt-Objekt-Beziehung die strukturelle Einheit des „In-der-Welt-sein" funktionell nicht ersetzen kann, sondern sie vielmehr immer schon voraussetzt. Die echte Tragweite dieser Kritik kann aber m. E. nur dann zureichend eingeschätzt werden, wenn sie im Zusammenhang mit Heideggers charakteristischer Auffassung der Transzendenz des Daseins gesehen wird. Dies ist aber ein Punkt, über den üblicherweise leider wenig Klarheit herrscht, u. a. deswegen, weil Heidegger in SZ seine eigene Auffassung der Transzendenz und die darin liegenden grundlegenden Abweichungen von der Husserlschen Konzeption der „Intentionalität" nirgendwo auf eigenständige und ausdrückliche Weise darstellt. Heidegger geht hier vielmehr so vor, daß er seine eigene Auffassung der für die Transzendenz des Daseins charakteristischen Strukturen parallel zur Analyse der jeweils erörterten Phänomene entwickelt. Dies führt aber manchmal dazu, daß in ein und derselben Erörterung sachliche und methodische Aspekte auf eine eher verwickelte Weise kombiniert werden. Bei aller Aufmerksamkeit auf die Frage nach dem richtigen Ansatz für einen phänomenologisch angemessenen Zugang zum Phänomen der Welt, ist das zum Teil auch der Fall mit der in § 14 entwickelten methodischen Diskussion.

Was die Heideggersche Auffassung angeht, so kommt es hier vor allem auf zwei Strukturmerkmale an, die man als die *Bi-Dimensionalität* und die *Horizontalität* der Transzendenz des Daseins bezeichnen kann.[9] Der Punkt kann anhand

---

[9] Hierzu siehe auch A. G. Vigo, „Temporalidad y trascendencia. La concepción heideggeriana de la trascendencia intencional en *Sein und Zeit*", Acta Philosophica (Rom) 6 (1997) 1, S. 137-153.

einer Unterscheidung erklärt werden, die H. Hall in einem lehrreichen Aufsatz über den Zusammenhang von „Intentionalität" und Welt in *SZ* entwickelt hat.[10] In der Heideggerschen Auffassung sind danach drei verschiedene Ebenen zu unterscheiden, und zwar: 1) die Ebene, die dem theoretisch-kognitiven Zugang zur Welt, also der Beziehung zwischen dem erkennenden Subjekt und dem Gegenstand des Erkennens entspricht; 2) die Ebene, die dem praktisch-operativen Zugang zur Welt, also der Beziehung zwischen dem handelnden „Subjekt" und dem Zuhandenen entspricht, wobei aber zu beachten ist, daß hier von einer Subjekt-Objekt-Beziehung nur in einem uneigentlichen Sinne die Rede sein kann, denn in dieser Art des Zugangs zur Welt gibt es ein den „Gegenständen" gegenüberstehendes „Subjekt" als solches eigentlich nicht mehr; und schließlich 3) eine noch tiefer liegende Ebene, die dem transzendenzmäßigen Bezug des Daseins nicht auf das innerweltlich Seiende, sondern vielmehr auf die Welt als solche entspricht. Auf dieser letzten Ebene findet das Modell der Subjekt-Objekt-Beziehung keine sinnvolle Anwendung mehr, denn es handelt sich dabei nicht mehr um eine gegenstandsbezogene Form der „Intentionalität", sondern eben um diejenige Form des ekstatischen Transzendierens, die sich über die innerweltlichen „Gegenstände" hinaus auf ihren Offenbarkeitshorizont bezieht.[11] In diesem Zusammenhang macht H. Hall zu Recht darauf aufmerksam, daß einer der hier üblichen Interpretationsfehler in der Annahme besteht, das Novum in Heideggers Auffassung etwa Husserl gegenüber sei einfach darin zu sehen, daß der Ebene 2) bei Heidegger eine für die Möglichkeit der Ebene 1) tragende Rolle zukommt. Diese Feststellung ist an sich zwar richtig. Dabei wird aber meistens die Tatsache übersehen, daß die entscheidende und radikalste Veränderung in der Heideggerschen Auffassung vielmehr die grundlegende Funktion betrifft, die Ebene 3) des nicht-gegenstandsbezogenen transzendenzmäßigen Bezugs auf die Welt als solche bei Heidegger bekommt.

Achtet man darauf, wie Heidegger diese drei verschiedenen Ebenen der Transzendenz des Daseins in der in *SZ* entwickelten Auffassung miteinander verbindet, dann stellt sich sofort heraus, daß hier zwei verschiedene Arten des Abhängigkeits- bzw. Fundierungsverhältnisses zu berücksichtigen sind. A) Einmal stehen beide Ebenen des intentionalen Bezugs auf „Gegenstände", also die Ebenen 1) und 2), in einer Abhängigkeitsbeziehung zur Ebene 3) des nicht-gegenstandsbezogenen transzendenzmäßigen Bezugs, durch den die Welt als der Offenbarkeitshorizont für die innerweltlichen „Gegenstände" erst eröffnet wird. B) Dazu kommt dann aber auch das Fundierungsverhältnis, das zwischen beiden Formen des intentiona-

---

[10] Vgl. H. Hall, „Intentionality and World: Division I of *Being and Time*" in: Ch. Guignon (Hg.), *The Cambridge Companion to Heidegger*, Cambridge 1993, S. 122-140. Siehe bes. S. 124.

[11] Zu dieser komplexen Auffassung der Transzendenz siehe auch die Ausführungen in der bereits zitierten Leibniz-Vorlesung (vgl. GA 26 § 11 S. 202-252), wo Heidegger auch auf den Zusammenhang von Transzendenz und Welt eingeht. Dabei unterscheidet er ganz scharf die verschiedenen Formen des intentionalen Bezugs auf Seiendes vom transzendenzmäßigen, ekstatischen Bezug auf die Welt (siehe bes. S. 211 ff.; 247 ff.).

len Bezugs auf „Gegenstände", also zwischen der Ebene 1) und der Ebene 2) der Transzendenz besteht. Gerade auf dieses Fundierungsverhältnis zielt Heidegger mit seiner These vom Primat des praktisch-operativen Zugangs zur Welt und vom derivativen Charakter des Erkennens als eines fundierten Modus des „In-der-Welt-sein" ab. Bei A) und B) handelt es sich aber um zwei grundverschiedene Fundierungsverhältnisse, die es analytisch sauber zu trennen gilt. Das Fundierungsverhälnis B) zwischen der Ebene 1) und der Ebene 2), also zwischen dem theoretisch-kognitiven und dem praktisch-operativen Zugang zur Welt bewegt sich innerhalb ein und derselben Dimension der „Intentionalität", nämlich innerhalb der Dimension des intentionalen Bezugs auf „Gegenstände" bzw. auf „innerweltlich Seiendes". Das Fundierungsverhältnis A) geht dagegen über diese Dimension insofern hinaus, als es die Tatsache zum Ausdruck bringt, daß die verschiedenen Formen des intentionalen Bezugs auf „Gegenstände" bzw. auf „innerweltlich Seiendes" im ganzen von einer anderen Art des transzendenzmäßigen Bezugs abhängig sind, die sich nicht mehr auf „Gegenstände", sondern vielmehr auf ihren Offenbarkeitshorizont richtet, d. h. nicht auf „innerweltlich Seiendes", sondern auf die „Welt" als solche. Dieses Fundierungsverhältnis verweist also über die Dimension des intentionalen Bezugs auf „Gegenstände" hinaus auf eine andere, tiefer liegende Dimension des transzendenzmäßigen Bezugs, auf der wiederum jede Form des intentionalen Verhaltens zu „Gegenständen" mittelbar bzw. unmittelbar beruht. Insofern Heideggers Auffassung in *SZ* diese zwei verschiedenen Dimensionen der Sache nach ausdrücklich unterscheidet, kann hier von einer *Bi-Dimensionalität* der Transzendenz des Daseins gesprochen werden. Da es andererseits bei einer dieser zwei Dimensionen nicht um den intentionalen Bezug auf „Gegenstände", sondern vielmehr um den intentionalen Bezug auf den Offenbarkeitshorizont geht, der das Sich-Zeigen der innerweltlichen „Gegenstände" erst möglich macht, ist die Transzendenz des Daseins in Heideggers Auffassung zugleich durch *Horizontalität* gekennzeichnet.[12] Zusammenfassend kann man also sagen: die Transzendenz des Daseins ist Heideggers Auffassung nach deswegen wesenhaft *bi-dimensional*, weil sie neben dem intentionalen Bezug auf die jeweiligen „Gegenstände" immer auch den nicht-gegenstandsbezogenen, ekstatischen Bezug mit sich bringt, der in den

---

[12] Diese Formulierung ist eigentlich rein provisorisch. Beachtet man Heideggers Auffassung des Verständnisses von Sein als apriorischer Möglichkeitsbedingung für jeden verstehend-entdeckenden Zugang zum Seienden und dazu auch die Auffassung der Zeit als Horizont des Seinsverständnisses – welche durch die Wiederholung der Existenzialanalytik auf die Zeitlichkeit hin (*SZ* §§ 45-83) vorbereitet wird und im nicht mehr veröffentlichten dritten Abschnitt des ersten Teiles von *SZ* mit dem Titel „Zeit und Sein" plausibel gemacht werden sollte –, dann muß man bei Heidegger vielmehr von einer *Bi-Horizontalität*, ja der Sache nach sogar von einer *vielschichtigen Horizontalität* der Transzendenz des Daseins sprechen. Wichtige Stücke der für den dritten Abschnitt des ersten Teils von *SZ* geplanten Thematik werden bekanntlich in der Vorlesung vom SS 1927 ausgeführt (vgl. GA 24 bes. §§ 21-22). Hierzu siehe auch Fr.-W. von Herrmann, *Heideggers „Grundprobleme der Phänomenologie". Zur „Zweiten Hälfte" von „Sein und Zeit"*, Frankfurt a. M. 1991, bes. S. 32-44.

Welthorizont als den Offenbarkeitshorizont für die innerweltlichen „Gegenstände" hinein gerichtet ist; und sie ist insofern auch wesenhaft *horizontal*.

Damit ist aber zugleich gesagt, daß beide Dimensionen der Transzendenz, die gegenstandsbezogene und die horizontsbezogene, obwohl analytisch unterscheidbar, im konkreten Vollzug der Transzendenz des Daseins innerlich verbunden, ja *de facto* untrennbar bleiben. Beide Dimensionen sind nach Heideggers Auffassung in jedem konkreten Vollzug des intentionalen Bezugs auf Seiendes bereits präsent, sei es im praktisch-operativen Umgang mit Zuhandenem oder im theoretisch-kognitiven Zugang zu Vorhandenem.[13] Es gibt weder einen intentionalen Bezug auf Seiendes, der nicht innerhalb eines bereits eröffneten Offenbarkeitshorizontes stattfindet, noch einen sozusagen völlig leeren ekstatischen Bezug auf einen bloßen Offenbarkeitshorizont, der nicht zugleich durch irgendeinen intentionalen Bezug auf „Gegenstände" begleitet wäre. Dies schließt aber andererseits selbstverständlich nicht aus, daß es in den unterschiedlichen Vollzugsformen der Transzendenz des Daseins jeweils zu verschiedenen Abwandlungen und Umgestaltungen dieses bi-dimensionalen Grundschemas „Gegenstand"-„Offenbarkeitshorizont" kommen kann, von denen die einen oder die anderen einen jeweils methodisch günstigeren bzw. ungünstigeren Ausgangspunkt liefern, wenn es darum geht, bestimmte Phänomene in einer phänomenologischen Erörterung thematisch zugänglich zu machen. Heidegger geht vielmehr, wie gesehen, sogar ausdrücklich davon aus, daß nicht alle möglichen Vollzugsformen des bi-dimensionalen Grundschemas „Gegenstand"-„Horizont" als Ausgangspunkt für eine phänomenologische Erörterung der jeweils fraglichen Phänomene gleich angemessen sind. Genau in diesem Sinne verweist er in § 14 z.B. auf die Tatsache, daß eine phänomenologische Analyse der Weltlichkeit der Welt schon deswegen bei der theoretisch-kognitiven Subjekt-Objekt-Beziehung nicht ansetzen darf, weil das Erkennen als ein fundierter Modus des „In-der-Welt-sein" bereits eine gewisse „Entweltlichung der Welt" mit sich bringt. Auch manch andere auf den ersten Blick eher befremdliche methodische Entscheidung Heideggers auf der Suche nach dem zureichenden Ausgangspunkt für eine phänomenologische Erörterung der jeweils angezielten Phänomene wird vor dem Hintergrund dieser komplexen Auffassung der Transzendenz des Daseins verständlicher. Heidegger sucht dabei nämlich immer wieder ganz gezielt nach phänomenalen Kontexten, in denen diejenigen Aspekte, die aus strukturellen Gründen meistens nur latent und hintergründig bleiben, aufgrund bestimmter auftretender Abwandlungen aus dem Hintergrund heraustreten und damit sich auf eine besonders scharf profilierte Weise zeigen. Es sind methodische Überlegungen dieser Art und nicht inhaltliche Motivationen im Sinne einer bestimmten, dem Anschein nach „pessimistisch" gestimmten Existenzphilosophie, die etwa die zentrale Rolle der Stimmung der Angst bei der Analyse des „In-der-Welt-sein" des Daseins (§ 40) oder auf eine andere Weise auch die Grundorientie-

---

[13] Entsprechendes gilt auf eine andere Weise für das daseinsmäßige Miteinander als Vollzugsform des „In-der-Welt-sein".

rung am Phänomen des Todes bei der Erörterung der Eigentlichkeit der Existenz (§§ 46-53) erklären.[14] Was die Analyse der Welt als solche angeht, spielt die methodische Orientierung an bestimmten „Störfällen" im Umgang mit Zuhandenem eine ganz ähnliche Rolle.[15]

Aus der Perspektive dieser Auffassung der Transzendenz des Daseins als bi-dimensional und horizontal kann Heideggers Kritik an der objektivistischen und der subjektivistischen Welt-Auffassung folgendermaßen zusammengefaßt werden. Beide traditionellen Welt-Auffassungen sind auf zweifache Weise unbefriedigend, denn: 1) sie gehen methodisch in der Regel von einem defizienten Modus des „In-der-Welt-sein" aus, der gerade dadurch gekennzeichnet ist, daß bei ihm eine gewisse „Entweltlichung der Welt" stattfindet, aufgrund deren die „Welt" als universaler Offenbarkeitshorizont für das innerweltliche Seiende in den Hintergrund tritt und damit in ihrer spezifischen Funktion als Offenbarkeitshorizont thematisch nur schwer faßbar wird; 2) aus demselben Grund bleiben dann beide traditionelle Welt-Auffassungen auf jeweils unterschiedliche Weise nur noch auf die Dimension der gegenstandsbezogenen „Intentionalität" fixiert, wobei die tiefer liegende Dimension des nicht-gegenständlichen, transzendenzmäßigen Horizont-Bezugs tendenziell aus den Augen verloren wird, und zwar mit dem Ergebnis, daß der phänomenologisch angemessene Zugang zum Phänomen der Welt durch eine thematische Erörterung der fraglichen phänomenalen Strukturen praktisch verhindert wird. Nun werden solche Unzulänglichkeiten der traditionellen, bei der Subjekt-Objekt-Beziehung ansetzenden Welt-Auffassungen zumindest dort teilweise kompensiert, wo die methodische Grundorientierung nicht einfach im bloßen Erkennen, sondern vielmehr in den verschiedenen Formen des praktischen Zu-tun-habens mit den sog. „wertbehafteten Dingen" gesucht wird. Denn diese Art des innerweltlichen Seienden zeigt die Welt – so Heidegger – tatsächlich „eindringlicher" (vgl. § 14 S. 63 f.). Der Grund dafür liegt offenbar darin, daß die sogenannten „wertbehafteten Dinge" gerade als „wert-" und somit auch „bedeutungsbehaftet" auf einen sie umgreifenden Bedeutungszusammenhang verweisen. Gerade in diesem Sinne macht nämlich auch Heideggers ontologische Analyse des Zeugs als zuhanden später darauf aufmerksam, daß es dem Zeug wesentlich ist, daß es aus dem Verweisungszusammenhang der Welt zunächst einmal nicht heraustritt, um sich so gerade als zuhandenes Zeug zeigen zu können. Damit tritt im Fall des zuhandenen Zeugs der Offenbarkeitshorizont der Welt auch nicht so entschieden in den Hintergrund wie bei den daraus heraustretenden rein vorhandenen „Dingen".[16] Nun reicht die ontologische Orientierung an den „wertbehafteten

---

14 Eine vergleichbare Rolle spielt das Phänomen der Langeweile in der Vorlesung von WS 1929/30, erschienen mit dem Titel *Die Grundbegriffe der Metaphysik. Welt-Endlichkeit-Einsamkeit* (GA Bd. 29/39). Siehe bes. §§ 16-38.
15 Vgl. die Herausarbeitung der ontologischen Merkmale des Zeugs: „Unauffälligkeit", „Unaufdringlichkeit" und „Unaufsässigkeit" ausgehend von der entsprechenden „Störfällen", die das Zeug gerade „auffällig", „aufdringlich" bzw. „aufsässig" werden lassen, in § 16 von *SZ*. Siehe bes. S. 73 ff.

Dingen" oder sogar am „Zeug" selbst für sich allein hier noch nicht aus, wenn man dabei zugleich den methodisch entscheidenden Aspekt aus den Augen verliert, und zwar: daß der Versuch, das Phänomen der Welt auf angemessene Weise thematisch-phänomenologisch zu erfassen, nicht nur der Dimension des intentionalen Bezugs auf „Gegenstände", sondern auch – und in erster Linie – der tiefer liegenden Dimension des nicht-gegenstandsbezogenen, ekstatischen Bezugs gerecht werden muß, durch welchen der Offenbarkeitshorizont für die „Gegenstände", d. h. für das innerweltliche Seiende sich erst eröffnet.

Die Aufgabe, dieser methodischen Forderung gerecht zu werden, ist nun aber sehr schwierig, und zwar vor allem aus zwei Gründen: 1) weil die vor-phänomenologische Einstellung sowohl im praktischen wie auch im theoretischen Verhalten unmittelbar und primär auf das innerweltliche Seiende selbst und nicht auf seinen Offenbarkeitshorizont, welcher dabei nur auf indirekte und „mitgängige" Weise „gesehen" wird, bezogen bleibt; 2) weil der Versuch, die Welt phänomenologisch zugänglich zu machen, selbst eine eigentümliche Vollzugsform des thematischen Zugangs darstellt, die als solche eine gewisse objektivierende Tendenz mit sich bringt: im Fall der Erörterung von Phänomenen, die strukturell durch einen nicht-gegenständlichen und unthematischen Charakter gekennzeichnet sind, muß nämlich diese objektivierend-thematisierende Tendenz auf der metatheoretischen Ebene mit den Mitteln der methodischen Reflexion bewußt kompensiert werden, soll dabei gewährleistet sein, daß die erörterten Phänomene deskriptiv-interpretativ nicht verfälscht werden. Eine der schwierigsten Herausforderungen, die ein phänomenologisch angemessener Zugang zum Phänomen der Welt bewältigen muß, besteht tatsächlich in der Notwendigkeit, die falsche Vorstellung der Welt als eines thematisch erfaßten Gegenstandes – welche zunächst einmal durch den Charakter des Akts des thematischen Erfassens selbst nahegelegt wird – zu vermeiden,

---

[16] In diesem Sinne ist zu beachten, daß die Zeug-Analyse in § 15 von *SZ* u. a. in erster Linie auch darauf abzielt, die strukturelle Tatsache hervorzuheben, daß es so etwas wie ein „isoliertes" Zeug eigentlich nicht gibt, sondern: das Zeug bleibt als Zeug immer schon auf ein bestimmtes Zeug-Ganzes bezogen und in dem dieses Zeug-Ganze konstituierenden Verweisungszusammenhang eingegliedert (vgl. § 15 S. 68 f.). Das Nicht-Heraustreten des Zeugs aus dem Verweisungszusammenhang macht als solches eine Bedingung der Möglichkeit dafür aus, daß das Zeug sich im nicht gestörten Umgang mit ihm eben als zuhanden zeigt. Gerade dort, wo das Zeug sein Zuhanden-sein auf ursprüngliche Weise zur Entfaltung bringt, wird es nicht thematisch als zuhanden erfaßt. Vgl. § 15 S. 69: „Das Zuhandene ist weder überhaupt theoretisch erfaßt, noch ist es selbst für die Umsicht zunächst umsichtig thematisch. Das Eigentümliche des zunächst Zuhandenen ist es, in seiner Zuhandenheit sich gleichsam zurückzuziehen, um gerade eigentlich zuhanden zu sein." Entsprechendes gilt auch für den Verweisungszusammenhang, der die Welt konstituiert. Wie die Analyse der ontologischen Struktur des Zeugs anhand der „Störfälle" im unmittelbaren praktisch-operativen Umgang indirekt zeigt, ist das Sich-nicht-melden der Welt ebenfalls eine Möglichkeitsbedingung dafür, daß das Zeug sich als unmittelbar zuhanden zeigt. Vgl. § 16 S. 75: „Das *Sich-nicht-melden* der Welt ist die Bedingung der Möglichkeit des Nichtheraustretens des Zuhandenen aus seiner Unauffälligkeit. Und darin konstituiert sich die phänomenale Struktur des An-sich-seins dieses Seienden."

um so dem unthematischen und nicht-gegenständlichen Charakter des Welt-Phänomens auf der Ebene der phänomenologischen Erörterung gerecht zu werden. Die Welt wird als solche, wie schon gesagt, nur im Modus der *intentio obliqua* zugänglich. Dies gilt aber nicht nur für die intentionalen Akte, die sozusagen auf der Objekt-Ebene stattfinden, sondern auf eine andere Weise auch für die phänomenologische Erörterung selbst. Denn sie thematisiert gerade diese Akte und den durch sie zugänglich werdenden phänomenalen Gehalt und muß dabei dem strukturellen Charakter dieser Akte und dieses phänomenalen Gehalts gerecht werden.[17] Hierin liegt ohne Zweifel eine zentrale methodische Implikation der Heideggerschen Kritik an den traditionellen Versuchen eines thematischen Zugangs zum Phänomen der Welt im Sinne sowohl der objektivistischen wie auch der subjektivistischen Welt-Auffassungen. Im Hinblick auf diesen methodischen Aspekt wird dann aber auch Heideggers vorsichtige Haltung in § 14 von *SZ* verständlicher, wenn es darum geht, darüber zu entscheiden, von woher eine phänomenologische Analyse der Welt ihren methodischen Ausgang nehmen und auf welchem Weg sie dann fortschreiten soll.

## IV.

Vor dem Hintergrund dieser eigentümlichen Auffassung der Transzendenz des Daseins als bi-dimensional und horizontal werden zentrale Aspekte der Heideggerschen Fragestellung in bezug auf das Problem eines phänomenologisch angemessenen Zugangs zur Welt und der damit verbundenen Kritik an den traditionellen, sich an der Subjekt-Objekt-Beziehung orientierenden Welt-Auffassungen, wie gesehen, verständlicher. Nun hat Heidegger diese seine Auffassung der Transzendenz des Daseins, wie vor allem in der neueren Heidegger-Forschung mehrmals betont wurde, auf dem Weg einer produktiven Auseinandersetzung mit der Auffas-

---

[17] Heideggers Position beinhaltet hier zwei sich ergänzende Aspekte, nämlich: 1. dürfen Phänomene wie die Welt auf der Ebene der phänomenologischen Erörterung deswegen nicht vergegenständlicht werden, weil sie als solche keine gegenständliche Struktur aufweisen; 2. hängt die Tendenz, solche nicht-gegenständliche Phänomene verfälschend als gegenständlich aufzufassen, auch mit einer im Grunde falschen Vorstellung der Phänomenologie als solcher zusammen, nach der der spezifisch phänomenologische Zugang als eine Art des rein theoretisch-hinsehenden Erfassens (etwa nach dem Modell der reinen Reflexion) verstanden wird. Gegen diese methodisch und sachlich verfehlte Auffassung richtet Heidegger seine Konzeption der Phänomenologie als ursprünglich gegründet auf einen ausdrücklichen hermeneutischen Entwurf, der in seiner Möglichkeit wiederum auf das Existenzial des Verstehens und auf das Faktum des vorontologischen Seinsverständnisses zurückverweist. Zur hermeneutischen Auffassung der Phänomenologie bei Heidegger siehe Fr.-W. von Herrmann, *Weg und Methode. Zur hermeneutischen Phänomenologie des seinsgeschichtlichen Denkens*, Frankfurt a.M. 1990, bes. S. 15-22, wo der Unterschied zwischen einer nach dem Modell der rein theoretischen Reflexion konzipierten und einer aus dem entwerfend-auslegenden Verstehen des Daseins her gedachten Phänomenologie deutlich herausgearbeitet wird.

sung Husserls erreicht. Diese Auseinandersetzung ist jetzt auf direkte Weise und in beträchtlichem Umfang durch die in der Zeit der Entstehung von *SZ* gehaltenen Vorlesungen dokumentiert, welche im Rahmen der *Gesamtausgabe* bereits erschienen sind. Die zentrale Rolle hat hier zweifellos Heideggers Rezeption der Husserlschen Lehre von der sog. „kategorialen Anschauung" gespielt. In der Vorlesung vom SS 1925, erschienen 1979 mit dem Titel *Prolegomena zur Geschichte des Zeitbegriffs* (GA 20), gibt Heidegger eine ausführliche auslegend-kritische Darstellung des Grundprinzips der Phänomenologie und der Entwicklung der phänomenologischen Forschung bei Husserl bis zu der Zeit der Vorlesung (vgl. GA 20 §§ 4-14). In dieser auslegend-kritischen Darstellung, die als Vorbereitung für die spätere Darstellung seiner eigenen Konzeption dienen soll, schenkt Heidegger der Husserlschen Lehre von der „kategorialen Anschauung", in der er einen der wohl wichtigsten Beiträge der Phänomenologie Husserls zur philosophischen Problematik zu erkennen glaubt, eine ganz besondere Aufmerksamkeit (vgl. §§ 6-7). Auf die Interpretation der Husserlschen Lehre von der „kategorialen Anschauung", die Heidegger in der Vorlesung entwickelt, kann hier nicht ausführlich eingegangen werden. Es soll stattdessen mit einem kurzen Hinweis auf zwei für unser Thema wichtige Aspekte genügen, die sich an die oben erörterte Auffassung der Transzendenz des Daseins und damit auch an die in *SZ* erörterte Welt-Problematik unmittelbar anschließen.[18]

Ein erster wichtiger Punkt betrifft den „gegenstandsüberschreitenden" Charakter der durch die kategoriale Anschauung aufgeschlossenen Dimension. Heidegger verdeutlicht den Punkt anhand eines Strukturvergleiches zwischen dem Wahrnehmungsakt und der Aussage, die den entsprechenden Wahrnehmungsgehalt wiedergibt. So werden z. B. einerseits ein gelber gepolsterter Stuhl und andererseits die Aussage „Dieser Stuhl ist gelb und gepolstert" (vgl. GA 20 § 6 S. 77 ff.) verglichen. In der Aussage, die die Wahrnehmung auf ihren Gehalt hin artikuliert, kommen gewisse Bedeutungsmomente bzw. -elemente vor, die eben keinen „realen" Momenten bzw. Bestandteilen am wahrgenommenen Gegenstand *als wahrgenommen* entsprechen. So bezeichnen etwa die Ausdrücke „gelb" und „gepolstert" bestimmte Eigenschaften, die am Stuhl gegeben bzw. präsent sind und als solche wahrgenommen werden. Das gleiche gilt auch für andere reale Eigen-

---

[18] Eine sehr gute Diskussion wichtiger Aspekte in Heideggers Rezeption der Lehre von der kategorialen Anschauung liefert K. Held, „Heidegger und das Prinzip der Phänomenologie" in: A. Gethmann-Siefert - O. Pöggeler (Hgg.), *Heidegger und die praktische Philosophie*, Frankfurt a.M. 1988, S. 111-139. Meine kurze Behandlung des Themas deutet zwar in eine andere Richtung, verdankt aber der Interpretation von Held sehr viel. Zur Interpretation der Husserlschen Lehre von der kategorialen Anschauung siehe Th. Seebohm, „Kategoriale Anschauung" in: *Phänomenologische Forschungen*, Bd. 23: *Logik, Anschaulichkeit und Transparenz*, hg. W. Orth, Freiburg-München 1990, S. 9-47. Zu diesem Fragenkomplex siehe auch die guten Ausführungen bei R. Walton, „La intuición categorial y la pregunta por el ser" in: G. Porrini (Hg.), *La vocación filosófica* (Festschrift Adolfo P. Carpio), Rosario (Argentinien) 1996, S. 287-301.

schaften oder Bestandteile des Stuhls wie Gewicht, Härte usw. Für die Ausdrücke „dieser", „ist" und „und" in der Aussage gibt es dagegen keine entsprechenden realen Momente am Stuhl, die man als solche auch wahrnehmen könnte. Daraus ergibt sich, daß in der Wahrnehmungsaussage als solcher – so Heidegger – ein „Überschuß an Intentionen" liegt im Vergleich zu den realen Momenten am wahrgenommenen Gegenstand selbst. Es handelt sich dabei um diejenigen Intentionen, die sich auf die ideal-kategorialen Momente beziehen, welche den durch die Aussage artikulierten „Sachverhalt" als solchen konstituieren. Solche ideal-kategoriale Momente – die, wie Heidegger betont, sogar in einfachen nominalen Setzungen der Art „der gelbe, gepolsterte Stuhl" zumindest latent vorhanden sind bzw. zum Ausdruck kommen (vgl. GA 20 § 6 S. 77) – sind nun keine rein subjektive Konstruktion, als würden sie reine Funktionen des Denkens darstellen, sondern vielmehr das intentionale Korrelat einer besonderen Art der intentionalen Akte, nämlich der kategorialen Anschauung. Bei diesen ideal-kategorialen Momenten handelt es sich um die „formalen" Kategorialstrukturen, die auf der Ebene der sprachlichen Artikulation nicht etwa durch Substantiva bzw. Adjektiva, sondern durch Ausdrücke wie Demonstrativpronomina, Konjunktionen bzw. die traditionell sog. synkategorematischen Termini oder auch die Kopula „ist" repräsentiert werden. Solche (Arten der) Termini verweisen auf grundlegende Kategorialstrukturen, denn sie bringen die logischen Konstanten, die Grundmechanismen der indexikalischen Identifizierung, der Individualisierung und der raum-zeitlichen Lokalisierung sowie verschiedene Grundstrukturen für die relationale Verbindung von Gegenständen und, im Fall der Kopula, die prädikative Artikulation als solche zum Ausdruck. Es sind, wie man sieht, Strukturen grundsätzlich der gleichen Art wie diejenigen, an denen sich Heideggers Versuch, Phänomene wie die „Welt" und das „Sein" zu erörtern, primär orientiert. Nun eröffnet diese kategoriale Anschauung, die sich eben nicht auf „Dinge" bzw. „reale Bestandteile" der Dinge bezieht, eine neue Dimension von Phänomenen ideal-kategorialer Art und damit zugleich auch die Möglichkeit, das Ideal-Kategoriale als solches phänomenologisch zu erforschen.[19] Die Pointe Heideggers liegt hier darin, daß eine solche kategoriale Anschauung, die die Dimension des Ideal-Kategorialen zugänglich macht, insofern eine gewisse Erweiterung des Begriffs der „Gegenständlichkeit" mit sich bringt, als sie nicht nur das intentionale Erscheinen von Dingen bzw. Gegenständen, sondern zugleich auch die phänomenologische Thematisierung des so Erscheinenden ermöglicht. Denn die phänomenologische Erörterung bedarf selbst

---

[19] Vgl. GA 20 § 6 S. 97f.: „Das Entscheidende der Entdeckung der kategorialen Anschauung ist: Es gibt Akte, in denen ideale Bestände sich an ihnen selbst zeigen, die nicht Gemächte dieser Akte, Funktionen des Denkens, des Subjektes sind (…) Die Möglichkeit dieser aufgewiesenen Anschauungsart und des in dieser Anschauung sich Präsentierenden gibt den Boden für die Hebung der Strukturen dieser idealen Bestände, d.h. für die Ausarbeitung der Kategorien (…) Mit der Entdeckung der kategorialen Anschauung ist zum erstenmal der konkrete Weg einer ausweisenden und echten Kategorienforschung gewonnen."

irgendeines intentionalen Zugangs zu den durch sie thematisierten Kategorialstrukturen, der als solcher notwendigerweise kategorialer Art sein muß.[20]

Ein zweiter wichtiger Aspekt in Heideggers Rezeption der Husserlschen Auffassung der kategorialen Anschauung betrifft die philosophische Tragweite, die Heidegger dieser neuen „Entdeckung" des Bereiches des Ideal-Kategorialen durch Husserls Phänomenologie beimißt. In diesem Zusammenhang erklärt Heidegger, daß die fundamentale Bedeutung dieser Entdeckung darin liegt, daß sie ermöglicht, den ursprünglichen Sinn des „Apriori" auf eine neue und radikale Weise zu verstehen, und zwar so, daß dabei die traditionelle Alternative zwischen Objektivismus und Subjektivismus überwunden werden kann. Der phänomenologische Zugang zum Bereich des Ideal-Kategorialen erlaubt, die „universale Reichweite" des Apriori und seine „spezifische Indifferenz gegenüber der Subjektivität" (vgl. GA 20 § 7 S. 101) zu begreifen. Der Bereich des Apriorischen im phänomenologischen Sinne ist ein Bereich der „ontologischen Indifferenz", der der Spaltung von Subjekt und Objekt noch vorausliegt. Die durch die bzw. in der kategorialen Anschauung eröffnete Dimension ist eine Dimension von apriorischen Strukturen, bei denen die Vollzugsart der intentionalen Akte durch das „Bewußtsein" und die Darbietungsart des sich dabei Zeigenden so ineinander greifen, daß sie nunmehr eine untrennbar einheitliche Erfahrung ausmachen, die sich nicht mehr anhand der Objekt-Subjekt-Spaltung angemessen interpretieren läßt, jedoch ohne daß dabei Akt und Inhalt einfach verwechselt werden und somit der Inhalt auf das „Bewußtsein" reduziert wird. Es handelt sich vielmehr darum, daß sogar die analytische Scheidung von Akt und Inhalt, wie sie gerade durch die phänomenologische Erörterung dieser Phänomene verwirklicht wird, dabei erst auf der Grundlage einer solchen einheitlichen Erfahrung und nur mit Blick auf sie möglich wird. In diesem

---

[20] K. Held, op. cit. S. 112 betont zu Recht diesen Aspekt. Heidegger selbst verweist allerdings ausdrücklich auf die Erweiterung der Gegenständlichkeit, die durch die Husserlsche Einsicht in die kategoriale Anschauung möglich gemacht wurde. Vgl. GA 20 § 6, p. 98: „Weiter ist diese in solchen Akten sich gebende Gegenständlichkeit selbst die gegenständliche Weise, in der die Realität selbst eigentlicher gegenständlich werden kann. Mit dem Aufweis der kategorialen Struktur ist die Idee der Objektivität erweitert, so zwar, daß diese Objektivität selbst nun in der Durchforschung der entsprechenden Anschauung in ihrem Gehalte aufweisbar wird." Mit Bezug auf Heideggers Rezeption der Husserlschen Auffassung verweist K. Held auch auf die wichtige Unterscheidung zwischen Akten bzw. Prozessen der Generalisierung und Akten bzw. Prozessen der Formalisierung. Held zeigt auf überzeugende Weise, daß Heidegger zumindest auf der Theorie-Ebene, d.h. in seiner Auffassung der Intentionalität, wie sie im intentionalen Bezug auf „Gegenstände" selbst stattfindet, den Weg der Generalisierung zugunsten des Weges der Formalisierung verläßt (vgl. Held, op. cit. S. 114 f.). Nun ist die Frage, ob diese Feststellung auch auf der Metatheorie-Ebene, d.h. für Heideggers Auffassung der phänomenologischen Forschung als solcher gelten kann. Kann hier auf jeden Rekurs auf Generalisierung zugunsten der Formalisierung verzichtet werden? Helds Erklärung scheint mir in diesem Punkt die Frage offen zu lassen. Der Punkt ist aber schon deshalb erklärungsbedürftig, weil er die Frage direkt betrifft, inwiefern Heidegger in bezug auf die Möglichkeit der phänomenologischen Betrachtung als solcher von Husserls Auffassung tatsächlich abweicht.

Sinne ist das Apriori im phänomenologischen Sinne – so Heidegger – „kein Titel des Verhaltens" des intentionalen Bewußtseins, sondern „ein Titel des Seins" (vgl. GA 20 § 7 S. 101). So verstanden, macht das Apriori also einen „Charakter in der Aufbaufolge im Sein des Seienden, in der Seinsstruktur des Seins" aus (vgl. S. 102).

Wie K. Held treffend bemerkt, macht das Kategoriale hier eine „Offenbarkeitsdimension" aus, welche in ihrer zweifachen Funktion als ratio cognoscendi und ratio essendi sozusagen die Brücke, besser noch, die ursprüngliche Einheit von Erkennen und Sein darstellt: es handelt sich um diejenige Offenbarkeitsdimension, in der das Seiende überhaupt erkennbar und verstehbar wird.[21] Daß hier eben ein innerer Zusammenhang mit Heideggers Fragestellung in bezug auf die Welt und das Sein vorliegt, wird aus dieser Perspektive ganz deutlich. Denn die zentrale Thematik der Ontologie, wie sie in *SZ* entwickelt wird, zielt gerade auf die Möglichkeitsbedingungen der „Zugänglichkeit" von Seiendem und Sein, d.h. ihrer „Einsehbarkeit" bzw. „Verstehbarkeit" ab, und dies so, daß dabei die ontologische Problematik, traditionell gesprochen, nicht im Sinne einer bestimmten Ursachen-Lehre, d.h. als Archäologie, sondern vielmehr im Sinne einer Lehre der „transzendentalen Wahrheit" als Aletheiologie verstanden wird.[22] Was das Phänomen

---

[21] Siehe Held, op. cit. S. 113. Bemerkenswert ist hier die Tatsache, daß Heidegger sogar der Meinung ist, daß diese phänomenologische Auffassung des Apriori, die eine endgültige Überwindung des cartesisch-kantischen Subjektivismus plausibel macht, einen neuen Anschluß an Parmenides und Platons Auffassung des Seins ermöglicht. Siehe GA 20 § 7 S. 99-103. Die konsequente Ontologisierung der hier in Frage kommenden Strukturen ist nämlich ein Hauptanliegen der Heideggerschen Interpretation und Aneignung der Lehre von der kategorialen Anschauung. Dafür muß sich Heidegger aber von denjenigen Aspekten in der Husserlschen Auffassung radikal distanzieren, die Husserls methodische Orientierung am Begriff des Bewußtseins – wie sie vor allem in der späteren Entwicklung seiner Philosophie immer zentraler wird – dokumentieren. Hierzu siehe Bernet, op. cit. bes. S. 207 ff., 211 ff.

[22] Hierzu vgl. *SZ* § 7 C S. 38: „Phänomenologische Wahrheit (Erschlossenheit von Sein) ist veritas trascendentalis". In einem unmittelbaren Zusammenhang mit dieser Auffassung der Ontologie steht das methodische Grundprinzip, daß zwischen Ontologie und Phänomenologie insofern eine gewisse Identität besteht, als Ontologie nur als Phänomenologie möglich ist. Hierzu vgl. *SZ* § 7 C S. 38: „Ontologie und Phänomenologie sind nicht zwei verschiedene Disziplinen neben anderen zur Philosophie gehörigen (...) Philosophie ist universale phänomenologische Ontologie". Siehe auch S. 35: „Ontologie ist nur als Phänomenologie möglich". Es ist daher kein Zufall, wenn Heidegger zur ausdrücklichen Formulierung dieses methodischen Grundprinzips ursprünglich eben im Zusammenhang seiner Interpretation der Husserlschen Lehre von der kategorialen Anschauung gelangt. Vgl. GA 20 § 6 S. 98: „In der damit (*sc.* mit der Entdeckung des durch die kategoriale Anschauung aufgeschlossenen Bereiches des Ideal-Kategorialen) durchbrechenden phänomenologischen Forschung ist die Forschungsart gewonnen, die die alte Ontologie suchte. Es gibt keine Ontologie *neben* einer Phänomenologie, sondern *wissenschaftliche Ontologie ist nichts anderes als Phänomenologie*." Das Verständnis der Ontologie als Aletheiologie liefert im Grunde ein wichtiges Moment der Kontinuität mit Husserls phänomenologischer Auffassung der Ontologie, wenn auch Heideggers Position durch eine methodisch

der Welt als solcher angeht, so liegt der hier wichtige Zusammenhang darin, daß Heidegger in *SZ* die Welt gerade als denjenigen universalen Offenbarkeitshorizont auffaßt, der als Horizont aller Horizonte das Ganze des für die Bedeutsamkeit konstitutiven Verweisungsnetzes, innerhalb dessen Seiendes sich als solches erst zeigen kann, in sich umfaßt und sozusagen „trägt". Sofern es das Sich-Zeigen von Seiendem als solches erst ermöglicht, macht dieses durch Bedeutsamkeit charakterisierte Verweisungsganze eine Offenbarkeitsdimension aus, die deswegen noch vor der Spaltung von Subjekt und Objekt liegt, weil sie den „Spielraum" liefert, innerhalb dessen jeder mögliche intentionale Bezug auf „Gegenstände" und damit auch der theoretisch-kognitive Bezug des Subjektes aufs Objekt erst stattfinden kann.[23]

## V.

Heideggers Rezeption der Husserlschen Lehre von der kategorialen Anschauung spielt, wie man sieht, eine entscheidende Rolle, wenn es darum geht, der Auffassung der Transzendenz des Daseins als bi-dimensional und horizontal in ihrer Motivation und Entstehung gerecht zu werden. Diese komplexe Auffassung der Transzendenz liegt wiederum in wichtigen Aspekten der Art und Weise zugrunde, wie Heidegger dann die Frage nach der Möglichkeit eines phänomenologish angemessenen Zugangs zum Phänomen der Welt in § 14 von *SZ* stellt und behandelt. Genauer besehen, betreffen die hier in Frage kommenden Zusammenhänge nicht nur die Welt-Analyse in §§ 14-18, sondern auch den eigentlichen Kern der in *SZ* entwickelten Auffassung im ganzen. Dies kann schon an der Tatsache erkannt werden, daß der von Heidegger in § 7 von *SZ* eingeführte phänomenologische Begriff des Phänomens, welcher als methodische Grundlage für die ganze Untersuchung dienen soll, eine solche eigentümliche Auffassung der Transzendenz bereits implizit voraussetzt. Betrachten wir nun diesen Zusammenhang etwas näher.

Nachdem er zuerst die Bedeutung des rein formalen Begriffs des Phänomens als des Sich-an-ihm-selbst-zeigenden und dann den „vulgären", d.h. in Richtung auf das Seiende entformalisierten Phänomen-Begriff eingeführt hat, fügt Heidegger in *SZ* die wichtige Erklärung hinzu, daß ein solcher vulgärer Phänomen-Begriff gerade als vulgär noch nicht mit dem phänomenologischen Phänomen-Begriff zu identifizieren ist. „Gegenstand" der Phänomenologie sind nicht einfach die Phänomene im vulgär verstandenen Sinne, sondern die phänomenologische Betrachtung zielt bei den vulgär verstandenen Phänomenen eigentlich auf dasjenige ab, was sich dort immer schon „vorgängig und mitgängig" zeigt, obwohl zunächst nur auf

---

bewußte Radikalisierung des phänomenologischen Ansatzes gekennzeichnet ist. Hierzu siehe die Ausführungen bei E. Tugendhat, *Der Wahrheitsbegriff bei Husserl und Heidegger*, Berlin ²1970, S. 178ff., 266ff.
[23] Siehe hierzu die treffende Formulierung bei K. Held, op. cit. S. 117.

unthematische Weise, und zwar gerade insofern, als dieses sich nur „vorgängig und mitgängig" Zeigende dann thematisch zum ausdrücklichen Sichzeigen gebracht werden kann (vgl. *SZ* § 7 A S. 31).[24]

So ist der phänomenologische Phänomen-Begriff in Heideggers Auffassung durch eine gewisse Spannung von Vermittlung und Unmittelbarkeit gekennzeichnet: Gegenstand der Phänomenologie ist eben nicht dasjenige, was sich sowohl in der „natürlichen", vorwissenschaftlichen Einstellung wie auch in der positiv-wissenschaftlichen Forschung unmittelbar zeigt, sofern es sich unmittelbar zeigt, sondern vielmehr insofern, als sein unmittelbares Sich-zeigen für die phänomenologische Betrachtung gerade als vermittelt durch bestimmte apriorische Strukturen erscheint, welche sich wiederum in solchen Formen des vor-phänomenologischen (d.h. vor-philosophischen) Zugangs zum Seienden nicht mehr thematisch, sondern nur noch auf „mitgängige" und unthematische Weise zeigen. Was hier die phänomenologische Betrachtung als eine ausgezeichnete Art des thematischen Zugangs zu solchen apriorischen Strukturen leistet, besteht eigentlich gerade darin, diese Dimension der unthematischen Vermittlung – welche das Sich-zeigen dessen, was sich auf der Ebene des vor-phänomenologischen Zugangs zum Seienden unmittelbar zeigt, als solches ermöglicht – zur thematischen Erfassung und Darstellung zu bringen.

In diesem Sinne zielt der phänomenologische Phänomen-Begriff auf Strukturen der „vermittelten Unmittelbarkeit" ab.[25] Nun sind solche formal-apriorische Struk-

---

[24] In diesem Sinne fügt Heidegger später hinzu: Thema der ausdrücklichen phänomenologischen Aufweisung sei „offenbar solches, was sich zunächst und zumeist gerade *nicht* zeigt, was gegenüber dem, was sich zunächst und zumeist zeigt, *verborgen* ist, aber zugleich etwas ist, was wesenhaft zu dem, was sich zunächst und zumeist zeigt, gehört, so zwar, daß es seinen Sinn und Grund ausmacht." Vgl. *SZ* § 7 C S. 35. Zu Heideggers Unterscheidung zwischen einem rein formalen, einem vulgären und einem streng phänomenologischen Phänomen-Begriff siehe Fr.-W. von Herrmann, *Der Begriff der Phänomenologie bei Heidegger und Husserl*, op. cit., S. 10-34. Bei dem vulgären und dem phänomenologischen Phänomen-Begriff handelt es sich – so von Herrmann – um zwei der inhaltlichen Bestimmung nach verschiedene „Entformalisierungen" des formalen Phänomen-Begriffs, und zwar: die eine in Richtung auf das Seiende, die andere in Richtung auf das Sein des Seienden. Was insbesondere den vulgären Phänomen-Begriff angeht, so weist von Herrmann darauf hin, daß mit diesem Begriff nicht das Seiende gemeint ist, wie es sich im vorwissenschaftlichen Zugang zu ihm zeigt, sondern vielmehr das Seiende, wie es thematischer Gegenstand positiv-wissenschaftlicher Forschung ist (vgl. op. cit. S. 21 f.). Das ändert jedoch nichts daran, daß Heidegger den streng phänomenologischen (d.h. philosophischen) Phänomen-Begriff gerade durch einen Kontrast sowohl zum „Gegenstand" der „natürlichen", vorwissenschaftlichen Einstellung wie auch zum thematischen Gegenstand der positiv-wissenschaftlichen Forschung charakterisiert (vgl. von Hermann, op. cit. S. 24ff.).

[25] Die Charakterisierung der Heideggerschen Auffassung anhand des Begriffs der „vermittelten Unmittelbarkeit" geht auf die ausgezeichnete Untersuchung von C. Fr. Gethmann, *Verstehen und Auslegung. Das Methodenproblem in der Philosophie Martin Heideggers*, Bonn 1974 zurück. Gethmann zeigt in einer ausführlichen Diskussion, daß der

turen eben das Korrelat einer Transzendenz, die – als bi-dimensional und horizontal – neben der Ebene des intentionalen Bezugs auf Gegenstände bzw. Dinge auch noch eine andere Ebene involviert, die die verschiedenen Formen des nicht-gegenstandsbezogenen und des horizontsbezogenen Bezugs umfaßt, d. h. diejenigen Formen des transzendenzmäßigen Bezugs, die sich, um bei der Sprache der *Prolegomena* zu bleiben, auf die „ideal-kategorialen" Strukturmomente richten, welche das „unmittelbare" Sich-zeigen der Gegenstände bzw. Dinge vermittelnd ermöglichen. Die in *SZ* erörterten phänomenalen Grundstrukturen und insbesondere Phänomene wie die Welt weisen in erster Linie gerade auf diese Ebene der unthematischen Vermittlung zurück, die in den sich „unmittelbar" zeigenden Phänomenen der vor-phänomenologischen Einstellung bereits latent vorliegt. Der phänomenologischen Betrachtung steht es aber nicht zu, diese Dimension der unthematischen Vermittlung ursprünglich zugänglich zu machen, denn die ihr zugehörigen Strukturen sind in der vor-phänomenologischen Einstellung immer schon „mitgesehen", obwohl, wie schon gesagt, nur auf unthematische, „mitgängige" Weise. Was die phänomenologische Betrachtung hier versucht, ist, durch eine eigentümliche Veränderung der Blickrichtung, die auf einer höheren Reflexionsstufe wiederum durch methodische Überlegungen der Phänomenologie selbst motiviert und geleitet wird, dasjenige zum thematischen Erfassen zu bringen, was seinem Wesen nach zunächst immer nur auf unthematische und mitgängige Weise „gesehen" wird, und zwar derart, daß sein wesentlich unthematisch-mitgängiger Charakter bei der phänomenologischen Erörterung als solcher berücksichtigt wird. Gerade in diesem Sinne weist Heidegger in den *Prolegomena*, wie gesehen, darauf hin, daß es die phänomenologische Forschung als solche ist, die auf dem Zugang zum Bereich des Ideal-Kategorialen, der durch die kategoriale Anschauung ermöglicht wird, beruht, und nicht umgekehrt.

## VI.

Vor diesem Hintergrund werden zu einem guten Teil auch die zentralen Motivationen der hermeneutischen Wende verständlicher, die die phänomenologische Methode als solche bei Heidegger erfährt. Heidegger selbst bringt nämlich die in *SZ* vertretene hermeneutische Auffassung der Phänomenologie mit dem neuen phänomenologischen Begriff des Phänomens in Zusammenhang (vgl. *SZ* § 7 C S. 37f.). Wie wir gesehen haben, liefert die Art und Weise, wie Heidegger die

---

Heideggersche Phänomen-Begriff als solcher eine bestimmte methodische Vermittlung voraussetzt. Dadurch wird zugleich u. a. E. Tugendhats Vorwurf entkräftet, Heideggers Position würde den Rückfall in eine Art unkritische Unmittelbarkeit darstellen, die hinter dem von Husserl erreichten Niveau der methodischen Reflektiertheit zurückbleibt. Siehe bes. S. 93-107. Auch bei der Behandlung der Struktur des „In-der-Welt-sein" betont Gethmann den methodisch-kritischen Aspekt in Heideggers Ansatz und macht auf die wichtigen Unterschiede aufmerksam, die sich daraus im Vergleich zu Husserls Ansatz beim Bewußtsein ergeben. Hierzu siehe S. 243-253.

Frage nach dem phänomenologischen Zugang zur Welt in ihrer Weltlichkeit behandelt, einen guten Ausgangspunkt, wenn es darum geht, seine Auffassung der Transzendenz des Daseins sowie des Themas und der Methode der phänomenologischen Forschung in *SZ* herauszuarbeiten. Die Auffassung der Transzendenz als bi-dimensional und horizontal steht in einem inneren Zusammenhang mit einer bestimmten Konzeption der Tragweite und Methode eines möglichen phänomenologischen Zugangs zu den Phänomenen, die in den verschiedenen Vollzugsweisen der Korrelation *intentio-intentum* ursprünglich gegeben sind. Die hermeneutische Wende der Phänomenologie bei Heidegger ist mit dieser eigentümlichen Auffassung der Transzendenz und mit dem damit zusammenhängenden phänomenologischen Phänomen-Begriff aufs engste verbunden. Mit Blick darauf wird auch klarer, warum die Phänomenologie sich bei Heidegger notwendigerweise als eine ausdrückliche Thematisierung von Strukturen der „vermittelten Unmittelbarkeit" präsentieren muß. Da hier nun die phänomenologische Erörterung dasjenige, was als solches zunächst verborgen bzw. verstellt bleibt, erst zur ausdrücklichen Erfassung bringen muß, hat eine solche thematisierende Erfassung notwendigerweise den Charakter einer aus einem ausdrücklichen hermeneutischen Entwurf sich vollziehenden Auslegung, die in ihrer faktischen Möglichkeit wiederum auf das Existenzial des verstehensmäßigen Entwurfs zurückgeht.[26]

Die Erörterung der Welt als des universalen Horizontes für das Sich-zeigen des innerweltlich Seienden nimmt in diesem Gesamtkonzept notwendigerweise eine zentrale Stellung ein, denn es handelt sich bei einem solchen Horizont gerade um eine allumgreifende Instanz der unthematischen Vermittlung für alles, was dem Dasein als „In-der-Welt-sein" innerweltlich begegnen kann.[27] Diese tragende Rolle der Welt-Problematik hat bekanntlich in der post-Heideggerschen Phänomenologie sogar zu einem neuen Ansatz geführt. Nach diesem neuen Ansatz, der ursprünglich von E. Fink und dann später auch von K. Held vertreten wurde, ist das zentrale Thema der phänomenologischen Philosophie nicht etwa in der Heideggerschen Seinsfrage, sondern vielmehr in der Frage nach der Welt als der universalen Offenbarkeitsdimension zu sehen. Die Phänomenologie würde danach

---

[26] Vgl. *SZ* § 7 C S. 37: „Der methodische Sinn der phänomenologischen Deskription ist *Auslegung*. Der λόγος der Phänomenologie des Daseins hat den Charakter des ἑρμηνεύειν." Zum systematischen Zusammenhang des Heideggerschen Begriffs einer hermeneutischen Phänomenologie mit den in §§ 31-32 von *SZ* thematisierten Existenzialen des Verstehens und der Auslegung siehe auch die weiterführende Diskussion bei R. Thurnher, „Hermeneutik und Verstehen in Heideggers *Sein und Zeit*", *Salzburger Jahrbuch für Philosophie* XVIII-XIX (1983/84) 101-114 und „Verstehen als Existenzial. Zur Bedeutung und Wirkungsgeschichte von Heideggers hermeneutischem Ansatz", *Scientia* (Schriftenreihe der Innsbrucker Gesellschaft zur Pflege der Einzelwissenschaften und interdisziplinären Forschung) 18 (1989) 3-17.

[27] Zur Rolle des Weltbegriffs im Rahmen der Weiterentwicklung der ontologischen Auffassung Heideggers siehe vor allem R. Thurnher, „Weltbegriff und Topologie des Seins beim frühen Heidegger" in: M. Fürst-N. Halmer *et alii* (Hgg.), *Mesotes*, Supplementband: *Martin Heidegger*, Wien 1991, S. 92-104.

nicht mehr in die Ontologie, sondern eigentlich in die Kosmologie münden. Heideggers Orientierung an der ontologischen Seinsfrage sollte dabei als phänomenologisch nicht legitimierbar sogar endgültig aufgegeben werden.[28]

Nun muß man hier allerdings bemerken, daß Heidegger nicht einfach nach der Welt, sondern vielmehr nach dem „Sein" der Welt, d. h. nach ihrer Weltlichkeit fragt. Er behauptet, daß die Weltlichkeit der Welt als solche einen ontologischen Charakter des Daseins ausmacht, welches als solches wiederum durch das Faktum des Verständnisses des eigenen Seins und des Seins überhaupt ausgezeichnet ist, und dies, wie die Existenzialanalytik zu zeigen versucht, auf der Grundlage der Erschlossenheit in der ursprünglichen ekstatischen-horizontalen Einheit der Zeitlichkeit. Und die Welt-Analyse in §§ 14-18 von *SZ* zeugt u. a. auch davon, daß dem Dasein in seiner eigenen Seinsverfassung die Tendenz eigen ist, in der natürlichen wie auch dann in der philosophischen Einstellung das eigene Sein und damit auch das Sein der Welt auf eine mehr oder weniger verstellende Weise zu verstehen, die die hier in Frage kommenden ontologischen Grundunterscheidungen tendenziell nivelliert. Ist das nun aber so, dann scheint vieles immer noch für die Annahme zu sprechen, daß das Festhalten an der Frage nach dem Sein bei Heidegger nicht einfach als das Ergebnis von phänomenologisch unzulässigen Bindungen an die ontologische Tradition wegzudenken ist. Aus Heideggers Sicht ist der Grund dafür, daß die Phänomenologie sich notwendigerweise an der alten ontologischen Frage nach dem Sein, präziser noch, nach dem Sein und nach der Zeit orientieren muß, vielmehr in der Struktur der Transzendenz des Daseins selbst zu suchen.

---

[28] In diesem Sinne vertritt K. Held die These, daß Heideggers Festhalten an der traditionellen Frage nach dem Sein eigentlich durch den Einfluß von Aristoteles zu erklären ist, d. h. nicht als Ergebnis der inneren Kritik an Husserls Auffassung, sondern durch den Einfluß einer phänomenologisch nicht mehr legitimierbaren Bindung an die ontologische Tradition (vgl. Held, op. cit. S. 122; siehe auch S. 118 f.). Tatsache ist, daß der traditionelle Begriff der Ontologie später von Heidegger aufgegeben wird, und zwar im Rahmen des sog. „seinsgeschichtlichen Denkens". Dies bedeutet bei Heidegger jedoch keine Aufgabe der Seinsfrage als solcher. Das Wegfallen des Begriffs der Ontologie hängt hier vielmehr mit dem durch die konsequente Entwicklung des Ansatzes von *SZ* intern motivierten Verzicht auf den ursprünglichen Versuch zusammen, die Seinsfrage mit der Begrifflichkeit des metaphysischen Denkens zu entfalten. Hierzu siehe auch die treffenden Bemerkungen bei J. Grondin, *Der Sinn für Hermeneutik*, Darmstadt 1994, S. 85 ff.

# Heidegger et la philosophie

Henri Crétella

*Conférence donnée le 13 mai 1998 à la Bibliothèque Municipale de Toulouse et annoncée en ces termes:*
"Il n'y a pas de philosophie heideggerienne": en 1955, à Cerisy, Heidegger lui-même a tenu à le préciser, avec une certaine solennité. Rien n'est demeuré plus vrai: il n'existait pas alors, et il n'exista jamais depuis de philosophie propre à Heidegger. Mais rien, non plus, n'y a fait: on n'a cessé de lui en prêter, non point une du reste, mais bien deux: une "philosophie de l'existence" et une "philosophie de l'Être", plus ou moins complémentaires ou opposées. Or, il n'est possible d'en terminer avec cette trompeuse attribution qu'à la condition d'en spécifier les deux raisons. La première est que, si Heidegger ne s'est jamais risqué à proposer de philosophie, il n'a toutefois pas manqué de s'y essayer et n'y a renoncé qu'une fois effectué "le tournant": autrement dit, la transformation du projet inauguré en 1927 avec *Être et Temps*. A partir de 1929 en effet, à la métaphysique ou philosophie, Heidegger va opposer – de plus en plus étonnamment – ce qu'il faut oser appeler une *métaphilosophie:* soit, la triple pensée de ce que fut la philosophie, de ce à quoi elle a succédé, et de ce en quoi elle est destinée à se métamorphoser. Cela ressort nettement de la masse des inédits publiés depuis 1975 et devrait se trouver fortement confirmé par celle, plus importante encore, de ceux qui demeurent à éditer. Tel est, en tout cas, ce qu'il s'agira de montrer en articulant la conférence de Cerisy avec deux de ces inédits: un cours de 1928/29, et un ouvrage terminé dix ans après dont la publication est historique en ceci qu'on peut y découvrir la première reconnaissance formelle, *littérale,* par Heidegger de son *autocritique.*

Le nom de Heidegger doit être lié à une révolution dans l'ordre de la pensée qui n'a toujours pas été justement appréhendée. La raison en est son rapport à la philosophie demeuré inéclairci. Le but de la présente conférence est de remédier à cet état de fait. Comme je l'ai annoncé, je m'appuierai pour ce faire sur la déclaration de Heidegger aux *Entretiens de Cerisy,* en août 1955, et sur la conférence qui les ouvrit. Rien de plus révélateur, en effet, que la sourde-oreille opposée depuis plus de quarante ans à la double mise au point qu'y fit Heidegger: des plus explicites pourtant. Le "public" alors – et depuis – en est, il est vrai, demeuré médusé. Ce qui est, on ne peut plus, significatif de l'importance que continue, malgré les apparences, de revêtir dans son esprit le terme de philosophie. Quasiment personne, aujourd'hui encore, n'a fait droit, en effet, à cette déclaration aussi fameuse qu'oubliée, laquelle venait après une conférence dont le titre était donné en français: *Qu'est-ce que la philosophie?* Le sous-titre seulement l'explicitait en allemand, par un tiret notamment: *Was ist das – die Philosophie?* Il n'était guère possible alors de rendre en français dans l'intitulé la nouveauté de la question que Heidegger posait. Mais il faudrait, à l'avenir, s'y efforcer en traduisant peut-être aussi le sous-titre tout simplement. Il y aurait le choix ainsi entre deux versions – au moins – évitant l'une et l'autre le calque de l'allemand: *Qu'est-ce donc que la philosophie?* serait la plus explicite, mais: *Qu'en est-il de la philosophie?* d'une légèreté sans doute mieux appropriée au français. Il s'imposerait, en tout cas, d'y marquer syntaxiquement ce que veut dire le tiret en allemand. A savoir, que la question ne va nullement de soi, mais nécessite une interruption et un retournement: en un mot, une *révolution* – dans un domaine, qui plus est, où il n'est pas loisible d'en parler sans devoir l'effectuer.

D'où la déclaration de Heidegger après sa conférence telle qu'elle nous a été rapportée par Jean Beaufret: "Il n'y a pas de philosophie heideggerienne, et même s'il devait y avoir quelque chose de ce genre, je ne m'intéresserais pas à cette philosophie – mais uniquement à l'affaire et au thème sur lesquels demeure axée toute philosophie." (Cf. Jean Beaufret, *De l'existentialisme à Heidegger*, Vrin, p. 101). Quarante-trois ans après avoir été apportée, la précision semble avoir conservé toute son opacité. Il existe cependant, désormais, les moyens de la dissiper. Depuis 1975, cinquante-six tomes de l'Édition intégrale de Heidegger sont parus, dont quarante-deux d'inédits: ce qui permet, d'ores et déjà, de proposer une compréhension entièrement renouvelée d'une pensée qui n'a, au demeurant, pas fini de livrer son secret. L'Édition intégrale comporte, en effet, quatre parties: la première – seize tomes prévus, dont douze parus – rassemblera, dans leur version définitive et annotée, tous les écrits publiés par Heidegger lui-même de son vivant; la seconde – trente-neuf tomes prévus dont trente-deux sont parus – recueillera l'ensemble de ses cours retrouvés d'université; la troisième – dix-huit tomes prévus, dont cinq seulement parus – a commencé, notamment, de révéler le nombre, l'étendue et l'importance de ses ouvrages inédits; quant à la quatrième et dernière partie: vingt et un tomes prévus dont aucun n'est encore paru, elle sera sans doute la plus déterminante puisqu'elle nous livrera, en particulier, le compte-rendu détaillé de l'*autocritique* à laquelle Heidegger n'a cessé de soumettre le projet qu'il a publiquement inauguré avec *Être et Temps*.

Le plus étonnant à cet égard – et pour nous désormais le plus important – est que le principe de cette autocritique se trouve énoncé – en relation avec la définition de la philosophie – dès son "ouvrage de percée", comme Heidegger lui-même a, fort justement, caractérisé *Être et Temps*. Il y est précisé deux fois, en effet, que la philosophie provient et revient à ce dont – comme nous pouvons l'établir dorénavant – elle ne semble avoir été que l'accident, doublement révolutionnaire au demeurant, par lequel s'est trouvé réalisé ce qui aurait pu, sinon dû, l'être tout autrement: et bien plus naturellement.

Il faut donc commencer par expliciter les deux passages indiqués d'*Être et Temps*. Le premier se trouve situé moins de deux pages avant la fin de son introduction: "La philosophie – précise-t-il – est l'ontologie phénoménologique universelle issue de l'herméneutique du *Dasein* qui, en tant qu'analytique de l'*existence,* a fixé le terme du fil conducteur de tout questionnement philosophique, d'où il *jaillit* et auquel il *revient.*" Il apparaît, ainsi, que la philosophie est précédée, et ordonnée, à autre chose qu'elle-même, que Heidegger appelle ici "herméneutique du *Dasein"* – laquelle fait précisément l'objet des deux sections publiées d'*Être et Temps.* Quant à la section non publiée – qui contenait l'exposé de la philosophie – elle a aussitôt subi la plus drastique des autocritiques puisqu'elle a été, purement et simplement, brûlée. Dix ans plus tard, Heidegger se reprochera l'excès de ce rejet, mais à part soi seulement: car nous venons, quant à nous, tout juste d'en avoir connaissance, soixante ans après, grâce à la publication – par bonheur anticipée! – en décembre dernier, du tome 66 de l'Édition intégrale, dans la troisième partie de laquelle il s'inscrit (voir page 414). Cet emportement autodestructeur s'explique, cependant, par le second des deux passages définissant le projet d'*Être et Temps.*

Ce second passage ajoute, en effet, à celui – littéralement reproduit – une question dont la portée s'est révélée plus suspensive encore que critique. La voici: "l'ontologie peut-elle être fondée *ontologiquement* ou bien a-t-elle aussi besoin à cet effet d'un fondement *ontique* et *quel* est alors l'étant qui doit assumer la fonction de la fondation?" La publication d'*Être et Temps* s'est arrêtée définitivement une page après seulement l'énoncé de ce qui en était – comme Heidegger avait pris soin de le préciser aussitôt avant – "le problème fondamental": problème dont, du reste, il reconnaît qu'il demeure encore "enveloppé" – ou "enfoui" – dans la formulation qu'il vient d'en proposer.

Cela aurait dû faire naître la perplexité chez les lecteurs de Heidegger. Mais Heidegger a-t-il encore jamais eu un véritable lecteur? Et, surtout, pouvait-il en avoir avant longtemps? Les soixante et onze ans écoulés depuis la publication d'*Être et Temps* suggèrent fortement – et les inédits désormais le démontrent nettement – qu'il ne suffisait pas que le problème ait "émergé" pour qu'il fût justement aperçu.

La meilleure preuve en est que Heidegger le premier s'y est tout d'abord trompé. Et si grossièrement qu'il en a conclu à la destruction de la troisième section d'*Être et Temps.* La raison en est qu'il concevait, alors, trop conventionnellement encore le traitement du problème qu'il venait de faire "émerger". Car il y eut non pas un seulement, mais deux contresens commis sur son "ouvrage de percée". Le premier a été publiquement corrigé par ses soins en 1947 avec la *Lettre* à Jean Beaufret *sur l'humanisme.* Mais l'histoire aura, depuis, démontré qu'il était étroitement lié, et même dépendait, du contresens opposé que Heidegger, de son vivant, a pour le moins négligé, s'il ne l'a pas "stratégiquement" encouragé. Au contresens existentialiste, humaniste, anthropologique dans lequel – via Jaspers, Sartre et Husserl – la plupart sont tombés, a fait plus que pendant, en effet, un contresens autrement essentiel et caché: le contresens ontologique – littéralement métaphysique –

dont Heidegger semble avoir réservé l'autocritique à sa postérité, comme permet en tout cas, dès à présent, de le justifier l'annexe de l'ouvrage inédit paru en décembre dernier – pages 420 et 425 en particulier.

Sans ajouter maintenant nos propres délais à ceux qu'il a cru devoir observer, il faut préciser en quoi a consisté ce plus profond contresens dont Heidegger vient de nous permettre de le corriger. Il s'agit, ni plus ni moins, de la confusion dont il ne nous aura, par conséquent, libérés qu'au prix d'y avoir lui-même longuement – et combien subtilement! – sacrifié. Je veux parler, évidemment, de la confusion entre l'être et l'étant. Le projet d'"ontologie fondamentale", auquel était primitivement ordonné *Être et Temps* s'y trouvait doublement soumis, en effet. Heidegger, d'une part, s'y proposait de fournir son fondement à l'ontologie: ce qui supposait que celle-ci le nécessitait, mais aussi le justifiait. Et, d'autre part, il projetait de le faire au moyen d'une ontologie particulière qui, pour être fondamentale, n'en était pas moins spéciale et, même, spécialement métaphysique, puisqu'il l'appellera "métaphysique du *Dasein*" dans *Kant et le problème de la métaphysique,* en 1929. Non sans la confondre, au demeurant, avec ce qu'il avait antérieurement appelé – et, alors, justement – *herméneutique* du *Dasein* dans *Être et Temps*.

Dès 1927 pourtant, Heidegger avait perçu le danger: mais avec excès. D'où la destruction de la troisième section d'*Être et Temps* suivie, presque incontinent, par la rechute dans le même errement. Ce qui doit commencer de nous faire mesurer l'extrême séduction du danger en question.

Danger on ne peut plus séduisant en ceci qu'il ne fait qu'un avec la philosophie. Que fut d'autre, en effet, la philosophie – comme *Être et Temps* l'a définie – sinon "l'ontologie phénoménologique universelle", la véritable *science,* autrement dit, de l'être de tout ce qui est, en général et en particulier? Si Heidegger en était demeuré à cette première compréhension de son projet, il se serait obstiné à réaliser lui-même ce qu'il montrera avoir été technologiquement accompli en cet âge de fin de la philosophie. Or, s'il a bien dû, de plusieurs façons, sacrifier à cette tentation, il n'y a, en tout cas, jamais cédé.

Ainsi, dès "l'ouvrage de percée", Heidegger a-t-il été entraîné au cœur du danger, mais au point, justement, de le surmonter. De sorte que le projet d'ontologie présenté dans *Être et Temps* s'y trouve bien accompli, mais *par dépassement*. Heidegger y permet, en effet, de dégager le sens – ou la vérité – de l'être en général, des modes d'être particuliers s'accordant aux différentes sortes d'étants. Il est relativement aisé, par conséquent, d'exposer les grands traits de "l'ontologie phénoménologique universelle" correspondant à la fois au projet d'*Être et Temps* – à sa partie supprimée notamment – *et* à la métaphysique de notre temps: laquelle est agencée cybernétiquement, comme Heidegger le précisera bien ultérieurement.

Aussi bien, tout l'effort de Heidegger après *Être et Temps* va précisément consister à distinguer ce qui s'y est trouvé amalgamé. A savoir, ce qu'il en a publié et l'énoncé du projet dans lequel il s'inscrivait. Car la destruction de la troisième section d'*Être et Temps,* suivie de son définitif ajournement correspondait, au delà de l'emportement, à une nécessité. Une équivoque, en effet, s'était glissée dans la formulation du projet et en avait dévié – puis bloqué – le développement.

Il s'y agissait, comme il faut le répéter, de la confusion entre l'être et l'étant. Heidegger, étonnamment, devra y sacrifier jusqu'au bout publiquement: sous des formes nouvelles et inapparentes, mais non indécelables. Il y aura, cependant, résisté tout aussi continûment, réservant à sa postérité "le fond de sa pensée". La raison de cette double disposition est: d'une part, l'inévitabilité du danger et, d'autre part, la nette aperception – à défaut, dans un premier temps d'être claire – que Heidegger en a eu d'emblée.

Ainsi, dans *Être et Temps,* la description des structures existentiales de l'humanité est-elle *sciemment* conduite dans le cadre, non d'une philosophie, mais d'une herméneutique constituant pour celle-ci, à la fois sa condition préalable de possibilité et sa limite effective de légitimité. De cette herméneutique, Heidegger savait alors déjà – ce qu'il ne "confessera" publiquement que trente-deux ans plus tard! – qu'il y avait été ordonné *théologiquement,* et pas autrement. "Sans cette provenance théologique, je ne serais jamais arrivé sur le chemin de penser", a-t-il, en effet, reconnu en 1959 en publiant son "entretien avec un Japonais" d'*Acheminement vers la parole*. Et d'y ajouter aussitôt après, tout aussi énigmatiquement: "Provenance, cependant, demeure toujours avenir."

"L'ontologie universelle", autrement dit la philosophie, a, ainsi, toujours été, selon Heidegger, ordonnée à une herméneutique dont il faut se demander: d'une part, pour quelle raison il en a si tardivement et si précautionneusement reconnu la nature théologique et, d'autre part, en vertu de quelle non-nécessité elle s'est trouvée articulée avec une philosophie dont elle aurait pu – et même dû – se passer.

Commençons par cette seconde question car elle commande la précédente, laquelle ne saurait être réduite à une dimension anecdotique. L'essentiel est avec Heidegger, en effet, toujours lié à la question personnelle, ce qui ne veut pas dire celle de sa "psychologie" personnelle. Une pensée ne saurait être réduite à une "mentalité". Mais une pensée ne saurait, non plus, se trouver détachée de l'effort de celui qui y est arrivé. Or, l'essentiel, ici, réside précisément en ceci qu'un tel effort ne saurait jamais avoir été définitivement accompli. Il doit être, sans cesse, renouvelé. Celui qui, par conséquent, s'avise de préciser quelle est la pensée à laquelle Heidegger est arrivé doit *par lui-même* s'efforcer d'y accéder. La question personnelle a donc ceci d'essentiel qu'elle est toujours et seulement "la mienne": elle ne connaît d'autre personne que – singulièrement – la première. Comprendre la raison pour laquelle Heidegger a si tardivement et si précautionneusement reconnu la nature théologique – mais non théologienne – de la pensée à laquelle il s'est consacré impose de faire soi-même l'épreuve d'une telle reconnaissance.

Difficulté multiple, en l'occurrence: historique et politique en particulier au moins autant que philosophique. Un inédit assez récemment publié (décembre

1996) nous permettra de le déceler. Il s'agit d'un cours du semestre d'hiver 1928-29 intitulé *Introduction à* ou *en la philosophie*. Donné moins de deux ans après *Être et Temps,* il comporte, notamment, deux enseignements extrêmement éclairants. Dans le contexte philosophique ambiant, le premier est, même, littéralement renversant. Il concerne la relation entre sciences et philosophie. Au lieu de déterminer celle-ci par différence d'avec les sciences, Heidegger procède à l'inverse. La philosophie ne saurait, ainsi, se définir – pas plus négativement que positivement – en référence aux sciences. Ce sont ces dernières qui, au contraire, doivent être caractérisées comme des chemins inaboutis vers la philosophie, des approximations, en quelque sorte, de celle-ci. Heidegger a recours à une image pour expliciter cette pensée: on ne saurait pas davantage dire que la philosophie est, ou non, scientifique qu'on ne saurait à juste titre affirmer qu'un cercle est circulaire. Le cercle, en effet, permet de définir ce qui n'est jamais que plus ou moins circulaire, c'est-à-dire toujours moins rond qu'un cercle. Toute science, autrement dit, peut être mesurée à l'aune de la philosophie, mais ne saurait jamais s'y égaler. Aussi bien, commenterons-nous, à partir du dernier Heidegger, lorsqu'un savant a du génie, il dépasse le champ seulement circulaire de sa spécialité pour déboucher dans le cercle de la philosophie. Il donne alors son nom à une révolution de pensée, ou y inscrit le sien s'il est d'un génie moins élevé. L'on touche ainsi à ce qui véritablement définit la philosophie: laquelle est une activité non protégée en laquelle l'humanité doit *personnellement* s'exposer. Tout repose ici sur l'initiative de celui qui s'y est engagé. Philosophie, autrement dit, signifie "philosopher", précise Heidegger dans le cours examiné. Philosopher, commenterons-nous, et non "faire de la philosophie". Car il n'existe pas d'idée préformée de la philosophie à laquelle il suffirait de se conformer pour lui donner réalité. Philosopher consiste, au contraire, à faire être ce qui n'aurait jamais été si... Si, justement, l'humanité ne s'était affranchie – ou, plutôt, n'avait dû s'affranchir – d'une condition où elle jouissait d'une protection dont elle s'est, à jamais, à la fois privée et libérée.

Cette condition antérieure, qui correspond à celle des premières sociétés, était définie par le fait que l'humanité y vivait à l'abri du divin ou du sacré. Cette vie n'était dépourvue ni de charmes, ni de difficultés, mais elle n'avait que la fonction seconde de célébrer un ordre de choses préalablement fixé, et devant être répété. L'humanité, en résumé, ne pouvait y vivre comme d'elle-même elle l'entendrait. Elle ne pouvait, à proprement parler, exister. De sorte que ce sera pour remédier à cet état de fait que certains hommes se mettront à philosopher. Encore faut-il ajouter que cela n'est pas advenu de manière délibérée. Il a fallu, en effet, qu'une dysharmonie s'instaure au sein de l'ordre primitivement réglé pour que s'en révèle l'humaine inviabilité.

Nous en arrivons ainsi au second des deux apports déterminants de ce cours qui requiert, comme toujours avec Heidegger, mais celui-ci d'une manière singulière, l'engagement personnel le plus grand de la part de qui veut en recueillir l'enseignement. Il fait éprouver, en tout cas, la part laissée par Heidegger à une active réception de ses "leçons": aussi inapparente que déterminante. Il se pourrait bien, du reste, que le type d'attention ici requis soit la première condition d'une juste compréhension de ce dont il est question dans l'autre des deux grands enseignements de ce cours particulièrement important.

Heidegger y précise, en effet, ce qu'exister signifie, et il le fait en relation, ou, plutôt, en équation avec l'essence de la philosophie. Exister, c'est donc philosopher. Mais qu'est-ce que philosopher? La réponse tient en une très simple expression mais qui pose un problème d'interprétation. L'être qui se met à philosopher est constitué de telle façon qu'il est à soi-même son propre but, sa propre "fin". Telle est la détermination kantienne de l'être humain que Heidegger reprend en assumant, par conséquent, la dimension personnelle de l'être qu'il a défini comme *Dasein:* soit, comme l'être qui doit être "pour soi". C'est là l'expression qui fait question. Elle traduit, au plus court, l'allemand "Umwillen seiner selbst", "pour l'amour de soi", que Heidegger explicite ainsi: "Cet 'Umwillen seiner', ce 'pour l'amour de' constitue le soi comme tel" (Cf. Édition intégrale, tome 27, page 324). Cela peut s'abréger en français en "pour soi": le *pour* constituant donc l'être du soi. Cette traduction offre, de plus, l'avantage de remettre Heidegger en dialogue, non seulement avec le premier Sartre, mais avec l'ensemble du champ intellectuel "hégélien" français de l'époque, déterminé comme on le sait par la lecture heideggerienne de la *Phénoménologie de l'esprit* par Alexandre Kojève.

Encore faut-il, maintenant, expliciter l'énigme de ce "pour soi". Elle tient en ceci que le "pour" y définit paradoxalement le "soi". Celui-ci n'est donc pas autrement qu'en *tension* ou *orientation vers* ce qu'il n'est pas immédiatement, ou tout simplement. L'essence, ainsi, de la philosophie se trouve non pas dans la "sagesse", la "sophia", vers laquelle elle tend, mais dans "l'amour de", la "philia" qui la met en mouvement. Car le soi en vue duquel l'être humain vit: c'est-à-dire pense et agit, a cette particularité de se trouver en dehors de lui, d'ek-sister autrement dit. Tel est donc le paradoxe constitutif de l'essence existentiale de la philosophie: un soi hors de soi pour l'amour de qui l'être humain vit.

Heidegger précisera, une décennie plus tard – comme j'ai essayé ailleurs de le montrer – que l'être de ce soi était constitué par l'articulation de ce qu'il appellera, bien plus tard encore, le *Quadriparti – das Geviert –* autrement dit, l'espace-temps de croisement des quatre dimensions de "l'Événement" *– das Ereignis –* que désignent: la Terre et le Ciel, les Dieux et les Mortels. Il faut, donc, distinguer chez Heidegger ce qu'il appelle l'Être, l'Événement, le Quadriparti ou le *Même* (en allemand: *das Selbe),* de ce qu'il nomme uniformément et plus discrètement le *soi* (en allemand: *das Selbst).* Le soi constitue, en effet, l'ipséité du Même, qui n'est donc pas "à lui-même le même": le soi, l'ipséité du Même, l'articulation des quatre dimensions de "l'Événement" devant se trouver *incarné historiquement* par l'humanité. Une pensée – renouvelée – de l'incarnation forme ainsi le cœur de ce qui s'est présenté d'abord comme la définition heideggerienne de la philosophie.

Si nous avons dû sauter, pour y arriver, par-dessus dix années, ce ne fut, toutefois, pas sans devoir maintenant nous en expliquer – et combler le fossé. Nous en expliquer d'abord, car il est de la plus urgente importance désormais de pouvoir désigner dans sa saisissante unité "la pensée" *( : der Gedanke)* à laquelle Heidegger s'est consacré et qu'il a lui-même signifiée comme étant constituée par: "le fond du cœur" *( : der Herzengrund)!* – Cf. *Was heißt Denken?*, p. 157 et *Qu'appelle-t-on penser?*, p. 237. Mais cela impose de découvrir la difficulté qu'il a dû surmonter pour y accéder. Pendant les dix ans qui séparent le cours auquel nous venons de nous intéresser de l'ouvrage inédit en annexe duquel il jette un regard *expressément* autocritique sur la partie alors accomplie de son chemin vers la pensée, Heidegger n'a pu éviter, en effet, d'affronter un danger intimement lié à la philosophie, inhérent qu'il est à l'essence de celle-ci: au philosopher, autrement dit.

En 1947, dans *A l'expérience de penser,* Heidegger caractérisera ce danger comme étant le troisième et le mauvais: le danger de confusion. Il ne faut, toutefois, pas s'y tromper. Le troisième en dignité fut le premier en réalité et, s'il comportait son versant d'errement, celui-ci constituait aussi – nécessairement – la pente à devoir remonter pour le surmonter. Il importe donc de montrer que si la confusion est bien, ici, le danger à surmonter, celui-ci peut l' être effectivement. La condition pour cela est de faire droit à la complexité à laquelle renvoie le terme même de "philosophie", qu'il s'agit, par conséquent, d'analyser maintenant.

La première distinction à opérer est entre ce qui, dans l'histoire, s'est institué comme philosophie – la métaphysique, autrement dit – et ce que Heidegger a défini comme l'essence de celle-ci, désignée par le verbe "philosopher". La métaphysique n'est, en effet, que la réapparition, à l'enseigne de la philosophie, de l'entreprise ou de l'exploitation *( : Betrieb)* qui avait provoqué la perte ou la transformation révolutionnaire des sociétés premières. Dans son cours de l'hiver 1928-29, Heidegger a caractérisé cette exploitation comme une certaine manière – purement routinière – de faussement s'acquitter de ce qui ordonnait la vie dans les premières sociétés: à savoir, la *théogonie,* soit: non le service du divin ou l'enseignement de celui-ci, mais bien, littéralement: son avènement. Les sociétés premières ont dû, en effet, disparaître ou se transformer lorsqu'elles sont devenues incapables d'effectuer le processus de divinisation qui assurait sa protection à la communauté. Heidegger a expressément souligné la différence à observer entre cet "objectif procès" de divinisation – qu'il nomme théo*gonie* – et ce qui l'a remplacé: la théo*logie*, qui, par ailleurs fut à l'origine de son propre "chemin de pensée" (Cf. tome 27 de l'Édition intégrale, p. 371). Il nous a toutefois laissé, du moins dans le cours indiqué, le soin: non seulement, d'expliciter la distinction, mais, d'abord, de préciser la transition. Ce que je pense, ici, devoir être résumé comme un *retrait* du divin coïncidant avec – sinon provoqué par – l'exploitation routinière du sacré. Celle-ci, toutefois, a révélé à l'homme sa liberté – et donc la possibilité d'une existence ordonnée à sa propre responsabilité. La frauduleuse exploitation du sacré aura, ainsi, été la toute première manifestation de liberté: rendant impossible toute régression à un ordre, désormais, *définitivement* dépassé. Ne pouvant, plus jamais, vivre à l'ombre du divin, l'humanité a donc dû se décider à le faire à découvert: à exister, à proprement parler. Cela constitue l'*irréversible* principe – non plus théogonique, mais théologique – des sociétés historiques: celles où la vie est existialement ordonnée à l'invention, au lieu d'être mythologiquement soumise à la répétition.

Théologie suppose donc: non point présence mais retrait du sacré. Or, l'existence selon ce retrait présente une difficulté dont il serait bien reposant de s'exempter. L'existence historique exige, en effet, de substituer à un ordre divinement préfixé un mode inédit de relation à – et de préservation de – ce qui est. Au lieu de subsister à l'ombre du divin, l'humanité doit en sauvegarder l'espace de retrait qui est aussi celui de son possible retour: mais toutes choses étant changées par l'apparition – et, même, l'incarnation – du principe de *responsabilité*. De sorte que le danger est, dorénavant, celui de l'irresponsabilité, alors qu'il était primitivement celui de l'"impiété".

L'homme est devenu, en effet, "le berger de l'Être", le responsable de l'ajointement des quatre dimensions de l'Événement – et de la sauvegarde, ainsi, de l'étant. L'exercice de cette responsabilité est, précisément, ce que signifie penser. Lequel ne va pas sans "le confus danger" d'assimiler science et pensée. Danger métaphysiquement constitué – et historiquement produit – que Heidegger n'a pu éviter dans les premiers temps de son cheminement.

Il suffit, pour le montrer, de se rappeler de nouveau le cours de 28-29 qui définit la philosophie: non, certes, comme une simple science, mais tout de même bien comme *ultra-science*. Ce qui, sans rien ôter à l'originalité de Heidegger, est en parfaite conformité avec le concept traditionnel de celle-ci. Dans les cours et les écrits de la même période – et jusqu'en 1933-34 – Heidegger ne distinguera pas plus nettement les sciences et la philosophie, continuant uniquement – ouvertement ou, ce qui fut plus fâcheux, implicitement – d'en renverser la hiérarchie. Ainsi a-t-il, un temps, considéré et beaucoup plus longtemps laissé envisager la philosophie comme, tout simplement, "la science de l'Être" ne dépassant qu'en éminence et portée les sciences empiriques de l'étant. La différence était dans l'objet, la méthode – relativement – et l'importance, mais n'était pas une véritable différence d'essence avec les sciences. Or, il ne faut attribuer à rien d'autre qu'à cette insuffisante différence le plus affligeant – mais aussi le plus instructif – des errements dont Heidegger ait dû se corriger. J'ai à peine besoin, je pense, de préciser qu'il s'agit de son malencontreux engagement en faveur du mouvement nazi pendant ses trop longs mois de Rectorat: d'avril 1933 à, au plus tard, avril 1934.

Rien n'est, sans doute, plus désolant que cet errement. Mais, il faut oser le redire aussi, rien n'est plus instructif. Car, si l'on continue de l'en accuser avec acharnement – *au lieu, sans l'excuser, d'en retirer l'enseignement: aussi instructif que cuisant* – c'est parce que l'on ne parvient pas à sauter le pas qui a fait passer Heidegger de l'autre côté de la philosophie: celui qui n'est plus ordonné à la "science de l'Être", mais à la méditation de "l'Événement" – à ce qu'il a finalement appelé publiquement: "l'autre penser" ou "l'autre commencement" de "la pensée". Et, sans doute, le pas est-il difficile à franchir. Mais, qu'il faille l'accomplir, la preuve formelle vient d'en être donnée dans l'ouvrage inédit, paru en décembre dernier, dont l'annexe contient le premier aveu publié de son *autocritique*. Il est tout à fait caractéristique qu'il comporte également – mais dans le corps de l'ouvrage, quant à lui – un paragraphe, court mais entier (le § 47, pp. 122-123), consacré à la plus cinglante des critiques d'une phrase de Hitler résumant le fond – non strictement germanique, mais parfaitement totalitaire – de la politique du "Führer". A l'affirmation de celui-ci, selon laquelle la "suprême justification" d'une "position" proviendrait de son "utilité" pour "la collectivité", Heidegger oppose – sous forme d'interrogation – une triple réfutation. Touchant, d'abord, "la collectivité", elle est d'autant moins "le but" – et, donc, "la justification" suprême – qu'elle requiert elle-même d'être fondée sur autre chose que la simple prétention d'une masse à sa conservation. Car, s'agissant en second lieu de l'*utilité* en tant que mesure de la vérité, ne résulte-t-elle pas de l'extension à "la collectivité" de la conception de l'homme comme être isolé? Enfin, "que signifie *position?*" La critique de Heidegger est, ainsi, rigoureusement ordonnée à la série de trois notions composant le dogme totalitaire. Il était, dans ce discours de Hitler du 30 janvier 1939, moins sommairement formulé que dans le slogan: "Un peuple, un empire, un guide": *Ein Volk, ein Reich, ein Führer,* mais on ne rencontrera guère de difficulté à faire correspondre "le peuple" avec "la collectivité", "l'empire" avec "l'espace vital" accordé à son "utilité", et le guide, enfin – le *Führer* – avec "la position" commandant à toutes les autres leur "but suprême". Aussi bien, cette troisième notion – de "position" – doit-elle retenir particulièrement notre attention. Le terme allemand est, en effet, le même exactement – *Haltung* – que celui qu'avait adopté Heidegger dix ans auparavant pour caractériser la révolution philosophique. Or, voici, comment il en détermine le sens une décennie plus tard:

"Ce concept de 'position' n'implique-t-il pas le mépris de tout ce qui fait l'essentielle problématicité de l'être humain dans son rapport caché à l'estre?

L'homme n'est-il pas ici, d'emblée et définitivement, assujetti à l'exploitation et domination de l'étant (saisi dans sa privation de l'être)?"

La citation doit suffire à montrer que la critique de l'humanisme exposée dans la lettre à Jean Beaufret publiée en 1947 n'est que l'extension de la critique du nazisme rédigée huit ans auparavant. Cela devrait nous donner d'autant plus à penser que cette critique est essentiellement une autocritique. Très précisément, l'autocritique par Heidegger de son itinéraire entre 1927 et 1934. Ce n'est qu'après ce temps d'errement qu'il accomplira, en effet, le décisif "tournant" qui l'a prémuni définitivement contre toute "ultra-scientifique" séduction métaphysique.

Mais cela ne suffit pas encore à régler la question philosophique. Car, si "philosophie" signifie *philosopher,* "philosopher" de son côté ne saurait être uniquement déterminé métaphysiquement. Il importe, à cet égard, de noter que le cours de

1928-29 s'est symptomatiquement interrompu après sa seconde partie: la troisième partie – qui devait traiter de la relation de la philosophie avec l'histoire – n'a été ni prononcée ni, semble-t-il, préparée. On ne saurait guère en être surpris: là résidait, en effet, la plus grande difficulté – qu'*Être et Temps* avait, au demeurant, déjà "ajournée" significativement.

Heidegger a-t-il traité effectivement cette question avant le "tournant" qui l'a conduit à la pensée de "l'Événement"? Il n'est guère possible actuellement d'en décider "sur documents". Mais qu'il l'ait fait après, une fois au moins, en formelle relation avec le verbe "philosopher", la conférence de Cerisy en est la preuve *littérale*. Touchant la question: Qu'en est-il de la philosophie?, Heidegger nous dit, en effet, qu'elle est "elle-même un chemin" qui "conduit depuis le *Dasein* grec jusqu'à nous-mêmes, si ce n'est au delà de nous-mêmes". Or, "être un chemin" signifie, ici, "philosopher", comme il l'a établi d'emblée: "le but de notre question est d'entrer *dans* la philosophie, de séjourner en elle, de nous comporter à sa manière, c'est-à-dire "philosopher"." (Cf. *Was ist das – die Philosophie?*, pages 11 et 4; *Questions II,* pages 19 et 12). Le verbe est, alors, à juste titre, placé entre guillemets: ce qu'il ne sera plus jamais dans ses deux autres sortes d'occurrences dans la conférence. La raison en est, qu'au tout début de la conférence, le terme demeure indéfini, alors que, par la suite, le contexte permet de spécifier lequel d'entre ses deux sens explicites est visé. Le verbe y veut expressément dire, en effet, soit ce que *nous* devons faire en posant la question: qu'en est-il de la philosophie?, soit ce que firent les Grecs à partir de Socrate lorsque, sans se poser cette question, ils s'efforçaient de correspondre avec ce dont il s'est agi dans la philosophie, l'être, autrement dit, de ce qui est: l'être de l'étant. En outre, sans que cela soit explicité, ni même mentionné, le verbe a un troisième sens encore: celui de caractériser l'attitude des "plus grands" parmi les penseurs: Héraclite et Parménide qui n'étaient, quant à eux, pas encore des philosophes.

Ce qui fait, toutefois, de ce verbe un chemin réside en ceci que ses trois significations se trouvent historiquement ordonnées: composent trois variations de la même relation – dont Heidegger, du reste, a bien pris soin de nous préciser la définition en français par le terme de *correspondance*. Dans ses trois sortes d'occurrences, "philosopher" renvoie donc aux trois manières selon lesquelles la correspondance avec ce qui est fut effectivement assurée – ou doit l'être – dans l'histoire de l'Occident. Laquelle est devenue, entre-temps: depuis le début de "l'âge atomique", la seule histoire en vérité: l'histoire universelle. Or, ce terme de "correspondance" n'est autre que celui que Heidegger a choisi *aussi* pour dire *en français* ce que signifie la première partie du nom de "philosophie". *Philein: aimer*, c'est correspondre à ce qui est. Mais correspondre véritablement, et non plus "mythiquement" comme on le faisait dans les premières sociétés. D'où la précision à devoir apporter au propos de Heidegger dans la conférence de Cerisy lorsqu'on la compare avec son cours de l'hiver 1928-29. Heidegger y considérait, alors, le passage des sociétés de type anté-historique aux sociétés proprement historiques, alors qu'il s'agit, ici, une fois ce premier passage effectué, des époques successives de la société de type historique qui ordonne désormais l'ensemble de l'humanité.

Cela précisé, nous pouvons spécifier les trois sortes de "correspondances" auxquelles renvoie, sans confusion dorénavant, le verbe "philosopher". Il y eut d'abord cette correspondance qu'Axelos et Beaufret ont traduite par: "accord" (: *Einklang*), laquelle a caractérisé l'époque dite "pré-socratique": dans la conférence, le siècle et demi séparant Héraclite du maître de Platon. "Philosopher", alors, c'est se trouver "homologiquement" en harmonie avec l'être de l'étant, l'énoncer, autrement dit, sans avoir, d'abord, à le rechercher. Cette nécessité n'adviendra qu'en un second temps: avec Socrate, donc, et Platon puis Aristote dont la correspondance avec ce qui est ne consiste plus en un accord, mais requiert un effort: que va signifier le verbe "aimer" depuis lors, sinon jusqu'aujourd'hui encore. Heidegger n'est pas sans indiquer plusieurs moments dans cet effort philosophant: le moment grec classique de Socrate à Aristote, le moment médiéval, l'époque "cartésienne", enfin la période floue qui va de Hegel à Nietzsche avec laquelle il s'est, ailleurs, longuement "expliqué". Mais ce qui le retient surtout dans cette conférence de Cerisy – bien qu'il ne le précise qu'à la fin – c'est le type de correspondance qui a dû – ou doit – succéder à cet âge de la philosophie qui s'étend de Socrate jusqu'à aujourd'hui, du moins apparemment ou en partie. Heidegger est, à cet égard en effet, moins précis dans cette conférence de Cerisy qu'il le sera publiquement quelques années plus tard. Il n'y spécifie pas formellement la différence entre le temps – qu'il sait terminé – de la philosophie et celui qu'il a, lui-même, inauguré. Mais nul ne saurait s'y tromper: dès avant Cerisy, avec la *Lettre sur l'humanisme,* Heidegger a préparé publiquement les esprits à accueillir l'idée qu'un âge nouveau de la pensée a, d'ores et déjà, pris le relais de celui de la philosophie. Cet âge est caractérisé par un type de correspondance différent des deux précédents: ni accord donc, ni effort, mais *apports*. Ce terme est, en effet, celui par lequel devrait être traduit le premier de ceux qui composent le titre des *Beiträge zur Philosophie – Apports,* par conséquent, *à la philosophie* – soit de l'ouvrage inédit qui nous permet de comprendre, nettement mieux désormais, ce que Heidegger nous a invités à penser. A savoir, non plus l'être de l'étant, mais l'être tout simplement, ou, comme le précise le sous-titre des *Beiträge zur Philosophie:* "l'Événement", et celui-ci à partir de ce qui le définit, autrement dit: le *Quadriparti.*

Il s'agit bien avec cet ouvrage, en effet, d'*apports* à la philosophie – constitués dès fin 1938 – dont j'ai déjà précisé en quoi, pour l'essentiel, ils consistaient: en l'articulation, pour le rappeler, du *soi (: das Selbst)* au sein du *Même* (: *das Selbe*) que signifie le croisement des quatre dimensions de "l'Événement": le Ciel, la Terre, les Divins et les Humains. Il n'entre pas dans le projet de la présente conférence de s'engager plus avant dans cette pensée. Il lui appartient, en revanche, pour terminer, d'en préciser la relation avec la question posée par Heidegger à

Cerisy: qu'en est-il de la philosophie? L'interrogation ne saurait, en effet, être justifiée que si l'enseignement, lui-même, de la philosophie requérait d'être prolongé au delà de ce qui a, historiquement, défini celle-ci: à savoir, l'ontologie.

Or, la réponse de Heidegger était en projet depuis l'époque d'*Être et Temps:* la philosophie requiert un tel prolongement – pour la même raison qu'elle a, d'abord, exigé d'être existentiellement engendrée par une crise historique qui attend, depuis, son dénouement. La philosophie nécessite ainsi – comme je l'avais annoncé – d'être doublement complétée par une *métaphilosophie* dont on sait que Heidegger l'a – énigmatiquement – appelée: *théologie.* A chacun, désormais, de continuer d'en *réfléchir* la pensée...

# Heidegger on Being's Oldest Name: "Τὸ Χρεών"

## Mark Basil Tanzer

### I.

Although the thought of Martin Heidegger addresses a great number of pivotal philosophical issues, Heidegger's guiding concern was with one issue alone: the being-question. Despite the centrality of being in Heidegger's thought, he never fully resolves the question concerning the meaning of being; he never manages to define being. This, of course, does not indicate a failure of the Heideggerian project since one of Heidegger's most important claims is that an essential element of being's very structure is its resistance to definitional articulation. This peculiar indefinability characteristic of being precludes Heidegger from offering a definitive formulation of the meaning of being, but it does not prevent him from offering several detailed descriptions of being, particularly in his later texts. These expositions of being's structure include being as φύσις (or emergence), being as ἀλήφεια (or unconcealment), and being as λόγος (or primal gathering principle), all of which have received due attention from commentators. However, commentators have paid surprisingly little attention to Heidegger's description of being as τὸ χρεών.[1]

That Heidegger's characterization of being as τὸ χρεών has been accorded relatively little importance by commentators is surprising for two reasons. The first reason for surprise concerns the fact that most of Heidegger's attempts to articulate the being-structure issue from his confrontations with the pre-Socratics. Heidegger is interested in the pre-Socratics because he believes that Western thought has consistently misinterpreted being, and he sees Plato as having inaugurated the series of misinterpretations that constitutes the history of Western metaphysics. Thus, he views the pre-Socratics as witnesses to an experience of being that pre-dates the Platonic misinterpretation thereof, an experience of being that Heidegger's thought endeavors to reawaken. In this sense, Heidegger's valorization of pre-Socratic thought is linked to the archaic character of that thought. And the interpretation of

---

[1] A notable exception to this tendency is Michel Haar, whose book *Heidegger and the Essence of Man*, tr. W. McNeill (Albany: SUNY, 1993) includes several discussions of Heidegger's analysis of τὸ χρεών (see pp. 64-67, 111-113, 129-132). Still, I believe that Haar's interpretation of the relevant Heideggerian passages is mistaken, as will be shown later in this essay.

being as τὸ χρεών, first put forth by Anaximander, is, according to Heidegger, "the oldest name in which thinking brings the Being of beings to language."[2] Therefore, whether or not we agree with Heidegger's valorization of archaic thought, the fact that Anaximander's designation of being with the phrase "τὸ χρεών" is the most archaic attempt to describe being should indicate that, for Heidegger, the Anaximandrian formulation is particularly important. Scholars, nevertheless, have, for the most part, failed to fully examine this aspect of Heidegger's thought.

The second reason that this lack of attention is surprising concerns the fact that Heidegger translates "τὸ χρεών" as "usage (*der Brauch*)."[3] And a crucial section of Heidegger's *magnum opus* – *Being and Time* – is dedicated to an exhaustive analysis of use.[4] In *Being and Time*, Heidegger endeavors to explicate the ontological structure of human existence, or Dasein, as the first step in his pursuit of the meaning of being. He derives this structure from the type of behavior exhibited by Dasein in its everyday, immediate mode of activity, which, Heidegger claims, is an essentially practical mode of activity: use. The ontological structure of Dasein, then, is derivable from the ontological structure of use. And given the wealth of detailed analysis concerning the use-structure found in *Being and Time*, it seems only natural that commentators would recognize that these analyses offer a readily accessible key to interpreting Heidegger's characterization of being as usage.

Perhaps commentators have been reluctant to equate being's usage with Dasein's usage because the exposition of Dasein's usage is a product of Heidegger's "early" thought, while that of being's usage is a product of Heidegger's "later" thought, and it is often thought that Heidegger's thinking is significantly different in these two periods. Thus, it would seem that analyses carried out by the early Heidegger cannot be carried over to the later Heidegger. However, I believe that such a transposition is justified both in general and with regard to the issue of usage. For one of the most notable features distinguishing Heidegger's early and later periods is that for the later Heidegger being assumes a more essential role, which accords with the role of Dasein in the early Heidegger. Therefore, there is every reason to believe that the usage practiced by Dasein is structurally isomorphic with the usage practiced by being.

My aim in this essay is two-fold. First of all, I will argue that by thoroughly examining Heidegger's analysis of the Anaximandrian χρεών, a common misinterpretation of Heidegger's notion of being can be forestalled. This misinterpreta-

---

[2] *Holzwege* (GA 5), p. 363; tr. "The Anaximander Fragment," *Early Greek Thinking*, p. 49.

[3] GA 5, pp. 362-269; tr. pp. 48-54. In a 1941 lecture course, Heidegger renders τὸ χρεών "need (*die Not*)" (*Grundbegriffe* (GA 51), pp. 94ff.; tr. *Basic Concepts*, pp. 81ff.), as he does in *Einführung in die Metaphysik* (GA 40), pp. 177-178, 181; tr. *An Introduction to Metaphysics*, pp. 169, 173. The apparent discrepancy between these alternative translations will be addressed below.

[4] *Sein und Zeit* (GA 2), pp. 85-239; tr. *Being and Time*, pp. 91-224.

tion maintains that Heidegger's later texts conceive being as a radically dominant power which completely subjugates the human being to its demands. And this misinterpretation of Heideggerian being has permitted several of Heidegger's critics to forge a specious connection between Heidegger's conception of being and his support of Germany's National Socialist regime. The second aim of this essay is to expose this alleged connection as erroneous since it presupposes that being, for Heidegger, completely dominates a passive humanity; it presupposes the misinterpretation of being that can be redressed through a consideration of Heidegger's Anaximander interpretation.

## II.

We approach Heidegger's interpretation of Anaximandrian usage by first setting forth the fundamental components of Dasein's usage as articulated in *Being and Time*.[5] Heidegger begins his analysis of Dasein's usage by focusing on the thing of use, the "ready-to-hand" entity. And he finds that the useful entity is simultaneously dependent upon Dasein and independent from Dasein. It is Dasein-dependent since a useful thing requires a user in order to be the useful thing that it is.[6] Insofar as the ready-to-hand is so dependent upon Dasein, Dasein makes the ready-to-hand possible; it constitutes the useful entity as such, by determining the uses to which the entity may be put. From this fact, Heidegger reads off the first structural component of the useful thing, i.e., its being *for* Dasein, which he refers to as the entity's "significance (*Bedeutsamkeit*)."[7]

A second structural component of the ready-to-hand entity is manifested by the fact that although the useful thing is dependent upon, and thus constituted by, Dasein, it also exhibits an equally essential independence from Dasein. It is Dasein-independent since the uses to which a useful thing can be put are limited; the ready-to-hand is useful, but it can also be misused. Therefore, despite the fact that it is Dasein who constitutes the ready-to-hand as such, who determines the usefulness of the ready-to-hand and so makes it what it is, Dasein's acts of thing-constitution are not arbitrarily performed, but must obey certain limitations. These limitations reveal that the usefulness of the useful entity is determined prior to Dasein's thing-constituting acts. Since the usefulness of the ready-to-hand is predetermined, the ready-to-hand entity is what it is prior to, or *without*, Dasein. This second structural component of the useful entity, i.e. its being without Dasein, is the "present-at-hand" dimension of the ready-to-hand entity.[8] It marks the extent

---

[5] For a more detailed discussion of this issue, see Mark Basil Tanzer, "Heidegger on Realism and Idealism," *Journal of Philosophical Research*, 13 (1998).

[6] Heidegger makes this point by designating Dasein as the "for-the-sake-of-which (*Worum-willen*)" of all practical involvements (GA 2, p. 113; tr., pp. 116-117).

[7] GA 2, p. 116; tr., p. 120.

[8] See GA 2, pp. 97-102; tr., pp. 102-107.

to which ready-to-hand entities resist Dasein's thing-constituting power. In direct opposition to the ready-to-hand's being for Dasein, its Dasein-dependence, or significance; the ready-to-hand is simultaneously without Dasein, Dasein-independent, or *in*significant in the sense that the ready-to-hand is alienated from Dasein,[9] impenetrable to Dasein's thing-constituting power.

After articulating the ontological structure of the useful entity, which combines Dasein-dependence with Dasein-independence, Heidegger examines the user of such entities, i.e., Dasein itself. What must be the ontological structure of Dasein as user given that the things of its usage are both dependent upon it and independent from it? Heidegger's answer is that Dasein must be ontologically "ahead of itself".[10] For entities are independent of Dasein insofar as their specific use, their significance, precedes Dasein. Yet, these same entities are Dasein-dependent insofar as it is Dasein itself that determines, or constitutes, their significance. Therefore, the thing-constituting agency that precedes Dasein is Dasein itself. Dasein precedes itself, or is ahead of itself.

The manifestation of Dasein's being ahead of itself is found in the fact that Dasein's everyday, immediate mode of existence is to be the "'they'-Self."[11] The 'they' is the anonymous public that imposes rules for proper behavior on Dasein. As the agency that determines how Dasein is to conduct itself in its interactions with things, the 'they' gives entities their significance; 'they' constitute entities as such.[12] And insofar as the 'they' *imposes* these rules on Dasein, it is an alien agency. Thus, since it is the 'they', as an alien agency, that constitutes things, things are what they are independently of Dasein. In this sense, the 'they' precedes Dasein; Dasein cannot itself decide how to use entities, but finds these rules to be pre-determined by the 'they.' So, the 'they' gives things their present-at-hand, Dasein-independent dimension; it renders entities essentially without Dasein, and thus alienated from Dasein's thing-constituting power – insignificant.

Nevertheless, the 'they' is not completely alien to Dasein, but "belongs to its positive constitution."[13] For although the 'they' gives entities their Dasein-independence, and so must perform its acts of thing-constitution prior to Dasein, entities still possess a Dasein-dependent dimension. That is, they are still for Dasein, and so must yield to Dasein's thing-constituting power. This is manifested by the fact that Dasein always finds itself acting as 'they' do; Dasein *is* itself one of 'them': the 'they'-Self. Dasein must be one of 'them' since the 'they' is the agency whose thing-constituting power must be obeyed by entities, and entities obey *Dasein's* thing-constituting power insofar as they are Dasein-dependent.

---

[9] See GA 2, pp. 247-248; tr., p. 231.
[10] GA 2, p. 255; tr., p. 236.
[11] GA 2, p. 172; tr., p. 167.
[12] GA 2, p. 169; tr., p. 164.
[13] GA 2, p. 172; tr., p. 167.

Therefore, Dasein is both submitted to the rules instituted by the 'they,' and Dasein institutes those very rules. The thing-constituing acts of the 'they' both precede Dasein and are instituted by Dasein. Again, Dasein is ahead of itself. Such is the nature of the being to whom things stand in a relation of both dependence and independence.

The final key element of Dasein's usage-structure is that usage, as ahead of itself, can never achieve itself. This follows from the fact that, as the user of the ready-to-hand, all of Dasein's activities are attempts to properly use entities, attempts to flawlessly obey the rules that articulate a given thing's proper significance. Dasein's activities, then, are driven by its ontological trajectory toward consummate thing-use. But if Dasein were to achieve such a state, then entities could no longer be misused. That is, if Dasein were to flawlessly use the ready-to-hand, these entities would no longer resist Dasein. Any act of thing-use that Dasein might capriciously perform would be self-legitimating, and so would be equivalent to an act of thing-constitution. Thus, Dasein's ontological trajectory toward achieving itself as consummate thing-user is tantamount to a trajectory toward becoming the unfettered agent of thing-constitution. As the fully actualized performer of thing-constituting acts, Dasein would hold the power to whimsically assign significance to entities. But this is inconceivable since Dasein would no longer have rules of thing-use imposed upon it, and so would no longer be Dasein since its usage-structure requires that the significance which Dasein gives to entities cannot be legislated arbitrarily. Therefore, Dasein's usage-structure drives it, ineluctably, toward self-achievement, toward achieving itself as that which constitutes entities, although this self-achievement is, in principle, unattainable.[14]

In view of the above, we conclude that usage is a mode of making entities possible, which must obey certain restrictions. As subject to restrictions, making entities possible by usage is not equivalent to creating, or producing, entities. Making possible by usage is distinct from production because if Dasein were the creator of beings, then it would have the power to arbitrarily determine the significance that makes a thing what it is. For a thing's creator need not obey the significance that makes a thing what it is, but rather determines that significance. Creation, unlike usage, is an unrestricted mode of making entities possible. In Heideggerian terms, Dasein's usage does not create beings, but lets beings be.[15]

### III.

Notice that, according to the above analysis, usage possesses both active and receptive dimensions. Dasein's usage is active insofar as it constitutes entities, thereby rendering them Dasein-dependent, or for Dasein. At the same time,

---

[14] This is the meaning of Heidegger's claim that Dasein is ontologically "guilty" (See GA 2, pp. 373 ff.; tr., pp. 326 ff.).

[15] See GA 2, p. 113; tr., p. 117.

Dasein's usage is receptive insofar as the constitutive determinations possessed by the things of use are not created by, but precede, and thus are imposed upon, Dasein. And it is this active/receptive structure of usage that prevents Dasein from achieving itself. If it were to achieve itself as the agent of thing-constituting acts, thereby stripping these acts of their character of being impositions, then Dasein would lose its receptive dimension. But since this receptive aspect is essential to Dasein's usage-structure, it can never be overcome. Due to its very ontology, which necessarily includes a receptive dimension, Dasein can never achieve itself as purely active, although all of its activities drive it toward the overcoming of its receptivity.

According to *Being and Time*, then, Dasein *precludes itself* from reaching self-achievement. The point is important because this essay aims to exhibit how Dasein's usage and being's usage are isomorphic. Our analysis thus far would have trouble establishing this since, as we will see, the later Heidegger's explication of being's usage turns on his interpretation of the relationship between Dasein and being. But the early Heidegger's explication of Dasein's usage does not seem to take this relationship into account; it focuses exclusively on Dasein itself. The nature of Dasein's usage is, ultimately, understood solely in terms of Dasein's own internal active/receptive structure. But *Being and Time*'s omission of the connection between Dasein's usage and its relation to being is remedied in a crucial section of Heidegger's *An Introduction to Metaphysics*. This work offers a lucid exposition of Heidegger's later position while maintaining clear connections with Heidegger's early texts. In a critical section, entitled "Being and Thinking", Heidegger gives an analysis of the structure of human existence that is identical to *Being and Time*'s analysis of Dasein's usage-structure, as well as an exposition of the relation that obtains between human existence and being. With this in mind, we focus on Heidegger's interpretation of the first Chorus from Sophocles' *Antigone*, which is found in the "Being and Thinking" section.

Sophocles characterizes the human being as "τό δεινότατον, the strangest of the strange."[16] To understand how this "authentic Greek [i.e. pre-Socratic] definition of man,"[17] which Heidegger adopts as his own, articulates a notion of humanity that is identical to *Being and Time*'s notion of Dasein as usage, we must first note Heidegger's explication of the meanings possessed by the Greek word "δεινόν," the strange. "Δεινόν," Heidegger tells us, has a two-fold signification. On the one hand, it means "the terrible in the sense of the overpowering power,"[18] and it is in this sense that being, for the Greeks, was strange. On the other hand, "δεινόν" means "the powerful in the sense of the one who uses power;"[19] specifi-

---

[16] GA 40, p. 158; tr., p. 149.
[17] GA 40, p. 160; tr., p. 151.
[18] GA 40, p. 159; tr., p. 149.
[19] GA 40, p. 159; tr., p. 149.

cally, the δεινόν "uses power against the overpowering."[20] And it is in this sense that the human being, for the Greeks, was strange. Through Sophocles, then, Heidegger interprets the human being as being's antagonist.

The human being is being's antagonist insofar as the former "gathers the power [of being] and brings it to manifestness."[21] This bringing of being to manifestness, Heidegger says, is what Sophocles meant by the term "τέχνη," a term which Heidegger equates with Parmenidean "thinking (νοεῖν)" and with Heraclitean "λόγος."[22] Heidegger's clearest description of these notions is found in his treatment of λόγος, which he characterizes as "the primal gathering principle"[23] that "holds [things] together."[24] But in what sense does the human being's gathering of things bring them to manifestness? Heidegger's answer is that by holding things together human λόγος combats the "turmoil in which everything has as much or as little value as everything else."[25] That is, without λόγος there would be nothing but a chaos in which entities would be devoid of meaning, of "value." Λόγος, or τέχνη, then, gives significance to beings, and it is through such activity that Dasein assumes its role as being's antagonist. The echoes of *Being and Time* are unmistakable. There, Dasein rendered entities significant by submitting them to its thing-constituting power; beings were significant insofar as they were for Dasein. In the Sophocles interpretation, τέχνη apparently serves the same purpose.

But despite the fact that in both *Being and Time* and *An Introduction to Metaphysics* Heidegger conceives the human being as that which makes beings significant, these two texts seem to diverge in their interpretations of the significance thus given. For, in *Being and Time*, Dasein's giving of significance makes beings possible; without significance beings could not be at all. In *An Introduction to Metaphysics*, on the other hand, it seems as though beings could be without the significance that Dasein lends to them; human τέχνη apparently gives meaning to a chaos that would still exist without us, although in an incoherent state. Notice that the later Heidegger's position regarding this point would be equivalent to that of the early Heidegger if the significance given to beings by human τέχνη were essential to the very existence of those beings. And although the passages cited thus far do not make this claim, a statement occurring later in the Sophocles interpretation does. As Heidegger puts it, being "*requires* (*braucht*) a place, a scene of disclosure,"[26] and the human being *is* this place. Being needs τέχνη, needs the human being to use power against it, to antagonize it, in order for being to be what it is. And without being there could be no entities since being is, for Heidegger, the

---

[20] GA 40, p. 159, tr., p. 150.
[21] GA 40, p. 159, tr., p. 150.
[22] For Heidegger's equation of τέχνη with νοεῖν, see GA 40, p. 174; tr., p. 165. For his equation of νοεῖν with λόγος, see GA 40, pp. 177-178; tr., p. 169.
[23] GA 40, p. 136; tr., p. 128.
[24] GA 40, p. 139; tr., p. 131.
[25] GA 40, p. 141; tr., p. 133.
[26] GA 40, p. 171; tr., p. 163.

being of beings. Thus, the giving of significance enacted through τέχνη is a thing-constituting act, as was Dasein's giving of significance in *Being and Time*.

So, the later Heidegger's analysis of the human being's thing-constituting power, its usage, explicitly brings Dasein's relation to being into play, thereby complementing the early Heidegger's analysis. In *Being and Time*, it was by virtue of Dasein's active dimension that entities were given significance, and thus were subjected to Dasein's thing-constituting power; they were forced to yield to this power, rendering them Dasein-dependent. As an active, thing-constituting power, Dasein held a position of dominance over beings. In *An Introduction to Metaphysics*, Heidegger makes this same claim, but he puts it in terms of the human being's relation to being. Τέχνη is needed by being, and so being is dependent upon, or dominated by, Dasein's acts of thing-constitution. The human being's dominance over beings, its active dimension, is understood by the later Heidegger as rooted in its dominance over being. In this sense, the human being's active dimension is correlated with a receptivity possessed by being; being, as dependent upon the human being, submits to the human being's active, thing-constituting power.

Still, despite being's dependence upon human τέχνη, Heidegger's Sophocles interpretation also holds that being is the dominant partner in the relation between the human being and being, and so is independent of the human being. We can understand how this is the case by pursuing the question: What, exactly, is so 'strange' about humanity's role as the provider of significance to beings? For Sophocles, the human being is strange because it exercises its thing-constituting power in the face of an *overpowering* power-being. Heidegger locates the overpowering character of Sophoclean being in the fact that it "casts us out of the 'homely,' i.e. the customary, familiar, secure."[27] That is, being is overpowering insofar as it prevents humanity from attaining familiarity with its world, and this unattainable familiarity is equivalent to the Dasein-dependence of entities.[28] As overpowering, then, being prevents the human being from introducing significance into what is; it holds beings in a state of insignificance, of impenetrability, thereby precluding humanity from maintaining a position of dominance over being. Here, we find another clear echo of *Being and Time*.

As we have seen, Dasein's active dimension appears in the Sophocles interpretation as the human being's thing-constituting power, which renders being receptively submitted to this power. Now we see how Dasein's receptive dimension also appears in the Sophocles interpretation. In *Being and Time*, it was by virtue of Dasein's receptive dimension that things maintained their independence from

---

[27] GA 40, p. 160; tr., p. 151.
[28] This equivalence is implied by Heidegger's use of the word "homely (*Heimlich*)" to characterize the familiar. The unfamiliar, then, would be the *Unheimlich*, which, in *Being and Time*'s analysis of anxiety (GA 2, pp. 244-253; tr., pp. 228-235), refers to that aspect of entities which renders them impervious to Dasein's thing-constituing acts, or Dasein-independent.

Dasein's thing-constituting power; they resisted this power, rendering them insignificant. As receptive, then, Dasein was held in a position of submission to beings. In *An Introduction to Metaphysics*, Heidegger repeats this claim in terms of the human being's relation to being. As overpowering, being resists human τέχνη, and so is independent from, or dominant over, Dasein's acts of thing-constitution. Humanity's submission to beings, its receptive dimension, is understood by the later Heidegger as rooted in its submission to being. In this sense, the human being's receptive dimension is correlative with being's active aspect; being, as independent of human existence, actively dominates the human being's thing-constituting power.

If our reading of Heidegger's Sophocles interpretation is accurate, then, as in *Being and Time*, the human being's ultimate inability to make being fully dependent upon it should preclude the human being from achieving itself. And herein lies the strangeness of humanity's role in its relation to being. The human being's very essence is to be the one that attempts to dominate being. Heidegger makes this point in *An Introduction to Metaphysics* with a clear allusion to *Being and Time*: "the use of power is the basic trait not only of [the human being's] action but also of his being-there (*Dasein*)."[29] Humanity would achieve itself if it were to attain a position of dominance over being, if it were to subjugate being to its thing-constituting power. But this is impossible due to being's active, overpowering character, its fundamental dominance over human endeavor. Humanity's relation to being is strange because it is one in which the human being is called to an impossible task – the task of rendering being fully dependent upon it. Furthermore, the achievement of this task is not only impossible but is inconceivable. For if it were completed, being would lose its active, overpowering dimension, and so would not be being at all. Heidegger affirms the unachievability of the human essence, when he tells us that we "can never master the overpowering"[30] despite the fact that it is our ontological vocation to do so. Human existence is necessarily doomed to failure. It is this "necessity of disaster"[31] harbored by being's independence, its dominance over human existence, that "hold[s] him [i.e. the human being] *out of his essence*,"[32] unachievable.

Notice that in *An Introduction to Metaphysics* it is being's active dimension, rather than Dasein's own receptive dimension, that precludes Dasein from achieving itself. This does not indicate an inconsistency between Heidegger's early and later thought, but follows from the fact that just as the later Heidegger understands Dasein's active/receptive structure in terms of its relation to being, so the later Heidegger understands Dasein's unachievability in these same terms. And in view

---

[29] GA 40, p. 149; tr., p. 150. See also GA 40, p. 160; tr., p. 151, where Heidegger says that "to be the strangest of all is the basic trait of the human essence."
[30] GA 40, p. 169; tr., p. 161.
[31] GA 40, p. 171; tr., p. 162.
[32] GA 40, p. 165; tr., p. 156 (my emphasis).

of our analysis of Heidegger's Sophocles interpretation, we can articulate his conception of the Dasein/being relation as follows. Dasein is, on the one hand, the one who uses power against being. Dasein is the one who wields its significance-giving, thing-constituting power in order to make beings what they are, thereby rendering them dependent upon it, and so dominating being. To this extent, Dasein is the active, dominant power in the relation between the human being and being, while being plays the role of its receptive counterpart. However, humanity can never fully dominate being since being, as overpowering, maintains a resistant independence from Dasein's endeavor to make beings significant. Being asserts its own thing-constituting power. To this extent, being is the active, dominant power in the Dasein/being relation, while Dasein plays the role of being's receptive counterpart. Thus, Dasein and being stand in a relation of antagonistic reciprocity, in which Dasein's active dimension correlates with being's receptive dimension, while Dasein's receptive dimension correlates with being's active dimension.

Dasein's usage can now be re-articulated in terms of its relation to being. Dasein's usage lets beings be by actively giving beings the significance that makes them what they are. But such letting be is not equivalent to the creation of beings because usage occurs in the face of being, which acts as an equally active, antagonistic power giving beings an essential insignificance, thereby preventing Dasein from completely dominating them. Being's active dimension, then, precludes Dasein from arbitrarily determining the significance of entities by rendering them impenetrable to Dasein's power to give significance. And the limitations that being thus imposes on Dasein's thing-constituting power are what distinguish Dasein's thing-constituting acts as acts of usage.

## IV.

Now that we have examined the fundamental structure of Dasein's usage in terms of Dasein's relation to being, we are prepared to turn our attention to the later Heidegger's essay "The Anaximander Fragment", in which he offers his clearest exposition of being as usage: "τό χρεών." There, Heidegger contends that the structure of being is to be understood through an examination of Anaximandrian usage, which, he tells us, Anaximander conceives as the surmounting of disorder in favor of order.[33] Therefore, to grasp the nature of being's mode of usage, we must first discern how Heidegger interprets Anaximander's notions of order and disorder.

Heidegger begins his discussion of order and disorder by equating disorder with ἀδικία, which he translates as "disjunction", or "being out of joint."[34] And entities

---

[33] GA 5, p. 363; tr., p. 49.
[34] For ἀδικία as disjunction (*die Un-Fuge*), see GA 5, p. 355; tr., p. 42. For ἀδικία as being out of joint (*aus der Fuge sein*), see GA 5, p. 354; tr., p. 41.

are disorderly insofar as they persist. As Heidegger puts it, a disorderly being is one that "perseveres in presencing ... it extricates itself from its transitory while. It strikes the willful pose of persistence."[35] Given this conception of disorder, all beings are disorderly since any being must persist, or have some temporal breadth, in order to be at all. For all beings, as we have seen, must have a Dasein-independent dimension which is manifested in a being's pre-determined character. And as pre-determined, any entity must possess not only a present, but a past as well, and therefore must be temporally extended. Entities, then, are disorderly, ἀδικία, insofar as they possess a present-at-hand, pre-determined aspect. That is, a being's disorderliness is its Dasein-independence, its insignificance.

But, Heidegger tells us, Anaximander does not view entities as completely disorderly. To establish this, Heidegger examines the Anaximandrian counter-concept to ἀδικία, i.e. δίκη. He interprets δίκη as "jointure", or "order."[36] For Anaximander, Heidegger claims, all beings come to presence "in such a jointure."[37] That is, entities are essentially disorderly insofar as they persist, but this very persistence is also orderly; while insisting on disorderly persistence, a being, at the same time, "surmounts disorder...let[s] order belong."[38] This orderliness of beings is manifested by the fact that their persistence is tempered by an equally essential failure to persist. Disorderly entities only "linger awhile"[39] between appearance and disappearance, and to so occur is to attain jointure, to be orderly: "[i]n this 'between' whatever lingers awhile is joined."[40] For a being to be orderly, then, is for it to persist for a time, for it to temporarily maintain itself in disorder, but with an ineluctable inclination toward subsequently abandoning this persistence by disappearing. In this way, an entity surmounts disorder.

Since a being's disorderly dimension is equivalent to its independence from Dasein's thing-constituting power, the surmounting of disorder by which beings abandon permanence in favor of a transitory existence, is equivalent to a being's possession of an essential dependence upon Dasein. As in *Being and Time* and *An Introduction to Metaphysics*, beings are not a merely insignificant chaos, but they possess an orderly, significant dimension, which is manifested by their Dasein-dependence. Thus, Heidegger's Anaximander interpretation holds that things necessarily possess a significant, Dasein-dependent dimension, as well as an insignificant, Dasein-independent dimension. And to be so related to Dasein is, as we have seen, to be a thing of usage. So, Heidegger's view of the relation between Dasein and being remains consistent from *Being and Time* through his later period.

---

[35] GA 5, p. 355; tr., p. 42.
[36] For δίκη as jointure (*die Fuge*) and order (*der Fug*), see GA 5, p. 357; tr., p. 43.
[37] GA 5, p. 355; tr., p. 41.
[38] GA 5, p. 357; tr., p. 44.
[39] GA 5, p. 358; tr., p. 44.
[40] GA 5, p. 355; tr., p. 41.

Dasein's structure within this relation is that of usage. In the essay that we are now considering, being's structure within this relation is also described as that of usage.

Being's usage is best approached by noting that Heidegger understands the relation between Anaximandrian order and disorder, between the Dasein-dependence and Dasein-independence of beings, as one in which "whatever lingers awhile with a view to disjunction ... gives jointure."[41] Beings are disorderly, but through their disorderliness they *give* order. And, according to Heidegger, it is by grasping the precise nature of this giving that we can grasp the structure of being. For the giving of order effected by beings occurs "in accordance with" being itself.[42] The issue to be explored, then, concerns the manner in which beings, as disorderly, give order, thereby surmounting disorder. Herein lies the structure of being's usage.

Already we can see clear parallels between the modes of usage practiced by Dasein and being. Being's usage, like Dasein's, gives order, thereby making beings possible insofar as they are necessarily significant. And just as Dasein's usage yields a significance that is, nevertheless, complemented by an equally essential dimension of insignificance, so being's usage gives an orderliness that never completely overcomes disorder. For both Dasein and being, then, usage is a significance-giving act that makes beings possible, or lets them be, by giving them a type of significance that meets a resistance to that significance in the very entities that this significance makes possible. In both cases, the resistance to significance is manifested in the present-at-hand, persistent aspect of the significant entity. Still, despite the structural similarites shared by the usage of Dasein and that of being, an important difference emerges when Heidegger claims that being's giving of significance "has the sense of acceding or giving-to *[Zugeben]*."[43] That is, when being gives significance to beings through usage, it makes a *concession* to beings; it gives in to a demand that is conciliatory, and thus is, in some sense, contrary to being's nature. How are we to understand this concession, and how does it reveal a difference between being's usage and Dasein's usage?

The difference between Dasein's usage and being's usage is not marked by the mere fact that being makes a concession when it lets beings be; Dasein's letting be also concedes something, as we will see. Rather, the difference lies in the fact that while being's concession gives in to significance, Dasein's concession gives in to insignificance. The two forms of usage have the same essential structure, which is what qualifies them both as forms of usage. But they are opposed forms of usage that stand in a reciprocal antagonism. To see how this is the case, let us first review the nature of Dasein's usage, this time focusing on the sense in which it concedes insignificance to entities.

---

[41] GA 5, p. 356; tr., p. 43.
[42] GA 5, p. 362; tr., p. 48.
[43] GA 5, p. 356; tr., p. 43.

Dasein's usage holds beings in dependence upon its active, thing-constituting power, while permitting these beings to maintain an independence from this very power. And it is this Dasein-*independence*, or insignificance, of entities that Dasein gives in the form of a concession because this permission for entities to possess a dimension of alienation from Dasein goes, in an important sense, against Dasein's nature. Specifically, since Dasein would achieve itself, or would be what it properly is, if it were to render entities completely Dasein-dependent, the independence that Dasein permits entities to maintain conflicts with the fundamental trajectory of its way of being; it prevents Dasein from being itself. Dasein's usage is a mode of making entities possible in which the giving of significance to entities manifests Dasein's power, its active, dominant, self-assertive dimension: its trajectory toward self-achievement. The simultaneous giving of insignificance manifests Dasein's receptive, submissive dimension: its failure to assert, and thus be, itself. As the manifestation of Dasein's submission to beings, the giving of insignificance is tantamount to a concession on Dasein's part, albeit an ontologically ineluctable concession.

With the above description of Dasein's usage in mind, we can formulate the general characteristics of usage itself in the following way. To engage in usage, or to be the user of beings, is, on the one hand, to render beings dependent upon the user. Thus, the user would reach full actualization, or would be itself, if beings were completely dependent upon it. But to be the user of beings is also to concede independence to the beings that are dependent upon the user. This is a concession because it precludes the user from being itself; it goes against the user's nature. In view of this characterization of the general structure of usage, being's concession of significance to beings should be tantamount to a granting of being-independence, or alienation from being, and this granting should conflict with being's fundamental trajectory, thereby preventing being from reaching full actualization. That this is, in fact, Heidegger's position is demonstrated by the following considerations.

We have seen that Heidegger interprets the Dasein/being relation as one in which the significance of beings is made possible by Dasein's thing-constituting acts. Insofar as Dasein plays the role of thing-constituting agent, Dasein is the active, dominant power in the Dasein/being relation. To this extent, being receptively submits to Dasein's giving of significance to beings. This giving of significance renders beings Dasein-dependent and being-independent since Dasein exerts its thing-constituting power in the face of being's receptivity, in the face of being's failure to bring its own influence to bear on the constitution of entities. Thus, being's giving of significance to beings, the surmounting of persistence in favor of disappearance, is a granting of being-independence, or alienation from being. The granting of significance takes the form of a concession by being because, like Dasein's concession of insignificance to beings, it issues from the user's (here, being's) receptive, submissive dimension – the user's failure to assert itself.

Since being's concession of significance is a form of usage, this concession should conflict with being's nature; it should prevent being from being itself. How is this the result of being's concession? To answer this question, we must first ascertain what it would mean for being to be itself, to reach full actualization. This can be done by, again, looking to Heidegger's interpretation of the Dasein/being relation. Not only is this relation one in which, as we have seen, the significance of entities is made possible by Dasein's thing-constituting power, but the equally essential insignificance of entities is made possible by being's thing-constituting power. Being exercises this power by preventing Dasein from fully exerting its thing-constituting power, from arbitrarily determining the significance that makes an entity what it is. Being brings its own influence to bear on the constitution of things, thereby rendering them being-dependent and Dasein-independent. Thus, being's dominant dimension gives entities their insignificance, while being's receptive dimension concedes significance to entities.

For being to actualize itself, then, would be for it to attain a position of complete dominance over Dasein, and thus for beings to be rendered purely being-dependent, or completely insignificant. For this is precisely what being gives up through the conciliatory dimension of its role as the user of beings.[44] So, just as Dasein's giving of insignificance is a concession insofar as this permission of independence granted to beings prevents Dasein from achieving itself, being's giving of significance is a concession since this permission of independence granted to beings prevents being from achieving itself. For both Dasein and being, their fundamental ontological trajectory is an endeavor to become the active, dominant, thing-constituting powers that they properly are. But their receptive, submissive dimensions, which yield to their antagonist's active dimensions, prevent either party in the Dasein/being relation from attaining self-achievement.[45] Dasein's usage and being's usage, then, are structurally isomorphic, while standing in direct opposition to one another.

## V.

In view of the above, we can conclude that being, for Heidegger, is not a purely active power that subjugates a passive humanity to its demands. Instead, Heidegger's characterization of being as usage reveals that being, like Dasein, has both

---

[44] Our interpretation of Anaximandrian being, and thus of Heideggerian being, as reaching full actualization by rendering beings purely insignificant is borne out by Heidegger's claim that, for Anaximander, "[w]hat presences without bounds [τὸ απειρον], not joined by order...is...τὸ χρεών" (GA 5, p. 368; tr., p. 54). Τό χρεών, being, "not joined by order," is what it is insofar as it resists order, significance, the Dasein-dependence of beings.

[45] Here, we can see why Heidegger often translates "τὸ χρεών" as "need" (see n.3 above). To possess the usage-structure is to be needy, or impoverished, in the sense of being irremediably unactualized. Thus, by translating "τὸ χρεών" as "need," Heidegger emphasizes the receptive dimension of usage.

receptive and active dimensions. Hence, the interpretive value of examining Heidegger's claim that being possesses the structure of usage; it allows us to recognize that being is not purely active just as Dasein is not.[46] Although being's basic ontological trajectory drives it toward actualizing itself as purely active, the attainment of such a state is inconceivable due to being's receptive dimension – an inherent receptivity that correlates with Dasein's active aspect. And, as was mentioned at the beginning of this essay, the common misinterpretation of Heideggerian being as purely active has led many commentators to draw an illegitimate connection between Heidegger's thought and his support of National Socialism. This alleged link is forged in the following way.

According to his critics, Heidegger's elevation of being to the status of a radically active power is politically dangerous because it precludes humanity from taking part in the shaping of world-history. As Richard Wolin puts it, history, for Heidegger, "is a product of *Seinsgeschick*, it is sent by the powers of Being."[47] Being is viewed as an "all-powerful meta-subject"[48] determining the course of world-history. In Jürgen Habermas' words, Heidegger endorses a "fatalism of the history of Being"[49] in which human action is incapable of influencing the course

---

[46] Although Michel Haar does discuss Heidegger's characterization of being as usage (see n. 1 above), he fails to notice that being's usage is structurally isomorphic with Dasein's usage, and so Haar mistakenly maintains that being as usage is purely active. Specifically, he holds that, as usage, being is completely dominant in its relation to Dasein. Haar makes this claim by saying that "there could not be the slightest equilibrium between the two sides of the relation [between humanity and being]" (63) since our relation to being is one of "radical receptivity" (63; see also 111). According to Haar, this receptivity refers to the fact that human activity, which we have called "τέχνη" and which Haar calls "thinking," "can be accomplished only under the 'dictate' of being" (102). In other words, Dasein's thing-constituting acts are completely controlled by being, and so are not marks of an active dimension possessed by Dasein nor of a receptive dimension possessed by being. All of our activities, then, simply reveal our "dependency, submission" (58) to being. The above interpretation of the Dasein/being relation colors Haar's view of being's usage-structure. Since he sees Dasein and being as in a state of disequilibrium insofar as being is active while Dasein is passive, he ignores *Being and Time*'s characterization of Dasein's active/receptive mode of usage, allowing him to interpret being's usage as a radical subjugation of the human being. According to Haar, being uses humanity by imposing its acts of thing-constitution on us, thereby reducing human activity to the mere "maintenance" of this assymetrical relation (111 f.).

Haar summarizes his interpretation with a statement that clearly reveals his misunderstanding of the nature of usage: "[t]he inequality of this relation [between humanity and being] is that man does not posit himself, but is put in the world by being; being, on the other hand, is never something fabricated by man. Being produces man; man cannot produce being" (65). But in view of *Being and Time*'s analysis of the usage-structure, we see that being's usage does not *produce* Dasein, but lets Dasein be through a mode of making possible that is distinct from production insofar as usage possesses a receptive dimension.

[47] Richard Wolin, *The Politics of Being* (New York: Columbia, 1990), p. 142.

[48] *The Politics of Being*, p. 149. In his *On Heidegger's Nazism and Philosophy* (Berkeley: California, 1992), Tom Rockmore echoes Wolin's interpretation when he claims that Heideggerian being is "a suprahuman form of agency" (237).

of being's history.[50] Heidegger's critics deem this alleged fatalism to be problematic because it destroys human autonomy. Lacking the ability to shape world-history in the face of being's overpowering dominance, humanity is reduced to a merely passive spectator thereof. As a result, Heidegger's thought valorizes what Wolin calls "the quietistic concepts of 'releasement,' 'letting be,' and 'openness to the mystery'... it is the virtues of human docility and submissiveness that Heidegger singles out alone for praise."[51]

The quietism allegedly espoused by Heidegger harbors political dangers because it portrays all forms of political engagement, any critical stance in the face of authority, as arrogance. Richard Bernstein captures the inadequacy of this supposedly Heideggerian quietism by noting that "[a]fter Heidegger it would *seem* that all talk of humanism – *human* freedom, happiness, and emancipation – has become a mockery."[52] And to denigrate political engagement in this way clearly opens the door to the authoritarian traditionalism embodied by National Socialism. Heidegger's elevation of being to a radically active, world-constituting power, along with the correlative reduction of humanity to a position of radical passivity, subverts the valorization of human autonomy and political engagement that underlie the democratic tradition, in favor of a return to pre-democratic, authoritarian forms of politics, such as Nazism.

This critique of quietism would indicate a serious weakness in Heidegger's thought if he had, in fact, maintained the view of being and its relationship to humanity that his critics allege. But, as our analysis has shown, Heidegger does not conceive the Dasein/being relation as asymmetrical. Being does not dictate the course of world-history to an impotent humanity; rather, being and Dasein, both possessing the structure of usage, play equally efficacious roles in the constitution of history. The power of being does not destroy human autonomy, but allows humanity to actively fashion its world, although this autonomy is restricted by being's own active, autonomous dimension. Political engagement, then, is not mere arrogance from the Heideggerian point of view, and though Heidegger was certainly no great defender of democracy, his thought does not call for quietistic self-subordination to a higher authority.

---

[49] Jürgen Habermas, "Work and *Weltanschauung*", trans. J. McCumber (Hubert Dreyfus and Harrison Hall (eds.), *Heidegger: A Critical Reader* (Cambridge: Blackwell, 1992), p. 198).

[50] In his essay "What is Political Philosophy?" (*An Introduction to Political Philosophy* (Detroit: Wayne State, 1989), pp. 3-57), Leo Strauss offers the same interpretation of Heidegger by saying that, for Heidegger, it is not human action, but the "mysterious dispensation of fate" (23), that shapes world-history.

[51] *The Politics of Being*, p. 137. See also "Work and *Weltanschauung*," p. 193, and Jürgen Habermas, *The Philosophical Discourse of Modernity*, tr. F. Lawrence (Cambridge: MIT, 1987), pp. 152, 160.

[52] Richard Bernstein, "The Rage Against Reason," *Philosophy and Literature*, 10 (October, 1986), 199.

# Gegenbewegung der Zeit:
# Die hermeneutische Verschiebung der Religion
# in der Phänomenologie des jungen Heidegger

Félix Duque

> Für Vincenzo Vitiello, ohne dessen „Cristianesimo senza redenzione" dieser Aufsatz nicht geschrieben worden wäre.

Heidegger selbst charakterisierte sein Denken als „Auf einen Stern zugehen ..."[1]. Dieses Denken interessiert uns, so wie es in einer Handvoll Texten geformt und verstreut ist, welche nach wie vor nicht bekannt und studiert worden sind. Das Thema unseres Zusammentreffens: „Heidegger, heute"[2] erscheint wie die Initiation zu einem eigenständigen Denken. Aber das Denken ist nicht ein philologisches und chronologisches Ordnen jener Texte, um sie später aus dem Gedächtnis gebetsartig zu zitieren und zu rezitieren. Denken ist zunächst ein Fragen-lernen nach demjenigen, was uns wirklich und buchstäblich «an-geht», das heißt nach demjenigen, in welchem wir, sogar ohne es zu wissen, im voraus mit eingeschlossen sind, in welchem wir sind und existieren. Diese uns angehende Sache, die Sache des Denkens, ist auf zwei Weisen in unsere Tradition eingegangen (und spielt darauf als Wurzel der Tradition selbst an).

Eine Weise geht aus der griechischen Welt hervor und wurde später als Zeugnis der Inkarnation der Vernunft (das heißt des abstrakten und formalen Denkens) im Geist aufgegriffen (das heißt im existierenden und in der Zeit wirksamen Denken). Aufgegriffen „als der Götter *ungeschriebenes* und *untrügliches* Recht":

> „nicht etwa jetzt und gestern, sondern immerdar
> lebt es, und keiner weiss, von wannen es erschien."[3]

---

[1] *Aus der Erfahrung des Denkens* (GA 13), S. 76.
[2] Der Aufsatz entspricht dem Vortrag „Il contrattempo", der am 18. April 1997 im Instituto per gli Studi Filosofici (Neapel) anläßlich des internationalen Kongresses „Heidegger, oggi", organisiert von Eugenio Mazzarella, gehalten wurde.
[3] G. W. F. Hegel, *Phänomenologie des Geistes. Gesammelte Werke* Bd. 9, hrsg. von Wolfgang Bonsiepen u. Reinhard Heede, Hamburg: Meiner 1980, S. 236. Das Zitat bezieht sich auf Sophokles, *Antigone*, vv. 456-457.

Die andere Weise geht aus der jüdisch-christlichen Tradition hervor, ist aber den Griechen im allgemeinen (und den Philosophen im speziellen) vorgehalten worden (sicher nicht ohne einige List) als wäre sie die so inkarnierte wie unbekannte «Wahrheit» der Griechen ... und aller Menschen. Diese uralte Tradition, die «Epoche» macht, ist bekanntermaßen in der Paulinischen Rede an die Athener enthalten, die von ihnen gerade für verrückt und phantastisch gehalten wurde. Paulus behauptet, daß der leere Raum, der von den Athenern dem „unbekannten Gott" zugedacht wurde – als nicht weniger listige Vorsicht gegenüber dem, was sich «ab heute» zeigen könnte –, in Wirklichkeit besetzt ist, und zwar nicht durch einen weiteren Gott, sondern durch den einen Gott: der Glücksfall eines wörtlich metaphysischen «Substrats», weil aus ihm die Dinge und die Menschen hervorgehen und «geboren werden». „Denn in ihm [αὐτῷ] leben [ζῶμεν], weben [κινούμεθα] und sind [ἐσμέν] wir, als euch etliche Poeten bei euch gesagt haben: ‚Wir sind seines Geschlechts [γένος].'"[4] *(APG 17, 28)*. Was auch immer es sei – für die Griechen und für die Philosophen –, dieses mysteriöse „Selbst"[5], eines zumindest wissen wir: daß alle Züge, die uns als «In-der-Welt-sein» konstituieren: Sein, Bewegung und Leben (in einer graduellen und hierarchischen Skala, nach der auch wir uns dem «Zentriert-sein», dem Wir-*selbst*-sein nähern), «geliehen» sind, daß wir sie «schulden».

Soll das heißen, daß das Sein, das wir sind, nicht in unseren Händen liegt und daß unser Leben nicht wirklich «unseres» ist? Wenn dem so wäre, würde der Paulinische „unbekannte Gott" in der Identifikation mit dem „ungeschriebenen Gesetz der Götter" des Sophokles aufgehen. Und unser Los, das Los des Menschen, erfüllte sich nicht, sondern bestünde lediglich darin, uns den nicht «verkündeten» Befehlen zu fügen, die von einem «unbekannten» Gott ausgestoßen werden. Wenn es dies ist, was uns wirklich «an-geht», so ist die Aufgabe des Denkens nicht nur verzweifelt, sondern *sinnlos:* einfach eine Verrücktheit. Ist es vielleicht doch möglich eine «Verrücktheit» zu denken, ohne dabei selbst verrückt zu werden? Ich möchte sagen – und stütze mich dabei gerade auf Heidegger –, daß dies tatsächlich möglich ist. Mehr noch: ich sage, daß der Stern, auf den sich sein Weg des Denkens zubewegte (unabhängig davon, ob man diesen Stern tatsächlich erreichen kann), um es so zu sagen, eine „doppelte Sonne" war, oder besser, eine Konstellation, die aus den Verschiebungen und der wechselseitigen Anziehung des ungeschriebenen „Rechts der Götter" und des christlichen „unbekannten Gottes" besteht. Und ich, als Verbindung der zwei aus unserer Tradition stammenden Sterne, werde diese von einem konvertierten Juden erinnerten Worte eines griechi-

---

[4] *Das Neue Testament unseres Herrn und Heilandes Jesu Christi,* nach der deutschen Uebersetzung Dr. Martin Luthers. Cöln 1863, S. 141.
[5] Da es sich um einen Dativus locativus handelt (nach der Vulgata: *in ipso),* können wir nicht einmal wissen – außer durch den Kontext, und selbstverständlich durch den Glauben – ob es sich bei diesem „Selbst" um ein αὐτός oder ein neutrales τὸ αὐτόν handelt.

schen Dichters (er konvertierte das, was er selbst, durch den Akt seiner Konvertierung, gründet und öffentlich macht!) in «Er-wägung» ziehen, wie auch den Umstand, daß ein *Meister aus Deutschland* sie auf folgende Weise lesen konnte: *Wir sind seines Geschlechts.* Als ob wir sagten: wir Menschen und Gott gehören einem γένος oder einem *Geschlecht* an, insoweit dieses weder als etwas Getrenntes noch als etwas über den beiden Verhältnissen besteht (als ob es eine logische Gattung mit zwei Spezies wäre, deren spezifische Differenz «von außen» käme), sondern das nur in der Differenz «ist», die es selbst schafft, das heißt, daß es sich ereignet in der Versöhnung der Ereigniskonstellation.[6] Wird auf diese Weise das gemeinsame *Geschlecht* als *Ereignis* verstanden (und werden die von Derrida vielleicht schon zu empfindlich untersuchten, aber sicherlich überzeugenden Überlegungen beiseite gelassen: Geschlecht auch als Menschengeschlecht, Rasse, Familie oder Genus), wird *eo ipso* sowohl der Sinn der Paulinischen Rede (daß wir nämlich vom gleichen Geschlecht sind, weil Gott uns nach seinem Ebenbild gemacht hat und weil er selbst Mensch geworden ist) als auch der Sinn des «göttlichen Gesetzes» des Sophokles verschoben (es wird nämlich nie „geschrieben" stehen, genau weil es der nicht anzupassende und durch alle Schriften der abendländischen Tradition verstreute «Rest» ist; es ist „immer schon", nicht weil es „weder von gestern noch von heute" ist, sondern weil es aussteht wie *das unmittelbar Bevorstehende, das ankommt*).

Wenn es so ist, ließe sich das Thema: „Heidegger, heute" «übersetzen»: Welche Bedeutung, welches Signal oder Aufleuchten geht heute von der griechisch-jüdisch-christlichen Verbindung eines «ungeschriebenen Gesetzes» (das heißt un-verkündbar, nicht entgegen der politischen Konstruktion oder der religiösen Bekenntnisse, sondern genau wegen des Aufscheinens seiner Abwesenheit in ihnen – und nur in ihnen) und eines «unbekannten Gottes» aus (das bedeutet radikal unerkennbar, nicht obwohl er einer von uns geworden ist, sondern genau deswegen), während diese Verbindung als συγγένεια oder „Blutsverwandtschaft" Gottes mit dem Menschen aufgefaßt wird? Oder mit einem Heideggerschen Wort: Was bedeutet das *Geviert*? Was will es uns mit der Konstellation von Himmel und Erde, Göttlichen und Sterblichen sagen? Vor dieser Frage erscheint das konventionelle «heute» wie eingeklammert, wie in eine «Epoche» verwandelt, die sich von der ersten schriftlichen Manifestation der «Vier» (im *Protagoras* Platons) bis zur Verflechtung im *Ring* Heideggers (Schmuckstück und Kampfplatz zugleich) erstreckt. Jedoch mit einer fundamentalen Einschränkung: Diese Epoche (offensichtlich die Ära der Metaphysik) ist keine feste Konstellation, um sich an ihr *in*

---

[6] Es sei hier wenigstens an die große und obsessive «Ableitung» Derridas von Heidegger und vom *Geschlecht* erinnert: „Geschlecht, différerence sexuelle, différence ontologique". In: *Cahiers de L'Herne* 45 (1983), S. 419-430 (eine Monographie, die Heidegger gewidmet ist; der Essay wurde später in *Psyché,* Paris: Galillée 1987, S. 395-414 wiederabgedruckt; „La main de Heidegger (Geschlecht II)". In: Psyché, S. 415-451; „Heidegger's Ear: Philopolemology (Geschlecht IV)". In: J. Sallis (ed.), *Reading Heidegger. Commemorations.* Bloomington and Indianapolis: Indiana University Press 1993, S. 163-218.

*aeternum* auszurichten, sondern ein Geschick, das genau «heute» – «bis hierher, aber nicht mehr» – für das Denken zu seiner *Vollendung* gekommen ist. So haben wir die scheinbare Starre des Themas in Bewegung gebracht: Zwei Worte („Heidegger", „heute") durch ein *Komma* genau voneinander getrennt, durch eine Pause oder eine Zäsur, bis zur Verwandlung dieses Kommas in eine Frage, die nicht mit der Zeit geht, sondern diese aufhält und schwingen läßt. Keine ewige Frage, die souverän unsere Zeit durchmißt – und alle anderen – von oben herab, ohne sich in sie einzumischen. Auch keine unzeitgemäße Frage, als ob sie von jemandem gestellt würde, der sich bereits – zumindest durch seinen *Willen* – in einer anderen, höheren und mächtigeren Zeit aufhält (zum Beispiel die Zeit, die jenseits des «letzten Menschen» ist: die Zeit des «Übermenschen» Nietzsches). Lediglich eine einfache, «vertraute» Frage (es handelt sich also zuletzt um eine Verwandtschafts-Struktur). Es ist die letzte philosophische Frage, die Heidegger vor seinem Tod schriftlich hinterlassen hat, und in welcher ein „Immer" aufscheint, das jedesmal dichter und drängender ist, um bis zu „dieser Stunde" des jetzt zu gelangen.

Dies ist die Frage, die er den Teilnehmern der zehnten *„Heidegger Conference"* in Chicago (14.-16. Mai 1976) stellte: „Denkende grüßen einander, indem sie sich gegenseitig Fragen stellen. [Absatz] Die Frage, mit der ich Sie grüße, ist die einzige, die ich bis zu dieser Stunde immer fragender zu fragen versuchte. Man kennt sie unter dem Titel «die Seinsfrage»."[7] Heidegger sagt in diesem Zusammenhang jedoch nicht, daß diese Wahrheitsfrage *seine* sei; im Gegenteil, das Gefragte bleibt, um es so zu sagen, durch den Titel verdeckt, den nur das *Man* kennt. Er verlangt von den Teilnehmern – und indirekt von uns allen –, daß sie bewirken, daß diese Frage verängstigender und *bedrängender* sei mit dem Ziel, daß sie „erfahrbar werden [könne] als das, was sie in Wahrheit ist". Also nur so, schließt er, wird diese Frage: die der *„Alétheia* als solcher", „die Möglichkeit eines gewandelten Weltaufenthalts des Menschen"[8] erreichen. So wendet sich die abgegriffene Seinsfrage und verwandelt sich in eine Tautologie, für die es keine vorgefertigte Antwort gibt, sondern nur eine Aufgabe, die es zu erfüllen gilt: die Frage nach der ἀλήθεια in Wahrheit zu stellen. Selbstverständlich eine vergebliche bis «mystische» Tautologie für diejenigen, die dem Übersetzungsproblem aus dem Weg gehen, welches die Übertragung und Verschiebung eines griechischen Wortes in eine andere Sprache (und sogar in der gleichen Sprache) darstellt. Und hier wäre es notwendig *gegen* Heidegger[9] zu sagen, daß das Vermächtnis seines Denkens

---

[7] „Neuzeitliche Naturwissenschaft und Moderne Technik". *Research in Phenomenology VII* (1977), S. 1.
[8] Ebd. S. 2.
[9] Heidegger, beeinflußt durch ein anti-lateinisches und anti-katholisches Vorurteil, das er niemals vollständig aufgeben wird, leitet in der Vorlesung über *Parmenides* im WS 1942/43 unkorrekterweise die Etymologie der *Wahrheit* aus einer seiner abgeleiteten und zweitrangigen Bedeutungen ab, wobei der Wortlaut eindeutig – gegen das von ihm sonst so häufig benutzte Wörterbuch der Gebrüder Grimm – als „ein *undeutsches* Wort" verstanden wird, das sich vom lat. *verum* ableite und in der sich der ganze negative Bedeu-

(das, was er uns heute zu denken gibt) genau die wechselseitige Zugehörigkeit von ἀλήθεια (Handlung-Zustand des Sich-entreißens der λήθη, des Dunklen und Unbekannten, wie des Sophoklesschen „Gesetzes" und des paulinischen „Gottes") und *Wahrheit-veritas* ist, deren gemeinsame Wurzel (*uer-) auf „Glaube, Zuversicht, Vertrauen"[10] verweist. Mehr noch: Diese wechselseitige Zugehörigkeit ergibt sich bereits aus der griechischen Sprache selbst, in der ἦρα (bereits bei Homer!) „Gunst" und als Präposition „zugunsten von" bedeutet.[11] Daher wäre die Aufgabe, die „Wahrheit in Wahrheit" zu denken, so etwas wie ein wachendes Denken über den „Handlung-Zustand", sich dem Dunkel zu entreißen" im „Glauben" oder der „Überzeugung" der Gunst einer „Näherung", eines Entsprechens; mehr noch: einer Blutsverwandtschaft Gottes und des Menschen. Oder auch, noch einmal: Nach „Heidegger, heute" offenbart sich das Denken des *Ereignisses* als Problem, das Herz genau des *Gevierts* (das Problem der Welt) und der Kern der wechselseitigen Zugehörigkeit von «Entbergung» und «Glauben» (das Problem der «Wahrheit»).

Wenn nun also diese Worte uns seit dem Beginn der abendländischen Tradition begleiten, warum soll es eine dringende Aufgabe sein, in ihnen gerade *heute* zu denken? Präzisieren wir: es handelt sich nicht darum, in ihnen zu denken, sondern in ihrer *Zusammengehörigkeit*[12]. Warum ist diese Aufgabe so dringend geworden?

---

tungsreichtum akkumuliere: „das Wehr, *Sichbehaupten*" (als ob er auf diese Weise den „Fehler" der *Rektoratsrede* indirekt erklären wollte), „das Haupt-Sein, befehlen", *Parmenides* (GA 54), S. 69, bis zum apokalyptischen Schluß und Zusammenfassung: „1. verum, ver-, bedeutet ursprünglich Verschließung, Bedeckung. Das römische verum gehört in den Bedeutungsbereich des griechischen ἀληθές, des Unverdeckten, so zwar, daß verum genau das Gegenteil zu ἀληθές bedeutet: das Verschlossene." (GA 54, S. 71).
[10] W. Pfeifer (dir.), *Etymologisches Wörterbuch des Deutschen*. Berlin: Akademie-Verlag, 1989; III, 1930 *(sub voce: wahr)*. Dieses Wörterbuch der früheren DDR stimmt hierin genau mit dem großen Gegenstück der «Gegenseite» überein: DUDEN Etymologie. Erarbeitet durch G. Drodowski, und anderen als Fortsetzung der *Etymologie der neuhochdeutschen Sprache*, von K. Duden. Mannheim/Zürich/Wien: Bibliographisches Intstitut 1963. *Wahr*, heißt es (S. 751): „ist urverwandt mit *lat.* vērus ‚wahr' und *air.* fir ‚wahr'. Alle diese Wörter gehören im Sinne von ‚vertrauenswert' zu der idg. Wurzel *uer- ‚Gunst, Freundlichkeit erweisen', vgl. *gr.* ēra phérein ‚einen Gefallen tun' und die *slav.* Sippe von *russ.* Véra ‚Glaube' (davon der weibl. Vorname Wera)."
[11] Die Wörter ἀραρίσκω (anpassen, annähern, im weiteren Sinn: „in Beziehung setzen", „zufriedenstellend regeln") und ἄρω („verbinden, anpassen, angleichen") sind mit ἦρα eng verwandt. Siehe *Dictionnaire Grec-Français* von C. Alexandre, Paris: Hachette 1878, *sub voce*. – Nietzsche hat also sein philologischer Spürsinn nicht getrogen, als er „Wahrheit" und „Gerechtigkeit" in engen Zusammenhang brachte.
[12] Wichtige jüdische Autoren wie Hermann Cohen, Franz Rosenzweig, Edmond Jabès und (nach dem Durchlaufen der Heideggerschen Prägung) Emmanuel Levinas oder Hans Jonas (einschließlich Jacques Derrida), die mit dem Gedanken vertraut sind, daß «Wahrheit» „Glauben, Vertrauen" bedeutet, haben darauf bestanden, dieser reichen Ader nachzugehen. Aber außer im Fall Derridas haben sie dies getan um dieses «andere Denken» *en bloc* dem metaphysischen, griechisch-modernen entgegenzusetzen. Als wenn wir sagten (in einem hyperfideistischen Sprung, der von jüdischer Seite den Sprung des sehr

Ahmten wir Heidegger nach, so würden wir sagen, daß wir bereits im Bilde seien: Wegen des Wesens der Technik, dem *Gestell,* das sich heute in eine planetarische Struktur verwandelt hat, so daß seine perfekte *Vollendung* bereits sein *Ende* und das unmittelbare Bevorstehehen des anderen Anfangs sehen läßt, etc. Ich sage nicht, daß diese eingefahrene Lesart des sogenannten «späten Heidegger» (was seinem Denken einen Spenglerischen Beigeschmack nach „Untergang des Abendlandes" gibt) weder plausibel noch einer in alle Einzelheiten gehenden Entwicklung würdig sei. Ich möchte aber dennoch daran festhalten, daß die in den Aufsätzen und Vorträgen vom älteren Denker vorgeschlagene «Wegstrecke» so schematisch und voll von Vorurteilen ist, daß es soweit kommen kann, das Bedenkenswerte zu verdecken. Manchmal scheint es sogar, als befänden wir uns vor einem triadischen Schema schlechten christlichen Geschmacks (Paradies, Sündenfall, Erlösung): a) die Griechen (und zwar die archaischen Griechen, weil bereits Platon die Wahrheit in *rectitudo* verkehrt hätte) hätten in der Wahrheit *gelebt*, ohne sie jedoch in Frage zu stellen (wie in einem Hegelianischen „Thierreich des Geistes"); b) danach käme – man weiß nicht genau wie – das unheilvoll «imperialistische» Joch Roms und der Katholischen Kirche (mit seinem „säkularisierten" Zeitalter: der Welt der technisch-naturwissenschaftlichen Moderne); c) und endlich hätte sich in Deutschland, dem Zentrum des *Abend-Landes,* das Schema wiederholt, allerdings als Paradigma dessen, was sich bereits auf Erden zeigt, nämlich: a') ein *naiver* Glaube an die «Wahrheit» einer Erlöser-Bewegung; b') die schreckliche Qual der «Falschheit» ihrer Führer (welche sogar die „Größe" dieser Bewegung *an sich* bewahrt?), heimlich an den Amerikanismus und den Bolschewismus verkauft worden zu sein (beziehungsweise an die *aggiornaten* Kräfte Roms – das Imperium – und der Kirche – die Ideologie); und eine letzte Figur, die wie in der Hegelschen *Phänomenologie* mit dem Ende dieser bereits erschöpften Epoche zirkulär zusammenfiele: c') das «absolute Wissen», daß diese *Epoche* bereits ihr Ende erreicht hat und daß man sich auf eine neue Ankunft der Geschichte des Seins vorbereiten muß.

---

christlichen Jacobi wiederholte): indem Heidegger im allgemeinen Recht hat, muß man diese «schlechte Idee» (die Idee der Historie im allgemeinen) verlassen, die im Holocaust mündet und zum uralten Glauben – aber schon viel raffinierteren Instrumenten ausgestattet, die dem «Feind» abgenommen worden sind – zurückkehrt, wenn auch «säkularisiert» und auf den neusten Stand gebracht. Etwas ähnliches hat sich auf der «orientalischen» Seite in der sogenannten „Schule von Kyôto" ergeben. Man bedankt sich beim «Okzident» für seine so freundliche Autodestruktion und schlägt für die «beginnende Welt» nicht einen «neuen Anfang», sondern dasjenige vor, was man bereits im Buddhismus (vorzugsweise im Zen) hatte, wenn auch gereinigt und verfeinert. Selbst in Deutschland findet sich sogar etwas davon (zusammen mit dem «schlechten Gewissen») in der ungewöhnlichen Rezeption des französischen Denkens (mit der berechtigten kritischen Reaktion von Autoren wie Manfred Frank – auch wenn so sehr aus der Defensive, als wenn sie sagten: das hatten wir schon zu Hause, und zwar besser, wir hatten es nur vergessen!). Diese fortgesetzte – so typisch abendländische – Versuchung, ein Mittel gegen die inneren Übel «außen» zu suchen, wird sogar durch Massenphänomene wie Bertoluccis Film *Der kleine Buddha* bestätigt.

Dieser „schlechte Roman über das Sein", diese Art „Märchen zu erzählen" – wovor uns Platon und Heidegger selbst viele Male gewarnt haben – ginge heute als heideggerianische *Vugalta* durch.[13] Anstatt mit oder gegen Heidegger zu versuchen, sein zahlreiches Versagen zurechtzurücken, schlage ich hingegen eine *Kehre* zu den Freiburger Anfängen des Heideggerschen Denkens vor,[14] allerdings von der Aufgabe aus betrachtet, die er uns, wie ich glaube, unerledigt hinterlassen hat, nämlich: der wechselseitigen Zugehörigkeit von «Entbergung» und «Glauben».[15] Kurz gesagt handelt es sich um die Verbindung von *Phänomenologie* und *Reli-*

[13] Auf diese Weise angreifbar durch eine schonungslose Kritik, nicht nur wegen der losen Einheit dieser „Archäologie des metaphysischen Wissens", sondern auch weil die kritisierten «Metaphysiker» (von Descartes bis Fichte und die Romantiker) sich bereits selbst sogar besser und tiefergehender kritisiert hätten als Heidegger und seine französischen Anhänger. Vgl. Manfred Frank, *Was ist Neostrukturalismus?* Frankfurt a. M.: Suhrkamp 1984, S. 246-257.

[14] Dies ist nichts Neues: Beinahe die ganze nordamerikanische Heideggerforschung bewegt sich in diese Richtung. Der Unterschied meines Vorschlages wurzelt vielleicht darin, daß hier kein «guter» Heidegger (der frühe) einem anderen, ganz und gar «bösen» entgegengesetzt werden soll (der letzte als Beschuldigter eines Anthropo-, Ethno-, Logo- und Phallozentrismus, intellektuellem Antisemitismus, Antihumanismus, Esentialismus und vieles mehr). Siehe zum Beispiel das letzte Kapitel des (ansonsten exzellent und erschöpfend informierenden) Buches von John van Buren, *The Young Heidegger. Rumor of the Hidden King.* Bloomington and Indianapolis: Indiana University Press 1994, S. 362-397. – Der Vorschlag, die letzten Fragestellungen in die frühen Ansätze einfließen zu lassen, erscheint mir interessanter. Vielleicht läßt sich dann dort – dem hermeneutischen und kantianischen Gebot folgend, daß alles vorher gesagt worden ist, wenn uns gezeigt wird in welche Richtung wir blicken und lesen müssen – die Möglichkeit einer phänomenologischen Vertiefung (wie sie bereits in einer «Kehre» von Heidegger selbst in den Seminaren von Le Thor gezeigt wurde) in Themen erahnen, die verschiedentlich von kryptischen und dunklen Anspielungen wieder verdeckt worden sind.

[15] Entwicklungsgeschichtliche Überlegungen (ansonsten besonders wichtig) hinsichtlich des historisch-philosophischen Kontextes Heideggers in Freiburg müssen hier leider beiseite gelassen werden: Der Kampf gegen die Werttheorie und den Neukantianismus, die „Rettung" des Aristoteles und seiner *Nikomachischen Ethik*, die gleichzeitige Lektüre der Briefe des Paulus und der Werke des Augustinus, Luthers, Kierkegaards und Jaspers, unter dem starken Einfluß der *Logischen Untersuchungen* Husserls (und des gleichzeitigen Widerstands gegen die spätere «idealistische» Entwicklung des Lehrers, die sich hinter der strengen Kritik der Schüler und der «Dialektik» verbirgt), etc. – Auch die Beiträge *in nuce* zur Gadamerschen Hermeneutik sowie die Entstehung der später durch *Sein und Zeit* berühmten Begriffe (verfälscht oder nicht) werden ausgeklammert. – Das einzige, was mir «heute» relevant erscheint, ist, den jungen Heidegger im Lichte einer heutigen Sorge um das nicht einer bestimmten Konfession oder Orthodoxie verschriebene *religiöse Denken* zu lesen. Die Dringlichkeit dieses Denkens wird zuweilen auch durch den von J. Derrida und G. Vattimo herausgegebenen Band *La religione* (Roma/Bari: Laterza 1995) bekräftigt. Es handelt sich, so glaube ich, um ein festes «epochales» Interesse und nicht um eine bloße Mode, wie auch die weiteren Arbeiten von Vincenzo Vitiello, Massimo Cacciari, Jean-François Courtine und in Spanien von Eugenio Trías belegen. In meinem Fall geht es darum, den Freiburger Heidegger mit der «philosophischen Religion» des späten Schelling und mit der Hegelschen «Wissenschaft» der Religion in Zusammenhang zu bringen. Dies ist eine Aufgabe, die hier bloß als zukünftiges Projekt angedeutet wird.

*gion;* einer tragischen, wenn man so will «a-theistischen Religion», in der aber das Schweigen, das man in ihr über Gott (oder über den Gott) wahrt, beredter ist als die Theologie, das heißt als jedes «wissenschaftliche» „Reden über Gott". Es ist offensichtlich, daß ich mich hier lediglich auf eine fast stichwortartige Vorstellung dieses Vorschlags einer «Kehre» beschränke, die außerdem durch den Umstand begünstigt wird, daß wir heute über fast alle von Heidegger in Freiburg zwischen 1919 und 1923 gehaltenen Vorlesungen verfügen, insbesondere über die *Phänomenologie des religiösen Lebens*.[16]

Auch auf die Gefahr einer Simplifizierung läßt sich bereits hierher vorziehen, daß sich das gesamte Denken Heideggers in einer tiefen Überzeugung erschöpft (welche man des weiteren auch bei einem anderen, zutiefst religiösen Philosophen antrifft: Schelling), nämlich darin, daß *Abhängigkeit* nicht Fehlen von Freiheit bedeutet, sondern im Gegenteil, deren *Förderung*. «Abhängigkeit» also, aber wovon? Nicht von etwas äußerlich Auferlegtem (dies bedeutete Unterwerfung, nicht Freiheit), allerdings auch nicht von einem inneren, bereits festgelegten Programm, welches das Wesen oder den «Inhalt» der Wahrheit konstituierte (dann wäre die Existenz nichts anderes als die notwendige Manifestation und Entfaltung des bereits Implizierten). Deshalb werden die traditionellen Kategorien der Transzendenz und Immanenz abgebaut. Dasjenige, dem gegenüber jeder Schuldner ist, an das man sich zu halten hat, ist das *Leben* selbst, versammelt aus seiner Faktizität, in der es sich bereits im voraus und in jedem Fall in eine Situation geworfen befindet: diese Sammlung (das wahrhafte Selbst-Sein, daß in irgendeiner Weise mit dem Subjekt oder dem «Ich» verschmelzen muß, für welches es das Externe wäre) vollzieht sich in Hinblick auf etwas *noch Ausstehendes:* das Bevorstehen des eigenen Todes, das in jedem Augenblick als «Ganzheit» des Sinnes des faktischen Lebens antizipiert wird. Im Hinblick darauf ist die intensive *religiöse* Färbung, mit welcher Heidegger diese, nach Löwiths treffender Klärung, „Theologie ohne Gott" lebt, von besonderer Bedeutung. Heidegger selbst bezeichnete sich in einem Brief an Löwith von 1921 – mit einer wichtigen Apostrophierung, die auf eine Verschiebung hinweist – als „«christlicher Theologe»".[17]

Mit dieser Fragestellung erleiden die fundamentalen Kategorien des abendländischen Denkens eine tiefe Wendung. „Sein" bedeutet nicht mehr „dominieren, beherrschen" (vgl. griechisch: ὑπάρχειν), sondern eine niemals abgeschlossene Struktur von *Verhalten;* man könnte sogar sagen von *sese habere,* indem sich dieses «Mit-sich-selbst-sein» immer in die Möglichkeiten der eigenen Verwirkli-

---

Zu dieser Thematik im allgemeinen siehe das von mir herausgegebene Buch *Lo santo y lo sagrado,* Madrid: Trotta 1993, sowie mein Buch *Il fiore nero*. Mailand: Lanfranchi 1995.
[16] *Phänomenologie des religiösen Lebens* (GA 60). Der Band versammelt die Vorlesungen WS 1920/21 und SS 1921 sowie Aufzeichnungen und Skizzen der (nicht gehaltenen) Vorlesung WS 1918/19.
[17] Siehe K. Löwith, *Mein Leben in Deutschland vor und nach 1933*. Stuttgart: Metzler 1986, S. 30.

chung oder des Vollzugs aus-gesetzt wird. Das Modell, das Heidegger für diese Konzeption des Seins vorschlägt, ist das *Leben,* weil dieses sich immer *da* befindet, ohne über sich selbst gänzlich theoretisch reflektieren zu können. Sein eigenes «Selbst-Sein» versteht sich (im wörtlichen Sinne von *verstehen:* Beständigkeit im sich Erheben über einem Feld von Möglichkeiten) im Gegenteil, im *Dauern* und im *Sich-zeitigen,* in seiner Verwirklichung selbst. Das Leben dehnt sich in einer Wechselbeziehung von *Sinnen* aus, von Wegen oder Spuren; nur über diese erkennt es sich. Mit dieser Total-Mobilmachung des Sinns von Sein wandelt sich auch die Sprache der Phänomenologie radikal. Unter dem machtvollen Einfluß des Aristoteles wird die versachlichte Wissenschaftssprache buchstäblich zerlegt, demontiert und jetzt auf die Beugungen, Hinweise und Beziehungen aufmerksam gemacht. Die Hegemonie des Nomens (des *Substantivs)* erreicht so ihr Ende. Was sich auf diese Weise dem «Mensch-sein» (nicht „Mensch", als ob es sich um eine feste Einheit handelte) entgegenstellt, ist keine Anhäufung von Inhalten, die verinnerlicht und vom persönlichen Zentrum aus beherrscht werden müssen, sondern gespannte Vielheit von Perspektiven, Versprechen oder im Gegenteil Zurückweisungen von demjenigen, woran sich das Leben selbst halten soll: dasjenige, *in* dem es sich selber hat und an das es sich hält. Wenn das Leben *Verhalt* ist, so ist der *Gehalt* das «Behältnis», in dem seine Handlungen und seine Zurückweisungen hinterlegt werden, jenes, auf das es angewiesen ist: Nicht ein *In-halt,* daß heißt etwas Inneres des betrachteten Dinges, sondern der «Halt» (als wenn wir sagten: die Dinge fänden ihren Halt) oder der Tenor, in dem mein Leben sich sammelt (daher das Präfix *Ge-,* das ein passives Haben hervorhebt: nicht die «Habe» der Wirklichkeit, sondern die *meiner* Verwirklichung). Der Sinn des «An-etwas-gehalten-werden», der mein «Vermögen» verändert: meine Vergangenheit als «Habe» von der aus sich meine eigene Faktizität eröffnet, bis zu meiner «Geworfenheit», baut so den *repräsentativen* Sinn des «Objekts» der metaphysischen Tradition ab.

Andererseits wird in jedem «Tenor» eine *Beziehung* gegeben, ein «In-etwas-geworfen-sein». Jedes Verhalten ist ein *sich Verhalten zu.* Dieses ist andererseits die Wahrheit, die von Brentano und Husserl auf konfuse Weise erahnt wird, indem sie von der „Intentionalität" des Bewußtseins sprechen: nicht ein «Ich», das zu den «Objekten» hinausgeht um seine *Leistungen* zu überprüfen, genauer: um zu experimentieren, wieviel es „von sich" aus leistet, sondern eine *Faktizität,* die in dasjenige, was sie konstituiert, geworfen wird. Diese passionierte Hingabe nennt Heidegger *Bezugssinn.* Wörtlich: ein Sich-ans-Werk-machen. Es wird deutlich, daß dieses aktive «Sein zum Verfolgen meines eigenen Lebens» das «Subjekt» der Tradition, dieses selbstbezügliche Wesen, dem im Grunde nichts passiert, ersetzt, indem alles, was ihm widerfährt, in ihm inhäriert, auf dem *Grund* seiner eigenen Ausstattung oder wesentlichen Last entsteht. Das Spiel, die Interaktion beider „Sinne": der des «an das gehalten Sein, was mir widerfährt» (*Gehaltssinn*) und der des *Bezugssinnes,* das heißt des „auf etwas bezogen sein", aufdringlich und peinlich in jenem, das mich *wirft* oder *zieht* (Zug), ist die Existenz (wörtlich: das von dem aus bestehen, an das ich mich halte). Heidegger nennt dies auch *Zeitigung,* das mir selbst Zeit gibt, indem ich meinem „Vermögen", also dem Möglich-sein des nicht daseinsmäßigen Seienden, Zeit gebe. Der Begriff bedeutet auch in aller Präzision: „Reifung", die Aktion des „zur Reife Bringens" meines eigenen Lebens.[18] Und diese Reifung erfolgt nicht mit Blick auf etwas Zukünftiges, das wie von außen meine Erwartungen anfüllen muß, als ob es eine milde Gabe oder eine Ergänzung wäre, das dem den *rechten* Sinn gibt, was das «Ich» getan hat oder was mir «widerfährt». Die Kategorien der *Handlung* und des *Leidens,* bestimmend im abendländischen Denken, bleiben so aus dem Spiel. Es sind nicht auf der einen Seite meine «Handlungen» (das undefinierte Feld meiner Freiheit, oder mehr noch meines freien Willens) und auf der anderen Seite das, was mir «widerfährt» (das durch etwas Notwendiges affiziert werden): das einzige, was radikal existiert, ist das immer unvollendete Spiel, aber immer mit der Aussicht auf das unmittelbare Bevorstehen seines Abschlusses, des Zum-eigenen-Vermögen-werdens: Diese *volle* Verwirklichung, sofern sie meine eigenen Züge oder «Seinsweise» konstituiert – da es dasjenige ist, was mich dahin wirft oder anzieht *(Zug),* was ich selbst *bin* – ist der *Vollzugssinn:* die Fülle meiner Existenz und zugleich deren Vollendung (also dasjenige, was sich selbst restlos aufbraucht).

Wir sind jetzt in der Lage, die Äußerungen des Paulus in seiner Rede an die Athener zu «übersetzten» und zu verschieben: das *ipsum* oder *ipse* (αὐτός), in dem wir leben, uns bewegen und sind, konstituiert kein stabiles «Territorium», eine durch unser Leben, unsere Bewegung oder unsere Existenz unabsetzbare und unversehrte *substantia*, sondern eine *Transitivität* oder «Transzendenz» des Seins. Keine «Region», das heißt: die Gebiete, die aus der *ditio* eines *rex* hervorgehen, sondern eine *Ge-gend* oder eine endliche Sammlung von Merkmalen, eine Kreuzung von «Vermögen» und «Bezügen». Heidegger nennt diese Gegend «Welt», nicht im griechischen Sinne von κόσμος als schöner Ordnung oder Angleichung von dem, „was es gibt", sondern im alten germanischen Sinne als «Zeit des Menschen» *(Welt*, von *wer-alt*: das Alter, das Reifer-werden des Mannes: *wer*, lat. *vir).* Die «Welt» ist keine Gesamtheit von Dingen, sondern ein Fachwerk von «Weisen» *(Wie)*, die Dinge mit mir selbst zu haben, meinen Inbegriff von «Vermögen» zu verwirklichen oder zu konsumieren. Diese Weisen kommen dreifach zum Ausdruck: als umsichtige «Umgebung», in der mein Leben reift *(Umwelt)*, als «Mit-Sein» mit den anderen *(Mitwelt)*, die durch ihre Arbeit und ihr Bedenken des Sinnes dieser Arbeit die Traditionen stiften, welche die Umgebung und schließlich die *«Selbstwelt» (mundus-ipse)*, genauer die Welt des Selbst oder die «Welt, die sie selbst *ist»*, möglich machen (vgl. GA 60, S. 11). Nicht die Welt des «Ich», als ob dieses der Mittelpunkt wäre: das Für-sich-sein, und für welches alles das von ihm Unterschiedene ist. Es ist aber auch kein vermeintliches «Das-selbesein», kein *ipsum esse,* an welchem wir und die Dinge durch den schöpferischen Akt unseres Willens teilhaben könnten.

---

[18] Vgl. für alle diese Punkte *Phänomenologische Interpretationen zu Aristoteles. Einführung in die phänomenologische Forschung* (GA 61), S. 52 ff.

Der «religiöse» A-theismus des jungen Heidegger wurzelt an dieser Stelle: Es geht nicht darum, ob das höchste Wesen existiert oder nicht (in jedem der beiden Fälle würde es sich um ein Objekt handeln, das von einem Subjekt und seiner vermeintlichen «Vernunft» vorgestellt – und beurteilt – wird). Man muß hier im Gegenteil von einer im höchsten Grade *religiösen* Haltung Heideggers sprechen: Wie dieser 1922 Natorp mitteilt, ist die Auslegung des faktischen Lebens „eine Handaufhebung *gegen* [Kennzeichnung F.D.] Gott [...] Damit allein aber steht sie [die Philosophie] ehrlich, d.h. gemäß der ihr als solcher verfügbaren Möglichkeit vor Gott; atheistisch besagt hier: sich freihaltend von verführerischer, Religiosität lediglich beredender, Besorgnis."[19] In der Wurzel des Wortes ἄ-θεος kommt das gleiche privative α zum Vorschein wie in ἀ-λήθεια: Der *Gottlose* vermißt ihn wirklich, anstatt ihn von außen wie auf Befehl zu negieren (oder im Gegenteil, wie es der «Theist» tut, sich auf eine *feste Burg* dieser *sola ipseitas* zu stützen, die ein andernfalls leeres und sinnloses Leben «erfüllt»). Kehren wir zur *Selbst-Welt* zurück, so wäre der «Gott», der vermißt wird, genau diese Spur der Versammlung und der Trennung von *ipse* und *mundus:* «dieser selbe», der sich jedoch gibt, sich selbst übersteigt als «Zeitigung», ohne selbst auf einem Grund zu beruhen. Als ob wir in hegelschen Kategorien sagten: die Konjunktion der Versammlung („-") ist das «An sich», das sich kontinuierlich in seinem «Sein für das Andere» transzendiert.

Das «Sein für sich» füllt sich und hebt sich in diesem *transcendens simpliciter* auf: Es ist nur dann radikal «für sich», wenn es vollständig an das andere gegeben wird und gerade «im Vorbeigehen» ist. Der Gott, der *uns* fehlt, ist der «Schritt» des *Ipse* (das Leben im allgemeinen) zum *mundus* (dieses konkret und in jedem Fall gegebene Leben: *jeweilig).* So ist es nicht erstaunlich, daß Heidegger später im WS 1933/34 über Hölderlin und in den *Beiträgen zur Philosophie* vom „letzten Gott" als einem *Vorbeigang* sprechen wird: Wie ein *Gang,* der schon im voraus *(vor)* in jedem Fall *bei* dem Anderen ist. Das «menschliche Sein», oder genauer: das Sein des *Da* des «Selbst-Seins/Welt-Seins» ist in dieser Selbstwelt die gelebte Entsprechung dieser Darstellung: „Das Dasein ist [transitiver Sinn! F.D.] nur in ihm *selbst.*"[20] Dies ist genau die phänomenologische «Übersetzung», die Verschiebung des Paulinischen *in ipso* (ἐν αὐτῷ). Für unser Leben, unsere Bewegung und unser Sein ist es deshalb nicht etwas, das *über* dem Sein geschieht oder «passiert» (wie auf dem Rücken des Walfisch-Gottes), sondern etwas, das *ihm,* dem Sein selbst, «passiert». Und hier verbindet Heidegger treffend diese Verschiebung des paulinischen «unbekannten Gottes» mit der entsprechenden Verschiebung des Sinns der aristotelischen φύσις, welche, ausgehend von ihrer eigenen στέρησις oder *privatio,* nicht einfach auf dem Weg auf sich selbst zu *ist* (als ob der Weg etwas der φύσις äußeres wäre), sondern im *Weg-sein auf sich zu* besteht: die

---
[19] *Phänomenologische Interpretationen zu Aristoteles.* Dilthey-Jahrbuch 6 (1989), S. 246.
[20] *Ontologie (Hermeneutik der Faktizität)* (GA 63), S. 17.

φύσις ist ihr eigenes «Sich-den-Weg-bahnen». Dies ist die «hermeneutische» Übersetzung des jüdisch-christlichen Gottes (nicht des Gottes der Metaphysik) und der griechischen φύσις: „Er *ist* aber als das *Unterwegs* seiner selbst zu *ihm!*" (GA 63, S. 17). Eine feine Nuance bewirkt, daß sich diese Konzeption *toto caelo* von der Hegelschen Logik der Reflexion und ihres Modells: der Aristotelischen ἐπίδοσις εἰς αὑτό unterscheidet. Heidegger sagt nicht: *zu sich selbst* („auf sich selbst zu"), sondern ... „zu ihm". Das *Dasein* kehrt nicht über sich zurück (das „Selbst" des Daseins ist also ein Sich-geben, Transzendieren), es ist vielmehr der Weg zum *Sein* (welches seinerseits ohne jenen Weg nicht ist: der Weg zum Sein ist seitens des *Daseins* der Weg *des* Seins; die «Selbstheit» der Entsprechung ist das einzige, was hier an-geht).

Diese „Transzendenzbewegung" hat kein sicheres Sich-beruhigen durch das, was «immer schon» und gegenwärtig ist (wenn auch auf eine latente Weise), zum Ziel und zum Zweck; es ist keine Rückkehr zum *Ursprung* (ein „Sprung", der bereits am Anfang getan wird, ein originaler und originärer Sprung, aus welchem sich alle weiteren Konsequenzen ergeben), sondern die Anerkennung eines *Vorsprungs:* ein „Sich-einen-Stoß-geben" oder „Sprung nach vorn", der in der Bewegung, und nur in ihr, mit sich selbst zu tun hat: *über sich selbst hinausgehen.*[21] Deshalb sagt Heidegger: Diese Aktion des Übersteigens bedeutet nicht, „ein Ende [zu] setzen, sondern gerade dem Unterwegs Rechnung tragen, *es* freigeben, aufschließen, das *Möglichsein* festhalten." (GA 63, S. 17). In einem Wort: das „Sein", aus-gesetzt in das *Da,* ist nur *Vorhabe* und deswegen „*Fraglichkeit*". Durch alle Verkörperungen oder Züge des Seins kommt keine helle Lichtquelle *(lumen)* zum Vorschein, sondern *lux:* reine Ausstrahlung, *Reluzenz* des Befragens des Seins selbst. Es springt nicht direkt ins Auge, wieviel Heidegger an dieser Stelle Augustinus verdankt. Er selbst hat es jedoch explizit zum Ausdruck gebracht, indem er den berühmten Abschnitt der *Confessiones* zitierte und kommentierte: „Quaestio mihi factus sum. Terra difficultatis." *(Conf.* X 5, 7; vgl. GA 60, S.178). Von hoher Relevanz im Hinblick darauf ist die entscheidende *formale Anzeige,* die er zwischen das Zitat „Terra difficultatis" und das folgende: „Tamen est aliquid hominis quod nec ipse scit spiritus hominis" einstellt, durch das Augustinus mit dem Stolz des Menschen als Wesen, das sich selbst hat, bricht. Es gibt etwas beim Menschen, etwas, von dem der Geist des Menschen selbst nichts weiß! Und Heidegger führt diese Worte mit einer einschneidenden Bemerkung ein: „Beachte den verschiedenen Bezugssinn!" (GA 60, S. 178). Der Bezug zum menschlichen Leben – dieses

---

[21] Das Deutsche Universalwörterbuch Duden scheint im Hinblick darauf das semantische Feld so gewählt zu haben, daß es den Absichten Heideggers (sogar in Beispielen) entsprochen hat. Tatsächlich heißt *vorspringen:* „1. a) aus einer bestimmten Stellung heraus [plötzlich] nach vorn springen: aus der Deckung, hinter dem Auto; b) sich springend weiter bewegen: der Zeiger der Uhr sprang vor. 2. [übermäßig] herausragen, vorstehen: eine stark vorspringende Nase." Und andererseits mußte die Ableitung „Vorspringer" dem Skifahrer Heidegger vertraut klingen: „Springer, der vor dem Wettbewerb (zur Kontrolle) von der Schanze springt." Siehe *sub voce,* S. 1697.

volle Leben, das in jedem Menschen *reluzent* wird – gehört *zum* Menschen, konstituiert ihn als solchen: er steht aber nicht im Besitz des Menschen, ist weder in seiner Hand noch in seinem Bewußtsein. Der Bezug existiert jedoch nicht «unabhängig», als ob er aus Freundlichkeit etwas hergäbe, was ihm exklusiv, was ihm zu eigen ist. Sein Eigentum hingegen ergibt sich aus seiner *Ent-eignung,* aus seinem Vorsprung, indem er über sich selbst hinaus geht. Man erspäht hier den späten tiefen Sinn des *Ereignisses* als „Geschehen, das zueignet", das jedem seine Möglichkeit nur dann eröffnet, wenn er sich seiner selbst enteignet oder entleert, im *Ent-eignis;* die Resonanz oder *Reluzenz* dieser Konzeption in der κένωσις oder „Entleerung" des Johannes und des Paulus ist offenkundig.

Dieses beständige *Leiden,* daß der Mensch sich nach dem Sinn seines eigenen Lebens fragt, verleiht der Hermeneutik Heideggers den dramatischen Geschmack eines merkwürdigen «atheistischen Christentums». Und dank dieses entscheidenden Impulses kann er dem phänomenologischen «Essentialismus» Husserls entkommen. Schon in der Vorlesung des WS 1919/20 erfährt diese Trennung in aller Strenge besondere Wertschätzung: wenn das Christentum für die Interpretation des faktischen Lebens als Existenz von den «Möglichkeiten des Seins», von den «Vermögen des Seins» aus und in Richtung auf den Erhalt des «Weiter-sein-könnens» das tiefste historische Paradigma ist, verdankt sich dies dem Umstand, daß nur im Christentum die „Verlegung des Schwerpunktes des faktischen Lebens und der Lebenswelt in die Selbstwelt und die Welt der inneren Erfahrungen"[22] erahnt wird. Und trotzdem hat dieses Christentum die ihm innewohnenden Potenzen *betrogen,* genauso wie es die griechische Welt getan hat (Heidegger hat im gleichen Semester ein Seminar über *De anima* von Aristoteles gehalten). Dennoch ist dieser Betrug oder «Fall» – und hier entpuppt sich die ganze Brillanz des Heideggerschen Geniestreichs – nicht auf eine willentliche und bewußte Entscheidung des Menschen zurückzuführen: Dies ist der traditionelle Sinn der „Sünde", welche auf der individuellen Ebene das gleiche Paradox hervorruft, das auf der kollektiven Ebene in der berühmten Hypothese des *Gesellschaftsvertrages* zum Vorschein kommen wird. Um aus dem *status naturae* herauszutreten, um aufzuhören, ein vornatürliches (oder, je nach dem, natürliches) Wesen zu sein, ist es notwendig, sich vom Guten oder vom Bösen frei zu wissen: der „Herr" beider zu sein (*capax Dei* oder *capax mali*), und später auszuwählen, daß man sich demjenigen unterwirft, das vorher schon dem rationalen und freien Wesen: dem «Ich» unterworfen war. Sieht man die Dinge auf diese Weise, so ist der «Fall» des Menschen aus seiner Einheit mit Gott im höchsten Maße unverständlich.

---

[22] *Grundprobleme der Phänomenologie* (GA 58), S. 61.

In Wahrheit ist der «Fall» nicht etwas, das auf den Menschen zukommt wie ein Unfall, der sich später in einen Habitus oder einen Zustand verwandelt. Der Mensch ist der «Fall» des Seins selbst! Nicht die *Dekadenz* vom Sein, sondern die *Kadenz* des Seins. Diese ergibt sich in jedem Fall *(cassus)* als gerade dasjenige, was «den Fall ausmacht». Aber es ist unvermeidbar (etwas, das Hegel schon auf seine Weise gesehen hat), daß die Menschen die *Tendenz* oder Referenz zu ihren eigenen „Fällen" oder Situationen mit demjenigen verwechseln, was zum Fall gehört, das heißt: mit dem Ergebnis ihres eigenen *Vermögens*. Sie verwechseln die Produktion, das Ans-Licht-gelangen ihrer selbst in der Nähe der Sachen, in deren Umgebung sie sich bewegen, mit dem Produkt, so daß sie dieses haben, *als ob* es das sichere Eigentum wäre, das Ergebnis ihres Strebens (während es in Wahrheit die Bewahrung dieses Strebens ist, solange es «möglich» ist, solange es die Fähigkeit besitzt, über sich hinauszugehen). Deshalb werden die Worte des Augustinus: „cadunt [sc. Homines] in id quod valent, eoque contenti sunt" (GA 60, S. 197), von Heidegger auf diese Weise hermeneutisch «verschoben»: „Sie fallen an das, was sie selbst vermögen, was gerade ihnen verfügbar ist, was am umweltlichen und sonstigen Bedeutsamkeiten der Welt und des Selbst bequem ihnen erreichbar wird." (GA 60, S. 197). Wenn nicht dieser letzte Abschnitt darauf zielte, daß das eigene „Selbst" die höchste und unvermeidbare Versuchung konstituiert, schiene es, als würden wir uns vor einer orthodoxen «Übersetzung» der Lehre über die Sünde aufzuhalten: Der Mensch verzichtet auf seine Freuden des «Fleisches» (das heißt: der *Umwelt*) und vergißt seine eigene Intimität, sein „Selbst". Nur daß hier dieses letzte der wahre «Verführer» ist!

Es gibt in der Tat eine höhere Versuchung als den *defluxus in multum*: Das Sich-verlieren in die „Mannigfaltigkeit der Bedeutsamkeiten des faktischen Lebens" (vgl. GA 60, S. 280). Und dieser ist Augustinus selbst erlegen, und mit ihm die ganze spätere Metaphysik. Die wahrhaftige Versuchung, die „eigenliche tentatio" (GA 60, S. 273), besteht im Etablieren einer Wertehierarchie der Beherrschung. Der wahrhaftige *Ordo,* sagt Augustinus, ist nicht: „Tibi caro et tu Deo; sed, Tu Deo, et tibi caro. Si autem contemnis Tuo Deo, nunquam efficies ut Tibi caro." *(Enarrationes in Psalmos* CXLIII 6). Oder, wie Heidegger plastisch übersetzt: „Du gehörst Gott, wir aber, das Fleisch (damit sind die Verfügbarkeiten des faktischen Lebens gemeint)" (GA 60, S. 276). Auf diese Weise wird der «Sinn der Referenz» oder *Bezugssinn* in eine rigide Skala von Werten übertragen, geleitet durch die *delectatio:* Wir „gebrauchen" die Sachen, die zu unserer Disposition stehen (anstatt für sie zu sorgen, wie diese Sorge unser eigenes Leben aufs Spiel setzt) und zugleich erreichen wir die *fruitio Dei*. Augustinus hat sich vom griechischen Neuplatonismus anstecken lassen, der so eine Wertordnung der Vorhandenheiten etabliert, welche im *summum bonum* und zugleich im *summum ens* gipfelt. Die Wurzel dieses Falls in die Onto-theo-logie läßt sich bereits bei Paulus finden, in einem berühmten Abschnitt des Römerbriefes (I, 20), in dem auf sehr griechische Weise bekräftigt wird, daß die unsichtbaren Sachen Gottes: die δόξα oder *gloria* Gottes, durch die sichtbaren Sachen dieser Welt betrachtet werden können.

Augustinus fügt diesem, wir könnten sagen, visuellen Mißbrauch den «moralischen» Gedanken des Genusses hinzu. So sagt er, indem er in *De doctrina cristiana* (I, 4-5) den Paulinische Abschnitt kommentiert: „[...] so müssen wir diese Welt zwar gebrauchen, aber nicht genießen, damit wir so das Unsichtbare an Gott durch das erschaffene Sichtbare schauen [...] Der Gegenstand des Genusses ist also der Vater, der Sohn und der Heilige Geist [...]." Die Religion beginnt alsdann, Theologie zu sein: Wir gehen von den Entitäten aus, um zu einem Fundament zu gelangen, zu einer *prima causa*, die der *manus mentis* zur Verfügung steht, ebenso wie die weltlichen Sachen in der Reichweite der *manus carnis* sind. Der Sinn der menschlichen Existenz als *Sorge* wird somit von Grund auf modifiziert. Das *cor inquietum* kann zuletzt in Gott ruhen: die Summa Presencia ... zuhanden.

Es ist bekannt, daß Heidegger den jungen Luther häufig hinzuziehen wird (besonders den der *Heidelberger Disputationen* von 1518-19), um mit ihm gegen diese metaphysische Ungeheuerlichkeit zu kämpfen: die Lutherische Attacke gegen die „augenhafte", essentialistische und wertsetzende *theologia gloriae* entspricht genau der Heideggerschen *Abbau* der Präsenzmetaphysik, der in einer unversöhnlichen Analyse des „Jetzt" wurzelt (vgl. GA 63, S. 29-43), dessen neuralgisches Zentrum die „Angst der *Neugier"*, die Augustinische *curiositas* ist. Hier wie in der Kritik der wertenden Tendenzen des Augustinus wäre nun der Glaube, daß dieses Bekenntnis etwas wie eine Verehrung eines „Ursprungs" ist (die Wahrheit des Seins des *Daseins* als *Sorge),* der später aufgrund einer Kontamination durch die griechische Metaphysik auf theoretische Weise verloren wird, und der seinerseits die *aktuelle* Dekadenz des westlichen Menschen verursacht habe, eine absolut deformierende Interpretation der Intentionen Heideggers. Der radikale Anti-Idealismus des jungen Heideggers beweist sich in seiner Überzeugung, daß es das Leben selbst ist und seine Versuchungen, die eine pervertierte Theorie hervorruft, und nicht umgekehrt.[23] Spuren dieses robusten «Realismus» finden sich noch in der Erörterung des *Man* als *Existenzial* und der «eigenlichen» Existenz als existenzieller Modifikation in *Sein und Zeit.* Der Zustand des geschichtlichen Bewußtseins und der Philosophie, nicht die Dekadenz einer primitiven Perfektion, konstituiert *heute* eine Weise *(Wie)* der Faktizität der Existenz (vgl. GA 63, S. 31). Wenn heute das *Gerede* dominiert und sich alles in der *Öffentlichkeit* auflöst, so ist

---

[23] Wie Heidegger im WS 1921/22 bemerkt, hat das Phänomen der *Ruinanz* (und die folgende und verzweifelte Ausklammerung dieses ursprünglichen Phänomens der Existenz durch die Metaphysik und die Theologie der Präsenz) das „Tantative" (vgl. die Augustinische *tentatio tribulationis):* die größte Versuchung, einem Leben zu entfliehen, das in der Vergangenheit unaufhörlich zusammenfällt (bis das alles „vergangen" ist und es der Tod überkommt), als grundlegenden Charakter. Heidegger erkennt, daß dieser *Bewegtheitscharakter* einer Existenz in Ruinen „allerdings durch das Christliche erst sichtbar gemacht [wurde]; sichtbar: im faktischen Leben erfahrbar, »bin«bar." Jedoch „[...] braucht [es] keine religiöse Grunderfahrung für seine Erfahrung lebendig zu sein." Denn für das Tentative gilt: „irgendwie ist es im heutigen »unchristlichen« Leben da." (GA 61, S. 154).

dies etwas, was das menschliche Wesen von sich selbst aus erreicht hat, etwas *in dem* und *durch* das es lebendig ist (als eine verzerrte Umkehrung des Paulinischen *in ipse vivimus).* Und wenn wir uns alle dem *Man* hingeben, das „niemand" ist, ein bloßes „Gespenst im faktischen Leben" (GA 63, S. 32), dank welchem sich die forschende und beunruhigende „Fraglichkeit" der eigenen Existenz in eine beschwichtigende durchschnittliche *Ausgelegtheit* verwandelt, wird es notwendig sein, gerade diesen Mangel des Fraglich-werdens von einem selbst, welcher das Jetzt charakterisiert, in Frage zu stellen. Warum muß der Mensch sich eine *Maske* (GA 63, S. 32) aufsetzen, wenn nicht um sich zu verteidigen vor der Angst, „um nicht vor sich selbst zu erschrecken"?

Die Frage problematisiert erneut das eigene *Selbst,* zuerst erhoben in die unveränderlichen Höhen eines *esse ipsum* und zuletzt aufgelöst in das *ens realissimum* des öffentlichen *Man,* auf radikale Weise. Was also ist das „Selbst" an sich selbst, damit es plötzlich und unwiderstehlich darauf abzielt, es in einen *Wert* umzuwandeln, in etwas, das nur dann genossen und ausgenutzt werden kann, wenn wir uns dem Selbst schon im voraus unterwerfen, während wir andererseits den *Gehaltssinn,* den Sinn des Sich-festhaltens an der von uns geschützten Umwelt desjenigen, das wir pflegen und mit dem wir uns pflegen, im Weihwasserbecken der zählbaren und disponiblen Güter zerstückeln? Wohin führt insgesamt diese Schizophrenie, diese Spaltung zwischen einer übersensiblen, unveränderlichen und ewigen sowie einer sensiblen und verfallenen Welt? Die erste *Metapher,* die Metapher aller Metaphern, um es so zu sagen, ist also bereits im schon zitierten Abschnitt des Paulinischen Römerbriefes enthalten: Die sichtbaren Dinge sind *Phänomene* des Unsichtbaren, des *Noumenischen.* Diese Spaltung und Schizophrenie, der es heute gelungen ist, sich über den Planeten als *Obszönität der öffentlichen Exhibition* (gemäß dem treffenden Ausdruck Baudrillards) auszudehnen, hat ihre Wurzeln in der okzidentalen Existenz des Menschen selbst. Das faktische Leben flieht vor sich selbst, weil es die Vorahnung hat, daß es im Grunde *infirmitas* ist, das Fehlen festen Bodens, das als «Krankheit» und Sehnsucht nach Ruhe und Erholung empfunden wird. Deshalb konstruiert es ein «εἴδωλον» desjenigen, das ihm fehlt, und das es als „höheres Wesen" verehrt, dem jeder Fehler fehlt. Aber das einzige, das man wirklich «braucht» (wie der Pfahl im Paulinischen Fleisch; vgl. *Cor.* 12, 1 - 10) ist das Sich-gewahr-werden der eigenen *Schwäche,* die „Grunderfahrung Leidenschaft" (GA 61, S. 24). Die höchste Versuchung ist somit die Verwandlung der „Bekümmerung" (GA 61, S. 37), die in einer „Metaphysik des »Quietiven«" alles faktische Leben charakterisiert (nebenbei sei bemerkt, daß hier meines Erachtens die Ablehnung Heideggers gegen den «Kaufmann» Schopenhauer wurzelt). Im eigentlich religiösen Bereich verwandelt sich parallel die paulinisch-lutherische *theologia crucis* in eine *theologia gloriae* der Präsenz und des Genusses. Gegen diese fordert Heidegger jeder *Heilslehre* zu entfliehen, jeder „rettenden Küste", und fordert den „[...] Sprung ins treibende Boot, und es hängt nur daran, das Tau für die Segel in die Hand zu bekommen und nach dem Wind zu sehen." (GA 61, S. 37) Oder kurz gesagt: in dieser dramatisch religiösen Phänomenologie ist der schlimmste Feind gerade das ruhige Vertrauen in die Rettung bzw. *Erlösung,* verstanden als eine zukünftige *contemplatio Dei.*

Bedeutet dies vielleicht, daß wir die von Augustinus so gefürchtete *ruina corporis* als etwas Notwendiges akzeptieren müssen? Besteht Mensch-sein nicht gerade im hoffnungslosen Sich-hingeben an den Verfall und den Tod? Keineswegs. Gerade diese *Ruinanz* versteht das faktische Leben falsch, indem sie die *anxietas* (aus dem Augustinischen Terminus geht die berühmte *Angst* hervor) in Furcht vor dem Gegenwärtigen und dem «zukünftigen» Tod verwandelt, verstanden als eine harte Todesstunde, die irgendwann *gegenwärtig* wird. Diese furchtsame nihilistische Haltung ist lediglich ein Nebenprodukt der Überhöhung des *Selbst* als unveränderliches, ewiges und präsentes Sein. Kurz, es ist nur eine der Seiten der ursprünglichen *Meta-pher* zwischen dem Sensiblen und Temporalen sowie dem Übersensiblen und Ewigen. Die Destruktion dieser Metapher setzt eine wahre *Gegenbewegung der Zeit* voraus, die demjenigen das Rückgrat bricht, das Heidegger (im berühmten § 82 von *Sein und Zeit*) den „vulgären Zeitbegriff" nennen wird: die ruhige Reihe von gleichförmigen „Jetztpunkten". Der Ursprung dieser «Gegenbewegung»[24], dem entscheidenden Kern aller Freiburger Phänomenologie, findet sich in der Paulinischen Lehre des καιρός, gelesen im Lichte der «Grenzsituation» der Ungewißheit, wie sie aus der *Psychologie der Weltanschauungen* von Jaspers hervorgeht, in welcher wiederum Kierkegaard zitiert wird. Dort konnte Heidegger folgendes lesen: „'[...] denn da dessen [des Lebens] Ungewißheit in jedem Augenblick besteht, kann sie nur dadurch überwunden werden, daß ich sie jeden Augenblick überwinde ...'".[25] In diesen Worten schwingt wie ein fernes Echo die Ermahnung des Paulus mit, welcher der junge Heidegger besondere Aufmerksamkeit geschenkt hat: „Seht zu, dass euch niemand beraubet durch Philosophie und lose Verführung nach der Menschenlehre und nach der Welt Satzungen, und nicht nach Christo." *(Col. 2, 8).* Aber genau in diese vergänglichen philosophische Versuchung fiele die Christenheit selbst, indem sie ihre Unruhe in sichere Theologie verwandelt! Was könnte jedoch „Christus folgen" nach der hermeneutischen Verschiebung Heideggers bedeuten? In einem Anhang zur Vorlesung von 1923 kommentiert Heidegger einen Abschnitt von Pascal: „Wenn sich alles gleichmäßig bewegt, bewegt sich dem Anschein nach nichts, etwa wenn man auf einem Schiff fährt. Wenn sich alle der Zügellosigkeit hingeben, scheint es

---

[24] Beiläufig sei hier erwähnt, daß diese Konzeption eine beunruhigende Ähnlichkeit mit dem *Gegenschlag* Hegels und dem *Gegenwort* Celans aufweist.
[25] Karl Jaspers, *Die Psychologie der Weltanschauung.* 4. Auflage, Berlin: Springer 1954, S. 270. Des weiteren konnte Heidegger nicht davon ablassen, dieses „in jedem Moment" der Ermahnung Christi zu überlassen: „Aber hütet euch, dass eure Herzen nicht beschwert werden mit Fressen und Saufen und mit Sorgen der Nahrung, und komme dieser Tag schnell über euch. Denn wie ein Fallstrick wird er kommen über alle, die auf Erden wohnen. So seyd nun wacker allezeit." Auf diese Weise wird verhindert (vgl. die *Wachsamkeit* bei Heidegger), daß „dieser Tag [ἡμέρα; in der *Vulgata: dies illa]* schnell über euch" komme (Luc. 21, 24-36).

keiner zu tun; der, der anhält, macht das Treiben der anderen, genau wie ein ruhender Punkt, erkennbar."[26] Dieser Nihilismus, der das faktische Leben ruiniert, läßt sich nicht heilen, er verschlimmert sich vielmehr, indem er sich in Hinterwelten flüchtet. Der Passagier Pascals, der anhält, bleibt auf festen Füßen auf dem Schiff stehen. So muß es im faktischen Leben geschehen: „Bewegtheit sieht man eigentlich nur vom jeweiligen genuinen «*Aufenthalt*»" (GA 63, S. 109).[27] Es handelt sich also nicht um ein bloßes Sich-aufhalten (als ob ein Passagier glaubte, daß er dadurch, daß er sich überhaupt nicht bewegt, schon in Sicherheit sei), sondern um folgendes: „Im Aufenthalt ist die Bewegung sichtbar, und damit von ihm her als echtem Aufenthalt die Möglichkeit der Gegenbewegung. [Absatz] Aufhalten beim Leben selbst, seinem Gegenstands- und Seinssinn: Faktizität. Enthalten von ruinanter Bewegtheit, d.h. die Schwierigkeit ernst nehmen, die damit *wache* Erschwerung vollziehen, verwahren." (GA 63, S. 109) Diese Gegenbewegung ist die konträre, gegenläufige Zeit des καιρός, die nicht den Ausgang der Flüchtigkeit sucht, die Flüchtigkeit aber auch nicht passiv akzeptiert, sondern welche *Integrität* ihrer Existenz im Hinblick auf den bevorstehenden *Augenblick* auslegt, *von dem aus*, hinzukommend, alle Momente des Lebens Sinn erlangen.

Demnach ist ein authentischer «Aufenthalt» im Leben kein passives Sich-treiben-lassen bis zum Tod. Dies ist genau die von Heidegger beklagte *Ruinanz,* die paradoxerweise gewöhnlich als seine Lehre verstanden wird, indem der Sinn des *Seins zum Tode* mißverstanden wird: nicht ein „Sein für den Tod", sondern ein Offen-sein für die schlechthinnige Unmöglichkeit aller Möglichkeiten, um von diesem immer anhängigen Bevorstehen aus zu den «Sachen des Lebens» als den «Gütern» meines immer noch «Sein-könnens» zurückzukehren. Bedeutet dies in irgend einer Weise, „Christus zu folgen"? Wir können es wagen, diese Frage zu bejahen, wenn wir genau auf diese Weise die *Hermeneutik der Faktizität* verstehen. Christus akzeptiert, seine eigene *Schuld* zu begleichen; er akzeptiert nämlich seine innerste Spaltung zwischen Menschheit und Gottheit. Er hätte sich eine der beiden Seinsweisen aussuchen können, wenn wir diese Seinsweisen als griechische auffassen würden: sterblich sein (das heißt der *Ruinanz* des Sich-einlassens auf das disponible Seiende verfallen, bis daß die höchste *Aporie* eintritt, wie das zweite Stasimon der *Antigone* lautet) oder unsterblich sein (das heißt nicht durch den Schmerz und das Leiden affiziert werden; weiter und über die Verfallenheit

---

[26] B. Pascal, *Pensées et Opuscules*. Ed. Brunschvicg. Paris, s.a., Sec. VI, Nr. 382, S. 503; dt. *Über die Religion (Pensées)*, übers. von Ewald Wasmuth, Heidelberg: Lambert Schneider 1954, S. 177.

[27] Es ist wichtig, hier nicht die *Bewegtheit* mit der *Beweglichkeit* zu verwechseln. Die erste bedeutet die Fähigkeit, sich zu bewegen; die zweite die Fähigkeit, bewegt zu werden. In dieser Unterscheidung wurzelt die Verschiebung – und die Distanzierung – Heideggers im Hinblick auf die anfängliche Erfahrung der christlichen Religion, das Paulinische: *In ipso movemur*. Das bedeutet: im faktischen Leben bewegen wir *uns* (über uns selbst hinausgehend, wie in einem *Vorsprung).* Wir werden nicht in Gott bewegt (dies ist gerade die metaphysische Interpretation des paulinischen Abschnittes, die Malebranche liefert).

der Welt hinaus sein, wie eine reine metaphysische Idee). Aber Christus entkommt dieser doppelten Falle der *ruina* oder des Verlustes einerseits und dem unveränderlichen *lumen* andererseits. Nur so kann er sich als *Weg, Wahrheit und Leben* behaupten. Also ist die Wahrheit des Lebens nur das «Auf-dem-Weg-sein». Christus erleidet nicht den Tod, sondern er bezwingt ihn, indem er ihn akzeptiert ... als *consummatio* seines Lebens selbst (oder in streng heideggerschen Worten: als *Vollzugssinn),* als Vollenden und Verwirklichen der Anerkennung, daß sein «In-der-Welt-sein», sein «Aufenthalt» darin bestand, die Zukunft (das, was kommen muß, nicht der «Advent») einer als Hingabe verstandenen Liebe in die Vergangenheit zu tragen (als Vater, dessen Wille jetzt anerkannt ist), also die Vergangenheit als Gewesenheit werden zu lassen. Christus ist am Kreuz zum ersten Mal Christus; als Erweiterung, die das ewige «Sein» der Präsenzmetaphysik streift, vollendete sich Christus und zehrt sich in diesem höchsten Augenblick des Kreuzes auf. Er selbst ist das Kreuz, die *Ge-gend,* die das glänzende Spiel von Himmel und Erde, von den *Göttlichen* (Heidegger spricht nicht von „Gott") und den Wesen zuläßt, die fähig sind, die rettende Angst des immer unmittelbaren Bevorstehens des Todes zu ertragen. Im Hinblick darauf sei zuletzt noch eine Bemerkung erlaubt (und zwar nur ein *Deuten,* kein „Beweis" und auch keine „Demonstration"). Paulus schrieb an die Thessaloniker: „[...] und wie ihr bekehret [ἐπεστρέψατε] seyd zu [πρός] Gott von [ἀπό] den Abgöttern, zu dienen [δουλεύειν] dem lebendigen und wahren Gott, und zu warten [ἀναμένειν] seines Sohnes vom Himmel, welchen er auferwecket hat von den Toten, Jesum, der uns von dem zukünftigen Zorn erlöset hat." *(1. Thes.* 1, 9 - 10) Heidegger interpretiert und verschiebt diese Botschaft des Trostes und der Rettung auf hermeneutische Weise und zielt so implizit auf die Kehre (wenigstens für uns, die wir diese Texte vom späten Heidegger ausgehend lesen): „Es handelt sich um eine *absolute Umwendung,* mehr um eine *Hin*wendung zu Gott und eine *Weg*wendung von den Götzenbildern. Die absolute Hinwendung innerhalb des Vollzugssinns des faktischen Lebens ist in zwei Richtungen expliziert: δουλεύειν und ἀναμένειν, ein Wandeln vor Gott und ein Erharren." (GA 60, S. 95) Δουλεύειν bedeutet „dienen", zu Diensten sein, nicht einer äußeren und unveränderlichen Kraft oder Wesen, sondern – wie Christus selbst, der den Willen des Vaters als seinen eigenen akzeptiert, – dem inneren Selbst, welches erst durch die Hingabe bewirkt, daß jeder Mensch er selbst *ist*. Ἀναμένειν bedeutet *wachsam sein:* in Erwartung sein, in der Wacht leben, im Angesicht der plötzlichen Vollendung eines Lebens, das nur jetzt zum ersten Mal Sinn und Fülle erhält. Es gibt nicht umsonst zwei Wendungen, weil die «Wende» absolut ist: das «Sich-etwas-zuwenden» *ist* ein «Sich-entfernen, Sich-umdrehen». Im hermeneutischen Sinn ist die «Authentizität» oder «Eigentlichkeit» der Existenz ein konstantes «Sich-verwinden-auf» und «Sich-trennen-von» (wie jemand sich nach einer Krankheit wieder erholt, indem er gemäß dem bekannten Gleichnis Gianni Vattimos ihre innerste Gegenwart akzeptiert) den Götzenbildern der Metaphysik und der *theologia gloriae:* der *simulacra Dei.* Diese innerste Union des *Hin* und des *Weg*, diese doppelte Bewegung oder Zwiespalt, ἄμα, *simul*, macht aus dem Menschen die *Augenblicks-Stätte*. Stätte, wie die griechische στάσις: das schwierige Verweilen in einer Gegenbewegung. Fähig zu sein, den Tod zu ertragen, bedeutet *capax dei* zu sein.

Ist der junge Heidegger nun ein Philosoph des *a-theistischen* Christentums? Martin Heidegger schenkte Karl Löwith zu Weihnachten 1920 *De imitatione Christi* von Thomas a Kempis.[28]

Übersetzt von Henrik Richard Lesaar

---

[28] Vgl. Karl Löwith, a. a. O. S. 29.

# Martin Heidegger: *Correspondance avec Karl Jaspers*
## Une correspondance émouvante

Fabrice Midal

La lecture de la correspondance entre Martin Heidegger et Karl Jaspers est d'un bout à l'autre émouvante. On y voit en effet Martin Heidegger et Karl Jaspers à nus, meurtris par l'histoire, cherchant un terrain d'entente impossible à trouver et qui pourtant s'est peut-être donné dans une amitié aussi touchante que manquée.

### I. Une correspondance affective

Pourquoi prendre en vue la correspondance de Martin Heidegger avec Karl Jaspers, deux grandes figures de la philosophie, à partir de l'émotion?

C'est peut-être la nature de toute correspondance que de se placer d'abord sur ce terrain. Correspondre avec quelqu'un, c'est tenter de trouver un espace de réciprocité qui se situe d'abord sur un plan affectif. Ainsi toute correspondance évoque le temps qu'il fait, les détails de la vie domestique, la maladie – et s'enquiert de cela chez l'autre: *comment* l'on va et *comment* va son interlocuteur. Toute correspondance se situe d'abord sur le plan le plus *immédiatement* humain: celui des sentiments, "l'ensemble des affections tendres qui sont dans le cœur de l'homme."[1] C'est une occasion où l'on peut voir deux êtres se rencontrer. Le plus souvent, les remuements du cœur, le rapport aux autres et à l'environnement, les subtilités des émotions entre les êtres, nous n'en gardons pas trace. La correspondance, elle, garde la mémoire de ces caractéristiques de la vie humaine. On y retrouve, même médiatisé par l'écriture, le rapport à une certaine mouvementation du temps. Il suffit que les deux interlocuteurs n'esquivent pas cette donnée existentiale de l'homme pour que leur correspondance soit émouvante.

Ici, la correspondance est emblématique de cette sensibilité parce que l'amité entre Jaspers et Heidegger fut aussi forte que manquée. Nous assistons à l'impossibilité d'une rencontre qui ne cesse cependant d'être désirée de part et d'autre.

Jaspers souhaite à un moment[2] pouvoir entamer une explication de fond avec la pensée de Martin Heidegger et établir une correspondance plus publique. C'est

---
[1] Littré.

cependant parce qu'elle reste une véritable correspondance, qu'elle est à ce point émouvante, et par là très instructive quant à la situation dans laquelle se trouvaient les deux philosophes.

Jaspers apparaît, tout au long de cette correspondance, comme un être *touchant,* dépourvu de toute perversité et toujours habité par le souci de l'honnêteté. D'un caractère entier, il n'hésite pas à dire ce qu'il ressent, avec autant de franchise que de pudeur. Une des lettres les plus frappantes, de ce point de vue, est celle qu'il adresse à Heidegger, lorsqu'il croit apprendre que ce dernier vient d'être nommé à l'Université de Berlin en 1930: "Je viens de lire dans le journal que vous avez reçu votre nomination pour Berlin. Je vous félicite de tout cœur. (...) Le fait que je me suis donné jadis l'espoir de Berlin me fait éprouver une légère douleur. Mais elle est la plus petite possible, puisque c'est vous, à présent, qui avez cette nomination."[3] On ne peut à son tour qu'être touché par cette reconnaissance de sa propre jalousie. Dissimulée, elle renverrait à quelque perversion, alors que Jaspers se présente ainsi lui-même directement et ne prétend pas être sans faiblesse. Notre émotion, alors, se nourrit de nous voir nous-mêmes mis à nu.

## II. Une amitié sans cesse différée

On sent chez Jaspers un besoin d'être rassuré par Heidegger et la souffrance de s'en sentir éloigné. Il est très saisi quand Heidegger, le 22 juin 1922, lui fait part de «leur communauté de lutte». Il répond: "Je vous remercie surtout des sentiments amicaux que vous exprimez et de la conscience que vous avez d'une «communauté de lutte»". Le mot *surtout* donne le ton de leur correspondance. Pour Jaspers, l'important, c'est d'emblée le rapport sensible, voire émotionnel entre eux, qui se manifeste tout particulièrement dans le souci constant chez Jaspers d'être *reconnu* et accepté par Heidegger. Il le formule très clairement dans sa lettre du 24 décembre 1931: "J'ai éprouvé à la lecture de votre lettre le bonheur inhabituel d'entendre un mot qui était important pour moi et qui était d'approbation."[4] Que leur correspondance soit placée sous le signe de l'émotion, c'est ce que Jaspers redit en 1949: "Ce qui m'impressionne dans votre lettre, et que je n'ai guère entendu depuis notre séparation, c'est quelque chose d'impalpable qui me touche"[5]. L'amitié, pour Jaspers, c'est la confiance et la reconnaissance qui s'échangent de part et d'autre.

---

[2] Martin Heidegger, *Correspondance avec Karl Jaspers 1920-1963*, Traduit de l'allemand par Claude-Nicolas Grimbert, NRF, Gallimard, Paris, 1996, Lettre 140, p. 177 "Le chemin convenable serait-il: une correspondance philosophique que nous tenterions à côté de notre correspondance privée, dans l'intention d'aller, par l'échange de la parole jusqu'au cœur des derniers fondements accessibles, et ensuite de la publier sans remaniements ultérieurs?".
[3] *Ibid.* Lettre 97, p. 117.
[4] *Ibid.* Lettre 110, p. 132.

L'étrange paradoxe, oh! combien émouvant, c'est que, dans le même temps où Jaspers ne cesse de rechercher l'approbation de Heidegger en qui il a très vite reconnu un grand penseur, il ne le lit pas sérieusement. A la fois, il a très vite compris à qui il avait affaire, prenant la mesure de qui était Martin Heidegger; et en même temps il ne fait aucun effort pour se mettre au travail. Il est celui qui ne cesse d'appeler de ses vœux une rencontre à un niveau véritablement philosophique, et celui qui jamais ne s'en donne les moyens. A propos du livre de Heidegger sur Kant, *Kant et le problème de la métaphysique,* il écrit même: "C'est manifestement une interprétation pleinement nouvelle, refermée sur elle-même, qui m'est étrangère et reste sans rapport avec ce que la philosophie kantienne est pour moi"[6]. Puis quelques années plus tard, à propos de la publication des *Chemins qui ne mènent nulle part,* il écrit: "Je reste avec mes questions en suspens: arrive-t-il une possibilité fantaisiste-trompeuse de penser-poétiser, ou la porte commence-t-elle ici à s'ouvrir prudemment (…) est-ce une irréligiosité gnostique qui trouve ici son verbe ou la quête de la divinité."[7] Toute la correspondance entre Jaspers et Heidegger est de ce point de vue déconcertante; le plus surprenant peut-être est que Heidegger ne lui en fait jamais le moindre reproche, lui qui ne quitte jamais le sol véritable de l'*amitié.*

Son amitié pour Jaspers se manifeste avec une grande *ardeur* qui n'a rien à voir avec l'image d'Épinal d'un Heidegger austère et sévère.

Heidegger reste d'une bienveillance inouïe à l'égard de son aîné. Il le lit d'abord avec beaucoup de vigueur et d'attention, et lui donne des preuves constantes de son amitié. Le 17 avril 1924, il lui fait cette très belle déclaration, qui donne toute la mesure de l'importance qu'avait à ses yeux l'amitié qu'il éprouvait pour Jaspers: "Depuis septembre 23, je vis mes relations avec vous à partir de cette donnée: que vous êtes mon ami. Telle est dans l'amour la foi dont dépend tout le reste.(…) l'amitié est la plus haute éventualité qu'un autre puisse m'offrir."[8] Dorénavant, pour Heidegger son amitié est définitive, il restera toujours fidèle à Jaspers, quelle que soit la distance qui va les séparer et dont il soulignera qu'elle lui coûte. Plus de vingt ans après, le 22 juin 1949, il lui redit cette amitié: "A travers tant d'erreurs et de confusion et une contrariété temporaire, rien n'a jamais porté atteinte à ma relation à vous, telle qu'elle s'est établie pendant les années vingt, quand nos chemins en étaient à leur commencement. Depuis que nous nous sommes rapprochés dans l'espace, j'ai éprouvé l'éloignement avec d'autant plus de douleur."[9] Mais Jaspers semble ne jamais croire au respect et à l'amitié que Heidegger manifeste pourtant à son égard.

---

[5] *Ibid.* Lettre 130, p. 159.
[6] *Ibid.* Lettre 86, p. 112.
[7] *Ibid.* Lettre 140, p. 178.
[8] *Ibid.* Lettre 20, p. 40.
[9] *Ibid.* Lettre 127, p. 155.

## III. Écrasés par l'histoire

Le deuxième axe qui est suprêmement émouvant dans cette correspondance, c'est de voir ces deux hommes écrasés par l'histoire. Ils sont tous deux les témoins de la dégénérescence d'une époque qui leur apparaît de plus en plus lointaine et que le nazisme fera apparaître comme définitivement achevée.

C'est d'abord la fin de l'Université. *On* présente souvent Heidegger comme nostalgique de la place politique et du rôle philosophique de l'Allemagne. Mais tout cela reste une manière de dire excessivement abstraite, ce qui ne peut manquer d'engendrer toutes les confusions possibles. La lecture de cette correspondance met en évidence qu'il ne s'agit nullement de nationalisme comme nous ne manquons pas de l'entendre à partir de notre point de vue. L'Allemagne c'est avant tout, pour eux deux, une certaine rigueur de la pensée, que l'Université – porteuse de l'héritage de l'Occident tout entier – véritablement incarne. Ce qui est assez difficile à comprendre, pour nous aujourd'hui, pour qui l'Université ne représente rien, ni un gage de compétence, ni un lieu de prestige. L'Université n'est plus désormais un lieu de formation authentique, mais un lieu de passage pour étudiants où se collectent des diplômes.

Instaurer une Université digne de ce nom, c'est le sens premier de leur rencontre. La première lettre de Martin Heidegger, en avril 1920, met l'accent sur cette perspective commune: "J'ai eu beaucoup de plaisir à passer la soirée chez vous, et j'ai eu surtout «le sentiment» que nous travaillions à partir de la même situation fondamentale à la réanimation de la philosophie."[10] Réanimer la philosophie est alors, pour eux deux, inséparable de la situation de l'Université. Encore une fois, il nous est difficile de comprendre ce lien puisqu'aujourd'hui l'Université n'est plus le lieu où la philosophie vivante s'accomplit, et que la philosophie n'est plus le lieu où s'incarne la civilisation.

Le destin de ces deux hommes, ce qui leur est destiné – donc d'abord cela qui les rapproche – c'est le devoir de tout faire pour éviter que ce lieu de sauvegarde de la culture ne sombre à son tour. Et chacun, à sa manière, ne va cesser d'œuvrer dans ce but.

Cela apparaît tout particulièrement dans leurs échanges continuels sur les problèmes des nominations. L'enjeu n'y est jamais celui du pouvoir, mais le souci constant de reconnaître l'excellence là où elle est. On voit sans cesse à l'œuvre une volonté de dépasser leurs intérêts propres, de défendre même des penseurs qui leur sont étrangers, pourvu qu'ils aient la rigueur et l'envergure nécessaires pour former des étudiants. La passion qui les lie tous deux à cette responsabilité est très vive.

---

[10] *Ibid.* Lettre 1, p. 11.

## IV. Le rectorat

La correspondance éclaire les raisons qui ont poussé Heidegger à prendre la charge du rectorat. Comment se dérober à cette mission? La correspondance mentionne sans cesse cette exigence qui attend Heidegger. En tant que philosophe allemand il va devoir prendre ses responsabilités. Ainsi le 24 mai 1930, Jaspers écrit-il: "Le plan d'une Université aristocratique dont nous avons discuté dernièrement est utopique pour l'instant. Ce n'est pas une raison pour le laisser tomber. Ce pourrait être une chance, si l'Allemagne veut réellement, un jour, une «Université allemande». Vous seriez alors indispensable."[11]

La correspondance nous montre bien l'énorme pression qui pèse de toutes parts sur Heidegger, et tout particulièrement depuis la publication de *Être et Temps*. Il est le seul qui puisse sauver l'Université, c'est-à-dire, encore une fois pour eux, la civilisation, autrement dit la dignité de l'Occident. Jaspers, le 24 décembre 1931 lui écrit même: "La philosophie des universités allemandes, selon toutes prévisions, repose à la longue entre vos mains. Tant que je vivrai, je ne pourrai que travailler avec la plume et le papier." Cette remarque est réellement paradoxale: Jaspers, qui souhaite une action publique, en confie cependant la tâche, à ses yeux essentielle, à Heidegger. Heidegger ne cesse cependant de refuser d'obéir à cette pression; il refuse le poste à Berlin, ce que Jaspers ne comprend du reste pas. Heidegger lui écrit en 1931: "Car depuis un certain temps – dès avant l'épisode de Berlin – je suis effrayé quant à mon «douteux» succès et depuis je sais que je me suis engagé trop avant, au-delà de ma propre force existentielle et sans voir clairement l'étroitesse de ce que je suis réellement capable de questionner."[12] Heidegger affirme déjà l'importance de la philosophie comme effort avant tout solitaire, conscient des mauvaises raisons qui font son succès, succès qui constitue un véritable obstacle à son propre travail. Mais ce souci de solitude pour donner à la philosophie sa pleine mesure va à l'encontre de son époque, et de la responsabilité à laquelle on ne cesse de le confronter.

Après la publication du *Discours de Rectorat,* Jaspers lui écrit: "(...) on peut espérer qu'un jour, dans une interprétation philosophique, vous accomplirez ce que vous dites. Votre discours a de ce fait un soubassement digne de foi."[13] Pour prendre la mesure de ce qui s'est passé, on devrait méditer à deux fois cet encouragement puissant de Jaspers à Heidegger, qui va dans le sens continuel de leur correspondance depuis les années vingt.

Quand, des années plus tard, ils essaient de comprendre cette période du rectorat, Jaspers insiste sur la cécité de Heidegger à voir ce qui se passait autour de lui. Jaspers lui écrit ainsi: "(...) vous sembliez vous être conduit, à l'égard des phénomènes du national-socialisme, comme un enfant qui rêve, ne sait ce qu'il fait,

---

[11] *Ibid.* Lettre 102, p. 122.
[12] *Ibid.* Lettre 109, p. 131.
[13] *Ibid.* Lettre 119, p. 140.

s'embarque comme en aveugle et comme sans y penser dans une entreprise qui lui apparaît ainsi autrement qu'elle n'est dans la réalité."[14] Comment Heidegger a-t-il pu penser réformer l'Université sans se rendre compte de la catastrophe qui se préparait autour de lui?

Heidegger répond: "(…) je ne regardais pas à l'extérieur, au-delà de l'Université, et je ne me rendais pas compte de ce qui se passait vraiment."[15]

La difficulté à laquelle il était confronté était de voir l'impossibilité de toute action dans la situation dans laquelle il était.

Il ne lui a fallu que quelques mois pour comprendre son échec, et tenter d'en prendre la mesure.

C'est là, au fond, la difficulté radicale pour comprendre la pensée et l'attitude de Heidegger à partir de 1934. Pour le dire tout simplement, l'erreur du rectorat, pour Heidegger, n'est pas seulement une erreur de perspective, mais une erreur philosophique: croire, à la suite de Platon, que le philosophe peut agir à partir de la philosophie. C'est bien ce qu'avait noté Jean Beaufret: "C'est peu à peu que les choses s'éclairent pour lui, et il abandonne alors définitivement la figure traditionnelle du philosophe. Jusqu'en février 1934, date de sa démission du rectorat, on peut dire qu'il est encore philosophe au sens traditionnel, c'est à dire quelqu'un qui aide directement, presqu'immédiatement, au sens du rapport d'Anaxagore et de Périclès."[16]

## V. *Faire face* à l'erreur du Rectorat

Mais Heidegger va encore penser plus loin la portée de son acte, d'une manière qui force l'admiration. Dans la lettre du 7 mars 1950, Heidegger manifeste une volonté très mûrie d'explication: "Cher Jaspers, si je ne suis plus venu dans votre maison depuis 1933, ce n'est pas parce qu'y habitait une femme juive, mais *parce que j'avais simplement honte*. Depuis, ce n'est pas seulement dans votre maison que je ne suis plus venu, c'est aussi dans la ville de Heidelberg, qui n'est ce qu'elle est pour moi que par votre amitié.

A la fin des années trente, quand le mal absolu commença avec les persécutions sauvages, j'ai aussitôt pensé à votre femme. (…) J'ai alors reçu la ferme assurance que rien n'arriverait à votre femme."[17]

---

[14] *Ibid.* Lettre 142, p. 180. Il est pourtant frappant que Jaspers tout autant qu'Heidegger a été aveuglé, quoi qu'il en dise après coup.
[15] *Ibid.* Lettre 144, p. 182.
[16] Jean Beaufret, in Frédéric de Towarnicki, *A la rencontre de Heidegger,* Gallimard, Paris, 1993. p. 203.
[17] *Ibid.* Lettre 141, p. 178.

Ce qu'il faut comprendre c'est le *"parce que j'avais simplement honte"*, que Heidegger prend soin de souligner pour bien indiquer l'importance qu'il a pour lui. Il y revient dans une lettre du 8 avril 1950: "Les faits que je rapporte là ne peuvent disculper de rien; ils ne peuvent que faire voir combien, d'année en année, à mesure que le malfaisant se découvrait, croissait aussi la honte d'y avoir un jour contribué directement et indirectement."[18]

Cette locution est l'affirmation qu'il n'est pas possible d'effacer ce que l'on a fait. La honte va à l'encontre de notre manière d'être. Nous passons notre temps à faire semblant que telle action, telle parole n'a pas la portée qu'elle a. Les "philosophes" et "intellectuels" de ce siècle ont changé si souvent de combats au gré des situations, sans jamais prendre en vue la portée de leurs engagements qui semblent se contrebalancer tout naturellement les uns les autres. Face à cela, l'attitude de Heidegger nous semble obscure, lui qui prend la mesure de ce que fut son propre engagement. Heidegger montre qu'il n'est pas digne, en tant qu'être humain, de prétendre que l'on n'est plus responsable de ce que l'on a fait. Si Heidegger avait fait une déclaration publique, sinon même publicitaire, affirmant l'horreur du nazisme et donnant quelques recettes ou conseils pour l'avenir, nul doute qu'on ne lui aurait jamais tenu rigueur comme on l'a fait. On attendait de lui qu'il s'excuse publiquement, et c'est au fond cela qu'on ne lui a pas pardonné. Mais c'est pourtant une façon bien commode de se laver les mains. Une telle manœuvre aurait été à l'encontre de sa pensée, de l'exigence philosophique, du souci d'authenticité qui l'habite. Désormais, de façon définitive, il faut assumer, c'est à dire littéralement prendre sur soi. Ne pas faire passer la faute ailleurs. Le fait qu'il lui ne lui a fallu que quelques mois pour se rendre compte de son erreur, qu'il ait été premier recteur à démissionner, que son enseignement ait été courageusement et clairement en opposition avec le régime nazi[19], ne change rien pour lui, à la responsabilité de son acte.

Pourquoi refusa-t-il que l'on prenne publiquement sa défense après guerre, alors qu'il ne cessait d'être calomnié?

D'une part parce qu'il savait que dans le monde de la publicité, aucun dialogue véritable n'est possible. Mais d'autre part, c'est aussi parce qu'il n'y a rien à dire. Il est humainement impossible de s'excuser, parce qu'il n'est pas possible de se dérober. A l'occasion d'une faute, on ressent de la honte – non pas le ressassement de la faute, mais le *sentiment* que l'on n'a pas été à la hauteur où l'on devait se situer. Il ne s'agit pas de moralité ici, mais d'un rapport plus profond à l'existence humaine.

Il n'est pas digne de prétendre effacer de quelque manière que ce soit la faute. Mettant en perspective ce qu'il a fait, Heidegger en prend la mesure. Il ne tente pas de se justifier, mais au contraire il fait face à ce qu'il a fait. Il l'écrit avec préci-

---

[18] *Ibid.* Lettre 144, p. 183.
[19] Qu'on lise par exemple les cours sur Nietzsche, qui se déroulèrent de 1936 à 1940.

sion: "Aujourd'hui encore, je ne pourrais aller à Heidelberg avant de vous avoir revu non pas dans la bienveillance, mais dans *le maintien de ce qui est douloureux.*"[20]

La honte est la seule manière de faire face à la faute. Elle nous renvoie de manière radicale à notre solitude. Non pas à la solitude d'être seul et pas entouré, mais la solitude fondamentale qui résulte de la finitude humaine. En ce sens, l'erreur du rectorat va confronter Heidegger à une **solitude** qui va renforcer la direction de son travail. A partir d'une prise en vue de cette solitude, aucune communication au sens ordinaire n'est plus possible, et la tâche de la philosophie prend un autre sens.

## VI. Solitude et publicité

La rupture dans la correspondance entre Jaspers et Heidegger ne date pas du rectorat, mais plutôt des conséquences que va en tirer Heidegger. Tel est ce qui apparaît en toute clarté à la lecture de cette correspondance. Ce qui bouscule bon nombre d'idées reçues.

Pour Heidegger, après l'échec du rectorat, aucun engagement n'est plus possible, il faut assumer la solitude et le travail *inutile* de la philosophie. La philosophie doit se résoudre à cette place minime, qui seule lui permet de s'accomplir comme philosophie. "Au fond, nous devons accepter comme un état merveilleux que la «philosophie» soit sans prestige..."[21] A quoi Jaspers répond: "Mon âme est devenue muette ; car je ne reste pas dans ce monde avec la philosophie «sans prestige», comme vous l'écrivez..."[22]

Pour Heidegger, qui fait ainsi véritablement face à son temps, il ne fait plus aucun sens de penser sortir de la philosophie, dans notre époque oublieuse de son Histoire. Jaspers, lui qui ne croit pas à la philosophie, enjoint Heidegger de prendre position dans "la sphère de la communication" et du politique. Mais, pour Heidegger, "le monde comme publicité et son organisation n'est pas le lieu où se décide le destin de l'essence de l'homme."[23] Il n'est pas possible de renoncer à la philosophie, dont le sens trouve un regain de vigueur dans le face à face de Heidegger avec sa faute, qu'il comprendra dès lors comme manquement à une pensée non encore librement déployée à partir de son essence.

Du coup, c'est leur conception même de l'amitié qui va différer, en tant que pour eux deux, elle s'incarne dans la philosophie. Pour Heidegger l'amitié est une donnée fondamentale, mais son lieu n'est pas le dialogue en lui-même et encore

---

[20] *Ibid.* Lettre 141, p. 179.
[21] *Ibid.* Lettre 122, p. 147.
[22] *Ibid.* Lettre 123, p. 147.
[23] *Ibid.* Lettre 127, p. 156.

moins la communication. Pour qu'une communauté d'esprit puisse se manifester, il faut être prêt à l'expérience de la solitude et du silence. Solitude et silence ne sont pas un manque mais l'espace à partir d'où un dire est possible, à partir d'où l'amitié est possible.

Mais pour Jaspers, la rencontre est justement impossible parce que Heidegger ne quitte pas le lieu de sa solitude, aucun déval ne lui est plus possible. Heidegger, lui, semble alors hors d'atteinte. Pourtant, c'est au contraire à partir de la solitude même que l'on peut se présenter sous un jour véritablement amical, comme le fit Heidegger tout au long de ces lettres, parce qu'à partir de la solitude le rapport à autrui n'est que don, sans attente.

# Martin Heideggers Götter und der christliche Gott

## Theologische Besinnung über Heideggers „Besinnung" (Band 66)

Hans Hübner

### 1. Hinführung zur Thematik

Die folgenden Ausführungen stehen in Kontinuität zu einem Vortrag, den ich bei der Jahrestagung der Martin-Heidegger-Gesellschaft 1997 in Meßkirch gehalten habe: „Vom Ereignis" und vom Ereignis Gott – Ein theologischer Beitrag zu Martin Heideggers „Beiträgen zur Philosophie".[1] In ihm habe ich nicht so sehr theologisch relevante Inhalte der Philosophie Heideggers mit Inhalten der Theologie verglichen. Vielmehr ging es mir primär um die m.E. grundsätzlichere Frage, ob die *Struktur* des *theologischen Denkens* mit der *Struktur* des *philosophischen Denkens*, wie sie in seinen 1936-38 geschriebenen und erst posthum herausgegebenen „Beiträgen zur Philosophie"[2] zum Ausdruck kommt, vergleichbar ist. Unstrittig ist, daß vom *Inhalt* her entscheidende Differenzen zwischen beiden Arten des Denkens liegen.[3] Aber gibt es nicht, so habe ich in Meßkirch gefragt, auffällige *Entsprechungen* zwischen diesem philosophischen, genauer: seynsgeschichtlichen Denken und dem theologischen Denken?

Just während der genannten Heidegger-Tagung erschien derjenige Band der Heidegger-Gesamtausgabe, in der die Anschlußschrift an die „Beiträge" enthalten

---

[1] H. Hübner, „Vom Ereignis" und vom Ereignis Gott – Ein theologischer Beitrag zu den „Beiträgen zur Philosophie", in: *„Herkunft aber bleibt stets Zukunft". Martin Heidegger und die Gottesfrage*, hg. von P.-L. Coriando, Martin-Heidegger-Gesellschaft – Schriftenreihe, Band 5, Frankfurt a.M. 1998.

[2] M. Heidegger, *Beiträge zur Philosophie – Vom Ereignis* (GA 65); im folgenden um der Kürze willen lediglich „Beiträge" genannt.

[3] Die „Begriff"-lichkeit des seynsgeschichtlichen Denkens, wie es in den „Beiträgen" und in der „Besinnung" begegnet, kann im Rahmen der hier vorgelegten Studie nicht erläutert werden. Sie wird als bekannt vorausgesetzt. Wer noch nicht mit ihr vertraut ist, sollte zunächst lesen: M. Heidegger, Brief über den Humanismus, in: ders. *Wegmarken* (GA 9), S. 313-364. Aus der Sekundärliteratur nenne ich nur: Zur ersten Einführung in das seynsgeschichtliche Denken eignet sich bestens F.-W. von Herrmann, *Weg und Methode. Zur hermeneutischen Phänomenologie des seynsgeschichtlichen Denkens* (Wissenschaft und Gegenwart – Geisteswissenschaftliche Reihe 66), Frankfurt a.M. 1990; für den mit der Frage dieses Denkens schon einigermaßen Vertrauten: ders., *Wege ins Ereignis. Zu Heideggers „Beiträgen zur Philosophie"*, Frankfurt a.M. 1994.

ist: Besinnung, 1938-39 niedergeschrieben.[4] So liegt es nahe, auch diese posthum erschienene Schrift Heideggers unter ähnlicher Perspektive wie die „Beiträge" zu lesen, zu befragen und zu be-denken. Dabei geht es vor allem um Kapitel XVIII „Götter"[5], aber auch um andere Passagen des Buches, in deren Licht dieses Kapitel zu interpretieren ist. Jedoch gehe ich mit dieser Vorgabe in gewisser Hinsicht über den reinen Strukturvergleich meines Meßkircher Vortrags hinaus, da mit der angegebenen Vorgehensweise nicht nur Denkstrukturen in den Blick kommen, sondern auch schon, wenn auch mehr anfangsweise, materiale Aussagen sowohl der „Besinnung" als auch der Theologie.

Man kann mit Recht sagen, daß dann allerdings ein Hiatus insofern zwischen beiden Aufsätzen liegt, als in meinem Meßkircher Vortrag der wichtige Abschnitt über den letzten Gott in den „Beiträgen" ausgeblendet blieb. Dieser Sachverhalt stimmt. Der Grund für die damalige Nichtbehandlung dieses Themas lag aber vor allem darin, daß es nach Absprache bei der damaligen Tagung von Frau Dr. Paola-Ludovica Coriando behandelt wurde.[6] Außerdem liegt inzwischen ihre ausgezeichnete Dissertation über den letzten Gott vor, so daß für diese Thematik nicht nur auf sie verwiesen werden kann, sondern verwiesen werden muß.[7]

Blicken wir zunächst über siebzig Jahre zurück! Als sich damals der evangelische Theologe und Neutestamentler *Rudolf Bultmann,* der schon in den zwanziger Jahren in Marburg sehr enge Beziehungen zu Heidegger hatte und dort auch gemeinsame Seminare mit ihm abhielt, bemühte, dessen fundamentalontologische Methode der existenzialen Interpretation von „Sein und Zeit" für die Auslegung des Neuen Testaments fruchtbar zu machen, da wurde ihm Abhängigkeit von diesem Philosophen vorgeworfen. Theologie im Schleppnetz der Philosophie! Der Vorwurf war freilich unsinnig; er ist ein Paradebeispiel dafür, wie sich leider zuweilen philosophische Ignoranz von Theologen selbstherrlich aufspielt. Auch ich denke natürlich nicht daran, mich in die Abhängigkeit von Heideggers Philosophie zu begeben. Ich bin aber bereit, mich von seiner besinnenden Philosophie, seiner Philosophie der Besinnung, ins Besinnen und somit ins Denken als *Nach-*Denken hineinnehmen zu lassen, um dann in aller Freiheit das *Weiter*-Denken zu wagen. Will Heidegger in einer Radikalität sondergleichen denken, nämlich in den Grund und Ab-Grund des Seyns hinein, so sollte das für den Theologen ein Ansporn sein, in gleicher Radikalität in den theologischen Grund und Ab-Grund hinein zu denken. In der theologischen Literatur wird oft sehr schnell und – fast

---

[4] M. Heidegger, *Besinnung* (GA 66). Inzwischen ist auch der nächste Anschlußband erschienen: M. Heidegger, *Die Geschichte des Seyns.* 1. Die Geschichte des Seyns (1938/40). 2. Aus der Geschichte des Seyns (1939/40) (GA 69). Auf ihn gehe ich im folgenden noch nicht ein, sage allerdings hier schon, daß in ihm Kapitel VIII. den Titel trägt „Das Seyn und der letzte Gott" (S. 105-111).

[5] Ib. S. 229-256.

[6] P.-L. Coriando, Zur Er-mittlung des Übergangs. Der Wesungsort des „letzten Gottes" im seynsgeschichtlichen Denken, in: *„Herkunft aber bleibt stets Zukunft",* S. 101-116.

[7] P.-L. Coriando, *Der letzte Gott als Anfang. Zur abgründigen Zeit-Räumlichkeit des Übergangs in Heideggers „Beiträgen zur Philosophie",* München 1998.

möchte man sagen – leichtfüßig, wenn nicht gar leichtfertig, über Wahrheit geredet, über Gott als Seinsgrund der Schöpfung, über *ens increatum* und *ens creatum,* über Entscheidung und vieles andere, was geradezu nach der Radikalität eines besinnenden Denkens schreit. Wenn sich nun der Philosoph bei Worten, die er gemeinsam mit dem Theologen ausspricht, zu radikaler Besinnung herausgefordert sieht – und zwar mit vollem Recht! –, um nicht an der seichten Oberfläche eines Pseudodenkens zu bleiben, so gilt das in gleicher Weise für den Theologen. Forderte nämlich schon die Jesusbotschaft Mk 1,15 mit ihrem μετανοεῖτε zum Um-Denken auf, also zu einem Denken in eine neue Richtung hinein, so meinte das ein *weg*-Denken[8] vom religiös Vorhandenen, also weg von dem, was sich in damaligen religiösen Traditionen verfestigt hatte, die in Wirklichkeit die *religio*[9] an Gott zerstörten. Es war die Forderung, zum *weg*-Denken von dem, was man vordergründig als das Letzt-Gültige ansah, in Wirklichkeit aber zum Un-Gültigen pervertiert war. Denn Jesu Aufforderung zum Um- und weg-Denken war in seiner Radikalität gegründet, hatte also ihren *Grund* in seinem unüberbietbar radikalen Denken, wie dies in unserem Jahrhundert *in analoger Weise* in der radikal um-denkenden Philosophie Heideggers geschah. Wenn schon dieser Philosoph die radikale Besinnung wagte, so darf der Theologe, wenn er z.B. über Wahrheit als Wahrheit *Gottes* nachdenkt, nicht weniger radikal sein. Das Denken Gottes *aus* Gott (s.u.) fordert nämlich keine geringere, keine weniger tiefgehende Reflexion als das Denken des Seyns *aus* dem Seyn.

Nun findet sich allerdings in den „Beiträgen" immer wieder Polemik gegen die christliche Theologie, sogar gegen das Christentum selbst. Der Hauptvorwurf Heideggers lautet, daß sich das theologische, mehr noch: das christliche Denken schlechthin in den Bahnen einer Metaphysik bewegte, die gemäß seynsgeschichtlichem Denken zu überwinden wäre. Im seynsgeschichtlichen Denken gehe es darum, das Seyn aus dem Seyn zu denken und sich nicht in Seinsvergessenheit zu verlieren. Ging es aber Heidegger darum, *aus* dem Seyn heraus zu denken, also nicht Seiendes in seiner Vorfindlichkeit zu objektivieren und so in den Bahnen der zu überwindenden Metaphysik zu „denken", so war meine Antwort damals in Meßkirch, daß gerade eine sich von ihren Wurzeln her verstehende, also „radikale" Theologie *aus* ihrem Grunde denkt, d.h. *aus* der Offenbarung des sich offenbarenden Gottes. Behauptete Heidegger, er denke aus dem anderen Anfang und lasse so den ersten Anfang in der griechischen Philosophie hinter sich, so ist ihm zu entgegnen, daß für die christliche Theologie das Denken aus einem anderen Anfang bereits im Neuen Testament eröffnet ist; hat doch die Theologie des Neuen Testaments ihren Seins-Grund in dem sich in Jesus Christus offenbarenden Gott. Noch etwas genauer: Eine äußerst wichtige Entsprechung besteht insofern zwi-

---

[8] Die unübliche Orthographie „weg-Denken" soll besagen, daß „weg" (im Sinne von „fort") gemeint ist, nicht aber „der Weg".

[9] Die Zerstörung der *religio* an Gott wäre dann besonders deutlich, wenn die Etymologie *religio* – *religare,* wie wahrscheinlich, zutreffen sollte.

schen dem seynsgeschichtlichen Denken Heideggers und dem theologischen Denken – ich habe als evangelisch-lutherischer Theologe natürlich zuerst die evangelische Theologie vor Augen, doch dürfte das, was ich sage, weithin auch das Denken der katholischen Theologie einschließen –, als der Philosoph des seynsgeschichtlichen Denkens *aus* dem *Seyn* und der Theologe *aus* dem *Wort* des sich offenbarenden und sich so erschließenden Gottes denkt, also beide Male ein *Denken-aus...* Das theologische Denken ist aber *auf keinen Fall* ein Denken *über* Gott, wobei dieser als verobjektivierter und somit gedanklich verfügbarer Gegen-Stand des analysierenden Denkens gedacht würde. Weder Heideggers seynsgeschichtliches Denken, noch das theologische Denken ist auf ein de-*fin*-ierbares Seiendes bezogen. Ist doch das in der Theologie reflektierte Wort Gottes – dieses allerdings im strengen Sinne gefaßt! – nicht definierbar, weil es sich als Wort *Gottes* notwendig jeder Definierbarkeit entzieht. Gott ist kein *ens definibile!* Soweit der kurze, z. T. neuformulierte Rückblick auf meine Meßkircher Darlegungen, die in mancher Hinsicht durch unsere Überlegungen zur „Besinnung" Konkretisierung und Vertiefung erfahren sollen.

## 2. Der Ansatz in der Besinnung: Machenschaft

Vergleicht man die „Beiträge" und die „Besinnung" miteinander, so fällt schon beim ersten Lesen auf: Die „Beiträge" sind streng nach dem Gefüge von sechs Fugen aufgebaut, eingeklammert durch den Vorblick und den Schluß, letzterer mit „Das Seyn" überschrieben. Einen gleich strengen Aufbau gibt es in der „Besinnung" nicht. Das sich in den „Beiträgen" schon meldende aphorismenhafte Moment findet sich in der „Besinnung" in einem erheblich stärkeren Maße. Ihre einzelnen Teile können weithin als isolierbare Einzelausführungen gelesen werden. Das zeigt sich auch an den vielen inhaltlichen Wiederholungen. Insofern ist es ein Leichtes, das die Götter thematisierende Kapitel für sich zu interpretieren. Doch gibt ihm erst der Bezug auf das ganze Werk ein konkreteres Gesicht.

Auffällig ist, daß die „Besinnung" bereits fast unmittelbar nach der Einleitung einen Begriff thematisiert, der in den „Beiträgen" erst auf S. 126 ff. für die Gedankenführung konstitutiv wird, nämlich die *Machenschaft*. Zunächst zu den „Beiträgen"![10] Heidegger meint mit diesem Terminus, was sprechend für seine Denkweise ist, nicht „in der gewöhnlichen Weise den Namen für eine ‚üble' Art menschlichen Vorgehens und der Anzettelung eines solchen".[11] Nicht ein menschliches Verhalten soll damit benannt werden, sondern eine Art der Wesung des Seins: „Vielmehr soll der Name sogleich hinweisen auf das *Machen* (ποίησις, τέχνη), was wir zwar als menschliches Verhalten kennen. Allein, dieses ist eben

---
[10] Hübner, *„Vom Ereignis"*, S. 152-154.
[11] Heidegger, GA 65, S. 126.

selbst nur möglich auf Grund einer Auslegung des Seienden, in der die Machbarkeit des Seienden zum Vorschein kommt, so zwar, daß die Seiendheit gerade sich bestimmt in der Beständigkeit und Anwesenheit."[12] In diesem Sinne gibt die Machenschaft als Wesung der Seiendheit einen ersten Wink in die Wahrheit des Seins selbst. Das Fazit: „*Die Machenschaft selbst und, da sie die Wesung des Seyns ist, das Seyn selbst entzieht sich.*"[13]

Auf diesem Grundgedanken aufbauend, denkt Heidegger in der „Besinnung" weiter. Der Begriff gewinnt jetzt noch stärkeres Gewicht. Seine seynsgeschichtliche Bedeutsamkeit wird noch deutlicher herausgearbeitet. Der Abschnitt 9 beginnt mit einer Art Definition (S. 16): „Machenschaft heißt hier die alles machende und ausmachende Machbarkeit des Seienden, dergestalt, daß in ihr erst die Seiendheit des vom Seyn (und der Gründung der Wahrheit) verlassenen Seienden sich bestimmt." Sie ist „das Sicheinrichten auf die Machsamkeit von Allem"; Heidegger spricht vom Unaufhaltsamen der unbedingten Verrechnung. Das Verrechenbare ist aber bekanntlich für ihn dasjenige, was den Zugang zum Seyn verbaut, ist Mittel zur Verobjektivierung. Die Machenschaft geht so weit, daß sie das Seiende in den ihr sich ständig zuspielenden Spielraum fortgesetzter *Vernichtung* verfügt. Die Machenschaft als das Wesen des Seienden eskaliert schließlich zur Erzwingung der „völlige(n) Zulassung aller machtfähigen und machtformenden Kräfte in das Sichübermächtigen der Macht" (S. 17f.). Heidegger nennt einige Charakteristika dieser Machenschaft (z. B. das Imperiale oder das Planetarische), sieht jedoch darin wesenhaft nicht hinreichende Kennzeichnungen, „um die Machenschaft als solche zu erkennen und d. h. seynsgeschichtlich als eine Herrschaftsform des Sichverweigernden Seyns und seiner ungegründeten Wahrheit zu begreifen". Es kommt aber auf solches Begreifen an, das sich allein in einem Entscheiden vollzieht, „durch das erst die Machenschaft als solche ... in ihrem enthüllten Wesen zum Stehen kommt" (S. 19). Wenn ich es richtig sehe, beschreibt Heidegger die Machenschaft in der „Besinnung" weniger formal als in den „Beiträgen", wo er ausdrücklich die Kennzeichnung „übel" für sie ablehnt (s. o.). Jetzt aber fügt er an die soeben referierten und z. T. zitierten Aussagen zur Machenschaft als solcher Äußerungen an, die, wenn auch ohne konkrete Benennung, das Unwesen der nationalsozialistischen Diktatur beschreiben. So heißt es z. B. (S. 19): „Deshalb bedienen sich alle Machthaber gern der ihnen gemäßen ‚Jugend', weil diese die erforderliche Unwissenheit mitbringt, die jene Ehrfurchtslosigkeit und Verehrungsunkraft verbürgt, die nötig ist, um die geplante Zerstörung im Schein des neuen Aufbruchs durchzuführen und dabei allen Entscheidungen auszuweichen." Die Verurteilung des NS-Regimes als eines Unrechtsregimes ist offenkundig. Hier zeigt sich ein Martin Heidegger, der die radikale Bosheit dieser Leute in ihrer Tiefendimension durchschaut, nachdem er unmittelbar nach der Machtergreifung der NSDAP zunächst nicht erkannt hatte, daß sich das Böse schlechthin anschickte,

---

[12] Ib. S. 126.
[13] Ib. S. 168; Kursive durch mich.

das radikal Böse zu tun.[14] Am Rande, aber von der Sache her doch nicht am Rande gesagt: Es wurde immer wieder über sein bekanntes Schweigen gegenüber Paul Celan diskutiert. Sollte man nicht endlich zur Kenntnis nehmen, daß seine seynsgeschichtlichen Aufweise tiefer griffen als konkrete Aussagen zu konkreten Geschehnissen? Hatte er nicht Celan so hoch eingeschätzt, daß er meinen durfte, bei diesem ein solches Verstehen voraussetzen zu können?

Doch hören wir noch einige weitere Aussagen über die Machterweiterung, die *auch* – wenn freilich nicht nur – auf den NS-Staat zutreffen. Wir lesen (S. 20): „Das jeder Machtentfaltung eigene Suchen nach immer neuen und geeigneten Gegnern führt aufgrund der Unbedingtheit der Macht zuletzt in die äußerste Phase der Verwüstung des unterworfenen, schrankenlosen Machtkreises." Noch mehr das Eigentliche treffend (S. 21; Kursive durch mich): „Die *Übermacht der Machenschaft* zeigt sich am schärfsten dort, wo sie *sich auch des Denkens bemächtigt* und das Denken der Seiendheit des Seienden machenschaftlich einrichtet, so zwar, daß das Sein selbst zu dem gemacht wird, was sich selbst macht – einrichtet und errichtet."

Halten wir fest: Heidegger spricht in der „Besinnung" über die Machenschaft in seynsgeschichtlicher Perspektive, tut dies aber im Horizont der von ihm durchschauten NS-Diktatur. Er verbindet so seynsgeschichtliches Denken mit materialen ethisch relevanten Aussagen.[15]

Der seynsgeschichtliche Aufweis der Machenschaft, die geradezu kosmisches Ausmaß annimmt und die Menschheit bis in ihr Denken hinein unter ihrer Macht versklavt und so sich selbst übermächtigt, erinnert an die Darstellung der Macht der Sünde in der theologischen Argumentation des *Paulus* im *Römerbrief*. Heidegger setzt in der „Besinnung" mit der Machenschaft ein, mit einer Darstellung der bis ins letzte eskalierenden Macht, jener Macht nämlich, die notwendig auf immer neue Steigerung ihrer Macht aus ist. Auch Paulus beginnt nach der theologischen Überschrift des Römerbriefes in Röm 1,16f. mit der Darstellung der ἁμαρτία. Dieser theologische Begriff meint nicht Sünde als Sündentat, sondern Sünde als Sünden-*Macht*. Paulus geht es also darum, den universalen Charakter dieser Macht so brutal wie nur irgend möglich seinen Lesern vor Augen zu stellen. Das Schlimme ist, daß der unter der Sündenmacht Lebende gar nicht erkennen kann, in welch ausweglose Situation er sich befindet. Nur wenn Gott ihn durch seine Gnadentat aus der Sphäre der Sünde herausreißt, kann er erkennen, welch furchtbare Tiefendimension dieser Macht eignet.[16] Heidegger schreibt (S. 20): „Doch bleiben

---

[14] Über das Pamphlet von V. Farías, *Heidegger und der Nationalsozialismus*, Frankfurt a. M. 1989, habe ich in meinem Meßkircher Vortrag bereits das Nötige gesagt, auch über den Autor des Vorworts, so daß ich es hier nicht mehr zu wiederholen brauche: Hübner, „*Vom Ereignis*", S. 154.

[15] Wie anders hat Heidegger in § 58 von „*Sein und Zeit*" die Schuld *rein formal-ontologisch* aufgewiesen! Aussagen wie die soeben aus „*Besinnung*" gebrachten wären für den Autor von „*Sein und Zeit*" unmöglich gewesen!

alle Versuche einer ‚weltanschaulichen' Deutung der unerkennbaren (!) Verstrikkung in die verborgene Geschichte des Zeitalters immer an der Oberfläche und ein unfruchtbarer, d.h. keinen Ursprung von Entscheidungen vorbereitender Nachtrag."

Vielleicht ist in diesem Zusammenhang eine Formulierung Heideggers symptomatisch. Er spricht zunächst im Blick auf den ersten Anfang von einer Geschichte der Versagung des Wesens der Wahrheit, in der eine Gründung der Wahrheit versäumt wird, so daß es schließlich zur Gleichgültigkeit gegen das Wesen der Wahrheit führt. Und dann heißt es (S. 68; Kursive durch mich): „Diese Willkür und Ratlosigkeit breitet sich aus, sobald die Versagung des Wesens der Wahrheit das Seiende im Ganzen der unverkennbaren Seinsverlassenheit *ausgeliefert* hat." Dieses Ausliefern ist aber in der Schenkungsgeschichte des Seyns angelegt. Der Zusammenhang des Abschnitts 15[17] läßt deutlich erkennen, wie der geschichtliche Vorgang des Auslieferns im Seyn seinen Grund hat. Dann aber dürfte die Formulierung „ausgeliefert hat" ihre inhaltliche Entsprechung in Röm 1,24.26.28 haben: Gott hat im ersten, nämlich düsteren Abschnitt seiner Heilsgeschichte die ganze Menschheit der Geschichte der Macht der Sünde, der ἁμαρτία, ausgeliefert, παρέδωκεν.[18] Das Sündengemälde von Röm 1,18 ff. ist zwar so dunkel wie nur möglich; aber die erste Epoche der Heilsgeschichte – mit Heidegger gesprochen – ist von ihrem ersten Anfang an auf den „anderen Anfang" hin ausgerichtet; mit Röm 11,32 formuliert: „Denn Gott hat alle unter die Sünde eingeschlossen, *damit* (!) er sich aller erbarme." Da Heidegger sowohl von seinen theologischen Semestern in Freiburg her als auch aufgrund seiner Zusammenarbeit mit Bultmann in Marburg die Briefe und die Theologie des Paulus gut kannte, ist ernsthaft zu erwägen, ob er nicht in Abschnitt 15 auf Röm 1 anspielt.

Von Heilsgeschichte war soeben die Rede, obwohl doch eigentlich von der Unheilsgeschichte bzw. der Geschichte der Seynsverlassenheit die Rede war. Aber es war ja auch schon deutlich, daß Paulus um des Heils willen vom Unheil sprach und Heidegger von der Seynsverlassenheit und Seynsvergessenheit um der Lichtung der Wahrheit des Seyns willen, also von der Machenschaft um der Überwindung eben dieser Machenschaft willen. Der Übergang ist bei beiden gedacht, also der erste Anfang bei beiden um des zweiten willen. Und so spricht Heidegger auch

---

[16] Erst im Zueinander von Röm 7 und Röm 8 zeigt Paulus, wie der unter der Macht der Sünde lebende Mensch seine elende Situation und somit auch seine eigene sündige Natur nicht erkennen kann, wie dies also nur der bereits erlöste Mensch vermag. Zur Interpretation von Röm 7 und 8 s. H. Hübner, *Biblische Theologie des Neuen Testaments* II: *Die Theologie des Paulus und ihre neutestamentliche Wirkungsgeschichte*, Göttingen 1993, S. 291-306.

[17] Die Überschrift von Abschnitt 15 lautet: *Die Selbstbesinnung der Philosophie als geschichtliche Auseinandersetzung* (Die Aus-einander-setzung zwischen der *Metaphysik* und dem *seynsgeschichtlichen* Denken).

[18] Zumeist übersetzt: er hat preisgegeben. Dieses Verb ist aber für Röm 1 mit „er hat ausgeliefert" synonym.

schon im Abschnitt über die Machenschaft von der befreienden Lichtung (S. 22): „Der Kampf zwischen Entgegnung (von Göttern und Menschen, H. H.) und Streit (zwischen Welt und Erde[19], H. H.) ist das lichtenden Er-eignen, darin Gott die Erde in ihrer Verschlossenheit überschattet und der Mensch die Erde erstellt, daraus die Welt den Gott erwartet und die Erde den Menschen empfängt." Und dann ganz programmatisch: „Diese Lichtung befreit alle Wesung der Ereigneten in den Ab-grund des Er-eignisses." Für Heidegger ist der *terminus a quo* für den anderen Anfang in der Seynsgeschichte in gewisser Weise schon Nietzsche, dann aber vor allem sein eigenes Seynsdenken, für Paulus aber ist ein solcher *terminus a quo* bereits mit dem Heil schaffenden Wirken Gottes in seinem Sohn Jesus Christus gegeben. Der andere Anfang ist also für die christliche Theologie fast zweitausend Jahre früher zu datieren. Für Heidegger geschieht aber die Vollendung der metaphysischen Geschichte des Abendlandes erst jetzt. Doch fragen wir noch prinzipieller: Läßt sich für den christlichen Glauben und für das Denken dieses christlichen Glaubens in der Theologie überhaupt sagen, daß mit dem „anderen Anfang" auch schon das Ende der Metaphysik – Metaphysik im Sinne des Denkens Heideggers – gekommen ist? Noch anders, noch grundsätzlicher gefragt: Ist die Diskussion um die Metaphysik überhaupt im Rahmen der theologischen Denkweise sinnvoll? Wir stellen hier diese Frage, lassen sie aber noch eine Zeitlang unbeantwortet.

Nach Paulus ist also die Sünde nicht vom Tun des Menschen her definiert, sondern, jedenfalls nach der theologischen Konzeption des Römerbriefs, vom Heilsgeschichtsplan Gottes her. Natürlich, in diesem hat des Menschen Tun seinen entscheidenden Stellenwert; jedoch geht es im wesentlichen um das Handeln Gottes. Auch das Böse ist, ohne daß Gott selbst böse wäre, als „Mittel"[20] des Heils von Gott her gedacht. Göttliches und menschliches Tun sind miteinander verflochten, ohne daß es jedoch dem theologischen Denken möglich wäre, rechnerisch beides ins Verhältnis zueinander zu setzen. Gott läßt sich weder berechnen noch verrechnen, er ist kein Objekt eines rechnerischen Denkprozesses. Das aber ist genau der Punkt, wo das Denken des Paulus und das Denken Heideggers in gewisser Analogie zueinander stehen. Des Menschen Entscheidung und Gottes Entscheidung greifen ineinander, jedoch *auf unterschiedlicher Ebene*. Bei Heidegger ist analog dazu die wesenhafte Entscheidung im Blick auf das Seyn und auf den Menschen gesehen. Es geht dabei um die Entscheidung zwischen der Wahrheit des Seins eines jeglichen Seienden und der Machenschaft des vom Sein verlassenen Seienden im Ganzen. Und von eben dieser Entscheidung heißt es, sie gehöre in das Wesen des Seyns selbst und sei *kein Gemächte des Menschen*. Denn dieser *empfange* – wieder

---

[19] Zum Streit zwischen Welt und Erde s. z. B. M. Heidegger, Der Ursprung des Kunstwerkes, in: ders., *Holzwege*, Frankfurt a.M. 1950/4. Aufl. 1955, S. (7-68) 37ff.; dazu F.-W. von Herrmann, *Heideggers Philosophie der Kunst. Eine systematische Interpretation der Holzwege-Abhandlung „Der Ursprung des Kunstwerkes"*, Frankfurt a.M., 2., überarbeitete und erweiterte Auflage 1994, S. 145-218.

[20] „Mittel" muß nicht unbedingt als metaphysischer Begriff verstanden werden.

ein neutestamentlich relevantes Wort: λαμβάνειν! – aus dieser Ent-scheidung und ihrer Versagung das Grund- und Gründerhafte oder das Betriebsame und Flüchtige seines Wesens. Also (S. 46; Kursive durch mich): „*Das Seyn ent-scheidet;* in seiner Wesung und als solche ent-bindet es sich in die Ereignung; (Entscheidung meint hier nicht das Nachträgliche einer wählenden Stellungnahme)." Kurz zuvor heißt es programmatisch (S. 45): „Die einzige Entscheidung steht bevor: ob das Seyn in das Wesen seiner Wahrheit erfragt wird oder ob das Seiende seine Machenschaft behält und eine Entscheidungslosigkeit verbreitet, die verhindert, daß je noch einmal ein Einziges bevorsteht und ein Anfang ist." Also: Ob es einen anderen Anfang gibt.

## 3. Die eigentliche Aufgabe: Das Denken

Zur Frage stand also zuletzt das Zueinander von Dasein (Da-sein, s.u.) und Seyn. Damit sind wir beim Thema *Denken*, und zwar Denken des Seyns. Denken ist aber, im eigentlichen Sinne verstanden, für Heidegger ein seynsgeschichtlicher Vollzug, ein Vollzug nämlich, bei dem erneut Seyn und Dasein in ihrem inneren Bezug zu denken sind.[21] Und so heißt es – wiederum ist man versucht zu sagen: programmatisch – (S. 68; Kursive durch mich): „*Die Geschichte des Denkens ist die Geschichte des Seyns...*" Denken und Seyn gehören somit aufs innigste zueinander, ja ineinander. Heidegger fährt fort: „... der Weise, wie dieses seine Wahrheit in das Seiende verschenkt, um es als ein solches sein zu lassen..." Er spricht in diesem Zusammenhang von *Schenkungsgeschichte,* und zwar bereits im Hinblick auf den ersten Anfang, wobei freilich diese Schenkungsgeschichte zu einer Geschichte der Versagung des Wesens der Wahrheit wird. War bereits von der Machenschaft in der Weise die Rede, daß sie zum *Seyn* wie auch zum *Dasein* gehört, so gilt gleiches vom Denken. Es ist zweifellos Sache des Menschen, wenn auch nur des wesentlichen Denkers (z.B. S. 75), der im reinen Ernst seines Denkens das Seyn er-denkt (S. 308). Zugleich aber gilt (S. 209): „Das Seyn selbst ereignet das Denken in die Geschichte des Seyns, in Jenes, daß das Seyn *Er-eignis* ist. So wird das Denken zum seynsgeschichtlichen." Und kurz danach (S. 210): „Das seynsgeschichtliche Denken des Seyns ist vom Sein als das ihm ganz Fremde er-eignet und in die Wahrheit des Seyns zu deren Gründung gewiesen." In diesem Sinne kann Heidegger dann sagen: „Das Seyn ist nie Gegenstand, sondern das Ereignis, in dessen zu ihm gehöriger Lichtung das Denken inständig wird." Dann aber stellt sich die Frage, *was* denn nun das seynsgeschichtliche Denken er-denkt. Heidegger antwortet: Es ist „zuerst das *Da-sein,* sofern solches Denken für den Abgrund des Seyns einen Grund zu gründen bestimmt ist" (S. 210). Was aber ist das Da-sein? Die wohl für manchen verblüffende Antwort: Nicht der Mensch! Ist nicht nach „Sein und Zeit" das Dasein das Sein des Menschen? Aber wie immer

---

[21] Dies ist keine nachlässige Formulierung. Denn es geht in der Tat um das Denken des Denkens des Seyns.

bei Heidegger muß man auch hier wieder fragen, was genau er mit „Mensch" meint. Und gemeint ist hier der Mensch unter einem ganz bestimmten Blickwinkel, nämlich der Mensch als „historisches Tier", als das in metaphysischer Sicht definierte „vernünftige Tier" (so z. B. S. 143), das *animal,* dem zusätzlich noch Vernunft zu seinem animalischen Sein gegeben ist. *Dieser* Mensch muß entmenscht, d. h. aus seinem Sein als animalischer Mensch entmenscht werden. Mit solcher Entmenschung ist aber nur ein erster Sprung des seynsgeschichtlichen Denkens genannt. Vermag aber nur in der entwerfenden Gründung des Da-seins das seynsgeschichtliche Denken zugleich „auch" das Seyn selbst zu „denken", so wird hieraus bereits deutlich, „daß das *Wesen des Denkens* nicht mehr logisch, d. h. im Hinblick auf die Aussage über Seiendes gewonnen ist" (S. 210; Kursive durch mich). Heidegger präzisiert: „Sein Begriff bestimmt sich vielmehr aus der Grunderfahrung der Zughörigkeit des Verstehens des Seins in die Wahrheit des Seyns selbst." Und dann heißt es in betont grundsätzlicher Weise (S. 211; Kursive durch mich):

„*Denken ist nicht mehr das Vor-stellen des Seienden im Allgemeinen...* Das metaphysische Denken kann nie zum Denken des Seyns werden durch eine Auswechslung seines ‚Gegenstandes' etwa oder durch eine entsprechende Erweiterung der bisherigen Fragestellung; denn dies ist der Kern aller Metaphysik, daß das Sein in der Wesensumgrenzung als Seiendheit entschieden bleibt, mag diese Seiendheit wie immer gemäß der Bestimmung des Denkenden (des Menschen als ψυχή, ego cogito, animus, ratio – Vernunft – Geist – ‚Leben') gefaßt werden."

Und noch ein weiterer Satz Heideggers sollte hier zitiert werden, dessen Gehalt aufgrund des bisher Gesagten einleuchten dürfte (S. 213):

„Daß nun aber das seynsgeschichtliche Denken ‚des' Seyns weder im Sinne eines Genitivus objectivus noch in der Bedeutung eines Genitivus subjectivus[22] vollzogen werden kann, zeigt die Unvergleichbarkeit mit allem metaphysischen Denken an."[23]

Ein kurzer Blick auf eine spätere Schrift, nämlich „Was heißt Denken?", Vorlesungen aus den Jahren 1951 und 1952.[24] Hier finden wir den so oft zitierten Satz „Die Wissenschaft denkt nicht."[25] Aufgrund des soeben Ausgeführten eine verständliche Auffassung: Die Wissenschaft hat es ja mit dem Seienden zu tun, sie argumentiert weithin in analysierender Weise, sie bedarf der Logik, der objektivierenden Ratio. Aber sie denkt nicht ins Seyn hinaus, sie denkt nicht aus dem Seyn. In diesen Vorlesungen nach dem Zweiten Weltkrieg findet sich also diejenige Grundrichtung des Denkens, die wir auch in den „Beiträgen" und in der „Besinnung" lesen.

Die Frage nach dem Denken steht – und damit sind wir bei unserem eigentlichen Thema – im engen Zusammenhang mit der Frage nach Gott. Laufend zieht

---

[22] s. Heidegger, GA 66, S. 209 f.!
[23] s. auch Heidegger, GA 66, S. 209 f.
[24] M. Heidegger, *Was heißt Denken?,* Tübingen 3. Aufl. 1971.
[25] Ib. S. 4.

sich durch die „Besinnung" die Entgegnung von Gott/Göttern und Mensch und dem Streit von Welt und Erde, wovon beim Thema Machenschaft bereits die Rede war. Und eben diese Entgegnung von Gott und Mensch steht auch im Zusammenhang mit dem Denken (S. 22). Wo vom seynsgeschichtlichen Denken, vom Hinausdenken in die Seinsfrage die Rede ist, da ist auch vielfach die Rede von Gott oder den Göttern. *Philosophisches Denken impliziert* also die *Gottesfrage*. Von Gott oder den Göttern läßt sich nach Heidegger nur verantwortungsvoll im Kontext des seynsgeschichtlichen Denkens sprechen.[26]

## 4. Die Götter – der Gott

Kommen wir nun zu dem Teil der „Besinnung", der im Mittelpunkt unserer Überlegungen stehen soll, nämlich zu XVIII. Götter, Untertitel: Entwurf des zuvor zu Denkenden in jeglicher fragenden Nennung der Gottschaft der Götter. Dieser Teil XVIII ist in zwei Abschnitte gegliedert: 70. Götter – Das wesentliche Wissen, und 71. Götter und das Seyn. Nach den bisherigen Ausführungen versteht es sich von selbst, daß es darum geht, die Götter zu *denken*. Aber es gibt keine Ausführungen darüber, warum Götter und nicht Gott! Gerade hier hätte man erwartet, daß sich Heidegger thematisch zum Plural geäußert hätte. Wir müssen daher auf den Schlußteil der „Beiträge" (VIII. Das Seyn[27]) schauen. Auch hier geht es um das Denken, freilich diesmal innerhalb der Denk-Richtung „von den Göttern her das Denken des Seyns zu begreifen"[28]. In genau diesem Zusammenhang kommt Heidegger auf seine Intention zu sprechen, von Gott im Plural zu reden[29]: „Doch die Rede von den ‚Göttern' meint hier nicht die entschiedene Behauptung eines Vorhandenseins einer Vielzahl gegenüber einem Einzigen, sondern bedeutet den Hinweis auf die Unentschiedenheit des Seins der Götter, ob eines Einen oder Vieler."[30] Heidegger will also keine Entscheidung zwischen Monotheismus oder Polytheismus treffen; eher könnte man schon sagen, er wolle hinsichtlich der Gottschaft – um einen seiner Begriffe aufzugreifen – keine Option für den Monotheismus anmelden, weil ihm dies als Verobjektivierung der Gottesfrage erscheint. Er begründet seine Unentschiedenheit hinsichtlich der Alternative Monotheismus

---

[26] Das Thema „Denken des Seyns" durchzieht die ganze „Besinnung" wie eine Art Grundmotiv. Ich verweise hier nur auf den besonders wichtigen Abschnitt 97. Das seynsgeschichtliche Denken und die Seinsfrage; daraus zitiere ich ib. S. 337: „*Die Seinsfrage fragt jetzt das Seyn,* damit das Seyn antworte, das Wort verschenke, das die Wahrheit ‚des' Seyns sagt... Das Fragen überantwortet uns dem Seyn als dem allein antwortenden. Solche Antwort verlangt ein anderes Hören aus einem gewandelten Horchen, das gehorsam ist aus einer vom Seyn selbst verschenkten Zugehörigkeit in die Wahrheit des Seyns."
[27] Dieser Schlußteil steht nach den Ausführungen über das Gefüge der sechs Fugen, deren sechste „Der letzte Gott" ist.
[28] Heidegger, GA 65, S. 437.
[29] Zum Ganzen s. vor allem Coriando, *Der letzte Gott als Anfang*, S. 152 ff.
[30] Heidegger, GA 65, S. 437.

oder Polytheismus mit der „Fragwürdigkeit, ob überhaupt dergleichen wie Sein den Göttern zugesprochen werden darf, ohne alles Gotthafte zu zerstören".[31] Indem also Heidegger den Göttern das Seyn ab-sagt, will er zum Ausdruck bringen, „daß alles Aussagen über ‚Sein' und ‚Wesen' der Götter von ihnen und d. h. jenem Zu-Entscheidenden nicht nur nichts sagt, sondern ein Gegenständliches vortäuscht, an dem alles Denken zuschanden wird, weil es sogleich auf Abwege gedrängt ist".[32] Paola Coriando kommentiert zutreffend: „Die Absetzung vom metaphysischen Gottes-Denken, das die Göttlichkeit des Gottes in der ins Höchste gesteigerten Seiendheit sucht und so den Gott als den ersten ‚Grund und Ursache des Seienden, als das Un-bedingte, Un-endliche, Absolute' (S. 438) denkt, ist das *springende* Moment im seinsgeschichtlichen Gottes-Denken."[33]

Ist also die zunächst einen Polytheismus suggerierende Formulierung Heideggers von solcher Suggestion befreit, so kann man in seiner Intention ein Ernstnehmen Gottes sehen, das an eine zentrale theologische Diskussion in unserem Jahrhundert erinnert. Die Analogie des göttlichen und des kreatürlichen Seins hat der katholische Theologe *Erich Przywara* in seinem Werk über die *analogia entis* als zentrales Theologoumenon vorgestellt.[34] Die Replik des evangelisch-reformierten Theologen *Karl Barth,* bereits 1932 erfolgt, war scharf. Er hat seine Antwort sofort auf das kontroverstheologische Gleis abgestellt. Die *analogia entis* sei, so sagt er in einem vielzitierten Passus des Vorworts zum ersten Band seiner „Kirchlichen Dogmatik"[35], nur ein auf römisch-katholischem Boden legitimes Spiel, zu der er nur Nein sagen könne: „Ich halte die *analogia entis* für *die* Erfindung des Antichrist und denke, daß man *ihretwegen nicht* katholisch werden kann. Wobei ich mir zugleich erlaube, alle anderen Gründe, die man haben kann, nicht katholisch zu werden, für kurzsichtig und unernst zu halten." Es ist aber geradezu ein Treppenwitz der Theologiegeschichte, daß er sich im selben Zusammenhang von eigenen früheren Aussagen absetzt, wenn er erklärt, er habe „tunlichst Alles, was in der ersten (Fassung seiner „Christlichen Dogmatik im Entwurf', 1. Band, H. H.) nach existentialphilosophischer Begründung, Stützung oder auch nur Rechtfertigung der Theologie allenfalls aussehen mochte, ausgeschieden"[36]. Hinter dieser Aussage verbirgt sich seine Auseinandersetzung mit *Rudolf Bultmanns* Anleihe an Heideggers Fundamentalontologie in „Sein und Zeit". Ausgerechnet an Barths Absage an den sich auf Heidegger berufenden Bultmann erinnert Heideggers Absage an ein Sein der Götter um des Gotthaften des Gottes willen! Heideggers

---

[31] Ib. S. 437.
[32] Ib. S. 437 f.
[33] Coriando, *Der letzte Gott als Anfang,* S. 153.
[34] E. Przywara, *Analogia entis. Metaphysik. Ur-Struktur und All-Rhythmus,* Einsiedeln 2. Aufl. 1962 (1. Aufl. 1932).
[35] K. Barth, *Die Kirchliche Dogmatik.* Erster Band. Erster Halbband, Zollikon-Zürich 7. Aufl. 1955 (1. Aufl. 1932), S. VIII f.
[36] Ib. S. VIII.

„Besinnung" ist nur wenige Jahre nach dem zitierten Vorwort Karl Barths geschrieben. Ob er die Kontroverse Barth – Przywara (*via* Bultmann?) gekannt hat, konnte ich nicht in Erfahrung bringen.[37] So oder so – auf jeden Fall steht hinter Barths Absage an die angeblich katholische Lehre von der *analogia entis* eine innerevangelische Kontroverse, in der Heidegger gerade nicht auf der Seite des „Heideggerianers" Bultmann zu stehen scheint. Die damalige Kontroverse Barth-Bultmann *als* Kontroverse Barth-Rom ist heute aller Emotionalisierung entnommen; in der Sache ist sie aber keineswegs ausdiskutiert. Wie auch immer hier theologisch zu urteilen ist, man wird *Heideggers Intention*, das „Gotthafte des Gottes" zu wahren, *seitens der Theologie nur bejahen und begrüßen* können. Die Frage aber bleibt: Was meint der Theologe, wenn er sagt „Gott *ist*"? Daß er diese Frage nicht beantworten kann, ohne das philosophische Fragen nach dem Sein zur Kenntnis zu nehmen, liegt auf der Hand. Der Theologe ist also bei der theologischsten Frage (wenn man das Wort „theologisch" steigern darf) auf das Gespräch mit der Philosophie angewiesen; die theologischste aller theologischen Fragen bedarf also auch des philosophischen Denkens.

Die Frage „Gott oder die Götter?" stellt sich verständlicherweise auch angesichts des *trinitarischen* Dogmas. Weder das Judentum noch der Islam versteht, warum durch die griechisch-philosophische Distinktion von Natur und Person die Trinität ein monotheistisches Dogma ist. Und man wird es beiden Religionen nicht verargen dürfen, wenn sie nicht bereit sind, sich im Blick auf das trinitarische Dogma auf antike Denkvoraussetzungen einzulassen, in denen philosophische Begriffe der griechischen Philosophie konstitutiv sind. *Wir* mögen als christliche Theologen mit Recht aufzeigen, daß die Begrifflichkeit, mit der die Trinität formuliert ist, bestimmten damaligen philosophischen Denkweisen widerspricht und gerade auf diese Art dem Monotheismus gerecht wird. Aber wir sollten auch verstehen, daß Heidegger als ein Philosoph unseres Jahrhunderts mit dem Blick auf die Trinität, um der Verobjektivierung des Gottesgedankens zu entgehen, den Monotheismus für sein philosophisches Denkens zunächst einmal nicht zum Ausgangspunkt macht. Um zu diesem Problemkomplex auch die Stimme eines christlichen Theologen, diesmal eines Alttestamentlers, zu hören, sei Fritz Stolz zitiert:

„Die neutestamentlichen Erfahrungen setzen übrigens dem reinen Monotheismus gegenüber ein gewisses Gegengewicht, indem sie von der Anschaulichkeit Gottes im Leben und Wirken Jesu ausgehen; und auch nach Jesu Tod ist dessen Gegenwart im Leben der Gemeinde eine konstitutive Erfahrung Gottes. Die Trinitätslehre kleidet diese Erfahrungen in die Kategorien griechischen Denkens; darin werden die genannten Erfahrungen der Einheit Gottes zugeordnet... Wie schwierig eine zusammenfasssende sprachliche Bewältigung dieser komplexen Erfahrungen war, zeigen die trinitarischen und christologischen Streitigkeiten.

---

[37] Vielleicht gibt der in Kürze erscheinende Briefwechsel zwischen Heidegger und Bultmann, der während der Niederschrift dieses Aufsatzes noch nicht vorliegt, einige Hinweise in dieser Frage.

Jedenfalls hat der Islam mit seinem Vorwurf, das Christentum habe keinen reinen Monotheismus, nicht unrecht, es handelt sich hier keineswegs nur um grobe Mißverständnisse der Trinitätslehre. *Aber ob der Monotheismus wirklich das höchste Gut ist, ist ja nicht ausgemacht.*"[38]

All diese Überlegungen aus den „Beiträgen" und zu den „Beiträgen" müssen wir im XVIII. Teil der „Besinnung" voraussetzen. Sein 1. Abschnitt ist, wie schon gesagt, mit „Götter – Das wesentliche Wissen" überschrieben. Es ist nun bezeichnend, daß Heidegger mit dem *Denken* der Götter[39] einsetzt. Das ist nicht verwunderlich; ist doch, wie sich schon zeigte, für ihn das Denken die zentrale und eigentliche Aufgabe der Philosophie, Denken freilich im seynsgeschichtlichen Sinn. Ein Höhepunkt – wenn nicht sogar *der* Höhepunkt – dieses seynsgeschichtlichen Denkens ist aber das Denken der Götter. Auch wenn die Philosophie anders von den Göttern spricht, als dies die Theologie von Gott tut, ist doch das theologische Moment des seynsgeschichtlichen Philosophierens für dieses konstitutiv. Im Sinne Heideggers impliziert also Philosophie notwendig Theologie, auch wenn es ein Theologisieren *sui generis* ist. Was aber ist für das Denken der Götter unbedingt erforderlich? Es ist „die Inständigkeit in einem *wesentlichen Wissen*" (S. 229). Inständigkeit, ein von Heidegger bevorzugter Begriff, meint hier das Bleiben in solch wesentlichem Wissen, das bleibende Sich-Befinden im „Raum" eines solchen Wissens. Dieses ist von der Gewißheit abgesetzt. Es geht hier nicht um Gewißheit! Aber sofort ist hinzuzufügen, daß im Verständnis Heideggers Gewißheit als Gewißheit des Seienden gefaßt ist; sie ist also das, was dem Menschen als Subjectum, d.h. dem im Subjekt-Objekt-Schema vorgestellten Menschen, das Seiende zur Gewißheit macht (s. S. 110: „Wahrheit ist zur Gewißheit geworden und durch sie zur Sicherung des Bestandes des Subjectums..."). Bestimmt Heidegger dann jegliche Gewißheit als die „immer nur (!) nachrechenbare Versicherung" (S. 229), so ist deutlich, daß das eigentliche Denken und das wesentliche Wissen der Götter mit Gewißheit nichts zu tun haben können, ja, nichts zu tun haben dürfen. War eben von Inständigkeit die Rede, so kurz danach von Ständigkeit. Wesentliches Wissen hat seine „unwankende Ständigkeit" im verehrenden Fragen. Der hohe Stellenwert solchen Fragens bedarf keiner weiteren Erläuterung. Und es sollte auf jeden Fall zur Kenntnis genommen werden, daß in diesem Zusammenhang die Rede von der *Verehrung* ist (S. 229): „Die Kraft zur Verehrung des Fragwürdigsten (Heidegger dürfte wohl akzentuieren: des Frag-*würdigsten!*) entspringt dem Ent-setzen, welche Grundstimmung den Menschen in die Freiheit zu allem Seienden versetzt und die Abgründigkeit des Seyns um ihn wirft..."

Das wesentliche Wissen erfragt drei Möglichkeiten (S. 230f.): 1. Ob das Seiende noch einmal, anfänglich gegründet, in einer Stiftung des Seins erscheint.

---

[38] F. Stolz, Monotheismus in Israel, in: O. Keel (Hg.), *Monotheismus im Alten Israel und seiner Umwelt* (Biblische Beiträge 14) Friburg/Schweiz 1980, S. (143-184)184; Kursive durch mich.

[39] Zur Problematik des Genetivs s. o.!

2. Ob es in der Seiendheit verharrt. 3. Bei Ausbleiben beider Möglichkeiten, ob in der unkennbaren Verborgenheit die Geschichte des Seyns in der Kampffolge der Einsamen anfängt. Das wesentliche Wissen erfragt diese Möglichkeiten, „um stark zu werden in den noch kommenden Fragern für die Erinnerung an die Entscheidung zwischen der ausschließlichen Vormacht des Seienden und der ursprünglichen Gründung der Wahrheit des Seyns..." (S. 231). Diesen Gedanken bezieht Heidegger sofort wieder auf die Thematik der Götter (S. 231): „Dieses wesentliche Wissen allein durchirrt jenen Bereich, in dem noch Götter – wenngleich aus der fernsten Vergessenheit – nennbar sind." Und er fügt sofort hinzu, für unsere Fragestellung sei von größter Bedeutsamkeit, daß „Götter" hier eben nicht als das Höchste im Sinne des bisherigen metaphysischen Dichtens und Denkens gedacht seien, sondern als zugehörig in die Notschaft des Seyns, das alles durchschwingt. Und so kommt er zum Resultat (S. 231): „Wenn nun aus dem wesentlichen Wissen eine Besinnung[40] auf die Götter entspringen soll, dann kann diese nur in der Richtung der ersten Möglichkeit denken, weil so allein das Erfragen nach dem Seyn sogleich die Unterscheidung des Seyns und des Seienden in der Entscheidung treibt und so mit dem Seyn Jenes erdenkt, was der Nennung der Götter einen ersten und wesentlichen Bezug gibt." Erneut zeigt sich im Denken Heideggers, wie er Denken und Götter untrennbar zusammenfügt. Er bringt die *ontologische Differenz* von Seyn und Seiendem (in „Sein und Zeit" war es noch die ontologische Differenz von Sein und Seiendem) in unlösbarer Koppelung mit der *theologischen Differenz*.[41] Damit ist er aber, hätte er es auch abgestritten, *als* Philosoph Theologe. Dies sage ich nicht, um ihn theologisch zu „vereinnahmen", sondern lediglich als offenkundige Konsequenz seines eigenen Denkens.[42]

Damit sind wir aber notwendig beim zweiten Abschnitt des Kapitels XVIII angelangt: Götter und das Seyn. Denn mit dieser Überschrift ist die eben genannte theologische Differenz genannt. Man darf in diesen Seiten sicherlich einen der gehaltlichen Höhepunkte der „Besinnung" sehen. Hier besinnt sich Heidegger auf das Da-sein, weil er sich auf die Götter besinnt. Und ebenso kann man sagen, er besinnt sich auf die Götter, weil er sich auf das Da-sein besinnt. Gerade in diesem Abschnitt wird seynsgeschichtliches Denken als hermeneutisches Denken überaus deutlich, und gerade deshalb könnte das in ihm Gesagte für das Gespräch zwischen Philosophie und Theologie besonders fruchtbar sein.

Schon die Terminologie des ersten Satzes ist aufschlußreich. Da werden die Götter als jene genannt, die *unberechenbar* den Menschen zur Inständigkeit des

---

[40] Man denke an den Buchtitel!
[41] Zu beiden Differenzen und ihrer Verklammerung s. Coriando, *Der letzte Gott als Anfang*, im Register s. v. Differenz.
[42] Wesentliche Gedanken von Abschnitt 70. Götter – Das wesentliche Wissen, müssen um der Straffung der hier zu bedenkenden Fragestellung übergangen werden. Das ist bedauerlich, aber Heidegger-Referat und Heidegger-Interpretation sind, wie ich hoffe, dennoch in eine zusammengehörige Sequenz der Darstellung gebracht.

Da-seins ernötigen (S. 235). Das Urteil „unberechenbar" besagt in der Regel die Disqualifikation eines Menschen; es besagt seine erhebliche Charakterschwäche, besagt seine Unzuverlässigkeit. Man weiß nicht, wo man „mit ihm dran ist"! Hier aber ist es „Prädikat" der Götter. Sie gehören, wie es die bisherigen Ausführungen zeigten, nicht zu denen, die in den Bereich des Seienden und somit des Verrechenbaren gehören. Somit gehört es zur seynsgeschichtlichen Würde – dieses Wort ist dem Denken Heideggers unbedingt angemessen[43] – der Götter, nicht berechenbar zu sein. Wären sie es, so wären sie keine Götter! Dann aber versteht es sich von selbst, daß sie gerade in ihrer Unberechenbarkeit den Menschen zur bereits von uns bedachten Inständigkeit des Da-seins ernötigen. Und auch der Fortgang des Satzes bedarf nach unseren bisherigen Überlegungen keiner weiteren Interpretation mehr: „damit die Wesung der Wahrheit des Seyns die Einzigkeit des Ungewöhnlichsten[44] als Ereignis künde, das sich zum Raum jener Entgegnung zeitigt, in der erst zu ihm selbst kommt, was die Ernötigung des Da-seins aus der Notschaft des Seyns entspringen läßt". Die Entgegnung von Göttern und Mensch ist also ein Ereignis von ungewöhnlichster Einzigkeit. Dieses Ereignis wird von der Wesung der Wahrheit des Seyns gekündet – „künden" ist auch hier ein hermeneutisches Wort –, dieses gekündete Ereignis er-eignet sich. Dieses Ereignis bringt Da-sein und Seyn aufs innigste zusammen und läßt so das eine nicht ohne das andere denken. In diesem ersten Satz des Abschnitts 71 sind somit in höchster Konzentration die entscheidenden „Begriffe" (s. u.) des seynsgeschichtlichen Denkens beieinander.

Dann aber wird der Theologe wieder einmal von Heidegger provoziert. Denn dieser sagt sofort danach, daß weder die Götter den Menschen erschaffen noch der Mensch die Götter erfinde. Will Heidegger den biblischen *deus creator* leugnen? Auf den ersten Blick sieht es danach aus. Aber bei ihm, so wissen wir, täuscht der erste Blick recht oft, weil man seine „Aussagen" zu leicht im Sinne des üblichen Aussagens faßt. Lassen wir also noch einen Augenblick die Frage nach dem Schöpfergott offen, und lassen wir uns erst einmal auf das ein, was er danach sagt. Der nächste Satz bringt nämlich ein eigenartiges Spiel mit der Präposition „über": Die Wahrheit des Seyns entscheidet „über" Götter und Menschen. Die von Heidegger gesetzten Anführungsstriche indizieren aber, daß es nicht um eine Überordnung des Seyns bzw. der Wahrheit des Seyns über beide geht. Der Begriff der Überordnung wäre wohl auch für ein seynsgeschichtliches Denken deplaciert. Und so heißt es dann auch sofort im Anschluß: „indem es (nämlich das Seyn, H. H.) nicht über ihnen waltet, sondern zwischen ihnen sich und damit erst sie selbst zur Ent-gegnung ereignet." Ereignung des Seyns durch sich selbst und Ereignung der Ent-gegnung von Mensch und Göttern sind – wagen wir die Formulierung – eine *Ereignungs-Einheit*. Der nächste Satz verdeutlicht das Gesagte; er sei deshalb als ganzer zitiert (S. 235; Kursive durch mich):

---

[43] Man denke nur an seine Verwendung des Wortes „frag-*würdig*"!
[44] Man beachte den Superlativ!

„Je nach der Art, in der das Seyn die Wahrheit findet, je nach der Weise, wie diese Wahrheit als Lichtung für die sich entziehende Ereignung jener Entgegnung gegründet wird, je nach der Gestalt des Menschen, die jene Gründung fordert, *je nach der Zugehörigkeit des Menschen zum Seyn* und damit auch je nach der vor-stellenden und berechnenden Verlorenheit in das Seiende und die Auslegung seiner Seiendheit, vollzieht sich das Kennen und Nennen der Götter."

In der Weise, wie also der einzelne zum Seyn gehört – erst durch dieses Gehören wird nämlich das Dasein zum Da-sein –, kennt und nennt das Da-sein die Götter und ist durch dieses Kennen und Nennen in ihrem Raum. Götter und Mensch finden sich so im Er-eignis, weil sie sich einander zu-eignen. Insofern wird der Satz, daß die Götter weder den Menschen erschaffen noch der Mensch die Götter erfindet, als seynsgeschichtliche Aussage verstehbar. Von daher wird auch einsichtig, daß „der Gott ... niemals ein Seiendes" ist (S. 235). Vielmehr entspringen die Götter aus der Wahrheit des Seyns; Heidegger kommentiert (S. 236): „d.h. jene dinghafte Vorstellung des Gottes und das erklärende Rechnen mit ihm, z.B. als dem Schöpfer, hat ihren Grund in der Auslegung der Seiendheit als hergestellter und herstellbarer Anwesenheit." Ständen in diesem Satz nicht die Worte vom Schöpfer, könnte der Theologe seine Intention mit Nachdruck vertreten. Denn für den Theologen ist jede dinghafte Vorstellung Gottes wurzelhaft falsch. Und auch für ihn bedeutet ein erklärendes Rechnen mit Gott, dessen Göttlichkeit zu negieren. Faßt man Heideggers Weigerung, Gott als ein Seiendes zu akzeptieren in diesem Sinne, mit anderen Worten: begreift man Gott als „Seiendes" im Sinne des Irdisch-Vorstellbaren, so gibt es keinen theologischen Vorbehalt gegen Heideggers Intention in diesem Fall. Die Frage ist jedoch, warum der Philosoph den biblischen Glauben an den Schöpfer unter die dinghafte Vorstellung subsumieren will. Jedenfalls faßt er diesen Glauben als *erklärendes* Rechnen und den als *creator mundi* verstandenen Gott als gegenständliche Vorstellung, als veobjektiviertes Wesen. Also ist für ihn „der christlich-jüdische Gott ... die Vergötterung des Ursacheseins als solchen, des Grundes des erklärenden Vorstellens überhaupt" (S. 240). In dieser feinsten Vergötterung der „Kausalität" als „Kausalität" liege der Grund für den (bloßen) Anschein der überlegenen *Geistigkeit* des christlichen Gottes. In Wahrheit sei aber diese Vergötterung die Verklärung des gröbsten Erklärens. Vergötterung meint hier den vom Menschen hergestellten Gottesbegriff, dem objektive Realität zugesprochen werde. Im Grunde ist es der schon von Feuerbach erhobene Vorwurf gegen den christlichen Gott, von ihm allerdings in materialistischer Weltanschauung ausgesprochen, also in der Sicht Heideggers in einer Weltanschauung mit veobjektiviertem Seinsbegriff. Feuerbach erfährt auch, freilich ohne Namensnennung, auf S. 235 den Widerspruch. Der Satz wurde schon zitiert: Der Mensch erfindet die Götter nicht. Und Heidegger sagt auch ausdrücklich, daß nur da, wo das Erklären und die Verklärung herrschen und das Seiende sich in die Seiendheit des Vorstelligen vorgedrängt habe, die Meinung entstehen könne, die Götter seien das Ergebnis einer Vergötterung, sei es der

„Natur", sei es menschlicher *(animal rationale)* Triebe und Kräfte (S. 239). Feuerbach ist demnach in seinen Augen nur die falsche Antwort auf die falsche christliche Dogmatik.

Nun sei zugestanden, daß es in der Tat bis heute Äußerungen von Theologen gibt, die Gott als den Schöpfer der Welt im Sinne eines kausalen Erklärens vorstellen, also die geschaffene Welt durch ihre *causa*, die man Gott nennt, erklären. Darüber hinaus ist festzuhalten, daß in der katholischen Kirche *Thomas von Aquin* als der maßgebliche Theologe schlechthin galt und auch heute noch weithin gilt. Zur Zeit des Theologiestudiums Martin Heideggers in Freiburg (Wintersemester 1909 bis Sommersemester 1911; danach während seines Philosophiestudiums immer noch Hörer bei dem Dogmatiker *Carl Braig)* war jedenfalls die theologische Kompetenz des Thomas unbestritten und durch das kirchliche Lehramt dessen theologische Autorität zur Verpflichtung gemacht. Im damals gültigen Codex Iuris Canonici verpflichteten die Canones 589 § 1 und 1366 § 2 zu einem Studium, das an der Lehre des Thomas ausgerichtet ist. Es ist also anzunehmen, daß Heidegger die *quinque viae* des Thomas, also dessen fünf Gottesbeweise, bestens kannte[45] und sie als den katholischen Theologen verpflichtend akzeptierte. Schon im letzten Jahr seiner Gymnasialzeit hat er Braigs Schrift „Vom Sein. Abriß der Ontologie" (1896) gelesen, in der Thomas neben Aristoteles und Suárez ausführlich zitiert ist. Für unsere Überlegungen ist die *secunda via* von größter Wichtigkeit, nämlich der Gottesbeweis *ex ratione causae efficientis*. In diesem Zusammenhang spricht er vom *ordo causarum efficientium*. Auf dem Weg über die Kette der *causae* gelangt Thomas aufgrund des Postulats, daß es kein *in infinitum* geben könne, zum Ergebnis: *Ergo est necesse ponere aliquam causam efficientem primam: quam omnes Deum nominant*. Wenn Heidegger also wiederholt die christliche Auffassung vom *deus creator* als Ausdruck des metaphysischen Kausalitätsdenkens vehement, ja geradezu leidenschaftlich ablehnt, dann wird man ihm zunächst einmal zugute halten müssen, daß er aus seinem Theologiestudium die Verbindlichkeit auch der *via secunda* vor Augen hat.

Nun verwundert es allerdings ein wenig, wenn er diesen katholischen Standpunkt, der auch von heutigen katholischen Theologen weit differenzierter vertreten wird[46], auf das ganze Judentum und Christentum ausweitet, wenn er, wie oben zitiert, den christlich-jüdischen Gott als „die Vergötterung des Ursacheseins als

---

[45] *Thomas von Aquin,* Summa theologiae I, quaestio 2, articulus 3: Utrum Deus sit.
[46] Es sollte registriert werden, daß bereits 1934 die Herausgeber von *Die deutsche Thomas-Ausgabe. Vollständige, ungekürzte deutsch-lateinische Ausgabe der Summa theologica,* Übersetzt von Dominikanern und Benediktinern Deutschlands und Österreichs, 1. Band (I, 1-13), Graz – Wien – Köln 3. Aufl. 1934 (Nachdruck 1982), S. 459, zur *via quarta* (Beweis *ex gradibus qui in rebus inveniuntur*) ausdrücklich erklären: „Der vierte Weg ist ohne Zweifel schlußkräftig. Freilich (!) ist er letzten Endes nur aus dem Ganzen der thomistischen Metaphysik und Gotteslehre zu verstehen." Also kann seine Schlüssigkeit nur von dem vertreten werden, der auf dem Boden der thomistischen Metaphysik steht!

solchen, des Grundes des erklärenden Vorstellens überhaupt" versteht (S. 240). Dies verwundert vor allem angesichts seines engen Kontakts mit dem evangelischen Theologen *Rudolf Bultmann* während seiner Marburger Lehrtätigkeit. Heidegger hat bei ihm ein theologisches Denken kennengelernt, das fern aller scholastischen Theologie steht. Er hat in Bultmanns Seminar referiert, und zwar in einer Weise, die erhebliche Vertrautheit mit reformatorischer Theologie verrät. Er hat Luther gut verstanden.[47] Und dessen theologischer Ansatz steht bestimmt nicht in der Sphäre eines aristotelischen *causa*-Denkens im Blick auf den *deus creator*. Man hätte also erwarten dürfen, daß er aufgrund dieser seiner guten Kenntnisse der evangelischen Theologie wußte, daß der *deus creator*, zumindest von seiner biblischen Verkündigung her, mit dem vorkantischen *deus sicut prima causa* kategorial wenig zu tun hat.

Damit ist der Name desjenigen Philosophen genannt, der an dieser Stelle unbedingt erwähnt werden muß: *Immanuel Kant,* und zwar im Blick auf sein Verständnis von *Kausalität.* Für ihn ist sie eine Kategorie, d. h. ein reiner Verstandesbegriff, der, auf sinnliche Empfindungen angewandt, Erfahrungen konstituiert (Kritik der reinen Vernunft, B 106). Nun kann hier nicht seine transzendentale Analytik diskutiert oder gar kritisiert werden. Soviel sollte aber von Kant übernommen werden, daß Kausalität nicht unbesehens aus dem Bereich der Immanenz in den der (theologischen) Transzendenz transferiert werden kann. Von Gott kann nicht wie von einem irdisch Vorfindlichen als *causa* gesprochen werden. Spricht der Theologe – und sicher kann das in der Gegenwart zumeist auch vom katholischen Theologen gesagt werden – heute von Gott als dem Schöpfer, so versteht und beschreibt er den *actus creationis* keinesfalls als ein Geschehen, das mit dem aus der Immanenz konzipierten Kausalbegriff „erklärt" werden kann. Gottes Schöpferwirken ist ein *efficere* – wenn man überhaupt an diesem Verb festhalten will – *sui generis.*

Dies ist nun die These, die ich hier aussprechen möchte: Gerade in dem zuletzt herausgestellten „Sach"-Verhalt koinzidieren die *Intention* – nicht die Explikation dieser Intention! – des seynsgeschichtlichen Denkens Heideggers und die *Intention* – wiederum: die Intention, nicht die Explikation! –, die mit dem Glauben an den *deus creator* gegeben ist. Das schöpferische Wirken Gottes kann nicht als Verursachung verstanden werden, wie sie im irdischen Bereich durch die *causa-effectus-*Relation geschieht. Denn Gottes Schöpferwirken ist als *creatio e nihilo* analogielos zu allem effizierenden Wirken im Bereich von Natur und Geschichte. Fällig ist demnach eine Diskussion der vom seynsgeschichtlichen Denken herkommenden Philosophen mit denjenigen Theologen, die diesem Denken gegenüber aufgeschlossen sind.

---

[47] s. z. B. Heideggers Referat „Das Problem der Sünde bei Luther" in Bultmanns Seminar im WS 1923/24, abgedruckt in: B. Jaspert, *Sachgemäße Exegese. Die Protokolle aus Rudolf Bultmanns Neutestamentlichen Seminaren 1921-1951* (Marburger Theologische Studien 43), Marburg 1996, S. 28-33.

Es war soeben erneut von der Analogielosigkeit die Rede. Erinnert sei noch einmal an die Diskussion über die *analogia entis*. Wie immer man hier theologisch (und zugleich philosophisch!) urteilt – der Theologe wird stets daran festhalten, daß Gott **ist**. Daß dieses Sein Gottes nicht in das Sein des Da-seins, darüber hinaus: nicht in das irdische Sein überhaupt hineingenommen werden darf, ist offenkundig. Und wer von der *analogia entis* im Blick auf das Sein Gottes *und* das Sein des Menschen bzw. das geschöpfliche Sein schlechthin sprechen will – ich meine, man könnte es –, der muß diese Differenz unter allen Umständen wahren. (Man kann die Analogie des Seins durchaus unterschiedlich definieren, freilich ohne das Sein Gottes zu de-finieren!) Gottes Sein kann man aber dann aus theologischer Perspektive nicht mehr in die sechsfache Fuge der „Beiträge" einordnen. Im sechsfachen Gefüge mit dem letzten Gott kann *philosophisch*-seynsgeschichtlich so gesprochen werden, wie Heidegger das tat. Wenn man aber *theologisch* den Satz „Gott ist" ausspricht, so läßt sich das „ist" nicht von „Gott" begrifflich separieren. Gott sagen heißt zu sagen: Gott ist. Gottes Sein ist Gott („ist" jetzt grammatisch als Kopula).[48] Das eigentliche Problem ist jetzt nicht mehr, daß Gott *ist*, sondern daß vom Menschen – mit Heideggers Terminologie gesprochen – als Dasein und Da-sein gesagt werden kann, daß *auch* er *ist*. Theologisch kann vom Sein des Menschen – im Blick auf seine Kreatürlichkeit – *nur vom Sein Gottes her* gesprochen werden. Der Begriff *ens creatum* ist dann aber nicht mehr ein aus metaphysischem Denken abgeleiteter Begriff, ebenso wenig wie der „Begriff" *ens increatum*. Die Folgerung: Sein ist *auch* ein *theologisches* „Prädikat".

Wir sind also in der Lage, in theologischer Hinsicht den Gottesgedanken in nichtmetaphysischer Aussage zu konkretisieren, und zwar in bemerkenswerter Parallele zu Aussagen Heideggers in der „Besinnung". Mehrfach war schon in unseren Überlegungen davon die Rede, daß theologisches Denken in wesenhafter Weise ein Denken *aus* Gott, genauer: *aus dem Sich-Offenbaren Gottes, dem sich offenbarenden Gott ist. Deus est deus hermeneuticus.*[49] Das ist geradezu der zentrale Grundsatz biblischer und christlicher Theologie. Theologie ist aus christlicher Sicht nur möglich, weil theologische Rede die Rede vom *deus hermeneuticus* her ist. Gottes Sein ist als hermeneutisches Sein das sich offenbarende Sein. Gottes Sein ist *quoad hominem* Gottes Offenbarung: Gott sagt sich aus, und der Mensch hört dies. Sagt Heidegger (S. 49): „Das Seyn aber verlangt zum *Wort*, als welches je das Er-eignis west.", so korrespondiert dies der neutestamentlichen Wort-Theologie. Vergegenwärtigt man sich das Ensemble der hermeneutischen Worte Hei-

---

[48] Zu Gottes *esse* gehört seine *existentia*. Das ist auch das Wahrheitsmoment des ontologischen Arguments, sagen wir besser: des Denkens Anselms von Canterbury *(Proslogion* cap. 2). Mit Recht sagte schon Reinhold Seeberg, *Lehrbuch der Dogmengeschichte* 3. Bd.: *Die Dogmenbildung des Mittelalters,* Darmstadt 1959 (= Leipzig 4. Aufl. 1930), S. 107, Anm. 2: „Auch der berühmte *Gottesbeweis* in dem Proslogion ist von Anselm nicht als eine Konsequenz aus dem metaphysischen Realismus entwickelt worden."

[49] H. Hübner, Deus hermeneuticus, in: Th. Söding (Hg.), *Der lebendige Gott. Studien zur Theologie des Neuen Testaments,* FS für Wilhelm Thüsing, Münster 1997, S. 50-58.

deggers – ich nenne hier nur Lichtung (im Kontext von Seyn!), Offenheit, Offenes, Wort, Hören –, so läßt sich das seynsgeschichtliche Denken des späten Heidegger angemessen als *hermeneutische Philosophie des Wortes* charakterisieren. Diesem Denken entspricht es, wenn er als Ziel der so verstandenen Philosophie gerade nicht die „Mitteilung einer Erkenntnis, auch nicht ... (die) Aufstellung einer Lehre" sieht, sondern als „Sache" ihres exklusiven Wesens „das wesentliche Wissen (Verwahrung der gegründeten Wahrheit) zu *sein*" faßt (S. 50). Für diesen Gedanken noch folgendes Zitat (S. 50): „Einzig west das Seyn in der Lichtung, die es selbst ist, welche Lichtung aber nur ausstehbar bleibt in einem Entwurf, der in ihr Offenes sich wirft und der Offenheit dieses Offenen sich übereignet und ihre Gründung wagt." Das Wort verlangt, will es wirklich Wort sein, das Gehört-Werden, das Hören. War in den „Beiträgen" von An-Spruch und Zu-Spruch des Seyns an das Dasein die Rede, so fiel auf, daß in ihnen das Hören nicht thematisch behandelt wird.[50] Anders in der „Besinnung"! So findet sich in ihr das Wortfeld von Wort und Hören (z. B. S. 61):

„Wie aber werden Hörende? Nur die selbst zu sagen vermögen, können hören[51], ohne daß sie sogleich zu Hörigen werden. Vielleicht muß aber das Wort ‚des' Seyns sich ereignen und in der Stille der Wenigen bleiben; vielleicht ist schon entschieden über eine Kluft zwischen dem Seyn und dem, was ‚sie' für das Seiende halten. Vielleicht ist diese Kluft selbst der Anfang, wenn noch einmal Anfängliches sich zwischen die Götter und den Menschen als die Brücke ihrer Ent-gegnung legt."[52]

Daß die neutestamentliche Theologie **Theologie des Wortes** ist – heute keine exklusiv evangelische Überzeugung mehr, auch die katholische Theologie sagt dies weitgehend –, wird besonders an Paulus deutlich. Ist gemäß Heideggers *Philosophie des Wortes* im Sagen des Wortes das Seyn selbst und sind so Wort und Seyn er-eignishaft eins, so sagt nämlich Paulus Analoges mit Nachdruck in seinem theologischen Denken, z. B. in der theologischen Überschrift des Römerbriefes, Röm 1,16f. Zunächst im griechischen Urtext: Οὐ γὰρ ἐπαισχύνομαι τὸ εὐαγγέλιον, δύναμις γὰρ θεοῦ ἐστιν εἰς σωτηρίαν παντὶ τῷ πιστεύοντι, Ἰουδαίῳ τε πρῶτον καὶ Ἕλληνι. δικαιοσύνη γὰρ θεοῦ ἐν αὐτῷ ἀποκαλύπτεται ἐκ πίστεως εἰς πίστιν, καθὼς γέγραπται. ὁ δὲ δίκαιος ἐκ πίστεως ζήσεται. In paraphrasierender, also nicht wörtlicher und gerade deshalb inhaltsgetreuerer Übersetzung: „Ich stehe mit meiner ganzen Person hinter dem Evangelium! Denn es ist die Macht *Gottes,* die das Heil des Menschen bewirkt, und zwar das Heil eines jeden, der glaubt und somit ganz und gar auf das Evangelium als das macht-

---

[50] Hübner, *„Vom Ereignis",* S. 150f.
[51] Sagt Heidegger hier „hören können", so erinnert das an das anklagende Wort des johanneischen Jesus, Joh 8,43: οὐ δύνασθε ἀκούειν τὸν λόγον τὸν ἐμόν. Dasein ist also weder im Neuen Testament noch im seynsgeschichtlichen Denken Heideggers automatisch hörendens Da-sein; es bedarf der Befähigung dazu; s. Hübner, *„Vom Ereignis",* S. 150.
[52] Bewußt wurde das Zitat etwas umfangreicher zitiert, um den Kontext Heideggers deutlich werden zu lassen.

volle Wort Gottes baut – zunächst für den Juden, dann auch für den Heiden. Denn die Gerechtigkeit *Gottes* offenbart sich im Wort des Evangeliums, und zwar immer wieder neu aufgrund des Glaubens. Steht doch in der Heiligen Schrift geschrieben: ‚Der aus Glauben Gerechte – er wird leben!'"[53] Das hier von Paulus genannte Evangelium meint nicht den Inhalt der Evangeliumsbotschaft, also nicht die Mitteilung eines theologischen Sachverhalts, der zur intellektuellen Erfassung vorgetragen wird. Es geht dem Apostel vielmehr um das im Evangelium verkündigte Wort des Heils. Denn nur so kann er von ihm sagen, es sei die Macht Gottes. Doch selbst die Übersetzung „Macht Gottes" für δύναμις θεοῦ ist dem, worum es Paulus eigentlich geht, noch nicht angemessen genug. Begrifflich läßt sich unbestreitbar Gottes Macht von Gott unterscheiden. Aber in ihrer Wirklichkeit ist diese Macht Gottes nicht von ihm separierbar. Zutreffender sollte man daher übersetzen: „Der mächtige Gott", griechisch ὁ δυνατὸς θεός oder ὁ θεὸς ὁ δυνατός. Denn dann läßt sich der Anfang von V. 16 noch präziser paraphrasieren: „Ich bekenne mit meinem Wort das Wort Gottes; denn Gottes Wort *ist* der mächtige Gott selbst, der in seinem Wort präsent ist." Dann aber ist die evangelische[54] Verkündigung des Wortes Gottes das *Er-eignis* des sich worthaft aussprechenden und somit sich offenbarenden und erschließenden Gottes, bei dem sich Gott den (und auch Dativ: dem!) Menschen er-eignet. Gott *ist* sein Er-eignis. Die worthafte Verkündigung des Wortes Gottes ist also auf keinen Fall eine bloße Mitteilung. *Wort und Gott sind* vielmehr *er-eignishaft eins* – genau wie *Seyn und Wort er-eignishaft eins sind.*

Offenkundig und unübersehbar ist somit die überaus große Bedeutsamkeit des *Wortes* – sowohl bei Heidegger als auch bei Paulus. Seynsgeschichtliche Wortphilosophie und paulinische Worttheologie befinden sich in eindrücklicher Affinität und Nähe. Beide sehen im Wort über eine bloße Mitteilungsfunktion hinaus ein mächtiges ontologisches Gewicht. Das Wort selbst wirkt, dem Wort *eignet* beide Male *er-eignende* Wucht.

Schauen wir auf unsere letzten Überlegungen zurück, dann stellt sich die Aufgabe, das philosophisch gedachte seynsgeschichtliche Seyn des Da-seins und das theologisch gedachte Sein des Menschen in Relation zueinander zu denken. Es war die Intention meiner Überlegungen, diese Frage, deren Antwort hier lediglich *angedacht* werden konnte, als Aufgabe programmatisch zu formulieren. Um es in aller Deutlichkeit zu sagen: Diese Aufgabe habe ich hier nicht gelöst. Ich habe sie aber genannt und sehe als Theologe ihre Unverzichtbarkeit. Mein Wunsch wäre es, daß sich der Philosoph von seinen Denkvoraussetzungen aus in der Lage sähe, die hier aufgewiesene theologische Denkvoraussetzung zu verstehen und so ins

---

[53] Zur Übersetzung s. H. Hübner, *Biblische Theologie des Neuen Testaments,* Bd. 2: *Die paulinische Theologie und ihre neutestamentliche Wirkungsgeschichte,* Göttingen 1993, S. 258 ff. Ich verstehe (entgegen der üblichen Übersetzung) ἀποκαλύπτεται in V. 17 nicht als Passiv, sondern als Medium.

[54] „Evangelisch" hier natürlich nicht im konfessionellen, sondern im theologisch-biblischen Sinn!

dis-kutierende Gespräch mit dem Theologen zu kommen. Der Theologe braucht das Gespräch mit dem Philosophen. Ob dieser jedoch das Gespräch mit dem Theologen braucht, möchte ich nicht entscheiden. Aber der Tatbestand, daß die „Beiträge" und die „Besinnung" theologische Grundprobleme implizieren und dieser „Sach"-Verhalt von Heidegger allem Anschein nach auch gewollt war, ermutigt mich anzunehmen, daß beim interdisziplinären Gespräch zwischen der Philosophie und der Theologie nicht nur die letztere die nehmende Disziplin ist.

Eine vielleicht nicht unwichtige Nebenbemerkung: Haben wir einerseits vom Denken *aus* dem Seyn und andererseits vom Denken *aus* der Offenbarung des sich offenbarenden Gottes gesprochen, haben wir somit für dieses Denken auf beiden Seiten das *ratiocinari* als nicht konstitutiv angesehen, so stellt sich die Frage, ob wir bei einem so verstandenen Denken überhaupt noch von *Begriffen* im eigentlichen Sinne sprechen können. Denn Begriffe de-*fin*-ieren, setzen folglich in Grenzen. Aber weder Aussagen „über" das Seyn noch Aussagen „über" Gott können aus- und abgrenzende Be-griffe sein. Weder das Seyn noch Gott läßt sich be-greifen oder de-fin-ieren. Denn es gibt keinen *finis* für das Seyn, und ebensowenig gibt es keinen *finis* für Gott. Doch auch eine Ersetzung von Begriff durch Terminus bringt nichts; *terminare* heißt bekanntlich abgrenzen. Der passende Begriff für „Begriff" müßte noch gefunden werden.

### 4.1. Der letzte Gott

Ein letzter Punkt muß noch kurz zur Sprache kommen, um das Ganze der hier behandelten Problematik abzurunden, nämlich die Frage nach dem letzten Gott. Auf die Publikationen von Paola-Ludovica Coriando zu dieser Thematik wurde bereits aufmerksam gemacht.[55] In den „Beiträgen" zielt das Gefüge der sechs Fugen auf diesen letzten Gott. Somit ist er die zentrale „Gestalt" dieser Schrift. Ganz anders in der „Besinnung"! In dem die Götter thematisierenden XVIII. Kapitel begegnet der letzte Gott lediglich am Ende der Ausführungen, damit aber an betonter Stelle, zumal er auch auf der letzten Seite im letzten Absatz sogar in Kursivdruck erscheint. Aber die Grundgedanken dieses Kapitels, auf die wir ausführlich eingegangen sind, können durchaus ohne ihn verstanden werden. Was Heidegger über den letzten Gott sagt, steht unter dem Gedanken, der wieder in programmatischer Sprache und so wohl auch in programmatischer Absicht formuliert wird (S. 253): „Alles Anfängliche fängt mit dem Untergang an." Aus den bisherigen Darlegungen dürfte zumindest die Essenz des Satzes verständlich sein. An ihn schließt der kurz danach stehende Gedanke an: „Groß sind die Götter nur, so ihre Gottschaft groß ist aus der Anfänglichkeit des Seyns." Damit ist aber die *Geschichte* des Seyns erneut beschworen, Geschichte im Sinne Heideggers als der Historie kontrastiert. Götter sind groß, wo sie aus dem anderen Anfang erscheinen, wo sie – ich will es einmal mit einem theologischen „Begriff" der Offenbarungs-

---

[55] s. o. Anm. 6 und 7!

theologie sagen – als Epiphanie dieses Anfang manifest werden. Der Anfang verbirgt – so Heideggers These –, indem er *sich* verbirgt, seinen Untergang. Daraus folgt (S. 253): „‚Ewige' Götter *sind* keine Götter, wenn ‚ewig' gedacht wird in der Bedeutung des ἀεί und der aeternitas und vollends gar der sempiternitas, des neuzeitlichen fortschreitend öderen Und-so-weiter." Ewigkeit hat also nichts mit Zeit im Sinne von Chronometrie zu tun. Anders gesagt: Die Götter sind geschichtlich, weil sie nicht historisch sind. Heidegger folgert: „Der höchste Anfang verschließt in sich und fängt daher an den tiefsten Untergang." Das ist konsequent gedacht, wenn man die Prämisse teilt. Daher die nächste Folgerung: „In diesem ersteht der letzte Gott."[56] Also geht es um die Geschichtlichkeit, genauer noch: um die *Seinsgeschichtlichkeit* des *letzten Gottes*. Hören wir weiter: „Weil Er der Seltenste ist, gehört ihm die längste Zeit der Vorbereitung und die unvordenkliche Plötzlichkeit seiner Nähe. Dieses zu wissen ist schon das Ahnen seiner Ferne aus der Grundstimmung des Außerhalb von Glück und Unglück." Auf eine genauere Interpretation dieser Sätze verzichte ich, weil sie im Rahmen dieser Ausführungen nicht mehr möglich ist. Was ich „positiv" dazu andeuten möchte, ist folgendes: Der letzte Gott ist der aus dem Seyn erscheinende Gott und somit der seynsgeschichtliche Gott, dessen Gottschaft das Da-sein beschenkt, indem er Dasein geschichtliches Da-sein werden läßt. (Vom Schenken des Seyns war ja bereits die Rede!) Der christliche Gott ist seinerseits der in der Inkarnation geschichtlich gewordene Gott. Auf Joh 1,14 καὶ ὁ λόγος σὰρξ ἐγένετο bin ich bereits in meinem Meßkircher Vortrag *expressis verbis* eingegangen.[57] Ich wiederhole hier noch einmal meine paraphrasierende und so interpretierende Übersetzung des Satzes: *„Ewigkeit wurde Zeit und Geschichte."*[58] Der andere Anfang ist im christlichen theologischen Denken die in diesem Sinne begriffene Inkarnation, im Sinne des seynsgeschichtlichen Denkens Heideggers hingegen das „Erstehen" des letzten Gottes. Es ist ja das Wissen „vom" Seyn, das in den eben genannten Zeit-Raum versetzt. Dieses Wissen „des" Seyns fängt mit einem Anfang an, der sich ins *Wort* bringt: *„Das Sein ist das Seyn."*[59] Das Fazit bringt der letzte Absatz des Abschnitts 71, den zu zitieren nach den bisherigen Ausführungen genügen mag (S. 256):

„Am fernsten im kaum enthüllten Zeit-Raum der Wahrheit des Seyns ist der *letzte* Gott. Ihm entbrennt das Seyn als das abgründige Inzwischen des Seienden zur höchsten Not und wirft zwischen die Welt und die Erde jene Notwendigkeit der Vereinfachung in das Schlichte und Stille, woraus alle Dinge auf ihr innigstes Sichgehören zusammengehen."

---

[56] Eine böse Zunge könnte natürlich sagen: Also doch ein *ratiocinari!* Also doch ein Argumentieren im Sinne der verpönten Logik! Aber das *ratiocinari* geschieht hier unter seynsgeschichtlicher Voraussetzung. Trotzdem – ein das philosophische Denken Heideggers vertretender Philosoph müßte an dieser Stelle schon mehr sagen, als ich es hier nur kurz anreiße.
[57] Hübner, *„Vom Ereignis"*, S. 143 f.
[58] s. auch H. Hübner, *Biblische Theologie des Neuen Testaments*, Bd. 3: *Hebräerbrief, Evangelien, Offenbarung, Epilegomena*, Göttingen 1995, S. 200 ff.
[59] Kursive durch Heidegger.

Der Dialog zwischen der Theologie, die als radikale Theologie von ihrer Wurzel her denkt, und der seynsgeschichtlichen Philosophie, die ebenso von ihrer Wurzel her denkt, – und zwar beide aus ihrem hermeneutischen Denken – ist uns damit als Aufgabe ermöglicht. Möglich ist sie durch das Denken, das Hören-Wollen und so das Hören-Können auf das Denken des anderen. Möglich ist die Aufgabe des weiteren durch das vom Hören her kommende denkende Sprechen. Also bleibt uns nur eines: *Das Denken!*

## 5. Nachwort

Ein Nachwort über die Zeit der „Beiträge" und „Besinnung" hinaus! Wer sich, oft mühsam, durch beide Bände hindurchgelesen und hindurchgearbeitet hat, dem öffnen sich Heideggers Publikationen der Nachkriegszeit in einer Weise, daß ihm das in ihnen Gesagte ganz neu und „leichter" widerfährt und auf seinen Tiefensinn hin transparenter wird. Das gilt insonderheit vom „Brief über den ‚Humanismus'", von dem sein Autor ausdrücklich erklärt, daß das in ihm Gesagte auf dem Gang eines Weges beruhe, der 1936 begonnen sei, also in dem Jahre, in dem er mit seinen „Beiträgen zur Philosophie" begann.[60] Aus dem Humanismusbrief hier nur ein Zitat: „Das Denken bringt nämlich in seinem Sagen nur das ungesprochene Wort des Seins zur Sprache."[61] Statt „Seyn" steht hier zwar „Sein"; doch dieser Satz erweist sich als klassische Formulierung der Wirkungsgeschichte der „Beiträge" und der „Besinnung."

Weil der Mensch ein musikalisches Wesen ist, singt der Glaubende seine Psalmen und Choräle. Der Philosoph der An-*Dacht* an das Seyn hat, als Denker Dichter geworden, sein Denken ins Wort des Gedichts gefaßt. So wähle ich zum Abschluß dieser Darlegungen aus den Gedichten, mit denen die Einleitung in die „Besinnung" beginnt, das Gedicht *Das andere Denken* aus (Sommer 1938) (S. 4):

*Das andere Denken*

Nimm die letzte Glut der Segnung
erst vom dunklen Herd des Seyns,
daß sie zünde die Entgegnung:
Gottschaft – Menschentum in Eins.

Wirf die Not der kühnen Lichtung
zwischen Welt und Erde als Gesang
aller Dinge zur Errichtung
frohen Danks an Fug und Rang.

Birg ins Wort die stille Kunde
eines Sprunges über Groß und Klein,
und verlier' die leeren Funde
jähen Scheins im Gang zum Seyn.

---

[60] M. Heidegger, Brief über den „Humanismus", in: ders. *Wegmarken* (GA 9), S. (313-383) 313, Anm. a.
[61] Ib. S. 361.

III. Essays in Interpretation

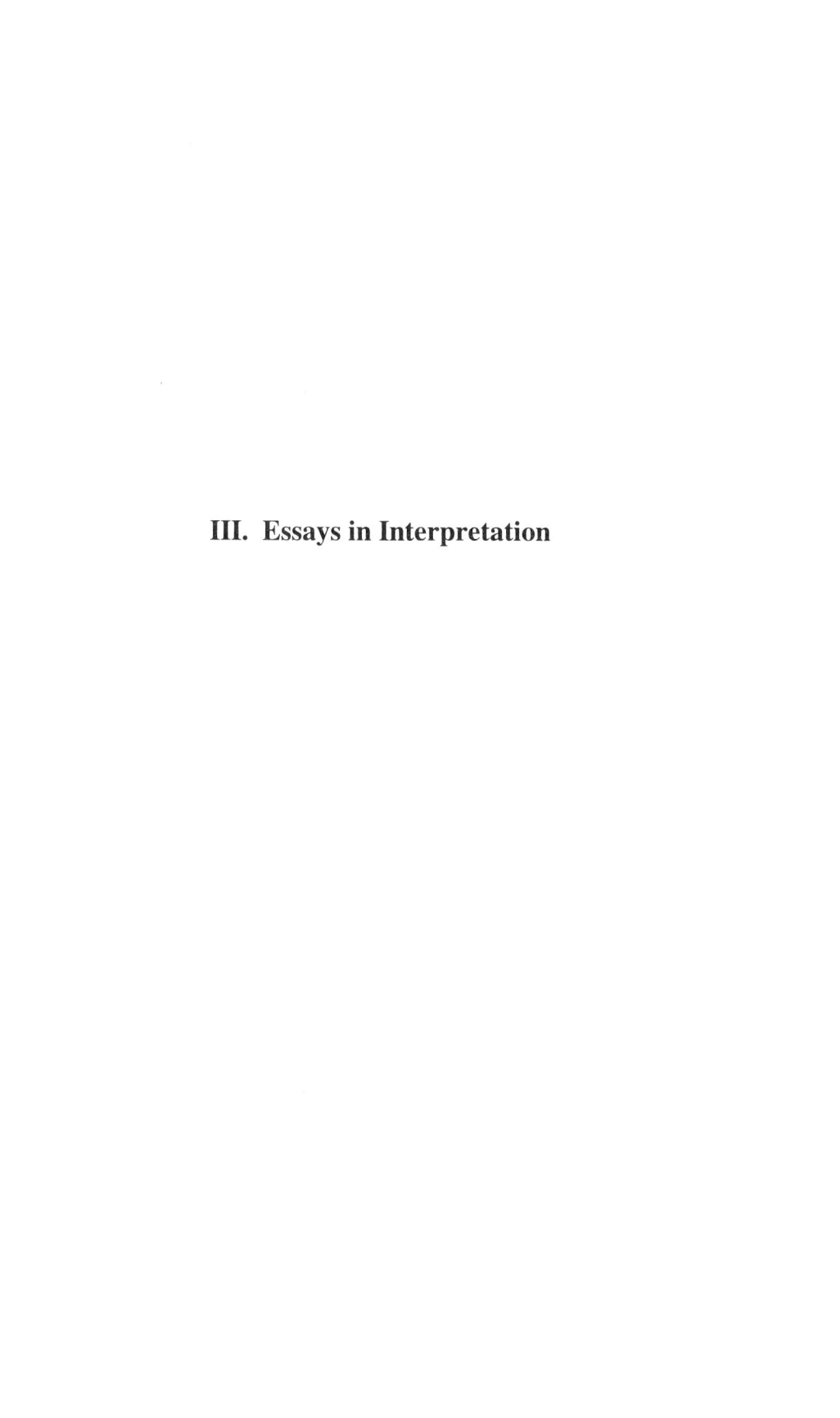

# Difficulties and Hazards of Dealing with the Question of Being: Examining Recent Heidegger Literature and the Richardson-*Festschrift*

George Kovacs

Babette E. Babich (ed.), *From Phenomenology to Thought, Errancy, and Desire: Essays in Honor of William J. Richardson, S. J.*, Phaenomenologica vol. 133 (Dordrecht: Kluwer, 1995), referred to in the text with PTED.

Axel Beelmann, *Heimat als Daseinsmetapher: Weltanschauliche Elemente im Denken des Theologiestudenten Martin Heidegger* (Wien: Passagen Verlag, 1994), referred to in the text with Be.

Heribert Boeder, *Seditions: Heidegger and the Limit of Modernity*, translated, edited, and with an introduction by Marcus Brainard (Albany, NY: State University of New York Press, 1997), referred to in the text with B.

Stephanie Bohlen, *Die Übermacht des Seins: Heideggers Auslegung des Bezuges von Menschen und Natur und Hölderlins Dichtung des Heiligen* (Berlin: Duncker und Humblot, 1997), referred to in the text with Bo.

Rudolf Brandner, *Warum Heidegger keine Ethik geschrieben hat* (Wien: Passagen Verlag, 1992), referred to in the text with Br.

Ekkehard Fräntzki, *Daseinsontologie: Erstes Hauptstück* (Dettelbach: Verlag J. H. Röll, 1996), referred to in the text with F.

Martin Heidegger, *Einleitung in die Philosophie* (lecture course at Freiburg, Winter Semester, 1928-1929), GA 27, edited by Otto Saame and Ina Saame-Speidel (Frankfurt am Main: Klostermann, 1996), referred to in the text as GA 27.

Holger Helting, *Heidegger und Meister Eckehart: Vorbereitende Überlegungen zu ihrem Gottesdenken* (Berlin: Duncker und Humblot, 1997), referred to in the text with H.

Daniela Neu, *Die Notwendigkeit der Gründung im Zeitalter der Dekonstruktion: Zur Gründung in Heidegger's "Beiträgen zur Philosophie" unter Hinzuziehung der Derridaschen Dekonstruktion* (Berlin: Duncker und Humblot, 1997), referred to in the text with N.

Mohammad-Reza Nikfar, *Die Erörterung des Satzes vom Grund bei Martin Heidegger* (Frankfurt am Main: Peter Lang, 1997), referred to in the text with Ni.

William L. Reese, "Martin Heidegger," *Dictionary of Philosophy and Religion: Eastern and Western Thought,* new and enlarged edition (Atlantic Highlands, NJ: Humanities Press, 1996), pp. 291-292, referred to in the text with R.

Ted Sadler, *Heidegger and Aristotle: The Question of Being* (London and Atlantic Highlands, NJ: Athlone, 1996), referred to in the text with S.

Sonya Sikka, *Forms of Transcendence: Heidegger and Medieval Mystical Theology* (Albany, NY: State University of New York Press, 1997), referred to in the text with Si.

## I.

In spite of Heidegger's unrelenting warnings, the question of being may already have been forgotten again, even if it seemed otherwise at least for a while. The claims of scholarship diverted the attention from the long-range task of thinking to favoring current attunements of consciousness. The disentanglement from all metaphysics of presence becomes viable through deconstructive practices, by means of exposing the ideological leanings of all thought of presence as the "quest" for a "transcendental signified" that has left its marks even in "Heidegger's discourse"[1] in spite of the "provocative force" of his thought of the ontological difference.[2] In the final analysis, Heidegger is awarded the dubious distinction of being the great diagnostician and, at the same time, the prisoner of the metaphysics of presence. This gesture of generosity toward Heidegger's thought bears a double message in confessing that his "text" "constitutes a novel, irreversible advance all of whose critical resources we are far from having exploited."[3]

It seems that the nature of this "advance" is already fixed the "fore-grasp" *(Vorgriff;* fore-conception) of the project of interpretation; understanding Heidegger's thought consists in attempting to "locate" in his text the "signs of belonging to metaphysics," to ontotheology.[4] This assessment amounts to letting fail Heidegger's thinking in its attempt to think otherwise than metaphysics. The danger lurking in this hermeneutics is a reductionist perspective on the concept of being in the tradition, as well as on Heidegger's thinking.

It may be advantageous, no doubt timely, for scholarship to reflect on itself, to recognize the difficulties and hazards of raising the question of being. Philosophical reflection on philosophy, according to Heidegger's elaboration of being-historical thinking in 1938-1939, "belongs to the thinking of being."[5] The thinker ought to recognize the difficulty entailed in the experience of thinking. The attentive,

---

[1] Jacques Derrida, *Positions*, transl. and annotated by Alan Bass (Chicago: University of Chicago Press, 1982), pp. 20, 49, 50; see also *Margins of Philosophy*, transl. by Alan Bass (Chicago: University of Chicago Press, 1986), pp. 131-133.

[2] Jacques Derrida, *Speech and Phenomena and Other Essays on Husserl's Theory of Signs,* transl. by David B. Allison (Evanston, Ill.: Northwestern University Press, 1986), p. 155.

[3] J. Derrida, *Positions*, p. 54.

[4] *Ibid.,* p. 10.

[5] *Besinnung* (1938-1939), edited by Friedrich-Wilhelm von Herrmann, GA 66 (Frankfurt am Main: Klostermann, 1997) p. 50 (hereafter: GA 66).

daring thinker stays in and does not drift away from what is most worthy of thought even in its withdrawal from us. Heidegger's remarks on Socrates as the "purest thinker of the West" intimate a warning about the difficulties and hazards of thinking. The authentic, daring thinker is drawn into what withdraws (into what is most worthy of thought, i.e., being), and thus becomes like Socrates who in all his life and death "did nothing else than place himself into this draft, this current, and maintain itself in it" without drifting away from the draft of the withdrawal.[6] What calls forth thinking demands the openness of the thinker to its gift. According to Heidegger, "What calls on us to think, gives us food for thought," gives or endows us to think.[7] Being as most worthy of thought grants us (as thinkers) what is to be thought, the "gift" *(die Gabe)* of thought; the "gift" it bestows on us "is nothing less than itself."[8] It is ultimately being that calls thought forth, evokes it; being " ... 'grants' to thought its to-be-thought."[9]

The range of progress in research on Heidegger's thought cannot be assessed without keeping in mind his teaching about the "gift of thought." Can the attachment to strategies be attuned to what gives itself to thought? Is it fair to claim, as T. Sadler suggests, that Heidegger's question of being in the context of contemporary philosophy is reduced to or "regarded as a kind of nostalgic overlay to what is an otherwise useful 'hermeneutic philosophy'" (S, p. viii)? It is imperative to become more perceptive about the difficulties and hazards of the trans-ition of thinking from the concept of being *(Sein)* as being of beings to the *Ereignis* and truth of be-ing *(Seyn)*, to a more "simple" way of thinking that knows of be-ing because it is attentive to the beckoning of the "history of be-ing."[10] The attitudes discernible in scholarly labors indicate attempts to "outdo Heideggerian thought" as, e.g., J. Derrida intends this according to H. Boeder (B, p. 308); they show frustration with difficulties, especially in trying to comprehend *Beiträge* (B, p. 199), as well as serious dissatisfaction with Heidegger's "political failure" as several essays included in PTED amply demonstrate.[11] It is time to acknowledge that in many discussions of Heidegger and the political, as W. Richardson's response to some of these issues clearly shows, there are not only legitimate concerns but also definite

---

[6] *Was heisst Denken?*, 2nd ed. (Tübingen: Niemeyer, 1961), p. 52 (hereafter: WD); tr. by Fred. D. Wieck and J. Glenn Gray, *What Is Called Thinking?* (New York: Harper Torchbooks, 1972), p. 17.

[7] WD, p. 85; tr. p. 121.

[8] WD, p. 85; tr. by William J. Richardson in his *Heidegger: Through Phenomenology to Thought*, Preface by Martin Heidegger, Phaenomenologica vol. 13, (The Hague: Nijhoff, 1963), p. 598.

[9] Richardson, *Heidegger: Through Phenomenology to Thought*, p. 598.

[10] *Die Geschichte des Seyns: 1. Die Geschichte des Seyns* (1938-1940); *2. KOINON: Aus der Geschichte des Seyns* (1939-1940), edited by Peter Trawny, GA 69 (Frankfurt am Main: Klostermann, 1998), pp. 30, 31 (hereafter: GA 69).

[11] See especially: John D. Caputo, "Dark Harts: Heidegger, Richardson and Evil," in PTED, pp. 267-275; Robert Bernasconi,"'I Will Tell You Who You Are.' Heidegger on Greco-German Destiny and *Amerikanismus*," in PTED, pp. 301-313.

distortions, misunderstandings, and, at times, even "a travesty" of Heidegger's thought (e.g., being, *Dasein*, errancy).[12]

According to Heidegger's foresightful remark (in 1938-1940), thinking "must think deeply *(er-denken)* hundred-fifty times the same" in order to "recognize as essential" the thinking and exploration of be-ing.[13] Philosophy, as he says in *Einleitung in die Philosophie*, is "chained and ensnared" *(gefesselt und verstrickt)*; we must "liberate" and thus recover philosophy as the "inner necessity of our ownmost essence *(Wesen)*" (GA 27/4, 5). Dealing with the question of being demands much more than discerning and undermining the thought of presence. The philosophical tradition becomes a realm of possibilities through the interplay with another inception of thinking. To wonder "How does it stand with being?" means both to grasp and question the full range of attempts to think being (e.g., as presence, cause, transcendence, highest being; as *Ereignis*, fissuring, history, excess, giving, refusal). The coming about of the ontological difference takes many forms; its rethinking is not the closure but the opening up of thinking that leads to think otherwise than metaphysics. The attention to the art of thinking is inseparable from the "matter" of thinking.

It should be remembered that Heidegger was apprehensive about the difficulties of grasping the "matter" *(die Sache)* of his thought; he notes in his *Beiträge* that nobody understands what he is "saying" here, that everyone needs to "pave the way," that once the issue at hand is grasped, his (Heidegger's) "attempt" *(Versuch)* is no longer needed.[14] "Finding one's way" in the realm of thinking requires breaking loose from ingrained patterns of thought, from the nostalgia for secured grounds. The overcoming of metaphysics may come about only "out of or based on" "be-ing itself"; it demands a way of thinking that shuns finding "refuge" in (recourse to) "beings"[15] and thus becoming free for the "experience of be-ing."[16]

One is compelled to wonder how does thinking become an "experience of be-ing." *Beiträge* makes clear the unique nature of Heidegger's thinking; it leads to and requires a greater sensitivity about the "two spellings" of the word "being," i.e., in German *"Sein"* (being) and *"Seyn"* (be-ing),[17] ultimately about the "matter" and essence of thinking. According to W. Richardson's expression, there is a "new kind of thinking" at work here that reexperiences "thought in its very origins *(Anfang)*."[18] Heidegger's recently published *Besinnung* (GA 66) opens up

---

[12] W. J. Richardson, "Heidegger's Fall," in PTED, pp. 281, 282, 283, 291, 296; see also Richardson's "Dasein and the Ground of Negativity: A Note on the Fourth Movement in the *Beiträge*-Symphony," in *Heidegger Studies*, vol. 7 (1993), 50, 51.

[13] GA 69, p. 30.

[14] *Beiträge zur Philosophie (Vom Ereignis)* (GA 65), p. 8 (hereafter: GA 65).

[15] GA 69, p. 131.

[16] GA 69, p. 170; see also GA 66, p. 50.

[17] George Kovacs, "An Invitation to Think through and with Heidegger's *Beiträge zur Philosopohie*," *Heidegger Studies*, vol. 12 (1996), 30-33.

the realm of be-ing-historical thinking, the clearing of be-ing as *Ereignis;* it can function as lasting resource for contending with Heidegger's thought. However, one may be inclined to despair when noticing Heidegger's remark in his most recently published *Die Geschichte des Seyns* (GA 69) that the two just-mentioned works *(Beiträge* and *Besinnung)* are "preparatory" in nature *(Vorarbeiten),* and that the lecture courses are "elucidations" *(Erläuterungen)* that come from "outside" and are tinted by the "still common" way of thinking.[19] In the lecture courses, as he explains, the "essential" still remains necessarily "locked up" *(versperrt),* something to be surmised. Thus, he seems to suggest that what the lecture courses say *(Sage),* i.e., their "utterance",[20] and the way they say it, i.e., "their saying" *(ihr Sagen),* cannot be enacted based on be-ing; what they say and their way of saying "only lead towards" be-ing.[21] These indications ought to encourage the exploration of Heidegger's "ways" and "works" as a whole; they pave the way to the "new style" *(der neue Stil)* of thinking as "reserve in the truth of be-ing," to the "saying of silence" *(das Sagen des Erschweigens).*[22]

According to *Einleitung in die Philosophie,* philosophical thinking belongs to human existence as a "finite possibility of a finite being," as the transcendence of Dasein in its concern with being, as a basic disposition (GA 27/3, 25, 219). Dasein's transcendence accounts for the possibility of ontological and not just ontic truth (GA 27/210). This lecture course (GA 27) was intended to elaborate the following three questions: What is the relationship of philosophy to science? (first part); What is the relationship of philosophy to worldview? (second part); What is the relationship of philosophy to history? (third part) (GA 27/10). The first part was accomplished according to the original plan; the second part was significantly expanded by an in-depth exploration of the concept of world in Kant, while the third part was left undone.

The first part explores the essence of science and the difference between science and philosophy based on the original essence of truth as unconcealment *(Unverborgenheit).* The positivity of science and its truth are grounded in transcendence as the basic constitution of Dasein (GA 27/183-184, 212-215), in its role of letting beings manifest themselves as they are. Science needs Dasein's transcendence to world, to being; ontological projection (comprehension) grounds scientific comportment with beings in a delimited field. Thus science is knowledge of beings, not of beings in the whole *(das Seiende im Ganzen),* not of being; the relative

---

[18] W. Richardson, "Dasein and the Ground of Negativity: A Note on the Fourth Movement of the *Beiträge*-Symphony," 36.

[19] GA 69, p. 173.

[20] W. Richardson renders Heidegger's *"Sagen"* as "uttering" and *"Sage"* as "utterance" in his *Heidegger: Through Phenomenology to Thought,* p. 496 (footnote 14).

[21] GA 69, p. 173; see also Heidegger's "Ein Rückblick auf den Weg," in GA 66, pp. 420-423, 427.

[22] GA 66, p. 427.

scientific knowledge of beings is limited (surrounded) by the "obscurity" *(Dunkel)* of the comprehension of being (GA 27/212, 213). Comprehension of being takes place in transcending as the basic structure (essence) of Dasein, i.e., in philosophizing (GA 27/211, 213, 214-224); comprehension of being "precedes" experience of beings (GA 27/191, 192, 193). This part of the lecture course includes an enlightening analysis of the *"Da"* (t/here) of Dasein (GA 27, 132-137) and a description of Dasein's being-with-others and of its being-at (alongside) other beings, thus dispelling any pretext for interpreting (misapprehending) Dasein as subject (GA 27/137-142). Dasein is not an isolated subject, not subject at all; it is essentially being-with, being-with-each-other or being-together *(Mit-sein, Miteinander, Miteinandersein)* (GA 27/138, 139, 141, 146, 148). The I-Thou relationship and the sexual relationship are rooted in the dialogical or being-with constitution of Dasein and not the other way around (GA 27/87, 145, 146).[23] The being-with structure of Dasein renders possible and grounds human community and society (GA 27/141); it also becomes the source of ethical reflection on human existence, on Dasein as being-in-the-world with others (GA 27/118, 137, 138).

The second part of the lecture course explores the nature of worldview and the relationship between philosophy and worldview based on Dasein's being-in-the-world, on the understanding of transcendence, and on the comprehension of being. This part includes a phenomenological analysis of the nature and types of worldview from the vantage point of the comprehension of being and truth, an examination of the notion of world, and a helpful discussion of Kant's concept of world and of his way of thinking. In light of Heidegger's claim that worldview is a "necessary ingredient" of being-in-the-world, of transcendence, he is able to show that Dasein is delivered to the "play of the comprehension of being," that its comportment in the midst of beings is not a matter of indifference for it (GA 27/324-327). Worldview is Dasein's way of "holding itself" in the world, a way of being at the play of the overwhelming power of beings; thus Dasein is projected into its possibilities (GA 27/337W341, 342). Based on the analysis of the insecurity *(Ungeborgenheit)* and instability *(Haltlosigkeit;* unsteadiness) of Dasein, according to Heidegger's claim, there are two possible alternative worldviews (each one having its own deficient modalities): (a) worldview as sheltering *(Bergung)* or securing (i.e., myth and religion), a form of surrendering to the might of beings and thus a way of finding security in beings as might (GA 27/357-362); (b) worldview as attitude *(Haltung),* as Dasein gaining foothold in the world (GA 27/366-371, 381, 396; see also 206). Philosophy, then, as Heidegger concludes, is worldview in this (later, "b") special, distinguished sense; it is a letting-to-come of transcendence (of being-in-the-world) as freedom, a basic disposition of human existence in facing the world by a freely chosen attitude of Dasein (GA 27/380, 381, 389, 396, 399). Thus the question of being is at stake in taking an attitude toward

---

[23] See also Heidegger's *Metaphysische Anfangsgründe der Logik im Ausgang von Leibniz* (last lecture course at Marburg, Summer Semester, 1928) (GA 26), pp. 241, 245.

the world and in Dasein's way of being-in-the-world; there is a movement (play) of transcendence in all this from beings to being (GA 27/380, 381, 382). Philosophizing, then, belongs to Dasein not in the general sense, i. e., as something that is included in the very nature of Dasein, but in the sense that philosophizing originates in the mode of existence that is determined by taking an attitude (GA 27/ 399; see also 397, 398, 401). Philosophy has its source of origin *(Ursprung)* in, comes out of, myth as its primal beginning; i. e., worldview as attitude originates from myth as sheltering, from reawakening the question of being (GA 27/383). Philosophy as basic attitude, however, is neither the thematic "construction" *(Aufbau)* nor the "proclamation" of a worldview but, as Heidegger hastens to add, the "letting-to-occur *(Geschehenlassen)* of transcendence out of its ground" (GA 27/397). To philosophize means to cultivate *(Ausbilden)* the "transcendence of Dasein" as "freedom" (GA 27/398). Philosophy, then, is the clarification of the way (of "how") truth belongs to Dasein, that is, of Dasein as the "place" *(Ort)* of the "original essence of truth" as unconcealment (GA 27/103, 155).

What, then, is the function or where is the place of Dasein in rethinking the question of being? What are the difficulties and hazards that come about in dealing with the question of being? It seems that many of these difficulties and hazards are endemic to the very attempt to think being. According to Heidegger's analysis of Dasein's transcendence, there is a certain fragility of Dasein in "going over" to beings, to the world, in its concern with being, and even in being-together with others. Dasein's freedom to transcend means venturing beyond, experiencing the unsecured sense of its "to be." This freedom may be detoured or tinted by the power to secure and to master; it may become the instrument of mastering beings, others, the world, and ultimately being. Thus Dasein runs the risk of becoming (and thought of as) subject, falling back into accustomed self-certainty in the very course of reaching out. Dasein's relationship to being ought to be thought of as having its ground in being's relation to it (to Dasein); otherwise Dasein becomes the place of ontic truth, not the disclosure of the truth of being. The awakening of the sense of transcendence "in us" is not the search for something constant, for final ground or eternity; it is the beginning of the contention between the swaying power of beings and the play of the "comprehension of being" (GA 27/324-328, 337-342). For Heidegger, the question of being is not at all a search for presence, for fixed place or ground; it is the sense of wonder, anxiety, and questioning about the very movement of "going beyond." Thus thinking being means pondering the radicalness of the ontological difference; it becomes attuned to the disclosure of being, the many ways of the essential unfolding of be-ing (as *Beiträge* indicates). Philosophical thinking cannot be reduced, in spite of the "fragility" of Dasein, to scientific cognition or literary and mythological imagination. Heidegger's very idea of essential thinking defies (pre)fixed procedures; its main hazard consists in being mistaken for "mystical" leanings and aphoristic or "poetic" simplification. Dasein as being-in-the-world relates to others; it is exposed to life in the polis, to the claims of worldviews and ideologies. The experience of thinking and thus the thinking of being (and that of be-ing) take place in a given culture, in time-play-space. Thinking is more than questioning; it becomes attunement to the truth of the sense of "to be," of the "is," the opening up of thought in reserve in the sense of wonder and even as joy about be-ing (as *Beiträge* and Heidegger's later writings indicate). According to Heidegger's lecture *"Was ist das – die Philosophie?"* (given in 1955), philosophy is the attempt to "listen to the voice *(Stimme)* of being."[24] This "listening" includes the attention to the "intimation *(Zuspruch)* of being" in the tradition.[25]

II.

W. J. Richardson's pioneering study of Heidegger, though clearly distinguishing between an earlier (Heidegger I) and a later (Heidegger II) phase in his way of thinking, culminates with the claim that "Heidegger I and Heidegger II are not the same, but they are one."[26] This is a clear recognition of the unity and continuity of Heidegger's thought. The grasping of this unity and continuity has a bearing not only on understanding the history or moves of his way of thinking but also, and quite radically, on discerning his primal experience of being as the original "matter" and source of his thought. Richardson's distinction regarding the "two Heideggers," especially in light of its evaluative acknowledgment and interpretation by Heidegger in his "Preface" to Richardson's magnum opus,[27] should be understood as a helpful indication of Heidegger's way of thinking, as calling attention to the abiding of thought seeking and bringing into language this (its) primal source. The "distinction" between the "two Heidegger's," according to Richardson's clarification in his response to P. Emad's questioning of its significance based on Heidegger's *Beiträge*,[28] is the affirmation of the unity and continuity of Heidegger's thought, not the fragmentation of it. It reflects an understanding of the "turn" in Heidegger's thinking. Thinking in Heidegger, as well as in Richardson's contention with it, is on the way to and from its primal origin; it is always underway. It is in this context, then, that Richardson "ends" his explanation of the "two Heideggers" and qualifies his thesis (due to a presentiment that it may fall apart in the hands of others?) by the reminder that "Heidegger II is *more original than*

---

[24] *Was ist das – die Philosophie?* (text of his lecture given in 1955), 4th ed. (Pfullingen: Neske, 1966), p. 28; see also pp. 23, 24 (hereafter: WP).
[25] WP, pp. 21, 22, 23.
[26] W. Richardson, *Heidegger: Through Phenomenology to Thought*, p. 628; see also p. 625.
[27] M. Heidegger, "Preface," in W. Richardson, *Heidegger: Through Phenomenology to Thought*, p. xxii.
[28] Parvis Emad, "'Heidegger I,' 'Heidegger II,' and *Beiträge zur Philosophie (Vom Ereignis),*" in PTED, pp. 129-146. For Richardson's response to Emad's essay, see Richardson's "From Phenomenology Through Thought to a *Festschrift:* A Response," *Heidegger Studies*, vol. 13 (1997), 17-28.

*Heidegger I,"* and by intimating (or rather stating as obvious) that "there is some hidden power still *more original than Heidegger II* which gives rise to both I and II."[29] He calls this "primordial source" or primal depth the "Ur-Heidegger," thus identifying and "locating" the primal, original thought of the thinker of being and thinking.[30]

Is it the case that these final insights might have fallen on deaf ears or became misunderstood? Were they rather "obvious" only to Richardson?[31] Did the idea at stake here or its language become outdated? Did this letting-go of all secured grounds, even the final letting-go of the "two" markings on a journey of thought (ultimately the suggestion of an "Ur-Heidegger"), become too frightening? The thought of some hidden, "more original" power or the idea of groundless ground surmised in "just" being under-way may appear as something too much to bear. These concerns relate to what Heidegger himself called the recognition of "an almost insupportable difficulty in making oneself understood" as part of the experience and of the entire question of being.[32]

How does it stand with Heidegger in recent scholarship? In spite of its distinguished progress impelled surely in the United States by W. Richardson's work, it is legitimate to wonder about its occasional "fatigues" or even about some signs of its stagnation. It may be advantageous to unleash a little Socratic irony on the inquisitorial and prosecutorial expropriations of Heidegger's "ways" and ambitions in raising the question of being. A look at the Richardson *Festschrift* (PTED) may be a good venture in this direction.

Babette Babich brings together a representative set of essays (PTED) that mirror the depth and ramifications of Heidegger's thought; it exposes, perhaps involuntarily, the plays and distortions of (in) the "mirroring" as well.

Charles Scott's contribution to PTED rightly credits Richardson with having recognized very early the uniqueness of Heidegger's thought and with looking for a "truth" in it (PTED, pp. 231, 233). At the same time, however, Scott attributes to Richardson less sensitivity to Heidegger as "furthering a self-overturning of major portions of Western philosophical and religious thought" (PTED, p. 231). Thus, according to Scott's assessment, Richardson sees the uniqueness of Heidegger's thinking without grasping or appropriating its subversive potential. This claim does not capture the depth of Richardson's work with Heidegger; however, it constitutes a genuine double gesture, i.e., a recognition and a critical disposition. This

---

[29] W. Richardson, *Heidegger: Through Phenomenology to Thought,* pp. 632, 633.

[30] W. Richardson, *Heidegger: Through Phenomenology to Thought,* p. 633; see also Richardson's reflection on this concluding insight in his "From Phenomenology Through Thought to a *Festschrift: A Response,"* 24, 25.

[31] W. Richardson, "From Phenomenology Through Thought to a *Festschrift:* A Response," 25.

[32] M. Heidegger, "Preface," in W. Richardson, *Heidegger: Through Phenomenology to Thought,* p. viii.

double gesture is quite "telling" and significant because both of them (i.e., Richardson and Scott) equally acknowledge that there is in Heidegger an excess of thought and language in relation to the "intentions and scope" of his (Heidegger's) own work (PTED, p. 231). The claim underplaying Richardson's attention to the subversive and overturning movements in Heidegger's thought is questionable in light of his exploration of the nature, originality, and radicality of Heidegger's way of thinking. In his response to P. Emad's reassessment of the distinction between the "tow Heideggers" in light of *Beiträge*,[33] Richardson reclaims the "heuristic" value of this distinction in making sense of the "turn" and of the many twists and moves of Heidegger's way of thinking.[34] In fact this reclaiming represents his selective but well-targeted response to the *Festschrift* under discussion. Richardson recognized the uniqueness (including the unity and continuity) of Heidegger's thought and its over-turning moves, as well as its original language. He leads to and is engaged in a serious dialogue with Heidegger's experience of thinking.

There is a double gesture at play here toward Richardson's work as well as toward Heidegger's thought; it shows the nature and depth of scholarship, the attempt to let the issue at hand to become what it really is with all the interplay between agreement and contention. The three recognized authors (Scott, Richardson, and Emad) referred to above (a modest sample out of the thirty-nine contributors to PTED) are engaged in thoughtful contention *(Auseinandersetzung)* with essential questions and with each other. Double gesture, however, loses its worth when it is only "formally" or "rhetorically" so, i.e., double. This occurs when it becomes a play of mere ambiguities, or even more astutely, a cover for advancing one side of the "doublet" as an already pre-fixed disposition, when the "interplay" of thought amounts to "riding roughshod over philosophical texts,"[35] or to a "polemical hermeneutics,"[36] or to a "wishful reading" based on pregiven "desiderata" and "agenda."[37] What is at stake in these "readings" is the stagnation of thinking; they tend to render philosophy "something laughable" and to contribute to the cultural marginalization of philosophy itself whereby "the dignity of philosophy is trodden into the dust."[38] The way out of the preset projectionist method becomes feasible by listening to and contending with what Heidegger really meant

---

[33] Parvis Emad, "'Heidegger I,' 'Heidegger II,' and *Beiträge zur Philosophie (Vom Ereignis),*" in PTED, pp. 129-146.

[34] W. Richardson, "From Phenomenology Through Thought to a *Festschrift:* A Response," 25, 27.

[35] Pascal David, "New Crusades Against Heidegger: On Riding Roughshod over Philosophical Texts (Part One)," *Heidegger Studies,* vol. 13 (1997), 69-92.

[36] George Kovacs, "On Heidegger's Silence," *Heidegger Studies,* vol. 5 (1989), 148; see also 145, 151.

[37] George Kovacs, "An Invitation to Think through and with Heidegger's *Beiträge zur Philosophie,"* 36, 45; see also 24.

[38] F. Nietzsche, *Schopenhauer as Educator,* transl. by J. W. Hillesheim and M. R. Simpson (South Bend, Indiana: Gateway Editions, 1965) pp. 108, 109.

to say and claim.[39] Scholarly labor ought to recognize the need to rethink the very idea of thinking; it ought to emulate "essential thinking."[40]

Misconceptions about and distortions of Heidegger's ideas are not limited to some of his tenets regarding being, Dasein, thinking, truth, fallennes, and the question of God; they include assertions about the political and ethical dimensions of his way of thinking. The understanding and assessment of his final view of the history of philosophy, and thus of his relation to metaphysics, are incomplete. The exploration of Heidegger's attitude toward metaphysics is indispensable for grasping the historical nature of the very question of being (as well as of be-ing), for understanding the interplay *(Zuspiel)* between metaphysical thinking and essential thinking, as well as for relating his thought to other traditions and to the diverse fields of knowledge (e.g., psychology, psychiatry). The significance of many of his ideas for these "other fields" is well demonstrated by the range of essays included in PTED. These undertakings fulfill Heidegger's hope that his insights would not get stuck in the "parlors of philosophers," that they would contribute to the "humanization of our world."[41]

According to the opening remarks in his *Beiträge,* Heidegger does not intend to make a "contribution" to "contemporary philosophy"; he is merely attempting to elaborate the thought of be-ing as *Ereignis* in fact apart from or precisely outside of the thoughtlessness of these times, of "today."[42] Thus D. Kolb rightly wonders whether Heidegger does have anything to contribute to contemporary philosophy "except to point towards its end," whether he may contribute anything at all to Anglo-American-European analytic philosophy.[43] Kolb claims to find a common ground for dialogue, even agreement, between the analytic tradition and (especially) the later (!) Heidegger in the idea that thinking (philosophizing) is more than questioning (i.e., attacking and defending positions), that thinking is rather listening to what addresses the thinker. Heidegger interprets the essence of philosophy (as well as thinking) as listening to the voice and intimation of being. Kolb, in turn, seems to find in these and related ideas some "pure address" *(Zusage)* or "pure *Ereignis*", a "phenomenological Neoplatonism."[44] He seems to see some measure of "intellectual imperialism" in Heidegger's interpretation of the tradition, e.g., in his propensity to "find everywhere traces of the original pre-metaphy-

---

[39] W. Richardson, "Heidegger's Fall," in PTED, pp. 281, 282, and *passim.*

[40] GA 65, pp. 18, 19; George Kovacs, "The Power of Essential Thinking in Heidegger's *Beiträge zur Philosophie (Vom Ereignis),"* in PTED, pp. 39, 41, 45, 46, 47.

[41] Medard Boss, "Vorwort," in M. Heidegger, *Zollikoner Seminare: Protokolle, Gespräche, Briefe,* edited by Medard Boss (Frankfurt am Main: Klostermann, 1987), pp. x, xvi.

[42] GA 65, pp. 3, 18.

[43] Davis Kolb, "Raising Atlantis: The Later Heidegger and Contemporary Philosophy," PTED, p. 55.

[44] *Ibid.,* p. 61.

sical call to the Greeks."[45] Kolb's comparison and assessment are inaccurate and inadequate. Questioning for Heidegger is clearly not the same as for analytic philosophy, as attacking and defending positions. Questioning, for Heidegger, is the hallmark, the "devotion of thinking"[46]; it includes rethinking the very nature of thinking, and dialogue with the tradition as an experience of thinking. Heidegger's critique of the sway of "logic" and assessment of scientific cognition likewise have a bearing on these issues. For Heidegger, the idea of listening does not preempt questioning; it is neither mystical experience nor Platonic intuition, but openness to the beckoning of be-ing, to be-ing that "gives" itself to thought. As section 110 of his *Beiträge*[47] clearly demonstrates, Heidegger attempts to think entirely otherwise than Platonism, idealism and essentialism; he is engaged in a positive confrontation with the tradition. Is Kolb's view, then, an analytic-philosophical reading of Heidegger's thought, a metamorphosis of the later Heidegger into an essentialist? It is not difficult to discern in this attempt at "mediation" a metaphysical reductionism of Heidegger's thought, as well as instances of distortions of his understanding and retrieval of the history of philosophy. According to his *Einleitung in die Philosophie* (GA 27), we philosophize with the history of philosophy; "living philosophizing" is "philosophizing-with" *(Mitphilosophieren)*, a dialogue with the tradition, and thus something "beyond the old and the new" (GA 27/224). His *Einführung in die phänomenologische Forschung* (GA 17) amply demonstrates his methodical, careful, critical, "positive" and open-minded reading (interpretation) of Aristotle, Aquinas, Descartes, and Husserl.[48] The idea of listening, for Heidegger, includes "listening to being" (and to be-ing); its appropriation for exploring and rethinking the nature and art of thinking ought to pay more attention to the idea of "releasement" *(Gelassenheit)* in Heidegger as well as in Meister Eckhart. Friedrich-Wilhelm von Herrmann's essay and Babette E. Babich's study, included in PTED, explore this dimension of Heidegger's way of thinking (PTED, pp 115-127; 589-599).

### III.

Giving accurate information about and striving for a balanced, objective presentation of a thinker's ideas belong to the realm of scholarly responsibility. The entry on Heidegger in the recent edition of *Dictionary of Philosophy and Religion* states that "During Hitler's ascendancy Heidegger accepted the Rektorat of the University of Freiburg, praising Hitler in his inaugural address" (R., p. 291). This account of Heidegger's rectorial address ("Die Selbstbehauptung der Deutschen Universi-

---

[45] *Ibid.*, p. 64.
[46] Martin Heidegger, *Die Technik und die Kehre* (Pfullingen: Neske, 1962), p. 36.
[47] GA 65, pp. 208-222.
[48] *Einführung in die phänomenologische Forschung* (first lecture course at Marburg, Winter Semester, 1923-1924) (GA 17), see, e.g., pp. 270-290 (on Husserl's neglect of the question of being).

tät," given on May 27, 1933) is erroneous and misleading. This address does not mention Hitler at all; there is no evidence of praise of Hitler in this text. In fact it does have a clear philosophical content in spite of its exhortatory and, in part, "ideological" tonality regarding the task of the German university. The same entry wrongly indicates Heidegger's year of birth as 1884; it is 1889. A. Beelmann's *Heimat als Daseinsmetapher* (Be) and R. Brandner's *Warum Heidegger keine Ethik geschrieben hat* (Br) contain interesting reflections on aspects of Heidegger's thought in clear language. However, they merely seem to restate in a simplified version some one-sided, inaccurate accounts of what he claimed and stood for as a philosopher. M.-R. Nikfar's *Die Erörterung des Satzes vom Grund bei Heidegger* claims to show that the idea of ground and the concept of being in Heidegger (especially at the "turn"), thus his thought, ought to be understood as "mysticism" (N, p. 349), and that he is a "vain prophet" and "provincial" in his entire way of thinking (N, pp. 396-401). Nikfar seems to grasp neither the idea of being nor the nature of thinking in Heidegger.

According to E. Fräntzki's *Daseinsontologie* (F), though Heidegger himself brought into view what is to be thought, i.e., the phenomena of Dasein and its "t/here" *(Da)* as the "t/here" *(Da)* of "being" *(Sein)*, he was not successful in properly thinking it through. This polemic study intends to be the *"fulfillment* and *truth* of Heidegger's thinking"* (F, p. 16). Fräntzki also wants to bring into "proper light" Heidegger's relation (opposition) to National Socialism, to its "will to power" and "enframing" (F, pp. 19, 20). He regards Heidegger's thinking of being as still bound (tied) to the "structure of traditional metaphysics" (F, p. 127); he views even the later Heidegger's notion of the "open" as a thing-like concept (F, pp. 372; see also 367, 369). His assessment of Habermas' polemic against Heidegger (F, pp. 56-66) and his claim that Gadamer "eliminates" Heideggerian ontology (F, pp. 67-83) are worthy of attention. H. Boeder's *Seditions* (B) renders accessible in English his well-known explorations of Heidegger's thought at the "limit of modernity" and his project to think after Heidegger (B, pp. 209, 198, 296, 299); it contributes to the debate, even if or rather because Heidegger may not have regarded Boeder as "one of his disciples."[49]

*Heidegger and Aristotle: The Question of Being* by T. Sadler (S) is a helpful basic introduction to Heidegger's thought, as well as a first step into the exploration of the relationship between the two thinkers. This work does have the potential to bring to an end the "almost complete silence on Heidegger amongst Anglo-American Aristotle scholars" (S, p. 22). Sadler disagrees with the simple thesis that Heidegger "appropriates Aristotle's practical philosophy"; however, he supports the claim that Heidegger found "beneficial" its methodological aspects (hermeneutics) (S, pp. 13, 14, 149). He also calls into question some deconstructionist

---

[49] Heribert Boeder, "Heideggers Vermächtnis: Zur Unterscheidung der Aletheia," in *Die Frage nach der Wahrheit* (Schriftenreihe der Martin-Heidegger-Gesellschaft Bd. 4), edited by Ewald Richter (Frankfurt am Main: Klostermann, 1997), p. 108.

readings of Heidegger's early thought (S, pp. 152-155). His perception of the question of being in the later Heidegger and of its connection with the analysis of Dasein remains problematic (S, p. 195). However, his remarks on the relation of the question of being to the religious traditions are balanced and enlightening (S, pp. 172-181).

S. Sikka and H. Helting prepare the ground for a deeper and more comprehensive way of grasping some issues raised by Heidegger's thinking, as well as for a creative assessment of his relation to the mystical tradition and to the history of metaphysics. S. Sikka's *Forms of Transcendence: Heidegger and Medieval Mystical Theology* (Si) represents neither a survey of ideas nor a mere narrative of comparisons; it confronts Heidegger's thought on transcendence, being, and the question of God with teachings of the great mystics (S. Bonaventure, Meister Eckhart, Johannes Tauler, and Jan van Ruusbroec) on transcendence to God and being. The unearthing of identities of contents and the discernment of similarities of structures do not abolish the differences between the two divergent perspectives; they lead, much rather, to a better understanding of their differences as well as to a lucid critique of Heidegger's interpretation of the metaphysical tradition. This serious study calls into question Heidegger's claim that being (in his sense) cannot be called (identified with) God; however, its main accomplishment may be that it clearly demonstrates that we ought to rethink the very idea of God (its full sense and range) (Si, pp. 265-277). In the final analysis, for Heidegger, the sense of primordial transcendence is "ontological and not theological (religious)."[50] His *Bei-träge* clearly refuses any identification of be-ing as *Ereignis* with God.[51] H. Helting's *Heidegger und Meister Eckehart* rightly recognizes the "problematic relation" between the thought of *Ereignis* and the idea of God (H, pp. 47, 49). This textually-based study deepens the understanding of what Eckhart and Heidegger have in common; it is quite powerful, at the same time, it puts in a sharper focus the basic differences between Eckhart and Heidegger regarding the idea of God. Helting is quite attentive to these differences, as well as to the "correlation of Dasein and be-ing" (H, p. 49; see also 50-56). These considerations reflect an awareness of the difficulties of reintegrating the concept of God into the idea of be-ing in light of teachings of Eckhart and the thought of (the later) Heidegger.

According to S. Bohlen's *Die Übermacht des Seins,* the assessment of human being's relation to nature, a basic question for our times, belongs to the main concerns of Heidegger's journey of thought. The unbridled power of human being over beings in the whole takes its revenge on human being; it solidifies the experience of beings in their uprootedness from being, from nature, and thus embodies the metaphysical interpretation of being. Based on Heidegger's interpretation of Hölderlin, on Heidegger's *Beiträge,* and on her study of Hölderlin, Bohlen shows

---

[50] George Kovacs, *The Question of God in Heidegger's Phenomenology* (Evanston, Illinois: Northwestern University Press, 1990), p. 220.

[51] GA 65, pp. 413, 409; see also GA 13, pp. 436, 437.

that Heidegger's being-historical thinking is at stake here, that his philosophy recovers the root of beings in nature. These meditations open up the question of the holy, the sense of the passage of the "last God" (Bo, p. 226); they clarify the notion of transcendence and the experience of being. Bohlen unearths the interplay between the claims of the thinker and the insights of the poet. She brings into focus the ethical and religious dimensions of Heidegger's thought.

The idea of ground and the experience of groundlessness, ultimately the letting-go of all grounds, are basic elements of Heidegger's experience of the question of being; they document and manifest his way of thinking between the "two inceptions" of the history of being, his "going over" to an entirely other than metaphysical way of thinking. The idea of "grounding" is a central issue in thinking the *Ereignis*-characteristic of be-ing, in thinking the essential unfolding of be-ing, i.e., be-ing itself. This is the main theme of "The Grounding" *(Die Gründung)*, of the fourth "joining" or movement of the order of thinking in the *Beiträge*. D. Neu's *Die Notwendigkeit der Gründung im Zeitalter der Dekonstruktion* (N) is a serious attempt to explore what this thought-provoking and difficult text is "saying." D. Neu traces the "change" from the transcendental-horizontal determination of ground to the be-ing-historical grounding of the truth of be-ing. She explores all the six "joinings" (parts) of *Beiträge* with special attention to the grounding ("The Grounding") and sheltering *(Bergung)* of the truth of be-ing. The last portion of her study consists in a review of Heidegger's thought in light of Derridean deconstruction. She, perhaps hastily, seems to discern some "utopia" in Heidegger's thought (N, p. 378). Her examination of *Beiträge* will have to be taken into account in further explorations of the questions raised by S. Sikka, H. Helting, and S. Bohlen. All these (all the four) authors work quite thoughtfully with Heidegger's admittedly most difficult "book." However, it should be asked whether D. Neu alters (fore-grasps) the nature and the depth of the venture into *Beiträge* in privileging deconstruction, and in declaring and proclaiming our age (our times) in the very title of her work as the "age of deconstruction." Is this "set of strategies" or "wisdom" (i.e., deconstruction) indeed the "great thought" or the defining "event" of our times, of this century at its end? Is there anything "else" or rather something "other" that comes (or at least might come) to mind?

## IV.

The above reflections on the nature and diversity of studies on Heidegger lead to the conclusion that it is feasible to see through the boundaries and current state of research and scholarship to their open possibilities; there will continue to be many scholars interested in pursuing serious work with the Heidegger corpus in spite of the difficulties and hazards that come with it. According to Heidegger's remark in his *Einleitung in die Philosophie,* in science a given discovery could have been made eventually by someone else than its credited author; this is not the case in philosophy, where there are no "doublets" but "uniqueness" and "originality" of the thought of a thinker (GA 27, pp. 5, 226). What is at stake, then, in Heidegger research and scholarship is nothing less than the destiny and future of the uniqueness of his thought.

# Anmerkungen zu drei Studien über das Ende der Kunst

Peter Trawny

Günter Seubold: Kunst als Enteignis. Heideggers Weg zu einer nicht mehr metaphysischen Kunst. 144 S. Bouvier Verlag, Bonn 1996; ISBN 3-416-02641-1, DM 44,–

Arthur C. Danto: Kunst nach dem Ende der Kunst *[Beyond the Brillo Box: The visual Arts in Post-historical Perspective]*. Aus dem Englischen übersetzt von Christine Spelsberg. 300 S. Wilhelm Fink Verlag, München 1996; ISBN 3-7705-3046-2, DM 48,–

Ders.: After the End of Art: Contemporary Art and the Pale of History. 239 S. Princeton University Press, Princeton, New Jersey 1997; ISBN 0-691-01173-7

Seubolds Studie beabsichtigt, Heideggers späte fragmentarischen Erläuterungen zur Malerei Cézannes und Klees sowie zur ostasiatischen Kunst zu deuten, indem sie versucht, jene Erläuterungen im Spielraum der späteren und spätesten Philosophie des Denkers zu verorten. Dabei geht Seubold davon aus, daß Heideggers frühere Abhandlung über den „Ursprung des Kunstwerkes"[1] einen Ort markiere, den Heideggers weghaftes Denken auf seinem weiteren Gang verlassen habe, um in ein anderes Denken der Kunst einzukehren.

Die Studie hebt dort an, wo gegenwärtig jede philosophische Auseinandersetzung mit der Kunst offenbar zu beginnen hat. Sie wiederholt Hegels Gedanken vom „Ende der Kunst" und stellt dar, inwiefern Heidegger ihr ent- und widerspricht. Seubold zeigt, daß Heidegger sich dem Gedanken Hegels zuwendet, ohne doch dessen weitreichende Einfügung und Verstrebung im Hegelschen System nachzuspüren. Zudem führt Seubold aus, wie Heidegger einzig in seinen Anmerkungen zur Musik Wagners, auf die er im Rahmen seiner Nietzsche-Vorlesungen zu sprechen kommt, versucht, Hegels Gedanken kleinzügiger nachzuvollziehen und echte Merkmale für das „Ende der Kunst" zu Wort zu bringen. Heidegger habe aber dabei versäumt, auf dem Grund von „ästhetischen Kriterien" (21) zu argumentieren. Eine „klare Präferierung der Sprach-Kunst" (18) habe Heidegger die Möglichkeit verbaut, den Wagnerschen Kunstwerken besser zu entsprechen, um an ihnen das Ende der Kunst erweisen zu können. Solche „ästhetischen Kriterien" hätten Heideggers Überlegungen zum Endwesen der Kunst das notwendige Interpretationsfundament geben können. Ohne sie, so darf Seubolds Einwand verstanden werden, bleibe Heideggers Äußerung über Wagner zu allgemein. Dieser Einwand, daß dem Heideggerschen Denken der Kunst „ästhetische Kriterien"

---

[1] Martin Heidegger: Der Ursprung des Kunstwerkes. In: Holzwege (GA 5), S. 1-74.

fehlen, wird im weiteren Verlauf der Studie sehr häufig erhoben. Es wird nötig sein, ihn genauer zu bedenken.

Nach Seubold „radikalisiere" und „nivelliere" Heidegger Hegels Gedanken. Er „radikalisiere" ihn, indem er dem Gedanken vom „Ende der Kunst" die Einsicht in das Ende der metaphysisch-wissenschaftlichen Philosophie an die Seite stellt. Er „nivelliere" ihn, indem Heidegger es nach wie vor für möglich gehalten habe, daß es eine geschichtlich bedeutsame Kunst noch gäbe oder wieder geben werde. An dieser Aussicht habe Heidegger festgehalten, obgleich er die völlige „Auflösung" und die totale „Erschöpfung" der Kunst im „Ge-stell" beschrieben habe. Doch was Heidegger bezüglich der „Erschöpfung" der Philosophie in der Vollendung der Metaphysik eindringlich zu zeigen gelungen sei, mißlinge ihm nach Seubold hinsichtlich der Kunst. Ihre „Erschöpfung" werde nicht erwiesen, sondern lediglich behauptet. Auch hier fehlten Heidegger, so Seubold, die entsprechenden „ästhetischen Kriterien", die „Erschöpfung" und „Auflösung" an den Phänomenen auszuweisen. Auch Heideggers Wink in ein „Ursprünglicheres als Kunst", in eine inniger zu bedenkende τέχνη[2] bleibe dunkel. Heidegger habe eine „*kunst-lose* Geschichte"[3] diagnostiziert, ohne doch eine eingehendere Untersuchung der Erscheinungen vorzunehmen.

Im zweiten Teil seiner Studie verhandelt Seubold die Möglichkeit, inwiefern Heidegger eine zweite größere Abhandlung zur Kunst, ein „Pendant" (ein Wort, das, wie Pöggeler bezeugt, Heidegger selbst verwendete) zum Kunstwerkaufsatz für notwendig erachtet und geplant habe. Um diese Möglichkeit auszuhorchen, ist Seubold angewiesen, die sogenannte „Pöggeler-von Herrmann-Kontroverse" zu besprechen. In diesem rücksichtsvoll geführten Streit geht es, grob gesagt, um die Frage, ob die Kunstwerkabhandlung die eigentliche Philosophie der Kunst Heideggers zur Darstellung bringe, welchen Gedanken von Herrmann favorisiert, oder ob Heidegger sie im weiteren Verlauf seines Denkens hinter sich gelassen und überwunden habe, um in einem gewandelten Denken der Kunst Stand zu nehmen, was Pöggeler annimmt. Seubold widerspricht Momenten beider Deutungen. Pöggeler irre, wenn er Heideggers Kunstwerkabhandlung eine Funktionalisierung der Kunst hinsichtlich der Seinsfrage unterstelle. Diese sei wesentlich auch für die Frage nach der Kunst. Außerdem befinde sich Heideggers Kunstwerkabhandlung nicht, wie Pöggeler bemerkt, auf einer „,romantischen' Position" . Heidegger habe nüchtern eine „*kunst-lose* Geschichte" betrachtet, was, nach Seubold, einer „,romantischen'" Sichtweise widerspreche. Von Herrmann täusche sich, wenn er verkenne, daß Heidegger sich vom Kunstwerkaufsatz distanziert habe. Allein die in der Gesamtausgabe zum Teil veröffentlichten Randbemerkungen aus den Handexemplaren des Kunstwerkaufsatzes bewiesen das. Die späteren Erörterungen zur Kunst

---

[2] Vgl. Martin Heidegger: Technik und Kunst – Ge-stell. In: Kunst und Technik. Gedächtnisschrift zum 100. Geburtstag von Martin Heidegger. Hrsg. von Walter Biemel und Friedrich-Wilhelm von Herrmann 1989, S. XIII.

[3] Martin Heidegger: Beiträge zur Philosophie (Vom Ereignis) (GA 65), S. 505.

Cézannes und Klees zeigten an, in welcher Weise dieses Abrücken zu verstehen sei. Das zentrale Argument jedoch, mit welchem Seubold jene Distanzierung zu begründen versucht, ist die Unterscheidung dreier „Phasen" im Denken Heideggers. Wie Seubold diese Unterscheidung denkt, muß hier eindringlich nachvollzogen und ermessen werden. Ihr wird späterhin der größte Teil der vorliegenden Besprechung zu widmen sein.

Im dritten Teil seiner Schrift untersucht Seubold Heideggers Verhältnis zur sogenannten „Moderne". Systematisch erwähnt Seubold alle von Heidegger angesprochenen Dichter, Architekten, Bildhauer, Maler und Komponisten, um mehr oder minder deutlich festzuhalten, daß sich Heidegger entweder mit „nichtmodernen" Kunstwerken beschäftigt oder an vermeintlich „modernen" Kunstwerken das „Moderne" als solches gar nicht bedacht habe. Was dabei als „Moderne" oder als „modern" gelten soll, wird allerdings von Seubold eher bloß vorausgesetzt. Eine Bedeutung der Begriffe wird keineswegs gegeben. Eine philosophische Befragung ihrer Wirklichkeit, ihrer Sinnfälligkeit für das Denken selbst bleibt aus.

Der vierte Teil endlich entfaltet Heideggers Auseinandersetzung mit der ostasiatischen Kunst, mit der Malerei Klees und Cézannes. Heidegger habe sich hinsichtlich der Kunst Ostasiens vor allem mit einer zenbuddhistisch geprägten Kunst befaßt. Er habe kaum das Wesenhafte dieser außereuropäischen Phänomene in den Blick bekommen, sondern vielmehr ihr Spezifisches durch eigene Gedanken verstellt – eine „eurozentristische" (nicht Seubolds Wort) Verfehlung, der Heidegger, nach Seubold, nicht ganz entkommen zu sein scheint. Wir stellen die Wiedergabe der Heideggerschen Klee- und Cézanne-Deutung im Verständnis Seubolds zunächst zurück. Sie ist von Wichtigkeit im Zusammenhang der Frage nach den drei „Phasen" des Heideggerschen Denkwegs.

Zwei Momente der Studie Seubolds sollen abschließend gesondert und ausführlicher bedacht werden. Zunächst soll das von Seubold wiederholt bemerkte und angemahnte Fehlen „ästhetischer Kriterien" im Denken Heideggers, sodann dessen Differenzierung in drei „Phasen" erwogen werden.

Seubold weiß, daß Heidegger in seinen Vorlesungen zum Denken Nietzsches und zur Dichtung Hölderlins Grundgedanken der abendländischen „Ästhetik" berücksichtigt hat. Aus diesen Auseinandersetzungen entsprang für Heidegger die Einsicht in die Notwendigkeit einer „Überwindung der Aesthetik"[4]. Dennoch hält Seubold an der Forderung „ästhetischer Kriterien" fest. Heidegger habe, so dürfen Seubolds Gedanken wohl ausgelegt werden, mit dem Abweis „ästhetischer Kategorien" zu viel aus der Hand gegeben. Der „Überwindung der Aesthetik" eigne eine Gewalt, die sich mit den subtilen Ansprüchen einer denkerischen Auseinandersetzung mit der Kunst und ihren Werken nicht gut vertrage. Für Seubold sind

---
[4] Vgl. meinen m. E. im Wesentlichen noch vertretbaren Aufsatz: Über die ontologische Differenz in der Kunst. Ein Rekonstruktionsversuch der „Überwindung der Aesthetik". Heidegger Studies. Volume 10 (1994), S. 207-221.

„ästhetische Kriterien" eine notwendige Bedingung zu einer entsprechenden Erfahrung der Kunst und ihrer philosophischen Auslegung. Seubold schreibt: „Das Einklagen ästhetischer Kriterien meint ja in diesem Zusammenhang [ostasiatischer Kunst, P. T.] nicht das Beugen der Kunst unter das Joch eines fixen und die Sache verunstaltenden wissenschaftlichen Methodenkanons, sondern meint allein das Eingehen auf die Sache, fordert allein die Einlösung des phänomenologischen Konkretionsangebotes. Nachdem sich wohl niemand mehr eine Wesensschau als genial-intuitiven Akt vorstellen kann, ist man kaum anders fähig zum Wesen zu gelangen als *durch* eine explizit durchgeführte Analyse *hindurch.*" (101) Dies sind die einzigen Sätze, mit denen Seubold seine Forderung „ästhetischer Kriterien" begründet. Was besagen sie? Sie beginnen mit dem Abweis eines wohl üblichen Verdachts. Wer Kunstwerke analysiere, das heißt auflöst, der vergehe sich am Künstlerischen, indem er dieses gleichsam in wissenschaftliche Schablonen zwänge. Dagegen aber gehe es „allein" um „die Sache", um die „Einlösung des phänomenologischen Konkretionsangebotes". Dies, wenn es etwas bedeutet, kann nur bedeuten, die Kunstwerke selbst zu beschreiben. Wie aber? Seubold wird nicht daran denken, daß es sich bei dieser Beschreibung um die Mitteilung einer irgendwie unmittelbaren Erfahrung handeln könne. Nein, die Erfahrung muß im vorhinein durch „ästhetische Kriterien" gefügt und geleitet sein. Diese aber erscheinen nicht von selbst. Woher entstammen die passenden „Kriterien", um zum Beispiel Kunstwerke der Gotik oder der „Moderne" zu beschreiben? Sie entstammen entweder der Wissenschaft der Kunstgeschichte[5] oder, das aber ist unwahrscheinlicher, dem Bereich der metaphysisch verfaßten „Ästhetik", also zum Beispiel dem Denken Kants oder Nietzsches oder anderer. Denn „ästhetische Kriterien" sind geschichtliche Phänomene. Die Verwissenschaftlichung aber, die Theoretisierung hat die Kunst nicht frei gelassen. Niemand vermag eine gotische Kathedrale oder ein Gemälde Mondrians entsprechend zu beschreiben, der nicht sich seine „Kriterien" aus dem kunsthistorischen, das heißt wissenschaftlichen Bereich entborgt. Besonders für die von Seubold gegen Heidegger in Anschlag gebrachte „Moderne" gilt, daß ihre Beschreibung einen enorm hohen Aufwand von Forschung voraussetzt. Demzufolge sind „ästhetische Kriterien" wissenschaftlich vermittelte Maßstäbe. Seubolds Forderung „ästhetischer Kriterien" ist eine Bestätigung des „wissenschaftlichen Methodenkanons". Da aber für Heidegger die in ihr Ende gelangende abendländische Metaphysik wesenhaft neuzeitlich-wissenschaftlich gegründet ist, ist die Entscheidung gegen das Historisch-Wissenschaftliche „ästhetischer Kriterien" notwendig. Wer ihr Fehlen im Heideggerschen Denken beklagt, der entzieht sich der philosophischen Entschiedenheit des Gedankens, der

---

[5] Seubold selbst bezieht sich andernorts auf die Analysen Boehms und Imdahls. Vgl. Günter Seubold: Das Ende der Kunst und der Paradigmenwechsel in der Ästhetik. Philosophische Untersuchungen zu Adorno, Heidegger und Gehlen in systematischer Absicht. Freiburg / München 1997, S. 235 ff. Bei diesen Wissenschaftlern handelt es sich ohne Frage um Meister ihres Faches – aber doch eben um Wissenschaftler. Die „Kriterien", die sie in Anschlag bringen, entspringen notwendig dem „wissenschaftlichen Diskurs".

das Zeitalter der Metaphysik zu verwinden sucht und der weiß, daß er beinahe Alles hinter sich zu lassen hat, um beinahe Alles anders zu bekommen. Wie eine Erfahrung der Kunst zu denken und zu beschreiben wäre, die sich vom „Ereignis" her empfinge, ist eine wichtige Frage.

Seubold unterteilt Heideggers Denken in drei Abschnitte. Der erste Abschnitt, die erste fundamentalontologische „Phase" reiche bis zum Jahre 1931. Der Zeitraum von 1931 bis 1936, die zweite „Phase", sei beherrscht vom Gedanken der „ontologischen Differenz" und der „Seinsgeschichte". Innerhalb dieser Zeitspanne habe jenes stattgefunden, was Heidegger (später) die „Überwindung der ontologischen Differenz" nennt. So wäre also die dritte „Phase" des Heideggerschen Denkweges diejenige des „Ereignisses". Mit den „Beiträgen zur Philosophie" sei also das „Ende des Paradigmas der ‚ontologischen Differenz'", das „Ende der ‚Seinsgeschichte'" (59) im Denken Heideggers eingetreten.

Diese Gliederung des Heideggerschen Denkens ermöglicht es Seubold, Heideggers Erörterungen der Malerei Cézannes und Klees in die dritte „Phase", also in den Abschnitt des „Ereignisses" zu plazieren. In der Tat hat Heidegger, durch seine Erfahrung der Gemälde Cézannes angestoßen, in den Siebziger Jahren versucht, die „Frage nach der Überwindung der ontologischen Differenz zwischen Sein und Seiendem" zu erheben und die „Verwindung" und „Verwandlung" der Differenz in eine „geheimnisvolle Identität"[6] zur Sprache zu bringen – ein Geschehnis, das nach Seubold allerdings schon früher, nämlich in der zweiten „Phase" hätte vor sich gehen müssen.

Für Seubold gipfelt Heideggers Auseinandersetzung mit den Werken jener beiden Maler in dem Hinweis, daß dort, in den Gemälden Cézannes und Klees, ein „Wechselspiel von Gebung und Entzug", „die Ereignis-Enteignis-Struktur" (135) erscheine. „Kunst dieser Art ist ein un-endlicher Generierungs- und Destruierungsprozeß" (135), so Seubold, der sich bei dieser Interpretation auf kunsthistorische Analysen berufen kann. Indem Heidegger dies zu denken gegeben habe, habe er die Kunstwerkabhandlung hinter sich gelassen und der Philosophie der Kunst neue Impulse gegeben. Die lateinischen Verben „genere" und „destruere", also „zeugen", „erschaffen" und „niederreißen", „zu Grunde richten", geben eine Deutung der „Ereignis-Enteignis-Struktur" an. Sie übersetzen das „Ereignis" und die „Enteignis" in ein metaphysisches Verhältnis, das vor allen Nietzsche als das notwendige Verhältnis von Schaffen und Vernichten so eindringlich zu Gehör brachte.[7]

Wir kommen zurück zu jener Unterscheidung des Heideggerschen Denkens in drei „Phasen". Seubold stützt sich mit dieser These vor allem auf Äußerungen Heideggers, die sich in einer vom Denker autorisierten Protokollierung eines im Jahre

---

[6] Vgl. Martin Heidegger: Cézanne. Aus der Reihe »Gedachtes« für René Char. L'Herne 1971. Spätere Fassung 1974 (= Jahresgabe der Martin-Heidegger-Gesellschaft 1991).

[7] Vgl. Friedrich Nietzsche: Also sprach Zarathustra. Ein Buch für Alle und Keinen. Leipzig 10/1898, S. 125. (Auf den glückseligen Inseln).

1969 in Le Thor gehaltenen Seminars befinden.[8] Von diesen Äußerungen ausgehend sagt Seubold, daß „Heideggers Selbstinterpretation [...] eindeutig drei Phasen des Denkweges kennt" (46). Abgesehen davon, daß jene Äußerungen Heideggers möglicherweise nicht ganz so „eindeutig" sind, wie Seubold vorgibt, scheitert die Unterscheidung der drei „Phasen", wie Seubold sie vorschlägt, an folgenden Sachverhalten. Es ist unmöglich, die „Beiträge zur Philosophie" wie auch die ihnen folgenden Abhandlungen der „Besinnung"[9] und der „Geschichte des Seyns"[10] jenseits der „ontologischen Differenz" und der „Seinsgeschichte" nur auch annähernd zu verstehen.[11] Die genannten Abhandlungen sprechen ausdrück-

---

[8] Vgl. Martin Heidegger: Seminare (GA 15), S. 344. Dort beschreibt Heidegger zunächst, inwiefern „Sein und Zeit" der ursprünglich metaphysischen Frage nach dem Sein „einen ganz anderen Sinn" verleiht. Nicht wird mehr metaphysisch die Frage nach der „Seiendheit des Seienden", sondern nach dem „Sein als Sein" gefragt. Dann bemerkt Heidegger, daß „diese Formulierung" zugunsten anderer aufgegeben wurde. Dann wird Heidegger protokolliert:
„Drei Worte, die, indem sie einander ablösen, gleichzeitig drei Schritte auf dem Weg des Denkens bezeichnen: SINN – WAHRHEIT – ORT (τόπος)
Wenn die Frage nach dem Sein verdeutlicht werden soll, muß notwendig erschlossen werden, was die drei einander folgenden Formulierungen verbindet und was sie unterscheidet."
Diese Worte hält Seubold hinweislich der Frage nach drei „Phasen" des Heideggerschen Denkweges für „eindeutig". Doch Heidegger sagt nirgendwo, diese „Formulierungen" seien die einzigen auf einem durch sie abgeschlossenen „Weg des Denkens". Seine Aussage hält die „Wege" offen. Darüber hinaus werden jene „Formulierungen" zurückgegründet in „die Frage nach dem Sein", also doch wohl in den „ersten" Schritt. Zu den bereits erwähnten Notizen zu „Cézanne" gehört auch die „Spätere Fassung 1974". In ihr spricht Heidegger von der „Überwindung der ontologischen Differenz". Seubold zitiert das Folgende, indem er seine Feststellung dreier „Stadien" in das Zitierte einträgt. In dieser Weise wird es hier wiederholt: „Die Überwindung wird aber nur möglich, wenn die o. Di. zuvor als solche erfahren und bedacht ist, was wiederum nur geschehen kann auf dem Grunde der in »Sein und Zeit« gefragten Seinsfrage (erstes Stadium: die Frage nach dem »Sinn von Sein«, G. S.). Deren Entfaltung verlangt die Erfahrung des Seinsgeschickes (zweites Stadium: die Frage nach der »Wahrheit des Seins«, G. S.). Der Einblick in dieses bereitet erst den Gang in das Wegfeld vor, der sich in das einfache Sagen in der Weise eines Nennens des Vorenthaltenen findet, dem das Denken ausgesetzt bleibt (drittes Stadium: die Frage nach dem »Ort und der Ortschaft des Seins« »Topologie des Seins«, G. S.)." (113) Die Sätze Heideggers beschreiben eine Bewegung. Das Gedachte geht zuerst zurück in einen Grund, um sogleich von ihm auszufahren. Die Mitte, der Grund jener Bewegung ist die durch „die Erfahrung des Seinsgeschicks" eröffnete „Seinsfrage". Sie ist der Verwindungsort auch für die „ontologische Differenz". Nach dem Sein zu fragen bedeutet stets nach der Geschichte des Seins zu fragen. Die „Seinsfrage" ist in dieser Weise die Vorbereitung jenes „Ganges in das Wegfeld", in ein Feld von „Wegen". Eine solche Bewegung des Denkens wird anhand einer Unterscheidung dreier „Stadien" m. E. nur sehr äußerlich verstanden.

[9] Martin Heidegger: Besinnung (GA 67).
[10] Martin Heidegger: Die Geschichte des Seyns. 1. Die Geschichte des Seyns. 2. Κοινόν. Aus der Geschichte des Seyns (GA 69).
[11] Vgl. die Nr. 266 „Das Seyn und die ontologische Differenz. »Die Unterscheidung«". In: GA 65, S. 465 ff. Der Gedanke, daß die „Unterscheidung von »Sein« und »Seien-

lich sowie verschwiegen von der überall anwesenden Wesentlichkeit der „ontologischen Differenz" und der „Seinsgeschichte". Es ist nun zwar der Fall, daß im Ende der Dreißiger Jahre der Titel „ontologische Differenz" sich ausblendet. Doch zugleich erscheint der Gedanke des „Unter-Schieds von Überkommnis und Ankunft"[12] oder des „Unter-Schieds von Welt und Ding"[13]. Jene scheint in diesen übergegangen zu sein. Damit ist aufgegeben, sowohl das Verhältnis von „ontologischer Differenz" und „Unter-Schied" als auch das von „Ereignis" und „Unter-Schied" zu bedenken. Daß schließlich Heidegger bis in seine späteste Zeit hinein das Verhältnis von „Ereignis" und Geschichte, das heißt „Seinsgeschichte", bedacht hat, daß er selbst in jenen von Seubold herangezogenen spätesten Seminaren, im Zähringer Seminar von 1973, von „Epoche[n] der Schickung des Seins"[14] spricht, das liegt vor Augen.

Es ist somit kaum möglich, Heideggers Kunstwerkaufsatz in eine zweite, vom „Ereignis" abgegrenzte „Phase" seines Denkens einzuschließen. Dennoch ist es unbezweifelbar, daß im späteren Denken Heideggers über die Kunst Motive erscheinen, die dem früheren noch unvertraut waren. So mag es den Plan eines „Pendants", eines Gegenstücks oder einer Ergänzung, gegeben haben. Aber was ergänzen soll, bringt das zu Ergänzende ins Ganze. Jenes befindet sich zu diesem somit nicht im Widerspruch. Es eröffnet sich eine noch ungedachte Zusammengehörigkeit des Kunstwerkaufsatzes mit den Klee- und Cézanne-Notizen.[15]

Mit all dem Gesagten soll dementsprechend niemals verkannt sein, daß Heideggers Denken sich seit „Sein und Zeit" nicht verändert hat. Das Gegenteil ist der Fall. Insbesondere mit dem Gedanken der „Überwindung der ontologischen Differenz" ist etwas in Heideggers Denken gekommen, eingebrochen, das noch seiner Deutung harrt. Daß sich der Ton des spätesten Heideggerschen Denkens von jenem der Dreißiger Jahre unterscheidet, ist für jeden Hörenden deutlich. Doch Heideggers „Wege", die auch nebeneinander, ja übereinander verlaufen oder sich kreuzen, sind verschlungen, verwegen. Wenn es überhaupt *einen* Denkweg Heideggers gibt, so vermochte bis jetzt noch niemand seiner Schrittfolge in angemessener Weise nachzugehen.

Arthur C. Danto hat häufig darauf gewiesen, daß Hegels Gedanke vom „Ende der Kunst" ein für sein eigenes Philosophieren entscheidender sei. In seinen Büchern „Beyond the Brillo Box" und „After the End of Art" kommt er immer

---

dem«" „ihren Ursprung" „in der *Wesung* des Seyns" habe, muß in seiner ganzen Weite ausgeschritten werden. Diesem Ausschreiten verweigert sich Seubold.
[12] Vgl. Martin Heidegger: Die onto-theo-logische Verfassung der Metaphysik. In: Identität und Differenz. Pfullingen 1957, S. 57.
[13] Vgl. Martin Heidegger: Die Sprache. In: Unterwegs zur Sprache (GA 12), S. 27.
[14] GA 15, S. 394.
[15] Nicht ganz ungedacht! In diesem Sinne verweise ich auf: Siegbert Peetz: Welt und Erde. Heidegger und Paul Klee. Heidegger Studies. Volume 11 (1995), S. 182.

wieder auf ihn zu sprechen. Im Zuge seiner Erörterungen streift er auch das Denken Heideggers.

Es ist unstreitig der Fall, daß die Pop Art oder der Pop überhaupt ein „planetarisches" Phänomen ist. In diesem Sinne nennt sie bzw. ihn der Kunsthistoriker Beat Wyss „die erste nachchristliche Universalkultur"[16]. Dabei heißt „Universalkultur" hier und jetzt keineswegs mehr „Massenkultur". Wyss bemerkt: „Er [Pop] erzielte die Einheit von Warenproduktion und Kultur durch Verzicht auf einen ästhetischen Erziehungsauftrag. Pop ist die kreative Bestätigung von allem, was unter den Bedingungen der industriellen Produktion der Fall ist."[17] Pop ist jener „way of life", der das Ganze rückhaltlos bejaht und der es in ein so angenehmes, heiteres Licht zu setzen vermag, daß etwaige gesellschaftskritisch reflektierende Einsprüche nicht nur theoretisch als deplaziert erscheinen. Die lässige, charmante Heiterkeit der Pop Art, die wohl erst in den Siebziger Jahren europäisch zu werden begann, scheint heute kraft ihrer Präsenz in sämtlichen Medien alle Bereiche des In-der-Welt-seins zumindest mitzubestimmen. Insofern wäre eine philosophische Auseinandersetzung mit der „planetarischen" Faktizität des Pop ein Desiderat.

Dantos Annäherung an die Pop Art aber erreicht den Rang einer philosophischen Auseinandersetzung nicht. Dieses Urteil ist im Weiteren zu stützen.

Dantos Blick auf die Pop Art orientiert sich an Hegels Gedanken vom „Ende der Kunst". Hegel hatte in seinen Vorlesungen, die in der Edition H. G. Hothos bis heute einen enormen Einfluß sowohl auf die Theorie als auch auf die Praxis der Kunst genommen haben, erläutert, inwieweit die Kunst „weder dem Inhalte noch der Form nach die höchste und absolute Weise sey, dem Geiste seine wahrhaften Interessen zum Bewußtseyn zu bringen"[18]. Obgleich die Kunst neben der Religion und der Wissenschaft bzw. der Philosophie im Bereich des Absoluten Geistes angesiedelt ist, sei sie auf Grund ihrer der Sinnlichkeit verpflichteten „Form" nicht mehr in der Lage, den geistigen, das heißt hier den inhaltlichen Bedürfnissen weder der Religion noch der Wissenschaft zu genügen. Denn offenbar ist ein entsprechendes, spekulatives Verständnis des „Inhalts" von Religion und Wissenschaft unausweichlich darauf angewiesen, das Sinnliche gleichsam aufzuheben und der Bewegung des „Begriffs" selbst sich zu überlassen. So bemerkt Hegel: „Denn das *Denken* gerade macht die innerste wesentliche Natur des Geistes aus."[19] Zu dieser „Natur" gehört, wie gesagt, auch die vollendete, die christliche Religion.

Eine solche Differenzierung von Kunst, Religion und Wissenschaft will nun keineswegs besagen, daß die Kunst in ihren ihr eigentümlich sinnlichen, stilistischen

---

[16] Beat Wyss: Die Welt als T-Shirt. Zur Ästhetik und Geschichte der Medien. Köln 1997, S. 124.
[17] Ebenda, S. 124.
[18] Vgl. Georg Wilhelm Friedrich Hegel: Vorlesungen über die Aesthetik. Erster Band. Sämtliche Werke (Jubiläumsausgabe). Bd. 12. Stuttgart 2/1937, S. 30.
[19] Ebenda, S. 34.

Möglichkeiten an ein Ende gelangt sei. Es ist für Hegel möglich, zu „hoffen, daß die Kunst immer mehr steigen und sich vollenden werde"[20]. Dieses Steigen und Vollenden ist in der Kunst des 19. und 20. Jahrhunderts zur Erscheinung gekommen. Einer spekulativen Auffassung von Religion und Philosophie jedoch vermochte sie nicht zu dienen.

Danto scheint diesen Gedanken Hegels mit dem Aufkommen der Pop Art in Form von Andy Warhols „Brillo Box" aus dem Jahre 1964 verknüpfen zu wollen. Das gelingt aber – wie mir scheint – nur, und dann auch eher äußerlich, indem Danto Hegels geschichtsphilosophisch gegründete Theorie der Kunst auf eine sehr eigentümliche Weise deutet. So schreibt er: „Der Gedanke, die Kunst entwickle sich gewissermaßen auf ein historisches Ende hin, jenseits dessen sie sich in etwas anderes verwandele – nämlich in Philosophie –, entstammt Hegels Vorlesungen über die Philosophie der Kunst [...]." (20) Dantos Hegel unterstellte These von der Verwandlung der Kunst in Philosophie wird im Folgenden mit Warhols „Brillo Box" in ein Verhältnis gesetzt. Danto denkt, daß es der Anlaß der „Brillo Box" sei, mit welchem „sich für die Kunst die Frage nach ihrer wahren Identität" (20) stelle. Dann, so Danto, schlage die „Stunde der Philosophie" (20). Dabei scheint es Danto für bemerkenswert zu halten, daß es die Kunst selbst sei, welche die „Frage nach ihrem Wesen" (21) aufgebracht habe. Dieser Gedanke beruht doch offenbar auf der Voraussetzung, daß sich der sogenannte „Abstrakte Expressionismus", also jene Malerei der sogenannten „New York School" (Jackson Pollock, Clyfford Still, Mark Rothko u. a.) und des nicht zu ihr gehörenden Barnett Newman, welche der Pop Art voraufging und worauf diese sich wohl auch negativ bezog, noch in einer ungebrochenen „Identität" von Kunst bewegt habe. Es scheint sich also im Jahre 1964 in Amerika etwas zugetragen zu haben, das Hegel bereits im Erscheinen der „romantischen", das heißt mittelalterlichen Kunst als gegeben betrachtete. Dort nämlich sei dem „Bewußtsein der Wahrheit", das einem „entwickelten Glauben" entstamme, „die *Schönheit* der Erscheinung und die Darstellung das Nebensächliche und Gleichgültige"[21] geworden.

Aber möglicherweise darf eine genauere Auslegung Hegels, dessen Bemerkungen, wie Danto betont, in den Vorlesungen über die Ästhetik „wie immer recht geheimnisvoll ausfallen" (20), oder das Verlangen nach einer solchen, bei der Lektüre des Dantoschen Buches gar nicht in Anschlag gebracht werden. Es ist ohne weiteres auch ohne Bezugnahmen auf Hegel ein Verständnis von dem zu erlangen, was Danto schließlich zu denken sucht. Mit der „Brillo Box" sei ein Herrschaftsverlust der „Meistererzählung der Kunst des Abendlandes" (23) zum Vorschein gekommen, der in einer „posthistorischen Periode eine postnarrative Periode der Kunst" (23) folgen lasse. In einer solchen Periode sei ein „Pluralismus" (270) von Stilen zu erwarten, welchem Danto „mit Freude" (290) entgegensieht. Als Philo-

---

[20] Ebenda, S. 151.
[21] Georg Wilhelm Friedrich Hegel: Vorlesungen über die Aesthetik. Zweiter Band. JA 13. Stuttgart 2/1939, S. 144.

soph gelte aber Dantos „Hauptinteresse den Aussichten, die eine Theorie des bedingten postnarrativen Realismus" (290) berge.

In einem weiteren Buch mit dem Titel „After the End of Art" wiederholt bzw. variiert Danto seine Auffassung des Hegelschen Gedankens vom „Ende der Kunst". Die Kunst sei mit diesem Gedanken selbst philosophisch geworden, weil sie z.B. in dem von Danto so genannten „Age of Manifestos" (31) (Danto datiert dieses Zeitalter von 1828 bis 1964, also von Hegels Vorlesungen bis zur „Brillo Box") zur Selbstbezüglichkeit übergegangen sei. Die Kunstwerke stellen selbst die Frage, was und warum die Kunst sei *(„creating art explicitly for the purpose of knowing philosophically what art is",* 31). In diesem Zusammenhang zitiert Danto Heidegger, wenn dieser im Nachwort zu seinem Aufsatz über den „Ursprung des Kunstwerkes" unter Bezugnahme auf jene Äußerungen Hegels zu bedenken gibt: „Allein, die Frage bleibt: Ist die Kunst noch eine wesentliche und eine notwendige Weise, in der die für unser geschichtliches Dasein entscheidende Wahrheit geschieht, oder ist die Kunst dies nicht mehr?"[22] Erstaunlicherweise allerdings läßt Danto diese Frage unkommentiert. Er fährt unmittelbar fort: „The philosophy of art after Hegel may have been barren, but art, which was seeking to break through to philosophical understanding of itself, was very rich: the richness of philosophical speculation, in other words, was one with the richness of artistic production." (32) Es läßt sich folglich nur mehr oder weniger vermuten, wie Danto Heidegger versteht. Für Danto scheint hinsichtlich der Kunst die „wesentliche und [...] notwendige Weise, in der die für unser geschichtliches Dasein entscheidende Wahrheit geschieht" in jener Selbstbezüglichkeit zu liegen, mit welcher die modernen und postmodernen Kunstwerke sich so häufig inszenieren. Dabei ist es Danto eigentümlich, daß er diese selbstreferentiellen Inszenierungen für Philosophie hält. Für Hegel wie für Heidegger jedoch dürften jene Manifeste und Reflexionen, mit denen die Kunst der Moderne und Postmoderne hervortritt und sich zu gründen sucht, eher als Anzeichen ihrer Bodenlosigkeit gelten. Über das mögliche Wahrheitsgeschehnis der Kunst sagen sie nicht nur nichts aus, sie widersprechen ihm wohl. Hegels und Heideggers Gedanken weisen je für sich auf einen Weg, dem Danto offensichtlich nicht folgen will oder nicht zu folgen vermag.

Keineswegs aber soll abschließend Dantos Ideen Legitimität abgesprochen werden. Der Autor der vorliegenden Sätze über Dantos Buch bekennt, jener „Theorie des bedingten postnarrativen Realismus" nicht entsprechen zu können. Noch weniger ist er in die amerikanische Diskussionslage zur Kunst eingewiesen. Was aber bestehen bleibt, das ist die erhebliche Schwierigkeit, nachzuverstehen, inwiefern Hegels Differenzierungen im Bereich des Absoluten Geistes auf Warhols „Brillo Box" nicht nur so eventuell bezogen werden könnten, sondern auch notwendig zu beziehen sind. Darüber hinaus bleibt Dantos unaufmerksame, lässige Bezugnahme auf Heideggers so gewichtige Frage willkürlich. Wenn einem Gedan-

---

[22] Martin Heidegger: Der Ursprung des Kunstwerkes (GA 5), S. 68.

ken Notwendigkeit innewohnen muß, so daß er philosophisch genannt werden könne, dann scheint es nicht unberechtigt zu sein, dem Denken Dantos in dieser Hinsicht einen Mangel zu bestätigen.

# IV. Update on the *Gesamtausgabe*

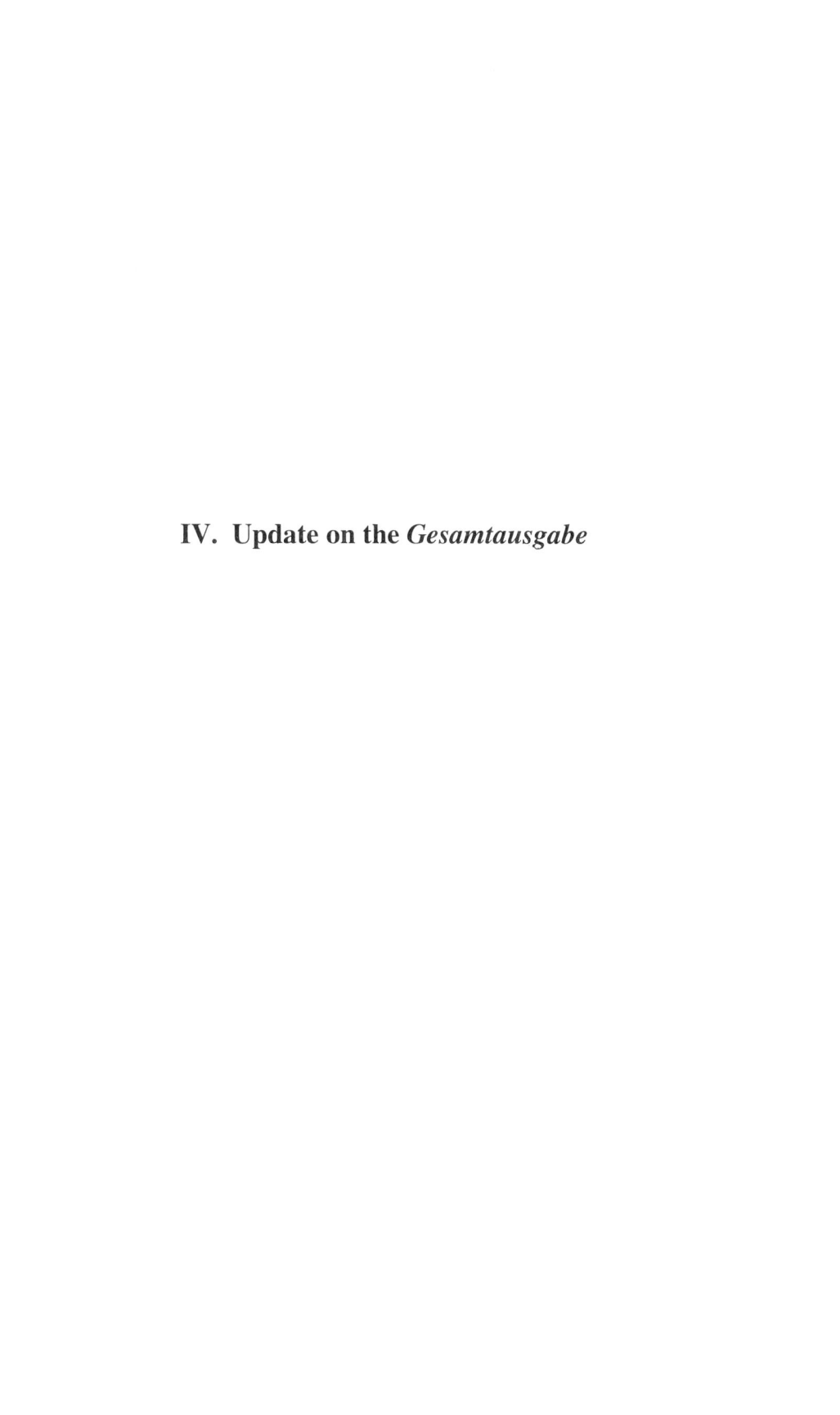

# List of Heidegger's Gesamtausgabe

## In German, English, French, and Italian

The following is a complete list of all the volumes of the *Gesamtausgabe* that have been published as of the end of 1999. The list includes all the volumes available in the original German as well an in the French, English and Italian translations.

**German** (published by Vittorio Klostermann Verlag, Frankfurt am Main):

I. Abteilung: Veröffentlichte Schriften (1910 - 1976)

   1. Frühe Schriften (1912 - 1916)
      Herausgeber: Friedrich-Wilhelm von Herrmann 1978.

   2. Sein und Zeit (1927)
      Herausgeber: Friedrich-Wilhelm von Herrmann 1977.

   3. Kant und das Problem der Metaphysik (1929)
      Herausgeber: Friedrich-Wilhelm von Herrmann 1991.

   4. Erläuterungen zu Hölderlins Dichtung (1936 - 1968)
      Herausgeber: Friedrich-Wilhelm von Herrmann 1981, [2]1996.

   5. Holzwege (1935 - 1946)
      Herausgeber: Friedrich-Wilhelm von Herrmann 1977.

   6.1 Nietzsche I (1936 - 1939)
      Herausgeberin: Brigitte Schillbach 1996.

   6.2 Nietzsche II (1939 - 1946)
      Herausgeberin: Brigitte Schillbach 1997.

   9. Wegmarken (1919 - 1958)
      Herausgeber: Friedrich-Wilhelm von Herrmann 1976, [2]1996.

   10. Der Satz vom Grund (1955 - 1956)
      Herausgeberin: Petra Jaeger 1997.

   12. Unterwegs zur Sprache (1950 - 1959)
      Herausgeber: Friedrich-Wilhelm von Herrmann 1985.

   13. Aus der Erfahrung des Denkens (1910 - 1976)
      Herausgeber: Hermann Heidegger 1983.

   15. Seminare (1951 - 1973)
      [Heraklit (Freiburg 1966/97, mit Eugen Fink)
      Vier Seminare (Le Thor 1966, 1968, 1969; Zähringen 1973)
      Züricher Seminar (Aussprache mit Martin Heidegger am 6.11.1951)]
      Herausgeber: Curd Ochwadt 1986.

II. Abteilung: Vorlesungen 1919 - 1944

A. Marburger Vorlesungen 1923 - 1928

17. Einführung in die phänomenologische Forschung
    (Wintersemester 1923/24)
    Herausgeber: Friedrich-Wilhelm von Herrmann 1994.

19. Platon: Sophistes (Wintersemester 1924/25)
    Herausgeberin: Ingeborg Schüßler 1992.

20. Prolegomena zur Geschichte des Zeitbegriffs (Sommersemester 1925)
    Herausgeberin: Petra Jaeger 1979, $^2$1988, $^3$1994.

21. Logik. Die Frage nach der Wahrheit (Wintersemester 1925/26)
    Herausgeber: Walter Biemel 1976, $^2$1995.

22. Grundbegriffe der antiken Philosophie (Sommersemester 1926)
    Herausgeber: Franz-Karl Blust 1993.

24. Die Grundprobleme der Phänomenologie (Sommersemester 1927)
    Herausgeber: Friedrich-Wilhelm von Herrmann 1975, $^2$1989, $^3$1997.

25. Phänomenologische Interpretation von Kants Kritik der reinen Vernunft
    (Wintersemester 1927/28)
    Herausgeberin: Ingtraud Görland 1977, $^2$1987, $^3$1995.

26. Metaphysische Anfangsgründe der Logik im Ausgang von Leibniz
    (Sommersemester 1928)
    Herausgeber: Klaus Held 1978, $^2$1990.

B. Freiburger Vorlesungen 1928 - 1944

27. Einleitung in die Philosophie
    (Wintersemester 1928/29)
    Herausgeber: Otto Saame † und Ina Saame-Speidel 1996.

28. Der deutsche Idealismus (Fichte, Schelling, Hegel) und die philosophische Problemlage der Gegenwart
    (Sommersemester 1929)
    Herausgeber: Claudius Strube 1997.

29./30. Die Grundbegriffe der Metaphysik. Welt – Endlichkeit – Einsamkeit
    (Wintersemester 1929/30)
    Herausgeber: Friedrich-Wilhelm von Herrmann 1983, $^2$1992.

31. Vom Wesen der menschlichen Freiheit. Einleitung in die Philosophie
    (Sommersemester 1930)
    Herausgeber: Hartmut Tietjen 1982, $^2$1994.

32. Hegels Phänomenologie des Geistes (Wintersemester 1930/31)
    Herausgeberin: Ingtraud Görland 1980, $^2$1988, $^3$1997.

33. Aristoteles: Metaphysik Θ 1 - 3 (Sommersemester 1931)
    Herausgeber: Heinrich Hüni 1981, $^2$1990.

34. Vom Wesen der Wahrheit. Zu Platons Höhlengleichnis und Theätet
    (Wintersemester 1931/32)
    Herausgeber: Hermann Mörchen 1988, $^2$1997.

38. Logik als die Frage nach dem Wesen der Sprache
    (Sommersemester 1934)
    Herausgeber: Günter Seubold 1998.
39. Hölderlins Hymnen „Germanien" und „Der Rhein" (Wintersemester 1934/35)
    Herausgeberin: Susanne Ziegler 1980, ²1989.
40. Einführung in die Metaphysik (Sommersemester 1935)
    Herausgeberin: Petra Jaeger 1983.
41. Die Frage nach dem Ding. Zu Kants Lehre von den transzendentalen Grundsätzen
    (Wintersemester 1935/36)
    Herausgeberin: Petra Jaeger 1984.
42. Schelling: Vom Wesen der menschlichen Freiheit (Sommersemester 1936)
    Herausgeberin: Ingrid Schüßler 1988.
43. Nietzsche: Der Wille zur Macht als Kunst (Wintersemester 1936/37)
    Herausgeber: Bernd Heimbüchel 1985.
44. Nietzsches metaphysische Grundstellung im abendländischen Denken: Die ewige Wiederkehr des Gleichen (Sommersemester 1937)
    Herausgeberin: Marion Heinz 1986.
45. Grundfragen der Philosophie. Ausgewählte „Probleme" der „Logik"
    (Wintersemester 1937/38)
    Herausgeber: Friedrich-Wilhelm von Herrmann 1984, ²1992.
47. Nietzsches Lehre vom Willen zur Macht als Erkenntnis (Sommersemester 1939)
    Herausgeber: Eberhard Hanser 1989.
48. Nietzsche. Der europäische Nihilismus (II. Trimester 1940)
    Herausgeberin: Petra Jaeger 1986.
49. Die Metaphysik des deutschen Idealismus. Zur erneuten Auslegung von Schelling: Philosophische Untersuchungen über das Wesen der menschlichen Freiheit und die damit zusammenhängenden Gegenstände (1809) (I. Trimester 1941)
    Herausgeber: Günter Seubold 1991.
50. 1: Nietzsches Metaphysik
    (für Wintersemester 1941/42 angekündigt, aber nicht vorgetragen).
    2: Einleitung in die Philosophie – Denken und Dichten (Wintersemester 1944/45)
    Herausgeberin: Petra Jaeger 1990.
51. Grundbegriffe (Sommersemester 1941)
    Herausgeberin: Petra Jaeger 1981, ²1991.
52. Hölderlins Hymne „Andenken" (Wintersemester 1941/42)
    Herausgeber: Curd Ochwadt 1982, ²1992.
53. Hölderlins Hymne „Der Ister" (Sommersemester 1942)
    Herausgeber: Walter Biemel 1984, ²1993.
54. Parmenides (Wintersemester 1942/43)
    Herausgeber: Manfred S. Frings 1982, ²1992.
55. Heraklit. 1: Der Anfang des abendländischen Denkens (Heraklit) (Sommersemester 1943) 2: Logik. Heraklits Lehre vom Logos (Sommersemester 1944)
    Herausgeber: Manfred S. Frings 1979, ²1987, ³1994.

C. Frühe Freiburger Vorlesungen 1919 - 1923

56./57. Zur Bestimmung der Philosophie. 1: Die Idee der Philosophie und das Weltanschauungsproblem (Kriegsnotsemester 1919) 2: Phänomenologie und transzendentale Wertphilosophie (Sommersemester 1919)
Herausgeber: Bernd Heimbüchel 1987.

58. Grundprobleme der Phänomenologie (Wintersemester 1919/20)
Herausgeber: Hans-Helmuth Gander 1992.

59. Phänomenologie der Anschauung und des Ausdrucks. Theorie der philosophischen Begriffsbildung (Sommersemester 1920)
Herausgeber: Claudius Strube 1993.

60. Phänomenologie des religiösen Lebens.
   1. Einleitung in die Phänomenologie der Religion (Wintersemester 1920/21)
   Herausgeber: Matthias Jung und Thomas Regehly.
   2. Augustinus und der Neuplatonismus (Sommersemester 1921)
   Herausgeber: Claudius Strube.
   3. Die philosophischen Grundlagen der mittelalterlichen Mystik (1918/19)
   Herausgeber: Claudius Strube 1995.

61. Phänomenologische Interpretationen zu Aristoteles. Einführung in die phänomenologische Forschung (Wintersemester 1921/22)
Herausgeber: Walter Bröcker und Käte Bröcker-Oltmanns 1985, ²1994.

63. Ontologie. Hermeneutik der Faktizität (Sommersemester 1923)
Herausgeberin: Käte Bröcker-Oltmanns 1988, ²1995.

III. Abteilung: Unveröffentlichte Abhandlungen – Vorträge – Gedachtes

65. Beiträge zur Philosophie (Vom Ereignis)
Herausgeber: Friedrich-Wilhelm von Herrmann 1989, ²1994.

66. Besinnung
Herausgeber: Friedrich-Wilhelm von Herrmann 1997.

67. Metaphysik und Nihilismus.
   1. Die Überwindung der Metaphysik
   2. Das Wesen des Nihilismus
   Herausgeber: Hans-Joachim Friedrich 1999.

68. Hegel
Herausgeberin: Ingrid Schüßler 1993.

69. Die Geschichte des Seyns
Herausgeber: Peter Trawny 1998.

77. Feldweg-Gespräche
Herausgeberin: Ingrid Schüßler 1995.

79. Bremer und Freiburger Vorträge
Herausgeberin: Petra Jaeger 1994.

IV. Abteilung: Hinweise und Aufzeichnungen

85. Vom Wesen der Sprache.
Die Metaphysik der Sprache und die Wesung des Wortes. Zu Herders Abhandlung „Über den Ursprung der Sprache"
Seminar (Sommersemester 1939)
Herausgeberin: Ingrid Schüßler 1999.

List of Heidegger's Gesamtausgabe

**French** (published by Édition Gallimard, Paris):

2. Être et Temps
   Traducteur: François Vezin 1986, ²1988, ³1990, ⁴1992, ⁵1994, ⁶1996, ⁷1998.

24. Les problèmes fondamentaux de la phénoménologie
    Traducteur: Jean-François Courtine 1985.

25. Interprétation phénoménologique de la "Critique de la raison pure" de Kant
    Traducteur: Emmanuel Martineau 1982.

26. Fonds métaphysiques initiaux de la logique
    Traducteur: Gérard Guest 1997.

29./30. Les concepts fondamentaux de la métaphysique
    Traducteur: Daniel Panis 1992.

31. L'Essence de la liberté humaine
    Traducteur: Emmanuel Martineau 1988.

32. La "Phénoménologie de l'esprit" de Hegel
    Traducteur: Emmanuel Martineau 1984.

33. Aristote Métaphysique Θ 1 - 3
    Traducteur: Bernard Stevens et Pol Vandevelde 1991.

39. Les Hymnes de Hölderlin "La Germanie" et "Le Rhin"
    Traducteur: Julien Hervier et François Fédier 1988.

51. Concepts fondamentaux
    Traducteur: Pascal David 1985.

**At the Press:**

21. Logique: La question de la vérité
    Traductrice: Françoise Dastur.

**In Preparation:**

17. Introduction à la recherche phénoménologique
    Traducteur: Didier Franck.

19  Platon: Le Sophiste
    Traducteur: Jean-François Courtine.

27. Introduction à la philosophie
    Traducteur: Henri Crétella.

34. De l'essence de la vérité
    Traducteur: Alain Boutot.

45. Questions fondamentales de la philosophie
    Traducteur: Pascal David.

54. Parménide
    Traducteur: Alexandre Lowit.

61. Interprétations phénoménologiques d'Aristote / Introduction
    à la recherche phénoménologique.
    Traducteur: Daniel Panis.

65. Apports à la philosophie
    Traducteur: François Fédier.

**English** (published by Indiana University Press):

3. Kant and the Problem of Metaphysics
   Translator: Richard Taft 1997.

19. Plato: The Sophist
    Translators: Richard Rojcewicz and André Schuwer 1997.

20. History of the Concept of Time, Prolegomena
    Translator: Theodore Kisiel 1985.

24. The Basic Problems of Phenomenology
    Translator: Albert Hofstadter 1982.

25. Phenomenological Interpretation of Kant's *Critique of Pure Reason*
    Translators: Parvis Emad and Kenneth Maly 1997.

26. The Metaphysical Foundations of Logic
    Translator: Michael Heim 1984.

29./30. The Fundamental Concepts of Metaphysics
    Translators: William McNeill and Nicholas Walker 1995.

32. Hegel's Phenomenology of Spirit
    Translators: Parvis Emad and Kenneth Maly 1988.

33. Aristotle's Metaphysics Θ 1 - 3: On the Essence and Actuality of Force
    Translators: Walter Brogan and Peter Warnek 1995.

45. Basic Questions of Philosophy: Selected "Problems" of "Logic"
    Translators: Richard Rojcewicz and André Schuwer 1994.

51. Basic Concepts
    Translator: Gary Aylesworth 1994.

53. Hölderlin's Hymn "The Ister"
    Translators: William McNeill and Julia Davis 1997.

54. Parmenides
    Translators: André Schuwer and Richard Rojcewicz 1993.

63. Ontology: The Hermeneutic of Facticity
    Translator: John van Buren 1999.

65. Contributions to Philosophy (From Enowning)
    Translators: Parvis Emad and Kenneth Maly 1999.

**In Preparation:**

31. On the Essence of Human Freedom
    Translator: E. H. Sadler (Athlone Press, London)

34. The Nature of Truth
    Translator: E. H. Sadler (Athlone Press, London)

39. Hölderlin's Hymn "Germanien" und "Der Rhein"
    Translator: William McNeill (Indiana University Press, Bloomington)

54. Hölderlin's Hymn "Andenken"
    Translator: William McNeill (Indiana University Press, Bloomington)

56./57. Towards a Definition of Philosophy
    Translator: E. H. Sadler (Athlone Press, London)

59. Phenomenology of Intuition and Expression
    Translator: E. H. Sadler (Athlone Press, London)
60. The Phenomenology of Religious Life
    Translators: Jennifer Gosetti and Matthias Lutkehermolle
    (Indiana University Press, Bloomington)

**Italian**

4. La poesia di Hölderlin
   Traduttore: Leonardo Amoroso; direzione scientifica: Franco Volpi 1988, $^2$1994 (Adelphi, Milano).
6. Nietzsche
   Traduttore: Franco Volpi 1994, $^2$1995 (Adelphi, Milano).
9. Segnavia
   Traduttore: Franco Volpi 1987, $^3$1994 (Adelphi, Milano).
10. Il principio di ragione
    Traduttori: Giovanni Gurisatti e Franco Volpi; a cura di Franco Volpi 1991 (Adelphi, Milano).
15. Seminari
    Traduttore: Massimo Bonola; a cura di Franco Volpi 1992 (Adelphi, Milano).
    Dialogo intorno a Eraclito
    Traduttore: Mauro Nobile; a cura di Mario Ruggenini 1992 (Coliseum, Milano).
20. Prolegomeni alla storia del concetto di tempo
    Traduttori: Renato Cristin e Alfredo Marini 1991 (Il melangolo, Genova).
21. Logica. Il problema della verità
    Traduttore: Ugo Maria Ugazio 1986 (Mursia, Milano).
24. I problemi fondamentali della fenomenologia
    Traduttore: Adriano Fabris 1988 (Il melangolo, Genova).
26. Principi metafisici della logica
    Traduttore: Giovanni Moretto 1990 (Il melangolo, Genova).
29./30. Concetti fondamentali della metafisica. Mondo – finitezza – solitudine.
    Traduttrice: Paola-Ludovica Coriando 1992 (Il melangolo, Genova).
32. La fenomenologia dello spirito di Hegel
    Traduttrice: Silvia Caianello 1988 (Guida, Napoli).
33. Aristotele, Metafisica Θ 1 - 3
    Traduttore: Ugo Ugazio 1992 (Mursia, Milano).
34. L'essenza della verità. Sul mito della caverna e sul Teeteto di Platone
    Traduttore: Franco Volpi 1997 (Adelphi, Milano).
41. La questione della cosa. La dottrina kantiana dei principi trascendentali
    Traduttore: Vincenzo Vitiello 1989 (Guida, Napoli).
42. Schelling
    Traduttore: Carlo Tatasciore 1994 (Guida, Napoli).
45. Domande fondamentali della filosofia. Selezione di "problemi" della "logica"
    Traduttore: Ugo Maria Ugazio 1988 (Mursia, Milano).

51. Concetti fondamentali
   Traduttore: Franco Camera 1989 (Il melangolo, Genova).
52. L' inno *Andenken* di Hölderlin.
   Traduttori: Chiara Sandrin e Ugo Ugazio 1997 (Mursia, Milano).
54. Parmenide
   Traduttore: Giovanni Gurisatti 1999 (Adelphi, Milano).
55. Eraclito
   Traduttore: Franco Camera 1993 (Mursia, Milano).
56./57. La determinazione della filosofia.
   Traduzione: a cura di Giuseppe Cantillo (Guida, Napoli 1993).
61. Interpretazioni fenomenologiche di Aristotele. Introduzione alla ricerca fenomenologica
   Traduttore: Massimo De Carolis 1990 (Guida, Napoli)
63. Ontologia. Ermeneutica della effettività
   Traduttore: Gennaro Auletta 1992 (Guida, Napoli).

**In Preparation:**

2. Essere e tempo
   Traduttore: Alfredo Marini (Longanesi, Milano).
19. Platone: il Sofista
   Traduttori: Alfonso Cariolato – Enrico Fongaro (Adelphi, Milano).
43. Nietzsche: La volontà di potenza come arte
   Traduttore: Franco Volpi (Adelphi, Milano).
44. La posizione metafisica fondamentale di Nietzsche nel pensiero occidentale
   Traduttore: Franco Volpi (Adelphi, Milano).
48. Nietzsche: Il nichilismo europeo
   Traduttore: Franco Volpi (Adelphi, Milano).
60. Fenomenologia della vita religiosa
   Traduttore: Costantino Esposito (Adelphi, Milano).
65. Contributi alla filosofia
   Traduttore: Franco Volpi (Adelphi, Milano).

# Addresses of the Contributors

Professor Henri Crétella
510, rue Camille Delthil
F-82000 Montauban

Professor Dr. Félix Duque
Ciudad Universitaria
de Cantoblanco
Facultad de Filosofia y Letras
E-28049 Madrid

Professor Gérard Guest
9, rue de Madrid
Courcelle
F-91190 Gif-sur-Yvette

Prof. Dr. Hans Hübner
Theologische Fakultät der
Georg-August-Universität Göttingen
Platz der Göttinger Sieben 2
D-37073 Göttingen

Prof. George Kovacs
Department of Philosophy
Florida International University
Tamiami Campus
Miami, FL 33199, USA

Prof. Fabrice Midal
15, Place de Seine
F-92400 Courbevoie

Professor Mark Basil Tanzer
Department of Philosophy
Campus Box 179
University of Colorado at Denver
P.O. Box 173364
Denver, CO 80217-3364, USA

Dr. Peter Trawny
Friedrich-Wilhelm-Str. 8
D-42285 Wuppertal

Prof. Dr. Alejandro G. Vigo
Universidad de los Andes
Instituto de Filosofia
San Carlos de Apoquindo 2200
Las Condes/Santiago
Chile

# Volume 15    HEIDEGGER STUDIES    1999

Editors:

Parvis Emad (La Crosse, WI U.S.A.)
Friedrich-Wilhelm von Herrmann
(Freiburg, Germany)

Kenneth Maly (La Crosse, WI U.S.A.)
François Fédier (Paris, France)

Associate Editors:

Paola-Ludovika Coriando (Freiburg, Germany)
Hans-Helmuth Gander (Freiburg, Germany)
Gérard Guest (Gif-sur-Yvette, France)
George Kovacs (Miami, Florida, U.S.A.)

John Sallis (Pennsylvania, U.S.A.)
Gail Stenstad (Johnson City, U.S.A.)
Ingeborg Schüßler (Lausanne, Switzerland)
François Vezin (Paris, France)

Editorial Advisory Board:

Beda Allemann (Bonn, Germany) †
Pierre Aubenque (Paris, France)
Robert Bernasconi (Memphis, Tennessee, U.S.A.)
Rudolf Bernet (Louvain, Belgium)
Walter Biemel (Aachen, Germany)
Franz-Karl Blust (Freiburg, Germany)
Heribert Boeder (Osnabrück, Germany)
Wolfgang Brockmeier (Horgenzell, Germany)
John Caputo (Pennsylvania, U.S.A.)
Jean-François Courtine (Paris, France)
Françoise Dastur (Paris, France)
Pascal David (Brest, France)
Costantino Esposito (Bari, Italy)
István Fehér (Budapest, Hungary)
Joseph P. Fell (Lewisburg, Pennsylvania, U.S.A.)
Michel Haar (Paris, France)
Klaus Held (Wuppertal, Germany)
Hans Hübner (Göttingen, Germany)
Samuel Ijsseling (Louvain, Belgium)
Pierre Jacerme (Paris, France)
Petra Jaeger (Düsseldorf, Germany)
Dieter Jähnig (Tübingen, Germany)
Joseph J. Kockelmans (Pennsylvania, U.S.A.)

David Krell (Chicago, U.S.A.)
Jean-Luc Marion (Paris, France)
Graeme Nicholson (Toronto, Canada)
Giorgio Penzo (Padua, Italy)
Günther Pöltner (Wien, Austria)
William Richardson (Boston, Mass. U.S.A.)
Ewald Richter (Hamburg, Germany)
Manfred Riedel (Halle/Wittenberg, Germany)
Reiner Schürmann (New York, N.Y., U.S.A.) †
Charles Scott (Pennsylvania, U.S.A.)
Günter Seubold (Bonn, Germany)
Joan Stambaugh (New York, N.Y., U.S.A.)
Claudius Strube (Wuppertal, Germany)
Jacques Taminiaux (Louvain, Belgium)
Rainer Thurnher (Innsbruck, Austria)
Hartmut Tietjen (Freiburg, Germany)
Peter Trawny (Wuppertal, Germany)
Helmuth Vetter (Wien, Austria)
Vincenzo Vitiello (Salerno, Italy)
Franco Volpi (Padua, Italy, Witten-Herdecke, Germany)
Richard Wisser (Mainz, Germany)
Susanne Ziegler (Darmstadt, Germany)

Aim and Scope:

**Heidegger Studies** is an annual publication dedicated to promoting the understanding of Heidegger's thought through the interpretation of his writings. **Heidegger Studies** provides a forum for the thorough interpretation of the whole of Heidegger's work (including works published during his lifetime) that is called for by the publication of his **Gesamtausgabe**. In keeping with its international character, **Heidegger Studies** publishes articles in English, German, and French. The editors of this journal welcome the submission of manuscripts that take up the serious task of interpreting and thinking through Heidegger's work. The editors especially welcome submission of manuscripts devoted to an interpretive exploration of the new texts published in the **Gesamtausgabe**.

Die **Heidegger Studien** sind eine jährlich erscheinende Zeitschrift, die der Förderung des Verständnisses des Heideggerschen Denkens durch die Interpretation seiner Schriften gewidmet ist. Die Zeitschrift will ein Forum für die gründliche Interpretation von Heideggers Werk im Ganzen (einschließlich der zu seinen Lebzeiten veröffentlichten Werke) bereitstellen, deren Notwendigkeit sich aus der fortlaufenden Veröffentlichung der **Gesamtausgabe** ergibt.

In der Tat machen Spannbreite und Bedeutung der neuen Texte, die in dieser Ausgabe erscheinen, die **Heidegger Studien** erforderlich. Die **Heidegger Studien** sind ihrem Wesen nach international und werden diesem Wesen entsprechend Arbeiten in englischer, deutscher und französischer Sprache veröffentlichen. Die Herausgeber der **Heidegger Studien** wünschen die Zusendung solcher Beiträge, die sich mit der ernsthaften Aufgabe der Interpretation und dem Durchdenken des Heideggerschen Werkes befassen. Die Herausgeber heißen insbesondere solche Beiträge willkommen, die einer interpretativen Untersuchung der neuen Texte in der **Gesamtausgabe** gewidmet sind.

Les **Etudes Heideggeriennes** sont une publication annuelle, consacrée à promouvoir l'entente de la pensée de Heidegger grâce à l'interprétation de ses écrits. Cette revue s'offre ainsi à être un lieu de débat en vue de la réinterprétation complète du travail de Heidegger dans son ensemble (y compris les textes publiés de son vivant) – ce qu'appelle d'ailleurs la publication en cours de l'**Edition Intégrale**. Assurément, les **Etudes Heideggeriennes** répondent aussi à l'exigence suscitée par l'ampleur et l'importance des inédits que publie l'**Edition Intégrale**. Les **Etudes Heideggeriennes** sont une revue délibérément internationale. Ce caractère s'affirme avec la publication de textes en anglais, en allemand et en français. Les responsables de la publication souhaitent recevoir des manuscrits manifestant le souci d'interpréter à fond, c'est-à-dire de penser de bout en bout le travail de Heidegger. Ils espèrent surtout recevoir des manuscrits consacrés à l'examen et à l'interprétation des textes inédits paraissant dans l'**Edition Intégrale**.

\*

A list of the volumes of the **Gesamtausgabe** that have already been published (including the status of English, French and Italian translations) appears at the back of each issue of **Heidegger Studies**. In the interest of clarity and conciseness the editors request that all submissions make reference to the volumes of the **Gesamtausgabe** by using the following format:

a) The first reference to a particular volume of the *Gesamtausgabe* will include the title of the volume and the volume numbers, as well as the title of the volume in translation, if available. Such references will look like this:
[1]*Grundbegriffe* (GA 51), p. 44.
[2]*Die Grundprobleme der Phänomenologie* (GA 24), p. 213; tr. *The Basic Problems of Phenomenology*, p. 149.
[3]*Hegels Phänomenologie des Geistes* (GA 32), p. 132; tr. *La „Phénoménologie de l'esprit"* *de Hegel*, p. 150.

b) All further references to the same volume will use the abbreviation "GA" and the volume number. Such references will look like this:
[4]GA 51, p. 44. [5]GA 24, p. 213; tr., p. 149. [6]GA 32, p. 132; tr., p. 150.

Submissions in English should be sent in duplicate to:

**Heidegger Studies**

Parvis Emad
Department of Philosophy
University of Wisconsin
La Crosse
La Crosse, WI 54601/U.S.A.

Submissions in German should be sent in duplicate to:

**Heidegger Studien**

Friedrich-Wilhelm von Herrmann
Seminar für Philosophie und Erziehungswissenschaft
Albert-Ludwigs-Universität
D-79085 Freiburg i. Br.
Federal Republic of Germany BRD

Submissions in French should be sent in duplicate to:

**Etudes Heideggeriennes**

François Fédier
Lycée Pasteur
Bld d'Inkermann
F-2200 Neuilly sur Seine
France

# The Southern Journal of Philosophy

Spindel Conference proceedings only $12.00 each

Kant's *Metaphysics of Morals* - Vol. XXXVI, 1997
Rethinking Sex and Gender - Vol. XXXV, 1996
Explanation in the Human Sciences - Vol. XXXIV, 1995
Vagueness - Vol. XXXIII, 1994
Derrida's Interpretation of Husserl - Vol. XXXII, 1993
Ancient Minds - Vol. XXXI, 1992
Kant's Third Critique - Vol. XXX, 1991
Moral Epistemology - Vol. XXIX, 1990
Heidegger and Praxis - Vol. XXVIII, 1989
Aristotle's Ethics - Vol. XXVII, 1988
Connectionism - Vol. XXVI, 1987
B-Deduction - Vol. XXV, 1986
Moral Realism - Vol. XXIV, 1985
Recovering the Stoics - Vol. XXIII, 1984
Supervenience - Vol. XXIII, 1983
Rationalist Conception of Consciousness - Vol. XXI, 1982

*Planned for 1998 is a conference on "Nietzsche and Politics"*

Proceedings published in the Spring following the conference

For more information please write or call:

THE SOUTHERN JOURNAL OF PHILOSOPHY
THE UNIVERSITY OF MEMPHIS
329 CLEMENT HALL
3704 WALKER AVENUE
MEMPHIS TN 38152-6104
(901) 678-2669
FAX (901) 678-4365

Please visit our web site at:
http://www.people.memphis.edu/~philos/sjp/sjp.html

# Philosophische Schriften

18 Manfred Kindl: **Philosophische Bewertungsmöglichkeiten der Abtreibung.** 231 S. 1996 ⟨3-428-08816-6⟩ DM 118,– / öS 861,– / sFr 105,–

19 Michael Grimminger: **Revolution und Resignation.** Sozialphilosophie und die geschichtliche Krise im 20. Jahrhundert bei Max Horkheimer und Hans Freyer. 299 S. 1996 ⟨3-428-08778-X⟩ DM 92,– / öS 672,– / sFr 83,50

20 Daniela Neu: **Die Notwendigkeit der Gründung im Zeitalter der Dekonstruktion.** Zur Gründung in Heideggers „Beiträgen zur Philosophie" unter Hinzuziehung der Derridaschen Dekonstruktion. 403 S. 1997 ⟨3-428-08737-2⟩ DM 124,– / öS 905,– / sFr 110,50

21 Georg Mohr / Ludwig Siep (Hrsg.): **Eric Weil – Ethik und politische Philosophie.** 185 S. 1997 ⟨3-428-08873-5⟩ DM 98,– / öS 715,– / sFr 89,–

22 Holger Helting: **Heidegger und Meister Eckehart.** Vorbereitende Überlegungen zu ihrem Gottesdenken. 81 S. 1997 ⟨3-428-09082-9⟩ DM 68,– / öS 496,– / sFr 62,–

23 Gerhard Ruff: **Am Ursprung der Zeit.** Studie zu Martin Heideggers phänomenologischem Zugang zur christlichen Religion in den ersten „Freiburger Vorlesungen". 162 S. 1997 ⟨3-428-09040-3⟩ DM 96,– / öS 701,– / sFr 87,–

24 Rudolf Langthaler: **Nachmetaphysisches Denken?** Kritische Anfragen an Jürgen Habermas. 426 S. 1997 ⟨3-428-08939-1⟩ DM 116,– / öS 847,– / sFr 103,–

25 Jürgen Gedinat: **Werk oder Produkt.** Zur Frage nach dem Seienden der Kunst. 182 S. 1997 ⟨3-428-08990-1⟩ DM 78,– / öS 569,– / sFr 71,–

26 Claude Ozankom: **Herkunft bleibt Zukunft.** Das Traditionsverständnis in der Philosophie Marcien Towas und Elungu Pene Elungus im Lichte einer These Martin Heideggers. 240 S. 1998 ⟨3-428-08724-0⟩ DM 86,– / öS 628,– / sFr 78,–

27 Hans-Christian Günther: **Aletheia und Doxa.** Das Proömium des Gedichts des Parmenides. 89 S. 1998 ⟨3-428-09561-8⟩ DM 82,– / öS 599,– / sFr 74,50

28 Theodorus Christian Wouter Oudemans: **Ernüchterung des Denkens oder der Abschied der Onto-Theologie.** 163 S. 1998 ⟨3-428-09689-4⟩ DM 96,– / öS 701,– / sFr 87,–

29 Tomy S. Kalariparambil: **Das befindliche Verstehen und die Seinsfrage.** XIV, 405 S. 1999 ⟨3-428-09695-9⟩ DM 148,– / öS 1.080,– / sFr 131,–

30 Holger Helting: **Heideggers Auslegung von Hölderlins Dichtung des Heiligen.** Ein Beitrag zur Grundlagenforschung der Daseinsanalyse. 715 S. 1999 ⟨3-428-09679-7⟩ DM 198,– / öS 1.445,– / sFr 176,–

31 Georg Römpp: **Ethik des Selbstbewußtseins.** Der Andere in der idealistischen Grundlegung der Philosophie: Kant, Fichte, Schelling, Hegel. 308 S. 1999 ⟨3-428-09691-6⟩ DM 118,– / öS 861,– / sFr 105,–

Internet: http://www.duncker-humblot.de

**Duncker & Humblot · Berlin**